数字化国际中文教育

（2022）

李晓琪

徐　娟

李　炜

主编

清华大学出版社

北京

内 容 简 介

本书是"第十三届中文教学现代化国际研讨会"（2022年12月17—18日，北京语言大学）会议论文集。共收录7个国家和地区的论文60篇，其中，中国论文55篇，包括内地44篇、香港4篇、澳门7篇；国外论文5篇，包括新加坡2篇、日本2篇、马来西亚1篇。同时收录电子作品18个，来自2个国家，其中中国17个、日本1个。论文内容包括以下6类：（1）特约报告；（2）中文教学现代化的理论、实践应用与反思；（3）中文教学领域的融媒体及新技术应用与创新研究；（4）后疫情时代下的中文教育研究；（5）汉语水平测试现代化与多元化师资培训研究；（6）"中文+职业技能"教育的教学现代化研究。

本书探讨了"互联网+"教育背景下数字化国际中文教育的理论研究、整合应用、资源建设、教学知识库等，充分展示了数字化国际中文教育的最新成果。本书可供语言学、国际中文教育、教育技术学等专业的大学教师、科研人员、工程技术人员和相关学科的研究生阅读。

图书在版编目(CIP)数据

数字化国际中文教育. 2022 / 李晓琪, 徐娟, 李炜主编.—北京：清华大学出版社，2022.12
ISBN 978-7-302-62189-8

I.①数… II.①李… ②徐… ③李… III.①汉语－对外汉语教学－教学研究－文集 IV.①H195.3-53

中国版本图书馆 CIP 数据核字(2022)第 212982 号

责任编辑：张维嘉
封面设计：傅瑞学
责任校对：欧　洋
责任印制：沈　露

出版发行：清华大学出版社
　　　　　网　　　址：http://www.tup.com.cn, http://www.wqbook.com
　　　　　地　　　址：北京清华大学学研大厦 A 座　　　　邮　　编：100084
　　　　　社 总 机：010-83470000　　　　邮　　购：010-62786544
　　　　　投稿与读者服务：010-62776969, c-service@tup.tsinghua.edu.cn
　　　　　质量反馈：010-62772015, zhiliang@tup.tsinghua.edu.cn
印 装 者：三河市龙大印装有限公司
经　　销：全国新华书店
开　　本：185mm×260mm　　印　张：35.25　　字　数：856 千字
版　　次：2022 年 12 月第 1 版　　印　次：2022 年 12 月第 1 次印刷
定　　价：168.00 元

产品编号：098309-01

前　言

1995 年 4 月 28—30 日，首届"中文电化教学国际研讨会"在美国旧金山成功举行。从那时算起，以现代教育技术与汉语教学结合为核心议题的会议已举办了十二届，以下是对这十二届会议的简要回顾。

第一届会议：1995 年，在美国旧金山，印发了《论文提要》。

第二届会议：2000 年，在中国桂林，论文集《现代化教育技术与对外汉语教学》由广西师范大学出版社出版。

第三届会议：2002 年，在中国南京，论文集《E-Learning 与对外汉语教学》由清华大学出版社出版。

第四届会议：2004 年，在中国北京，论文集《数字化对外汉语教学理论与方法研究》由清华大学出版社出版。

第五届会议：2006 年，在中国香港，论文集《数字化汉语教学的研究与应用》由语文出版社出版。

第六届会议：2008 年，在韩国大田，论文集《数字化汉语教学进展与深化》由清华大学出版社出版。

第七届会议：2010 年，在中国烟台，论文集《数字化对外汉语教学实践与反思》由清华大学出版社出版。

第八届会议，2012 年，在中国上海，论文集《数字化汉语教学（2012）》由清华大学出版社出版。

第九届会议，2014 年，在中国厦门，论文集《数字化汉语教学（2014）》由清华大学出版社出版。会议名称更改为"中文教学现代化国际研讨会"。

第十届会议，2016 年，在韩国首尔，论文集《数字化汉语教学（2016）》由清华大学出版社出版。

第十一届会议，2018 年，在中国澳门，论文集《数字化汉语教学（2018）》由清华大学出版社出版。

第十二届会议，2021 年，在越南胡志明市，电子版《第十二届中文教学现代化国际研讨会论文集》由胡志明市师范大学出版社出版。

另外，2009 年 7 月在法国拉罗谢尔市举办了首届"中文数字化教学专题研讨会"，论文集《数字化汉语教学专题研究（2009）——新模式、新方法、新技术、新产品》由清华大学出版社出版。

"中文教学现代化学会"自 2006 年在中国香港注册成立以来已经走过了十六年的历程。第一任学会会长由北京语言大学的张普教授担任，副会长由美国长堤加州州立大学的谢天蔚教授和北京大学的李晓琪教授担任。香港秘书处的秘书长由香港城市大学的蔺荪博士担任，北京秘书处的秘书长由北京语言大学的徐娟博士担任。学会还聘任了 7 名顾问委员。学会网站 http://www.amcle.org/ 于 2007 年正式开通。

2010 年、2014 年、2018 年中文教学现代化学会理事会进行了换届改选。第二、三、四任会长由北京大学李晓琪教授担任，第四任的常务副会长由北京师范大学宋继华教授担任，副会长由韩国又松大学甘瑞瑗教授、北京语言大学徐娟教授和香港城市大学蔺荪博士担任。香港秘书处的秘书长由蔺荪博士兼任，北京秘书处的秘书长由徐娟教授兼任。

创办一份属于中文教学现代化领域的专门期刊、提高中文教学现代化研究的学术水平与应用价值，是学界有志之士的共同心声。2011 年《中文教学现代化学报》在中国香港成功注册。该刊物是由中文教学现代化学会主办的非营利性国际电子学术期刊，ISSN：2220-1300，半年一刊。创刊号于 2012 年 3 月网络出版，目前已经出版了二十期。

第十三届中文教学现代化国际研讨会由中文教学现代化学会主办，北京语言大学承办，网络教育学院具体实施。会议于 2022 年下半年在北京语言大学召开，由清华大学出版社出版论文集《数字化国际中文教育（2022）》。会议共收到论文 105 篇、电子作品 21 个，录用论文 58 篇、电子作品 18 个，加上特约报告 2 篇，最终本论文集收录论文 60 篇、电子作品 18 个。论文作者按署名单位分布在 7 个国家和地区，其中中国论文 55 篇（包括内地 44 篇、香港 4 篇、澳门 7 篇），国外论文 5 篇（包括新加坡 2 篇、日本 2 篇、马来西亚 1 篇）。电子作品来自 2 个国家，其中中国 17 个、日本 1 个。所有论文与电子作品的署名权归作者所有，文责自负。

论文分为 6 个大类，各类的论文数量如下：
（1）特约报告（2 篇）；
（2）中文教学现代化的理论、实践应用与反思（10 篇）；
（3）中文教学领域的融媒体及新技术应用与创新研究（16 篇）；
（4）后疫情时代下的中文教育研究（18 篇）；
（5）汉语水平测试现代化与多元化师资培训研究（10 篇）；
（6）"中文＋职业技能"教育的教学现代化研究（4 篇）。

从上述可以看出，本次会议从论文征集到审稿和录用，第（3）（4）类论文数量最多，反映出学者们的研究热点集中在新媒体、新技术以及后疫情时代下的模式、方法、策略、资源建设等方面，彰显了本届会议论文的特色。

本届会议首次增设了电子作品，入选的电子作品作者均提供了教学设计说明，旨在吸引更多的年轻学者重视信息技术在国际中文教育中的实践。

本届会议的程序委员会代表全体论文作者向清华大学出版社表示衷心的感谢，没有出版社的努力，这本论文集不可能打破常规在会前出版。

本论文集由程序委员会徐娟负责编排，于淼负责格式审定。"前言"由徐娟执笔撰写，李晓琪、李炜审定。

第十三届中文教学现代化国际研讨会
程序委员会
2022 年 6 月 10 日于北京

目　录

后疫情时代下的中文教育研究

特 约 报 告

跨境远程汉语国际教育人才培养体系的构建与实施[*]

李 炜[1] 张润芝[2] 古艳东[3]

1,2,3 北京语言大学 网络教育学院 100083

[1] liwei@blcu.edu.cn [2] zhangrunzhi@blcu.edu.cn [3] guyandong@blcu.edu.cn

摘 要： 随着海外对本土汉语人才需求的增加与新技术的不断发展，跨境远程汉语国际教育逐渐成为海外汉语本土人才培养的有效途径之一。本研究结合多年来的跨境远程汉语国际教育实践，以人本主义理论、成果导向教育理念、系统论，以及教学交互理论、汉语作为第二语言习得理论和跨文化交际理论等为指导，从明确培养目标与规格、设置核心培养项目、项目详细设计与准备、项目实施、项目评价、实施过程质量保证六个方面探索并实践了跨境远程汉语国际教育人才培养体系。该体系培养了大批高质量的国际化汉语人才，产出的成果和典型经验被多个国外机构采纳并推广或被国内外主流媒体报道与宣传，一定程度上说明了该人才培养体系的合理性、可行性与有效性，为相关机构开展跨境远程汉语国际教育提供了参考案例，丰富了远程汉语国际教育人才培养的理论和实践成果。

关键词： 跨境远程汉语国际教育 人才培养体系

The Construction and Implementation of Talent Cultivation System for Cross-border Distance Chinese Language Education

Li Wei[1] Zhang Runzhi[2] Gu Yandong[3]

1,2,3 Online Education College, Beijing Language and Culture University, 100083

Abstract: With the increase in overseas demand for local Chinese language talents and the continuous development of new technologies, cross-border distance Chinese language education has gradually become one of the effective ways to cultivate overseas Chinese language talents. Based on the long-term practice of cross-border distance Chinese language education, guided by humanistic theory, outcome-based education, system theory, teaching interaction theory, Chinese as a second language acquisition theory and cross-cultural communication theory, this paper aims to explore and study the talent cultivation system for cross-border distance Chinese language education from six aspects: clarifying the cultivation objectives and standards, setting core education programs, detailed program design and preparation, program implementation, program evaluation and implementation process quality assurance. This system has helped to cultivate a large number of high-quality international Chinese language talents worldwide. The achievements and related experiences have been adopted by

* 本成果受北京语言大学院级项目资助（中央高校基本科研业务费专项资金）（项目批准号22YJ140001）。

many education institutions and reported by mainstream media at home and abroad. To some extent, it reveals the rationality, feasibility and effectiveness of the talent cultivation system, and provides reference cases for relevant institutions to carry out cross-border distance, and the system enriches the theoretical and practical achievements of the talent cultivation for cross-border distance Chinese language education.

Key words: cross-border distance Chinese language education; talent cultivation system

0 背景与问题

随着中国与世界各国交往的日益广泛和深入，国际社会，尤其是"一带一路"沿线国家和地区对本土汉语人才的需求也越来越迫切。汉语国际化人才培养成为汉语国际教育的重要担当（邢欣等，2020）。"以孔子学院为主、沿线国家教育机构为辅"的海外汉语国际教育是目前满足"一带一路"倡议下的汉语国际化人才需求成倍增长的主要途径。计算机技术和网络的不断发展，以及疫情带来的网络汉语教学实践，使得网络教学深植于汉语教学之中（崔永华，2020），跨境远程汉语国际教育逐渐成为海外汉语本土人才培养的另一有效途径。目前，跨境远程汉语国际教育人才培养存在培养目标和规格定位不合理，项目体系支撑不充分，过程效率不高以及培养有效性欠缺等问题，不能完全满足海外社会对各类汉语国际人才的需求。这些问题需要在现代信息技术的支持下，创新跨境远程汉语人才培养体系加以解决。

人才培养质量最终取决于人才培养体系的设计（张志军等，2021）。人才培养体系一般是指在一定教育理论或思想指导下，按照既定的培养目标和人才规格，通过将学科体系、教学体系、教材体系、管理体系等在教育教学过程中的有机融合，开展人才培养活动过程的总和（胡万山，2019）。人才培养体系的构成要素很多，基本要素包括人才观、人才培养方案与课程结构、师资队伍、教育教学活动和教学条件等（别敦荣等，2008）。跨境远程汉语国际教育主要以远程方式跨境开展汉语非学历培训为主。目前，在非学历培训和汉语国际教育领域，对于人才培养体系的探索已有较为深入的研究。例如，薛谦等（2015）创新性地提出了高层次专业技术人才的TOP（timely、open、professional）培训模式；郑通涛等（2020）基于"一带一路"建设需要提出国际汉语人才培养包含培养理念、培养目标、培养主体、培养内容、培养方式和培养评价6个方面内容。王添淼（2021）认为国际中文师资培训，在培训内容上应更侧重于教学实践，在培训方法上以学员为主体、以任务为中心，学员测评方式采取过程性评价和结果性评价相结合的方式，线上线下培训并举、构建更为专业化的分类分级培训课程。本研究在汲取已有相关领域研究成果的基础上，结合海外本土学习者的学习需求和发展需要，考虑汉语人才培养过程中所应遵循的理论和规律，聚焦跨境远程汉语本土人才培养体系构建中存在的重难点问题，通过多年来的远程汉语教学实践，探索出了较为成熟的、可供相关实践单位参考的跨境远程汉语国际教育人才培养体系。

1 跨境远程汉语国际教育人才培养体系的构建

为了解决目前跨境远程汉语国际教育人才培养中存在的问题，本研究借鉴相关人才培养体系构建的研究与实践，提出了跨境远程汉语国际教育人才培养体系需遵循的理论基础与构建要点（见表 1），该表中提出的四项理论基础贯穿跨境远程汉语国际教育人才培养体系的整个过程。

表 1　构建基础与要点

理论基础	原则	构建要点
人本主义理论	以海外本土汉语学习者需求为基本出发点	做好前期需求调研工作； 过程中关注需求的满足； 评价中以普遍性需求的达成为最低标准
成果导向教育理念	以"目标—实施—评价"为构建框架	目标注重知识、技能和价值的培养，满足社会人才需求和学习者发展的个性需求； 遵循反向设计原则，对教学过程、模式、策略与支持服务等进行逆向设计与实施； 建立成果导向的评价机制
远程教育教学交互、第二语言习得和跨文化交际理论	注重三种理论的融合	指导项目体系设计、学习空间构建、教学资源开发、教学过程落实和学习支持服务提供等
系统论	关注体系的整体功能发挥	人才培养体系的顶层设计； 项目、资源、学习空间、教学与服务等体系化建设

1.1　坚持人本主义理论，以海外本土汉语学习者需求满足贯穿始终

20 世纪 50 年代罗杰斯等人提出了人本主义的教育理论，主张学习是个人潜能的充分发展，教育活动是一个有机的过程（李曼丽，2013）。当今国际环境下，尤其是"一带一路"倡议提出之后，沿线国家和地区相关领域、行业和岗位对汉语人才的需求逐渐增多，对汉语人才的要求也更加明确和具体。

这要求跨境远程汉语国际教育人才培养体系的构建需遵循人本主义理论，以学习者的需求为基本出发点，做好需求调研，以需求确定目标，课程设计与教学实施聚焦在让学习者完成学习过程后能达成的最终学习目标上，让学习者能够学有所获。从人才培养体系整体层面到各个环节的设计实施都应尊重学习者的需求、特点和感受，以培养人格健全的学习者，促进学习者知、情、意、行的协调发展（孟志远等，2015）。

1.2　以成果导向教育理念作为人才培养体系构建的框架基础

成果导向教育理念（OBE）最早是由斯派蒂（Spady, W. G）提出的，指"围绕学生学习结束后获得成果，来明确地聚焦与组织一切教育活动"（周显鹏等，2021）。OBE 教育理念被广泛运用于我国各类院校人才培养体系的构建中。在教育教学过程中，以学生为主体，从培养目标的制定、课程体系的建构、教学计划的实施到学习效果的评价基本围绕学习成果的实现来组织（巨秀婷等，2020）。OBE 教育理念强调需求既是人才培养的起点又是终点，在人才培养的设计、实施和评价等全过程要坚持反向设计、以学生为中心和持续改进，为应用型人才培养供给侧结构性改革指明了方向（李志义等，2018）。OBE 教育理念的"目标—实施—评价"核心三环节，契合目标预设性较强和针对性较强的特定类型人才的培养，

适合作为跨境远程汉语国际教育人才培养体系构建的框架基础，并指导其实践过程。首先，明确跨境远程汉语国际教育人才培养目标与规格，在注重知识、技能培养的同时，融入价值培养。其次，围绕人才培养目标及规格，遵循反向设计原则，对教学过程、模式、策略与支持服务等进行逆向设计与实施。最后，建立成果导向的评价机制，将评价聚焦于学习者完成不同阶段学习而取得的学习成果上，以形成持续改进的管理闭环。

1.3 注重远程教育教学交互、二语习得和跨文化交际理论的融合

"跨境远程"是一条当前海外本土汉语国际教育人才培养的重要实现路径。其中，远程教育教学交互理论发挥着重要的指导作用。陈丽（2016）指出远程学习具有教与学时空分离的特殊性，"以媒体为中介的交互则是远程教育教与学再度整合的关键"。教学交互包括操作交互、信息交互和概念交互，是连接远程教育中教和学的桥梁，也是远程教育研究中最重要的概念之一（Moore，1989）。在构建跨境远程汉语国际教育人才培养体系的过程中，远程教育教学交互理论贯穿始终。学习者与平台、学习资源、教师及其他学习者之间的交互活动是实现跨境远程汉语国际教育人才培养质量的关键，该理论在项目体系设计、学习空间构建、教学资源开发、教学活动开展和学习支持服务提供等环节，都起着重要指导作用。同时，跨境远程汉语国际教育人才培养体系主要面向海外汉语非母语人群，课程资源、教学活动设计等更是离不开汉语作为第二语言习得理论的支撑。海外本土汉语人才培养还涉及跨文化交际问题（张春斌等，2018），要提高语言和文化教学的有效性，需对跨文化交际的价值意义和文化形式有充分的了解，具体表现在对教学理念与方式、教师角色、师生关系、学生学习动机、学习风格与策略的了解上（景慧，2020）。因此，在跨境远程汉语国际教育人才培养过程中要关注跨文化交际理论、二语习得和教学交互理论的融合。

1.4 基于系统论，强调整体和各环节的体系化建设

系统是由各个要素相互联系、相互作用形成的有机体。人才培养体系是结构化、体系化了的教学与教学相关活动（刘焕阳等，2012）。遵循系统论理念，根据人才培养目标，做好顶层设计，将项目规划、资源设计、学习空间、教学过程与支持服务等各个方面统合到跨境远程汉语国际教育人才培养体系中，实现人才培养的整体体系化建设，通过系统各要素的相互作用促进人才培养目标和规格的达成，以使人才培养体系具备每个构成要素单独不具备的功能和属性。同时，也关注项目、资源、学习空间等各自的体系化建设与配合。通过体系化建设，以解决人才培养各环节效率不高的问题，从而实现跨境远程汉语国际教育人才培养的规模化与高质量。

以上述构建基础与要点为指导，作者所在单位通过长期实践、不断优化与调整，形成图 1 所示的跨境远程汉语国际教育人才培养体系。该体系是指以培养"会说中文、了解中国、支持中国发展"的国际化汉语人才培养目标以及 3 维度、18 要素的人才培养规格为依据，以人本主义理论、OBE 教育理念、系统论，以及教学交互理论、汉语作为第二语言习得理论和跨文化交际理论等为指导，对师资团队、内容与资源、学习空间、教学过程、支持服务和评价等的总体规划、设计与实施。该体系各个环节的内涵将在下部分结合具体实践进行详细论述。

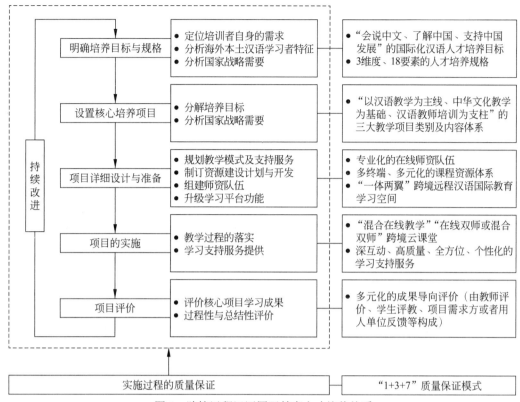

图 1　跨境远程汉语国际教育人才培养体系

2　跨境远程汉语国际教育人才培养体系的实施

图 1 所示的跨境远程汉语国际教育人才培养体系主要包括三个层面的内容,第一列代表跨境远程汉语国际教育人才培养体系的主要环节,第二列代表各个环节设计或实施的关注要点,第三列指作者所在单位经过长期实践所形成的体系化的成果。

2.1　明确总体培养目标与规格

遵循国家战略,充分分析培训需求,精准定位学习对象,以明确跨境远程汉语国际教育整体的培养目标与规格,这是跨境远程汉语国际教育人才培养的关键。跨境远程汉语国际教育人才培养要响应中华文化"走出去"战略和"一带一路"倡议,满足海外社会的经济发展需要,精准定位培训需求,包括汉语言知识的需求、汉语技能的需求、汉语作为交流工具的岗位职业需求以及学习者自我发展的需求。同时结合对海外本土汉语学习者国别、学习者第一语言、学习者年龄、学习者对汉语的掌握程度等方面特征分析,确定总体培养目标与规格。

通过多年的实践,作者所在机构将跨境远程汉语国际教育人才培养的总体培养目标确定为培养"会说中文、了解中国、支持中国发展"的国际化汉语人才。同时,为了更好地落实上述国际化汉语人才跨境远程培养体系的总体目标,从知识、技能和价值三方面形成了体系化的 3 维度、18 要素的人才培养规格,3 维度为汉语知识、汉语技能以及价值维度,学习者在学习专业基础知识和实践专业技能的基础上进一步升华为价值层面目标，每个维度分别包括 6 个要素，详见图 2。

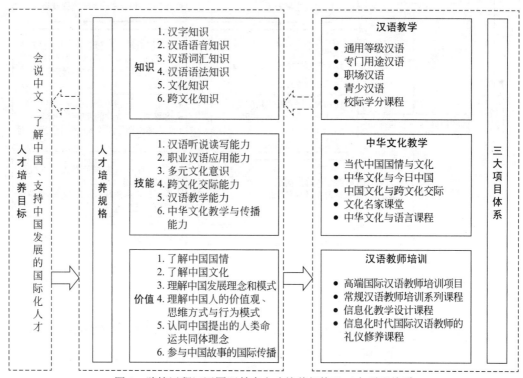

图 2　跨境远程汉语国际教育人才培养规格及三大项目体系

2.2　设置核心培养项目

确定总体人才培养目标和规格后，首先根据汉语国际教育所包含的内容体系分为三大类项目体系，即汉语教学、中华文化教学与汉语教师培训，并确定每类项目体系的培养目标。然后，根据海外本土汉语人才培养需求和国家战略要求，对每类项目体系的培养目标进行进一步分解，以便设置每类项目下的核心培养项目。培养目标的分解可采用任务分析法，每类项目体系培养目标经过任务分解后，可以形成对应的核心培养项目（或课程），细化后所形成的核心培养项目（课程）又进一步规定了人才培养的具体内容体系。

作者所在单位经过多年实践形成了"以汉语教学为主线、中华文化教学为基础、汉语教师培训为支柱"的三大教学项目体系，并对每类项目体系的培养目标进行明确与进一步分解。以汉语教师培训项目体系为例，对照国际汉语教师能力标准，将其培养目标确定为面向海外本土汉语教师或是有志于成为汉语教师的海外汉语学习者提供教学服务，旨在培养更多的海外本土国际汉语教师，帮助更多的国际汉语教师提高教学技能，持续提升国际汉语教师培养质量和水平。采用任务分析法将该培养目标进一步细化为提高汉语语言能力与汉语言本体知识、掌握和提高汉语作为外语的教学方法、掌握和提高教学组织与课堂管理能力、具备汉语作为外语教学技术能力和教师自我发展等，相应地，该类项目体系可进一步细分为汉语教学基础、汉语教学方法、教学组织与课堂管理、中华文化与跨文化交际、信息化教学设计和新时代国际汉语教师的礼仪修养等。三大项目体系下的核心培养项目的内容（见图 2）并不是一成不变的，而是根据海外本土汉语人才需求不断调整与完善的。

2.3　项目详细设计与准备

核心培养项目确定后，需要对项目进行详细设计，包括对教学模式和支持服务模式的初步规划，资源建设计划、师资队伍建设和平台优化方案的确定与具体落实等。教学模式的规划重点关注项目开展所计划采用的教学思路，如是课件学习还是直播授课，直播授课中是一对一或小班授课、大班授课等，还是"课件+直播授课"等多样化教学模式，任何一种教学模式的选择与应用应以项目特点及教学目标为基础进行综合考虑。支持服务模式设计与所采取的教学模式相对应，不同教学模式的支持服务方式也不同。教学模式和支持服务模式确定后，要依据二者的结果确定资源建设计划、师资队伍组建和平台优化方案，同时开展师资、资源和平台建设。项目的详细设计与准备，能有效保证跨境远程汉语国际教育人才培养体系的顺利实施。下面对多年实践形成的优秀师资队伍、资源和平台进行介绍。

专业化的在线师资队伍。师资队伍建设是开展跨境远程汉语国际教育的重要基础，其重点是培养综合素质过硬、专业水平高的专职教师队伍。秉持"师德引领、教研突出、结构优化、特色鲜明"的理念，打造了一支以远程教育和汉语国际教育深度融合为特征，由教学、资源、技术、支持服务与管理团队构成的专业化师资队伍。其中，教学团队由教学经验丰富或学术水平较高的教授、副教授或教研员组成。核心成员均具有研究生学历，且从事远程汉语教育教学和项目管理十年以上。同时，为了不断提高团队专业化水平，建立了能力提升机制，鼓励成员积极参加学术会议、进修和各类培训，以项目为单位开展教研和交流。高水平跨境远程汉语国际教育师资队伍确保了人才培养的质量。

多终端、多元化的课程资源体系。资源建设方面，做好充分的需求调研，有助于明确资源的内容及其呈现方式；通过逆向设计，有助于确定恰当的教学活动和策略，从而实现课程目标。经过多年实践，作者所在机构构建了多终端、多元化、应用型的阶梯递进式课程资源体系。以内容、教学理论、技术和交互四要素为指引，以能力本位为核心，以活动或任务为中心设计开发标准化和创新型课程资源。汉语教学方面，开发完成通用等级汉语、职场汉语（如商务、银行、导游、导购、酒店服务、进出口汉语等）和青少汉语等系列课程资源；中华文化教学方面，建成当代中国国情与文化、中华文化与跨文化交际、中国语言与文化、在线中华文化讲堂等资源；汉语教师培训方面，建成常规师资培训、高端国际汉语教师培训系列资源。

"一体两翼"跨境远程汉语国际教育学习空间。运行稳定、具有良好用户体验的平台是在线项目得以开展的根本保证。基于教育教学交互理论，以学习者为本，突出技术服务教育的理念，利用 IT 技术领域的成熟架构，结合海外学习者的特点，坚持"多元交互、全程可查、成果导向"原则，搭建了集招生、资源、教学、服务、评价、管理与运营于一体的跨境远程汉语国际教育教学与管理平台，建设"网上北语"网站和中文学习、师资培训移动平台，形成了"一体两翼"跨境远程汉语国际教育云平台，为跨境远程汉语国际教育人才培养体系的实施提供了智能化学习空间。项目运行过程中，依据授课教师、管理者及学生的使用反馈，进行平台功能的持续优化和不断迭代。

2.4 项目的实施

跨境远程汉语国际教育人才培养项目的顺利实施有赖于高水平的师资团队、优质的资源和支持交互的平台。同时，在实施过程中需重点关注教学过程的落实与支持服务的提供等。

教学过程的落实。技术应用已成为汉语教学的基本特征，技术正向汉语教学各相关领域内部渗透，教学与技术的融合日趋加深（郑艳群，2019）。跨境远程汉语国际教育人才培养过程中比较常用的是混合在线教学（李炜，2018），其是同步在线教学和异步在线教学的混合，具体如何混合，主要依据项目特点与教学目标来确定。教学过程中，以远程教育教学交互、第二语言习得和跨文化交际理论等为指导，以自建的多终端、多元化的课程资源体系为异步教学基础，引入跨境网络专线、跨境云服务、高清视频会议系统或直播等技术，以实现一对一、小班课和大班课的同步教学。融合汉语国际教育和现代远程教育特性，充分发挥境内和境外教师的各自优势，以基于互联网的"跨境云课堂"，根据境外线下或线上场景，开展"在线双师或混合双师"跨境远程汉语国际教育。以自建的"一体两翼"跨境远程汉语国际教育学习空间，实现师生、生生、生机的充分交互，记录学生学习行为并干预，设置自动化的指导、评价、追踪和信息反馈机制，促进学习者实现自身发展，为人才培养体系的实施提供强有力的支撑。

学习支持服务的提供。为学生提供深互动、高质量、全方位、个性化的精准服务是跨境远程教育的重要组成部分。基于学习空间，任课教师会随时检查学习者学习情况，包括登录次数、在线学习时长、作业和测验完成情况等，并在平台上及时推送学习反馈。同时，教师通过社交媒体群组及时解决学生提出的问题，调动学习者积极性，促进学生之间的讨论和分享，拉近师生距离，最大限度地缓解远程学习带来的孤独感。不同的教学模式，学习支持服务的侧重点不同。同步教学中，师生交互、生生交互主要通过实时视频方式进行；异步教学主要通过网络社交媒体、电话或邮件等提供支持。

2.5 项目评价

坚持成果导向的评价，针对学习者，采用过程性评价和总结性评价相结合的方式对学习者的学习成果进行评价。过程性评价包括单元测试、专题讨论和作业提交等，总结性评价主要在课程结课时进行。无论是单元测试，还是课程测试，都允许学习者多次参与，测试以提升能力为目的，重点关注学习者的学习成果。学生据此可以对自己的学习情况进行具体而明确的观察与测试，并针对测试反馈结果进行补充学习以达到完全掌握所学内容的目标。随着项目的迭代开发与实施，成果导向的评价制度逐步得到完善，初步形成教师评学、学生评教、项目需求方或用人单位反馈等全方位、多元化的成果导向评价机制，为人才培养目标和规格、项目体系、教学过程实施等方面的持续优化提供数据支持，促进人才培养质量的不断提高。

2.6　实施过程的质量保证

质量保证是跨境远程汉语国际教育人才培养体系的重要组成部分。作者所在单位专门设立办学管理与质量监控办公室，负责办学关键点的把控和复核。建立远程听课制度，定期组织专家团队在线旁听直播课程，抽查直播录像，与教师座谈，并听取学生反馈，系统开展全方位课堂质量评价。对课程教学资源、支持服务状况进行抽查，评定课程资源的建设质量以及支持服务提供质量，依据评价结果进行持续改进。在多年的实践过程中，形成了"1+3+7"质量保证模式，即以人才培养目标与规格为导向，通过业务部门质量实施、办学管理与质量监控办公室质量控制和外部质量评价等 3 个主体要素，以及领导质量意识与决策、质量文化、专业化发展、质量管理组织与机制、教学管理服务能力、技术支持和经费投入等 7 个支撑要素，打造内部质量保障与外部质量监控相结合的跨境远程汉语国际教育质量保证模式。在内部质量保证方面，形成了覆盖人才培养"入口关、过程关、出口关"全过程 13 个环节的一系列质量要点、制度和流程；外部质量监控方面，通过了 ISO9001:2015 质量管理体系和 IQ.Net 国际认证联盟的认证，这在跨境远程汉语国际教育人才培养体系的实施过程中起到了非常重要的质量保障作用。

同时，跨境远程汉语人才培养体系实施过程中注重专业化教研和持续不断的创新。成立了远程教育研究室，就跨境远程汉语国际教育人才培养的难点和前沿问题进行了系列研究，团队成员共主持完成省部级等 10 项教研项目，发表相关论文 30 余篇。开展了教育教学改革创新工程，教学团队荣获"北京高校继续教育高水平教学团队"，2 个成果分别获评北京市教育教学成果二等奖和校级一等奖，7 个项目入选"远程与继续教育优秀案例库"，为跨境远程汉语国际教育人才培养体系的构建提供了理论支撑和实践案例指导。

3　效果检验

人才培养体系实施成果被多个国外机构采纳并推广或被国内外主流媒体报道与宣传。

汉语教学方面，商务汉语项目获得泰国中华总商会和留学中国大学校友总会的认可并在泰国全面推广；专门用途汉语项目，被中国银行近 30 个国家海外分行采纳并用于本土员工培训；"中级汉语听说"和"初级汉语读写"课程被美国鲍勃·琼斯大学认定为学分课程并在校内面向本科生推广；"高级汉语综合""高级汉语口语"课程被北京语言大学汉语学院采纳并应用于其国际学生在境外期间的教学。

文化教学方面，"当代中国国情与文化"课程被美国社区大学联盟认定为学分课程，同时被"联合国官员赴华汉语项目"认定为先修课程并在联合国总部进行推广；"中国文化与语言课程"被印度尼西亚天宝国际学校采用并向其中小学生推广；"在线中华文化讲堂"系列课程通过中国政府驻外机构发布和推广。

教师培训方面，高端教师培训项目被海外众多国际学校和汉语培训机构采用。通过迭代式的项目开发与实施，培养了大批高质量的国际化汉语人才。所培养的学生不仅提高了汉语水平，了解了中国基本国情和中华文化，加深了对新时代中国发展成就的认识，也增强了个人职业发展竞争力。众多优秀学生活跃在各自国家的汉语教育、中外翻译、文化传媒、国际经贸、电子商务、国际组织等行业领域，为推动所在国与中国的友好交往发挥着积极作用。该人才培养体系及典型经验被华侨大学华文学院、奥鹏公服体系等推广应用，对提高跨境远程教育教学质量起到了较大的促进作用。跨境远程汉语国际教育人才培养体系的实施过程、结果和推广应用所产生的良好效果，一定程度上说明跨境远程汉语国际教育人才培养体系的合理性、可行性与有效性。

4   总结与反思

跨境远程汉语国际教育人才培养体系的构建与实施，丰富了跨境远程汉语国际教育人才培养的理论和实践成果，有效解决了跨境远程汉语国际教育培养目标和规格定位不合理、项目体系支撑不充分、过程效率不高以及培养有效性欠缺等问题，为推动汉语国际教育海外本土人才培养做出有益探索和积极贡献，为相关机构开展跨境远程汉语国际教育提供了参考案例，推进了高校继续教育国际化发展进程。对于已开设或即将开设跨境远程汉语国际教育的机构，本研究提出的项目规划、详细设计及实施思路值得借鉴，实践中取得的成果如资源或平台，可以被相关机构直接选用。

本研究所构建的跨境远程汉语国际教育人才培养体系，虽经过多年实践检验，但各环节关键点值得继续深入探索，如项目体系建设、师资队伍建设、质量保证体系建设、智能化学习空间和自动化评价技术应用以及资源供给路径等。同时，人才培养体系作为一个由人作为组元的复杂人工系统，包括结构、功能和运行三个层次的内容，只有真正高效运行起来，才能发挥其作用并实现其功能（李炜，2016）。因此，在确定好结构与功能后，需重点关注体系的运行，做好流程体系的不断优化、团队能力持续提升和项目国别化推广策略探索等。此外，相关实践机构要保障长期和足够的资金投入，并给予相关政策、机制的足够支持，以保障人才培养体系的持续优化。总之，后续我们将通过更多、更广泛的项目实践对跨境远程汉语国际教育人才培养体系进行不断完善。

参考文献

[1] Moore M G. Three Types of Interaction. *American Journal of Distance Education*, 1989(2).
[2] 别敦荣, 王根顺. 高等学校教学论.北京: 高等教育出版社, 2008.
[3] 陈丽, 王志军, 特里·安德森. 远程学习中的教学交互原理与策略. 北京: 中央广播电视大学出版社, 2016.
[4] 崔永华. 试说汉语国际教育的新局面、新课题. 国际汉语教学研究, 2020(4).
[5] 胡万山. 建设高水平人才培养体系的核心价值及可行路径. 黑龙江高教研究, 2019(8).
[6] 景慧. 浅谈跨文化交际视野下的文化教学——评《跨文化交际》. 中国教育学刊, 2020(1).
[7] 巨秀婷, 唐楠. 成果导向的课程发展与学习成效评价机制——以《园艺学概论》的教学实践为例. 教育教学论坛, 2020(3).
[8] 李曼丽. MOOCs 的特征及其教学设计原理探析. 清华大学教育研究, 2013(4).
[9] 李炜. 远程高等教育机构学习支持服务流程设计影响因素与要素关系研究. 北京师范大学博士学位论文, 2016.
[10] 李炜. MOOC 背景下三种常见混合式教学模式的比较研究. 现代教育技术, 2018(S1).
[11] 李志义, 袁德成, 汪滢, 等. "113" 应用型人才培养体系改革. 中国大学教学, 2018(3).

[12] 刘焕阳，韩延伦. 地方本科高校应用型人才培养定位及其体系建设. 教育研究, 2012(2).

[13] 孟志远，胡凡刚，刘永琪. MOOCs 引发的矛盾关系思考. 中国电化教育, 2015(10).

[14] 王添淼. 国际中文师资培训模式的构建——基于美国 TESOL 项目的启示. 河北师范大学学报(教育科学版), 2021(2).

[15] 邢欣，宫媛. "一带一路"倡议下的汉语国际化人才培养模式的转型与发展. 世界汉语教学, 2020(1).

[16] 薛谦，曹学庚，耿娇娇. 石油石化企业高层次专业技术人才培训模式创新与实践. 继续教育, 2015(9).

[17] 张春斌，卢丹. 来华留学生汉语思维能力的培养. 学术交流, 2018(6).

[18] 张志军，范豫鲁，张琳琳. 国家产教融合的历史演进、现代意蕴及建设策略. 职业技术教育, 2021(1).

[19] 郑通涛，郭旭. "一带一路"倡议下国际汉语人才培养模式研究. 厦门大学学报(哲学社会科学版), 2020(1).

[20] 郑艳群. 汉语教学 70 年——教育技术的影响及作用. 国际汉语教学研究, 2019(4).

[21] 周显鹏，俞佳君，黄翠萍. 成果导向教育的理论渊源与发展应用. 高教发展与评估, 2021(3).

复杂范式下中文教学现代化研究的若干问题与反思[*]

复杂范式下中文教学现代化研究的若干问题与反思[*]

胡晓清

鲁东大学 文学院 264025

xiaoqingytyt@126.com

摘　要： 中文教学现代化的提出颇具前沿性和前瞻性。在现代化快速推进的今天，我们应该重新审视中文教学现代化的内涵和外延。本文从教育现代化、中国教育现代化视域出发，提出中文教学现代化应具备的 3 个层面 9 个理念；同时引入复杂范式，以复杂范式三原则纵观中文教学现代化研究中容易混淆的 3 个问题。希望对中文教学现代化研究若干问题的反思可以促进中文教学实现更加和谐统一的现代化。

关键词： 中文教学现代化　复杂范式　反思与重构

Some Issues and Reflections on the Modernization of Chinese Language Teaching in a Complex Paradigm

Hu Xiaoqing

Faculty of Arts, Ludong University, 264025

Abstract: The modernization of Chinese language teaching is cutting-edge and forward-looking. At a time of rapid modernization, we should re-examine the connotation and extension of modernization of Chinese language teaching. This paper proposes three levels and nine concepts that should be present in the modernization of Chinese teaching from the perspective of education modernization and Chinese education modernization. At the same time, it introduces the complex paradigm and takes a look at three issues that are easily confused in the study of Chinese teaching modernization with the three principles of the complex paradigm. It is hoped that the reflection on some of the issues in this study of modernization of Chinese language teaching will promote a more harmonious and unified modernization of Chinese language teaching.

Key words: modernization of Chinese language teaching; complex paradigms; rethinking and reconfiguring

0　引言

中文教学现代化在教育现代化进程不断推进的今天，其重要性不言而喻，因此也成为当下的研究热点。以中文教学现代化学会为核心，以《中文教学现代化学报》为重要依托，

---

* 本文受 2021 国际中文教育创新项目资助（项目批准号 21YH028CX5）。

近年来涌现出大量探讨中文教学现代化相关问题的著述。主要范畴包括：

    a. 中文教学现代化的理论研究；

    b. 中文教学现代化的实践、应用与反思；

    c. 信息技术与汉语教学课程的整合研究；

    d. 数字化汉语教学的模式、方法、策略的应用与探索；

    e. 汉语教学资源（包括平台、素材、课件、课程及工具）的建设；

    f. 汉语教学课件（光盘版、网络版等）的开发、应用与测评；

    g. 任何针对汉语学习的新技术的运用与新产品的开发，如基于手机、PDA 等移动设备及 CMC、云端技术等；

    h. 数字化汉语教学的标准与规范的研究；

    i. 数字化汉语教师的培训与考评的研究；

    j. 汉语水平测试现代化研究；

    k. 汉语教学知识库的理论与应用；

    l. 中小学语文教学的数字化；

    m. 汉语教学的国别研究和实践；

    n. 其他中文教学现代化的相关研究与应用。[①]

归类上述研究范畴，可以看出，在 14 类论文主题中，c～i 均指向中文教学技术化和信息化，m、n 所指比较模糊，a 和 b 则重点探讨中文教学现代化理论与实践应用。何谓中文教学现代化理论？我们检索此前刊发论文未找到明确所指。那么，中文教学现代化与教育现代化、中国教育现代化有何关联？中文教学现代化应包含哪些要素？我们能否通过对中文教学现代化研究的反思促进其研究体系的构建？这就是本文所拟探讨的重点问题。

1 教育现代化所关注的问题

1.1 全球视域下教育现代化所关注的问题

教育研究领域学者对教育现代化进行了多维度研究。近年来多位研究者以 CiteSpace 为分析工具对美国与德国的教育现代化、国际教育现代化研究热点等进行了量化分析，绘制出可视化知识图谱。蔡文伯、陈念念（2022）指出，国际教育现代化研究的共词聚类主要为 9 个标签，分别为："Democracy（民主）""Education Modernization（教育现代化）""Inequality（不平等）""Hypertension（医学领域）""Medical Education（医学教育）""Networking（网络技术）""History（历史）""Industry（工业）""Ideology（思想体系）"。杨敏敏（2018）则指出，美国教育现代化研究中频次超过 5 次的高频词共有 15 个，依次为："美国协会、现代化理论、经济发展、21 世纪、教育扩展、可持续发展、教育获得、医学教育、解剖科学教育、显著性差异、现代化进程、解剖科学、最近数十年、农村地区、教育政策"。综合上述观点，国际教育现代化研究中共词聚类或近似聚类为：现代化理论或思想体系、历史或现代化进程、工业或经济发展、医学领域（医学教育）或解剖科学教育（解

---

① 引自中文教学现代化学报. 学报栏目. http://xuebao.eblcu.com1. 2022.

剖科学），个性化聚类则为国际教育现代化研究中的"网络技术、不平等、民主"及美国研究中的"教育扩展、可持续发展、教育获得、教育政策"。

综言之，在全球化视域下教育现代化研究除"教育现代化"这一上位概念外，对技术的关注并不占据主要地位，反而对理论、进程、政策、经济发展等表现出更大兴趣。

1.2　中国教育现代化所关注的问题

2019 年中共中央、国务院印发了《中国教育现代化 2035》，该文件是目前中国教育现代化的纲领性文件。文件要求"将服务中华民族伟大复兴作为教育的重要使命，坚持教育为人民服务、为中国共产党治国理政服务、为巩固和发展中国特色社会主义制度服务、为改革开放和社会主义现代化建设服务，优先发展教育，大力推进教育理念、体系、制度、内容、方法、治理现代化，着力提高教育质量，促进教育公平，优化教育结构，为决胜全面建成小康社会、实现新时代中国特色社会主义发展的奋斗目标提供有力支撑"。

可以看出，中国教育现代化有着明确的战略任务，即一个使命、四个服务；有着清晰的发展目标，即"推进教育理念、体系、制度、内容、方法、治理现代化"。而文件中提出的推进教育现代化的八大基本理念，包括"更加注重以德为先，更加注重全面发展，更加注重面向人人，更加注重终身学习，更加注重因材施教，更加注重知行合一，更加注重融合发展，更加注重共建共享"，更是明确了中国教育现代化的价值引领。可以说八大理念在"理念、体系、制度、内容、方法、治理现代化"各维度中起到导向作用，而信息化、智能化等只是实现方法现代化的一种途径，是对方法现代化的技术赋能。

因此，在中国教育现代化所关注的问题中，理念依然置于顶层，教育形式和方法的信息化则起到提高教育现代化效率的作用，值得探索、研究，但不是最关键因素，更不是单一变量。

2　"现代化"视域下的中文教学现代化

中文教学现代化既是社会现代化的一个部分，同时也是教育现代化的重要方面。探讨何谓中文教学现代化，离不开现代化的大背景和宏观视域。顾明远（2012）指出，教育现代化的基本特征包括：教育的民族性和公平性、教育的终身性和全时空性、教育的生产性和社会性、教育的个性和创造性、教育的多样性和差异性、教育的信息化和创新性、教育的国际性和开放性、教育的科学性和法制性。中文教学现代化在教育国际化、中国教育国际化视域下，结合自身特点，也应从以下 3 个方面确立发展和研究理念。

2.1　中文教学现代化的宏观思考

所谓宏观思考，是指思考内容在中文教学现代化发展和研究中可以发挥引领作用的若干要素，是关系到中文教学现代化发展方向的顶层设计。可分为 3 个层面。

2.1.1　中文教学的目标性与导向性

中文教学从广义来讲，既指向外国学习者为对象的国际中文教育，也包括中国学习者为对象的中文教育。在中文教学现代化历届国际会议中，研究主要以前者为主，但也有少数研究者提交了国内中文教学的相关论文。不同的概念指向决定着其不同的目标性和导向性。

李宇明（2020）认为，加强国际教育，扩大中文的第二语言人口，是促进中文成为世界第二通用语言的重要手段。换言之，国际中文教育的目标和导向是构建好中文的外语角色，推动中文成为世界公共产品，加快中文成为世界通用语言的步伐。有人认为，国际中文教育的目标应该更为宏观，应服务于中国文化走出去国家战略，服务于人类命运共同体的构建，证据之一为李宇明（2015）、陆俭明（2016）等都曾提出"一带一路语言铺路""一带一路需要语言铺路"等观点。先生们的观点极具前瞻性，但我们不能将"服务人类命运共同体构建"等使命和责任等同于国际中文教育目标，提高中文的国际地位、提升中国的国家语言能力才是国际中文教育的目标和导向。

而以国内学习者为主要对象的中文教育则应着眼于国家通用语言文字的普及推广、国民语言能力的建构和提升。在此不展开分析。

2.1.2　中文教学的政策性与规划性

为实现中文教学现代化的宏观目标，需要从语言规划和语言政策层面进行配套研究、建设。李宇明（2022）在《语言规划学说略》中全面梳理了中国语言规划学中的若干学术理念，主要包括构建和谐语言生活、保护和开发语言资源、提升国家语言能力、重视语言的经济属性、树立"大华语"意识、语言扶贫、应急语言服务等7个方面。李泉（2021）则从国际中文教育角度分析了汉语国际化规划所应确立的观念规划、声誉规划、阶段规划、学科规划和标准规划。我们认为，广义的中文教学现代化可包含语言规划学七大理念，从宏观层面做好观念规划、声誉规划、国内规划和国外规划，并在规划基础上推动国家语委等部门配套相应语言政策，确保规划的稳步推进。

2.1.3　中文教学的制度化与法制性

中文教学应构建起自己成熟的体系、制度，在逐渐远离零散性、逐步走向高效能的动态过程中体现其现代化。在国际中文教学中目前已经形成了以下体系：国外高校中以中文专业和中文教育专业为依托的学历教育及非学历教育体系，国外中文进入其国民教育体系的中小学中文教学体系，遍布全球的海外华人中文教育体系，中国教育部中外语言交流合作中心推动的国外孔子学院和孔子课堂体系，国内高校为主的中文预科教育、学历教育和非学历教育体系等。这些体系之间应建立何种逻辑关联？可以开展哪些合作？各自的定位是否存在模糊地带？除上述体系外，为实现汉语国际化目标，还可能构建起哪些体系？是否需要将这些体系在国内国外两个环境下制度化？这些都是应该思考和关注的问题，关注不够、思考不足，会成为中文教学现代化进程中的掣肘。而国内的中文教学业已体系化和制度化，但面向少数民族地区的国家通用语言文字普及推广在学校课堂教学之外是否需要增加语言使用层的体系建设，面向国内中小学中文教学中的知识与能力、理论和应用是否解决到位，脱离应试教育的中小学生语言文字应用能力发展可否实现新的体系化等，这些也是现代化进程中要着力解决的问题。

习近平总书记系统论述全面依法治国新理念、新思想、新战略，并将其核心要义概括为"十个坚持"。依法治国新理念要求我们以法治思维和法治方式深化改革、推动发展，故中文教学现代化也应树立法治化理念。概言之，中文教学现代化要依法而行。这个"法"既指中文教学中要及时依中国最新法律而变，也指要关注国际中文教学中所面临的国际法、不同国家法律问题；既有对教学实施者和教学对象的法律规范，也有对教学内容、教学方法的法律制约。严格依法而行、依法而治，方能以法治化促进中文教学的现代化发展。

2.2 中文教学现代化的中观考察

在中文教学现代化顶层设计之下，我们还应从教学对象、教学场域、教学服务面向三个中观层面思考其现代化属性。

2.2.1 中文教学的生产性与社会性

中文教学的生产性与社会性主要是思考中文教学服务面向问题。从中文教学内部来讲，其生产性与社会性是党的教育方针的落实和体现。2021 年 4 月 29 日，第十三届全国人大常委会第二十八次会议通过关于修改《中华人民共和国教育法》的规定，将其中第五条改为"教育必须为社会主义现代化建设服务、为人民服务，必须与生产劳动和社会实践相结合，培养德智体美劳全面发展的社会主义建设者和接班人"。教育与生产劳动和社会实践相结合的要求必然映射到中文教学中。它要求中文教学不能纸上谈兵，所授内容应与社会生活紧密相关；要求根据生产劳动与社会实践所需设计新的发展方向，比如近年兴起的"中文+职业教育"就是生产性与社会性的体现。

从中文教学外部来看，中文教学已成为新的文化产业，国际中文教学也成为对外文化贸易的重要组成部分，中文教学拥有了事业、学科、产业三重属性。事业属性决定着其目标和导向性，学科属性决定着其科学性和创新性，而产业属性则要求加强服务功能，面向经济社会发展需要进行新的设计、新的规划，凸显中文教学的经济属性。如何推进产学研深度融合，如何服务国内外产业需求开展中文教学的新探索、新研究，这些都是现代化过程中需重点考虑的问题。

2.2.2 中文教学的个性化和创造性

中文教学的个性化和创造性是指从教学对象角度体现以学生为中心的教育理念。中文教学要遵循教育的一般规律，在面向全体的基础上，根据学生不同的个性特征、不同的发展需求开展有针对性的教学。面向全体体现的是教育公平和均衡，而针对性教学则是因材施教的现代转化。两者是辩证统一的，而后者对摆脱工业社会标准化、机械化藩篱至关重要。

从社会发展角度看，社会现代化需要大量有创造能力的人才。个性化虽不等同于创造力，但个性的核心是创造力。在中文教学中充分了解学习者个性，在教学内容、方法、手段等多方面满足学习者个性，促使学习者在个性发展中实现创造力的提升，所培养出的具有个性特质、富有创造力的诸多个体将成为中文教学服务于现代社会的创新型人才，充分体现出中文教学的社会价值。

2.2.3 中文教学的国际性和开放性

外向型的中文教学本身自然是国际性的，这一点毋庸置疑。但其国际性也存在不同层次。一是教学对象的国际性程度。从对外汉语教学到汉语国际教育再到国际中文教育，名称的变化恰恰表明国家层面对中文教学国际性的顶层设计在顺势而变。未来随着国家战略需求的变化、外交形势的新布局、海外中文教学市场的新培育，国际性程度理应不断提高，形成体现现代化特征的动态国际性发展态势。二是教学理念、方法、内容的国际性程度。我们应在了解世界不同国家、不同区域教育背景、现状基础上，结合中文特征，设计最能体现国际前沿教学理念同时又符合学习者群体需求的教学内容和方法。故步自封不是国际性，一味媚外同样不是国际性，站在国际化场域中，以全球视野关照中文教学，方可提升中文教学体系的国际性。

开放性则是中文教学现代化的重要推手。中文教学内部的开放包括师资培养、教学内容、形式、方法、手段等方面，国内国外、本体本土之间合作交流，取长补短，以开放促进发展；中文教学外部的开放则是打通产学政研合作渠道，有效汇聚资源，形成"教学—研究—服务"的双向循环。这点与前述的社会性有一定关联。

国际性和开放性不但适用于外向型中文教学，国内中小学中文教学同样应以国际性、开放性促进自身的现代化发展。

2.3　中文教学现代化的微观视点

所谓微观，不是细枝末节，更不是无足轻重，而是和宏观、中观相比其考察点更具体、更细微。下面从 3 个方面分述。

2.3.1　中文教学的科学性和创新性

中文教学有其内在体系，而体系是否科学及其科学性程度是衡量其现代化的有效维度。首先，中文教学内容应是科学的。对内中文教学内容是否体现循序渐进原则、是否符合知识与能力融合发展的要求，对外中文教学内容是否契合汉语要素本体规律、汉语作为二语习得规律和教学规律，需要以理性主义视角、实证主义分析手段加以科学评价。比如，近年来我们的国际中文教育等级标准经过了几轮更新，更新是否合理，哪些地方合理，哪些地方尚需修订完善，这不是主观臆断可以解决的问题，需要在应用中通过对照实验或者大规模语料库或设计合理的问卷调查，拿出一手数据，做出分析和解释。其次，中文教学的课程目标是科学的。体系中的每门课程都有自己的占位，不能忽略自己的课程目标，跨越到其他课程目标。曾经一度热议的国际中文教学所有课型精读化问题就是未解决好课程目标科学设定所致。再比如教育部刚刚公布的《义务教育课程方案和课程标准（2022 版）》，对课程方案和课程目标都进行了完善和优化。完善性和优化度如何，同样需要在使用中收集应用数据，进行科学评判。

创新性无处不在，中文教学不创新无活力；但是要处理好科学性和创新性的关系。科学性不排斥创新，科学性需要创新思维不断发展推进；创新性必须以科学性为基石，不科学的创新等同于异想天开。因此科学性和创新性看似矛盾，但可以在中文教学中和谐共存，共同推进其现代化进程。

2.3.2　中文教学的多样性和差异性

李泉（2021）在谈到汉语国际化规划时多次提到"多元化"，而多元化正是多样性的体现。由于教学对象的国别区域不同、学习需求不同，中文教学模式、方法甚至部分内容都应多样化。比如短期汉语学习者多出于兴趣动机或临时工具动机学习中文，在教学模式上采用语文并进模式显然不如"先语后文"模式或"只语不文"模式更适宜。而有"中文+职业教育"需求的学习者，对语法项目的学习可以只用不通，不需知其然知其所以然。

中文教学的多样性必然带来差异性。差异性体现创新，体现多元，但同时差异性是在共同基础上的差异，差异性不能偏离中文教学的总体目标和导向，目标和导向是全局性的、总体性的，差异性则是局部的、个体的。这一点也可解释中文教学本土化问题。中文教学的本土化，可以是场域的本土化、师资和学习者的本土化、教学模式和方法的本土化，这些本土化有利于中文教学多样化、差异性发展；但教学内容不能完全本土化，应以汉语与中国文化特征为基本教学内容，不能偏离，不能歪曲，否则就不是体现差异性的本土化，而是偏离中文教学主旨的任意化，甚至是本国意识形态对中文教学的强制。因此，有必要研究如何多样性、差异化，应避免哪些形态的差异性等问题。

2.3.3 中文教学的智能化与信息化

信息化时代要求中文教学的信息化和智能化。对大多数教师而言，中文教学的信息化和智能化不是主动求变，而是时代倒逼。很多教师曾经将建设在线课程、开展线上教学或者混合教学视若畏途，但一场席卷全球的新冠疫情，使所有教师无奈适应了线上教学形态。说到底，很多人只是将信息化作为一种教学工具、教学手段，并未形成智能化、信息化视域下的教学理念、教学模式、教学方法，也不具备能够整合教学资源、学习数据的信息素养。我们也注意到，最近两年的论文，多以"新冠疫情下的……"或"后疫情时代的……"为题，但内容多以线上教学的实施、教学工具的使用为主，并未深刻思考新冠疫情下或者后疫情时代中文教师应具备何种信息素养，所谓的中文教学智能化和信息化可分为哪些维度，线上课程与线下课程效果的科学评估也存在很大欠缺。从单一层面描述线上教学过程或智能工具辅助使用效果，只是教学者或研究者的自说自话，缺乏科学性支撑，没有显著性差异分析，研究很难自圆其说。故我们应该以中文教学的智能化和信息化培养教师的信息素养，提升教师利用智能手段提高教学效能的能力，转换教学理念和教学方式的能力，整合教学资源、有效利用学习数据的能力，而不能停留在增加一种教学手段的信息化初级阶段。

3 "复杂范式"给予中文教学现代化的启示

前述的多种中文教学现代化理念如何作用于中文教学？如何在无序中形成有序，在有序中关照无序？我们需要从复杂性思想或称"复杂范式"中找到依据。

3.1 复杂范式的核心观点

20世纪以前，简单化一直是分析科学家的追求，如牛顿、爱因斯坦等都推崇简单化，认为它是一切科学的伟大目标。因此在数百年间，"世界的简单性信念是近代科学研究的重要传统和发展动力之一……人们一直把简单性思想作为主导思想"（黄欣荣等，2005）。20世纪初，科学的发展使人们意识到简单性思想有其局限性，采用简单范式无法解释生物演化的逐渐高级化，分析还原的简单方法也解决不了物理学、医学乃至经济学、历史学遇到的复杂问题。而奥地利生物学家贝特朗菲 1928 年创立的一般系统论则标志着复杂性科学的诞生。经过比利时物理学家普利高津、德国学者哈肯等欧洲学派的努力，复杂性科学突破瓶颈，开始在众多理论间形成密切关联。20 世纪 80 年代，随着美国圣菲研究所的建设，复杂范式初步形成，复杂性研究进入新阶段。

在科学研究由简单走向复杂，由产生复杂性思想到形成复杂性范式的同时，哲学界的复杂思想、复杂范式也几乎在同步推进，其中的代表人物就是法国哲学家埃德加·莫兰（Edgar Morin）。他认为，"复杂性不是能够用简单的方式来加以确定并取代简单性的东西"，因此应该用"无序—有序—相互作用—组织"的四元宏大概念组成概念网络，来阐释世界及其组成事物的"多样性统一"（陈一壮，2004）。他从跨学科研究中开启其复杂性思想研究，提出三个原则借以进行复杂性认识。这三个原则为：两重性逻辑的原则、循环的原则和全息原则。这三个原则在莫兰建构的复杂性理论中处于顶层位置（底层为系统论、信息论、控制论等原理，中间是自主组思想，顶层为三个原则）（赫雪，2014）。

两重性逻辑原则暗合马克思主义哲学的辩证法思想。莫兰认为，表面上排斥对立的两个原则或概念，实际上是不可分割的，它们互相补充、互为条件。用两重性逻辑原则可以分析丰富的问题，"它把一和多统一起来形成复杂的多样性统一"，莫兰称之为"既一又二"。

组织循环原则是莫兰提出的第二个原则。他以漩涡说明"循环的运动同时构成漩涡的存在、产生和再生"，内在的决定性和外在的决定性，再加上使得选择可能的内在的非决定性和使得自由行动可能的外在的偶然、随机因素，使得自主的、依赖环境的组织得以突现。莫兰的组织循环原则常常用来描述社会和个人关系，共同生活的个人之间的相互作用产生了人类社会，而人类社会又通过文化、风俗等塑造着个人（赫雪，2014）。

全息原则来自物理学。莫兰提出，"不仅部分处于整体之中，整体也处于部分之中。整体和部分是相互决定的，相互作用的个体组元会影响到整体系统，整体系统也会对个体组元的相互作用产生约束"，莫兰"将有序和无序并列，以保证组元创造性自由的发挥，自下至上分散协调来构成系统自身"（赫雪，2014）。

3.2 "复杂范式"下中文教学现代化要思考的问题

既然中文教学现代化不是简单的信息化、智能化、技术化，而是置身于教育现代化背景下的中文教学从宏观到中观到微观的理念现代化、内容现代化、方式现代化、治理现代化等多元综合体，那么从莫兰"复杂范式"的三原则角度，可以帮助我们更好地协调中文教学现代化所涉问题。

一是传统和现代问题。一说现代化，很多人总将其与传统对立，或者认为源于西方的教育理论、二语教学理论代表现代化，而中国传统模式则是传统的、过时的。以复杂范式的两重性逻辑原则看待传统和现代，我们会认识到，两者不可割裂，互为条件。现代化植根于传统，从传统中吸纳养分；传统则依赖于现代化创新发展。在历史发展过程中，传统和现代永远是一对并存的概念，今天的现代化，也将成为未来的传统。因此，我们要正确分析中文教学中的传统元素，积极吸纳现代化元素，在传统与现代的川流不息中实现中文教学现代化纵轴元素间的和谐统一。

二是人工与智能问题。信息化时代赋予中文教学智能化的便利，智能化手段某种意义上可以取代人工。同时，智能与人工孰优孰劣问题一直在各领域争鸣。我们可以从组织循环原则来审视这一问题。智能化和人工化教学都可以成为自组织，在组织循环过程中，智能化会因人文、情感等内在非决定性因素或环境、条件等外在偶然因素发生变化，使智能化自组织成为依赖环境的组织。反之，人工化教学亦然。我们可以将人工化和智能化看作不同组织的非决定性因素，在组织循环过程中两者不会互相取代，只会形成再生关系。认清了这一点，将有助于我们更为积极地对待人工和智能问题。

三是规范与创新问题。从规划角度而言，中文教学应该是规范的、有遵循的。但规范有时又会制约创新，成为创新的束缚。从全息原则来看待这一问题，我们将会发现，整体的规范和个体的创新是全息的，个体创新后带来系统调整，形成新的规范。我们更应注意的是中文教学哪些方面要鼓励创新，创新成果如何检验，检验后更能体现科学性的部分如何融入新的整体。这与前文所谈的规划与目标、制度与法治、多样与创新的理念息息相关，也应在全息原则下综合设计、一体化探讨。

4　结语

由前文分析可以看出，中文教学现代化是在社会现代化、教育现代化、中国教育现代化的综合场域下存在的，信息化和智能化只是微观视点中的一部分，用得好则促进中文教学的现代化进程，用得不好则可能走入机械主义。我们应在中文教学的宏观、中观、微观三个层面、九种理念中贯通性思考中文教学包含的各种要素，辩证看待各要素之间的关系。

从复杂范式三原则角度分析中文教学现代化，可以发现更多值得研究、思考、探索的新问题、新领域，并将之纳入新体系，构建起可持续发展的中文教学现代化的动态系统。

参考文献

[1]　蔡文伯, 陈念念. 国际教育现代化研究的学术影响力与发展趋势. 山东高等教育, 2022(1).

[2]　陈一壮. 论法国哲学家埃德加·莫兰的"复杂思想". 中南大学学报, 2004(1).

[3]　傅淳华. 论教育现代化研究的多维重构. 教育科学研究, 2015(12).

[4]　顾明远. 试论教育现代化的基本特征. 教育研究, 2012(9).

[5]　赫雪. 莫兰复杂性思想三原则的哲学分析. 浙江社会科学, 2014(6).

[6]　黄欣荣, 吴彤. 从简单到复杂——复杂性范式的历史嬗变. 江西财经大学学报, 2005(5).

[7]　李泉. 再论汉语国际化规划. 语言教育, 2021(4).

[8]　李宇明. "一带一路"需要语言铺路. 人民日报, 2015-09-22, 第 007 版.

[9]　李宇明. 中文怎样成为世界第二通用语言. 光明日报, 2020-01-04, 第 10 版.

[10]　李宇明. 语言规划学说略. 辞书研究, 2022(1).

[11]　陆俭明. "一带一路"建设需要语言铺路搭桥. 文化软实力研究, 2016(2).

[12]　苗东升. 复杂性研究的现状与展望. 系统辩证学学报, 2001(4).

[13]　眭依凡. 高等教育现代化的理性思考. 高等教育研究, 2014(10).

[14]　杨敏敏. 美国教育现代化研究的最新热点与前沿. 国家教育行政学院学报, 2018(11).

[15]　杨小微, 游韵. 教育现代化的中国视角. 教育研究, 2021(3).

中文教学现代化的理论、实践应用与反思

论汉语拼音教学现代化
——寓学于乐及语言学的应用

蔺荪[1]　卞可薇[2]　高清宇[3]

[1,2]香港城市大学　[3]香港理工大学

[1] ctslun@cityu.edu.hk　[2] kbian7-c@my.cityu.edu.hk　[3] qingyu.gao@polyu.edu.hk

摘　要: 本文介绍了《奥特英雄学园》中《汉语拼音方案》教学的设计理念如何融汇体验学习理论和生成学习理论。在内容方面，游戏软件展示了如何利用寓学于乐的理念，特别是语言学中语音学和音位学的应用。文章还提供了另外两个同样也是针对幼儿拼音教学的游戏系统的介绍与比较，并简单介绍了通过国际音标学习汉语拼音对成年外国学生的重要性。

关键词:《汉语拼音方案》教学的设计理念　体验学习理论　生成学习理论　寓学于乐　语言学应用

Modernizing the Teaching of Hanyu Pinyin
—Edutainment and Application of Linguistics

Suen Caesar LUN[1]　　Bian Kewei[2]　　Gao Qingyu[3]

[1,2] City University of Hong Kong　[3] The Hong Kong Polytechnic University

Abstract: This paper introduces how the design concept of Ultraman Heroes' Paradise optimized the teaching of Hanyu Pinyin Scheme teaching by integrating the Experiential Learning Theory and the Generative Learning Theory. In terms of content, this role-playing game (RPG) demonstrates how the concepts of edutainment and most importantly the phonetic and phonological knowledge of linguistics is applied. Moreover, the paper provides an introduction and comparison of two other educational games that are also aimed at children's pinyin teaching. It also discusses the importance of teaching Hanyu Pinyin via IPA for adult foreign students.

Key words: the design concepts of of Hanyu Pinyin Scheme; Integrating Experiential Learning Theory; Generative Learning Theory; edutainment; application of linguistics

0　缘起

《汉语拼音方案》是学习汉语的入门功课，对中国人和外国人都一样。中国人，特别是汉族儿童，上学前通常已经会说普通话或某种汉语方言，少数民族和外国人就不一定有这种语言基础。中国人学习《汉语拼音方案》，可以了解汉语普通话的语音系统，对比并纠正和普通话发音系统不同的方音。学会拼音就可以学会每个汉字的标准发音，还可以利用字

母排序查阅字典、词典，帮助学习者掌握汉语拼音输入法操作，完成电子设备上的汉字数字化录入等，从而联通语言天地和外部世界，取得无穷无尽的知识。

对外国人和少数民族同胞来说，《汉语拼音方案》也是学习汉语必不可少的入门工具。当然，不同的学习者有不同的知识背景，可以使用不同的学习途径。我们先从儿童说起。对儿童来说，正规的拼音教学可以辅以游戏形式，寓学于乐，以便加强学习效果。我们提倡从零开始，先学字母的大小写形式、字母的读法和所代表的音素、语音的分类、音节的构成、声母和韵母的概念、拼音的不同组合以及声调，然后，还要涵盖方案里的拼写规律和语音系统里的轻声、儿化、三声变调等基本音韵学知识。其实这些都是学生应该学、老师应该教的。在正规课堂外，练习、游戏和课外学习可以加强学习的效率和趣味，而测验和汉字输入等则可以检测学习的效果，把拼音付诸实践，学以致用。

要知道每个人的语言背景都不尽相同，所懂的语言无论是数量和深度都不一样。所以要学好语音，最后一定要超越拼音，用国际音标来进行语言系统之间的对比，这样才能够准确地掌握语言的发音。当然对小朋友来说，这是不必要的也是不可行的。可是老师自己应该懂，而成年的学生学会分析对比才能更好地掌握目标语言。小朋友学好语音，只要有良好的示范就行了。这样就要有优良的学习环境和优质的资源。优秀的老师应该有语言学的训练，有教育心理学的素养，而且对教学有热忱。他们会选择最佳的教具、教材来进行教学，并且指点学生使用最优化的学习途径。以《汉语拼音方案》教学来说，对小孩子而言，寓学于乐（Lun，2006；蔺荪，2008）可能是最好的方法之一。

1   寓学于乐：《奥特英雄学园》

《奥特英雄学园》是一款由上海东方明珠文化发展有限公司和香港语言科技有限公司合作开发的，以学习汉语拼音为主题的角色扮演游戏（RPG）。游戏系统在开发时充分借鉴了体验学习理论（Kolb，1984）和生成学习理论（Wittrock，1989）。体验学习理论将学习视为一个过程而非结果，并把这个过程分为四个不同的方面：（1）体验与经验；（2）观察与反思；（3）概念化；（4）检验。具体来说，当我们学习知识时，首先是要获取体验或经验，即"接触"知识；随后我们对获得的体验或经验进行反思、梳理和总结；然后我们会从总结的规律中抽象出具体的知识概念；最后，将抽象出来的概念应用在新条件中进行检验，确保概念的准确性。可以看出，在体验学习的理论中，学习是人与外界持续交互作用的过程。而传统的教学理论将知识浓缩在教科书里，认为学习是人与教科书的互动以及个体内化的结果。《奥特英雄学园》打造了一个虚拟的学习环境（见图1、图2），利用儿童熟悉的卡通形象——奥特曼，创造出一个让孩子进行全新的知识体验的虚拟世界。故事主线是守护地球的迪迦奥特曼被邪心王打败，邪心王能够从人心的黑暗一面获得力量；迪迦奥特曼被奥特之王传送到了奥特英雄学园进行修炼，通过学习获得力量，最终打败了邪心王。在《奥特英雄学园》中，学习者将以奥特曼的视角，在30个关卡中分别接触到拼音的知识点（视频学习）：韵母、声母、复合韵母、字母排列、字母大小写以及轻声、变调等。经过反复练习（卡牌对战游戏），学习者会形成有关拼音知识的有体系的概念，并在挑战中实际应用知识以完成对新学到的知识的检验，从而完成体验学习的全部四个过程。学习者还可以在学习拼音的同时，体验"银河酷跑"的乐趣，在"酷跑"中获得的金币和钻石可以用于购买帮助过关的道具以及召唤奥特曼一起加入卡牌对战，营造了更为贴切的游戏环境。

图1　《奥特英雄学园》主页面　　　　　图2　《奥特英雄学园》游戏关卡页面之一

生成学习理论强调学生本身已有的知识经验对新知识学习的重要性，新知识需要与学习者已有的体验建立联系，这样有助于学习新的知识。与此同时，理论还着眼于学习者的态度和兴趣——认为学习者的态度和兴趣将决定学习者对新环境的选择性注意，即哪些内容可能被习得。《奥特英雄学园》采用当下主流游戏的交互界面，弱化"教科书"属性，积极建立新知识的学习环境与学习者已有的游戏体验之间的联系。除了交互界面的设计，《奥特英雄学园》在对新知识的练习环节中大量采用了游戏元素，比如卡牌对战、银河酷跑等。这种练习的设计极大降低了学习者的学习心理压力，凭借他们对"游戏"的兴趣，在"不知不觉"中完成练习，在潜移默化中完成对知识的掌握。

基于体验学习理论和生成学习理论的汉语拼音游戏化教学内容，通过学习者对情景的认知体验和学习者的主体性体验，有效地帮助学习者完成知识习得的全过程。《奥特英雄学园》中基于情景的体验可以增加学习者对隐性知识的掌握，而这种隐性知识正是当下主流教学模式中通过言语教学难以教授的内容。学习者在对知识的切身实践中，通过内省式的深化完成对知识的概念抽象过程，从而达到掌握知识（尤其是隐性知识）的目的。与此同时，《奥特英雄学园》基于学习者的主体性体验极大地提高了学习者的参与动机。而凭借游戏本身的奖励机制和挑战机制，学习者成功掌握知识后将获得积极的反馈，而积极反馈又将激发学习者的自信与继续学习下去的动力，形成良性循环。

2　游戏系统中有关语言学的应用

《奥特英雄学园》的学习系统基于语言学的理论，对《汉语拼音方案》的所有重要细节进行实际分析，然后以简单的语言、生动的动画，还有游戏的形式让学生潜移默化地学到拼音背后的规则。汉语的音节相对简单，传统上分成声母、韵母，韵母再分为韵头、韵腹、韵尾，除了韵腹是元音，其他的声母、韵头、韵尾都是辅音，而覆盖整个音节的还有一个声调（字调其实是音节调），调号则是标在韵腹的字母上面。传统的声母名称是用注音符号的一套标注方法，但这样只是方便称名，对拼音学习实际上没有太多好处。所以我们建议用语言学家的方法，就是在声母的后面加上中央元音[ə]。这里唯一的例外是舌面音 j、q、x，因为这些舌面声母不会出现在中央元音前面，所以还是念成 ji、qi、xi，这是一个变通的合理做法。因为发音时让中央元音弱化后脱落是相对容易的，这样就不会影响拼读的效果。比方说"班"的念法，照注音符号是/buo+a+en/，怎么样都不会像把[p(ə) a n(ə)]合在一起那样很快地念出来，更像最后要得到的音节[pan]那么自然直观。

《奥特英雄学园》的学习系统首先教元音是什么。发元音的时候，舌头放好位置后基本不变。念元音的时候可以大声、小声，可以高音、低音，也可以拉长、缩短，所以是说话时最响亮的部分。元音学习的顺序是a、i、u、e、o，然后是 ê 和 ü。每一关教一个元音字母，最后加上表示声调的四声符号，如ā、á、ǎ、à，让儿童模仿和辨识。下一部分就是教声母了，分别是：唇音 b、p、m、f，齿龈音 d、t、n、l，舌根音（硬腭音）g、k、h，舌尖前音（齿龈擦音和齿龈塞擦音）z、c、s，舌尖后音（翘舌音）zh、ch、sh、r，舌面音（展唇音）j、q、x。声母学习顺序按照发音位置和发音方法分类来教，间接帮助学生理解语音学的基本常识。这部分当然将来也可以借助一首声母歌来辅助记忆，但由于没有传统的儿歌，所以暂时从缺，以后可以补上。

到了第十四关时，我们已经学会所有的单元音和作为声母的辅音了，这时候总结一下字母表。相信很多人都不知道每个字母的真正名称/读音。虽然方案里是用注音符号注明了的，但是今天就没有多少中国人再学注音符号了，这是当年注音符号还占有主流正统地位的时候的做法。我们应该把字母的正式读音用《汉语拼音方案》的字母来转写，来推广。那为什么除了字母的发音还要有字母的念法呢？因为字母本身是有其他用处的。例如一个音节怎么拼写，提到字母的时候要有个念法。我们不应该用英语 ABC 的念法来决定汉语 ABC 的念法，因为中国人是先学汉语，才学外语的；更不可能先学英语才来学普通话。《汉语拼音方案》用的是拉丁字母改成的汉语（拼音）字母，每个字母在不同的语言里读音都可以是不同的。汉语拼音字母表 [alph（a）bet（a）] 跟英文字母表一样，有 26 个字母，但普通话里则没有发 Vv 音的词语。

大写字母 A、B、C 等相对的是小写字母 a、b、c 等，标音一般用小写。字母的写法：三行的空间用两条线分开，大写占上面跟中间两行；小写只用中间的字母，包括a、c、e、m、n、o、r、s、u、v、w、x、z；用上面跟中间的字母有 b、d、f、h、i、k、l、t；用中间跟下面的字母则有 g、j、p、q、y。这些都是儿童初学时需要知道的知识。字母有字母的名称也有它拼音时的念法。字母的名称如下：中式是a、bê、cê、dê、e、êf、gê、ha、i、jiê、kê、êl、êm、nê、o、pê、qiu、ar、ês、tê、u、vê、wa、xi、ya、zê，应该放到《汉语拼音方案》里取代原来的注音符号。由于英语是国际通用的共同语，平时大家可能习惯把汉语字母念成英文字母，所以作为参考资料提供也行，但是应该让学习者知晓这两种语言不同的字母念法。这样遇到从英语来的外来缩写词，如 NBA，可以接受英语念法，而遇到中文的缩写词时可以用不同的发音来区别对待，避免混淆，例如 RMB（/ar êm bê/）等。

由于是针对小朋友的教育游戏，所以系统采用了传统的英语字母歌的形式，改了歌词，让学生轻松学会字母的名称和顺序。掌握 ABC 的排列顺序非常重要，孩子学会了就可以查辞书，检索资料，做各种字母能帮忙解决的事情，而这些在汉字系统里都是繁难不易解决的，因此我们的先辈才从清朝末年开始，不断考虑文字改革这项艰巨的任务。

第十五关介绍作为韵腹的三个半元音，写成字母是 i、u、ü，其实是 y、w 和圆唇的 y。还有一个 o，其实算是 w 的化身。这里还特别介绍了分音节字母 y 和 w。接着教非鼻音结尾的复合元音韵母，最后教带前后鼻音的韵母。第二十三关总结汉语的音节结构，让他们知道押韵是什么意思。第二十四关教给学生七字口诀（本系统的综合改良版）标调：

（1）有a一定不放过；

（2）没a标调找 o、e；

（3）i、u 并列标在后；

（4）i 上标调点去掉；

（5）元音韵母还用说？

（6）轻声音节不标调。

系统最后介绍汉语普通话的四声、轻声、儿化和三声变调。例如教轻声的时候，系统介绍说："字的声调有时候会读得很轻、很短，元音还可能出现一些弱化，最主要是和本来的字调不同了，我们把这种现象叫作轻声。这种轻声的情况通常出现在一些词的最后一个音节，或者出现在一些比较常用的功能词上，大家应该能听出来的。轻声一般是不标调号的。"至于《汉语拼音方案》里的五条拼写规则，除了第五条不常用不予解释以外，其他四条都在介绍韵母时说明了。总的来说，我们希望用最简单的语言，把《汉语拼音方案》里头的语音知识系统地教给学生。学生在游戏的激励之下，努力学习，拼命闯关，就会达到最好的学习效果。

系统本身是有可以改善的地方的，比方说奥特曼的嘴巴没办法显示动态，发音的动作和嘴型也都是如此，不那么理想，将来可以再利用口型图示范等方法加以改良；游戏的多媒体环境也可以适度改良。总之，技术性方面改良的空间是很多的，但是我们相信在学理上做到了最科学、最前沿、最合理的安排。下面我们简单介绍其他两个系统，并做简单的比较。

3　不同教育游戏系统比较

《悟空拼音》也是一款帮助儿童学习汉语拼音的学习软件（见图3）。它以《西游记》为故事背景，在这个基础上原创了美猴王悟空斩妖降魔的一系列冒险故事，并设计了趣味闯关游戏。儿童在14天中将经历不同的冒险故事，并学习韵母、声母和整体认读音节的知识。14天的冒险故事主题涵盖了所要学习的拼音知识。学完一章后，就可以观看绘本复习。App在展示绘本内容的过程中，会重点选取一些字进行详细拼读讲解和汉字形体辨认。《悟空拼音》是一款比较有趣的拼音学习软件，不过仍然存在一些不足之处。首先，这款游戏没有设计一个完整的26个字母读音表，不能以总拼音表的形式给儿童学习者一个总结；其次，每天只能完成一个章节，降低了软件的灵活性；最后，每一章节的"拼一拼"小练习并不适用于刚刚完成那个章节的玩家，例如第一章的"拼一拼"练习所使用的汉字已经比较复杂，并且这个练习还需要玩家了解汉语拼音的辅音以及拼音的发音规则才能完成，在难度设置安排上存在一些不太合理之处。

《洪恩拼音》是洪恩儿童学习软件系列之一（见图4），是专门针对儿童的拼音教学开发的。软件主界面的中心位置显示了各个关卡，包括拼音教学的关卡、小测验关卡和大测验关卡（Boss）。除了主要的拼音教学关卡，《洪恩拼音》还有拼音阅读、拼音训练营、拼音儿歌等针对拼音的练习。但《洪恩拼音》仍存在一定的问题：首先在部分游戏中，拼音字母很小而其他动态的卡通元素很大，这样的设计会将儿童的注意力转移到卡通元素上，从而影响对拼音字母的关注;另外,部分知识的讲解缺乏科学依据,比如《洪恩拼音》将韵母分成单韵母、复韵母、鼻韵母、特殊韵母,其中复韵母包括ai、ei、ui、ao、ou、iu、ie、ue(er 为特殊韵母),而实际上 ia、ua、uo、üe、iao、iou(iu)、uai、uei(ui)也都应该是复韵母,而《汉语拼音方案》中关于字母 v 和 ng的用法以及 z-i、zh-i/c-i、ch-i 等的具体区别都没有提到。

图 3　《悟空拼音》的单元流程　　　　　图 4　《洪恩拼音》其中一个学习页面

表 1 从玩家用户的学习周期、游戏内容、考评方式、用户界面、理论支持、收费模式和游戏依托的故事背景等角度,对比总结了三款拼音游戏学习软件各自的特点。

表 1　三款拼音学习游戏系统的综合比较

对比项	《奥特英雄学园》	《悟空拼音》	《洪恩拼音》
学习周期	约一个月	14 天	约三周
游戏内容	卡牌游戏与跑酷游戏等	萤火虫拼音灯、炮击妖王等	弹射字母、放孔明灯、恐龙救援队等
考评方法	游戏通关考评	游戏通关考评	系统自动考评/家长自定义考评
用户界面	卡通界面	卡通闯关地图界面	卡通界面
理论支持	完整翔实的简化与整体拼音知识	简化的拼音知识,缺乏完整拼音知识总结	简化的拼音知识,缺乏科学依据
收费模式	包月或课程采买制	免费体验+包年或课程采买制	免费体验+订阅制
故事背景	奥特曼卡通	《西游记》	无

4　IPA 在汉语拼音教学中的应用

4.1　针对成人和外国人汉语拼音教学的建议

此外在外国人学习汉语的时候,特别是在向懂英语的成年人介绍《汉语拼音方案》时,如何书写字母和字母如何排列就没那么重要了。我们应该利用他们成熟的认知能力和相对高的文化程度,让他们了解汉语拼音和国际音标的对照。这将会让我们更容易解释他们的母语和普通话之间的系统性语音差异,对他们摆脱母语干扰会很有帮助。用严式的国际音标标注《汉语拼音方案》的音节能够说明问题,解释清楚在不同的语音环境下的音位变体。

比方说"孩儿"的韵尾ai+r变成/har/，是因为普通话音节里只能有一个音位的韵尾，于是r就把本来的韵尾i挤走了；而为了区别前后鼻音，韵尾的后鼻音ng加上儿化r以后在脱落前会把韵腹鼻音化（筐儿 /kuang'r/ [kʰwaŋɻ] → [kʰwãɻ]）。成人的世界可能不需要那么多游戏，但由于年纪的问题，他们的模仿能力相对较弱，因此学理上的解释会更有用。外国人可能也需要更多的练习，因为他们没有中国小孩子习以为常的自然语言环境。因此，如何选择适合每个学生的知识背景的例子和练习都是编写教材、制作教具时相当重要的考虑点。在网络世界里，语料语言学的丰富累积和长足发展可以为这类学习者提供更大的帮助。

4.2 《汉语拼音方案》的改良建议（附国际音标版）

本文提出以下改良版的《汉语拼音方案》，注音符号虽然现今仍然得到保留，但其实对大部分人的参考价值不大，我们建议加上普通话的宽式国际音标，让国内外的学习者都能更好地掌握汉语拼音与国际音标的对应关系，了解普通话的实际语音。表2中，"//"中是用汉语拼音拼写的读音，"[ ]"中是用宽式国际音标表示的读音。音标在语音学和音位学的基础上参考了Chao（1968）、罗杰瑞（1995）的标法并做出了适度改良。

表2　《汉语拼音方案》（改良版）

一、字母表						
字母	A a	B b	C c	D d	E e	F f	G g
名称	ㄚ	ㄅㄝ	ㄘㄝ	ㄉㄝ	ㄜ	ㄝㄈ	ㄍㄝ
读音	/a/	/bê/	/cê/	/dê/	/e/	/êf/	/gê/
字母	H h	I i	J j	K k	L l	M m	N n
名称	ㄏㄚ	ㄧ	ㄐㄧㄝ	ㄎㄝ	ㄝㄌ	ㄝㄇ	ㄋㄝ
读音	/ha/	/i/	/jiê/	/kê/	/êl/	/êm/	/nê/
字母	O o	P p	Q q	R r	S s	T t	
名称	ㄛ	ㄆㄝ	ㄑㄧㄡ	ㄚㄦ	ㄝㄙ	ㄊㄝ	
读音	/o/	/pê/	/qiu/	/ar/	/ês/	/tê/	
字母	U u	V v	W w	X x	Y y	Z z	
名称	ㄨ	万ㄝ	ㄨㄚ	ㄒㄧ	ㄧㄚ	ㄗㄝ	
读音	/u/	/vê/	/wa/	/xi/	/ya/	/zê/	

注：V只用来拼写外来语、少数民族语言和方言；字母的手写体依照拉丁字母的一般书写方法。

二、声母表							
字母	B b	P p	M m	F f	D d	T t	N n	L l
传统名称	/bo/	/po/	/mo/	/fo/	/de/	/te/	/ne/	/le/
建议读音	/be/	/pe/	/me/	/fe/	/de/	/te/	/ne/	/le/
IPA	[p]	[pʰ]	[m]	[f]	[t]	[tʰ]	[n]	[l]
字母	G g	K k	H h		J j	Q q	X x	
传统名称	/ge/	/ke/	/he/		/ji/	/qi/	/xi/	
建议读音	/ge/	/ke/	/he/		/ji/	/qi/	/xi/	
IPA	[k]	[kʰ]	[x]		[tɕ]	[tɕʰ]	[ɕ]	

二、声母表

字母	Zh zh	Ch ch	Sh sh	R r	Z z	C c	S s	
传统名称	/zhi/	/chi/	/shi/	/ri/	/zi/	/ci/	/si/	
建议读音	/zhe/	/che/	/she/	/re/	/ze/	/ce/	/se/	
IPA	[tʂ]	[tʂʰ]	[ʂ]	[ɻ]	[ts]	[tsʰ]	[s]	

注：在给汉字注音的时候，为了使拼式简短，zh、ch、sh 可以省作 ẑ、ĉ、ŝ[①]；zh、ch、sh、r 的注音符号分别是ㄓ、ㄔ、ㄕ、ㄖ；其余参见字母表。

三、韵母表

字母		i	u	ü
传统名称		ㄧ	ㄨ	ㄩ
IPA		[i/j][②]	[u/w][②]	[y/ɥ][②]
字母	a	ia	ua	
传统名称	ㄚ	ㄧㄚ	ㄨㄚ	
IPA	[a]	[ja]	[wa]	
字母	o		uo	
传统名称	ㄛ		ㄨㄛ	
IPA	[ɔ]		[wɔ]	
字母	e	ie		üe
传统名称	ㄜ	ㄧㄝ		ㄩㄝ
IPA	[ɤ]	[jɛ]		[ɥɛ]
字母	ai		uai	
传统名称	ㄞ		ㄨㄞ	
IPA	[aj]		[waj]	
字母	ei		uei	
传统名称	ㄟ		ㄨㄟ	
IPA	[ej]		[wej]	
字母	ao	iao		
传统名称	ㄠ	ㄧㄠ		
IPA	[aw]	[jaw]		
字母	ou	iou		
传统名称	ㄡ	ㄧㄡ		
IPA	[ɤw]	[jɤw]		
字母	an	ian	uan	üan
传统名称	ㄢ	ㄧㄢ	ㄨㄢ	ㄩㄢ
IPA	[an]	[jæn]	[wan]	[ɥæn]
字母	en	in	uen	ün
传统名称	ㄣ	ㄧㄣ	ㄨㄣ	ㄩㄣ
IPA	[ən]	[in]	[wən]	[yn]

---

① 现今由于已经不存在印刷排版问题，所以基本不再适用。
② [i][u][y]是元音韵腹的标法；[j][w][ɥ]是半元音介母或韵尾的标法。

三、韵母表

字母	ang	iang	uang	
传统名称	尢	ㄧ尢	ㄨ尢	
IPA	[aŋ]	[jaŋ]	[waŋ]	
字母	eng	ing	ueng	
传统名称	ㄥ	ㄧㄥ	ㄨㄥ	
IPA	[ɤŋ]	[iŋ]	[wɤŋ]	
字母	ong	iong		
传统名称	ㄨㄥ	ㄩㄥ		
IPA	[oŋ]	[joŋ]		

注：1. "知、蚩、诗、日、资、雌、思"七个音节的韵母用 i，即"知、蚩、诗、日、资、雌、思"等字拼作 zhi、chi、shi、ri、zi、ci、si。

2. 韵母儿写成 er，用作韵尾的时候写成 r。例如："儿童"拼作 ertong，"花儿"拼作 huar。韵母ㄝ单用的时候写成 ê。

3. i 行的韵母，前面没有声母的时候，写成 yi（衣），ya（呀），ye（耶），yao（腰），you（忧），yan（烟），yin（因），yang（央），ying（英），yong（雍）。

4. u 行的韵母，前面没有声母的时候，写成 wu（乌），wa（蛙），wo（窝），wai（歪），wei（威），wan（弯），wen（温），wang（汪），weng（翁）。

ü 行的韵母，前面没有声母的时候，写成 yu（迂），yue（约），yuan（冤），yun（晕）；ü 上两点省略。

ü 行的韵跟声母 j、q、x 拼的时候，写成 ju（居），qu（区），xu（虚），ü 上两点也省略；但是跟声母 n、l 拼的时候，仍然写成 nü（女），lü（吕）。

5. iou、uei、uen 前面加声母的时候，写成 iu、ui、un。例如 niu（牛），gui（归），lun（论）。

6. 在给汉字注音的时候，为了使拼式简短，ng 可以省作 ŋ[①]。

四、声调符号

阴平	阳平	上声	去声
－	´	ˇ	`

声调符号在音节的主要字母上。轻声不标。例如：

妈 mā	麻 má	马 mǎ	骂 mà	吗 ma
（阴平）	（阳平）	（上声）	（去声）	（轻声）

五、隔音符号

a、o、e 开头的音节连接在其他音节后面的时候，如果音节的界限发生混淆，用隔音符号（'）隔开，例如：pi'ao（皮袄）。

5　结论

本文介绍了《奥特英雄学园》中《汉语拼音方案》教学的设计理念如何融汇体验学习理论和生成学习理论。在设计内容上，利用了寓学于乐和语言学的应用，并且提供了另外

[①] 现今由于已经不存在印刷排版问题，所以基本不再适用。

两个同样也是针对幼儿拼音教学的 RPG 游戏系统的介绍和比较。此外，针对成年人和外国人学习汉语拼音，本文建议使用国际音标为方案加注，方便国内外的成年学习者进行自身的母语语音系统和普通话语音系统的对比。本文认为推广科学的国际音标参照系统，可以改良语言学习的实践，更有利于避免母语干扰学习者习得正确的普通话发音。

参考文献

[1]　Chao, Y.R. *A Grammar of Spoken Chinese*. California: University of California Press, 1968.

[2]　International Phoaetic Association. International Phonetic Alphabet. https://www.internationalphoneti-cassociation.org/sites/default/files/IPA_Kiel_2015.pdf.

[3]　Kolb, D. A. Experiential Learning: Experience as the Source of Learning and Development (Vol. 1). Englewood Cliffs, NJ: Prentice Hall, 1984.

[4]　Lun, S. C. An Integrated Approach to Computer-Assisted Language Learning. Hong Kong: LangComp Co. Ltd., 2006.

[5]　Wittrock, M. C. Generative Processes of Comprehension. *Educational psychologist*, 1989, 24(4): 345-376.

[6]　Wittrock, M. C. Generative Learning Processes of the Brain. *Educational Psychologist*, 1992, 27(4): 531-541.

[7]　语言科技有限公司. 香港教育局《通达学普》普通话自学软件. https://www.edbchinese.hk/pth/, 2012.

[8]　蔺苏. 综合性汉语拼音教学平台的构建. 张普、徐娟、甘瑞瑗. 数字化汉语教学进展与深化. 北京: 清华大学出版社, 2008.

[9]　蔺苏. 华文多媒体教材资源库——成语动物园（二）. 2004 年 7 月国家疆域与文化图像国际学术会议论文集. 新加坡, 2004.

[10]　罗杰瑞. 汉语概论. 北京: 语文出版社, 1995.

[11]　宁波启点教育科技有限公司. 悟空拼音. https://www.gongfubb.com, 2010.

[12]　天津法恩完美未来教育科技有限公司. 洪恩拼音. https://www.ihuman.com/pinyin/, 2016.

近十年国内数字化汉语教学研究综述
——基于 CiteSpace 的可视化分析[*]

耿 直[1] 高 源[2]

[1,2] 上海财经大学 国际文化交流学院 200433
[1] geng.zhi@sufe.edu.cn [2] la_vela@163.com

摘 要： 文章运用文献计量学方法和可视化分析软件 CiteSpace，对近十年（2012—2021 年）中国知网数据库的四百余篇数字化汉语教学研究的相关论文进行了统计分析，考察了这些论文的发表年份、发文作者、刊物来源及由关键词聚类形成的研究热点和由专业术语聚类形成的研究趋势。研究发现，国内数字化汉语教学近十年的相关研究呈现出发文数量阶段性倍增、研究人员和刊物分布广泛、研究主题相对集中、研究内容不断精细化的特点。文章回顾了现代教育技术应用于汉语教学的历史，也对未来"数字化"汉语教学向"数智化"汉语教学的发展进行了展望。

关键词： CiteSpace 汉语教学 数字化 可视化 综述

A Review of Domestic Digital Chinese Teaching Research in the Past Decade — A Visual Analysis Based on CiteSpace

Geng Zhi[1] Gao Yuan[2]

[1,2] International Culture Exchange School, Shanghai University of Finance and Economics, 200433

Abstract: The article uses bibliometric methods and the visual analysis software CiteSpace to statistically analyze more than four hundred papers related to digital Chinese language teaching research in the databases of CNKI in the past ten years (2012-2021), examining the year of publication, authors of the papers, sources of the publications, and the research hotspots formed by keyword clustering and the research trends formed by terminology clustering. It was found that the research on digital Chinese teaching in China in the past ten years was characterized by a phased multiplication of the number of articles, a wide distribution of researchers and journals, a relative concentration of research topics, and continuous refinement of research contents. Based on reviewing the historical stages of modern educational technology applied to Chinese language teaching, the article also looks to the future development of digital Chinese language teaching to "digital intelligent" Chinese language teaching.

Key words: CiteSpace; teaching Chinese as a second language; digital; visual; review

[*] 本研究为汉考国际科研基金项目"商务汉语在线课程教学设计与开发（CTI2021ZB02）"以及上海财经大学基本科研项目"互联网+背景下汉语国际教育微课研究（2019110063）"阶段性研究成果。

0 引言

现代教育技术即"运用现代教育理论和现代信息技术,通过对教与学过程和资源的设计、开发、应用、管理和评价,以实现教学优化的理论与实践"(李克东,1999)。伴随着现代教育技术的发展,其在汉语二语教学中的应用也日益引起汉语教师和研究者的兴趣。尤其是进入新世纪以来,诸多学者从不同角度论述了现代教育技术与中文教学结合的意义和路径。如张普(2004)将汉语教学的数字化视为新世纪汉语教学跨越式发展的必然选择。张宝林(2002)则指出,对外汉语教学效率和水平长期以来不尽如人意最重要的原因就是教学方法和手段陈旧落后,改变的根本出路就是运用现代教育技术。赵金铭(2004)将现代教育技术纳入对外汉语研究四大层面中的"工具论"层面。宋继华(2004)论述了数字化对外汉语教学资源建设中的跨学科特性。赵雪梅(2006)总结了基于多媒体环境、基于校园网、基于 Internet 的远程教学三类数字化汉语教学模式。同时,还有一些研究对数字化汉语教学的整体发展进行了回顾和展望。如郑艳群(2006)在世纪之交对汉语计算机辅助教学的理论与实践进行了全面的总结。王祖嫘(2010)梳理了数字化对外汉语教学研究成为独立研究领域的发展过程,认为 2004 年首次提出的"数字化汉语教学"概念标志着对外汉语教学新领域的产生,而 2006 年成立的"中文教学现代化学会"这一学术团体标志着数字化汉语教学研究登上了新台阶。徐娟、史艳岚(2013)则对数字化汉语教学发展的头十年历程进行了综述,总结了汉语数字化教学的五大转变:教育理念从普适性走向国别化和个性化、教学模式从单纯的 E-learning 走向 B-learning、教材从平面型走向立体化、学习资源从展示型走向交互型、学习方式从集约式走向泛在式。

当前,数字化汉语教学即将走完第二个十年,伴随着教育信息化的深入发展以及新冠疫情的现实挑战,汉语数字化教学又有哪些新的进展和研究动态,这是一个值得研究的问题。已有的研究多是基于研究者的感性认识,本文拟采用文献计量学方法,利用 CiteSpace 可视化分析工具,描绘近十年(2012—2021 年)来汉语教学数字化领域国内研究的知识图谱,进而探寻汉语数字化教学研究的新进展。CiteSpace 是一款专门用来绘制科学技术发展领域的知识图谱的软件工具,该软件由美国华人学者陈超美(Chen,2006)博士开发,较多应用在图书情报学、医疗卫生、社会科学、教育学等领域。近五年来汉语教学界也逐渐有一些应用 CiteSpace 辅助进行综述的研究,如,蔡武、郑通涛(2017)对 CNKI 上的汉语中介语研究文献进行了回顾,黄月(2018)对 1990—2017 年的 CNKI 上所有数字化汉语教学文献(354 篇)进行了分析,施瑞(2020)对国外的 WOS 文献库和国内的 CNKI 文献库中的对外汉语教学研究的"内外之别"进行了对比分析,解竹(2021)则对比了 2012 年更名前后的"对外汉语"以及"汉语国际教育"时期 CNKI 上的相关文献的"前后之别"。不过近十年数字化汉语教学研究动态还有待更新。相关研究数量有多少?速度有何变化?谁在研究?发表在哪儿?在研究什么问题?对未来研究有何启示?本文希望能够回应这些问题。

1 研究设计与工具

本研究利用 CiteSpace 对 CNKI 上的近十年国内汉语教学数字化领域的期刊论文和会议论文进行分析。在收集数据时,我们首先利用 CNKI 数据库的高级检索功能,以主题词"对外汉语 or 国际汉语教育 or 国际中文"And "数字化 or 在线教学 or 网络"检索 2012—2021 年收录的中文文献（包括期刊和会议论文），共 540 篇，后经过人工筛选，剔除通讯报道及重复或无关文献，最终纳入与汉语二语数字化教学直接相关的论文 403 篇。在 CNKI 中导出文献信息为 Refworks 格式，并使用 CiteSpace 5.7. R3 版本软件进行可视化分析。最后在分析和文献阅读的基础上，得出相关结论并予以讨论。具体来说，宏观上分析统计年度发文量、作者和期刊来源等信息以了解这一领域研究的整体状况，中观上利用关键词和术语聚类揭示这一研究的主要热点问题及研究前沿的变化，微观层面则深入具体的研究问题和少数的核心文献加以举例和讨论。

2　研究结果与分析

2.1　年度发文量分析

首先对文献年度信息进行统计，403 篇文献的年度发文量如图 1 所示。

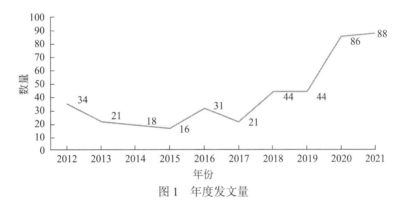

图 1　年度发文量

由图 1 可见，关于数字化汉语教学研究方面的论文每年都有一定数量的发表，已经成为一个相对独立的研究领域。根据解竹（2021）的统计，CNKI 上 2012 年之后汉语二语教学领域的总文献发表量每年大致稳定在 1000 篇，由此可见，相较于"本体""教学""习得"等研究层面，"工具"层面的研究还十分薄弱。不过整体来看，这一领域的发文量呈现阶段性增长的局面，显示相关教学实践与学术研究正在加速发展。具体呈现出三个主要阶段：一是 2012 年开局之年论文数量较多，之后有所放缓，一直到 2017 年都比较平稳，年均20 篇；二是 2018 年出现一次倍增，2018 年和 2019 年均超过 40 篇；三是 2020 年又出现一次倍增，年均发文量超过 80 篇。换言之，虽然数字化汉语教学领域的相关研究还比较薄弱，但发展迅速，呈现阶段性倍增趋势。

我们分析，相关研究之所以呈现出年度间平稳但阶段性激增的局面，跟教育技术应用的外部环境因素直接相关。2012 年是世界慕课元年（王宁，2020），数字化教育形式对全球的高等教育均产生冲击，我国教育部也于同年印发《教育信息化十年发展规划（2011—2020）》，受此影响，"汉语教学+现代教育技术"逐渐引起了汉语教师和研究者的兴趣。2018 年，互联网教育政策进一步落地，国家大力鼓励和推动在线教学发展，教育部首次发布国家精品在线课程，部分一流高校也率先认可和鼓励在线课程的建设，"互联网+汉语"教学模式的前期探索逐步成型，越来越多的一线教师和研究者总结发表已有的经验。2020 年伊始，新冠疫情的全球大流行迫使世界各国各学科各层次的教学普遍转至线上，国际中文教育作为国际事态的"晴雨表"（李宇明等，2020）更是深受冲击，疫情让几乎所有的汉语教师都参与了线上教学并或多或少地开展了这方面的研究。

2.2　发文作者分析

其次对文献作者进行统计，所考察的 403 篇文献共有 261 位作者（包括第一作者、合作者在内的全部作者）。其中发表 2 篇以上的作者有 28 位，发表 3 篇以上的作者有 5 位。按发文频次和合作关系统计如表 1 所示。

表 1　发文作者分析表

Freq	Burst	Degree	Centrality	Σ	PageRa...	Keyword	Author	Year	Title	Source	Vol	Page	HalfLife	DO
5		0	0.00	1.00	0.00		郑艳群	2013	...	SO	0	0	0.5	
5	2	0	0.00	1.00	0.00		徐娟	2012	...	SO	0	0	3.5	
3		0	0.00	1.00	0.00		崔晓霞	2012	...	SO	0	0	3.5	
3	3	0	0.00	1.00	0.00		史艳岚	2013	...	SO	0	0	2.5	
3	1	0	0.00	1.00	0.00		张洁	2016	...	SO	0	0	2.5	

从表 1 可见，所考察的文献库中发表论文最多的是北京语言大学的郑艳群和徐娟两位学者，这从一个侧面显示出北京语言大学以及郑艳群和徐娟两位学者在汉语数字化教学研究领域的领先地位。同时，作者合作关系节点图也显示，尽管少数作者之间也有一些合作发表，但总体来看，研究者们整体呈现零散分布的状态，长期稳固的学术共同体尚未形成。这既说明了数字化汉语教学尚是一个新的研究课题，呈现"单打独斗""多点散发"的早期发展阶段特征，也意味着亟须加强本领域专门的学术组织、学术会议、学术期刊等学科建设，应积极推动当前学术评价机制的政策改革，鼓励跨学科、跨学校、跨行业的合作。

2.3　发文刊物分析

发文刊物分布可以在一定程度上体现该研究领域的学科归属和影响力情况。我们利用 CiteSpace 对发文刊物进行了统计，共 204 种，大致形成了语言教学类、高校学报类、科技教育及其他综合类、会议论文类四大"阵营"。如表 2 所示。

表 2　发文刊物分析表

语言教学类	高校学报类	科技教育及其他综合类	会议论文类
16 种（8%）	68 种（33%）	102 种（50%）	18 种（9%）

整体而言，发表数字化汉语教学论文最多的是科技教育及其他综合类期刊，如《中国教育信息化》《学习月刊》等，这类期刊占所有刊物的 1/2。另外一大类是高校的综合类学报，占 1/3，尤其是师范大学、广播电视大学等学报，如《南昌师范学院学报》《河南广播电视大学学报》等，这些刊物也常常刊登汉语数字化教学的文章，但多是从现代教育技术在汉语教学领域的应用角度展开。值得注意的是，一些语言教学本领域的专业期刊，如《汉语学习》《国际汉语教学》等发文量却占比很少，仅为 8%。这虽然跟汉语教学领域的专业期刊数量本来就不多有关，但从一个侧面也印证了数字化汉语教学研究在学科中所处的边缘地位。不过，也有数量相当的论文收录在各类专业会议论文集中，如有 5 篇论文收录在《中文教学现代化国际研讨会论文集》（第十届、第十二届）和《数字化汉语教学》（2012、2014）中。这些本领域的专业会议和论文集为同领域学者的交流，尤其是为青年学者的论文发表提供了宝贵的园地。

　　同时，我们也根据 CNKI 的期刊划分等级（CSSI 来源期刊及中文核心期刊/一般期刊）对文献所发表的期刊进行了统计。在全部 403 篇文献中，发表于 C 刊或中文核心期刊的核刊论文有 31 篇，占比约 7.7%。虽然论文水平与发表期刊等级无因果关系，但在当前学术评价体系下，核刊论文的质量和影响力更被认可，核刊论文比例的不断增加也反映了相关研究日益走向深入。尤其是在 2020 年新冠疫情暴发后，数字化汉语教学突然成为研究的焦点。不少论文开始发表在国际中文教育本学科有代表性的核心期刊上，如《世界汉语教学》2020 年第 4 期发表的《"新冠疫情对国际中文教育影响形势研判会"观点汇辑》（陆俭明等，2020）对第一波新冠疫情下的汉语在线教学进行了及时的讨论。《语言教学与研究》2021 年第 4 期又发表了新冠疫情下的国际中文教育专栏，对疫情下的汉语教学转型进行了总结和反思。可以预见，在教育信息化及疫情常态化时代，数字化汉语教学的相关研究会更受重视。

2.4　研究热点分析

　　文献的关键词对研究对象和核心观点进行提炼总结，关键词的出现频次和共现情况可以揭示某领域的研究热点和中心话题。我们利用 CiteSpace 对所有考察文献的关键词频次和聚合进行了初步的分析。表 3 和图 2 展示了频次 5 次以上的关键词列表以及 8 个最显著的聚类，即主要的研究热点。

表 3　主要关键词列表

排序	关键词	词频	排序	关键词	词频	排序	关键词	词频
1	对外汉语	90	9	互联网	10	17	教学模式	6
2	线上教学	22	10	汉语教学	10	18	新冠疫情	5
3	翻转课堂	16	11	课堂教学	8	19	中文教学	5
4	网络教学	16	12	对策	7	20	在线教学	5
5	互联网+	14	13	网络	7	21	中文教育	5
6	教学	13	14	留学生	7	22	信息化	5
7	汉语	12	15	慕课	7	23	在线学习	5
8	数字化	11	16	在线教育	6	24	教学策略	5

　　由表 3 可见，"对外汉语"成为"当之无愧"的词频之首，而"线上教学""翻转课堂"这两个教育学领域的话题紧随其后。这直观地反映出了数字化汉语教学研究所归属的主要学科——对外汉语，以及所依托的主要学科——教育学。其他的一些高频关键词也基本围绕着这三个关键词，从不同角度探讨对外汉语教学、线上教学以及教学模式的创新问题。不过需要注意的是，上述的关键词表中有不少关键词都是近义词，如"对外汉语""汉语教学""中文教学""中文教育"等几个关键词所指的都是汉语作为外语/二语教学，"线上教学""网络教学""互联网+""互联网""网络""在线教育""在线教学""在线学习"所指的都是基于互联网的教学形式，"翻转课堂""教学""课堂教学""对策""慕课""教学模式""教学策略"等都体现了学界对课堂教学模式创新的探索。本研究在统计分析时没有对这些近义词进行合并，目的是既想体现学界专家们研究角度略有差异的情况，也想说明当前学界关于一些基本概念和术语的使用尚未形成共识和统一标准的现状，或者说，数字化汉语教学研究的学术话语体系尚待规范和建立。

图 2　关键词聚类簇

2.5　研究趋势分析

　　上文利用关键词聚类功能展现了近十年的整体研究热点，为了更深入挖掘十年间相关研究话题热度的内部变化，我们利用 CiteSpace 所提供的基于术语的时间线聚类分析功能更深入、全面地挖掘文本信息。这一功能可以对文献的题目、摘要和关键词都进行文本处理并使用 TF-IDF（词频—逆文档频率）算法形成术语库，然后对不同文章的术语进行共现关联分析，更全面地揭示研究的主要聚类以及该聚类在每个时间节点（本研究中为每一年）的具体研究动态变化。

　　此外，CiteSpace 软件还提供基于术语的"突现词"（burst term）分析功能，通过这一功能可以分析某研究领域的前沿动态和发展趋势。即在指定的时间段里将那些频次变化率高、频次增长速度快的词检测出来，与时间线分析功能不同，突现词反映的不是某个术语词频的绝对数量高低而是相对变化幅度，因此可以用来观察研究话题的前沿动态和发展趋势。图 3 展现了最显著的 10 个聚类的时间线发展和最显著的 22 个突显词的分布情况。

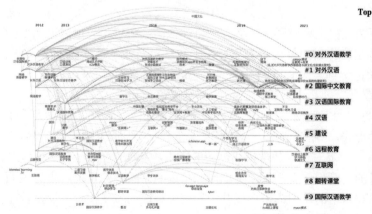

图 3　研究趋势分析

从聚类的时间线发展图可见，整体上研究也是围绕着"对外汉语""在线教学""翻转课堂"三大主题展开，但不同时间段研究的整体取向有所变化。2012—2016 年的前五年主要集中在探讨如何将各种新的现代教育技术应用到对外汉语课堂的教学革新中，如教材数字化、课堂网络化、管理信息化等问题。2017—2019 年，研究逐渐从宏观到中观过渡，从不同侧面探讨某一平台、某一技术、某一模式在某一个具体课程中的应用，如 2015 年、2016 年的热点话题——大规模开放网络"慕课"，在 2017 年、2018 年间转变为小规模限制性在线课程"SPOC"和"微课"的研究。2020 年随着新冠疫情的暴发，网络汉语教学成为数字化汉语教学研究最大的热点，不少研究从理论和实践上论证和总结了线上教学的优势和经验，但也有一些研究反思了线上教学的不足，对未来的线下教学和后疫情时代的汉语教学模式进行了展望。另外，从突现词表来看，现代教育技术的应用也与时俱进，由传统的多媒体技术发展到以翻转课堂和"互联网+"为过渡，进而转变到微信、慕课、人工智能等新兴平台和技术，一些新的热点词开始浮现，如，盛玉麟（2018）讨论了人工智能对汉语教师带来的新挑战，魏晖（2022）提出了国际中文教育工程化的新概念等问题，预示着"数字化"汉语教学向"数智化"汉语教学转变的未来发展趋势。

3　结语与展望

本文借助 CiteSpace 知识图谱软件对近十年（2012—2021 年）中国知网期刊及学术论文数据库中的汉语数字化教学这一领域的文献进行了统计分析。发现近十年来相关研究数量急剧上升，2012—2021 年的发文量为 403 篇，远超 1990—2011 年发文的总和（据黄月统计为 241 篇），且数量呈现阶段性激增的特点，反映了本领域研究与技术突破性发展、宏观政策鼓励以及教学实际需求息息相关。从文献作者和刊物来源来看，当前已经初步形成了核心作者群和典型刊物阵营，不过分析也发现，学者之间的合作还不够密切，发表刊物也不够专业化，整体研究呈现学者数量多但关联弱，可发刊物选择面广但核心刊物发表少的局面。从研究热点来看，相关研究围绕着"对外汉语教学""在线教学"和"翻转课堂"三个主要热点问题展开，这些研究热点充分体现出了数字化汉语教学领域研究的综合性、应用性和交叉性特点。不过分析也发现，数字化汉语教学研究的学术话语体系尚待规范和建立。从研究趋势上看，研究在不同阶段呈现出不同的热点，但整体上经历了从大到小、从多到微、从探索总结到反思拓新的趋势，特别是"大数据""人工智能"在汉语教育领域的应用已经成为新的生长点，展现出汉语教学从数字化走向数智化的未来趋势。

回顾历史，将现代教育技术应用于汉语第二语言教学滥觞于近百年前，如老舍先生在 20 世纪 20 年代于伦敦大学东方学院中文部工作期间参编的《言语声片》（1926，英国灵格风协会出版）就是"世界上最早的留声机唱片中文教材"（吴婷婷，2012）。伴随着百年间科技、社会的飞速发展，现代教育技术应用于汉语教学也经历了不断的探索和升级。从技术如何赋能教学的角度来看，我们可以大致总结为"辅助、代替、转变、融合"四个阶段。以录音带、幻灯片等新的信息载体为代表的"电教"时代，为语言学习补充了声画等电子教学资源，提升了课堂教学的效果（王益康、高蕴琦，1980）。以录像电视系统和卫星传播系统等新的信息传播方式为代表的"远教"时代，空中课堂部分代替了实体教室，为语言学习拓展了时间和空间（仲哲明，1999）。伴随着新的信息世纪的到来，汉语教学也开启了以互联网和数字化资源为代表的"云教"时代，一方面学界在呼吁利用互联网开放共享便捷的特点建设新的汉语数字化云资源（郑通涛，2010），另一方面学界在探索多种形式的汉语线上教学模式，尤其是全球新冠疫情的暴发使得大多师生只能相聚在云端。而当前，随着近年来以大数据、区块链、人工智能为代表的数智技术的发展以及在线教育带来的"数据驱动""循证教学"的教法创新（耿直，2021），汉语教学呼唤着"智教"时代的来临，国际中文教学将展现出教育与科技更加融合的新生态（郑东晓、杜敏，2021）。而我们的中文研究和服务能力如何抓住新的时代机遇，从被动应对到积极融合，从跟跑国外到领跑世界，这为我们所有的汉教人都提出了新的挑战和历史任务。

参考文献

[1] Chen, C. CiteSpace II: Detecting and Visualizing Emerging Trends and Transient Patterns in Scientific Literature. *JASIST*, 2006 (3): 359-377.
[2] 蔡武，郑通涛. 我国汉语中介语语料库研究现状与热点透视——基于 CiteSpace 的可视化分析. 华文教学与研究, 2017(3).
[3] 黄月. 对外汉语教学数字化研究的文献计量分析. 李晓琪，孙建荣，徐娟. 数字化汉语教学(2018). 北京: 清华大学出版社, 2018.
[4] 耿直. 后疫情时代的国际在线教育：宏观趋势、教学创新与行动计划. 国际中文教育研报, 2021(35).
[5] 李克东. 知识经济与现代教育技术的发展. 电化教育研究, 1999(1).
[6] 李宇明等. "新冠疫情下的汉语国际教育：挑战与对策"大家谈(上). 语言教学与研究, 2020(4).
[7] 陆俭明等. "新冠疫情对国际中文教育影响形势研判会"观点汇辑. 世界汉语教学, 2020(4).
[8] 盛玉麒. 人工智能给中文教学现代化带来的挑战与对策. 李晓琪，孙建荣，徐娟. 数字化汉语教学(2018). 北京: 清华大学出版社, 2018.
[9] 施瑞. 国内外对外汉语教学研究的比较——基于 WOS 和 CNKI 文献的可视化分析. 吉林省教育学院学报(上旬), 2020(4).
[10] 宋继华. 论数字化对外汉语教学资源建设的学科特性. 张普，宋继华，徐娟. 数字化对外汉语教学理论与方法研究. 北京: 清华大学出版社, 2004.
[11] 王宁. 线上教学研究综述. 教育研究, 2020(3).
[12] 王益康，高蕴琦. 现代教育技术与外语教学. 外语电化教学, 1980(2).
[13] 王祖嫘. 数字化对外汉语教学的研究与发展趋势. 国际汉语学报, 2010(1).
[14] 吴婷婷. 老舍《言语声片》研究. 中山大学硕士学位论文, 2012.
[15] 魏晖. 实施国际中文教育工程化的必要性和可能性. 语言教学与研究, 2022(1).
[16] 解竹. 专业更名前后汉语作为第二语言教学研究的可视化分析(2000—2019). 国际汉语教学研究, 2021(4).
[17] 徐娟，史艳岚. 十年来数字化对外汉语教学发展综述. 现代教育技术, 2013(12).
[18] 张宝林. 教学手段现代化——教学改革的突破口. 张普. E-Learning 与对外汉语教学. 北京: 清华大学出版社, 2002.
[19] 张普. 21 世纪——数字化对外汉语教学的新时期. 张普，宋继华，徐娟. 数字化对外汉语教学理论与方法研究. 北京: 清华大学出版社, 2004.
[20] 赵金铭. 对外汉语教学概论. 北京: 商务印书馆, 2004.
[21] 赵雪梅. 数字化汉语教学模式浅析. 张普等. 数字化汉语教学的研究与应用. 北京: 语文出版社, 2006.
[22] 郑东晓，杜敏. 数智技术变革国际中文教育新生态. 中国社会科学网 2021 年 9 月 24 日刊文, http://news.cssn.cn/zx/bwyc/202109/t20210924_5362434.shtml.
[23] 郑通涛. EDU2.0 时代与对外汉语教学平台构建探讨. 张普、宋继华、徐娟. 数字化对外汉语教学实践与反思. 北京: 清华大学出版社, 2010.
[24] 郑艳群. 近十年来汉语计算机辅助教学的理论与实践. 张普等. 数字化汉语教学的研究与应用. 北京: 语文出版社, 2006.
[25] 仲哲明. 现代教育技术与对外汉语教学的改革. 语言文字应用, 1999(4).

网络学习平台的国际中文教育效果研究*

于淼[1] 王磊[2]

[1,2]北京语言大学 汉语进修学院 100083
[1] yumiao@blcu.edu.cn [2] wanglei2008@blcu.edu.cn

摘 要： 网络学习平台为学习者提供数字化资源，使其能在任意时间、任何地点进行学习。构建科学、有效的汉语网络学习平台，对提升国际中文教育效果以及国家语言教育力有重要作用。为探究汉语学习平台的教学效果，本研究在两个平行班中进行了为期6周的教学对比实验。实验班采用"网络学习与课堂教学相结合"的教学模式，对照班采取传统的"课上教学、课下练习"的教学模式。实验表明，使用网络学习平台辅助课堂教学的效果并不显著好于传统教学方式。通过访谈，我们发现虽然学习者认为网络平台对其汉语学习有帮助，但使用的满意度并不高，主要原因在于内容组织、资源推送和学习指导等方面。基于研究结果，我们对网络学习平台的建设提出了一些建议。

关键词： 网络学习平台 国际中文教育 教学效果

The Effect of Online Learning Platform for International Chinses Education

Yu Miao[1] Wang Lei[2]

[1,2] College of Advanced Chinese Training, Beijing Language and Culture University, 100083

Abstract: Online learning platforms provide learners with digital resources that enable them to learn anytime and anywhere. Building a scientific and effective Chinese online learning platform plays an important role in improving the effect of international Chinese education and national language education ability. In order to explore the teaching effect of the Chinese learning platform, this study conducted a 6-week teaching comparison experiment in two parallel classes. The experimental class adopts the teaching mode of "combining online learning with classroom teaching", while the control class adopts the traditional teaching mode of "teaching in class and practicing after class". Experiments show that the effect of using online learning platform to assist classroom teaching method is not significantly better than the traditional teaching method. Through interviews, we found that although learners believed that online platforms were helpful for their Chinese learning, they were not much satisfied with the platform, mainly because of the content organization, resource recommendation and learning guidance. Based on the research results, we put forward some suggestions for the construction of online learning platforms.

Key words: online learning platform; Chinese international education; teaching effect

* 本成果是国家社会科学基金重大项目（项目编号 19ZDA299）阶段性成果。本成果受北京语言大学院级科研项目（中央高校基本科研业务费专项资金）资助，项目编号 22YJ010204。本项目受 2022 年国际中文教育教改重点项目资助，项目编号 GJGZ202209。

0　引言

随着数字化时代的来临，各行各业都与信息技术进行深度融合，社会各领域都发生着巨大的变化。在教育领域，技术与教育的结合不断地扩展、深化，从最初专家的理论关注到一线教师的普遍应用，从计算机技术对教学结构的改革到数字校园、智慧学习环境的建设（徐娟等，2013），从使用网络进行大规模的远程教育到融入人工智能的教学平台的开发（何克抗，2019），教育技术促进了教育行业的发展，在教学活动中发挥着越来越重要的作用。

《国家中长期教育改革和发展规划纲要（2010—2020 年）》指出，我国需要大力发展现代远程教育，加快丰富课程库，推进高质量资源库建设，构建灵活开放的教育体系，真正实现教与学在"资源""交互"和"心理"等方面的零距离。教育部办公厅也不断强调通过互联网促进教育资源的供给与服务，在《2021 年教育信息化工作要点》中提出，以信息化为重点，以提升质量为目标，推进教育新型设施建设，研究构建高质量教育支撑体系，深入实施教育信息化 2.0 行动计划，加快推进教育专网建设，普及数字校园建设与应用。在语言文字方面，工作要点指出，要进一步优化全球中文学习平台建设。中外语言交流合作中心为顺应现代教育的发展趋势，在其 2012—2020 年的发展规划中指出，应努力构建汉语语言和文化的网络教育平台，丰富汉语国际教育的学习资源，促进在线学习的发展进程，加大汉语国际教育与信息技术的深度融合。

由此可见，建设一个能够推广中国语言和文化的网络学习平台，不但符合国家的宏观发展规划，有助于完善我国的教育体系，提升远程教育的整体水平，而且能够促使汉语国际教育跟上信息技术的发展，体现未来在线教育的发展趋势，实现汉语言与文化的规模化教学，增强国家的语言教育力。

为研究平台资源建设和教学模式对教学效果的影响，本文将通过开展教学实践，分析学生的测试成绩和反馈意见，得出建设网络学习资源、优化在线学习平台的建议。

1　实验设计与结果

目前，各大高校或远程教育部门使用的网络学习平台主要有 Blackboard、WebCT、Moodle、SaKai、LearningSpace、学习通等，课程开发者或教师将教学资源上传到平台，为学习者提供教学服务。本研究借助开源课程管理系统软件 Moodle，设计了初级汉语网络课程，并在两个平行班进行了教学对比实验，相关信息如表 1 所示。

表 1　初级汉语实验课教学信息表

实验周期	6 个教学周，每周 10 课时		
实验课程	初级汉语（上）综合课（主讲课）		
实验班级	1 班	班级人数	24
	2 班		22

两班学生的构成基本一致，大部分为非汉字文化圈背景，是零起点的汉语学习者。教学实验开始时，已掌握 500 词左右，达到 HSK 准三级水平。

实验前测：两个班同时使用 HSK 三级真题进行水平测试，试卷编号为 H31001。卷面分数为 300 分，将总分除以 3，得到两个班学生的百分制成绩，分布情况如表 2 所示。

表 2　两个班前测的成绩分布表

实验班级	90～100 分	80～89 分	70～79 分	60～69 分	0～59 分	平均成绩
1 班 (24 人)	0 人 (0)	4 人 (17%)	5 人 (21%)	5 人 (21%)	10 人 (42%)	61.96 分
2 班 (22 人)	0 人 (0)	4 人 (18%)	4 人 (18%)	5 人 (23%)	9 人 (41%)	62.09 分

在 SPSS 统计软件中，1 班的成绩录入为组 1，2 班成绩录入为组 2，使用独立样本 t 检验，比较两个班成绩的差异水平。结果显示，两班平均成绩分别为 61.96 分和 62.09 分，相差不大，且无显著性差异（$p=0.977$，>0.05）。实验随机选取其中的 1 班作为实验班，2 班作为对照班，在 6 个教学周内开展不同的教学方式：实验班采用"网络学习与课堂教学相结合"的教学模式，对照班仍然采取传统的"课上教学、课下练习"的教学模式。

研究假设：教学实践后，实验班学生的成绩相比对照班有显著提高。

为减少其他因素对实验结果的影响，要求两班学生的学习时间基本保持一致：课上均为 2 课时/天，课下均为 2 小时/天，学习安排如表 3 所示。

表 3　实验班和对照班的教学安排表

教学环节	实验班	对照班
课前	学生利用网络学习平台，预习新课的生词、语法，进行互动交流等；学生在平台上完成少量生词和语法练习题 用时：60 分钟左右	学生利用教材，预习新课的生词；学生完成纸版的生词练习题 用时：60 分钟左右
课上第一课时	教师根据平台数据，有针对性地讲练生词和语法 用时：25 分钟左右	教师全面地讲练生词和语法 用时：45 分钟左右
	学生在平台上完成教材中当课的生词和语法练习 用时：15 分钟左右	教师核对课前预习中的练习题答案 用时：5 分钟左右
	教师根据数据，有针对性地讲解上述练习 用时：10 分钟左右	—
课上第二课时	教师处理课文 用时：20 分钟左右	教师处理课文 用时：20 分钟左右
	教师根据平台数据，有针对性地讲解课后作业中的 HSK 练习题，并进行总结、答疑 用时：20 分钟左右	教师核对课后作业中教材练习题的答案，根据教学经验和学生正误情况，简单讲解部分练习题 用时：15 分钟左右
	学生在平台上完成更多的当课练习题或 HSK 练习题；教师提供个性化辅导 用时：10 分钟左右	教师核对课后作业中 HSK 练习题的答案，根据教学经验和学生正误情况，简单讲解部分练习题 用时：15 分钟左右
课后	学生在平台上完成 HSK 练习，查看讲解资料 用时：60 分钟左右	学生完成教材中的生词和语法练习题；学生完成纸版的 HSK 练习题 用时：60 分钟左右

从表 3 可以看出，实验班和对照班都能完成教材中规定的学习任务，包括：（1）生词、语法和课文的学习；（2）教材中当课的生词和语法练习题。同时，两个班都有教师补充的本课练习题、HSK 练习题以及相应的讲解。

由于实验班利用网络学习平台辅助课堂教学，学生在平台上能够即时得到练习的答案和讲解，对于能够自己解决的问题，不再需要教师的课堂讲解；而且，教师通过平台上的数据，已经掌握了学生的学习情况，只需进行针对性的讲解即可，省出一些时间，使得课上能够开展更多的教学活动。相比对照班，实验班的学生能够：

（1）在学习平台上得到教材中生词和语言点的学习材料，自己决定学习进度，反复学习较难的内容，有助于消化、理解知识；

（2）课上完成教材中当课的生词和语法练习，得到教师的针对性指导，有助于实现知识的内化；

（3）在相同的学习时间内，接触到更多的 HSK 练习题，并且在学习平台上，得到 HSK 练习的解析和相关知识点的讲解；在课堂上，获得教师更详细、更有针对性的 HSK 练习和知识点的讲解，有助于提高 HSK 成绩。

教学结束后，两个班进行了实验后测，使用与前测考核标准相同的 HSK 三级真题试卷，试卷编号为 H31006，转换成百分制的测试结果如表 4 所示。

表 4　两班后测的成绩分布表

实验班级	90～100 分	80～89 分	70～79 分	60～69 分	0～59 分	平均成绩
1 班 （24 人）	5 人 （21%）	6 人 （25%）	8 人 （33%）	5 人 （21%）	0 人 （0）	79.58 分
2 班 （22 人）	3 人 （14%）	5 人 （23%）	5 人 （23%）	7 人 （32%）	2 人 （9%）	73.45 分

从表 4 可以看出，实验班和对照班的后测平均成绩（79.58 分和 73.45 分）均高于前测（61.96 分和 62.09 分），可见通过六周的语言学习和 HSK 训练，两班学生的汉语水平均取得了提高。其中，实验班后测的平均成绩比对照班高，且高分段（90 分以上）的人数比例高于对照组，低分段（60 分以下）的人数比例低于对照组。不过，遗憾的是，将两班成绩在 SPSS 软件中进行独立样本 t 检验后，结果显示实验班和对照班的后测平均成绩并不存在显著性差异（$p=0.08$，>0.05），研究假设不成立，即使用网络学习平台辅助课堂教学的效果并不明显强于传统教学方式。

2　分析

为探究使用网络学习平台辅助课堂教学的不足之处，需要对学生使用平台的情况进行分析，具体包含以下 4 个方面：

（1）除去上课时间段，学生是否按照要求完成了使用网络平台的学习？

（2）学生主要访问的板块有哪些？是否充分利用了平台上的资源？

（3）学生使用学习平台是否对其成绩有促进作用？

（4）学生对平台的满意度如何？对平台的使用评价是什么？

根据后台数据，得到登录的人数和各板块的访问量（均除去上课时间段的数据），如图1和图2所示。

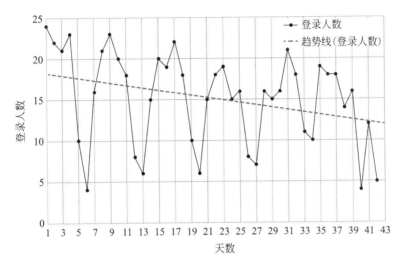

图1　平台登录人数分布图

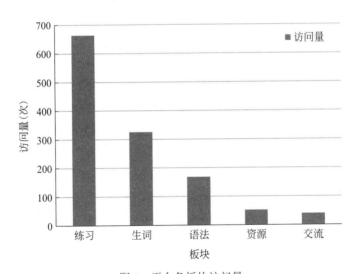

图2　平台各板块访问量

从图1、图2可以看出，教学实验初期使用平台的人数较多，随着时间推进，登录平台人数逐渐减少；大部分学生访问的是练习和生词板块，而语法、资源和交流板块的访问量较少。可见，该网络学习平台的使用黏度不高，不能持续保持学生的学习热情；学生对平台的利用率也不高，没有充分利用平台提供的学习资源，学生主要在平台上完成教师布置的预习生词以及完成练习的作业。

为探究平台使用率与成绩之间的关系，对每个学生在平台上的访问次数（筛选出登录时间超过10分钟的）进行了统计，并计算出学生前测和后测的成绩差值，将登录次数和成绩差值进行了对比，结果如图3所示。

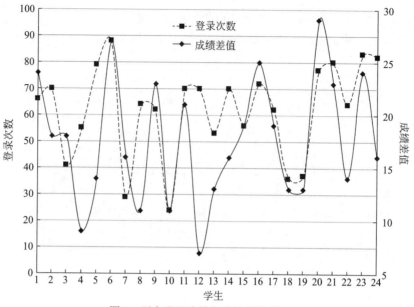

图 3　平台登录次数与成绩差值的对比

从图 3 显示的趋势可以看出，学生对平台的使用情况与其成绩差值基本呈正相关，即平台使用次数较多的学生，其成绩提高的差值也较大。可见，该网络学习平台对学生的成绩有一定的促进作用，如果学生能够充分利用学习平台，将有助于其成绩的提高。

为完善学习平台的性能，提高平台的利用率，需要了解使用者的评价。通过对实验班学生的问卷调查，得到其对平台帮助度和满意度的判断，结果如图 4 所示。

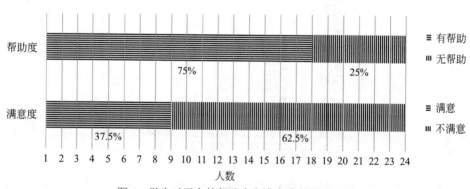

图 4　学生对平台的帮助度和满意度的调查结果

如图 4 所示，大部分学生认为平台对其学习有帮助，并且成绩的提高率也证明的确如此，但是大多数学生对平台并不满意，我们整理了学生访谈中代表性的意见，如表 5 所示。

通过梳理、分析学生的使用评价，我们对学习平台存在的主要问题进行了总结，主要包括以下几个方面：

（1）内容组织缺少系统性。平台为学生提供的资源处于原始堆放的状态，不能根据知识内在的难度等级、结构关系等提供良构化的学习材料。

（2）资源推送缺少适应性。平台为学生提供的学习步骤和资源是无差异的，不能根据学生的目标、需求、水平和特征等提供个性化的学习导航。

表 5　实验班学生对学习平台的评价

模块	优点	缺点
生词	（1）生词配有拼音、翻译、图片和音频，介绍比较详细； （2）生词配有例句，能帮助理解生词的用法	（1）按照音序排列，只是一个大词表，没有针对性，没有重点词语，学习效率低，很难坚持； （2）没有特别吸引人的功能，可以自己查字典学习
语法	（1）视频讲解清楚，不懂的语法点可以通过视频学习； （2）可以反复看，帮助自己复习	（1）有的视频太长，有时只想看文字解释，节省时间； （2）应用性不强，对交际作用不大； （3）语法点比较分散，缺少系统性
练习	（1）数量比较充分； （2）题型与 HSK 考试一致； （3）有详细的解释，做错的题目可以自我纠正； （4）解释中标注了考点和三级词汇，有助于了解学习重点	（1）数量太多，很难坚持都做完； （2）缺少难易度标识，不知道哪些题目适合自己的水平； （3）总是做已经掌握的或者比较容易的题目，对自己没有提高，浪费时间； （4）缺少教师的针对性反馈和评价
学习资源	（1）各种学习资源比较丰富； （2）可以有效补充课堂学习	资源缺少分类，很难及时、准确地获取所需的材料
互动交流	有助于学生之间交流、分享	（1）缺少教师的参与、引导和评价； （2）缺少管理，几乎没人参加
平台使用	（1）布局清晰，结构合理； （2）操作简便	（1）界面不美观，单调； （2）缺少学习方案和学习引导

（3）学习指导缺少针对性。平台为学生提供的学习策略和学习反馈相同，不能根据学生的学习表现、答题情况等提供多样化的学习建议。

另外，通过考察一些大型的、主流的汉语学习网站，包括网络孔子学院（资源型）、对外汉语学习网（资源型）、中文天下网（资源与课程型）、汉声中文（课程与 HSK 测试型）、中文泡泡（播客教学型）以及各大 MOOC 平台上的汉语课程（课程型）等，发现目前的网络教育平台以资源导向和课程导向两种类型为主，与上述教学实验所使用的平台相同，教学内容的组织并不以学习者为中心，而是以课程或者学习资源为中心，主要为学习者在资源库中自主选择学习内容，或者按照设定好的课程路径学习，学习方式比较单一，平台不能根据学习者的学习需求、水平以及习惯等个性化特征提供与之相适应的支持与服务。

3　结语

研究发现，目前的汉语网络学习平台对提高学习者语言水平有一定的帮助，不过仍存在学习资源无序化、课程结构固定化、教学策略单一化、指导反馈简单化等问题，未能发挥平台应有的功效，影响了学习者对平台的使用率和满意度。为解决该问题，需要建设一个具有良性知识结构、多样学习路径、并且能根据学习者的需求和水平等因素提供适应性资源和指导的网络学习系统。

参考文献

[1] 何克抗. 21 世纪以来的新兴信息技术对教育深化改革的重大影响. 电化教育研究, 2019(3).

[2] 教育部. 2021 年教育信息化工作要点. https://www.ict.edu.cn/news/yaodian/n20210204_77024.shtml, 2021.

[3] 教育部中长期教育改革和发展规划纲要工作小组办公室. 国家中长期教育改革和发展规划纲要 (2010—2020 年). http://www.moe.gov.cn/srcsite/A01/s7048/201007/t20100729_171904.html, 2011.

[4] 孔子学院总部/国家汉办. 孔子学院发展规划(2012—2020). http://www.moe.gov.cn/jyb_xwfb/gzdt_gzdt/ s5987/201302/t20130228_148061.html, 2013.

[5] 徐娟, 史艳岚. 十年来数字化对外汉语教学发展综述. 现代教育技术, 2013(12).

国际中文教育数字资源的研究热点、发展趋势可视化分析（2000—2021）

孙朝阳

南开大学 汉语言文化学院 300071

sunzhaoyangnku@163.com

摘 要: 运用可视化计量软件 CiteSpace 对 CNKI 数据库收录的国际中文教育数字资源研究成果进行分析发现: 国际中文教育数字资源年发文量从 2000 年起逐年波动上升, 预计未来会继续增长, 形成徐娟、宋继华等代表作者群体和以北京为主的核心研究机构; 国际中文教育领域的部分专业期刊、中文教学现代化学会举办的系列 "中文教学现代化国际研讨会" 以及中央民族大学、上海外国语大学等高校是相关文献高产地; 出现次数较多且中介中心度较强的关键词如 "慕课" "App" "微课" 等代表该领域内的研究核心, 近五年突现的关键词如 "慕课" "翻转课堂" "在线教学" "App" "孔子学院" 等代表近年来该领域内的研究热点。该领域还呈现了逐渐精细化、精准对接学习者个性化需求的发展趋势。

关键词: 国际中文教育 数字资源 CiteSpace 研究热点 发展预测

Visual Analysis of Research Hotspots and Development Trends of International Chinese Education Digital Resources (2000—2021)

Sun Zhaoyang

College of Chinese Language and Culture, Nankai University, 300071

Abstract: By applying the visual metrology software CiteSpace, this paper analyzes the research results of international Chinese education digital resources collected in the CNKI database. It is found that the annual number of international Chinese education digital resources published wavelike risen year by year since 2000 and is expected to continue to increase in the future. Xu Juan, Song Jihua, and other representative author groups and core research institutions mainly in Beijing were formed. Some professional periodicals in the field of international Chinese education, the series of "International Conference on the Modernization of Chinese Language Education" held by the Association for Modernization of Chinese Language Education, Minzu University of China, Shanghai International Studies University and other universities are productive in the field of relevant literature. Keywords such as "MOOC", "App" and "micro-lecture", which appear more frequently and have strong intermediary centrality, represent the research core in this field. Keywords emerging in recent five years, such as "MOOC", "flipped classroom", "online teaching", "App" and "Confucius Institute", represent research hotspots in this field in recent years. The field also shows a trend of gradually refining and accurately matching the personalized needs of learners.

Key words: international Chinese education; digital resources; CiteSpace; research hotspots; development forecast

0　引言

教学资源对国际中文教育意义重大，正如郑艳群（2019：14）指出的："汉语走向世界需要有教学资源的支撑，汉语教学国际化的过程也是不断开发、丰富和应用汉语教学资源的过程。"吴应辉等（2021）认为，国际中文教学资源"是中文和中华文化走向世界的重要载体，是我国国际传播体系的重要组成部分"。随着教育信息化时代的到来，加之全球突发公共卫生事件的影响，中文学习者对数字教学资源的需求逐渐增加，数字资源的重要性也随之凸显，"国际中文教育数字资源建设将迎来快速发展期"（郭晶等，2021）。可见，对国际中文教育数字资源的相关研究进行梳理总结，把握该领域内的研究现状与热点问题是十分必要的。但鲜有文献对其研究内容、研究趋势与热点等进行系统总结与梳理。

本文利用 CiteSpace 可视化计量软件，绘制国际中文教育数字资源研究成果知识图谱，统计分析该领域内的研究现状与热点问题，并对该领域的今后发展趋势进行预测。

1　概念定义、数据来源与研究设计

学界对国际中文教育数字资源的定义有广义、狭义之分，广义是指"服务于国际汉语教与学活动的各种以数字形态存在、处理和应用的资源"，狭义是指"促进与支持汉语教与学活动的，可以在计算机或其他移动设备运行使用的教学材料"（曾君等，2021）。本文主要采用郭晶等（2021）对国际中文教育数字资源的分类进行定义，即数字教材（又称电子教材）、在线课程（如慕课、微课和直播课）、数字化应用（如网站、App、小程序、插件、游戏、教学工具）。

本文选取的文献数据样本均来自中国知网，以"国际中文教育/对外汉语教学/汉语国际教育""汉语教学/中文教学""数字资源""数字教材/电子教材""慕课/MOOC""App""微课"等为主题进行检索，检索截止日期为 2021 年 12 月 31 日。对检索结果去重、整理，删除期刊会议征稿、通知等不相关条目后，最终得到 602 篇文献。

本文主要采用定量分析法，基于 CiteSpace（5.8.R3 版本）大数据可视化软件的计量分析功能，绘制国际中文教育数字资源研究成果知识图谱，统计分析该领域内的研究热点与主要研究方向，并对国际中文教育数字资源的发展趋势进行预测。

2　年度发文量变化趋势及影响因素

基于 CNKI 的文献数据，绘制出国际中文教育数字资源年发文量变化趋势图（图 1）。

图1　国际中文教育数字资源年发文量变化趋势图

由图1可知，国际中文教育数字资源年发文量从2000年起逐年波动上升，在2018年增至75篇。从2019年起，年发文量迅速增长，于2021年达到峰值（130篇）。受全球突发公共卫生事件影响，相关研究持续升温，预计未来发文量会持续增长。

路志英的《对外汉语教学资源的多媒体网络数据库及课件生成系统研究》是CNKI数据库中发表时间最早的相关文献，着重探讨了基于网络的对外汉语教学资源多媒体数据库的建立与课件自动生成引擎两部分的内容。

2016年，国际中文教育数字资源研究成果首次突破40篇，研究主要关注慕课和App在国际中文教育中发挥的作用。如，王添淼、裴伯杰研究了汉语慕课的教学模式、主要特点及针对现存问题提出的策略，徐晶凝探究了学习者特征对慕课的要求、学习者的反馈对语言慕课教师的意义及语言慕课的困境与机遇，王海峰对慕课的特点及慕课给汉语教学带来的机遇与挑战进行考察，崔小洁从汉字、语音、词汇和语用四个角度对手机汉语学习软件进行分类分析等。

2017—2019年，年发文量均在45篇以上，与慕课和App相关的研究仍然热度不减，同时也涌现出其他方面的研究，如微课、网络直播、在线教学平台、应用程序、Youtube教学频道、数字教材和数据库等。其中与App、慕课和微课相关的研究成果最多，三者共占2017—2019年发文量的72.58%（App研究占37.1%，慕课研究占22.58%，微课研究占12.9%）。

2020—2021年，受全球突发公共卫生事件影响，在线汉语教学成为主要的学习方式，数字资源相关研究也受到更多关注，预计将成为新时期国际中文教育的研究热点。代表性研究成果如：郭晶等《国际中文教育数字资源建设现状与展望》，曾君、陆方喆《国际汉语数字化教学资源的概念、分类与体系》，谌磊《中文在线数字教材平台的建设与发展策略分析》，刘华、王敏《汉语移动学习App现状与需求调查研究》，周汶霏、宁继鸣《学习者视角下的国际中文慕课建设：一种比较的路径》，等等。

3　主要研究机构及核心作者

国际中文教育数字资源的主要研究机构集中在中国的北方，尤其是北京。在北京的研究机构有北京大学对外汉语教育学院，北京语言大学的网络教育学院、汉语进修学院、应用语言学研究所、汉语学院、汉语国际教育研究院/华文教育研究院以及首都国际文化研究基地，北京师范大学的文学院、汉语文化学院以及教育技术学院，中央民族大学国际教育学院等。除北京外，北方的其他研究机构还有山东大学、吉林师范大学、黑龙江大学。还有南方的部分研究机构，如上海外国语大学、广西大学、四川大学、华中师范大学、东华大学等，以及国外的研究机构，如日本的早稻田大学。

校际合作的研究成果以北京语言大学饶严彬、徐娟和北京师范大学宋继华发表的《基于智能手机的"长城汉语"移动学习平台设计》，北京语言大学郭晶和吴应辉、中央民族大学谷陵、红河学院周雳、北京语言大学/红河学院侬斐、北京语言大学/教育部中外语言交流合作中心马佳楠、中央民族大学/国家开放大学崔佳兴、北京语言大学董晓艳联合发表的《国际中文教育数字资源建设现状与展望》为代表。其他研究机构间合作较少，主要限于同一高校内部。说明研究机构之间相对独立，基本没有合作交集。核心作者及主要机构图谱如图2所示。

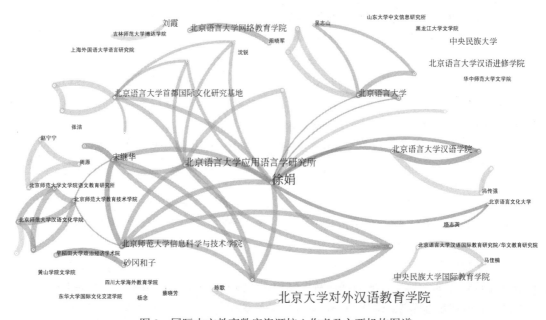

图2　国际中文教育数字资源核心作者及主要机构图谱

为准确找到核心作者，本文对所有作者进行统计分析，发现602篇文献共涉及758位不同名作者，并统计了论文发文量，最高产作者发文量为10篇（徐娟）。表1列出发文量大于等于3篇的作者及所属研究机构。图3列出所有作者发文量分布占比。

表1　国际中文教育数字资源核心作者及所属机构表

排名	研究者	个人发文量	所属研究机构
1	徐　娟	10	北京语言大学
2	宋继华	4	北京师范大学
3	刘　霞	3	吉林师范大学
4	砂冈和子	3	早稻田大学

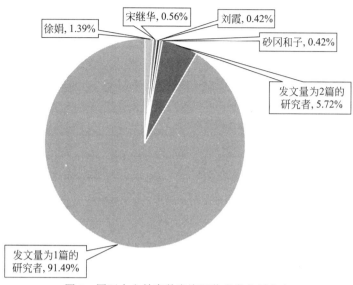

图 3　国际中文教育数字资源作者发文量分布

4　文献来源分布

4.1　期刊分布

统计发现发文期刊共 130 种 190 篇，其中发文量大于等于 2 的期刊有 30 种，共 90 篇文章。详见表 2。

表 2　国际中文教育数字资源期刊论文分布

排名	期刊名称	发文量	所占百分比/%
1	《汉字文化》	9	4.74
2	《国际汉语教学研究》	6	3.16
3	《文学教育（下）》	5	2.63
4	《高教学刊》	4	2.11
4	《国际汉语学报》	4	2.11
4	《国际中文教育（中英文）》	4	2.11
4	《现代交际》	4	2.11
4	《语文学刊》	4	2.11
4	《云南师范大学学报（对外汉语教学与研究版）》	4	2.11
5	《大众文艺》	3	1.58
5	《教育现代化》	3	1.58
5	《林区教学》	3	1.58
5	《文化创新比较研究》	3	1.58
6	《出版广角》	2	1.05
6	《国际汉语教育》	2	1.05

续表

排名	期刊名称	发文量	所占百分比/%
6	《海外华文教育》	2	1.05
6	《和田师范专科学校党报》	2	1.05
6	《华北理工大学学报(社会科学版)》	2	1.05
6	《佳木斯大学社会科学学报》	2	1.05
6	《教书育人(高教论坛)》	2	1.05
6	《教育教学论坛》	2	1.05
6	《科技视界》	2	1.05
6	《科技资讯》	2	1.05
6	《青年与社会》	2	1.05
6	《软件导刊》	2	1.05
6	《现代教育技术》	2	1.05
6	《校园英语》	2	1.05
6	《新媒体研究》	2	1.05
6	《长江丛刊》	2	1.05
6	《作家天地》	2	1.05

通过观察发文量排名前四的期刊，可知发文主要阵地是国际中文教育领域专业期刊及其他相关领域期刊。此外，上表期刊仅《出版广角》被北京大学《中文核心期刊总览》来源期刊和 CSSCI 来源期刊（扩展版）收录，《现代教育技术》被 CSSCI 来源期刊收录，说明该领域的文章整体水平不高，有待进一步加强。

4.2 会议论文集分布

统计发现会议论文集 22 个，共收录 92 篇论文。其中发文量大于等于 2 的论文集 12 个，共 82 篇文章。详见表 3。

表 3   国际中文教育数字资源会议论文集分布

排名	论文集名称	发文量	所占百分比/%	举办学会名称
1	《数字化汉语教学进展与深化》	18	19.57	中文教学现代化学会
2	《数字化汉语教学的研究与应用》	12	13.04	中文教学现代化学会
3	《数字化汉语教学：2012》	10	10.87	中文教学现代化学会
4	《第十一届中文教学现代化国际研讨会论文集》	7	7.61	中文教学现代化学会
5	《第十届中文教学现代化国际研讨会论文集》	6	6.52	中文教学现代化学会
5	《数字化汉语教学专题研究（2009）——新模式、新方法、新技术、新产品》	6	6.52	中文教学现代化学会
5	《现代化教育技术与对外汉语教学——第二届中文电化教学国际研讨会论文集》	6	6.52	中文教学现代化学会

续表

排名	论文集名称	发文量	所占百分比/%	举办学会名称
6	《第十二届中文教学现代化国际研讨会论文集》	5	5.43	中文教学现代化学会
7	《数字化对外汉语教学实践与反思》	4	4.35	中文教学现代化学会
7	《数字化汉语教学（2014）》	4	4.35	中文教学现代化学会
8	《2020对外汉语博士生论坛暨第十三届对外汉语教学研究生学术论坛论文集》	2	2.17	北京大学对外汉语教育学院
8	《数字化对外汉语教学理论与方法研究》	2	2.17	中文教学现代化学会

表3所列的论文集，有11个为由中文教学现代化学会举办的"中文教学现代化国际研讨会"（曾用名：中文电化教学国际研讨会）的论文集。另外，经统计，CNKI数据库收录的由中文教学现代化学会举办的会议论文集中，共81篇相关论文，占总量的88.04%。可见，"中文教学现代化国际研讨会"是国际中文教育数字资源领域会议论文发表的重要阵地。此外，北京大学对外汉语教育学院主办的"对外汉语博士生论坛暨对外汉语教学研究生学术论坛"收录论文2篇，"第九届国际汉语教学学术研讨会""第九届汉字与汉字教育国际研讨会""首届全球话语学会年会暨国际学术研讨会""Proceedings of 2021 International Conference on Modern Management and Education Research(MMER2021)""世界汉语教学学会通讯"各收录论文1篇。

4.3 硕博学位论文分布

统计发现CNKI数据库共收录85所高校320篇硕博学位论文，其中发文量大于等于5的高校有19所（表4），共178篇学位论文。

表4 国际中文教育数字资源硕博学位论文分布

排名	大学名称	发文量	所占百分比/%
1	中央民族大学	22	6.88
2	上海外国语大学	17	5.31
3	广东外语外贸大学	16	5.00
4	暨南大学	14	4.38
5	华中师范大学	13	4.06
6	北京外国语大学	11	3.44
6	辽宁师范大学	11	3.44
7	西北大学	10	3.13
8	山东大学	9	2.81
9	渤海大学	7	2.19
9	广西大学	7	2.19
10	湖南师范大学	6	1.88

续表

排名	大学名称	发文量	所占百分比/%
11	兰州大学	5	1.56
11	内蒙古师范大学	5	1.56
11	厦门大学	5	1.56
11	山东师范大学	5	1.56
11	西安石油大学	5	1.56
11	云南师范大学	5	1.56
11	浙江科技学院	5	1.56

发文量最高的是中央民族大学，共 22 篇。其次是上海外国语大学、广东外语外贸大学等高校。从学校位置分布来看，国内从事国际中文教育数字资源研究的硕博生分布广泛，地域分布相对均衡，如华北的中央民族大学、北京外国语大学、山东大学，东北的辽宁师范大学和渤海大学，华东的上海外国语大学，华南的广东外语外贸大学、暨南大学，华中的华中师范大学、湖南师范大学，西北的西北大学、兰州大学，西南的云南师范大学等。

5　关键词、研究热点及发展趋势

5.1　关键词排名及研究核心

关键词是文献核心内容的浓缩提炼，分析关键词可知现阶段领域内研究核心与研究热点。统计出现次数最多的前 15 位关键词，结果见表 5。

表 5　关键词出现次数及中介中心度表

出现次数	关键词	中介中心度	关键词
166	对外汉语教学	0.82	对外汉语教学
88	慕课	0.22	App
79	App	0.21	慕课
55	微课	0.12	微课
29	在线教学	0.11	网络资源
25	教学设计	0.06	教学模式
25	网络资源	0.06	学习者
17	教学模式	0.05	在线教学
16	学习者	0.05	教育游戏
16	汉字教学	0.05	数字化
11	教育游戏	0.04	教学设计
11	翻转课堂	0.04	汉字教学
10	数字化	0.03	教学资源
9	远程教学	0.03	多媒体
9	应用	0.03	数字教学

可见，前 15 位关键词分别是"对外汉语教学""慕课""App""微课""在线教学""教学设计""网络资源""教学模式""学习者""汉字教学""教育游戏""翻转课堂""数字化""远程教学""应用"，代表领域内的研究核心。除关键词出现次数外，"中介中心度"能衡量关键词的重要性，它是反映关键词间关系的重要指标。中介中心度越高，关键词对关键词间关联的控制力与影响力就越强，控制的关键词间的信息流就越多。如图 4，三角形尺寸越大，中介中心度就越高。

图 4   核心关键词共现图

由表 5 可知，依据关键词出现次数和中介中心度排序的结果并不完全相同，如"网络资源"由第 7 位升至第 5 位，"学习者"由第 9 位升至第 7 位，"教育游戏"由第 11 位升至第 9 位，而未出现在次数前 15 位的"多媒体"由第 19 位升至第 14 位。"网络资源""学习者""教育游戏""多媒体"等关键词的中介中心度排名高于出现次数排名，这代表它们作为"桥梁"的能力更强，管辖连接的信息流更多。

5.2 热点变化与发展预测

"突现词"是在某时间段突增或使用次数突增的代表性关键词，它能展示阶段性前沿领域。

当参数 γ 设定为[0,0.5]时，Burstness 算法检测到 17 个突现关键词（见表 6）。其中密集度最高、新兴热点最多的年份是 2014—2015 年，有 9 个关键词集于此；其次是 2012 和 2016 年，有 8 个关键词集于此；再次是 2009 和 2013 年，有 8 个关键词集于此。突显强度最大的前 5 位关键词是"网络资源""App""远程教学""教育游戏""数字化"。持续时间最长的前 5 位关键词是"远程教学""网络资源""数字化""多媒体""在线学习"。2015 年至今的新兴突现词，如"慕课""翻转课堂""在线教学""App""孔子学院""在线学习""现代汉语""教学设计""远程教学"代表近年来国际中文教育数字资源的研究热点。

表6 核心关键词年度突现分布表

关键词	年份	强度	开始年份	截止年份	2000—2021年
网络资源	2000	**6.71**	2000	2014	
App	2000	**5.55**	2016	2017	
远程教学	2000	**3.59**	2000	2015	
教育游戏	2000	**3.53**	2009	2013	
数字化	2000	**3.43**	2004	2014	
多媒体	2000	**2.92**	2000	2009	
慕课	2000	**2.57**	2014	2016	
语料库	2000	**2.23**	2008	2012	
在线教学	2000	**2.06**	2012	2015	
现代汉语	2000	**1.98**	2016	2018	
平板电脑	2000	**1.83**	2014	2015	
教学设计	2000	**1.79**	2012	2017	
翻转课堂	2000	**1.77**	2015	2019	
孔子学院	2000	**1.76**	2014	2016	
学习者	2000	**1.68**	2019	2021	
调查研究	2000	**1.62**	2015	2017	
在线学习	2000	**1.6**	2009	2016	

除突现词外，还能以关键词聚类时间线图谱展示领域内的研究热点（见图5）。

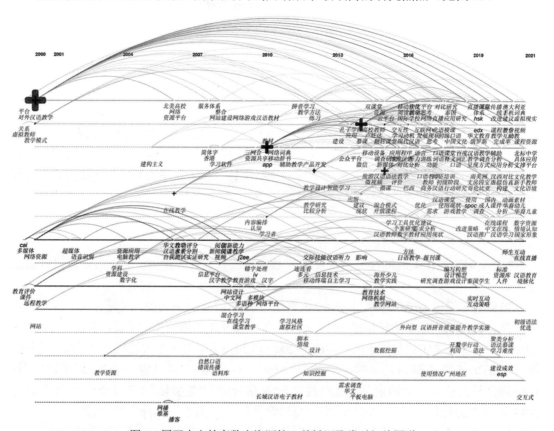

图5 国际中文教育数字资源核心关键词聚类时间线图谱

早期关键词如"对外汉语教学""网络资源""教学模式"自出现以来一直都是该领域重要关注点，"慕课""App""微课""在线教学"等关键词自近十年大量涌现以来一直延续至今，代表了当下的研究热点。除此之外，目前出现频率不高的新兴关键词如"泰国学生""俄罗斯""巴西""哥伦比亚""卢旺达"也值得关注，表明国际中文教育数字资源的国别化需求开始得到关注，精准对接不同国家学习者的数字资源需求有利于提升中文教学的针对性。"电子教材""手机词典"等新兴关键词也顺应了在线教学的蓬勃发展趋势，尤其是在当前新冠疫情背景之下。此外，"成人课件""华裔儿童""动画素材""海外少儿教学实践"等关键词的出现也代表精准对接不同年龄学习者的数字资源需求也开始受到关注。据此推测，国际中文教育数字资源相关研究的未来发展将逐渐精细化，更加关注学习者个性需求。

6 结语

本文基于 CNKI 数据库，利用可视化计量软件 CiteSpace，对 2000—2021 年国际中文教育数字资源的相关研究进行了计量化分析，统计分析了年发文量、主要研究机构及核心作者、文献来源、关键词、突现词等信息，在此基础上分析领域内的研究热点和发展趋势。研究结果表明：国际中文教育数字资源年发文量从 2000 年起逐年波动上升，从 2019 年起，年发文量迅速增长，于 2021 年达到峰值（130 篇），预计未来发文量会继续增长。存在徐娟、宋继华等代表作者群体和以北京为主要阵地的核心研究机构。国际中文教育领域专业期刊如《国际汉语教学研究》《国际汉语学报》《国际中文教育（中英文）》《云南师范大学学报（对外汉语教学与研究版）》等，国际中文教育领域会议如中文教学现代化学会举办的系列"中文教学现代化国际研讨会"等以及高校如中央民族大学、上海外国语大学等是相关文献高产地。出现次数较多且中介中心度较强的关键词，如"慕课""App""微课"等，代表该领域内的研究核心。近五年突现的关键词，如"慕课""翻转课堂""在线教学""App""孔子学院"等，代表近年来领域内的研究热点。国际中文教育数字资源的未来研究将逐渐精细化，研究内容呈现多层次多角度的特点。

参考文献

[1] 崔小洁. 手机 App 在汉语国际教育中的应用. 扬州大学硕士学位论文, 2016.

[2] 郭晶, 吴应辉, 谷陵, 等. 国际中文教育数字资源建设现状与展望. 国际汉语教学研究, 2021(4).

[3] 刘华, 王敏. 汉语移动学习 App 现状与需求调查研究. 海外华文教育, 2020(2).

[4] 路志英. 对外汉语教学资源的多媒体网络数据库及课件生成系统研究. 北京语言文化大学硕士学位论文, 2000.

[5] 谌磊. 中文在线数字教材平台的建设与发展策略分析. 传播与版权, 2020(10).

[6] 王海峰. 机遇与挑战：慕课和汉语教学. 汉字文化, 2016(5).

[7] 王添淼, 裴伯杰. 汉语慕课课程个案研究. 民族教育研究, 2016(2).

[8]   吴应辉, 梁宇, 郭晶, 等. 全球中文教学资源现状与展望. 云南师范大学学报(对外汉语教学与研究版), 2021(5).

[9]   徐晶凝. 基于"中级汉语语法"慕课的思考. 中国大学教学, 2016(4).

[10] 曾君, 陆方喆. 国际汉语数字化教学资源的概念、分类与体系. 云南师范大学学报(对外汉语教学与研究版), 2021(3).

[11] 郑艳群. 汉语作为第二语言教学的教学资源研究. 北京: 商务印书馆, 2019.

[12] 周汶霈, 宁继鸣. 学习者视角下的国际中文慕课建设: 一种比较的路径. 国际汉语教学研究, 2020(3).

国际中文智慧教学模式的过程模型与课堂活动设计*

马瑞祾[1]　曹　钢[2]　徐　娟[3]

[1,3] 北京语言大学 信息科学学院 100083　[2] 赣南师范大学 文学院 341000
[1] maruiling_blcu@163.com　[2] impressionblcu@126.com　[3] xujuan@blcu.edu.cn

摘　要：教学过程作为教学模式的形式化表达，是教学模式设计的关键。文章从系统论的视角出发，纵向构建了"双线三段九环节"的教学过程模型，并在类型学视角下将其与国际中文的传统课堂和翻转课堂的教学过程进行横向对比。最后，文章针对智慧教学模式的特点设计了五类课堂活动：启发互动型、个性生成型、情境探究型、分组协作型和游戏竞赛型。

关键词：国际中文智慧教育　教学过程设计　课堂活动设计　智慧教学模式　智慧课堂

The Process Model and Classroom Activity Design of the International Chinese Language Smart Teaching Model

Ma Ruiling[1]　Cao Gang[2]　Xu Juan[3]

[1,3] School of Information Science, Beijing Language and Culture University, 100083
[2] School of Literature, Gannan Normal University, 341000

Abstract: As the formal expression of teaching mode, the teaching process is the core part of teaching mode design. From the perspective of systems theory, this study longitudinally constructs the teaching process model of "two lines, three sections and nine links". From the perspective of typology, the paper also compares the teaching process widthwise with the traditional classroom and flipped classroom of international Chinese language education. Finally, according to the characteristics of the smart teaching mode, the paper designs five types of classroom activities which are "heuristic interaction", "individual generating", "situational exploration", "group collaboration" and "game competition".

Key words: international Chinese language smart education; teaching process design; classroom activities design; smart teaching mode; smart classroom

---

* 本文得到教育部中外语言交流合作中心 2021 年度教学资源建设项目"基于《等级标准》的自适应词汇知识图谱"（批准号 YHJC21YB-127）的资助。徐娟为本文通讯作者。

0 引言

智慧课堂（smart classroom）是依托智慧教育的理念、技术（新一代信息技术）和方法打造的智能、高效的课堂（刘邦奇，2019）。目前，国际中文教育为应对国际局势变化和突发公共卫生事件带来的挑战和机遇，正积极将智慧教育引入中文教学，中文课堂开始由多媒体课堂走向智慧课堂。相应地，国际中文教学模式也迎来了智慧化转型的契机。

教学过程反映着教学系统中各要素的动态变化，是教学模式实施的逻辑步骤和操作程序（杨九民等，2014）。构建国际中文智慧课堂的首要议题是设计出符合智慧教学模式特点和要求的教学过程，以及教学过程中包含的若干教学阶段和活动。然而，目前学界恰恰缺少相关研究。有鉴于此，本研究力求分析并构建出具有普适性、实用性和可操作性的国际中文智慧课堂的教学过程模型，并探讨不同类型课堂活动的设计思路，为未来国际中文智慧课堂的教学实践提供借鉴。

1 国际中文智慧教学模式的过程模型设计

1.1 系统论：教学过程模型的纵向构建

教学过程是教学活动在一维的时间序列上的展开程序，具有系统性和动态性。本文运用系统论的观点和方法，将教学过程视作一个系统模型，该模型是由若干教学阶段（微观模型）和活动（即构件，building blocks）按一定次序构建而成的。因此，教学过程模型既可以自顶向下拆解出某一教学阶段或活动进行研究，又可以分析如何自底向上将阶段和活动组构成教学过程模型。

基于既往国际中文教学过程研究的学术成果，以及对智慧教育相关研究的分析，本文将国际中文智慧教学模式的教学过程归纳为"双线三段九环节"模型。其中，"双线"是指教师视角的教授活动和学生视角的学习活动两条主线，智慧课堂有助于促进师生之间的深度交互；"三段"是指在人工智能和互联网技术赋能下，课内和课外的信息交流屏障被打破，形成课前、课中和课后三段式、一体化的课堂教学闭环；"九环节"是指教学过程共含九对教学环节（活动），且各阶段分别包含三对，模型如图 1 所示。

图 1 中教授活动和学习活动中间的虚线表示师生的交互情况，箭头所指标示活动间的影响方向。从九对环节之间的关系来看，仅有"资源推荐"和"布置任务"是教授活动影响学习活动，其余均为学习活动决定教授活动或师生双向协商决定。可见，该过程模型充分彰显了"双主"结构的"以学定教、学教融合"思想。各微观模型展开论述如下：

①课前阶段模型，以"教学分析"为基石，聚焦知识的"识记与理解"，包含"学情分析、资源推荐、答疑解惑"三项教授活动和"学前测试、新知准备、交流反馈"三项学习活动。课前，教师应对学习者进行深入的调查与分析，并以此为基础进行教学设计和资源推荐。学习者自学新知后需与同伴和老师进行交流，反馈学习中的困惑，教师负责解疑释惑。课前阶段主要应用大数据技术进行学习者分析和建模，并使用智能推荐技术为学习者推荐个性化资源。

②课中阶段模型，以"活动任务"为支架，聚焦知识的"应用与分析"，包含"新课导入、活动组织、分析点评"三项教授活动和"回忆旧知、活动参与、巩固提升"三项学习

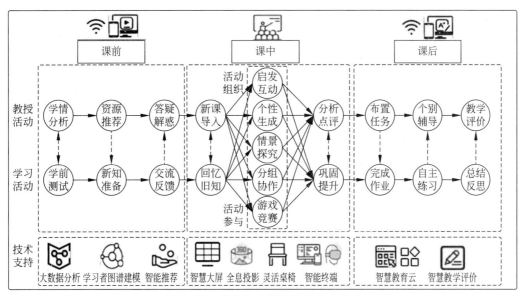

图 1　国际中文智慧课堂教学过程模型

活动。为促进语言知识和技能融为一体，智慧课堂的课中阶段以任务型语言教学理论为依据，借鉴 Willis（1996）提出的任务型课堂教学的三步骤：前任务（pre-task）、任务环（task-cycle）和语言聚焦（language focus），最终设计出课中的三对教学环节。"新课导入—旧知回忆"环节约占 10%的课时，"新课导入"包括对旧课的复习和目标的陈述，既帮助学习者回忆旧知，又明确学习任务，做好活动前的准备。"活动组织—活动参与"环节约占 80%的课时，教师根据学习者特征、教学目标和内容选出合适的活动类型，各类活动又包括若干子活动，这一环节能够支持学习者应用与内化知识。"分析点评—巩固提升"环节约占 10%的课时，师生共同分析在活动过程中产生的语言问题和学习表现，并针对本课的语言难点进行操练和讲解，达到巩固所学、提升能力的目标。课中阶段教师应充分利用智慧环境的技术优势进行知识表征和活动实施，并实时监控二语者的学习数据，及时调整教学策略。

③课后阶段模型，以"评价反思"为侧重，聚焦知识的"综合与评价"，包括"布置任务、个别辅导、教学评价"三项教授活动和"完成作业、自主练习、总结反思"三项学习活动。课后阶段，为促进知识的保持和迁移，学生需要完成一定量的任务，还可以自主使用智慧教学平台增加对口语、写作等专项技能的训练。在这一过程中教师需要为每位学生提供个别化的辅导。最后，更为重要的是，教师应引导学习者对自己的学习行为加以反思，真正做到"会学习"。教师课后可以利用各类国际中文智慧教学 App 辅助作业批改，为学习者提供及时、多维的评价反馈。

综上，三个阶段、九对环节间呈现递相衔接、紧密互嵌的"链式关联"特征。三个阶段协同促进中文学习者能力素质的全面发展，同时又各具特色和重心。需要明确的是，没有所谓的"万能"教学过程，上述的"九环节"是一个基础参考数值。国际中文智慧课堂的教学过程遵循弹性设计的思想，教学环节的设置允许为"9±X"，中文教师可以根据实际需要增减、组合或重构任一教学环节。

1.2 类型学：教学过程模型的横向对比

类型学是一种通过对比来发现不同类属间的差异和共性，在实现科学分类的基础上准确把握对象特征的研究方法。教育类型学研究教育的分类现象，并揭示教育类型发展规律，既关注教育的整体类型，也研究各类型的内在结构（邢彦明，2021）。本研究从类型学视角出发，以教学过程为切面，尝试找出多个类型的国际中文教学模式间的异同，从而更好地观察国际中文智慧教学模式在教学过程上呈现出的特征。

目前，学界已有大量围绕传统中文课堂教学过程的研究，且大多为学者们长期教学经验的思辨性总结，这些教学过程在设计上体现了"以教为主"的思想。近年来，部分学者开始对"以学为主"思想主导下的新型教学模式展开研究，典型代表为翻转课堂教学模式（徐娟等，2014；沈庶英，2019）。国际中文智慧课堂采用"双主"型教学结构，相较于传统课堂和翻转课堂，在教学过程的设计上汲取了二者的优势，既充分彰显"以学定教"的理念，又能发挥教师的主导作用。三类模式的教学过程对比详见表1。

表 1 三类课堂教学过程与活动的对比分析

阶段	国际中文传统课堂"以教为主"的课堂教学过程		国际中文翻转课堂"以学为主"的课堂教学过程		国际中文智慧课堂"双主"的课堂教学过程	
	教授活动 —→ 学习活动		教授活动 ←— 学习活动		教授活动 ←—→ 学习活动	
课前	教学设计	自主预习	学情分析	学前测试	学情分析	学前测试
			微课推荐	自主学习	资源推荐	新知准备
			答疑解惑	提出困惑	答疑解惑	交流反馈
课中	组织教学	回忆旧知		语言操练	新课导入	回忆旧知
	知识讲解	语言操练	帮助辅导	展示交流	活动组织	活动参与
	布置作业	—		协作探究	点评分析	巩固提升
课后	教学评价	完成作业	教学评价	完成预习	布置任务	完成作业
					个别辅导	自主练习
					教学评价	总结反思

由表 1 可知，传统中文课堂大多采用凯洛夫的五步教学法模式，秉持"先教后练"的思路。其优缺点学界已有较多讨论，此处不再赘述。相反，翻转课堂遵循"先学后教"的思路。随着学界研究的不断深入，部分学者也指出了该模式存在的"认知天花板"困境，即知识的学习主要靠课前的微课视频，这不仅很难实现知识的深度理解和应用，甚至会误入另一种形式的"灌输"（祝智庭，2016）。与二者不同的是，国际中文智慧课堂采用的是"教与学高度契合"的教学过程设计思路，具体反映在三个微观模型中：

①课前阶段模型。不同于传统课堂对学生预习的忽视，智慧课堂既吸收了翻转课堂的课前"自主学习"活动，但又不要求将新知识的学习完全"翻转"到课前，而是更强调学习者对新学知识的识记和理解，故称"新知准备"，如掌握词义和语言点规则等。同时，智慧课堂将翻转课堂的"微课推荐"替换为"资源推荐"，这也就意味着，教师可以提供形式更为多样的中文学习资源以助力学生获取新知，如智慧教材、App、CALL 课件等。

②课中阶段模型。在传统中文课堂中，学习者是知识的被动输入者，这样的教学模式并不利于语言能力的培养。中文智慧课堂采纳了翻转课堂的活动思路，设计出五种不同类型的课堂活动以供学生选择，让其在协作和探究中实现中文知识和技能的迁移与应用。同时，智慧课堂又借鉴了传统课堂中教师对旧知的复习和目标的陈述，这既发挥了教师帮助学习者联通知识体系的主导作用，又激发了学生的学习动机。

③课后阶段模型。在传统中文课堂中，教师往往布置同质化的课后作业，学生完成后再由教师统一评改，且此过程具有滞后性，学生很难得到及时的反馈。新课开始的讲评环节，教师也多采用集中讲解共性问题的方式。翻转课堂的课后任务主要是对下一节课的新知进行学习，并不强调对本课知识进行巩固。智慧课堂与传统课堂一致，教师仍需布置作业来巩固所学，但任务内容不再是相同的，而是依据学生的课堂表现来发布针对性的作业，且为学生提供针对性的辅导。此外，智慧课堂还注重对学习者元认知（反思）能力的培养。

2 国际中文智慧教学模式的课堂活动设计

课堂活动是中文知识和技能得以吸收、内化和迁移的关键，影响着中文学习的效果。前文已对课中阶段模型进行整体论述，本节将重点阐释如何设计五类智慧课堂活动（构件），即启发互动型、个性生成型、情境探究型、分组协作型和游戏竞赛型。

2.1 启发互动型

启发互动型活动既非传统的知识灌输，又非完全的自主学习，而是在师生的交流互动中，教师通过启发和点拨来帮助学生深刻理解知识的本质、逻辑和关系。子活动的操作流程包括：①启发思考，教师呈现先行组织来启发和引导学生独立思考；②探究理解，学生通过利用教师推荐的学习资源进行探究，尝试发现和建构知识；③点拨指导，教师通过必要的讲解帮助学习者归纳探究所得结论；④变式练习，学生进行知识或技能重难点的变式练习；⑤回授调节，语言点、课程或单元完成后教师都要通过练习、答疑等形式了解学生掌握情况，由此灵活调整教学计划。该类活动侧重让学生在理解知识的基础上做到对知识的触类旁通、举一反三，比较适用于初、中级阶段，可以在综合课、阅读课和听力课使用。

以初级综合课的教学内容否定词"不"和"没"为例。第一，教师推送情景对话视频至学习终端，视频中人物角色分别用"不"和"没"来表达否定。视频结束后，教师提出问题："'不'和'没'有什么不同？"第二，教师引导学生尝试使用"不"和"没"造句，体会二者区别，并与同伴讨论。在造句练习过程中，终端会自动评测学生的发音情况。第三，教师点拨二者用法："不+VP"表示客观事实，"没+VP"表示主观意愿。第四，教师使用大屏演示不同图片，让学生们轮流"看图说话"，并将习题推送至终端供学生操练。第五，教师用表格归纳"不"和"没"在形式、意义和功能方面的差异。

2.2 个性生成型

自主个性型活动以适配学习者的个体差异为导向，为学习者提供适需的、定制化的中文学习资源、方法和路径。子活动的操作流程包括：①情景创设，教师分屏播放与主题相关的教学视频，引起学生兴趣；②任务发布，教师根据教学目标发布提前设计好的活动任务清单（内含必选和自选活动两类）；③自主学习，学习者自主选择想完成的活动内容和次序，生成个性化的学习路径；④资源推荐，教师根据学生所选将事先准备好的教学资料发送到智能终端，并鼓励学生根据自身需求选择不同资源；⑤辅导答疑，教师利用教学大数据监测每位学生的学习行为和表现，及时予以反馈和指导，并灵活调整教学设计。该类活动比较适用于中、高级阶段，可以在综合课、口语课和写作课使用。

以高级写作课的教学内容"学写演讲稿"为例。首先，老师播放一段外国留学生毕业演讲的短视频，并根据视频内容向学生提问，导入新课。其次，教师发布写作任务清单，其中"撰写提供"和"写作练习"为必选活动，"例文阅读"和"句式练习"等为自选活动。学生根据喜好选择先读范文再定框架，或先列提纲再对照范文来调整框架。再次，开始正式写作后，学习者可以选择观看微课、查询词典，也可以直接向老师寻求帮助。最后，学生将完成的作文提交到自动批改平台进行评分和纠错。

2.3 情境探究型

情境探究型活动旨在通过技术创建学习情境来调动学生的主动性和创造性，诱导其产生解决问题的求知欲，并围绕学习目标来进行自主探究。子活动的操作流程包括：①情境创设，教师通过 XR 技术、全息投影等营造逼真情境，引导学生发现和提出问题；②搭建支架，教师讲解探究的程序，学生按照规则进行问题探究；③开展探究，学习者利用智能终端广泛搜集网络资源，并进行整理和归纳；④合作讨论，学生在自主探究的基础上与同伴进行交流，共同得出结论，从而促进知识的吸收；⑤结论汇报，学习者利用智慧大屏的分屏演示功能汇报探究所得。该类活动较为适用于中、高级阶段，可以用于中国文化、报刊阅读和专门用途中文等课型。

以中国文化课的教学内容"端午节的习俗"为例。第一，学习者通过 VR 眼镜、手套和 360°全景视频切身体验"赛龙舟"的习俗，随后教师抛出探究课题。第二，教师讲解资料的获取方式，规定可使用的媒体和渠道，以及最终的汇报形式。第三，学习者从网上搜集与"包粽子""赛龙舟""挂艾草"等习俗相关的文本、图片、视频后，将材料整理成汇报文档。第四，学习者之间共享探究所得的资源，共同协商得出探究课题的结论。第五，每位学习者依次使用智能终端的投屏功能汇报自己在探究中的所思所得。

2.4 分组协作型

分组协作型活动强调让学习者在分工合作、密切配合中实现共同的目标，培养他们的合作意识和沟通能力。子活动的操作流程包括：①情境创设，教师选择课题内容，联系学生日常生活引入主题，刺激学习动机；②组建小组，教师根据学习者情况将其分为同质或异质小组，创建小组合作氛围；③协作学习，学习者可以选择课堂讨论、辩论、角色扮演等多元协作形式；④成果展示，各小组采用不同的汇报形式报告学习成果；⑤效果评价，学习者评价自己和同伴在合作中的表现。该类活动适用于中文教学的各阶段和各种课型。

以中级口语课的教学内容"大家庭好还是小家庭好"为例。第一，教师可以让学习者准备自己的全家福照片，并播放中文影视片段来引入话题。第二，在教师的组织下，学生自愿加入代表自己观点的小组，并将桌椅移动到同组伙伴的身旁。第三，学生们采用辩论赛的形式来锻炼口头表达能力，过程中智能终端会采集和分析学习者的口语语篇，并对其表达能力进行评价，既有总体评分，又有逐句评分。第四，各小组依托投屏互动功能，以图表、口头报告或戏剧表演等形式报告协作学习的感悟。第五，教师使用云平台来获知学生对自己和同伴的评价。

2.5　游戏竞赛型

游戏竞赛型活动旨在通过教学游戏来刺激二语者的学习兴趣和竞争意识，让学习者充分调动各种感官，在寓教于乐中操练和巩固新知。子活动的操作流程包括：①任务定义，教师确立游戏目标与任务，制定并发布游戏规则；②提供资源，教师为学习者提供参与游戏的教学资源，营造竞争氛围；③进行游戏，学生使用智能终端参与各类游戏活动；④输出训练，学生间选用书面或口头形式交流心得，形成良性竞争、互学互进的氛围；⑤巩固提升，二语者可以针对重难语言点或技能再选择新的竞争游戏活动，加深对知识的理解。该类活动广泛适用于各阶段和各种课程，且更受少儿学习者的喜爱。

以少儿中文教学内容 YCT 课程"你的个子真高"为例。第一，教师制定游戏规则，学生每完成一个教学任务（通关成功），小猴便离香蕉更近一步，目标是帮助小猴顺利取得香蕉。第二，教师向学生发送讲解身体部位名称的动画视频，学生观看动画，并完成视频中的各项练习。第三，教师使用智慧大屏引导学生参与"知识抢答、贪吃蛇、唱中文歌"等游戏。第四，教师带领学生用智能笔练习写汉字，并分屏呈现学生书写情况。部分游戏内容的课件见图 2。

图 2　游戏竞赛型课堂活动 CAI 课件呈现

3　结语

国际中文智慧课堂的主体是学生、外驱是技术、本质是育人，"智慧"的实现需要以科学合理的教学过程为支撑，以丰富多彩的课堂活动为载体。"双线三段九环节"的教学过程模型和五类课堂活动是在承继传统课堂、翻转课堂的智慧火花基础上，进一步将新理念、新技术与国际中文教育深度融合，从而实现教学模式的改革和创新。

诚然，过程模型和五类活动并不是放之四海皆准的，也可能还有其余类型的活动为本文所遗漏。因此，本研究仅作为教学实践的参考，国际中文教师可以在教学实践中不断探索和完善。总之，教学过程与活动均需围绕"智慧型中文人才的培养"来设计和实施。

参考文献

[1] Willis, J. *A Framework for Task-based Learning*. London: Addison Wesley Longman Limited,1996.
[2] 刘邦奇. 智慧课堂的发展、平台架构与应用设计——从智慧课堂 1.0 到智慧课堂 3.0. 现代教育技术, 2019(3).
[3] 沈庶英. 翻转课堂"三步十环节"班级教学模式构建探索——以商务汉语翻转学习为例. 语言教学与研究, 2019(6).
[4] 邢彦明. 从教育类型学观中国特色职业教育"类型"定位. 中国职业技术教育, 2021(33).
[5] 徐娟, 史艳岚. 翻转对外汉语课堂后的教学活动设计. 中文教学现代化学报, 2014(2).
[6] 杨九民, 梁林梅. 教学系统设计理论与实践 (第 2 版). 北京: 北京大学出版社, 2014.
[7] 祝智庭. 智慧教育新发展: 从翻转课堂到智慧课堂及智慧学习空间. 开放教育研究, 2016(1).

"唐风汉语"语法类获奖微课设计特点考察

刘 弘[1] 施 瑜[2]

[1,2] 华东师范大学 国际汉语文化学院 200241

[1] liuhong@hanyu.ecnu.edu.cn

摘 要: 随着互联网教育的发展,"微课"逐步成为国际汉语网上教学的一种重要形式。但国内针对汉语微课的研究却非常不足。本文选取"唐风汉语"微课大赛获奖的 73 个语法类微课作品,分别从总体设计、教学环节、教学方式三个方面对上述微课的特点进行考察。在肯定其优点的同时,我们发现从微课设计角度来说仍存在的一些共性问题,如现有微课基本是单向的"讲授模式",课堂练习形式单一;相当一部分微课仅仅是简单的模拟课堂教学,没有充分发挥视频、网络等技术优势。本文最后对微课设计提出了一些自己的建议。

关键词: 唐风汉语 微课 设计 特点

Research on the Design Characteristics of Tang Feng's Award-winning Micro Course of Chinese Grammar

Liu Hong[1] Shi Yu[2]

[1,2] School of International Chinese Studies, East China Normal University, 200241

Abstract: With the development of internet education, "micro course" has gradually become an important form of international Chinese online teaching. However, the domestic research on "micro course" of Chinese as a second language teaching is very insufficient. This paper selects 73 grammar micro course works won in the "Tang Feng Chinese" micro course competition to investigate the characteristics of the above micro course from three aspects: overall design, teaching links and teaching methods. The study found that the existing "micro course" is basically a one-way "teaching mode", and the form of classroom practice is single. A considerable number of micro courses are only simple simulated classroom teaching, and do not give full play to the technical advantages of video, network and so on. Finally, this paper puts forward some suggestions on the design of micro course.

Key words: Tang Feng Chinese course; micro course; design; characteristic

0 引言

随着在线教学和翻转课堂的发展,"微课"这一形式逐渐受到教育界的重视(王秋月,2014)。国内对于微课的认识以胡铁生(2011)为代表,他认为微课是以教学视频为主要载体,反映教师在课堂教学过程中针对某个知识点或教学环节而开展教与学活动的各种教学资源的有机组合,其核心内容是课堂教学视频。在国际中文教育领域,为了满足汉语慕课教学的需要，各个教学机构也制作了形式多样的以某一知识点为教学目标、篇幅短小的微课视频，这些视频既可以与课堂教学相整合，也可以供学生自主学习。在汉语国际教育专业硕士培养过程中，各培养单位也意识到了微课对于提升专业硕士实践能力的作用。很多院校在诸如"汉语作为第二语言教学"的课程教学中，都会要求学生制作微课来展示自身教学能力。

"唐风汉语"从 2019 年开始每年都举办汉语国际教育硕士微课大赛，包括语法类和文化类两种微课。学生可以个人参赛，也可以团体参赛。由于这是国内汉语国际教育硕士最早举办的微课比赛，因此影响力不断扩大，2021 年参赛人员多达上千位。不过，目前国内对于汉语国际教育微课设计的研究并不充分，很多参赛学生都是依据自己的直觉来设计和制作微课的。汉语国际教育领域相关研究多是针对硕士生微课实践能力培养（陈梦雨等，2020；吕欢，2021），对于如何提高微课设计质量的深度研究则很少（苏萍，2016；郁蕊聪，2021），因此现有国际中文教育领域的微课在设计方面有哪些特点，存在哪些问题，值得进一步研究。

有鉴于此，本文以第一届到第三届"唐风汉语"微课大赛获奖的 73 个语法类微课作品（初级阶段 56 个、中级阶段 17 个）为研究对象，分别从总体设计、教学流程、教学方式三个方面对汉语微课设计特点进行考察分析，并提出一些改进建议，以期对今后的微课设计提供有益的参考。

1　研究方法

本文主要采用"观察法"进行，从时间统计和内容分析两个维度对微课进行分析。我们分析了每个微课的结构，分别统计每个教学环节的时间，在标注出各个教学环节和使用的教学方法后，分析每个环节中的设计思路。标注和分析完成之后，进行相关的统计和整理工作。

2　结果与分析

2.1　整体考察

唐风汉语大赛的获奖微课基本都采取了教师出镜讲授形式，73 节微课中，有 67 节（占 91.78%）教师以半身入镜，有 5 节（占 6.85%）为教师全身入境，仅有 1 节微课是录屏的形式（即教师头像出现在画面右下角）。这种教师出镜的微课形式在一定程度上模拟了课堂教学，与学生线下实际课堂教学感受类似。当然，作为教学比赛的微课，教师出镜能体现出教师神态、表情等非语言信息，有助于展示选手的特点。此外在评分系统中，教师出镜也有加分，这些都是教师选择出镜的原因。

尽管唐风汉语微课中没有学生学习的场景（因为微课不同于课堂实录，所以一般没有学生），但是为了提升学习者的学习感受，很多微课有意识地在微课中加入了一些真人或者卡通形象，这些真人或卡通形象或者出现在导入阶段等某个环节，或者贯穿整个微课，既可以作为主讲教师互动的对象，又可以提供讲练中的语境，并实际上起到了陪伴屏幕前的学生一起学习的作用。在 73 个微课中，有 33 个（占 45.21%）都设计了这样的真人或者卡通形象；安排了卡通人物的有 16 个（占比 21.92%），真人的有 17 个（占比 23.29%），其中 6 个外国人（占比 8.22%），5 个中国人（占比 6.85%），另有 6 个微课（占比 8.22%）中既有外国人，也有中国人。

一般认为微课的最佳时长是 5～8 分钟（成利军，2019）。本研究对 73 个微课时长进行统计后发现，微课总时长在 7～8 分钟的数量最多，共 27 节（占 36.99%）；相比之下，总时长少于 6 分钟和多于 10 分钟的微课数量较少，仅 4 节（占 5.48%）。由此可见，大部分微课时长较为合理，已经考虑到了学习者在线学习的有效注意力有限这一问题。具体统计如表 1 所示。

表 1　微课总时长统计

时长/秒	数量	占比/%
300～360	3	4.11
361～420	19	26.03
421～480	27	36.99
481～540	11	15.07
541～600	12	16.44
601～660	0	0
661～720	1	1.37
合计	73	100

本研究对每个微课各环节的时间占比也进行了统计，并计算了平均值，结果如表 2 所示。

表 2　课堂环节时间分布统计

课堂环节	导入/%	讲解/%	练习/%	语法点归纳/%	布置作业/%
平均	14.28	41.45	36.58	16.27	5.28
最大值	34.02	100	92.33	36.78	11.06
最小值	5.15	7.26	3.73	2.88	0.57

表 2 数据显示，讲解环节是大多数微课的主体部分，占微课整体比例均值为 41.45%，其次是练习部分，占 36.58%，导入和语法点归纳平均占比相当，布置作业环节时长占比最少。由于讲解和练习合计时间占到近 80%，所以可以认为语法微课是以"讲练"为主体的。

以下分别从导入、讲解、练习、语法归纳、布置作业这 5 个环节来考察汉语微课的教学特点。

2.2　导入环节

在本次研究的 73 个微课中，导入并非必有环节，其中 15 个微课没有明显的导入环节。在设计了导入环节的微课中，导入环节基本都在 30～90 秒，具体数据见表 3 所示。

表 3　导入时间统计

时间/秒	数量	占比/%
0	15	20.55
1～30	6	8.22
31～60	25	34.25
61～90	15	20.55
91～120	6	8.22
121～150	3	4.11
151～180	2	2.74
181～210	1	1.37
合计	73	100

导入环节最常见的方式是使用图片、视频等媒介，选择复习导入的 12 节微课中，有 10 节复习的语法点和所教语法点并无直接联系。考虑到微课篇幅短小，且主要以一个语法点为教学目标，这种导入方式似乎并不可取。

表 4　导入方法统计表

导入方法	数量及占比/%	使用媒介方式	数量及占比/%
使用媒介	50，67.57	实物	3，6
复习	12，16.22	图片	22，46
教师自问自答	8，10.81	动画	8，16
读课文	2，2.70	视频	14，28
中外对比	2，2.70	音频	3，6

注：有的导入环节用了 1 个以上的方法。

从导入环节媒介使用情况来看，图片是使用最多的媒介，不过借助视频的也不少。很多微课制作者都自行拍了一个视频，借此呈现该语法点使用的语境，让学生对所学语法点有初步的整体感知，并激发学习者的学习兴趣。而选择其他方式导入的微课往往只是向学习者介绍了本节课将要学习的语言点，以便教师进行后续的讲解，这样的导入并没有充分调动学生学习的主动性和积极性，实际上未能充分发挥微课在视频上的优势。

2.3　讲解环节

讲解环节是微课占比时间最长的环节。表 5 显示，讲解时长在 121～180 秒的汉语微课数量最多，占 31.51%；超过 360s 的汉语微课数量较少，仅占 6.85%。

我们对微课的语法讲解方法和教学媒介进行了统计，具体数据见表 6。结果表明，现有汉语微课更倾向于采用归纳法进行语法教学，大多数汉语微课都用公式法呈现语法结构。教学媒介的选择上，借助图片进行讲解的汉语微课数量最多，其次是视频和动画，借助音频和实物较少。原因可能是音频缺乏视觉上的刺激，而实物在微课这种课堂形式中，功能完全可以由图片所替代，而视频和动画尽管视觉效果好，但拍摄和制作的成本相比图片更高。

表5　讲解和练习环节时间占比

时间/秒	讲解环节		练习环节	
	数量	占比/%	数量	占比/%
0	0	0	3	4.11
1～60	7	9.59	8	10.96
61～120	11	15.07	12	16.44
121～180	23	31.51	22	30.14
181～240	15	20.55	16	21.92
241～300	7	9.59	7	9.59
301～360	5	6.85	2	2.74
361～420	2	2.74	2	2.74
421～480	2	2.74	0	0
481～540	1	1.37	1	1.37
合计	73	100	73	100

表6　语法讲解方法和媒介

讲解	类别	数量	占比/%
教学方法	归纳法	42	57.53
	演绎法	17	23.29
	归纳和演绎相结合	13	17.81
教学媒介	图片	59	80.82
	视频	15	20.55
	音频	1	1.37
	动画	14	19.18
	实物	1	1.37

　　呈现语法点的典型功能语境能帮助学生理解该语法的使用场景，是语法讲解的重要组成部分。微课时间短，师生无法进行实时互动，因此高效直观地呈现语境尤为重要。本研究发现，有53.42%的汉语微课没有呈现该语法点的功能语境，而采取了直接讲解语法结构的形式。而在呈现语境的微课中，采用视频形式的要多于用语言描述语境的。一般而言，视频更直观生动，更便于学生理解和记忆所学的句法结构适用的情境，应该是微课设计中优先考虑的语境呈现形式。不过语言描述并不是一无是处的，尤其当我们需要从具象的事件抽象出语用规则的时候，用语言描述或许更为高效便捷。此外，当教学对象是儿童或青少年时，动画呈现语境对于低龄学习者可能更友好。

2.4　练习环节

　　练习环节是时间占比仅次于讲解的环节。表5显示，练习时长在121～180秒的汉语微课数量最多，共22节，占30.14%；练习时长大于300秒的汉语微课数量较少，仅占4.11%。

有 3 节微课没有练习环节，占 4.11%，分别是"形容词重叠""动词重叠"以及"结果补语"。其中"形容词重叠"微课的教学对象是儿童，教师整节课围绕"小猪佩奇"展开，主要通过呈现例句的方式让学生感知形容词重叠的格式和意义，并没有给出明确的格式和解释，可能是考虑到趣味性和儿童认知能力，没有明确的练习环节。"动词重叠"则是非常典型的讲授型微课，教师围绕"动词怎么重叠""为什么要使用动词重叠""所有的动词都能重叠吗"这 3 个问题进行讲解，有针对性，知识密度大，集中输出，结构完整。笔者认为作者可能是以"翻转课堂"的思路来设计这节微课的，即要求学生观看这节微课，之后结合课堂教学开展相应练习，故微课中就没有相应的练习环节了。

练习方法上，70.15%的汉语微课都采用了看图造句这种练习方式，只有 2 节汉语微课设计了交际练习，但是在微课录播属性的限制下，操作性并不强（见表 7）。"才和就"设计了小组活动，要求学生互相询问"你是什么时候学汉语的？""你什么时候有中文名字的？""你几岁开始说话的？"这种交际性练习只有在有同伴一起学习的情况下才能实现，在观摩视频的条件下，设计者如何确认和评估学生语言表现，显然是非常困难的。

表 7   汉语微课语法练习方法统计

方法		数量	占比/%
机械练习	改说句子	3	4.48
	连词成句	10	14.93
有意义的练习	上下文	1	1.37
	看图造句	47	70.15
	看视频	15	22.39
	听音频	1	1.49
	看动画	8	11.94
	动作演示	3	4.48
	看实物	4	5.97
	填空	17	25.37
	情景问答	8	11.94
	改错	4	5.97
	解释句意	2	2.99
	交际练习	2	4.48

注：表中"结合情景造句"为"上下文""看图造句""看视频""听音频""看动画""动作演示""看实物"的合并类别。

2.5   语法归纳环节

语法点归纳能够清晰直观地呈现语法结构和相关知识点，帮助汉语学习者梳理所学内容，在微课中，由于师生不处于同一时空，无法对学生的疑问进行及时的解答，因此高效的总结尤为重要。微课设计者应该提前预测学生的疑问和难点，并予以总结。经统计，约90%的微课都有语法点归纳环节，其中66.67%的汉语微课进行了两次及两次以上的归纳，出现的位置一般是讲解环节和练习环节之后，时长大都在21~100 秒，少于20 秒或长于100 秒的较少，详见表 8。

表 8　语法归纳环节情况

语法归纳环节		数量	占比/%
出现次数	0	7	9.59
	1	22	30.14
	2	26	35.62
	3	11	15.07
	4	6	8.22
	5	1	1.37
出现位置	讲解后	7	10.61
	练习后	8	12.12
	讲解后与练习后	34	51.52
	布置作业后	2	3.03
时长/秒	0	7	9.59
	1～20	6	8.22
	21～40	11	15.07
	41～60	13	17.81
	61～80	13	17.81
	81～100	14	19.18
	101～120	6	8.22
	121～140	3	4.11

2.6　布置作业环节

布置作业是汉语教学中不可缺少的环节，但表 9 显示，并非所有的微课都有这一环节，有 20 节汉语微课没有作业布置环节，占 27.40%；作业布置时长在 11～20 秒的汉语微课数量最多，占 30.14%；作业布置时长超过 30 秒的微课数量较少，仅 6 节，占 8.22%。

表 9　作业布置时长统计

时间/秒	0	1～10	11～20	21～30	31～40	41～50
数量	20	9	22	16	5	1
占比/%	27.40	12.33	30.14	21.92	6.85	1.37

我们还考察了微课中作业提交的要求。结果发现，有 33 节微课要求提交作业（占 62.26%），但其中只有 18 节课对提交作业的方式有明确的要求，还有 20 节微课（占 37.74%）完全没有提交作业的要求。

3　微课设计中存在的问题

本研究发现，大部分获奖微课质量较高，尤其在语法点讲解的准确性和教师话语质量方面具有较高水平，但是从微课设计角度来说，仍存在一些共性问题。

首先，对于微课教学对象和性质的把握不够精准。本研究中，有78.9%的微课确定的目标群体是成年学习者，另有21.1%的微课针对青少年学习者。但是相当多的微课设计者并没有充分关注不同年龄阶段的学习者在认知水平、接受能力等方面的差异，没有在话题、练习、例句、教学方法等方面做出有针对性地设计。这会在一定程度上影响学习者对于微课学习的热情和忠诚度。例如，关于"着"的微课中，教学对象是美国小学生，但是所举的例句使用了"她戴着戒指""她戴着项链"这样的例句，与小学生的生活较远。"比"字句这一课教学对象是成年人，但是整节课的场景设置却是在动物园，例句也局限在对动物的重量、大小、高度等进行比较，这样的话题设置对于成年人来说显然是缺乏吸引力的。如果"着"的微课设计者可以用小学生耳熟能详的卡通人物为例，描述他们鲜明的着装特点，或许更能激发低龄学习者的学习热情。而"比"字句的微课设计者可以考虑将情境设置成工作场所，从应聘者的角度对各个招聘公司做出比较，这样将语言学习与职场文化相联系的教学思路，或许更能激发学生的学习动力和热情。

其次，微课设计者对于如何在微课中开展互动缺乏创新。本次研究所涉及的微课基本上都是以教师"独唱"或者"自问自答"为主。对于屏幕前观摩微课的学习者来说，无法体会到"互动"的过程。诚然，由于微课是"单向输出"的一种课程形式，的确较难跟学习者互动，但是微课设计者依然可以借鉴传播学理论，以"打破第四面墙"的方式来跟学习者展开某种形式的互动，比如用"你怎么看"的方式来提问学习者。教师还可以在问问题时适当地进行"留白"（不立刻说出答案），给学习者一定的思考时间，从而在客观上形成某种互动。

再次，微课设计者也可以吸收二语习得的相关理论来思考微课的"互动"形式。根据Long互动假说，二语学习者通过观摩其他对象之间的互动，其自身的互动能力也可以得到提高。因此微课设计者在制作微课视频时，可以采取师生对话的互动形式（有点类似"相声"的方式），让视频中的人替学习者问出心中的困惑和难点，以起到互动效果。

最后，现有微课对于课后作业布置关注不够。本研究发现，现有微课对于作业布置环节不够重视：有将近1/3的汉语微课缺乏布置作业这一环节，而设置了布置作业这一环节的微课中，也有将近1/2没有向学生交代清楚作业的具体要求、提交的方式和渠道。此外，课后作业的设计质量也不高，很多都是一个变相的"无辅助造句"形式，要求学生自行写出含有该语法点的若干个句子，完全没有考虑如何设计带有交际性的练习，以弥补微课视频教学的不足。相当一部分作业设计与教学关联不大，既没有在微课中做一定的铺垫准备，也没有提供必要的"脚手架"。在网络时代，学生可能完全借助搜索引擎来完成"无辅助造句"，因此这种作业形式其实无法达到教师检测学生学习成果的作用。

4　结论

本研究通过对唐风汉语微课大赛73份语法类获奖微课的分析，发现这些语法类微课设计有以下几个特点：

（1）现有语法类微课总体上采取了模拟课堂教学的形式，具体表现为教师出镜、教学以讲解为主、重视归纳总结等特点，教学流程和方式模拟课堂教学痕迹严重。

（2）语法类微课设计者注意到这种无生录制的线上课堂的局限，尽可能通过视频、图片等提升微课的生动性，但是创新性不足。

（3）语法类微课设计者对于"情景功能""交际练习"等现代性语言教学理念吸收不够，教学设计中没能将作业设计等环节与教学目标和教学流程综合起来设计，难以对语法类微课教学效果进行评估。

因此，我们对语法类微课设计提出以下三条建议：

（1）充分利用视频优势，将语法结构讲解与情景功能结合起来。

（2）采用更加活泼和互动的方式讲授课程，提升学生学习效率。

（3）高度重视作业设计，考虑如何有效检测学习者的语法学习结果。

参考文献

[1] 陈梦雨, 胡茶娟. 汉语国际教育硕士 TPACK 能力现状研究——基于第二届研究生汉语教学微课大赛的问卷调查数据分析. 海外英语, 2020(14).

[2] 成利军. 信息化时代大学英语微课教学研究——评《教育信息化背景下的大学英语自主学习探索》. 中国科技论文, 2019(14).

[3] 胡铁生. "微课"：区域教育信息资源发展的新趋势. 电化教育研究, 2011(10).

[4] 吕欢. 微课大赛对汉语国际教育硕士形成实践性知识的研究. 中央民族大学硕士学位论文, 2021.

[5] 苏萍. 基于汉语国际教育课堂教学的微课设计与评估. 广东外语外贸大学硕士学位论文, 2016.

[6] 王秋月. "慕课""微课"与"翻转课堂"的实质及其应用. 上海教育科研, 2014(8).

[7] 郁蕊聪. 汉国教专业硕士汉语微课教学和制作能力研究. 上海外国语大学硕士学位论文, 2021.

科技革命影响下的罗马尼亚中文教学的思考与建议*

王鸿滨[1]　陈　曦[2]

[1] 北京语言大学 汉语国际教育研究院 100083　[2] 首都师范大学 文学院 100089
[1] binhw85@163.com　[2] liyijun0911@163.com

摘　要： 在新冠疫情的影响下，传统的课堂教学不仅受到了极大挑战，而且国际中文教育教学也面临新的问题。本文以疫情期间罗马尼亚线上中文教学为出发点，通过对比疫情前后罗马尼亚中文教学的情况，总结疫情给罗马尼亚中文教学带来的影响，并结合调查问卷和教师访谈，分析疫情下的线上中文教学给教师和学生造成的影响。最后对如何利用科技手段提高疫情背景下的线上罗马尼亚中文教学的效果进行了深入思考并提出一些具体的建议，以期对中文教学如何快速适应全球突发公共卫生事件做出探索。

关键词： 罗马尼亚中文教学　在线教育　思考与建议

Reflections and Suggestions on Chinese Teaching in Romania Under the Influence of Scientific and Technological Revolution

Wang Hongbin[1]　　Chen Xi[2]

[1] Institute of Chinese Language International Education, Beijing Language and Culture University, 100083
[2] College of Arts, Capital Normal University, 100089

Abstract: Under the impact of COVID-19, traditional classroom teaching has not only been greatly challenged but also posed new problems for international Chinese education and teaching. In Romania online Chinese teaching during the period of the epidemic situation as a starting point, through the contrast before and after the outbreak of Romania's situation of Chinese teaching, summarizes the outbreak to Romania, the effects of Chinese teaching, and combined with the questionnaire and teacher interview, under the analysis of the epidemic situation of online Chinese teaching to the impact of teachers and students. In the end, the author thinks deeply about how to use science and technology to improve the effectiveness of online Chinese teaching in Romania under the background of the epidemic and puts forward some specific suggestions, in order to make a positive exploration on how Chinese teaching can quickly adapt to global public health emergencies.

Key words: Chinese language teaching in Romania; online education; reflections and suggestions

---

* 本文得到国家社科基金重大项目（18ZDA295）和中央高校基本科研业务费（19PT03）的资助。

0 引言

随着新一轮科技革命的发展，越来越多的学校和企业对在线教育表现出浓厚兴趣，并开始运用科技手段实施在线教育解决方案，线上教学平台、教学方法、学习模式等方面的研究日益增多，然而我们也发现，在新冠疫情这种紧急情况下的国际中文教育线上教学与以往的线上教学并不完全相同。以往的线上教学具有选择性、辅助性，而在疫情背景下的线上教学却具有强制性、不可选择性。同时，在全球形势发生重大变化时，教师和学生的心理状态也发生了巨大改变。每个国家都有自己的特点，面对的困难和问题也大不相同。本文以罗马尼亚线上汉语教学为出发点，通过分析疫情对罗马尼亚汉语教学的影响，尝试利用科技手段提高疫情背景下的线上罗马尼亚中文教学的效果，希望对汉语教学快速适应全球突发公共卫生事件起到借鉴作用，同时丰富紧急情况下线上汉语教学的国别化研究。

1 罗马尼亚中文教学情况

罗马尼亚的中文教学事业开始于 20 世纪中叶，在经历了 20 世纪中后叶的缓慢发展后，21 世纪迎来了快速发展。自 2007 年至今，罗马尼亚先后成立了锡比乌卢奇安•布拉卡大学孔子学院、克鲁日巴比什—波雅依大学孔子学院、特来西瓦尼亚大学孔子学院和布加勒斯特大学孔子学院等 4 所孔子学院，除此之外，还有 14 所独立的孔子课堂和 130 多个汉语教学点。2016 年 6 月罗马尼亚教育部已正式发文确认将中文列入中小学最新外语语言课程名单。这标志着汉语正式进入罗马尼亚国民教育体系。目前，森诺博经济高中孔子课堂，巴克乌大学、雅西医科大学以及雅西欧亚孔子课堂等 4 个教学点已经将汉语课列为学分课程。截至 2019 年年底，累计教授学员 45000 人次，罗马尼亚的中文教育事业获得快速发展。

1.1 疫情前罗马尼亚中文教学情况

罗马尼亚中文教学开始于 1956 年，根据文化交流协定，两国分别在北京外国语大学和布加勒斯特大学开设了罗马尼亚语专业和汉语教学研究室，布加勒斯特大学于 2001 年又成立了汉语研究中心。2005 年后，罗马尼亚改革为三年制，招生人数也从最初的几人增加至 30 人左右。汉语课程除了在布加勒斯特大学中文系开设的必修课，还包括在哲学系、历史系和其他外语专业开设的选修课，内容囊括汉语、中国文化与艺术等。2006 年，中国语言教学与研究室开始开设硕士研究生和博士研究生学位课程。布加勒斯特大学拥有罗马尼亚历史最悠久的汉语系，可以说是罗马尼亚中文教学的发祥地，为该国的中文教学和中文研究以及中罗友好关系的发展做出了重大贡献。

布加勒斯特大学孔子学院（以下简称"布大孔院"）成立于 2013 年。建立以来，开设了巴克乌费迪南德一世国立高中、森诺博经济高中、雅西欧亚孔子课堂 3 所孔子课堂，其中，雅西欧亚孔子课堂于 2019 年新增设，并且拓展了罗马尼亚—美国大学、SAVA 高中、拉扎中学、Titu 小学、猫幼儿园等 31 个中文教学点，其中包括 5 个社会教学点、9 个大学教学点、14 个中小学教学点和 3 个幼儿园教学点。遍布首都布加勒斯特各区及巴克乌、加拉茨、雅西、苏恰瓦、克拉约瓦、皮特什蒂等主要城市，覆盖地区仍在持续扩大。截止到 2020 年 10 月，布大孔院学生总人数已达 8064 人次。

布大孔院分担了布大中文专业的部分汉语教学工作，同时在本部按照学生的实际情况和不同需求，开设了汉语语言课程和中国文化课程。根据学生年龄又分为成人班和儿童班，在成人班课程中，按学生水平细分为初、中和高三级。中国文化课程包括茶艺课和书法课。

在 2019—2020 学年中，布大孔院共有 1279 名学生学习汉语，全年共计 131 个班次。在此期间，布大孔院组织开展和参与了多项文化活动，据统计，这些活动包括主题体验类、文艺展演类、文化讲座类、作品展览类、学术交流类、比赛竞争类等 6 种类型，多达 41 项。

1.2 疫情后罗马尼亚中文教学情况

1.2.1 教学方式发生改变

受新冠肺炎疫情的影响，罗马尼亚在 2020 年 3 月关闭了学校，大中小学校的教学方式都由线下教学转变为线上，孔子学院的授课模式也随之进行调整，线上教学成为常规的教学方式。这种应急的线上教学与往常的在线教学不同，往常的在线教学是教师、学生自主选择的，是在双方都有所准备的情况下进行的，为了应急而开展的线上教学虽然也是在网络上进行的，但是一种无奈之举。沉浸式、体验式等教学理念都是需要在真实的汉语环境中进行的，很难在线上的汉语教学中实施。因此，疫情背景下，因为教学方式的变化，汉语传统的教学理念和教学方法也都相应地受到了挑战。

1.2.2 教师资源短缺

由于疫情原因，派往罗马尼亚的志愿者与公派教师无法到岗，导致一些地区无法正常开展汉语教学。布大孔院位于罗马尼亚首都，通过招聘本土汉语教师和海外志愿者解决师资问题。然而，海外志愿者多为中国留学生，他们没有专业的汉语教学知识储备，也不具备专业教学技能，更没有汉语教学的经验。我们在与海外志愿者交流时发现，如果他们仅仅参加了一个岗前培训，在线上教学时常出现不知如何回答学生问题、课中冷场的情况，教学效果不尽如人意。

1.2.3 文化活动骤减

2020 年 3 月疫情在罗马尼亚暴发后，布大孔院开展和参与的文化活动大幅减少，据统计，在 2020 年 3—7 月，布大孔院开展和参与的文化活动一共只有 5 项，其中文艺展演类 1 项、作品展览类 1 项、学术交流类 2 项、比赛竞争类 1 项，疫情前在文化活动中占比最大的主题体验类活动在疫情后无法开展。

2 疫情背景下的线上汉语学习情况的调查

在新的教学环境下，疫情给罗马尼亚的中文教学带来哪些影响？教师和学生应如何快速适应教学方式的改变？教学内容如何进行调整？基于以上问题，我们分别对布大孔院的 58 位学生和 12 位老师进行了调查。

2.1　学生线上汉语学习情况调查分析

我们针对学生的调查问卷共设计了 28 个问题，调查主要围绕学生的学习动机、学习状态、心理状态、学习效果等方面展开。

在疫情暴发后，有 97% 的学习者继续参加了线上的中文教学，只有 3% 的学习者放弃了继续学习中文。调查发现，放弃学习中文的主要原因是受到医学隔离，隔离结束后再上中文课发现已经听不懂了。这表明，新冠疫情导致的线上、线下教学模式的改变对学生是否继续学习汉语的选择是有直接影响的。

根据调查，在线上教学时，绝大部分教师使用的平台是 Zoom，占比为 93%，也有一些老师选择使用了谷歌会议（Google Meet）和腾讯会议（VOOV），占比分别为 4% 和 3%。在调查线上学习汉语使用软件的优点时，有超 40% 的学生选择了"界面简单，操作方便"这一选项，还有 38% 的学生选择了"可以共享课件"这一选项（如图 1 所示）。在线上使用软件的缺点方面，有 34% 的学生选择了"没有缺点"，28% 和 21% 的学生分别选择了"有时间和人数的限制"和"上课时无法录制视频，不方便课后复习"这两个选项，具体数据如图 2 所示。

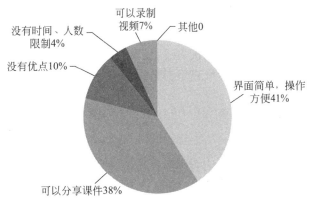

图 1　该平台的优点占比

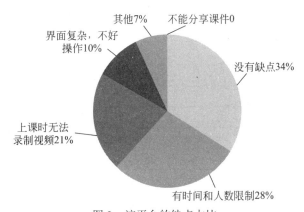

图 2　该平台的缺点占比

在线上学习难度上（见图 3），有 45% 的调查者认为线上与线下学习的难度差不多，有 33% 的调查者认为线上比线下学习中文的难度要大。认为在线上学习中文的难度更大主要有两方面原因：一方面是网络造成的延迟，与教师沟通困难；另一方面就是线上学习中文时，用计算机打拼音和汉字非常不方便，而且在线上学习汉字时，老师不能对自己的笔顺进行指导，不利于汉字的学习。

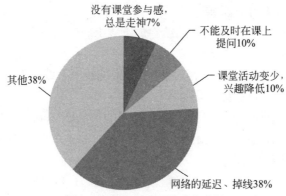

图 3　线上学习汉语的难点分析

在线上学习效果上，有 52%的调查者认为线上学习的效果比线下差，27.6%的调查者认为线上与线下学习的效果差不多，79.6%的调查者认为线上学习的效果不如线下。认为线上学习效果更好的原因有两类：一是不用在路上花费时间；二是线上课程比线下的课件更清楚，与老师、同学的互动性更强。认为线上没有线下学习效果好的原因分为三类：一是减少了与老师的联系与互动；二是一直坐在电脑前，不能很好地集中注意力；三是网络与技术问题会经常打断上课过程。

2.2　教师访谈情况调查分析

教师访谈共设计了 6 个问题，内容涵盖在疫情背景下对线上中文教学的适应性、遇到的困难和对线上中文教学的建议等方面。访谈内容整理如表 1。

表 1　教师访谈数据

访谈对象	教学时间	主要变化	适应时间	主要问题
教师 1	7 年	互动方式	2 个月	学生不能集中注意力；自己对线上教学工具不熟悉
教师 2	2 年	备课量	1 个月	内心焦虑
教师 3	3 年	互动方式	2 个月	学生不愿意开摄像头
教师 4	3 年	课堂管理方式	2 个月	肢体语言受限；有的学生会中途退出网课
教师 5	1 年	互动方式、内心焦虑	1 周	学生容易走神
教师 6	1 年	课堂管理方式	3 个月	备课量太大
教师 7	2 年	课堂管理方式	1 个月	学生在线上学习时更加沉默
教师 8	1 年	互动方式	1 个月	有些学生在课上突然插话，打乱课堂秩序
教师 9	1 年	互动方式	1 个月	教学任务变重；学生反馈不真实
教师 10	1 年	备课量、内心焦虑	1 个月	内心焦虑
教师 11	1 年	备课量	2 周	学生积极性不高
教师 12	1 年	互动方式	1 个月	学生积极性不高

　　线上中文教学中的主要困难是学生迟到、走神、沉默、积极性不高、扰乱课堂秩序等，我们将这些由学生的问题行为带来的困难总结为课堂管理困难；将不开摄像头、肢体语言受限、互动方式的改变带来的困难总结为互动方式受限。

3　疫情背景下线上中文教学对学生和教师的影响

3.1　线上中文教学对学生的影响

3.1.1　学习状态较差

　　在疫情的影响下，中文学习者的心理状态发生了改变，学习焦虑上升，学习热情、学习责任心和学习意志力会随之下降，学习状态也会受到影响。调查结果显示，一半以上学生认为自己在线上的学习状态不好，因为在线上学习时集中注意力的时间比线下学习时要短，此外容易受到手机里社交软件的影响。显然，学生的学习状态不好是在内部心理和外部环境的共同影响下造成的。

3.1.2　心理持续焦虑

　　调查结果显示，罗马尼亚七成以上的中文学习者会因新冠肺炎疫情感到焦虑。这也是在疫情背景下的线上中文教学所受的特殊影响之一。焦虑（anxiety）是一种获得性行为，是对未知的紧张不安的情绪（吕春祥等，2015）。在新冠疫情下，罗马尼亚的中文学习者可能存在多方面的焦虑，疫情带来的变化包括疫情期间居家隔离的封闭性，经济发展的不稳定性，对未来生活、学习、工作的不确定性，远程学习的挑战，担心受到感染等。

3.1.3　学习效果不佳

　　因为线上学习脱离了教师的视线，在心理焦虑的情况下，在家中投入中文学习需要很强的自控力和意志力。根据调查结果，线上中文学习效果较差的人认为，线上的中文学习减少了与老师和其他同学的互动，注意力容易下降，而且有时因为网络出现延迟、卡顿等还会错过老师的教学内容。

3.2　线上中文教学对教师的影响

3.2.1　课前、课后备课量变大

　　在教学方式因为新冠肺炎疫情而突然发生改变后，教师需要快速学习线上工具的使用方法和一些线上教学的技巧，以适应教学方式的改变，减小其对中文教学影响。

　　在课前的准备阶段，很多教师习惯于用书本备课，在上课时借助板书完成自己的教学。但是在疫情期间的线上教学阶段，这一方法很难实现，这就要求每个老师提前熟悉使用的线上授课工具，并且做好幻灯片展示文稿，在这一方面首先会花费大量的时间。

　　此外，在学习、掌握一些线上教学的技巧后，要筛选、准备与知识点相对应的课堂活动。例如，课堂活动要配合使用许多网站。同时，活动和作业的设置需要教师自己在网站上输入拼音、汉字和图片，有的还要设置选项和对错。工作量相对于线下教学来说大量增加。

3.2.2 互动方式受限

线上教学在很大程度上限制了互动和语言操练。在线上教学中，不仅互动方式发生了改变，师生之间的互动次数大幅减少，而且课堂管理也变得尤为困难。例如受到线上工具的限制，学生不愿意开摄像头，即使学生愿意开摄像头，教师在共享屏幕时只能看到有限数量的学生，而且有些软件，例如 Google Meet，教师在共享屏幕时一个学生都看不见。此外，听写、情景操练等许多内容都无法在线上进行操作。线上中文教学的互动方式与线下传统课堂的互动方式有许多差异，需要教师积极寻求新的代替方法。

3.2.3 课堂管理困难

根据访谈，目前线上课堂主要存在以下几个问题：学生迟到，或者提前退出线上课堂，注意力不集中，随意说话，甚至出现挂机的情况。在教师上课过程中，有时有的学生还会随意用母语说话，吸引别的同学注意，扰乱其他学生上课的注意力。特别是由于上课时可以"隐身"，这就给一些学生带来了可乘之机，做一些与中文课无关的事情。因此，对中文教师来说，需要不断在这一过程中调整自己的互动方式和教学管理方法。

3.2.4 心理压力变大

根据教师的访谈结果，虽然教师可以在很短的时间内适应线上教学，但是突然的变化、备课量的加大、对未来的不确定性等一系列因素给教师的心理状态带来极大的影响。

4 科技手段对罗马尼亚中文教学的反拨作用

新冠疫情使教学模式发生了巨大变革，这种紧急情况下的线上教学将从应急之举向系统化、常态化的教学方式转变，科技手段将在今后的海外中文教育中从幕后走到幕前，其功能也将由辅助转变为主导。

4.1 大力开展线上教师技术培训

教师培训一方面可以使教师们学习、改进自己的教学方法，另一方面也可以有效缓解突如其来的疫情给教师带来的焦虑和压力，疏解不良情绪。有些教师认为，在疫情期间线上中文的教学效果不好，很多是因为没有及时开展技术培训，教师对线上教学手段不了解造成的。通过访谈我们发现，教师虽然会根据教学方式的变化调整教学方法，但主要还是以自己熟悉的教学方法为主。因此，利用科技手段来改变授课方式，需要组织开展一系列培训，帮助教师适应与科技发展相适应的新的教育发展形势。

4.2 尽快研发适应新形势的教学资源

面对新的发展方向，罗马尼亚的孔院及中文教学机构应该联合起来，尽快组织专业的汉语专家团队，对中文教材与教辅资源进行进一步研发，使之更适合线上教学。教材要更具有时代性和关联性，其中的实践活动要更适合线上的汉语教学，才能帮助教师完成教学目标。特别是教辅资源要更强调针对性，满足学生不同的学习动机的需求。

同时，还应该设计适用的线上课程。线上课程要符合片段化的网络特点，方便教师教学，提高学生的学习效果。此外，线上课程要从孔院实际出发，依据各个国家和地区的自身条件，满足当地需要。无论是教材还是线上课程，这些教学资源都是为了顺应时代，帮助教师更好地进行教学，让学生学习更加实用的中文。因此，要加快开发设计的脚步，紧跟时代趋势，才能满足日益增长的学习需求。

4.3 利用科技手段优化线上工具

在调查中，教师和学生对线上工具的评价都较高，认为这些平台界面简单、容易操作，也可以共享屏幕，方便学习，但仍然有一些软件需要改进。例如，Zoom 在国内和国外的版本不一致，不方便国内的教师进行线上教学；在使用 Google Meet 共享屏幕时，屏幕覆盖了学生的头像，无法看到学生等。因此，中文教育的技术开发团队要搜集教师和学生在线上的汉语教学过程中遇到的问题，强化平台稳定性，积极改进，完善用户的使用体验。

4.4 进一步运用科技手段推行"双线"发展

在新的教育理念下，罗马尼亚的中文教学应该改变之前单一发展的思路，积极推行线上+线下的"双线"发展模式。一方面，要引导学校和教师了解、总结疫情期间的线上教学与传统的线下教学的优点，从组织管理、支持服务等方面进行改进，增加教学模式的灵活性和应用性，为以后更好地应对突发性公共卫生事件做好准备。另一方面，在双线的教学模式下，教师可以更好地掌握学生上课状态，调整教学内容，为学生提供更加丰富的资源；而学生可以在参加线下中文教学中提高学习效率，同时，也能进行线上学习，补充知识短板，利用科技手段获取学习的最大效益。

总之，利用新一轮科技革命提供给国际中文教育的大平台，建立适应于技术革命和疫情背景下的线上中文教学的智能化平台，凭借多元化教学资源和多功能技术服务的支持，使新形势下的线上中文教学更加有效。同时以科技为引擎，助力后疫情时代线上、线下教学模式的"双线"发展，为以后更好地应对各种突发性公共卫生事件做好准备。

参考文献

[1] 吕春祥，傅钢善. 国内网络环境下学习者学习焦虑的研究综述. 中国医学教育技术，2015(6).

[2] 张晓雅. 罗马尼亚汉语教学与推广情况研究. 山东师范大学硕士学位论文，2014.

[3] 周元琳. 罗马尼亚汉语教学调查研究报告. 国际汉语教学动态与研究，2006(2).

中文教师、T.A.和学生三位一体式 HyFlex 互动教学法设计*

杉江聪子

日本札幌国际大学 0048602
satoko-sugie@ts.siu.ac.jp

摘　要: 日本教育政策虽然经常会对各级教育机构进行"主动、互动以及深度学习"式升级,但对中文教育等仍实行大班制教学,教授传统式语言知识与技能。然而,受新冠疫情影响,各式新兴教学法应运而生并迅速普及,也因此出现采用"面授还是远程"教学,抑或是两者混合式弹性授课等各种不同声音。本研究目的在于探讨透过小班制 HyFlex 中文教学,让修课的日本学生和担任 T.A.的中国留学生间进行交流,探讨到底教师、T.A.和学生间会发生什么样的互动行为。本文从数量、质量两方面进行了不同语言间沟通比例的分析。

关键词: 混合弹性课程　内容型教学法　互动　教学设计

The Design of Interaction between the Teacher, the Teaching Assistants, and the Students in the HyFlex Chinese Course

SUGIE Satoko

Sapporo International University, 0048602

Abstract: With the upgrading of Japanese education policies, the need to promote active learning approaches (proactive, interactive, and in-depth learning) has been widespread. However, Chinese language education in Japan has emphasized knowledge learning and skills training. On the other hand, due to the COVID-19 pandemic over the past two years, the various pedagogical forms and use of technology in education have become widespread. Nevertheless, face-to-face teaching is strongly requested in Japanese schools, and the conflict between F2F and remote teaching continues. The design and data-based analysis of HyFlex Chinese courses have not been adequately investigated in Japan. This study aims to examine the interaction between teachers, teaching assistants, and students in a HyFlex Chinese language class for non-Chinese majors. We conducted a preliminary analysis of the rate of occurrence and content of language communication in the classroom through qualitative data analysis.

Key words: HyFlex course; content-based instruction; interaction; instructional design

---

* 本研究得到日本学术振兴会科学研究非补助金支持,基金编码 21K00773。

0　研究背景

　　日本的教育政策针对各级教育机构定期进行转型或升级。例如自 2020 年起，文部科学省（以下简称文科省）对小学、初中及高中教育的指导纲要进行修订。而从高中与大学教育衔接的角度而言，文科省认为大学机构更需进一步以"主动、互动和深度学习"方式回馈给高中教育。由于全球自 2020 年起受到新冠疫情的影响，文科省便开始要求各级教育单位尽可能地改为采用线上教学，若疫情趋缓，则建议又改回面对面实体教学方式。现行各级学校所采用的教学方式主要有三种：面对面实体教学、线上教学、两者同步混合式教学。其中，混合式教学又细分为非同步网课、翻转课堂、同步或非同步混合课程（Liu，2010），以及混合弹性授课方式（以下简称 HyFlex）（Beatty，2019）。而日本目前对于 HyFlex 相关的设计或研究报告等尚处萌芽阶段，未臻成熟。

　　在日本的大学教育中，华语课仍属基础教养课程，通常被归属于大一至大二年级的第二外语课程中。授课一般采用大班制（30～50 人），内容则以教授词汇和语法等基础内容为主。授课时数则为每周 1～2 节，修课学生大都是非专业的，所属院系五花八门（Sunaoka & Sugie，2022）。在如此有限的教学条件下，学生很难提升中文习得程度，尤其是听、说、读、写这四项能力。今后若将教学环境进行调整的话，学习成效是否会因此而有所提升则有待观察。例如，依学生的习得程度分班，实行小班制教学，由此修课学生除有更多机会能开口说中文以外，更能增进对现代中国社会与文化的普遍认识。此外，透过动态课程活动设计，能让学生与所在地中国人进行线上跨文化交流，加深彼此的了解。因此，本研究认为应从教学环境的改良入手，再透过互动方式定性研究及数据分析等，最终让中文修课学生能实用合一，并进行外语和文化沟通，最终提升自身中文能力。

　　本研究的设计理念基于 CBI（Content-Based Instruction）（Brinton，2003；森冈，2016），是一种以内容为基础的语言教学方式，其特点是在"内容驱动"的课程上，学习特定的内容和相关的言语技能。在以学习者为中心的 CBI 中，参与者主动、积极的对话活动设计极为重要。在传统的面对面授课中，师生间的互动自然且频繁。但在远程教学或 HyFlex 授课中，则须注重师生间的互动表现（Moore，1989）。此外，在大班制远程教学中，学校为确保流量的稳定，麦克风和摄像头经常会关闭，也因此会让师生间的互动大幅度地受到限制。

1　研究目的与研究问题

　　本研究的目的是透过 CBI 的理念尝试设计出 HyFlex 的中文教学法，借此探究如何有效地进行技术应用，活用各项设备配置。同时，针对师生间教学互动的情况进行对比分析。笔者在大学中，选择了一个中文基础班试行 HyFlex，并透过教学环境改善和学习活动方式的创新，对中文教师、教学助理（teaching assistant，T.A.）及学生间的对话进行了数据的分析探讨。本研究的研究问题（research question，RQ）则分列如下：

　　RQ1：在大学的初级及小班 HyFlex 的中文课程中，教师、T.A.及学生三者间会发生什么样的互动？

　　RQ2：通过 HyFlex 中文课的 CBI，学习者会产生什么样的学习成果？

2　研究方法

2.1　课程概况

本研究的 HyFlex 课程定位在大学第二外语之基础教养中文课程一、二年级修课科目。课程分春季学期（4—8 月）汉语 1，秋季学期（9 月至次年 1 月）汉语 2。每学期课时数共计 15 周，每节课为 90 分钟，每周仅上一节课。教材以纸本教科书为主，教授词汇和语法等。授课内容设计为修课的日本大学生和中国留学生进行同步性跨文化言语交流。此外，还会让学生通过大学的学习通系统（LMS）进行线上练习、小测验、提交作文等。

分析对象为 2021 年秋季学期的汉语 2。该班级中，除 1 名教师外，还配置了 3 名 T.A.（中国硕士生），共有观光学系一年级学生 8 名。课堂中会让学生和 T.A.用中文进行会话练习。在练习和会话的设计上，用教科书内容与旅游等相关话题做主题。

教学形态采用 HyFlex 授课方式，实体授课场地选在大学的电脑教室，参加远程教学的学生则用 Zoom 上课。原则上，学生可依自身状况选择上课地点（Beatty，2019）。由于疫情及北海道冬季雪灾导致师生无法到校上课，所以 HyFlex 也有其好处。

至于学习环境和设备利用方面，学生须通过（LMS），并搭配手机 App（具有翻译、查词典等功能）。LMS 的主要功能为教师发消息通知学生，并分发补充教学资料，设置测验，布置作业，评分和反馈；学生若得到消息后，做测验或提交作业，确认教师的评分以及反馈结果等。

2.2　课程计划

2021 年秋季学期课程计划大纲如表 1 所示。

表 1　2021 年秋学期的课程计划大纲

上课时间（月/日）	学习活动	T.A.小组会话	授课形态	人数（名）	
				面授	远程
09/27	课程介绍，自我介绍	有	HyFlex	1	7
10/04	简体字拼音输入法练习，自我介绍（在线作文）	有	HyFlex	2	6
10/11	简体字拼音输入法练习，购物和价格（语法学习、写作和会话练习）	有	HyFlex	4	2
10/18	量词(语法学习)，购买圣诞礼物(写作和会话练习)	有	HyFlex	2	6
10/25	购买圣诞礼物（发表），地图、方向和地点（语法学习）	有	HyFlex	3	4
11/01	地图、方向和地点（复习语法），购物收据报告（写作和会话练习）	有	HyFlex	3	5
11/08	旅行经历（语法学习、写作和会话练习），推荐景点或店铺介绍（写作）	有	HyFlex	2	6
11/15	推荐景点或店铺介绍（发表）	无	HyFlex	3	5

续表

上课时间 （月/日）	学习活动	T.A.小组会话	授课形态	人数（名）	
				面授	远程
11/22	完成、实现的"了"（语法学习），介绍北海道和中国的旅游景点（写作和会话练习）	有	HyFlex	1	6
11/29	北海道和中国的美食介绍（写作和会话练习）	有	HyFlex	3	5
12/13	北海道和中国的旅游景点和美食介绍（发表）	无	HyFlex	2	5
12/20	看上海游宣传片，谈感想（写作和会话练习）	无	HyFlex	3	5
01/17	总复习	有	远程	7	0
01/24	总复习	无	远程	7	0
01/31	期末考试	无	面授	7	0

3 数据分析

3.1 互动分析

本研究收集了课堂上各项作为分析数据使用的摄影记录：（1）教师用的 Zoom 屏幕（全程录制课程所用教材、出席师生）；（2）3 名 T.A.中，T.A.1 的 Zoom 屏幕（T.A.与修课学生所进行的小组会话）。由于课程活动内容包括各式不同主题场景，因此也针对课堂上的录像记录进行分析探讨。数据分析采用 ELAN（EUDICO Linguistic Annotator）进行，执行定性数据分析。分析法采用两种：（1）教师、T.A.和学生间所产生的语言沟通次数比例；（2）根据对话进行语言沟通内容的分类。

经过分析，互动次数比例及内容分类的结果如图 1、图 2 所示。在教师 Zoom 屏幕的录像中，教师的语法、用例讲解占 30%，问答占 29%，发音练习、指导占 18%，活动程序和方法的说明占 15%；此外，与中文授课无关的各项确认、指示、说明（如机器操纵或视讯参加者的通信状态等）占 6%，聊天或开玩笑占 2%；学生对教师的问答占 66%，发音练习占 33%，聊天或开玩笑占 1%。

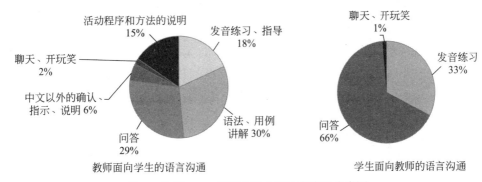

图 1　教师 Zoom 屏幕录像中的语言沟通分类图

　　在 T.A.和学生间的小组对话练习 Zoom 屏幕录像中，T.A. 1、T.A. 2 及 T.A. 3 对学生的发音指导各占 39%、11% 及 13%；语法和用例讲解各占 7%、45% 及 32%；问答各占 21%、28% 及 19%；与中文无关的确认、指示、说明各占 10%、1% 及 1%；聊天或开玩笑各占 0、2% 及 1%；活动程序和方法说明各占 16%、8% 及 29%；赞扬或鼓励各占 7%、1% 及 5%；难以理解的各占 0、4% 及 0。学生对 T.A.的发音练习各占 65%、50% 及 84%；问答各占 23%、32% 及 10%；与中文无关的确认、指示、说明各占 4%、5% 及 3%；聊天或开玩笑各占 4%、5% 及 1%；活动程序和方法说明各占 1%、3% 及 3%；难以理解的各占 7%、5% 及 2%。

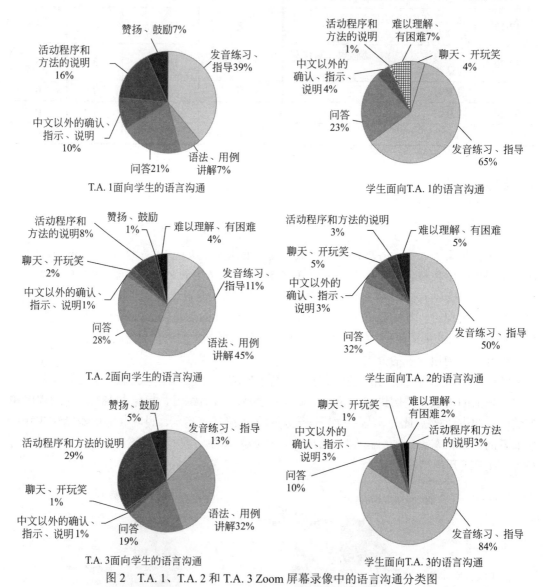

图 2　T.A. 1、T.A. 2 和 T.A. 3 Zoom 屏幕录像中的语言沟通分类图

3.2　学习者的学习成果分析

　　在 15 周课程中的最后一周进行线上问卷调查（表 2），得知学生在 HyFlex 课堂中，教师、T.A.及学生三者间在会话练习上的需求及其学习经验和成果表现。

表 2　线上问卷调查单

问题	选项
1. 关于 HyFlex 上课方式，你觉得哪些活动"容易学习"？	（1）词汇和语法的知识学习
2. 关于 HyFlex 上课方式，你觉得哪些活动"难以学习"？（多项选择）	（2）词汇和例句的发音练习 （3）与 T.A.或教师的会话练习 （4）造句和写作 （5）翻译练习（中日/日中） （6）对中国文化的理解 （7）其他
3. 在本学期中文课上是否有你对教师、T.A.和学生间所期待的对话和交流机会？（5 级评分）	（1）教师 （2）T.A. （3）学生之间
4.（问题 3 回答"很多"或"较多"的人请回答）具体在什么样的活动中实现？	（自由填写）

　　以 HyFlex 修课的学生觉得学习成效的表现结果如图 3 所示。就结论而言，回答"学习成效佳""与 T.A.或教师的会话练习"的学生有 5 名，回答"词汇和语法的知识学习"以及"词汇和例句的发音练习"的学生分别有 4 名和 1 名，回答"学习成效佳"的学生答复"造句和写作"的有 3 名，回答"学习成效尚可"的学生有 2 名，回答"学习成效佳"的学生答复"对中国文化的理解"的有 3 名，反之则有 1 名，回答"学习成效佳"的学生答复"翻译练习"的仅有 1 名，反之则有 2 名。"其他"分别为"互相穿民族服装做文化介绍"（回答容易学习的 1 名）和"没有难以学习的内容"（回答难以学习的 2 名）。

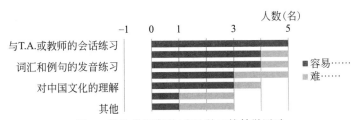

图 3　学生觉得容易/难以学习的教学活动

　　在 HyFlex 中文课堂上，学生与教师，或 T.A.和学生间进行的对话和交流结果（如图 4 所示），内容如图 5 所示。回答与教师对话和交流机会"很多"或"较多"的学生共计 7 名，回答"几乎没有"的仅 1 名。回答与 T.A.对话和交流机会"很多"或"较多"的学生有 7 名，回答"几乎没有"的仅 1 名。回答学生间对话和交流机会"很多"或"较多"的计 4 名，回答"一般"的学生仅 1 名，回答"几乎没有"的学生仅 3 名。在对话和交流项目回答"发音

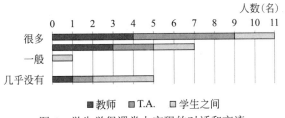

图 4　学生觉得课堂上实现的对话和交流

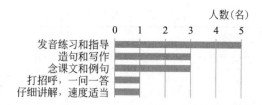

图 5　学生与教师、T.A.和学生间进行的对话和交流内容

练习和指导"的有 5 名，回答"造句和写作"和"念课文和例句"的有 3 名，回答"打招呼，一问一答"和"仔细讲解，速度适当"的各 1 名。

4　讨论

4.1　针对 RQ1 的回答

经问卷分析得知，3 名 T.A.在发音教学与语法或用例讲解的比例上皆呈现出不同结果。由于课堂上的会话练习时间有限，在轻松的学习氛围中，除要和教师重复练习外，且要避免反复提出与中文无关的确认、指示或活动程序和方法的说明等，借以节省时间。从 T.A. 2、T.A. 3 组的互动中发现在 T.A.用日语问日本学生时，能听见学生彼此间欢愉的笑声。此外，T.A.对日本学生的发音予以赞扬或肯定也是一种对学习成效的彰显。在课堂上允许 T.A.和学生用中文、日语沟通，在生词的发音练习和问答练习中有时可发现各式语法应用和例句介绍的景象，透过此种沟通交流更能增进自身综合性的中文学习成效。

4.2　针对 RQ2 的回答

在 RQ2 方面，透过 HyFlex 上中文课的 CBI，学生与教师、T.A.及日本学生间的互动所得评价如下：虽然在课堂上有更多机会能在三者间进行互动交流，但学生间的交流机会却变少了。另，课堂上虽有"发音练习""造句和写作""念课文和例句"，但少部分学生认为此练习方式仅局限在师生间"打招呼，一问一答""仔细讲解"等中，缺乏积极互动的表现。

5　总结

本研究经由 CBI 的 HyFlex 中文课程教学设计，对课程参与者的互动进行分析，借此探究中文教学中的各式问题和改进之处。课堂记录数据分析结果显示，在师生沟通交流中，发音指导和练习的比例较少，语法和用例讲解及问答的比例几乎相同。由于学生回答问题时，主要在发音和练习方面，因此今后更应减少活动程序和执行方法的说明等，借此提高授课效率。T.A.和学生间的沟通交流方面，学生主要进行发音和问答练习，T.A.的指导活动时间比例与教师几乎相同。但每组 T.A.的教法因人而异，今后教师和 T.A.间应先形成教学活动核心的共识才行。

关于教学资源方面，本研究虽没对此进行细致分析，但在 HyFlex 课程的前提下，所有学习资源均应在远程教学和实体授课里共享。另，本研究主要使用了纸本教科书，搭配 LMS 的测验和作业收发功能，但为了教学资源的活用及班级共享，今后应开发并使用电子教科书。

　　此外，在 CBI 中必须考量学生的专业、兴趣和素质。基础教养课程并非专业课程，透过中文学习和异文化沟通为主题的跨域交流机会，我们希望借此培养修课学生尊重他国的语言文化价值。今后的研究计划是，经由不断地改进并提升基于 ICT 的 CBI 中文课教学设计，让中日两国学生共同构建 VR 虚拟旅游，通过真实的语言应用，强化中日观光交流活动，促进两国长久邦谊。

参考文献

[1]　Beatty, B. J. *Hybrid-Flexible Course Design*. EdTech Books, 2019.

[2]　Brinton, D. M. Content-based instruction. In D. Nunan (Ed.), *Practical English Language Teaching*. New York: McGraw-Hill, 2003.

[3]　Liu, S., Urano, Y., and Hiki, S. A. Computer–assisted Instruction System for Self–teaching of Discriminating Chinese Four Tones. *Japan Society for Educational Technology*, 2010, 34(3).

[4]　Moore, M. Three Types of Interaction. *American Journal of Distance Education*, 1989, 3(2).

[5]　Sunaoka K., Sugie, S. Remote Chinese Teaching and Learning at Japanese Universities During the COVID-19 Pandemic. In Liu. S (Ed.), *Teaching the Chinese Language Remotely: Global Cases and Perspectives*. London: Palgrave Macmillan, 2022.

[6]　文部科学省. 学習指導要領「生きる力」. (2022.3.25 参閲). https://www.mext.go.jp/a_menu/shotou/new-cs/.

[7]　文部科学省. 学習指導要領の趣旨の実現に向けた個別最適な学びと協働的な学びの一体的な充実に関する参考資料, 2021.

[8]　森岡明美. CBI (CCBI), CLIL, EMI, IB の大学教育への貢献，ミニ•シンポジウム「英語教育と日本語教育に於ける CBI の将来展望—イマージョン教育、IB 教育、CLIL、EMI の観点から—」. 2016. http://www.f.waseda.jp/tharada/cbi/symposium.htm.

谈现代汉字的形音义分类

香港理工大学 中文及双语学系（退休教师）

ctxzhang@connect.polyu.hk

摘　要：基于形音义分析比较的汉字分类是现代汉语教学的重要内容和辅助工具。本文讨论目前这种汉字分类法所存在的问题，在此基础上建立一个较为严谨全面的汉字形音义分类法，并进行优化。单个汉字内部的形音义关系统一采用"单"或"多"来表达，多个汉字之间的形音义关系统一采用"同"或"异"来表达，使其更为简洁和便于使用。此外，我们还简单讨论新分类法的计算机辅助实现，以便更好地支持现代汉语教学与应用。

关键词：现代汉语　汉字形音义　汉字分类　计算机辅助汉字分类

On the Classification of Modern Chinese Characters Based on Forms, Sounds and Meanings

Zhang Xiaoheng (retired teacher)

Department of Chinese and Bilingual Studies, Hong Kong Polytechnic University

Abstract: Chinese character classification based on analysis and comparison of character forms, sounds and meanings is important content and assistance for modern Chinese language learning. This article discusses some problems of today's Chinese characters classification methods of this category and builds up a new method that is more rigorous and comprehensive, followed by further optimization. Single Chinese characters' form, sound and meaning comparative relationships are consistently expressed by prefixes "mono-" or "multi-"; comparison between multiple Chinese characters is consistently expressed by "homo-" or "hetero-", in order to make it more concise and easy to use. Moreover, we briefly discuss the computer implementation of the new classification method, so as to better support modern Chinese language education and applications.

Key words: modern Chinese; Chinese character form, sound and meaning; Chinese character classification; computer-assisted Chinese characters classification

0　引言

"多音字""单音字""同音字""异读字""异体字""同义字""形声字""多音多义字"等都是我们在中文教学中经常看到、听到和用到的基于形音义的汉字分类名称（苏培成，2014；裘锡圭，2013；李大遂，2003）。但是，目前的分类法既不够严谨，也不够全面。

在严谨性方面，首先是意思表达的准确性问题。例如，现代汉字教科书一般都会介绍"异读字"这个概念，并把它定义成"多音同义字"（苏培成，2014）。但是从字面上来看，"异读"只能说明有不同读法，即"多音"，并没有"同义"的含义。所以，术语"异读字"不能准确表达其"多音同义"的意思，需要特别解释和记忆。同理，术语"异体字"也不能准确表达其"异形同音同义"的意思。又如，同样是指字音，在"同音字"中用"音"表示，在"异读字"中用"读"表示，在"形声字"中则用"声"表示；同样是指字形，在"同形字"和"异体字"中又分别采用"形"和"体"的说法，而且延伸出"异形词"和"异体词"（裘锡圭，2013）。可见，汉字分类命名的一致性和准确性都不够严谨。

再来看看汉字分类的全面性。笔者到目前还没有发现一个基于形音义的分类法能详尽涵盖所有现代汉字。一般的教科书只是列举一些重要的汉字类别进行讲述，忽略了其他一些可能类别。例如，《现代汉语通论》（邵敬敏，2007）对汉字的分类比较细致，还给出一个分类表。但是，表中就欠缺"数形数音一义"和"数形数音多义"这两类。

下文再通过实例进一步探讨目前形音义分类法存在的问题。

1　现行汉字形音义分类法问题实例探究

我们以"多音字"为例，看看几本较有影响的现代汉字教科书在汉字分类的定义和说明等方面所存在的问题。

《现代汉字学》（杨润陆，2008）关于多音字的说明是："多音字是指一个字有两种或两种以上的读音。多音字按意义是否相同分为多音多义字和多音同义字两类。"

其中"多音同义字"的说法似乎有点不伦不类。因为这里的"多"表示复数，与之互补对应的应该是"单"，而与"同"对应的应该是"异"，改为"多音单义字"或"异音同义字"是否严谨顺畅一些呢？

《现代汉字学纲要》（苏培成，2014）对于"多音字"的定义是："多音多义字简称多音字，它的特点是一个字有两个或两个以上的读音，而不同的读音又联系着不同的意义。"

将多音字等同于多音多义字意味着多音同义字（即异读字）不是多音字，这在逻辑上是说不通的；而且与上面杨润陆教授的定义不一致。我们可以说多音字大多是多音多义字，但不能说多音字就是多音多义字。

《现代汉语文字学》（殷寄明等，2007）则把上面两种定义糅合在一起：

（一）什么是多音字

指具有两个或两个以上的读音而不同的读音又和不同的意义相联系的字。……多音字又可分为多义多音字和同义多音字。（p178）

前面把多音字定义为多音多义字，后面又指出多音字既包括多音多义字，又包括多音同义字。前后存在矛盾。在下面一节作者又把多音字分为三类：

（二）多音字的分类（p179）

1. 多音多义字……（p179）

2. 同义多音字……（p181）

3. 异读字……（p182）

在多音多义字和多音同义字的基础上又并列增加了"异读字"这一类。但是学术界一般认为，异读字就是多音同义字。此外，将"多音多义字"和"同义多音字"并列使用，也影响语言表达的一致性。

"同音字"也有类似的问题。邵敬敏（2007）指出，"同音字是指两个或两个以上的汉字，读音相同、意义不同而且意义没有联系"。为什么需要意义不同而且没有联系呢？难道异体字、繁简字不同音吗？

从上面的讨论，我们可以看到现代汉字的形音义分类法十分重要，且有待改善。下面我们在前人学术成果的基础上建立一个尽可能严谨全面的汉字形音义分类法，并进行优化，使其更加方便、实用。

2　一个严谨全面的汉字分类法

这一节的主要目的是建立一个能覆盖全体汉字的详尽分类系统，即分类法，下一节将对该分类法做进一步的优化完善。

为学术严谨起见，我们先对汉字三要素"形、音、义"的表达顺序和用字做一些规定。在语言应用中汉字三要素的基本关系是：通过字形来表达字音和字义。汉字字典中的字条内容一般也是采用"字形—字音—字义"的顺序呈现。所以我们的分类法也就采用这一表达顺序。例如，在作用相同的情况下，统一选用"形音义"，不用"音形义""义音形"等说法，说"同音同义字"不说"同义同音字"等。在名称用字方面，用"形""音"和"义"，不用"体""声""读""意"等。其实，"形音义"本来就是大家比较习惯的表达法。再说，语言学中的"语音学"和"语义学"也是用"音""义"两字。

基于形音义属性的汉字分类主要是看单字在形音义三方面是否相同。

先来看字形。对于任意两个汉字（字形），如果字形相同，则它们属于同形字，如果字形不同（即相异），则属于异形字。这就意味着，（根据需要）任取一个对比字（或称为参照字），我们就可以把所有汉字分为（相对于该对比字的）两类：

（1）同形字；

（2）异形字。

接着看字音。根据同一个对比字，可以把上面划分出来的同形字和异形字分别分为（相对于对比字字音的）同音字和异音字两类，结果把上面两类细化为四类汉字：

（1）同形同音字；

（2）同形异音字；

（3）异形同音字；

（4）异形异音字。

最后看字义。根据对比字，又可以把上面划分出来的每一类再分为同义字和异义字两类。结果进一步细化为 2×2×2=8 个类别：

（1）同形同音同义；

（2）同形同音异义；

（3）同形异音同义；

（4）同形异音异义；

（5）异形同音同义；

（6）异形同音异义；

（7）异形异音同义；

（8）异形异音异义。

这就是一个根据汉字形音义三属性划分出来的详尽分类表，包含所有最基本的类别，可覆盖全体汉字，而且还包含了其他各种分类。例如，上述八个汉字种类中前面四种就是同形字，前面两种就是同形同音字。同形异义则包括其名称中含有"同形""异义"的基础类型，即"同形同音异义字"和"同形异音异义字"。

然而，这个分类法存在两个问题：一是对比字的选择，二是名称冗长。例如，"同形异音异义字"有七个字。下一节将讨论分类法的优化。

3　新分类法的优化

在上一节，我们统一用"同/异"来表示汉字的形音义关系，例如我们说"花朵"的"花"和"花费"的"花"是"同形同音异义"。在教科书中，除了"同/异"之外，还同时使用"单/多"来表示这些关系，例如"多音多义字"。但是没有明确规定何时用"同/异"，何时用"单/多"；甚至还出现两种表达式混用，例如"多音同义字"。在语言表述上，"多"应该对应"单"，"同"应该对应"异"，这样比较规范。

汉字是一种书写符号，如果对比字与目标字同形，其实它们就是同一个符号、同一个字，也就是目标字以自身作为对比字来比较，等同于一个汉字内部的字音字义比较。

如果一个字有不同的发音，则它是一个多音字；如果一个字是多音字，则它一定有不同的发音。也就是说，对于同一个字形来说"异音"和"多音"是等价的说法。同理，"同音"和"单音"也等价。同理，我们也可以证明"同义"和"异义"分别与"单义"和"多义"等价。

如果我们规定不同字形之间的音义对比关系用"同/异"（homo-/hetero-）表示，同一字形本身的音义关系用"单/多"（mono-/multi-）（OUP，2010），那么字形的同异就不需要明确写出了。于是，同一个字（形）本身的音义分类可简称为：

（1）单音单义字［例如，"猫"字，只有一音（māo）一义］；

（2）单音多义字；

（3）多音单义字；

（4）多音多义字。

这样做有三个好处：第一个好处是名称短了两个字，原来前面的"同形"二字省略，由后面的"单/多"蕴含表示；第二个好处是因为这是同一个字内部的音义比较，所以不需要另找对比字了；第三个好处是这四种分类就可以涵盖全部汉字，即每一个汉字都可以归入其中的某一类。

不同字形之间的音义对比关系沿用"同/异"表示，可以把异形字四种分类简称为：

（1）同音同义字；

（2）同音异义字；

（3）异音同义字；

（4）异音异义字。

原来前面的"异形"两个字省略，由后面的"同/异"蕴含表示，可以涵盖任何两个异形汉字的音义关系，这对于汉语学习是很有帮助的。例如，如果学生学了"好"字，现在要学习"佳"，这时老师告诉他/她"佳"是"好"的异音同义字，必然事半功倍。

上述汉字形音义分类可综合为一个表，如表1所示。

表1　汉字形音义分类表

字形相同性	字形相同（同形字）				字形不同（异形字）			
字音相同性	字音相同（同音字）		字音不同（异音字）		字音相同（同音字）		字音不同（异音字）	
字义相同性	字义相同（同义字）	字义不同（异义字）	字义相同（同义字）	字义不同（异义字）	字义相同（同义字）	字义不同（异义字）	字义相同（同义字）	字义不同（异义字）
基础字类全称	同形同音同义字	同形同音异义字	同形异音同义字	同形异音异义字	异形同音同义字	异形同音异义字	异形异音同义字	异形异音异义字
基础字类简称	单音单义字	单音多义字	多音单义字	多音多义字	同音同义字	同音异义字	异音同义字	异音异义字
别名	—	同形异义字	异读字，多音同义字	多音字	异体字	同音字，异形同音字	同义字	—
形音义数量关系	一形一音一义	一形一音多义	一形多音一义	一形多音多义	多形一音一义	多形一音多义	多形多音一义	多形多音多义
例字	鹅（é），猫（māo），完完全全的同一个字	花（huā：花费，花朵）；乘（chéng：乘车，乘除）	血（xuě，xuè）	长（zhǎng，chǎng）	够（夠）(gòu)，龙（龍）(lóng)	够、购、构(gòu)	好(hǎo)，佳(jiā)	反(fǎn)，正(zhèng)完完全全不同的字

其中各个字类的全称和简称都能较好地表达其含义，几乎不需要多加解释。例如"同音字"表示字音相同的字。

有些字在不同环境中可能处于不同的关系。例如："花"字本身存在同形同音异义的关系（花huā：花费，花朵），即单音多义字，"花"与"哗"构成异形同音异义关系，"花"与"草"又构成异形异音异义关系。

4　计算机辅助汉字分类设计

上述汉字形音义分类法可通过信息技术来辅助实现。为了较好地服务于汉语教学与应用，同时考虑到技术可行性，我们认为该软件应能提供以下功能：

（1）用户输入一个字，计算机就能自动判别该字是单音还是多音，单义还是多义，并能从字典中提供证据。

（2）用户输入一组字，计算机能将其分归四组：单音单义字、单音多义字、多音单义字、多音多义字。

（3）用户输入一组字和指定一种形音义类型（例如"多音字"或者"多音多义字"），计算机就能自动检索出字组中属于这种类型的所有汉字。

（4）用户指定一种形音义类型（例如"多音字"或者"多音多义字"），计算机就能自动检索出字典中属于这种类型的所有汉字。

（5）用户输入一组字并指定一个对比字和一种形音义类型（例如"多音字"或者"多音多义字"），计算机就能自动检索出字组中与该对比字构成这种关系的所有汉字。

（6）用户输入一个对比字和一种形音义类型（例如"同音字"或者"同音同义字"），计算机就能自动寻找到字典中与该字构成这种关系的所有汉字。

（7）用户输入两个字，计算机能自动判别两字间的形音义关系类型（同音同义字、同音异义字、异音同义字、异音异义字）。

该应用软件的主要知识库是汉字字典，汉字分类识别程序和用户界面可通过 HTML 和 JavaScript（Ilya Kantor，2022）技术在互联网上实现。整个汉字形音义字典在计算机中可用一个数组（array）来表示，其中每一个字条是一个对象（object），例如，根据《在线新华字典》（汉文学网，2022）的内容，"佳"字条的 JavaScript 对象可表示为：

```
{字形:"佳",
 字音:"jiā",
 字义:["美","好的"],
 同义字:["好","美"]
}
```

这种字典知识表示方式比较自然灵活，可有效支持上述各种检索和识别功能的计算机实现。

5　结论与讨论

形音义汉字分类是现代汉语教学的重要内容和辅助方法，但是目前教科书上使用的汉字分类法存在严谨性和涵盖性不足等问题，本文针对这些问题建立一个较为严谨全面的汉字形音义分类法，并进行优化；单个汉字内部的形音义比较关系统一采用"单"或"多"来表达，多个汉字之间的形音义比较关系统一采用"同"或"异"来表达，使其更为简洁和便于使用。此外，我们还简要讨论了计算机辅助汉字分类设计。上述汉字分类法还可直接应用于单词的形音义分类，如果把表 1 中的"字"字用"词"替代，就可得到一个词分类表。这个分类表对英文等其他语言的词语分类也是适用的，为对外汉语教学带来更多的方便。

这里再说明一下，表 1 中的基础字类简称不是用来全面取代原来的全称。在作用相同的情况下，使用简称比较方便，如果有特别需要，还是可以用全称的。例如在解释"异体字"时为了强调"形体不同"，使用全称"异形同音同义字"效果可能会好些。

同理，在作用相同的情况下，建议使用"形音义"的顺序，例如"形音义"不说"音形义"。但如果需要强调其中某个要素，也可以将它提到前面来。例如，我们可以说"'同音字'包括'同义同音字'和'异义同音字'"。

当然，我们的汉字分类法还存在不少有待进一步完善的地方。例如，细心的读者可能会问：本文讨论汉字分类为什么没提到"六书"？前面提到的"形声字"为什么没在分类表中出现？

这牵涉到汉字内部的偏旁划分以及偏旁与整字在形音义方面的关系，这种基于构字法的汉字分类我们将另文讨论。本文由于篇幅限制只讨论汉字整体字形与字音、字义的关系，包括单个字内部的音义关系和两个或多个字之间的音义关系。

参考文献

[1] Ilya Kantor. *The Modern JavaScript Tutorial*. https://javascript.info/, 2022.

[2] OUP. *Oxford Advanced Learner's Dictionary*. Oxford: Oxford University Press, 2010.

[3] 汉文学网. 在线新华字典. http://zd.hwxnet.com/.2022.

[4] 胡裕树. 现代汉语. 上海: 上海教育出版社, 1995.

[5] 李大遂. 简明实用汉字学. 北京: 北京大学出版社, 2003.

[6] 林季苗. 汉字分类及认知之研究与对外教学应用. https://chinesisch.fb06.uni-mainz.de/files/2018/11/hanzirenzhi_papers_lin.pdf, 2008.

[7] 裘锡圭. 文字学概论. 北京: 商务印书馆, 2013.

[8] 沙宗元. 文字学术语规范研究. 合肥: 安徽大学出版社, 2008.

[9] 邵敬敏. 现代汉语通论(第二版). 上海: 上海教育出版社, 2007.

[10] 苏培成. 现代汉字学纲要(第 3 版). 北京: 商务印书馆, 2014.

[11] 杨润陆. 现代汉字学. 北京: 北京师范大学出版社, 2008.

[12] 殷寄明, 汪如东. 现代汉语文字学. 上海: 复旦大学出版社, 2007.

A Study on Teaching and Learning Pinyin Issues in TCFL to International Students of Foundation Programme in the Age of E-learning[*]

Wei Min

International School of WUST, 430081

weimin@wust.edu.cn

Abstract: The pinyin teaching and learning are very important to the pronunciation of Teaching Chinese as a Foreign Language. So far, few publications have focused on it, especially in the foundation programme. This article mainly surveys pinyin teaching and learning to the international students of the foundation programme of Central China Normal University (CCNU) in 2014 and those of Wuhan University of Science and Technology (WUST) in 2016, 2017 and 2020. The paper adopts a questionnaire on teaching and learning pinyin in both CCNU and WUST from 2014 to 2017 and one structured interview on E-learning in WUST in 2020. The results of four-year research (2014–2017) via questionnaire have been confirmed by the international students of the foundation programme of WUST in 2016 and 2017. The questionnaire discusses three issues: duration of pinyin teaching, order of pinyin presentation and difficult sounds of pinin learning. The findings are as follows. First, the objective of pinyin teaching has no leading syllabus and it should be adapted according to the students' level rather than native-like perfection. Second, Asian students, African students, European and American students have difficulties in learning pinyin, but in different ways, for example, the flat-tongue and raising-tongue initials, plus the nasal and lateral initials. Third, it is better to teach and learn pinyin in context. The structured interview on E-learning in 2020 suggests that E-learning is characterized by convenience, personalization and interactive participation, while sometimes E-learning cannot present the process of memorizing pinyin.

Key words: mandarin tones; pinyin presenting; difficult sounds of pinyin learning; pinyin teaching methods; e-learning

0　Theoretical Background

Regarding the teaching of pinyin, Mr. Lv Bisong (1983) proposed two methods. One is phoneme teaching. That means teaching pinyin through the initials and the finals, the syllables and rhyme. The other is teaching pinyin in context. Generally, it is studied pinyin in the context

---

* This research was Funded by [Hubei Provincial Department of Education] grant number [2020364]. And it was supported by [Wuhan University of Science and Technology], Internation Courses Programme fund, grant number [202004].

of semantics. At the 9th International Chinese Teaching Seminar organized by Hanban (Center for Language Education and Cooperation) and the International Society for Chinese Language Teaching in 2008, overseas scholars and domestic scholars had a heated discussion on pinyin teaching. On one hand, overseas scholars advocated that learning Chinese should be based on pinyin teaching, while putting aside Chinese characters teaching. Chinese teaching procedure is based on pinyin, which can reduce the difficulty of Chinese learning. On the other hand, domestic scholars believed that pinyin was an important learning tool, especially in the earlier stage of Chinese. However, Chinese characters embody Chinese language and Chinese culture. It is an important pillar to ensure the continuous development of the Chinese nation. In fact, the arguments of pinyin and Chinese characters teaching also included the duration of pinyin teaching and the approach to teaching pinyin. These topics are deserved to explore. Yan Lusheng (2010) who is trying to create a pinyin text, has been creating the text with pinyin letters. Xiang Ping (2014) examined five major Chinese textbooks in China (Wan Guo'an, *Standard Chinese Course*; Li Xiaoqi, etc., *New Chinese Course*; Li Dejin, Li Xinxin, *Modern Chinese Course; Read and Write Textbook*, edited by Yang Jizhou; *the Chinese language course, the speech part of the "Basic Chinese Textbook"* edited by the Beijing Language Institute), putting forward that many textbooks have used the pinyin and Chinese characters to compensate for the problem of less linguistic corpus matching Chinese pinyin system at the beginning. And the textbooks are edited by a mixture of pinyin and Chinese characters or only new words without texts. Therefore, the problems of TCFL are as follows. First, in order to maintain the integrity of the pinyin, the teaching content is affected. Second, it seems to be scattered the difficulty of teaching, but the multi-threads caused by subdividing related content are also easy to cause confusion. Teachers are trying to give students complete Chinese sentences and bring a mixture of pinyin, Chinese characters and English, which is easy to disturb students' perception of Chinese characters. Finally, Xiang Ping puts forward that pinyin teaching should solve the problem of pronunciation of pinyin first.

1　Method

This article mainly surveys pinyin teaching and learning to the international students of the foundation programme of Central China Normal University (CCNU) in 2014 and those of Wuhan University of Science and Technology (WUST) in 2016, 2017 and 2020.

1.1　The questionnaire

The questionnaire mainly surveys pinyin teaching and learning to the international students of the foundation programme of Central China Normal University (CCNU) in 2014 by questionnaire and interview. 132 questionnaires were distributed and 129 questionnaires were returned, with an effective rate of 97.7%. Then, it surveys pinyin teaching to the international students of the foundation programme of Wuhan University of Science and Technology (WUST) in 2016 and

A Study on Teaching and Learning Pinyin Issues in TCFL to International Students
of Foundation Programme in the Age of E-learning

105

2017 with the same questionnaire. In 2016, 52 questionnaires were distributed to the international students of WUST and 48 questionnaires were returned, with an effective rate of 92.3%. In 2017, 120 questionnaires were distributed and 113 questionnaires were returned, with an effective rate of 94.2%. Because of the limitation of article length, in addition, the tendency of results of the two Grades of WUST international students are similar to the results of Grade 2014 of CCNU, the paper presents the detailed results of Grade 2014 of CCNU. Actually, the results from the two Grade of WUST international students confirmed the former results of Grade 2014 of CCNU international students.

The questionnaire focuses on the duration of pinyin teaching, the order of pinyin presenting and difficult sounds of pinyin learning.

1.2 The structured interview

Due to the pandemic of COVID-19, online teaching substituted classroom instruction. The author adopted one structured interview of 17 students on E-learning in 2020 online.

2 Analyses and Results

Based on the data of CCNU above, the author designed the questionnaires of pinyin, analyzing them by SPSS 23.0.

2.1 The duration of pinyin teaching

Relating to the duration of teaching pinyin, it contains the following questions:

Q1. Teachers should take one week to teach pinyin (21 initials and 39 finals).

Q2. Teachers should take two weeks to teach pinyin (21 initials and 39 finals).

Table 1 shows that an1's Std. Deviation (1.18253) is lower than an2's(1.25469). Inspections of the two answer Means indicated that more students agreed with taking one week to teach pinyin. Moreover, teachers who are teaching the foundation Chinese, were also agree to one-week teaching pinyin. The concept of "completing pinyin" means teaching 21 initials and 39 finals, while pinyin teaching should be continued in the following courses. Pinyin notes the new words which take two months after starting the class. With the development of teaching, it should increase the proportion of teaching Chinese characters. After two months, there is little pinyin in TCFL. It only appears to note the difficult words.

Table 1　Descriptive Statistics

	n	Minimum	Maximum	Mean	Std. Deviation
an1	129	1.00	5.00	3.0078	1.18253
an2	130	1.00	5.00	2.7692	1.25469
Valid N (listwise)	129	—	—	—	—

2.2　The order of pinyin presentation

Relating to this question, the author designed two questions:

Q2. Teachers should teach initials, finals, tones, then syllables.

Q3. Teachers should teach the syllable in the words or context, then learn the initials, finals and tones.

The author divided the students into Asian group, African group and other-group (European-American group) according to their place. The results suggested that there was no significant difference among the three groups on the an12. The mean of the three groups was very closed:

$$M_{\mathrm{Asia}} = 3.515 \quad M_{\mathrm{Afica}} = 3.469 \quad M_{\mathrm{Others}} = 3.468$$

Relating to the an13th of learning pinyin mainly in context, there was a significant difference between the Asian group and the other-group (MD = 0.668). Asian group prefers the idea of 13th answer, while the other-group of Europe and the United States did not agree with the 13th and preferred the 12th. There was no significant difference between the African group and the other-group, nor was there any significant difference between the African group and the Asian group. The results of M_{Afica12} (3.469) > M_{Afica13} (3.118) showed that African students were more likely to be taught pinyin based on phoneme clues (Fig. 1).

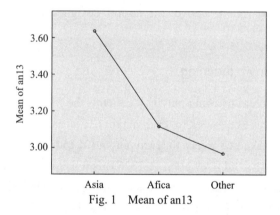

Fig. 1　Mean of an13

According to the results, the Asian group tended to be taught pinyin in context (M_{Asia13} > M_{Asia12}), the African group could be taught pinyin in both cases, and the other-group of Europe and the United States tended to be taught pinyin mainly by phoneme clues.

2.3　Difficult sounds of pinyin learning

Based on the phonetic difficulties of Chinese people in dialect areas, combined with Chinese teaching practice of international students of the foundation programme, the paper focused on Asia, Africa, and other groups including Europe and the United States, and found that the difficult sounds in learning pinyin were as follows. First, the initials, finals and tones. Second, the flat-tongue and raising-tongue initials. Third, the nasal initial and lateral initial. Fourth, the palatal initials.

A Study on Teaching and Learning Pinyin Issues in TCFL to International Students of Foundation Programme in the Age of E-learning

107

2.3.1 Investigating initials, finals and tones

The survey contains the following three questions:

Q3. Tones are the most difficult part to learn.

Q4. Initials are the most difficult part to learn.

Q5. Finals are the most difficult part to learn.

To analyse with ANOVA, there were the following results:

Table 2 showed that the three groups agreed that the tones were difficult to learn, and there was no significant difference ($p = 0.958 > 0.05$).

Table 2　ANOVA of an3-an5

		Sum of Squares	df	Mean Square	F	Sig.
an3	Between Groups	0.138	2	0.069	0.043	0.958
	Within Groups	200.482	126	1.591	—	—
	Total	200.620	128	—	—	—
an4	Between Groups	15.552	2	7.776	6.999	0.001
	Within Groups	138.878	125	1.111	—	—
	Total	154.430	127	—	—	—
an5	Between Groups	7.062	2	3.531	3.256	0.042
	Within Groups	137.715	127	1.084	—	—
	Total	144.777	129	—	—	—

The result of Mean of an3 showed that the African group felt very difficult in tone, followed by the Asian group, and the other-group felt it was not so difficult ($M_{Afica} > M_{Asia} > M_{Others}$). There was a significant difference between the an4 and an5 ($p_{an4} = 0.001 < 0.05$; $p_{an5} = 0.042 < 0.05$).

According to the results of ANOVA of the three groups above and the Mean of an4 and an5, there was a significant difference between an4 and an5. The Asian group believed that both initials and finals were difficult to learn, while the other-group thought pinyin was not too difficult. The African group, like the other-group, believed that it was not too difficult to learn initials and finals.

2.3.2 The flat-tongue and the raising-tongue initials

About the flat-tongue and the raising-tongue initials, they were designed by the following questions:

Q6. Initials: zh, ch, sh, r are hard to learn.

Q7. Initials: z, c, s are hard to learn.

Table 3 showed that there was no significant difference between the three groups ($p > 0.05$).

The result of Mean of an7 showed that most of the three groups of students felt less difficulty for flat-tongue, with an average value below "3", which was more difficult for African students to feel the flat tongue. The result of an6 showed that the Asian group and the other-group had some

Table 3　ANOVA of an6 and an7

		Sum of Squares	df	Mean Square	F	Sig.
an6	Between Groups	1.474	2	0.737	0.476	0.622
	Within Groups	196.526	127	1.547	—	—
	Total	198.000	129	—	—	—
an7	Between Groups	0.466	2	0.233	0.151	0.860
	Within Groups	195.565	127	1.540	—	—
	Total	196.031	129	—	—	—

difficulties in learning the raising-tongue, and the average value was more than "3", and the learning of raising sounds by African students was easier, the African group of the average value was nearly "2.80".

2.3.3　The nasal and lateral initial

Relating to the nasal and lateral initial, it used the ANOVA analysis of the data, designing one question:

Q8. Initials: n and l are hard to learn.

Table 4 showed that there were significant differences ($p < 0.05$) in learning nasal and lateral initials among the three groups.

Table 4　ANOVA of an8

an8					
	Sum of Squares	df	Mean Square	F	Sig.
Between Groups	13.758	2	6.879	5.436	0.005
Within Groups	159.452	126	1.265	—	—
Total	173.209	128	—	—	—

The results of Table 5 and Mean of an8 indicated that there were significant differences between the Asian group and the other-group, the African group and the other-group, but there was no significant difference in learning between the Asian group and the African group. According to the result of Mean of an8, there were few difficulties in learning nasal sounds in the other-group, the Mean of this group was less than "2", while the Asian group and the African groups' had some difficulties, but not so difficult, because the Mean was nearly "2.6" and less than "3".

2.3.4　The palatal initials

About the palatal initials, they were designed by one question with the ANOVA analysis of the data:

Q9. Initials: j, q, x are hard to learn.

According to the results of Table 6, there was no significant difference among the three groups. The result of Mean of an9 showed that the Asian group found it the most difficult, followed by

A Study on Teaching and Learning Pinyin Issues in TCFL to International Students
of Foundation Programme in the Age of E-learning

109

Table 5   Multiple Comparisons

Dependent Variable: an8

	(I) Country	(J) Country	Mean Difference (I-J)	Std. Error	Sig.	95% Confidence Interval	
						Lower Bound	Upper Bound
Bonferroni	Asia	Africa	0.03030	0.27694	1.000	−0.6417	0.7023
		Others	0.66811*	0.24173	0.020	0.0816	1.2546
	Africa	Asia	−0.03030	0.27694	1.000	−0.7023	0.6417
		Others	0.63781*	0.24173	0.028	0.0513	1.2243
	Others	Asia	−0.66811*	0.24173	0.020	−1.2546	−0.0816
		Africa	−0.63781*	0.24173	0.028	−1.2243	−0.0513
Games-Howell	Asia	Africa	0.03030	0.28788	0.994	−0.6605	0.7211
		Others	0.66811*	0.24826	0.025	0.0714	1.2649
	Africa	Asia	−0.03030	0.28788	0.994	−0.7211	0.6605
		Others	0.63781*	0.24099	0.027	0.0591	1.2165
	Others	Asia	−0.66811*	0.24826	0.025	−1.2649	−0.0714
		Africa	−0.63781*	0.24099	0.027	−1.2165	−0.0591

* The mean difference is significant at the 0.05 level.

the other-group dominated by Europe and the United States, African group did not feel difficult on this issue ($M_{Asia} > M_{Others} > M_{Afica}$). Because the average value of the three groups did not exceed "3", therefore, the palatal initials could not constitute a complete difficult sound. There were some differences within the three groups.

Table 6   ANOVA of an9

an9					
	Sum of Squares	df	Mean Square	F	Sig.
Between Groups	0.999	2	0.500	0.352	0.704
Within Groups	178.970	126	1.420	—	—
Total	179.969	128	—	—	—

2.4   One structured interview online

Due to the pandemic of COVID-19, online teaching substituted physical classroom instruction. The author adopted one structured interview of 17 international students of the foundation programme on E-learning in 2020 online.

Ten participants felt that the E-learning was very convenient. Three participants felt that the E-learning was personalization. And two participants felt that it was interactive participation. Meanwhile, two participants felt that it could not present the process of memorizing pinyin.

3 Debates in Pinyin Teaching

3.1 Objectives of pinyin teaching for international students

At present, the basic Chinese language teaching to international students of foundation programme in China has "Preliminary Outline of Chinese Grammar for Foundation Programme" and "The Ideas for Generating Common Chinese Characters and Words". The teaching of pinyin is basically to teach the "Initials Table", "Finals Table" and "the Combination of Initials and Finals Table". There are no programmatic documents, which show that the neglect of pronunciation teaching and a research blank on pinyin teaching.

English as a foreign language teaching scholar (EFL) has also discussed the establishment of a phonetic syllabus. H.H. Stern had suggested that the EFL's pronunciation syllabus should be worked out giving directions on what to aim at and what to teach, when, in what order, and how. It is also proposed that the objective of pronunciation teaching is to enable learners to have the phonological ability of the target language, including three levels of abilities. First, to begin with, teachers should teach learners' the ability to distinguish and imitate the characteristics of the target language. Second, teachers should make learners pronounce these sounds in the correct tone. Third, with a certain ability to interpret written language phonologically, learners can be clearly recreated according to dictation and notes, and can read these written words aloud. As many researchers have pointed out, it is unnecessary to strive for a native-like command of the pronunciation. To sum up, the goal of pronunciation teaching should be intelligibility and acceptability to different level learners rather than native-like perfection, which will have an enlightening effect on pinyin teaching and pronunciation teaching for international students in China.

3.2 The difficulties of pinyin pronunciation

As a Chinese saying goes, "If you want to do something good, you must first sharpen your tools". In Chinese teaching, teachers should get the difficulties of international students' pinyin pronunciation, and teachers will be able to achieve targeted objectives and improve teaching efficiency.

The survey of pinyin showed that students in the Asian, African, European and American groups believed that tone learning was difficult, especially for African students. And the average value reached "3.59". From the perspective of linguistic typology, tones are a unique feature of Chinese language. In many languages, there are no such four tones. Tones make Chinese learning difficult. At present, there are two main methods for tones in the foundation programme of Chinese education of pinyin teaching. One method is to bring out the tone when speaking the vowel "a". Another method is to talk about the meaning of the sound "ba" (meaning number eight) when learners are learning the tone of "ba". According to classroom observations, the author argues that the second method is more acceptable to students of Asia and Europe. The

A Study on Teaching and Learning Pinyin Issues in TCFL to International Students
of Foundation Programme in the Age of E-learning

111

second teaching method is also advocated by the cognitive function teaching method, that is, the content should be as "meaningful" as possible. For African students, teachers can try to take the first approach because this kind of method does not need too much explanation. So, African students can directly face the tones rather than exploring the tones with unfamiliar English. In addition, the tones teaching should be the "high and low" tone oriented. That is means teachers focus on teaching the sense of high tone and low tone, while breaking through the boundary of accurate pronunciation value of four tones. Moreover, many languages of the world have a rising and falling tone, therefore, Chinese four tones can be simplified to high (first sound) - rising (second sound) - low (third sound) - lower (fourth sound).

According to the survey, Asian students' pronunciation learning have difficulties in both initials and finals, mainly due to the difficulties brought by many "homophones". Asian students' difficult sounds are the raising-tongue initials, the nasal and lateral initials, the palatal initials, which are similar to native people of dialect area in China. The nasal finals pronunciation are more difficult than those of African students, and its Mean value is close to "3". African students mainly have difficulties in tone position learning. The flat tongue sounds are more difficult, compared with the Asian and European students. The nasal and lateral initials are occasionally incorrect (the Mean value: 2.6). The the palatal initials and the front and rear nasal sounds do not constitute difficulty in pronunciation. European and American students have a natural affinity with pinyin because they use "alphabets", moreover, they have great advantages in pinyin learning. Meanwhile, European and American students also have some difficulties of pinyin learning. One is the raising-tongue initials and their Mean value is close to "3.05". The other is the post-nasal sound and their Mean value is close to "3.4", the figure is the top one of the three groups. These difficult sounds of European and American students are caused by "homophones", taking "ch and sh" for example.

3.3   Methods of pinyin teaching

As mentioned above, there are two main methods of teaching pinyin. One is to teach pinyin through the phonemes, that is, to teach pinyin by the initials, the finals, the tones and syllables. The other is called the voice of speech. Generally, it is studied in the context, with the pinyin of literature, and it teaches by the semantics as a clue. According to the survey, the Asian group tended to learn pinyin in the language speech ($M_{Asia13} > M_{Asia12}$). The African group could learn pinyin in both cases, but they preferred to use phonetic clues. The other groups tended to learn pinyin mainly by phoneme clues.

As a second language or a foreign language (ESL, EFL), English still has an argument on using phonemes method or speech method. In the late nineteenth century, it was believed that the main goal of the beginner's pronunciation was to teach them correct pronunciation, so the situation of the dominant phonetic appeared. At the beginning of the 20th century, with the introduction of oral and oral activities into language teaching, the teaching situation dominated by this natural phonics method cooled down, and later combined with phonology, became the dominant pronunciation teaching method in the first 50 years of the 20th century. Phonology focuses on the difference in English phonemes of simple sentences which were in pairs, that is, to teach pronunciation in a certain context. By the 1960s, research institutions represented by the Washington Center for Applied Languages focused on the study of speech in a variety of foreign languages, such as French, Italian, Spanish, and German, contrasted with the target language-a comparative study of English pronunciation. So far, this kind of comparative research has occupied a mainstream position in teaching. As to the approach of pronunciation, Hammerly (1982) seemed to propose a three-step approach. First, beginners should know the target language and their native language are two different voice systems via a large number of audio-visual perception target words. Then, the beginners have the ability to spell and analyze the target language through the natural phonics method and produce acceptable sounds. Third, with communication and practice, learners can pronounce the learned sound, and then proceed to the updated voice. Hammerly also proposed the order of teaching pronunciation. Teacher introduced pronunciation by starting with intonation, syllables, stress, and rhythm. It is not uncommon to find the treatment of vowels and consonants at a later stage in the presentation.

3.4　E-learning and pinyin learning

Because of pandemic COVID-19, many learners of Chinese foundation programme have to learn Chinese by E-learning. E-learning becomes one of the hot words of teaching.

First, this paragraph discusses the characteristics of E-learning. Convenience, personalization, and interactive participation are the main characteristics of this learning method. E-learning is very convenient for learners to learn anytime and anywhere, which breaks the limitations of time, space and classroom. The convenience allows learners to decide when and where, in what type of state to learn, which makes the learning way very personalized. This is highly consistent with the personalized characteristics of language learning itself. And E-learning is also a process of continuous interaction between people and references produced by the platform. Due to the rich learning resources of the internet, language learners can learn pinyin via E-learning.

Then, the paper discusses the current status of pinyin with E-learning.

At present, the teaching resources of pinyin learning are more advanced in pronunciation recognition technology, that is, learners can hear the correct pinyin and can record it repeatedly. Meanwhile, learners can also input their pronunciation into the online learning system to get the corresponding scores. Taking the International Chinese Smart Education Cloud Platform as an example, it has not only speech recognition technology to realize human-computer interaction, but also has corresponding animation pictures to describe the shape of pinyin pronunciation.

However, the adult pinyin learning system should learn more from the children's pinyin animation learning system to promote interest in learning. Taking the children's pinyin learning system as an example, it has the vividness pictures and game ideas. Relating to the pictures, the

A Study on Teaching and Learning Pinyin Issues in TCFL to International Students
of Foundation Programme in the Age of E-learning

113

adult pinyin learning system can directly use real people to demonstrate the lip shape and pronunciation of pinyin, which may cost relatively high. Also, if using the animation, the style of the animation can avoid childish style, combining with the idea of the game, that it is, designed with different levels.

The convenience of E-learning, still cannot substitute for teaching in the physical classroom. For example, the tongue position correction of the learner is a problem that cannot be solved by any E-learning system and sometimes E-learning cannot present the process of memorizing pinyin. Teaching pinyin by teachers in the physical classroom is still a fast and effective teaching method.

References

[1] Hammerly. *Synthesis in Second Language Teaching*. Blaine, Washington: Second Language Publications, 1982.

[2] H. H. Stern. edited by Patrick Allen & Birgit Harley. *Issues and Options in language teaching*. Oxford University Press (Original), published by Shanghai Foreign Language Education Press, 1992.

[3] IFLYTEK. Internation Chinese Smart Education Cloud Platform. https://e.chinese-learning.cn/#/web, 2022.

[4] Lv Bisong. The Application of Chinese Pinyin Scheme in Teaching Chinese as a Foreign Language. *Reform of Chinese Writing System*, 1983(6).

[5] Xiang Ping. *The practice in TCFL*. Wuhan: Central China Normal University Press, 2014.

[6] Yan Lusheng. *Chinese Crash Course—An Innovation of Phonetic Alphabetic Chinese*. Yunan: Yunan University Press, 2010.

中文教学领域的融媒体及新技术应用与创新研究

技术赋能国际中文教学创新：线上线下融合教学模式探索*

吉 晖

武汉大学 国际教育学院 430072

wdjihui@126.com

摘 要：线上线下融合汉语教学是一种智能技术驱动的教学新样态。文章首先界定了线上线下融合汉语教学模式的内涵，并以"汉字文化"课程为例，介绍了线上线下融合教学创新的具体举措。在此基础上，文章指出，虚拟现实/增强现实技术深度融入、一体化智能汉语教学云平台建设、虚拟教研室建设是未来融合汉语教学的发展方向。

关键词：融合 教学模式 智能技术 虚拟现实 活动设计 交互

Technology Empowers International Chinese Teaching Innovation: An Exploration of Online Merge Offline Teaching Mode

Ji Hui

School of International Education, Wuhan University, 430072

Abstract: The Online Merge Offline teaching mode is a new form of teaching driven by intelligent technology. This article defines the connotation of the Online Merge Offline Chinese teaching mode and takes the "Chinese Character Culture" course as an example to introduce the specific measures of online and offline integration teaching innovation. On this basis, the article points out that the deep integration of virtual reality/augmented reality technology, the construction of an integrated intelligent Chinese teaching cloud platform, and the construction of virtual teaching and research offices are the development directions of integrated Chinese teaching in the future.

Key words: integration; teaching mode; intelligent technology; virtual reality; activity design; interaction

0 引言

进入 5G 时代，人工智能、大数据、区块链、虚拟现实等智能技术不断发展，技术融入教育教学过程，赋能教学创新实践，促进了融合教学等教学新形态的出现和发展。国家

* 本文为 2021 年教育部语合中心国际中文教育研究课题一般项目（项目编号 21YH12C）、2021 年武汉大学本科教育质量建设综合改革项目子项目"活动驱动的线上线下融合交互式汉语教学模式及应用研究"、2016 年度湖北省教育厅人文社会科学研究项目（项目编号 16G004）成果。

发改委（2020）在《关于支持新业态新模式健康发展激活消费市场带动扩大就业的意见》中指出，要大力发展融合化在线教育，构建线上线下教育常态化融合发展机制。当前，百年未有之大变局带来国际中文教育的大变革，其中包括学习方式之变，教学手段之变，学习需求之变，培养模式之变，生源格局之变，教学环境之变，事业体制和格局之变以及教学资源形态之变等（赵世举，2021）。依托智能技术，迎接变革挑战，探索线上线下融合汉语教学新模式，开发新形态数字教学资源，拓展汉语教学新空间，重塑国际中文学习生态，符合国际中文教育全球发展战略，对于促进国际中文教育高质量、内涵式发展具有十分重要的意义。

本研究界定了线上线下融合汉语教学模式的内涵，详细介绍了"汉字文化"课程线上线下融合教学创新的具体举措，在此基础上，对未来融合汉语教学发展前景进行了展望，以期对国际中文教学模式创新研究提供参考借鉴。

1　线上线下融合汉语教学模式内涵

线上线下融合（online merge offline）理念源于一种全通路经营的商业发展模式，该模式旨在帮助新零售领域实现线下获得线上的便利和选择、线上获得线下的体验与服务的目标（祝智庭，2021）。这一商业模式给后疫情时代的教育领域带来很大启发。祝智庭（2021）、穆肃等（2021）、于歆杰（2020）等业内学者就线上线下融合教学的特点、原则、方法、内涵、发展等内容进行了较广泛的探讨，形成以下基本共识：线上线下融合教学通过构建全方位、全场景、全过程的无缝学习环境，为学生提供即时、精准、多维的教学服务，实现了以学生为中心的个性化教学。

线上线下融合汉语教学旨在解决国际中文教育在新语境下采用单纯线上教学或线下教学面临的痛点和难点，充分融合线上线下教学优势，打破虚实空间、数据流通壁垒，实现线上线下教学的实质等效。因此，线上线下融合汉语教学模式是一种以学生学习为中心，以智能技术为驱动，线上空间与线下空间、虚拟空间与实体空间无缝融合，实现个性化汉语教学与服务的教学新样态。

2　线上线下融合汉语教学创新实践

进入后疫情时代，我们从汉语教学的痛点、难点出发，在教学实践中应用智能技术支持的线上线下融合交互式教学新模式及活动驱动教学新方法，开发新型教学资源，取得了较好的教学效果。接下来，我们以"汉字文化"课程为例，具体介绍线上线下融合教学创新的相关举措。

2.1　问题导向：课程教学痛点、难点

新冠疫情暴发后，面向外国留学生的汉字教学既有老问题更有新挑战：（1）汉字学习与中国文化学习割裂。学习者往往随课文识字，脱离文字深植的文化土壤，不懂汉字造字理据，缺少文化认同，学习热情低下。（2）线上学习效果不理想，缺乏吸引力。教学实践表明，单纯的线上教学缺少临场感，互动性较差，缺乏监督与反馈，无法充分调动学生的学习兴趣与积极性。（3）线上线下学习割裂。线上（海外）线下（国内）学生在同一时间

进行学习时，教学交互存在明显物理阻隔，无法实现两者的实质等效。要解决汉字教学过程中的痛点与难点，需要重塑语言学习生态，通过教学内容、教学模式、教学方法、学习资源及学习空间的创新促进"汉字文化"课程教学的全新发展。

2.2　以学生学习为中心：教学内容及体系创新

2.2.1　前沿成果反哺课堂，创新汉字教学内容体系

（1）基础性与前沿性结合。课程在传统汉字理论的基础上，融合认知心理学汉字信息加工实验研究的新发现，采用"基本部件+基本字"内容教学体系，提高汉字基本教学单位的表义特征，降低汉字字形的识别理解难度。近三年的教学实验数据显示，经过一个学期的学习，中、高级学习者识字量均实现了较大提升。这表明，掌握了基本部件和基本字后，学习者可以充分利用表义部件和基本字的解释与生成能力快速习得新汉字。

（2）差异化与挑战性结合。汉字文化圈与非汉字文化圈的学生在汉字水平上存在较大差异，课程在教学内容上进行了差异化处理，如采用"基本部件+基本字+等级字"阶梯式内容模块，可满足不同层级学生的学习需求，实现个人挑战性学习目标。

2.2.2　凸显汉字文化特色，讲好中国故事，拓展课程深度与广度

（1）融入思政元素，传递中国温度。凸显汉字文化特色，提炼汉字所蕴含的思想价值和精神内涵，更精准地讲述中国故事。课程以多元化的表现形式，赋予古老汉字新的时代内涵，帮助学生透过汉字的一撇一捺来了解现代中国人的生活图景。比如，通过对"汉""冠""疫""医""奉""仁""启""亮""密""罩""手"等字的古文字字形的分析，真实形象地讲述抗击疫情的故事，引发学生的情感共鸣，实现教学育人目标。

（2）挖掘文化底蕴，拓展课程深度与广度。在汉字理论基础上，合理拓展知识的深度与广度，通过天文地理、田猎农耕、衣食住行等不同主题古文字（甲骨文、金文、小篆）的分析与讲解，帮助学生感知汉字背后所承载的历史文化信息，了解古人的思维观念及社会生活状态。

2.3　智能技术驱动：线上线下教学融合

2.3.1　多平台智能融合

为实现多类型线上线下实时互动，我们在教学中采用了"学习通学习管理系统+腾讯会议+雨课堂"三平台组合的模式（见图1）。

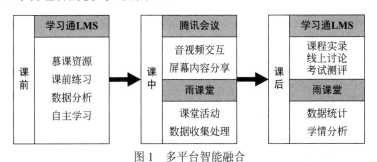

图1　多平台智能融合

课前，通过学习通系统（LMS）推送课程相关优质 MOOC 资源，布置课前练习，收集分析学前数据，实现线下自主学习。课中，通过腾讯会议系统实现音视频交互及屏幕内容分享，通过雨课堂开展课堂活动及收集与处理相关学习数据。课后，通过学习通系统分享课程实录，进行线上讨论及考试测评，整理雨课堂学习数据，进行学情分析。

2.3.2　实时交互式教学

在课程教学中，依托"腾讯会议+雨课堂"双平台，我们实现了"实时交互式"线上线下教学，无论学生在现场还是远程，都实现了教与学活动的同步，实时性和交互性是融合教学的核心特征。在课程中，双平台将线上和线下实时连接起来，通过腾讯会议系统学生可以看到、听到现场教学并参与现场教学活动，如通过视频分享观点，通过分组功能进行小组讨论，通过注释工具参与在线互动等。线上线下物理空间的阻隔被打破，实现师生、生生的实时互动，远程学生的临场感大大增加，参与热情大大提升。

2.3.3　远程实景体验式教学

课程借助 5G 通信技术，开展远程实景教学，创设多样化学习场景，带领学生在云端体验博物馆、艺术馆、地铁站等真实生活场景，亲自去发现汉字的作用与美感，同时通过特定任务的完成，实现汉字应用能力的实际提升。

2.3.4　评价多元化、智能化

智能学习平台具有数据（过程学习数据、结果学习数据）采集与分析功能，帮助课程实现了学习评价的多元化和智能化。其中，学习通系统自动搜集与分析学生课前、课后的学习数据、作业数据、讨论数据、考试数据，生成学情分析图表，帮助教师对学生进行科学的过程评价与结果评价。雨课堂的答题、弹幕、投稿、词云等工具，可实现对学生的课中考核，并实时分析相关数据，帮助教师动态掌握课中学习情况，进行实时交流、反馈与评估。

2.4　个性化汉语教学与服务：活动驱动与资源开发

2.4.1　以产出为导向，以课堂活动驱动教学

大量实践证明，有效语言的最大化产出才能真正促进语言能力的发展。课程以课堂活动为驱动，鼓励学生在课内外通过完成不同的活动任务来提高自己的语言及汉字应用能力。在具体教学中，特色化的活动贯穿课程始终，学生通过小组讨论、主题表达等形式进行语言输出，教师在课堂中扮演着知识引导、活动评估、问题反馈、观察监控、构建社交网络等多重角色，活动始终以学生学习为中心，学生通过自主探索与合作交流等方式来建构语言及汉字知识。课程使用过的活动包括猜谜活动、匹配活动、记忆活动、头脑风暴活动、接龙活动、图片活动、表格活动、新技术活动、PPT 活动等多种类型，各类活动均与课程知识目标、能力目标、价值目标实现对接融合。

2.4.2　个性化 SPOC 资源和课件资源

依托学习通在线学习管理系统，教学团队搭建了服务于本校学生的"汉字文化"SPOC，教学资源丰富，包括课程实录、国家精品课程 MOOC（网址链接导入）、优质电视节目（网

址链接导入）、教学课件、试题库、汉字全息资源应用系统（网址链接导入）、甲骨文献资源数据库（网址链接导入）等，定制化的教学资源可帮助学生实现自主学习。与此同时，教学团队还开发了与课堂教学活动配套的游戏化微活动课件 50 个，适用于多场景语言及汉字教学，帮助教师更好地实现课堂交互。

2.4.3 团队合作开展教学

课程依托团队开展合作教学。教学团队包括主讲教师、团队教师和助教，三人各司其职，保障课程的顺利进行。主讲教师主要负责课程授课、课程资源开发、学生评估等工作，团队教师辅助课堂教学及课程资源开发等工作，助教主要负责考勤、线上答疑互动等工作。

3 融合式汉语教学未来发展方向

3.1 实践反思

综上，"汉字文化"课程融合教学创新模式的特点可归纳为三点：（1）以学生学习为中心，创新教学内容体系，深入挖掘语言文化厚重底蕴，实现三融合：基础性与前沿性融合、差异化与挑战性融合、高阶性与思政性融合；（2）依托信息技术，创设多元化学习空间，线上线下融合交互，打造智慧教育新形态；（3）以活动驱动课堂教学，开发智慧教学平台及相关数字资源，服务个性化学习。

相比前文所谈融合式汉语教学的内涵框架，我们也发现当前的教学实践在以下三个方面依然有待提升：（1）基于具身体验的沉浸性不够，面对屏幕的课堂交互与物理空间的体感交互依然存在体验差异；（2）不同系统间存在数据联通障碍，迫切需要开发集教学、学习、资源、管理、服务于一体的智能化平台；（3）教学团队的组建尚未突破时空限制，有待实现师资建设的最优化。

3.2 未来发展方向

基于以上实践，我们认为，随着智能技术的应用普及，未来融合式汉语教学可从以下三个方面寻求进一步发展。

3.2.1 虚拟现实/增强现实技术深度融入

当前的融合汉语教学是在人机并行的虚实交互空间进行的，其局限在于依然存在空间的割裂感。虚拟现实/增强现实技术深度融入汉语教学，可构建与物理实体空间等同的虚实映射的数字孪生空间，这一空间将进一步打破传统教学的时空限制，形成深度交互的具身体验场景，营造一种实时、高效互动情境，学习者在真实的情境中获得沉浸式体验，大大提升多维度具身认知的效果。与此同时，数字孪生空间中的语言数字资源以三维立体方式呈现，用生动形象的方式，揭示事物特征及变化过程，以透视化、高逼真、精准映射的方式再现物理世界中的人与物（张艳丽等，2020）。在这个虚实共生的学习环境中，交互方式也发生了根本变化，既可以实现远程的自然交互，获得具身体验，扩展师生交互的广度、深度与效度，也可以帮助实现远程团队协作，提升学生的合作学习能力。目前，已有研究成果表明，虚拟现实/增强现实技术改变交互方式和交际语境（张会等，2019），将提升学习者学习动机、学习兴趣，通过学习语境、学习者特征等中介因素间接正向促进语言能力的发展（陈向东等，2017）。

3.2.2　一体化智能汉语教学云平台建设

智能汉语教学云平台是依托智能技术和云服务方式建设的，集教学、资源、管理、服务为一体的教育信息化云平台，其作用旨在进一步打破线上线下教学数据流通与服务联通的壁垒。其功能模块主要包括：（1）教学模块。此模块由自适应学习系统、元宇宙学习空间、智能评测系统、教研系统等子系统构成，为教师实现精准化、协同化教学提供支持，帮助教师提升工作效率与教学质量，同时助力学生实现自适应学习与个性化学习。（2）资源模块。这一模块既包含教学常用素材资源（音频、视频、图片、文本），还集成特色教学资源（虚拟现实教学资源、增强现实教学资源等）。依托智能技术，可实现资源智能查询、智能排序与智能推荐。（3）管理服务模块。该模块由教学管理系统、教育数据统计系统、教学质量监管系统等子系统构成。

3.2.3　虚拟教研室建设

线上线下融合汉语教学既是一项系统工程，也是一种全新的教学样态。在这种教学模式下，教师仅凭一人之力是无法圆满完成教学任务的。全新的教学语境，要求我们汇聚校内外甚至是国内外优秀教师资源，通过建设国际中文教育虚拟教研室，形成真正的团队教学优势。虚拟教研室将充分运用智能技术，探索突破时空限制，形成高效便捷、形式多样、"线上+线下"结合的教师教研模式（教育部高等教育司，2021）。依托虚拟教研室，与国内外优秀中文教师深度交流合作，协同开发设计人才培养方案、教学大纲、教学课件、慕课视频、标准化测试题、教学示范案例等资源，形成优质共享的教学资源库。与此同时，虚拟教研室在教师教学技能与方法培训、教师智慧教学素养与实践能力提升等方面也将发挥积极作用。

4　结语

当前，国际中文教育已步入转型发展的新阶段。线上线下融合汉语教学创新模式对于后疫情时代国际中文教育创新发展具有借鉴意义。综合前文所述，国际中文教育发展应把握如下几个关键：（1）内容为王，提升线上线下融合汉语教学质量，实现国际中文教育由外延式高速度发展向内涵式高质量发展转变；（2）技术引领，创新实现课程智慧化发展，借助云计算、大数据、人工智能等现代科技的进步，构建智能化的中文学习环境，实现现代智慧教育技术与国际中文教育的有机融合；（3）资源支撑，通过长远的、全方位的、常态化的顶层规划和设计，搭建智能化国际中文教育共享资源库。

参考文献

[1]　陈向东, 万悦. 增强现实教育游戏的开发与应用——以"泡泡星球"为例. 中国电化教育, 2017(3).

[2]　教育部高等教育司. 关于开展虚拟教研室试点建设工作的通知. http://www.moe.gov.cn/s78/A08/tongzhi/202107/t20210720_545684.html, 2021 年 7 月 12 日.

[3]　穆肃，王雅楠，韩蓉. 线上线下融合教学设计的特点、方法与原则. 开放教育研究, 2021(5).

[4]　于歆杰. 从交互到融合：新冠肺炎疫情的高等教育应对之策. 中国电机工程学报, 2020(20).

[5]　张会, 陈晨. "互联网+"背景下的汉语国际教育与文化传播. 语言文字应用, 2019(2).

[6]　张艳丽, 袁磊, 王以宁, 等. 数字孪生与全息技术融合下的未来学习：新内涵、新图景与新场域. 远程教育杂志, 2020(5).

[7]　赵世举. 积极应对国际中文教学的新情况. 中国社会科学报, 2021 年 5 月 11 日.

[8]　中华人民共和国国家发展和改革委员会. 关于支持新业态新模式健康发展激活消费市场带动扩大就业的意见. https://www.ndrc.gov.cn/xxgk/zcfb/tz/202007/t20200715_1233793.html, 2020.

[9]　祝智庭, 胡姣. 技术赋能后疫情教育创变：线上线下融合教学新样态. 开放教育研究, 2021(1).

汉字翻转课堂模式"三阶段"教学效果实验研究*

匡 昕

北京体育大学 人文学院 100084
kuangkuangx@126.com

摘 要：本文基于汉字翻转课堂开展为期一个月的教学实验。通过对比采用翻转课堂教学模式的实验组与采用传统汉字教学模式的对照组的学生汉字成绩，发现汉字翻转课堂教学模式显著提高了学生汉字学习成绩。该模式能够激发并维持学生学习动机与兴趣，提升汉字教学质量与效果，促进学生自主学习能力和认知能力的发展。研究还发现翻转课堂三阶段对汉字学习产生的效果不同。"课前学习任务"和"课后书写作业"对学生汉字成绩的积极影响远不如"课堂活动"。研究指出教学活动设计是翻转课堂教学模式的核心问题，也是翻转课堂设计的关键。

关键词：汉字教学 翻转课堂 教学实验

Experimental Research on the Teaching Effect of "Three Stages" of Chinese Character Mode in Flipping Classroom Teaching

Kuang Xin

College of Humanities, Beijing Sport University, 100084

Abstract: This paper carries out a one-month teaching experiment based on Chinese character mode in flipping classroom teaching. By comparing the Chinese character scores of the experimental group using the flipped classroom teaching mode and the control group using the traditional Chinese character teaching mode, it is found that the Chinese character mode in flipped classroom teaching significantly improves the students' Chinese character learning performance. This teaching mode can stimulate and maintain students' learning motivation and interest, improve the quality and effect of Chinese character teaching, and promote the development of students' autonomous learning ability and cognition ability. The study also found that the three stages of flipped classroom have different effects on Chinese character learning. "Pre-class learning tasks" and "post-class writing assignments" have a far less positive impact on students' Chinese character scores than "classroom activities". The research points out that the design of teaching activities is not only the core issue of flipped classroom teaching mode, but also the key to flipped classroom design.

Key words: Chinese character teaching; flipped classroom; teaching experiment

---

* 本研究为北京体育大学校级科研项目（中央高校基本科研业务费专项资金 "the Fundamental Research Funds for the Central Universities"）"汉字翻转课堂实验研究"（2018RC005）成果。

0 引言

翻转课堂（"flipped classroom"或"inverted classroom"）也称"颠倒课堂"，是指重新调整课堂内外的时间，将传统的知识传授和知识内化的环境颠倒过来，从而显著提高学习效率的一种教学模式（龚芙蓉，2020）。Strelan 等人对 2018 年以前发表的 198 个翻转课堂教学实验研究进行元分析发现，翻转课堂对学生的学习总体上具有中等效应。Strelan 等人进一步指出，未来研究的重点应该转向探讨影响翻转课堂教学效果的关键因素，以及如何根据不同的教学情境开发有效的翻转课堂教学模式（郭建鹏，2021）。可见，随着教育理念与现代化教育技术的更新迭代，翻转课堂模式已渗透至各学科领域课程教学中，对于翻转课堂模式的研究也从浅层的"时空颠倒""知识深化"等视角的研究转向为"学习效果""深度学习"等更深层次的研究。

赵金铭（2008）强调要从汉语和汉字的特点出发，结合汉语和汉字应用特点，在教学法与心理认知方面取得的科学依据的基础上，创新教学模式，寻求汉字教学新思路，从而大幅度提高书面语的教学质量。已有一线教师对基于翻转课堂理念设计汉字教学进行了有益的尝试，其效果如何、改进空间在哪儿即为本文希望讨论的问题。

1 汉字翻转课堂模式概述

汉字翻转课堂教学模式（匡昕，2021）在设计上结合汉语及汉字特点、汉字教学方法、学习者汉字认知发展规律进行。纵观国内汉字教学一线，汉字教学并不单独设课，而是融于综合课或读写课教学之中。教学理念上多采用"语文并进""分散识字""认写合流""整字识记"等模式；教学内容上，音、形、义教学三位一体；教学层次上分为笔画、部件（含偏旁部首）、整字，以及笔画在汉字构形上的时间排列——笔顺。基于以上汉字教学现状和汉字知识，我们切分出汉字读音、汉字字形（整字）、部件（含偏旁部首）及汉字笔画笔顺四个教学碎片，进行教学视频及活动、练习设计，形成汉字翻转课堂教学模式。

该教学模式分为课前、课中、课后三个教学阶段（见图1）。课前阶段基于微信平台开展，

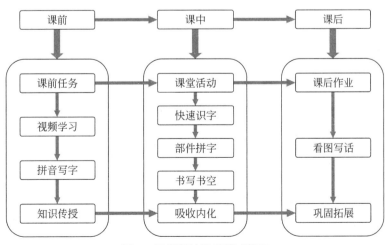

图 1 汉字翻转课堂模式简图

教师在班级微信群分享汉字书写视频资料，视频先展示汉字整字，然后进行朗读发音，随后一笔一画进行笔画与笔顺动态书写展示，最后显示整字，朗读字音，并用红色凸显合体字的偏旁。学生自学汉字后完成课前学习任务——看拼音写汉字。课中阶段在综合课课堂教学的生词教学环节中开展。教师组织学生进行快速识字、部件拼字、书写书空三项游戏化、竞赛类课堂活动。课中环节以学生为主体，以活动为核心，通过师生、生生互动实践，在"做中学写字""在做中悟汉字理据知识"。课后阶段，教师结合本课学习的生词、语法及课文，布置纸质成段表达的汉字书写作业，以有意味的形式练习汉字，巩固学习效果，提高学生成就感。

翻转课堂这一汉字教学模式的设计与创新带来一系列疑问：翻转课堂教学模式对汉字学习是否有效？翻转课堂模式三个教学阶段是否能有效提升汉字学习成绩？各阶段的教学效果是否有差异？本文将通过汉字翻转课堂实验对这些问题进行探讨。

2　教学实验与方法

2.1　实验设计

教学实验采取单因素被试间设计，自变量为汉字教学模式，实验组采用翻转课堂教学模式，对照组采用传统的汉字教学模式。

2.2　被试

被试为某高校"一带一路"奖学金生 26 名，所有学生的汉语水平均为零起点。实验组学生 11 人（班级人数原为 15 人，先后有 2 人退学，2 人未参加测试），对照组学生 15 人。实验组被试来自蒙古国（2 人）、缅甸（2 人）、巴西（1 人）、俄罗斯（1 人）、越南（3 人）、马来西亚（1 人）、老挝（1 人）；对照组被试来自蒙古国（2 人）、缅甸（1 人）、巴西（2 人）、乌兹别克斯坦（1 人）、越南（1 人）、印度尼西亚（3 人）、巴基斯坦（3 人）、孟加拉国（2 人）。两组被试均没有典型的汉字文化圈学习者。实验组与对照组的汉字教学均依托汉语读写课，周学时 9，使用教材为《HSK 标准教程 1》《HSK 标准教程 2》（姜丽萍主编，北京语言大学出版社，2014）。两组各有一位教师进行教学，两位教师均为女性，她们的专业背景、教龄及从教经历基本相同。

2.3　实验程序

26 名零起点学生在同一班级完成两周的语音阶段学习，同时完成教材《HSK 标准教程 1》1～5 课的汉字及基本笔画的学习。后因班级管理与教学需要，随机分成两个教学班级，形成教学实验的两个组，两组均先进行了一个半月的传统汉字教学，完成了《HSK 标准教程 1》6～15 课的教学任务，掌握了 150 个词，近 250 个汉字。此间，通过在教学过程中收集学生课堂听写成绩，测定两组学生实验前的汉字水平。

随后，对照组继续沿用传统的汉字教学模式，实验组采用翻转课堂教学模式进行汉字教学，两组均教授《HSK 标准教程 2》第 1～5 课。经过一个月的教学实验，对两组学生进行汉字书写测验，记录两组学生汉字测验总分。

另外，在教学实验期间，同时记录并收集实验组学生在翻转课堂教学模式课前、课中、课后三个教学环节的参与情况，为实验提供数据资料。

2.4　测量工具与计分标准

共设计两次测验，一次在教学实验前，一次在教学实验后。

前测通过课堂听写的形式考查学生汉字掌握情况，即取实验前最近五次课堂听写的平均成绩，听写采取百分制评分。后测考查学生汉字掌握情况，采用课堂限时闭卷笔试的形式，百分制评分。试卷分为三个大题：第一题为找出错字并进行改正；第二题为写出含有所给部件的汉字；第三题为笔顺书写题。

实验组学生在翻转课堂课前、课中、课后三个教学环节的参与情况数据分别根据学生课前学习任务、课中课堂活动及课后书写作业的完成情况计分。其中，课前学习任务及课后作业取学生看拼音写汉字及成段表达书写作业五次成绩的平均分，课堂活动评分由该班另外两名听课实习教师及一名任课教师共三位教师根据学生翻转课堂参与度、积极性及活动练习完成情况打分，取平均分记录。三项分数均为百分制。

所有测验数据使用 SPSS 19.0 软件进行统计分析，统计方法包括独立样本 t 检验和多元线性回归分析。

3　实验结果

3.1　组间前后测实验统计结果

独立样本 t 检验结果显示，在使用不同教学模式前，两组学生的汉字测验成绩没有显著差异（$t = -0.033$，df = 24，$p > 0.05$）；而使用不同教学模式后，学生的汉字测验成绩有显著差异（$t = 3.230$，df = 24，$p < 0.05$）：使用翻转课堂教学模式的学生汉字测验成绩高于使用传统教学模式的学生（MD = 26）（见表 1）。

表 1　实验组与对照组汉字前测、后测及其各大题得分的独立样本 t 检验结果

	翻转课堂组 （$n = 11$）		传统教学组 （$n = 15$）				
	M	**SD**	**M**	**SD**	**MD**	t（24）	**Sig（双侧）**
前测听写	76.73	18.47	76.93	13.43	−0.206	−0.033[*]	0.974
后测总分	88.27	15.27	62.27	23.21	26	3.230[**]	0.04

注：[*]$p > 0.05$，[**]$p < 0.05$。

3.2　实验组学生各教学阶段参与情况与汉字成绩的回归分析

以使用翻转课堂教学模式的实验组为数据来源，学生后测汉字总成绩为因变量，学生在翻转课堂教学模式三个阶段中的评分为自变量，进行多元线性回归分析。本次回归分析基本满足误差呈正态分布以及预测变量不相关的前提假定，预测变量与因变量显著相关（见表 2）。强制回归结果显示，预测变量中除"课前学习任务"之外，其余两个变量对学生汉

字测验成绩均具有良好的预测作用（见表 3），R² 为 0.959，即"课前学习任务""课中课堂活动"和"课后书写作业"构成的组合能解释汉字测验成绩 95.9% 的变异。表 3 显示，三个预测变量中，"课中课堂活动"（Beta = 0.799）和"课后书写作业"（Beta = 0.243）的标准化回归系数分列第一位和第二位。这说明翻转课堂教学模式中课中课堂活动和课后书写作业完成较好的学生汉字测验成绩较高。标准化回归方程为：汉字测验成绩 = 0.799×课中课堂活动＋0.243×课后书写作业－0.065×课前学习任务。

表 2　变量描述统计量及相关矩阵（$n = 11$）

变量		描述统计量		相关矩阵		
		M	**SD**	**1**	**2**	**3**
因变量	汉字测验总分	88.27	15.27	0.745*	0.973*	0.945*
自变量	课前学习任务	71.36	9.77	—	0.807*	0.678*
	课中课堂活动	87.73	10.57		—	0.935*
	课后书写作业	80.91	13.38			—

注：*$p < 0.05$。

表 3　多元线性回归结果摘要表（$n = 11$）

变量		**R**	**R²**	调整 **R²**	**F** (3,7)	**Beta**	t (7)	容差	**VIF**
因变量	汉字测验总分	0.979	0.959	0.941	54.226*	—	—	—	—
自变量	课前学习任务	—	—	—	—	−0.065	−0.465	0.302	3.316
	课中课堂活动	—	—	—	—	0.799	2.762*	0.070	14.186
	课后书写作业	—	—	—	—	0.243	1.047*	0.109	9.140

注：*$p < 0.05$。

4　分析与讨论

4.1　汉字翻转课堂教学模式对汉字学习提升效果显著

实验数据结果显示，翻转课堂教学模式使用前，实验组与对照组学生均使用传统汉字教学模式，学生汉字掌握情况基本相同。使用翻转课堂教学模式一个月后，实验组学生汉字成绩显著提高。

翻转课堂教学较之传统汉字教学将学生课前自主预习变成教学视频指导下的针对性学习，将作为课后作业的"看拼音写汉字"这一机械性练习前置到课前学习阶段。这些教学环节上的转变强化了学生课前预习的针对性、有效性，将课前预习变为课前学习，进而拉长了学生汉字学习的时长，增强了学习的效果。在课中阶段，翻转课堂教学模式通过游戏化教学活动设计进一步提高了学生课堂汉字学习的积极性与参与度。课后阶段的汉字巩固书写练习融于成段表达练习之中，体现了"学以致用"的理念，使学生综合运用汉字、词汇、语法等语言知识进行有意义的书写训练，将汉字巩固练习内隐化、技能化，提升了练习的综合性及学生学习的成就感。

另外，所有学生在实验前均在传统汉字教学模式下进行了一个半月的学习。汉字认读、反复摹写仿写、教师笔画笔顺示范、偏旁部件提示解说等传统汉字教学方法相对枯燥，交互性不强。在实验中，采用传统教学模式的学生沿用原教学方法，汉字学习动力与兴趣相对减弱，学习效果不明显。而对于使用翻转课堂教学模式的实验组学生而言，新的教学模式具有一定新鲜感，其学习方式还具有较好的师生、生生互动性，学生们在汉字学习过程中，可以进行辨析、推理等思维活动以及讨论、竞赛等社交活动，极大地促进了学生汉字学习的动力和兴趣，提升了汉字书写水平。

4.2　汉字翻转课堂教学"三阶段"对汉字学习成绩影响不同

翻转课堂模式将汉字教学分为课前、课中、课后三个环节，分别设计了学习任务（汉字笔画笔顺视频、看拼音写汉字）、课堂活动（快速识字、部件拼字、书写书空）和课后书写作业（成段表达），通过多元线性回归分析，可以看出三个教学环节的活动与练习对学生汉字学习有着积极而重要的作用，其中"课堂活动"对学生汉字学习成绩的提升效果最为显著。可见，新颖的课堂学习活动让学生在活动中做，在游戏中学，寓教于乐，寓理于做，有效提升了学生汉字学习的效果。统计结果显示，课后书写作业对汉字学习有一定积极作用，而课前学习任务虽与汉字学习成绩有较强的相关性，但对学生汉字学习的影响并不显著，这可能与学生课前视频观看、学习任务的参与性和完成情况有关，但更与学生对学习的传统认知密不可分。一直以来，我们遵循着传统的课堂教学理念，即教学活动起始于课堂教学，教师课上教授新知识，学生学习新知识，教师布置作业，学生课下完成作业、巩固练习新知识，教师主导教与学的全过程，而学生只需要"听指挥做动作"。而翻转课堂打破了这一教学模式，将"教"与"学"的活动翻转，使学生成为学习的主体，主导学习、主动学习，这对那些自主学习能力不高，自我管理能力和学习主动性、积极性不强的学生来说，具有很大的难度和挑战性。

另外，万业馨（2015）曾对一些学者关于"一定要把某某要点讲透，以免学习者出现错误"等观点提出质疑，她认为对于成年二语学习者，我们常常高估了他们对目的语的理解能力，而低估了他们的思维能力。她主张为学习者提供一个认识事物的平台，丰富他们的感性认识和积累，让他们从语言事实的接触和运用中体悟语言知识及规律，提高主动学习的能力，提高汉语能力。由此观之，翻转课堂教学模式中的课前学习任务与课后书写作业仍采用传统的看拼音写汉字、汉字笔画笔顺演示、成段表达写汉字等机械性练习方式，练习的同时，学生并没有发生对汉字及其理据的知识与规律的理解、体悟、认知，练习设计不够精心巧妙，学习及练习方式没有较大突破和改变，尤其没有高层次的深度学习与思维认知过程，这可能也是课前、课后两个教学环节未能对汉字学习起到较大积极推动作用的原因之一。

5　改进意见与研究不足

5.1　对汉字翻转课堂教学模式的改进意见

研究结果表明，汉字翻转课堂教学模式显著提高了学生汉字学习成绩。该模式以活动与练习取代枯燥的汉字理论讲授，将"教"与"学"进行翻转，摆脱了低层次的重复性学习劳动，激发并维持了学习动机与兴趣，提升了汉字教学质量与效果，有效促进了学生自主学习能力和规律认知能力的发展。

在实验数据的分析与讨论中，我们也发现"课前学习任务"和"课后书写作业"对学生汉字成绩的积极影响远不如"课堂活动"，这表明教学活动设计是教学模式的核心问题，汉字翻转课堂教学模式的设计与创新应落实到各教学阶段教学活动的设计与组织上，活动与练习如果仍沿用传统教学方式方法，"换汤不换药"，则难以产生显著而长远的积极教学效果。我们应该在符合第二语言习得与认知规律的前提下，深入探索汉字系统知识，结合学习者母语背景、性格特点、认知方式、学习动机、学习能力、学习习惯与方法等因素，因"内容"制宜、因"学生"制宜、因"阶段"制宜，创新教学活动及练习的形式、方法，达到优质的教学效果。

5.2 研究不足

本研究在教学实验设计与实施中，实验组与对照组的学生虽为随机分班，且实验前测已表明两组被试汉字书写方面没有显著差异，但是两组学生在教学实验前均有两个月的时间接受汉字传统教学模式，旧模式的沿用和新模式的启用对两组被试学生产生的心理影响，以及学生在母语背景、学习能力、学习动机、学习方法等方面存在的潜在差异，都可能造成两组被试后测汉字学习成绩的差异。

本研究在汉字测验试卷的编制、题型的设计与计分、对教学模式三个教学环节学生参与情况的评分方面还有待进一步科学化、标准化。

另外，由于客观条件限制，翻转课堂教学实验被试人数偏少，且仅实施了一个月，仅完成五课的学习。样本数少，实验周期短，翻转课堂教学模式对汉字教学的显著影响还不具有普遍性，教学模式的效果也还没有完全显现；可考虑在本研究基础上，增加被试人数，改进实验设计、测试材料与计分方法，延长教学实验周期，以了解翻转课堂教学模式对学习者汉字字形书写，乃至对整个汉字系统的习得、认知效果的影响。

参考文献

[1] 龚芙蓉. 从"时空翻转"到"深度学习"——信息素养翻转课堂教学深化路径探析. 图书馆杂志，2020(11).

[2] 郭建鹏. 翻转课堂教学模式：变式—统一—再变式. 中国大学教学，2021(6).

[3] 匡昕. 基于微信的汉字翻转课堂教学设计与应用. 第十二届中文教学现代化国际研讨会论文集. 胡志明：胡志明市师范大学，2021.

[4] 万业馨. 如何打破汉字教学的"瓶颈"——以《中国字·认知》为例谈汉字教材研究. 世界汉语教学，2015(1).

[5] 赵金铭. 汉语作为第二语言教学：理念与模式. 世界汉语教学，2008(1).

国际中文线上汉字教学的多模态识读分析

钟佳利

澳门科技大学 国际学院 999078

631684113@qq.com

摘 要：后疫情时代推动着技术媒介与语言教育的高度融合，国际中文教育由传统线下授课转向线上教学，然而目前国际中文线上教学研究尚未对多模态识读给予足够的关注。本文选取一对一汉字线上教学视频《识字 5》为观察对象，探讨该汉字教学课堂过程中所关涉的模态形式，结合教学实例，考察其多模态识读教学的意义设计模式、建构方式及其有效性评估。

关键词：国际中文教学 线上汉字教学 多模态识读

Multiliteracy Analysis of Online Character Teaching in International Chinese Education

Zhong Jiali

International Collage University, Macao University of Science and Technology, 999078

Abstract: The post-epidemic era is driving a high degree of integration of technological media with language education. There is a shift in international Chinese language education from traditional offline delivery to online teaching. However, online international Chinese language teaching has not yet given sufficient attention to multiliteracy. This paper selected a teaching video about one-to-one *Literacy 5* Chinese characters as a typical sample. Firstly, we explored the modality forms involved in the process of this Chinese character teaching classroom. Then, this paper examined the design of meaning, the constructive approaches, and their effectiveness assessment of multiliteracy combined with teaching cases.

Key words: international Chinese language teaching; online Chinese character teaching; multiliteracy

0 引言

多模态话语分析在语言学领域逐渐衍生出双重视角，即以系统功能语言学（SFL）为导向的社会符号学视角，以及认知语言学背景下的概念隐喻视角（张德禄等，2013），其中社会符号学的多模态化拓展了语类的外延，在语言哲学层更倾向于阐释外部文化与情景语境中的交际功能。胡壮麟（2007）将"多模态识读"（multiliteracy）概念引入国内，指具有阅读所能接触到的各种媒体和模态信息，并能循此产生相应的材料，如阅读互联网或互动的多媒体。虽然基于 SFL 元语言功能研究在多模态识读能力的应用前景广阔（闵杰等，2021），尤其是在"互联网+"时代，国内的外语教学开始重视学习者多元识读能力的培养

（梁惠梅，2016），然而，目前多模态识读分析多聚焦于英语作为外语的教学（王惠萍，2010；刘燕，2018），且数量和影响力尚处于起步阶段，对国际中文教学课堂的多模态识读模式与有效性评估研究较少。

随着数字媒体在 20 世纪末的出现与蓬勃发展，New London Group（NLG，1996）呼吁学界关注识读教学，多模态识读教学法（a pedagogy of multiliteracies）被提出（Warner & Dupuy，2018），它强调学习者角色从传统教育中的知识解码者转变为积极的意义创设者，并在多模态学习资源中实现自身的学习目的，这标志着多模态识读的"教学转向"。随后，多模态识读教学在外语教学中得到了长足的发展，Kern（2000）提出了一个关于第二语言阅读和写作教学的综合性框架，认为识读过程并非识读文本的绝对意义，而是识读归属不同话语社区的人对文本的语境意义，从而突出了学习者的核心地位。这为中文作为第二语言教学课堂的多模态介入带来新的观察视角，汉语汉字属性直接或间接关系着国际中文教育的走向与得失（李泉等，2021），探究汉字教育与教学媒体的融合发展与适应性问题具有重要的教学实践意义和理论意义。鉴于此，本文选取多模态识读意义设计模式明显的线上汉字教学课堂视频作为语料，在多模态识读教学现有的研究成果基础上，从汉字教学课堂所关涉的模态模式出发，着重分析主体部分的多模态识读意义设计模式，旨在考察线上汉字教学课堂的多模态识读建构路径及其评估的案例借鉴。

1　理论路径

1.1　多模态识读的界定

多模态识读早期用于完善传统识读教学法，从以语言为中心的"单模态识读"扩展为关涉多种感官的"多模态识读"，它考虑了因文化背景而异的模态所携带的特定认知与社会效应，为教学研究提供了动态表征资源优势（Stevens，2005），Spiliotopoulos（2005）将"多模态识读"定义为：人们能够从多种信息传递和信息网络理解各种模态的语篇，继而生成批判性思维，能与他人合作并产出跨文化意识。这一概念为信递形式理论化提供了思考空间，辅助研究者鉴别各种图像、词语和动作模态之间的紧密关联，以建构整体意义（Williamson，2005）。在线互动参与教学一定程度协助了学习者改进和提升他们的批判性思维（Spiliotopoulos，2005；Algren，2005），多模态识读教学法以"社会未来设计"（design of social futures）的开创性与提倡"学生为中心"的教育理念不谋而合。

1.2　多模态识读教学的意义设计维度

多模态识读教学系统性地提出了意义设计（design of meaning）框架，本文将采纳 Cope 和 Kalantzis（2000）的观点，对多模态识读意义设计从五个维度展开论述，即表征（representational）、社会（social）、组织（organizational）、语境（contextual）、意识形态（ideological）。其中，表征主要探讨模态的外显意义特征，关注表征参与者及其行为所呈现的意义；社会指意义如何使参与者建立联系，观察参与者在意义交流中的角色、投入度、互动及其与整体过程的关系；组织指意义的组合方式，着重对沟通方式、媒介/媒体、信递、组合属性与力度的考察；语境指意义如何融入更广泛的意义世界，考察语境与意义之间的互涉性与互引性；意识形态考察意义创设者如何表达他们的价值取向，关注模态信息的真实性与密切度、读取空间以及转换模式。虽然线上一对一汉字教学课堂受众辐射面窄，但在课堂教学与媒体技术高度融合作用下，聚焦于一个学习者所吸纳的大量多模态识读的实践体验，同时教师为学习者提供大量多模态识读关注度和即时反馈，由此而形成的识读模式经验值得线上教学者借鉴与思考。

1.3　多模态识读教学的分析路径

对线上汉字教学课堂的多模态识读展开分析，意味着将教学参与者置入以多模态媒介为互动载体的教学实践中加以考察，这打破了以往静态主导的课堂教学分析，使学界开始以动态的、积极的、反馈的角度去看待中文学习者的多模式识读体验。Cope 和 Kalantzis（2000）在历史、方法论、认识论和文化取向中解读多模态识读教学，提出情境实践（situated practice）、公开指令（overt instruction）、批判框架（critical framing）、转换实践（transformed practice）四种建构方式。情境实践指学习者沉浸于真实来源的常识经验中，并利用其展开意义设计；公开指令指引导学习者系统地、分析性地以及有意识地理解知识；批判框架指基于特定文化与社会语境解释意义设计；转换实践指创设具有转移意义的内容，并将其置于其他文化语境中运作。

基于此，本文在进行教学课堂的多模态识读分析时划分为三个阶段：阶段一，多模态识读教学的意义设计特点，从教学过程涉及的模态形式出发，基于表征、社会、组织、语境和意识形态五个维度进行意义设计的特征分析；阶段二，从情境实践、公开指令、批判框架和转换实践维度对具体实例展开较为质性阐释，以求能够较为深入地把握多模态识读教学的建构方式；阶段三，基于上述四个建构方式对线上汉字教学的多模态识读效果进行有效性评估，为线上国际中文教学过程与学习者多模态识读效果之间的关系提供案例借鉴。具体分析路径如图 1 所示。

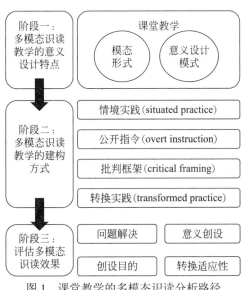

图 1　课堂教学的多模态识读分析路径

2 语料及研究方法

我们选取源自 Jason Zhao《中文课堂》公开教学课堂的视频《识字 5》（分享平台：Youtube），其发布于 2020 年 10 月，代表疫情期间一线国际中文教师线上汉字教学实践成果。其中学习者为男性儿童（小学阶段），使用教材为《中文》（暨南大学，1999）第一册第二单元第五课，主要介绍春夏秋冬四季及其天气特征生字，教学视频原长度为 67 分钟 47 秒，剔除处理网络故障的非教学时间，有效教学时长为 64 分钟 15 秒。语料分析流程包括：（1）参考王珊、刘峻宇（2020）的模态分类方式使用 ELAN 6.2 软件对模态类型进行编码标注（如表 1 所示）；（2）在该视频主体教学环节中进行全方位的多模态识读意义设计探讨；（3）选取代表性实例进行建构方式质性阐释与有效性评估。

表 1　模态编码

模态类型	编码	模态符号	符号类型	编码
视觉模态	V	文本 c	植入式	Vcim
		图像 p	（单一）静态—无添加式	Vps-
			（单一）静态—后添加式	Vps+
			（单一）动态—无添加式	Vpm-
			（组合）图文并茂式	Vpcm
		动画 a	（单一）植入式	Vaim
			（单一）互动式	Vain
			（组合）动画文字并茂式	Vaci
听觉模态	A	话语 d	教师话语	Adt
			学生话语	Adl
		音乐 m	背景音乐	Am
触觉模态[①]	T	板书 b	教师标识	Tbt
			学生标识	Tbl
		临摹 w	教师书写	Twt
			学生书写	Twl

此外，该线上汉字一对一教学视频的教学内容是四季和天气特征的有关汉字，以及对中国北方四季天气特征的文本理解，教学过程涵盖八个教学环节，具体教学时间、教学内容、教学过程及其所涉及的模态形式见表 2。从教学时间和模态形式维度可以发现，环节三"生字教学"时长占比最高，所涉及的模态形式最丰富，在本次线上汉字教学中最具代表性，因而提取该环节教学内容进行多模态识读的意义设计分析。

---

① 这里的触觉模态特指参与者通过鼠标点击的方式，在 PPT 中呈现所标记的内容，实现从现实空间的接触到虚拟空间的呈现，包括板书和临摹。

表 2　教学过程与关涉模态

教学阶段	教学时间	教学内容	教学过程与方法	模态形式
复习旧知	00:03:25—00:12:02（517秒）	复习已学生字	1.教师介绍看图说话规则；2.看PPT，解读图片；3.学生用已学生字表达	Vcim、Vps-、Vaim、Adt、Adl、Tbt
新课导入	00:12:03—00:14:07（124秒）	思考关于季节和天气的问题	1.教师设置情景问答导入；2.学生回答，教师反馈；3.教师引出生字	Vcim、Vps-、Adt、Adl、Tbt
生字教学	00:14:08—00:42:18（1690秒）	学习季节和天气系列生字	1.生字背景介绍；2.教师正音；3.强调笔画顺序；4.学生线上临摹；5.引导思考笔画数；6.跟读生字	Vcim、Vps-、Vps+、Vpcm、Vaim、Vaci、Adt、Adl、Twt、Twl、Tbt
生字巩固	00:42:19—00:44:06（107秒）	任务式复习本课生字	1.教师正音；2.布置数笔画任务；3.反馈与公布答案	Vcim、Adt、Adl、Tbt
课文学习	00:44:07—00:52:50（523秒）	学习小短文：《中国北方四季天气特征》	1.四季天气变化介绍；2.教师正音，学生跟读；3.教师引导学生图文匹配；4.教师反馈答案；5.教师带读小短文；6.学生读小短文	Vcim、Vps-、Adt、Adl、Tbt
游戏练习	00:52:51—01:03:48（657秒）	两个游戏：吹泡泡、找生字	1.学生朗读泡泡中的生字；2.教师说生字，学生线上标记	Vps+、Vpcm、Vaim、Vaci、Adt、Adl、Am、Tbt、Tbl
表现总结	01:03:49—01:04:31（42秒）	点评学生课堂表现	点评具体环节表现好的地方	Vcim、Vpcm
布置作业	01:04:32—01:07:47（195秒）	书面作业与任务式作业	1.介绍作业内容；2.与学生商量调整任务式作业；3.协商下次课的添加内容	Vcim、Vpcm、Tbt

3　实例分析

3.1　生字教学环节的意义设计模式与模态识读

本课主体教学环节是"生字教学"，要求儿童学习者掌握季节和天气生字的认读、书写与应用。基于教学过程所关涉的模态形式，本文将从语言学、视觉、听觉和触觉阐释表征、社会、组织、语境和意识形态五个维度的意义设计模式与模态识读特点（详见表3）。

表 3　生字教学环节的意义设计与模态示例

维度		语言学示例	视觉示例	听觉示例	触觉示例
表征	参与者	主题生字教学：季节与天气；季节系列：春夏秋冬；天气系列：风、雨、云、雪、电、天、地	文字+图片：季节系列生字（以教师卡通形象介入到"春夏秋冬"四个场景图像中建构虚实结合的情景）	课堂话语、背景音乐	生字临摹：学生在屏幕中临摹生字，教师随后临摹修正；教师板书：圈画图片、标记拼音
	存在和行为	流程：见表2（教学过程）；环境：从课堂环境转向自然环境，从自然环境回归到课堂环境	季节系列：生字拼音（上中）、笔顺图（右上）、田字格（右下）、季节卡通图片（左上）	音调变化：教师正音环节	生字临摹位置：学生（田字格内）、教师（田字格左侧空白处）；教师板书：生字拼音处、图片处
社会	参与者在意义交流中的角色投入	师生关系：教师（引导者与反馈者）、学生（观察者与呈现者）	生字拼音图：聚焦拼音、生字；生字笔顺图：聚焦笔画特点（田字格、季节图片、天气动图）	对话模式：跟读、问答（情景类、知识类）；背景音乐：配合游戏练习	生字临摹：学生的表现与教师的即时反馈——螺旋上升式；教师板书：教师强调重点、引出目的
		情景问答互动导入：激发→联想→表达→获得即时反馈；教师行为：聆听→即时呈现→即时反馈	语境化：练习设置符合儿童游戏场景的动画	情景化：师生对话互动（师：夏天我们可以做什么？除了A，还有呢？生：夏天我们可以玩水、吃冰淇淋。）	偶然表达：教师板书图画（如学生表达夏天有太阳，教师板书自绘太阳）
社会持续性组织	互动	控制主题、轮流发言	共频：教师与学生目光同时聚焦于PPT；反应：学生在教师问题下，对于灵感式的回答，情绪产生变化	语料与音量的互动差异（师提问：语调平缓，音量正常；生回答：语调较高，音量变高）	线上临摹互动：学生线上临摹，教师通过实时观察，给予即时反馈和正向引导
	参与者和过程关系	转折性：学生线上临摹，在结构或笔画出现错误时，教师纠正	学生在笔顺图或田字格内临摹，教师在笔顺图或田字格附近临摹修正	教师语气耐心平缓，学生用语气词"嗯"反馈	师生交互式线上临摹
	沟通方式	师生对话、书面临摹互动	如文字：植入式、板书式（详见表1）	教师话语、学生话语、背景音乐	物质空间接触与虚拟空间呈现
组织持续性组织	媒介	物质媒介：线上一对一课程教学视频录制	文字、图片、动画	教师与学生的问答对话、游戏练习的背景音乐	线上临摹与线上板书
	传递	音调与重音	文字：教学流程、知识点；图片：简单情景创设；动画：复杂情景创设与互动	教师在正音、反馈错误笔画环节，音调上升出现重音，学生在情景问答过程中回答教师提问	学生通过临摹表达是否掌握生字的笔顺与结构；教师通过板书反馈学生不正确的笔画问题

表征基于外显符号观察表征参与者与行为，本课生字教学具体包含六个环环相扣的教学流程，在教师的引导下，学习者的注意力实现了课堂环境与自然环境之间的灵活切换，以及真实语境与想象空间之间的自然转换。社会角度主要观察师生的角色、投入度、互动以及与整体过程之间的关系，如线上生字临摹在虚拟空间中为师生分别提供即时呈现与反馈的技术功能，这是一种虚实空间交替的互动方式；而教师板书与现实空间课堂中所起的

强调重点作用一致，其间教师偶发性的板书内容，则是教师投入度提高的表现（触觉）。组织维度借由沟通方式、媒介、传递路径、信息单元组合以及整体属性，达到观察意义组合路径的旨意，教学中贯穿师生对话和书面临摹互动作为沟通方式，这种依托于线上一对一虚实空间自然切换的媒介载体，能够最大程度实现教师对学习者的关注。语境主要通过上下文与意义之间的直接参照、交叉参照以及话语，将意义融入更大的生活世界中。基于要素间的相似性，文本、图像与动画之间建立互文性（语言学与视觉）、背景音乐与动画交叠（视觉与听觉）、田字格图片与线上临摹交织（视觉与触觉），这是模态间的跨界作用。在意识形态中观察倾向性指示、真实度和亲和度、读取空间以及转换类型，能够洞察意义创造者的取向表达。

3.2 多模态识读建构方式的例释

多模态识读建构方式包含情景实践、公开指令、批判框架和转换实践。情境实践如图 2 所示，教师选用动态实景图像（视觉表征）构建季节生字与天气生字的语境关联，"春风、夏雨、秋云和冬雪"（信息单元组合）表现了特定季节中最明显的天气特征，是儿童学习者早于目的语学习前的常识经验，为学习者提供了亲身体验的亲和感（语境参照、意识形态的亲和力），是一种源自真实资料的常识沉浸。

图 2　季节与天气的真实世界图例

公开指令如图 3 所示，学习者完成"夏"字临摹后，教师圈注第六笔、第七笔画（触觉表征）并向提问学生"口"内的"横"笔画数，学习者做出回答后，教师给予肯定反馈，加强指导并下达学生二次临摹任务，教师在（生）呈现—（师）反馈—（师）指导—（生）再呈现—（师）再指导的教学过程中（社会持续性的互动），引入明确而可理解的元语言（社会角色），通过互动问答完善学习者的临摹表现。反观学习者，在初模仿—理解元语言—再创设过程中（社会投入），不断以新语言重新解读和诠释生字结构，最终达到被认可水平。

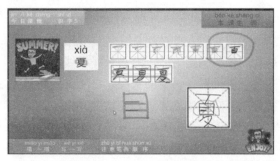

师：Alen，我们看一下第六笔和第七笔（板书圈注），另外这个部分（圈注夏字的"目"），它的"口"里面到底有几横？
生：有两个横？
师：对了，有两横（在笔顺图下教师示范临摹"目"字），把正确的写到田字格内（鼠标示意）。
生：（在田字格临摹"夏"字）
师：对了，一定要注意这里有两横（圈注"目"），另外要注意，这两横要对齐，对到右边的边框里边。（标记拉长"目"字内部两横）

图3　"夏"字的教学PPT与部分师生话语示例

批判框架如图4所示，小短文《中国北方四季天气特征》除了加强新学生字在语篇中的应用，同时为学习者创设了目的语文化语境。教师善用板书和鼠标标识、板书圈注（触觉表征）抓取学习者的注意力，用"星星"图案的先后出现，建立激励机制，这要求学习者从所学生字中"站出来"，并根据季节与天气常识经验理解文本内容，继而判断文本内容所对应的图像（视觉表征），这种模态对照训练旨在将学习者引入广泛的意义世界，即广义的社会文化语境中，是一种兼容本土与全球视野的训练（语境持续性的交叉参照）。

师：接下来介绍一下"中国北方"四季的天气，四个图片代表"春夏秋冬"（板书示意），它是以什么表现出来的呢？以树木的状态。（小短文出现）
生：春天干燥多风。（逐句认读）
师：春天干燥多风。（正音"燥"，板书圈注）Alen，选一下右边四个图片哪一个是春天的天气特征——干燥多风。
生：我选这个。（鼠标标识）
师：对了，因为春天虽然干燥多风，但是万物复苏，树上会有绿叶，所以选择绿色的，我也是选择这个图片。（正确之星图案显示）

图4　短文教学PPT与部分师生话语示例

转换实践如图5所示，教师在布置作业环境设置了固定型和开放型两类，在开放任务中与学习者进行协商对话，学习者根据自身诉求（"冬天是我的生日"），提出讲冬天的故事

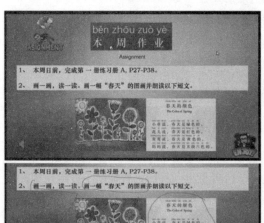

师：第二个作业，你要自己亲手画一张"春天"的图画（圈注文本），画完之后朗读一下下面的短文。（圈注文本）我们看一下左边这个图画是其他小朋友画的。
生：挺好看的。
师：挺好看的是吧？然后他在上面标记了颜色，有绿色、红色，还有黄色。这些花，还有天空中的太阳（圈注图案），就组成"五颜六色"的春天。（圈注文本）
生：可以加个"冬天"的作业吗？
师：你想画一幅"冬天"的画是吗？
生：有没有一个故事？
师：啊，你想学一个关于"冬天"的故事，是吗？你想自己写一个故事呢？还是老师给你讲一个故事？
生：我想老师给我讲一个故事。
师：你喜欢冬天这个主题是吗？
生：因为冬天是我的生日。
师：哦！冬天是你的生日，那咱们的生日差不多，Jason老师的生日也是在冬天。

图5　布置作业PPT与部分师生话语示例

和更改"冬天"主题图画与短文写作任务（视觉表征），此时学习者对四季的认知意义已从"生字学习"转换到"生活运用"的运作中（意识形态持续性的转换），不仅承认生字的语言性，还承认了生字的生活性，从而形成了知识与生活图景的互涉，目的语文化与母语常识经验的杂糅，其本质是一种意义的再创设过程。

3.3 多模态识读建构的有效性评估

鉴于此，在情境实践、公开指令、批判框架和转换实践四种建构方式分析中，教师利用线上媒体积极地实现了视觉、听觉和触觉的多模态识读效果，取得了线上国际中文汉字教学实践的重要成效，但仍存在一些问题和不足，亟待改进与完善（见表4）。

表4 一对一线上《识字5》教学多模态识读的评估结果

评估指标	评估结果	对策建议
情境实践	教师提出季节与天气生字的背景介绍问题（属于有效问题），学习者在师生情境对话与板书临摹互动帮助下，通过教师的引导和启发解决问题，但学习者独立查找资料、解决问题的机会尚少	教师可在上一次课后布置新课找资料任务，并在新授课中点拨启发学习者以其作为支架解决教师提出的问题
公开指令	学习者以笔顺图作为临摹支架，对书写进行不断修正，但在这个过程中仍以教师反馈为引导，学习者独立思考一种新方法的特质尚未充分展现	可适当教授思维方法，让学习者逐步形成目的语学习的系统性思维，并在课堂中加以运用，以体现思维方法对解决问题的高效性
批判框架	学习者通过小短文构筑了新学生字与生活运用的关联，意识到语言符号源于生活世界，从而在思维中再创设意义，但局限于"做什么"（what）和"为了什么"（why），尚未引入"服务谁的利益"的思考	对小议题做出符合学习者身份的延展，引导学习者思考"在进行意义创设以面向更大的意义世界时，这些知识又能服务于谁"
转换实践	在布置作业环节学习者主动推进协商，表明学习者已建立知识迁移，将课堂所学转移到贴合自身真实生活的经验中，是一种创造价值的体现，但知识转换到新环境的有效性有待加强	知识转换到新环境的路径是多元的，教师可以"拓展性思考"的方式鼓励学习者从人物、物品、事件、空间场所等多个面向展开知识转换

4 结语

4.1 线上教学的多模态识读分析模式考察

基于多模态识读教学理论，建构线上教学的多模态识读分析模式，其主旨包含三点：（1）从课堂教学案例中对教学过程的各环节时长和模态类型进行类目分析；（2）提取教学时长相对最长、模态种类相对最丰富的环节作为主体教学环节，各模态形式分别从五个维度进行意义设计解读；（3）具体阐释课堂教学实例中的多模态识读方式及其有效性评估。综上，研究者以多模态为导向，将线上教学整体从意义设计、建构方式和有效性评估层面进行层层剖析，从微观视角为关涉不同语言要素的国际中文线上教学之多模态识读分析提供研究框架（见图6）。

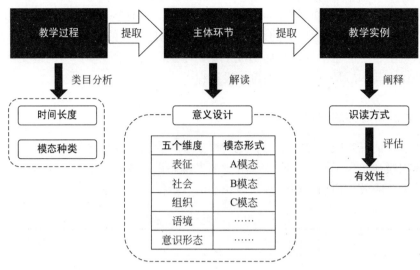

图6　多模态识读教学案例分析研究图

4.2　研究结论

　　智能媒体走进教育打破了传统面对面的授课方式，科技融合多模态为线上教师与学习者的课堂互动注入了新的诠释。本文基于对线上一对一汉字教学视频的观察，综合考察了国际中文线上教学多模态识读特质，在做出有效性评估后提供了应对策略。研究结果表明：（1）生字教学环节涉及语言、视觉、听觉和触觉模态在五个维度（表征、社会、组织、语境和意识形态）上的意义设计；（2）教师通过真实资料、"元语言"融入更广泛的意义世界以及协商对话，在情境实践、公开指令、批判框架和转换实践中助力学习者达到较好的多模态识读效果，但各部分仍存在可改进和完善的空间。本文比较全面地从学术角度阐述了多模态识读教学对国际中文线上教学的应用前景，期待为一线国际中文教师带来启发意义。

参考文献

[1]　Algren, Mark. What Is Multiliteracy? *Multiliteracies for Collaborative Learning Environment*, 2005.

[2]　Cope, Bill, and Mary Kalantzis. *Multiliteracies: Literacy learning and the Design of Social Futures*. Psychology Press, 2000.

[3]　Kern, Richard. *Literacy and Language Teaching*. Oxford: Oxford University Press, 2000.

[4]　New London Group (NLG). A Pedagogy of Multiliteracies: Designing Social Futures. *Harvard Educational Review* 66.1, 1996.

[5]　Spiliotopoulos, Vakua. Developing Multiliteracy in Adult ESL Learners Using On-line Forums. *International Journal of the Humanities* 1, 2005.

[6]　Stevens, Vance. Multiliteracies for Collaborative Learning Environments. *TESL-EJ* 9.2, 2005.

[7]　Warner, Chantelle, and Beatrice Dupuy. Moving Toward Multiliteracies in Foreign Language Teaching: Past and Present Perspectives and Beyond. *Foreign Language Annals* 51.1, 2018.

[8]　Williamson, Ben. *What Are Multimodality, Multisemiotics and Multiliteracies*. A Brief Guide to Some Jargon. http://www.futurelab.org.uk, 2005.

[9] 胡壮麟. 社会符号学研究中的多模态化. 语言教学与研究, 2007(1).

[10] 李泉, 孙莹. 论国际中文教育五种微观关系. 民族教育研究, 2021(32).

[11] 梁惠梅. 多模态教育语境下英语师范生多元识读能力的培养. 广西师范大学学报(哲学社会科学版), 2016(51).

[12] 刘燕. 多模态话语分析理论在大学英语听说教学中的有效应用. 教育理论与实践, 2018(38).

[13] 闵杰, 侯建波. 语言学的元语言国际研究现状与发展趋势——基于 Bibliometrix 的动态可视化分析. 山东外语教学, 2021(42).

[14] 王惠萍. 英语阅读教学中多模态识读能力的培养. 外语界, 2010(5).

[15] 王珊, 刘峻宇. 国际汉语词汇教学中的多模态话语分析. 汉语学习, 2020(6).

[16] 张德禄, 郭恩华. 多模态话语分析的双重视角——社会符号观与概念隐喻观的连接与互补. 外国语(上海外国语大学学报), 2013(36).

艺术性与技术性融合的《中国古诗词》数字资源开发研究*

张俊萍[1] 宋 锐[2]

[1]北京语言大学 汉语学院 100083 [2]沈阳师范大学 文学院 110034
[1]jpzhang0315@126.com [2]songrui1990@126.com

摘 要：在国家标准《国际中文教育中文水平等级标准》的指导下，在"国际中文智慧教学平台"的技术支撑下，我们运用语言资源学、多元智能学习理论的理念与方法，对《中国古诗词》进行立体化、艺术化融合开发，完善其配套数字教学资源，实现技术赋能"国际中文教育"，使《中国古诗词》这一"文化+语音要素"教学更加精准化、个性化、智能化，从而使汉语教学设计与管理决策有数据支撑，更加有理有据，助力国际中文教育的本土化。

关键词：本土化 标准化 数据驱动 个性化学情反馈

Application of Digital Resources for Chinese Ancient Poems with Artistic and Technical Integration

Zhang Junping[1] Song Rui[2]

[1]Chinese College, Beijing Language and Culture University, 100083
[2]School of Literature, Shenyang Normal University, 110034

Abstract: We have developed *Ancient Chinese Poems* in a three-dimensional and artistic integrated fashion, and improved its supporting digital teaching resources. It is guided by the national standard of *Chinese Proficiency Grading Standards for International Chinese Language Education* and technologically supported by "AI Platform for International Chinese Education". Concepts and methods of linguistic resources and multiple intelligence learning are also employed. We achieved technology-enabled "international Chinese education". *Ancient Chinese Poems* is a combination of cultural and phonological elements, and our move makes the teaching of it more accurate, personalized and intelligent. Therefore, teaching design and management decision of Chinese teaching are supported by data and are more justified. It can also help localization of international Chinese education.

Key words: localization; standardization; data-driven; personalized learning behavior feedback

0 引言

意大利教育部 2016 年正式颁布《高中汉语教学大纲》后，汉语言文化教学首次纳入意大利国民教育体系，意大利人学汉语的热潮持续高涨（张俊萍、宋凯，2022），这对国际中

---

* 本成果受国家社科基金重大项目（18ZDA295）、教育部语合中心 2021 年度《国际中文教育中文水平等级标准》教学资源建设重点项目（YHJC21ZD-076）、北京语言大学校级科研项目（中央高校基本科研业务专项资金，21YBG01）、北京语言大学 2022 年国际中文教育教改重点项目（项目编号 GJGZ202203）资助。感谢匿名审稿专家提出宝贵修改意见，不妥之处由作者负责。

文教育在意大利的传播产生了积极影响。意大利汉语教学的快速发展对汉语教材与教学资源建设的需求日益增强。

据"华人头条——意大利"2021 年 3 月 20 日报道，刘春红副教授主编的《行走在艺术中的中国古诗词》（*Cinese Poesie Arte Sesta*，以下简称《中国古诗词》）的出版发行引起意大利社会极大反响与关注。意大利中学教师对该书给予了高度评价，称"该书弥补了意大利中学文化教材的不足"。目前意大利的威尼斯、布雷西亚等城市的高中已将该书作为学习中国古诗的教材。意大利的一线教师反馈他们迫切需要该教材的电子课件、数字化练习、音频、视频等教学与学习资源（李宝贵、庄瑶瑶，2020；李泉，2015）。

本文将从诗、书、音、画艺术性与"数据驱动"技术性、智慧化有机融合的视角分析《中国古诗词》数字资源的设计思想、具体应用与案例分析。

1　《中国古诗词》数字资源开发的必要性与理论基础

目前国际中文教育的整体趋势是：国际化——中国境外中文学习者数量迅速增长；低龄化——中小学中文教学快速发展；职业化——职业中文教学需求兴起；网络化——网络中文教学后来居上（崔永华，2020）。怎样为国际化、低龄化、网络化的汉语学员创造主动学习的环境？在学生进行陌生语言的听说读写训练时，如何让学生以自学为主？如何让学生进行"自主学习"？怎样为学员创造"交互式学习"的环境？如何让学员通过交互、协作、讨论来提高学习语言的兴趣和效率？（宋继华，2022）

《中国古诗词》数字资源是顺应"问题导向、需求驱动"的语言资源建设趋势的一次实践，其设计开发是在语言资源学、多元智能理论的指导下进行的。

语言资源学以语言资源为研究对象，系统研究语言资源的类型、构成、分布、质量特征、使用状况及其与语言研究和社会发展之间的关系。围绕语言智慧教育的目标和特点，对各类语言资源（如教学资源、技术资源和人才资源等）进行系统性的规划、建设、整合、重构、开发至关重要（李宇明，施春宏，颜伟等，2022）。

美国教育学家霍华德·加德纳在《智能的结构》一书中提出了多元智能理论（theory of multiple intelligences），以及语言—言语智能、逻辑—数学智能、视觉—空间智能、身体—动觉智能、音乐智能、人际智能、内省智能、自然观察智能八种智能类型（曾晓洁，2001）。这八种智能的组合方式多样，学生的智能发展各有特色且发展不均衡。根据多元智能的类型，《中国古诗词》数字资源中的课堂活动与其对应的类型至少有以下几种：语言—言语智能对应看图说诗词、看书法猜诗词等；逻辑—数学智能对应基于二维码的古诗词游戏竞赛等；音乐—节奏智能对应诗词的歌曲教学、朗读诗词比赛等；视觉—空间智能对应古诗词的书法、绘画创作等。

2　《中国古诗词》数字资源设计思想一：本土化、艺术化、标准化、规范化

《中国古诗词》数字资源的本土化设计体现在以下三方面：在意大利本土出版的纸质书《中国古诗词》所配书画作品皆为意大利出版人与意大利教师挑选，数字资源建设沿用这些

有自主知识版权的作品，充分体现意大利本土人的审美视角；书中涉及的诗人诗作背景等文化知识的中意双语小视频系列资源，也由中意教师双方合作开发，便于意大利人理解中国古诗词的意境；电子课件中的每一句诗都配了意大利文翻译，便于汉语初学者，尤其便于刚刚学拼音阶段的意大利青少年及低龄中文学习者理解每句诗的意思与意境，如图1汉语朗读音频与每句诗的意大利翻译同时呈现，使"本土化"扎实落地。

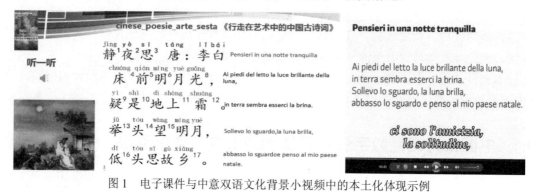

图1　电子课件与中意双语文化背景小视频中的本土化体现示例

《中国古诗词》数字资源的艺术化设计一方面承继了其纸质书的特色，另一方面又优于纸质书。多种艺术形式集成于电子课件之中，创造性地集书法、绘画、音乐与古诗词讲解于一体，多元智能同时调动，以促使学习者沉浸于诗、书、音、画构成的中华艺术氛围之中。《中国古诗词》数字资源中的书法、绘画、音乐等艺术作品，一律使用原创性作品，要求艺术家们在表达每首诗作意境的同时，还必须兼具创作启发性、多样性和多元性，以便于教师在课堂应用时鼓励意大利汉语学习者模仿并进行书法、绘画创作。

艺术之间相融相通，数字资源动态使用这些有自主知识版权的作品，朗读古诗的音频与PPT上的文字配合，用音乐唱古诗，通过中国风的绘画和不同风格的中国书法形式感受古诗词之美，领悟汉语音节之美，文、声、图、像、音乐、书法作品有机融合。数字资源将使平面纸质教材《中国古诗词》更加立体、多维、丰富。图2展示了音乐、绘画、书法等多种艺术形式汇集于电子课件、数字资源艺术化设计的一个片段。

图2　电子课件中多种艺术形式汇集，鼓励学习者模仿进行艺术再创作

为了实现标准化、规范化，《中国古诗词》的电子课件中，融入复习拼音学习成果的音节，并将每首诗中的音节、单字与《国际中文教育中文水平等级标准》（以下简称《等级标准》，中华人民共和国教育部语言文字工作委员会，2021）中的音节表、代表字对标。比如

样例《静夜思》的电子课件中共有 17 个不同的汉字、17 个不同的音节，其在《等级标准》中的等级分布见表 1。

表 1　《静夜思》中 17 个音节、汉字在《等级标准》中的分布表

《等级标准》音节等级	数量	《静夜思》中的 17 个音节与汉字
初等一级音节	9	床、前、月、是、上、头；明（名）、地（弟）、望（忘）
初等二级音节	6	举、低、思、故；乡（相）、疑（宜）
初等三级音节	2	光；霜（双）

从表 1 可见，《静夜思》里 11 个音节及汉字都是《等级标准》初等要求必须掌握的音节与代表字（即表 1 中加粗的 11 个汉字）；括号（）中的字是《等级标准》中该音节的代表字，括号左侧的字是《静夜思》所用字，但其音节是与《等级标准》规定的"初等一、二、三级"对应的音节一致的。类似这样的对标与融合将便于意大利一线教师和学生了解这首诗中哪些音节与代表字是应该重点操练并优先掌握的。

3　数字资源设计思想二：与"数据驱动"技术性智慧化有机融合

《中国古诗词》数字资源除了上述一套电子课件与作家作品中意双语短视频系列外，还包括基于北京语言大学"国际中文智慧教学平台"智能出题模块而开发的体系化的"数据驱动"的系列数字素材（魏晖，施春宏，张俊萍等，2022），这些以二维码或链接地址等形式集聚起来的数字教学素材，既可独立应用，也可融入其他电子课件中结合使用。它们细分为两类：A 类：游戏化的、高度结构化的"智能助练"资源；B 类：聚焦跟读、朗读能力训练的智能助读/助诵学习资源。

Silvia Pizzola（2018）认为应参考目前出版的教材，专门编写一个小册子。基于她的教学经验和学生提出的需求，她认为小册子的内容应包括以下部分：汉字书写练习的标准；用于操练课堂所学的高度结构化的练习；配合每个独立单元的测试；词汇目录等。

发挥北语"国际中文智慧教学平台"智能出题模块的独特作用，我们以智慧化、技术赋能的形式实现了 Silvia Pizzola（2018）所说的这些汉字书写练习。高度结构化的课前、课中、课后练习，配合每个独立单元的测试练习及词汇练习等，它们统称"智能助练"资源，以选择、连线、填空、判断、排序等多种客观题型、多模板来设计，从而操练《中国古诗词》中的单句诗或整首诗（见图 3），例如听音选句（模板 1、模板 2）、连词成句（模板 4、模板 5）、连句成诗（模板 6）、诗书画结合判断（模板 3）等。

这些游戏化的、积木块式的资源组件与素材，不依赖任何语言的翻译，因而极易转化为多语言注释版的教学资源，复用性极强。它们是独立于电子课件、短视频之外的素材，是教师依据教学与学习理论设计好的、有指导的系列"智能助练"资源。

4　《中国古诗词》数字资源教学实践应用分析

这些数字资源在教学一线实践运用的情况如何呢？下文仍以《静夜思》的数字资源为例具体分析。

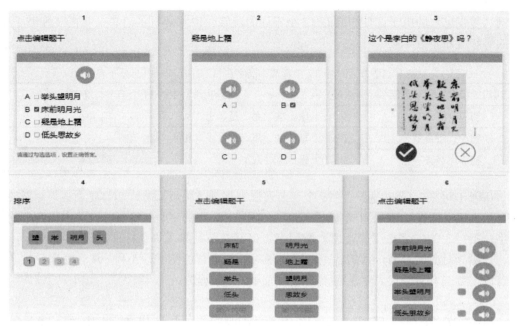

图 3 　《中国古诗词》"智能助练"资源的部分示例 1-6 种模板

其一，"智能助练"资源的实践效果分析如下。

课前预习运用这些成体系的"智能助练"资源时，智慧平台实时自动监测得到学习者使用它们的学习行为数据，实时统计其课前预习的正确率、分数、作答时间等信息。例如图 4，这 5 名学生的平均分为 93.6 分，平均作答时间为 8 分 37 秒，通过率 100%，完成率 10%，这些数据反馈的信息可以帮助老师在课前更好地"备学生"：尚有 45 名学生没做该练习（注：在综合课前会给两个班发放二维码，两个班合计 50 名留学生，其中仅有几名是意大利学生），要提醒学生在课前尽快完成预习；作答的学生中 B、C、D 3 人满分，即 60% 的学生完成质量很高，但他们三人所用时长差距非常大；得分仅 84 分且所用时长最多的是学生 A，老师在课前或课中应给予其更多指导，可鼓励其多练几次，提升速度与完成质量。

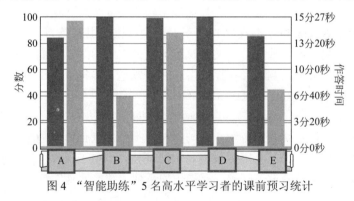

图 4 　"智能助练"5 名高水平学习者的课前预习统计

这些学习行为数据可以促使教师的课中教学更有针对性，这些数据反馈的信息使教学更"智能"，大量的学习数据"驱动"老师的"教"与学生的"学"产生量变与质变。

与新技术深度融合，采用"数据驱动教学"的理念与方法，体现技术赋能，能够使汉语教学更加精准化、智能化。这些数字素材已融入我们开发的电子课件，教师在直播课的课中也可以使用，通过共享屏幕，让全班学生同时做这些练习，师生可以同时看到谁已经完成练习、成绩和速度如何、还有哪些同学是作答状态。通过后台数据可知晓，没开麦也没开摄像头的学生，他们的课堂参与率如何。这是技术赋能的课件的优势所在。

其二，运用"语音合成、语音识别"技术、智能助读/助诵学习资源实践效果分析如下。

聚焦跟读/朗读能力训练的这些数字素材，也可用二维码或链接地址等形式发放，可起到智能助教、助学的支撑辅助作用。技术赋予学生多次跟读、录音的权限；教学空间由"封闭"到"开放"——除了课中跟随老师的课堂节奏使用这些资源之外，学习者课前、课中、课后，甚至随时随地都可以使用它们。

下面是一名意大利学习者的个案分析：该生，女，所在地与北京时差为7小时，虽然已是汉语学院本科四年级（上）的学生，但其语音面貌不理想；她朗读《静夜思》的学情反馈见图5，其中加点的字是她朗读不准确的丢分汉字，其余字是她读得准确的字；这首诗她练了19次，有19条记录，图5中既有她2021年11月23号不太理想的成绩，也有其24号自我提升后的成绩。

题目序号	成绩	示例播放次数	语音识别结果	提交时间
7	88	1	《静夜思》唐李白 床前明月光，疑是地上霜。举头望明月，低头思故乡。	2021-11-23 13:33:23
1	100	1	《静夜思》唐李白	2021-11-24 22:05:48
2	83	1	床前明月光，	2021-11-24 22:06:23
3	100	1	疑是地上霜。	2021-11-24 22:06:43
4	100	1	举头望明月，	2021-11-24 22:07:06
5	100	1	低头思故乡。	2021-11-24 22:07:45
6	84	1	《静夜思》唐李白 床前明月光，疑是地上霜。举头望明月，低头思故乡。	2021-11-24 22:09:11
7	97	1	《静夜思》唐李白 床前明月光，疑是地上霜。举头望明月，低头思故乡。	2021-11-24 22:10:00
7	100	1	《静夜思》唐李白 床前明月光，疑是地上霜。举头望明月，低头思故乡。	2021-11-24 22:29:19

图5 意大利学生《静夜思》的学情反馈截图

多次练习后，她自己已发现其发音难点是"床"，规律为她发"ang"韵母有极大困难，自己多次练习也解决不了。该生主动通过微信与任课教师即笔者本人沟通联系，根据智慧教学平台记录的该生学习行为数据，笔者给予她个性化的正音方法指导：从易到难、从短到长、逐步练习，练习例字选的是《等级标准》里的音节代表字，"房、王、上网、床"等。

可见，"数据驱动"的数字资源实现了个性化反馈指导、学习策略与学习习惯的引导。

5　结语

上述数字资源设计开发实验和一线教学实践体现了教学理念、教学模式的变革与创新。多元智能理论对数字资源建设的启示有：（1）教学内容丰富化。教师在选择教学内容的时候，要充分考虑八种智能在教学内容中的体现，以满足学生的个体差异性。（2）教学活动多样化。青少年和儿童智能倾向的不同使他们习惯的活动也不同，教学设计中的活动要丰富多样，同时兼顾个体差异性，尽可能考虑到所有学生的智能类型。（3）评价方式多维度化。对学生进行教学评价时，由于学生智能发展的不平衡性，应制定多维度的评价标准和多样化的评价手段，避免偏重于某一个或某几个智能领域，尽量避免片面化地评价学生。

世界的未来属于青少年，本实践以意大利青少年中文学习者为适用对象，中意两国一线教师合作开发数字资源，突出本土化特征，使教学资源"接地气"，能弥补目前市场空白。

参考文献

[1] Silvia Pizzola. Materiali Didattici: Riflessioni e Proposte Operative. Alessandre Brezzi, Tiziana Lioi (a cura di), Didattica del Cinese Nella Scuola Secondaria di Secondo Grado. Esperienze e Prospettiv. e. Roma: Sapienza Università Editrice, 2018.
[2] Ufficio d'Istruzione della Regione di Lombardia, Il Sillabodella Lingua Cinese. (2016-09-19). http://www.istruzione.lombardia.gov.it/wp-content/uploads/2016/11/All.-1-Sillabo-Lingua-Cinese-29_09_16.pdf.
[3] 崔永华. 试说汉语国际教育的新局面、新课题. 国际汉语教学究, 2020(4).
[4] 李宝贵, 庄瑶瑶. 海外汉语学习者低龄化现象、成因及应对策略——以意大利汉语学习者为例. 北京教育学院学报, 2019, 33(2).
[5] 李宝贵, 庄瑶瑶. 意大利孔子学院/课堂当地化汉语教材建设研究. 辽宁师范大学学报(社会科学版), 2020, 43(1).
[6] 李泉. 汉语教材的"国别化"问题探讨. 世界汉语教学, 2015, 29(4).
[7] 李宇明, 施春宏, 曹文, 等. "语言资源学理论与学科建设"大家谈. 语言教学与研究, 2022(2).
[8] 宋继华. 聚焦数字资源建设需求，推动数字时代国际中文教育变革. 教育部语合中心资源处培训讲座, 2022年4月26日.
[9] 魏晖, 施春宏, 饶高琦, 等. "国际中文教育工程化问题"大家谈. 语言教学与研究, 2022(1).
[10] 曾晓洁. 多元智能理论的教学新视野. 比较教育研究, 2001(12).
[11] 张俊萍, 宋凯. 中意汉语教学大纲语法项目对比分析. 国际汉语教学研究, 2022(1).
[12] 中华人民共和国教育部国家语言文字工作委员会. 国际中文教育中文水平等级标准(GF0025-0021). 北京: 北京语言大学出版社, 2021.

基于 FutureLearn 学习平台的对外汉语慕课中的互动研究
——以初级汉语会话课程为例

孔傅钰

北京语言大学 国际学生教育政策与评价研究院 100083

fuyukong@foxmail.com

摘　要： 为了探究当前汉语慕课中的互动情况，本文以英国在线平台 FutureLearn 上的初级汉语会话慕课为例进行探究。基于教学交互层次塔理论构建了符合本研究的互动性分析框架，并据此对各维度进行观察。研究结果表明，该门课程覆盖的互动维度总体上较为全面，但在每个教学目标上都有缺失。应针对互动的不足之处，完善平台的互动功能，设计多样的互动活动并激励学生分享学习成果。

关键词： 汉语慕课　互动研究　课程平台

Research on Interaction in Teaching Chinese as a Foreign Language Based on FutureLearn Platform
—Take the Elementary Chinese Conversation Course as an Example

Kong Fuyu

Institute on Educational Policy and Evaluation of International Students, Beijing Language and Culture University, 100083

Abstract: In order to explore the interaction in the current Chinese MOOC, this paper took the elementary Chinese conversation MOOC on the British online platform FutureLearn as an example. Based on the hierarchical tower theory of teaching interaction, this paper constructed an interactive analysis framework in line with this study, and observed each dimension accordingly. The results showed that the interactive dimensions covered by this course were relatively comprehensive on the whole, but there were deficiencies in each teaching goal. In view of the shortcomings of interaction, we should improve the interactive function of the platform, design various interactive activities and stimulate students to share learning results.

Key words: Chinese MOOC; interactive research; course platform

0　引言

随着汉语国际教育的蓬勃发展，全球各地的汉语热持续升温。然而，各国本土汉语教师培养速度落后、师资力量整体不强以及汉语教育发展不平衡等问题也随之显露。在此背景之下，慕课（MOOC, massive open online course）为国际中文教育提供了崭新的机遇及更为广阔的发展空间。

慕课是一种借助现代信息技术和互联网平台的新型教学方式，具有鲜明的社交性、开放性等特征。从本质上来看，慕课是对传统教学的解构与重塑。在传统的以班级为单位的课堂教学中，学生与教师之间随时可以展开面对面的即时互动。然而，慕课这种远程教学方式让这种即时互动不易实现，慕课提供学习资源、教学方式和问题解决途径的独特性必然会促使其形成另一种互动方式。因此，本文将基于英国慕课在线平台 FutureLearn，对该平台上的由上海外国语大学开发拍摄的汉语交际会话课程进行研究，借助教学交互层次塔观察量表重点探讨该慕课中的互动问题，包括教学各环节的人际互动和人机互动，以期提出汉语慕课的互动模式，促进其发展。

1 基于网络的教学互动研究现状

目前，对网络教学互动的研究可以归纳为以下四方面。第一，从交互目标来看，Anderson和 Dron（2011）将远程教育中的教学法分成三种，即认知行为主义教学法、建构主义教学法和联通主义教学法，不同的方法对应的目标适应性也不尽相同。胡勇、殷丙山（2012）从交互的参与者、功能、目的和逻辑顺序等角度，总结了不同的交互分类框架，并据其设计了相关的在线交互互动，同时提出了用于指导不同参与者之间交互的可操作性策略。第二，从交互模型来看，熊少云（2017）从宏观层面提出了网络互动教学模型，一方面是基于教学点网络互动课堂教学模型，另一方面是基于人机交互网络环境混合式学习课堂模型。第三，从实时交互来看，陈丽（2004）认为虽然信息交互有时显得十分活跃，但实际上无法对真正意义上的学习产生较强的作用。李文娟、张静瑶（2015）对认知风格与网络实时互动的关系进行了探究，并提出了实时交互个性化的教学策略。第四，从增强教学互动的方法角度来看，梁红丽（2012）发现远程教育的主题设计和形式单一，从而导致实时交互效果不佳，建议通过交互主题设计、问题设置、氛围创设、过程调控这四个方面来加强实时交互的效果。张志卓（2019）研究了网络课堂中师生的有效互动，指出了三个必须要遵守的原则：问题意义性、情感同质性、行为交互性。

上述研究多从宏观的角度讨论互动的类型、目标、模型、设计等，对某个类型的网络课程如慕课的互动教学关注还较少，如何有效进行互动评价等问题也有待商榷。

2 互动的理论基础

2.1 教学交互层次塔

教学交互是指在学习过程中，以学生对学习内容产生正确意义的建构为目的而形成的学生与学习环境之间的相互交流与相互作用。Laurillard（2001）提出了学习过程的会话模型，陈丽（2004）在此基础之上建立了远程学习的教学交互模型，即教学交互层次塔。该模型由三个层面组成：学生与媒体的操作交互、学生与教学要素的信息交互、学生的旧概念和新概念的概念交互。具体分布见图 1。

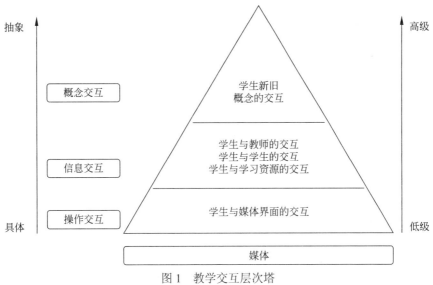

图 1　教学交互层次塔

　　媒体（环境）独立于层次塔的最底部，它是进行交互的载体和基础。按照低级到高级、具体到抽象的特质，模型的三个层面被置于不同的位置。操作交互处在最底层，信息交互处于中间层，包括师生互动、生生互动、学生与学习资源的互动。最顶层为概念交互，具体指的是学生新旧概念的交互。三个层面的交互可能同时产生，但各层面对于学习的意义不同，层级越高越关键，越能实现学习目标。本研究以此为基础设计互动框架，通过对不同维度的互动观察来探索互动情况的优势和不足。

2.2　交往教学论

　　交往教学论（communicative didactic）是以教学生活世界为基础，以师生的互动、共享、共创过程为价值导向，用整体交往观来建构理想的教学交往活动的理论。田汉族（2004）提出，相较于传统教学理论，交往教学论有四个特点。第一，在本体论意义上，它把交往看成是师生的生存方式和发展方式。教学过程就是通过师生、生生互动而不断建构的过程。第二，在认识论意义上，它强调整体交往观，将人置于交往背景中，揭示了学生发展的社会制约性和自主构建性。第三，在价值论意义上，它倡导教育性交往，即教学活动能够发掘学生的潜能，发挥其个性特长。第四，在实践层面上，交往教学论强调创新型交往，教师与学生双方以开放的心态投入到教学中去。总的来说，交往教学论认为，合作探究是交往教学的主要模式。基于该理论，在设计互动时，应当重点关注目标合作、资料合作、角色合作，例如设计小组学习目标、设置资料共享、合作学习等。对慕课来说，"教"与"学"相结合的形式同样适用。因此，在对汉语慕课进行分析时，要尤其注意观察其合作探究模式。

3　分析框架

　　王志军、陈丽、韩丽梅（2016）从学习环境对界面交互的支持、学习环境对信息交互的支持、学习环境对概念交互的支持等三个方面提出了交互性分析框架，本文在参考该框架的基础上，根据教学交互层次塔理论、汉语教学的一般目标以及汉语慕课的网络特征，归纳了教学目标并细化了相对应的维度，从而构建了符合本文研究目的的互动分析框架，详见表1。根据分析框架，记录慕课是否涵盖这些维度以及所对应的交互功能，从而分析该门慕课存在的优点与不足。

表1　汉语慕课互动性分析框架表

教学目标	维度	描述	交互功能
语言记忆	1.学习者控制	自主设置学习内容的呈现方式、阅读或播放进度	字体大小、进度控制、学习速度
	2.学习内容的呈现方式	相同的学习内容以不同的媒体形式呈现，以供学习者自由选择	视频、音频、PPT、文档等的下载、收藏、分享
	3.信息/资源推送	学习者获得跟自己的学习路径、个人兴趣等相关的学习资源的推送，提醒学生参与学习活动等	推送动态、作业、学习活动；推送参考资料、相关网页链接
	4.学习监控	学习环境能够监控和记录学习者的学习情况	进度监控，学习定位，学习提醒
	5.自动反馈	学习者输入搜索关键词，可提供相应的搜索结果；输入问题，可获得自动回答	智能搜索与问答
	6.学习说明	学习者根据学习指导进行有效的自主学习	课程说明，单元模块说明，学习建议，作业说明，考核标准
语言理解与内化	7.笔记功能	学习者能够在学习内容中添加笔记、批注，并以笔记的形式保存	嵌入式批注，学习笔记
	8.资源管理	允许学习者建立个人学习文件夹或档案，以便管理学习过程中的资源	个性化学习档案、文件夹等
	9.情景再现	描述情境，制造氛围，模拟建构情境	文字、图片、视频等模拟再现真实情境
	10.交流支持	支持多种同/异步交流工具和方式	聊天群组、直播、电子邮件、讨论区、留言板
	11.手动反馈	学生提出问题等待教师、助教、同伴解答	答疑、作业反馈、同伴互评
语言应用	12.参与活动	支持学生以个体或小组的形式参与学习活动，完成学习任务	调查、投票、分享、作品发布
	13.协作学习支持	支持分组和小组学习	小组、圈子、讨论组等
	14.练习、作业与测试反馈	学习者完成练习、作业与测试后，可以获得相应的反馈	练习报告、答案解析、作业得分、作业评价、测试报告
	15.自我知识管理	学生对已有的知识和学习过程中的新知识进行归纳、总结和管理	知识管理、订阅、收藏
语言评价	16.学习反思	学习者对自己的学习过程、学习情况进行总结与反思	学习心得、总结与反思
	17.学习评价	学习者通过自我测试、完成作业等评价学习情况	评论、自测题库、考试、作业
	18.资源评价	学习者能对学习资源进行评价	学习资源意见栏
语言创造	19.创造新资源	学习者根据自己的想法在学习过程中生成并创造新的学习资源	个人学习笔记、方法、经验、心得等分享区
	20.表达观点	学习者发表自己的意见、看法和观点	话题式作业、发布作品

4 汉语会话慕课互动分析

2019 年 6 月，由上海外国语大学团队开发拍摄的初级交际汉语系列慕课在英国学习平台 FutureLearn 上线。该系列课程共有三门，分别为语音课、会话课和语法课。这三门课程面向零基础的汉语学习者，旨在为他们提供了解汉语、了解中国的素材和机会，同时体现实用性与交际性，并兼顾知识的体系性。本文选取会话课作为代表进行分析。

首先对这门课的组构模块进行记录，详见表 2。

表 2　会话课组构模块

课程模块	课程介绍、目标要求、课程学习、练习测验、讨论区
视频内容模块	教师间互动（情景导入）、语言点展示、讲解、举例运用、总结
课件组构模块	讲解视频、音频、中英对照文本、文化资料文档、汉字练习视频、测验
互动模块	课后话题讨论、教师答疑区

其主要分成四个模块：课程模块、视频内容模块、课件组构模块、互动模块，每个模块相对固定。课程模块中主要有三部分内容：课程介绍、课程学习、测验与讨论。视频内容模块即具体的上课过程和环节。会话课将每一个大主题切分为两个小话题，并各附一个讲解视频。视频内容一般按照情景导入、语言点展示、讲解、举例运用、总结这几个步骤展开。视频中共出现两位教师或一位教师、一位学生，构建了互动的场景。在课件组构模块中，除了传统的教学视频和测试练习，还配有音频及中英对照讲解文本、文化资料文档及汉字讲解、书写视频，学生可自行观看和下载。互动模块中设置了答疑交流的讨论区，学生可就话题发表看法或提问。该门课程的学生较为活跃，讨论数量较多，内容质量较高，但是互动次数较少。

通过上述观察可以看出，与传统的汉语课堂相比，慕课这种形式提供了更多更丰富的人机互动功能，网络平台的功能得到了最大程度的发挥。在人际互动方面，慕课不再延续传统课堂中师生、生生间的即时互动和反馈，下面将结合互动性分析框架进一步考察该门课程中的互动情况。

按照表 1 所构建的互动分析框架，对会话课进行观察，所得结果如表 3 所示。该门课共覆盖了框架 20 个维度中的 12 个。虽相较传统的线下课程，教学互动形式有所变化，但互动的数量相对有限。

从语言记忆目标的角度来看，会话课覆盖了 6 个维度中的 4 个，数量较多。课程为学习者提供了多种多样的与学习材料进行互动的可能性，同时可以根据自己的学习习惯和速度控制学习进度。然而，在资源推送、自动反馈方面存在明显的缺失。一方面，系统无法根据学习者的学习路径和个人兴趣推送相对应的参考资料；另一方面，系统没有自动反馈功能，开发者事先未曾对学生可能出现的共性问题进行预设并据此设置自动回答，也没有数据库的支持，如汉语教学资料数据库、常见问题数据库等。

从语言理解与内化的角度来看，会话课涵盖了 5 个维度中的 3 个。不管是传统的初级汉语课堂还是慕课，都十分注重情境教学，要求教师把语言知识放在真实的情境中进行教学。在每一个主题视频中教师都注重构造实际的会话场景，用表演、道具等形式让学生产生真实的代入感，从而更好地与情景进行互动。交流支持的维度主要体现在具有开放性的

表3　汉语会话慕课互动观察结果表

教学目标	维度	交互功能	教学互动形式
语言记忆	1	进度条可控，可变速	1.授课教师间互动； 2.教师留下话题供学生发言讨论； 3.多媒体呈现测试问题和答案； 4.师生在讨论区进行互动
	2	视频、音频、文档等可供下载	
	4	新话题开启时进行学习进度提醒	
	6	可查看课程说明、学习要求	
语言理解与内化	9	模拟现实场景	
	10	随时开放的讨论区和留言板	
	11	留言之后得到回复	
语言应用	12	可发布自己的音频作品	
	14	获得测验的即时反馈	
语言评价	17	进行自我评估	
	18	提出对课程建设的建议	
语言创造	19	在留言区分享自己的学习经验	

留言板。不同主题下学生的留言数量有差异，总体较多，且都为与课程相关的内容，不存在无效讨论。然而，个别教学主题下，尤其是课程后期，学生的留言较少。究其原因，一方面是慕课长期存在的缺陷，即后期学习成员的退出和懈怠所造成的，另一方面是由于网络之下人际关系的疏离。FutureLearn学习平台尚未社区化，学习者很难建立起合作学习小组，不利于营造互动氛围。值得注意的是，该课程的留言板功能属于异步互动，这从某种程度上解决了学习者时间与地域跨度的问题，但也造成了实时反馈的缺失，影响了学生的学习效果。因此同步互动也必不可少，如直播、聊天群组等。学生在留言之后可以得到助教的反馈，但由于留言的数量较多，助教只能选择性解答。此外，学生不能添加笔记、建立个性化的学习档案，无法在该平台上实现与资料的互动。一方面是平台功能的欠缺，另一方面是学习者更倾向于手写笔记，或依托平台之外的移动App进行知识点的归纳。

从语言应用与评估的角度来看，学习者除了发布作业外，无法获得更多的语言应用机会。上文对非社区化的平台进行了分析，发现协作学习很难实现。内嵌的测试为自动化评分，学生立即得到答案反馈，然而没有匹配试题的讲解，无法知晓错题原因。课程结束后学生只能进行自我评估，测试题均为客观题，未能全面地衡量学习者的语言水平，该课程也没有与汉语等级直接挂钩。此外，该慕课在学习反思方面的互动功能比较欠缺。课程评价标准未将学习心得纳入其中，也没有单独的板块可供学生反思。在完成所有课程的学习之后，学生可以对课程提出自己的意见与建议，然后进行评分，但目前参与的人数较少。

从语言创造的角度来看，会话课覆盖了两个维度中的一个。语言创造本就是语言学习目标中最高级的指标，实现难度相对较大。平台没有单独的板块让学生分享自己的学习方法和学完课程之后总结的经验。有不少学生会在留言板中主动进行相关的分享，但是仅限于有限的文字形式，无法上传文档、图片等。另外，学生很难产生更高级的自我想法，如利用教学内容创作出属于自己的东西。目前来看，学习者语言创造的能力未能很好地体现。

通过上述分析可以发现目前汉语慕课互动中存在以下问题。第一，每一个目标类别中都存在着部分互动维度缺失的情况，缺失的原因不尽相同。首先是平台技术的缺失，如资源推送、管理功能、内嵌式笔记等，这需要大数据和智能搜索等现代化技术的支持。其次，课程开发者在课程设计方面考虑不周全，如自动反馈、布置多样活动等，需要教师将这些功能纳入课程需求中去。最后，选课学生自身的动机不强，学习策略不高效。第二，随着目标等级的高级化，互动的理想化却在减弱。目标等级越高，对学习者输出的要求也越高。低层次目标中部分指标的缺失使得学习者无法获得足够的语言输入、应用以及进行有效的构建。目前慕课的主体是预录的教学视频，与传统的线下课程和直播课程相比，具有一定的延时性，由此教学者需要设计丰富的活动来引导学习者输出。然而，汉语慕课缺乏开放式的任务和主观题，学习者没有明确的语言输出方向和机会。

5　建议

综合上述分析，本文针对平台、教学者、学习者这三个方面提出了增强慕课教学互动的建议。

对 FutureLearn 平台来说，当前缺失的互动功能主要是自动反馈、资源推送、分组功能、实时互动等。以自动反馈为例，该功能的实现需要平台提供相应的技术，关于课程问题的预设性问题及自动解答则需要开发者根据教学内容进行设置，尤其应准备学习者可能遇到的共性问题。例如，虽然教师已经对"两"和"二"的异同进行了解释，但从留言中看，学生仍普遍存疑，在这种情况下不妨对该问题设置自动反馈，这样的互动更为便捷。

对教学者来说，应主动熟悉并要求平台添加相关的互动功能，并利用该功能帮助学习者达成学习目标。除了设计多样化的教学活动和学习任务，还应该注重互动氛围的创设和互动形式的设计。第一，教师应开设小组项目以保证学习者的活跃度。第二，定期直播课程，和学生进行即时的互动。第三，在每个话题之下补充互动话题供学生交流。

对学习者来说，虽然在线学习平台和慕课为其提供了客观条件，但最重要的是要发挥自身的主观能动性。在留言区，学习者应积极表达观点和意见，同时可以对其他学习者的问题进行回答，分享自己的学习成果以获得反馈和交流。

6　结语

本文以英国在线学习平台 FutureLearn 为依托，对其汉语会话慕课的互动进行了观察。该平台和课程的互动模块比较完整，留言区互动功能发挥较好，学生参与互动的意愿相对较强。不足之处表现为平台缺少部分互动功能，教学过程中的互动方式较为单一，没有形成小组学习等。因此，平台应进一步完善互动功能，教学者需设计更多的教学互动，学习者应积极分享自己的学习成果以达到最高等级的教学目标。

参考文献

[1]　Anderson, T., & Dron, J. Three Generations of Distance Education Pedagogy. *International Review of Research in Open and Distributed Learning*, 2011(3).

[2]　Laurillard, D. *Rethinking University Teaching: A Conversational Framework for the Effective Use of Learning Technologies*. London; New York: Routledge, 2001.

[3]　陈丽. 远程学习的教学交互模型和教学交互层次塔. 中国远程教育, 2004(5).

[4]　胡勇, 殷丙山. 远程教育中的交互分类研究综述. 远程教育杂志, 2012(6).

[5]　李文娟, 张静瑶. 认知风格视阈下远程教育实时交互个性化教学设计. 邢台学院学报, 2015(3).

[6]　梁红丽. 网上实时交互教学引导学生探究式学习方法探索. 成人教育, 2012(12).

[7]　田汉族. 交往教学论的特征及理论价值. 教育研究, 2004(2).

[8]　王志军, 陈丽, 韩世梅. 远程学习中学习环境的交互性分析框架研究. 中国远程教育, 2016(12).

[9]　熊少云. 基于网络课堂互动教学模型的探究. 福建广播电视大学学报, 2017(2).

[10]　张志卓. 网络同步课堂中师生有效互动的探究. 基础教育研究, 2019(5).

基于 MR 混合现实技术的沉浸交互式汉语口语教学初探

马 宁

河南理工大学 文法学院　454000
maningjiayoua@163.com

摘　要：科技迭代发展，教育现代化背景下技术与语言教学的融合对于学习效果的达成具有重大意义。汉语作为第二语言学习中的口语教学与训练项目往往因课时、课型、教材、时空、学习者个体差异等因素的限制无法连续开展，但结合现代技术创设沉浸交互式汉语口语学习场景可有效解决此问题。文章基于 MR 混合现实技术，探究其实现即时即地交互的原理，创设沉浸式学习环境，超越时、地、人等条件的桎梏，对汉语作为二语学习者的口语能力的提升具有具身性、跨时空性与趣味性等明显优势。

关键词：MR 混合现实技术　沉浸交互　汉语口语教学

The Study on Immersive and Interactive Oral Chinese Teaching Based on MR Technology

Ma Ning

School of Liberal Arts and Law, Henan Polytechnic University, 454000

Abstract: The overall integration of technology and language teaching in the context of technological changes and educational modernization is of great significance for achieving favorable learning results. Oral Chinese teaching and training programs in Chinese as a second language are often unable to proceed continuously due to such factor limitations as class hours, class types, textbooks, time and space constraints, and individual differences of learners with various levels. The creation of immersive and interactive oral Chinese learning scenarios can effectively solve such problems. Based on MR (Mixed Reality) technology, this thesis explores the principles of interactive teaching that are not restricted by time and space. By utilizing such technology, we can create an immersive learning environment, and surpass the constraints of time, place, people and so on. It has a bright development prospect for oral language ability enhancement of speaking Chinese as a second language, such as embodiment, crossing time and space, reiteration, etc.

Key words: mixed reality technology; immersive interaction; oral Chinese teaching

0　引言

克拉申（Krashen，1985）所提出的"输入假说"强调了语言输入在二语习得中的作用与机制，明确指出语言输入是语言习得的前提与基础。Swain（1985）提出的"输出假说"

则强调了学习者"可理解输出"的重要效能，通过可理解输出，学习者的语法能力可以得到有意识的发展与促进。不过，对比来看，两种理念的实践效果却存在明显不同。长期以来，"重输入，轻输出"的现象在第二语言学习中普遍存在，教师在语言教学中重视对学习者输入能力的培养而忽视其输出能力的训练。汉语作为第二语言教学亦是如此。尽管语言输入材料的积淀是提高二语学习者语言水平的根基与先决条件，但是必要的输出课程与训练对二语口语表达能力的提高亦举足轻重。汉语作为第二语言教学（teaching Chinese as a second language，TCSL）中，如何培养学生的口语输出能力一直都是学界关注与研究的热点，但这些研究多以传统教学课堂为视角，对口语教学与训练的时间、场所、对象等均有不同程度的条件性要求。随着电脑的普及以及学习者对于中国本土中文教师的需求，在线教学如火如荼地开展起来。近些年由于受突发公共卫生事件、复杂国际局势、部分国家政策调整等诸多动态因素的影响，线上教学已然成为 TCSL 的前沿阵地，更多学者将视野转向如何利用人机交互（human-computer interaction，HCI）去实现学习者语言能力的提高。

贾天理、贾可（2022）指出，大数据技术的广泛应用，跨时空教育的日益普及，学习资源的共享与开放，使得传统教育模式转向泛在学习为主的"时时可学、处处能学、人人皆学"模式。学习汉语的新途径、新理念也在不断被提出与实践。国际中文教师运用计算机辅助教学（computer-aided instruction，CAI）的方法，融合图片与音视频等内容进行语言教学早已屡见不鲜。"互联网+"背景下的新时代学习者，也正在利用现代技术与学习内容结合的非纸质新载体进行学习。一方面，他们利用现代技术与学习内容融合的 App，满足他们的多种需求，如学习者可以利用"Fun with Chinese Characters"（汉字趣话）学习汉字的形态和发展，使用"Hello Daily"（初级生活汉语）学习一些基本的交际用语，运用"HSK Study"（汉语水平考试备考）学习汉语水平等级考试的相关知识点并进行模拟测试等，而这些种类繁多的 App 也确实给学习者带来了便捷性与时效性，一旦得空，他们便可以拿出手机，登录相关 App，浏览内容并使用其功能，且不受场景限制；另一方面，5G 技术、CG 计算机动画技术、全息投影技术的推广与使用，大数据、云计算、VR 与 AR 等先进技术与教育领域的融合均为学习者拓展了更为多元的学习形式与载体，各种沉浸学习方式被研发，如《皮皮识字》沉浸式电子教材将汉字的学习与 AR 增强现实技术相结合，运用多媒体、三维建模、智能交互等技术手段，将教材中的无声文字、图像，结合音视频等虚拟信息模拟仿真后，实现了技术与教材的融合、知识与科技的交融。

MR 混合现实技术与人工智能（AI）等随着 5G 网络和通信技术的高速发展，正在被广泛用于各行各业，其与教育教学的融合是人们探索与应用的新高地。茅洁（2017）认为，将 MR 混合现实技术应用于教育教学之中被视为比 VR、AR 技术更超强实现虚拟世界的前沿技术，其本质是基于下一代流量平台和移动终端设备。VR、AR 与 MR 技术的互相助推发展必定会对虚拟技术在各个领域的应用产生影响，且未来的应用媒介不拘泥于依托虚拟眼镜+虚拟环境，更多的应用模式与产品创新将会出现。

1 MR 混合现实技术概述、其与 VR、AR 的关系及特点

1.1 MR 混合现实技术的内涵

MR 是 mixed reality 的简称，即混合现实，也称 hybrid reality。该技术通过在现实生活

环境中将虚拟场景信息引入，在现实生活、利用技术建构的虚拟世界与用户三者之间创建一个交互信息回路。孔玺等（2019）指出，为清晰阐释混合现实的内涵，米尔格拉姆引入了"虚拟现实连续统一体"的概念对其定义进行更加系统的说明，如图 1 所示。

图 1　虚拟现实连续统一体

连续统一体的左侧是由真实对象与元素组成的真实环境，右侧是由虚拟物体及元素组成的可视化虚拟环境（不存在任何真实物体及元素）。在真实环境与虚拟环境间的连续空间即为 MR 混合现实环境。在 MR 混合现实中，虚拟与真实有机融合，使得学习者难以区分真实与虚拟场景之间的差异，给用户带来虚实难分的可视化体验。

1.2　MR 混合现实技术与 VR、AR 技术的关系

VR（virtual reality）虚拟现实技术是借助 VR 设备模拟出一个三维虚拟空间，为用户提供多种感觉的模拟体验，如视觉、听觉、动觉等。穿戴上 VR 设备以后的用户可以体验虚拟世界，但是由于眼睛局限于设备之中，用户无法看到周围真实的环境。相较而言，AR（augmented reality）增强现实技术是 VR 技术的延展。该技术的运用，能够将由计算机生成的各类虚拟信息进行叠加，置于真实场景之中，还可以实现与人的交互体验，增强用户对于现实世界的感受。邓志东、余士良（2006）认为，AR 技术通过软硬件人机交互通道，从人的多种感觉方面建立起一套感官刺激，如视觉、听觉、动觉、触觉、味觉、嗅觉等；与现实世界感官的融合，延伸出现实世界中新的交互环境。因此，AR 相比较 VR 而言，技术上实现了升级，体验感也更强。而 MR 则是 VR 与 AR 的升级。AR 只是将虚拟世界与现实世界组合在一起，用户穿戴好设备后能够清晰分辨出孰真孰假，虚拟物体一眼即可识别。但是 MR 技术可以将虚拟世界与真实世界组合成虚拟现实无缝融合的世界，用户难以区分虚拟与现实，真正实现虚拟与现实的完全交融。

MR 与 AR、VR 技术的关系如图 2 所示。MR 混合现实技术是 AR 与 VR 技术的融合，是包含与被包含的关系。杨馨宇、黄斌（2020）指出，MR 技术集成了 VR 与 AR 技术的最佳特征，能产生实时互动的环境。MR 利用空间扫描定位功能，可以将真实与虚拟环境相结合共同构成一个新的三维空间。

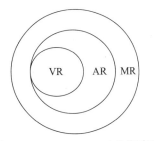

图 2　VR、AR、MR 三者关系图

1.3　MR 混合现实技术的特点

孔玺等（2019）指出，MR 混合现实技术的特征主要体现在三方面：（1）虚拟与现实结合。指的是其既可以通过显示设备将虚拟物体添加到现实世界，也可以将真实物体添加到虚拟世界。（2）实时交互。指的是用户可以通过感觉与混合现实环境发生联系，形成多种身临其境的感知，如视觉、触觉或知觉，并提供智能的交互与反馈。（3）三维注册。该特

征指的是虚拟空间与现实空间之间形成三维方位的映射关系，以便感知用户方位和身体姿态的变化并实时呈现合适的观察画面，为用户提供最真实的沉浸体验。

2　MR 混合现实技术在汉语口语教学中的应用模式

将 MR 混合现实技术应用到汉语口语教学中，开发者可以根据不同学习者的个性化要求开发相关全息教学内容，让他们在沉浸交互式体验中进行口语的学习与练习。在创设 MR 技术的学习环境时，主要有两种模式，如图 3 所示：

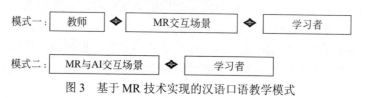

图 3　基于 MR 技术实现的汉语口语教学模式

第一种教学模式由教师与学习者作为主体共同参与，利用 MR 混合现实技术创设的交互场景，在教师的指导下进行口语内容的学习与相关项目的训练。该模式情景下，教师与学生既可以身处同一空间，也可以身处不同空间，但是均可以实现教师、学生与 MR 技术创设的虚拟现实场景的全方位交互体验，且均具有高度可视化真实感。该模式基于传统课堂教学但又优越于传统课堂教学。教师直接参与可以灵活地适时调整教学内容与训练项目，对学习者的汉语口语学习与训练进行更为科学且更具时效的指导。

第二种教学模式不再需要教师作为主体参与其中，学习者个人即可完成口语学习与训练项目。在此过程中，学习者只需借助 MR 设备便可以在依托技术而创设的三维交互空间中和 AI 进行汉语口语内容的学习与训练。该场景对 AI 的交互要求较高，需借助大数据和语料库进行"AI 智能语料库"建设。学习者与 AI 的交互亦可以按两种情况创设：第一种是借助计算机创造出多种"虚拟人物"形象，学习者可以自主选择自己喜欢的"虚拟人物"，也可以按己所需创设学习者自己喜欢的人物形象；第二种是结合智能语音互联，学习者置身学习三维空间，在高度真实的环境中与 AI 语音进行口语交际训练。目前 AI 语音交互已在多平台实现，如智能音响、智能电视、智慧屏等。但是相较于普通的 AI 语音交互，基于 MR 技术的汉语口语学习场景对 AI 语音交互语料库及智能反馈系统要求更高。就目前技术而言，相较于教师的指导，人工智能交互系统存在延迟、机械化、交互语料库不完善等问题，有时可能无法科学指导学习者的口语学习与训练。

3　MR 混合现实技术场景下汉语口语教学的优势

3.1　构建高仿真可视化学习环境，为学习者提供情景具身体验

汉语口语水平的提高不仅源于学习者的自主学习能力，也与真实的交际环境息息相关。与书面语学习不同，口语的学与练对于场景要求较高，真实化场景下的口语教学更能提高学习者的口语表达能力。仅仅依靠教材的学习内容，无法有效实现口语水平的提升。学习者需要在一定的真实场景下进行口语项目训练，才能在现实交际中游刃有余。

MR 混合现实技术创设的三维空间，使得虚拟对象与现实对象完美融合，为学习者创设了高度可视化仿真学习环境。当学习者置身其中时有身临其境之感，为学习者提供了最真实的具身沉浸式学习体验。杨子舟等（2017）指出，情境具身是通过各种情景的再现或在场观察生成所学，为学习者创造一个增强了的表征系统。在这样的情境空间之中，学习者不再远离现实，而是通过表征的化身进行学习。而基于 MR 混合现实技术高仿真学习环境的创设，使学生在学习时可以灵活进入各种学习场景，不受制于教学地点的束缚。吴应辉、刘丹丹（2020）认为，汉语沉浸式作为特点突出、优点显著的教学模式之一，在美国中小学汉语教学中取得了明显的成效，被认为是成功的、可复制的汉语教学模式。也就是说，汉语沉浸式教学是值得推广的。基于 MR 混合现实技术创设的教学场景可以为学习者创设沉浸交互式学习体验。师生可借助配套设备进入模拟场景，学习口语交际知识，实现交际能力的提升。该场景下学习者可以感受现实世界与虚拟世界的深度互动体验，极大增强学习者的沉浸感与代入感。

3.2　提供可交互的跨时空学习方式，为学习者创造即时即地的交互

传统的可实现师生互动的汉语线下课堂与在线教学课堂，均要求教师与学生必须在同一时间，而慕课（Moocs）等其他教学形式，虽然对学习时间并无太多要求，但是学习者在学习时只能进行单向的观看学习，无法实现点对点即时交互。传统的讲授式教学由于缺乏高效互动，学习者往往容易产生倦怠感，进而影响学习效果。口语学习的本质就是互动，口语教学对互动的要求更高，是口语表达能力得以提升的关键所在。李泉（1996）提出"课堂教学的时效意识"，即语言教学时的时间与效率问题。口语能力的提高必须要有相互交互的主体，没有交互的主体，只是单向的输出无法达到提高口语表达时效的目的。书面语能力的提高尚且需要多方交互，口语水平的渐进更是如此。在现代技术发展的背景下，我们要利用先进技术创设可以交互的场景，致力于二语学习者汉语口语能力的提高。而 MR 混合现实技术与汉语口语教学的融合，一方面可以把原本不在同一个时空的物体与对象交织在同一个空间，为学习者提供跨越时空的学习方式，将学习的边界延展、扩大；另一方面，学习者可根据自身需求选择个性化服务，只要想学习，只要有时间学习，便可以打开设备进行即时即地交互学习，学习者可以不受时空限制，在任何有互联网的地方按照自己的意愿进行汉语口语学习与训练。

开发者在研发交互系统时可以分层分项设计，为各类学习者设计不同水平的口语交互学练系统（如表 1 与表 2 所示），学习者可以选择针对自己口语水平或感兴趣的交互系统。为保证交互系统语料库的科学性，在建立针对不同口语水平学习者的 AI 智能语料库时可将汉语学习的多种经典教材如《发展汉语》以及其他语言交际类优质资源融入口语教学语料库中。

表 1　不同水平口语交互系统设想一

水平设计	场景设计	结合教材
初级汉语口语	问候；问路；天气等	《发展汉语》初级等
中级汉语口语	参观景点；商务会议等	《发展汉语》中级等
高级汉语口语	学术演讲等	《发展汉语》高级等

表 2   不同水平口语交互系统设想二

水平设计	场景设计	结合资源
生活交际类	日常交际场景	《快乐汉语》节目等
商务洽谈类	各类商务会议场景	各类专业洽谈语料库
学术研讨类	多种学术探讨场景	学术交流语料库
媒体娱乐类	娱乐交互场景	微博、媒体等语料库

3.3   创设趣味化学习内容，让学习者寓乐于学

汉语作为第二语言学习者在学习时所使用的教材有《快乐汉语》系列、《标准汉语》系列、《发展汉语》系列以及其他各类汉语学习教材。其中《发展汉语》一类的系列教材又将种类进行细化，设置了综合教程、阅读教程、听力教程、口语教程等。现阶段无论是线下课堂学习还是线上学习，老师们主要利用这些教材进行讲授与练习。但是面对水平各异、需求不同的学习者，这些纸质教材普遍存在内容陈旧、跟不上时代、无法提供个性化学习等问题。谭祎哲（2021）指出，由于纸质教材的学习模式相对枯燥，致使学生普遍缺乏长久的学习兴趣。但是这不代表可以忽视对教材的挖掘。教师可以把教材当作主要参考工具和知识教学依据，在网络搜索相关音频和视频制作教学课件来拓展学习空间，增加教学互动。

MR 混合现实技术创设出的学习场景，相较于传统线下教学与线上教学模式，为学习者提供了立体式的交互学习体验。教师与学生在这种可视化环境中有身临其境之感，充分调动了学生的感觉与知觉体验，提高了口语学习的趣味性。这种数字化教学打破了单向、枯燥的信息传递模式，把教学内容生动立体地呈现给学生，使学生在学习中感受乐趣，在欢乐的氛围中进行学习。

4   结语

科技与语言教学的融合是当代教育教学发展的客观要求。科技不仅改变着人们的日常生活，更改变着与人们息息相通的教育事业。如何利用好 5G 等先进技术并使其科学有效地提高汉语口语教学，对于汉语的推广与传播意义重大。基于 MR 混合现实技术创设的沉浸交互式汉语口语学习场景，不是 VR 与 AR 技术的简单组合，而是致力于汉语口语水平提高的深度交互体验。其体验感、真实感与时效性远超 VR 与 AR 技术，在汉语口语教学中有着明朗的发展前景，对汉语作为二语学习者的口语能力的提升具有具身性、跨时空性与趣味性等明显优势，同时也为汉语口语教学方式的变革带来了新的契机。但是需要注意的是，在将 MR 技术与汉语口语教学进行广度与深度的融合时，绝不能只注重技术而忽视内容。技术是有效的辅助手段，内容才是真正的核心要义。在有教师作为主体之一参与的 MR 混合现实技术教学场景中，教师要提高学生主体的参与程度；在没有教师作为主体之一参与的 MR 混合现实技术 AI 智能课堂中，切不可忽视 AI 智能语料库内容的建设，毕竟语言交际能力的提高，起关键性作用的还是交际内容互动的有效度与适宜度。

参考文献

[1] Dong Hwa Choi, Amber Dailey-Hebert, Judi Simmons Estes. *Current and Prospective Applications of Virtual Reality in Higher Education.* Pennsylvania: IGI Global, 2020.

[2] Fiore A, Mainetti L, Vergallo R. An Innovative Educational Format Based on a Mixed Reality Environment: A Case Study and Benefit Evaluation. Guanglu Sun, Jianhou Gan, Shuai Liu, et al. *Elearning, E-education, and Online Training.* Berlin: Springer International Publishing, 2014.

[3] Hideyuki, Tamura. Mixed Reality: Merging Real and Virtual Worlds. *Journal of the Robotics Society of Japan*, 1998(6).

[4] Hughes, Charles E, Stapleton, et al. Mixed Reality in Education, Entertainment, and Training. *IEEE Computer Graphics & Applications*, 2005(6).

[5] Stephen D. Krashen. *The Input Hypothesis: Issues and Implications.* London: Longman House, 1985.

[6] Swain, M. *Communicative Competence: Some Roles of Comprehensible Input and Comprehensible Output in Its Development.* London: Newbury House, 1985.

[7] Zhigeng Pan, Adrian David Cheok, Hongwei Yang, et al. Virtual Reality and Mixed Reality for Virtual Learning Environments. *Computers & Graphics*, 2006(1).

[8] 邓志东, 余士良, 张杨, 等. 通用虚拟现实软件开发平台的研究及其应用. 系统仿真学报, 2006(12).

[9] 辜岩巍. 输出假设理论：高校英语阅读教学模式优化的再探讨. 中国成人教育, 2009(14).

[10] 顾君忠. VR、AR 和 MR——挑战与机遇. 计算机应用与软件, 2018(3).

[11] 贾天理, 贾可. 大数据视域下继续教育"多重交互"教学体系构建研究. 绵阳师范学院学报, 2022(2).

[12] 孔玺, 孟祥增, 徐振国, 等. 混合现实技术及其教育应用现状与展望. 现代远距离教育, 2019(3).

[13] 李加, 张欣. 混合现实技术在护理教学中的应用及展望. 护理学杂志, 2021(20).

[14] 李泉. 对外汉语课堂教学的理论思考. 中国人民大学学报, 1996(5).

[15] 茅洁. 基于 VR、AR、MR 技术融合的大学体育教学应用研究. 武汉体育学院学报, 2017(9).

[16] 谭祎哲. 基于 VR/AR 的高校英语教材数字化建设探索. 出版广角, 2021(16).

[17] 吴应辉, 刘丹丹. 美国中小学汉语沉浸式教学面临的问题与解决方案. 民族教育研究, 2020(6).

[18] 吴中伟. 汉语作为第二语言教学——汉语技能教学. 北京：外语教学与研究出版社, 2014.

[19] 杨馨宇, 黄斌. 混合现实 (MR) 在教育教学中的应用与展望. 中国成人教育, 2020(13).

[20] 杨子舟, 史雪琳, 荀关玉. 从无身走向有身：具身学习探析. 教育理论与实践, 2017(5).

可视化工具辅助下的对外汉语词汇教学
——以思维导图为例

刘荣艳

澳门科技大学 国际学院　999078
1324758404@qq.com

摘　要：可视化是指借助计算机媒介，将某一现象或过程以便于视觉感知的形式表现出来，强调视觉表征在信息处理中的作用。本文介绍了常见的可视化工具——思维导图，梳理其在对外汉语教学中的应用；并以思维导图为例，探究在可视化工具辅助下，对外汉语词汇教学的具体实施方案，从课文生词可视化、语素意识可视化、正字法意识可视化、词义类聚可视化四个角度展示了可视化词汇教学的操作方法，旨在利用化抽象为具体的思维导图凸显词与词之间的联系，构建"词汇集合"，丰富联结式词汇教学的内容。

关键词：可视化　对外汉语　词汇教学　思维导图

Vocabulary Teaching in TCSL Assisted by Visual Tools
—Take Mind Map as an Example

Liu Rongyan

International College, Macao University of Science and Technology, 999078

Abstract: Visualization refers to the use of computer media to express a certain phenomenon or process in the form of visual perception, emphasizing the role of visual representation in information processing. This paper introduces mind map, a common visual tool, and sorts out its application in teaching Chinese as a second language. With the help of visualization tools, the concrete implementation scheme of Chinese vocabulary teaching is explored by taking the mind map as an example. The operating methods of Chinese vocabulary teaching are demonstrated from four perspectives: text new words visualization, morpheme awareness visualization, orthographic awareness visualization and semantic clustering visualization. This paper aims to use mind map to emphasize the connection between the words, and construct the "vocabulary net" to enrich the content of associative vocabulary teaching.

Key words: visualization; TCSL; vocabulary teaching; mind map

0 引言

索绪尔曾说过："语言是'词的语言'"，词是"语言的机构中某种中心的东西"，词汇作为语言系统的构成要素之一，在体现语言的交际功能、承载文化和信息方面，具有突出的重要性（杨万兵，2004）。词汇教学在汉语作为第二语言学习中也发挥着举足轻重的作用，陆俭明（1998）曾指出，"一个外国学生要学好汉语重要的是要掌握大量的词汇，要有足够的词汇量，因此词汇教学应该是个重点"。但反观当下的对外汉语课堂词汇教学，教与学大都缺乏对词语之间内在多维关系的把握，学生词汇学习存在数量难以迅速扩充、学习效率低下等问题（李润生，2017）。

汉语词汇系统不是由一个个零散无序的词组成的，词与词之间存在着各种各样的联系，如果在词汇教学过程中，教师能有意识地帮助学生梳理、构建这种词汇间的联系，那么词汇学习就能变得生动高效。于是前人提出了"集合式词汇教学"、"网络化词汇教学"、"有度放射"策略和"概念地图"策略等强调词汇学习联结性的教学方法及策略（胡鸿、褚佩如，1999；杨万兵，2004；焉德才，2006；郭睿，2010），在某种程度上弥补了传统"零散式"词汇学习的不足。但这些研究大都宏观抽象，没有落实到具体的课堂教学操作层面，也没有充分发挥信息技术在辅助"联结式"汉语词汇教学中的作用。

视觉通道是人们接受信息的主要通道，实验心理学家 Treicher 通过大量实证研究证明：人类通过视觉获得的信息占据总量的 83%（王朝云、刘玉龙，2007）。考虑到视觉表征在信息获取中的重要地位以及当下可视化资源和工具在教学中的普遍使用，本文将以思维导图为例，从课文生词可视化、语素意识可视化、正字法意识可视化、词义类聚可视化四个角度讨论可视化工具辅助下的汉语词汇教学的具体实施方案及其优势。

1 思维导图及其辅助词汇教学的理论基础

1.1 思维导图的概念

思维导图（mind map）又称脑图或心智图，是由英国心理学家 Tony Buzan 于 20 世纪 70 年代创造的用来做笔记的新型方法。它是一种用来直观地组织信息的图表，是表达人类发散性思维的可视化图形工具。Budd（2004）指出："思维导图是一个大纲，其中主要类别从中心图像向外辐射较小的类别。"即思维导图具备层级性，其外形基本呈现放射状，以中心概念为起点，依照由近到远的联系不断向外进行概念辐射。它通常是围绕着一个单一的主题创建的，中心主题和子主题之间用线连接，层次分明地显示出各主题之间的关系。思维导图主要包括主题、分支、关键词、颜色和图像五个部分，如图 1 所示。

思维导图按照各主题间的关系，可以分为层级型图（hierarchical）、概念型图（conceptual）、顺序型图（sequential）和循环型图（cyclical）（冯冬梅，2017）。在对外汉语词汇教学中，教师可以根据不同的教学目的和词汇间的不同联系灵活采用不同类型的思维导图，且各类思维导图之间不是相互割裂的，教师在必要时还可采用融合形式，将上述形式进行有机结合，比如从词源角度辨析汉语近义词时，可采用"概念+顺序型"思维导图。

1.2 思维导图辅助词汇教学的理论基础

1.2.1 心理词典理论

心理词典理论认为在人的大脑中有一部"词典"，它是语言使用者所拥有的关于单词的词形、词义、搭配、文化内涵等多方面内容的知识总库。心理词典中的词不是零散存储的，

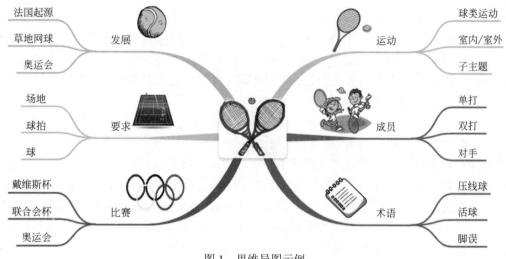

图 1　思维导图示例

单词节点与节点之间存在形态、语音、词义等方面的各种关联，词与词串联成一个巨大的"词网"。典型的心理词典语义提取模型有层次提取模型（hierarchical network model）和扩展激活模型（spreading activation model）。Huth 等（2016）通过实验进一步论证了语义信息在脑区是呈簇群分布的，即语义联系密切的词汇倾向于就近存储、提取。该研究还绘制了近一千个英文词汇在大脑皮层上的具体分布区域，是心理词典理论的有力证明。

心理词典理论强调词与词之间的联结特征，而思维导图可以将这种虚拟、抽象的联系用关系图这一可视化形式表现出来。心理词典层级式、放射式、网络式的提取模型也恰好对应了思维导图的各种绘制形态，可以说思维导图是心理词典的具象性表征。

1.2.2　建构主义理论

建构主义理论认为学习是目标内容与学习者自身已有的知识、经验间的积极建构过程，认知图式则在这一过程中发挥着重要作用。认知图式是指个体对世界的认知理解和思考的方式，也是个体心理活动的框架和组织结构。汉语词汇学习的过程也是词汇知识不断建构的过程，学习者倾向以头脑中存在的结构性汉语知识或知识单元作为中介，去学习新的内容，即利用已有的词汇认知图式去吸纳新的词汇知识。联想、引申、类比等心理活动在建构主义学习过程中起着积极作用。

思维导图的中心主题词汇可以看作是汉语词汇学习的基础图式，而通过联想构建的子主题词汇则是目标知识图式，不同层级主题词汇之间的联系则是新旧知识相互作用的媒介。思维导图是促进学习者构建汉语词汇网络的有效工具，其将内隐的思维建构过程外显化，将词与词之间的关系直观地呈现在学习者面前，起到"一图胜千言"的作用。

2　思维导图在对外汉语教学中的应用

思维导图作为便捷高效的可视化工具，其在英语教学中的应用与研究成果较丰富，近年来在对外汉语教学中的应用研究也呈现迅速增长趋势。研究主题主要涉及思维导图在汉语综合课中提升学生综合语言能力的有效性研究以及思维导图针对汉语各要素及技能教学中的应用途径、效果研究。

　　关于思维导图在汉语综合课中的应用研究，林建才等（2007）发现在新加坡小学华文教学中应用思维导图能激发学生对学习华文的兴趣，能有效提高学生在口试、作文、词汇、阅读理解和课文深究等方面的素质，从而提高学生的语文考试成绩。冯冬梅（2016）也指出运用思维导图辅助汉语教学，能提升汉语课堂教学效果，帮助学生提高汉语综合水平，培养学生的汉语思维能力和汉语自主学习能力。值得指出的是，冯冬梅（2016）列举了大量思维导图在汉语词语、语法、短文、写作、汉字书写中的实践例子。这些由师生绘制的思维导图极富趣味性、丰富性和美观性，但同时本文也发现这些思维导图多以每节课的单元名为中心主题内容，以词汇、语法点及例句构成子主题内容，未构建、凸显各主题之间的逻辑关联。仅把课后生词表或语法项目以思维导图的形式绘制出来，而没有利用思维导图的逻辑性、层级性、联想性特点，未能发挥思维导图的最大作用。同时，手绘思维导图需要耗费大量时间和精力。这也启发本文的一个观点，即运用思维导图辅助汉语教学切忌流于表面、形式大于意义，需要综合考虑学生的时间、学习负荷等多重因素。

　　在思维导图辅助对外汉语词汇教学方面，程婉宜（2017）指出以思维导图和概念图为代表的可视化工具充分利用了汉语词汇的语义网络和语义场思路，将词汇组成有语义关系的知识网络，能有效促进学习者词汇量的扩展。陆哲懿（2019）也发现思维导图不仅能辅助少儿学习汉语词汇，还能激发学生的学习兴趣，培养其学习策略的养成。弓建丽（2019）通过实验证明思维导图辅助下的文化词语学习在识记、再认上都具备优势。前人的研究基本都是以实证研究的形式开展，虽然教学对象和词汇类型不同，但实验结果均表明思维导图是一种行之有效的词汇教学方法。

　　在思维导图辅助汉字教学方面，益超（2018）提出汉字部件重组复习、汉字组词再归类复习、形声字形旁声旁归类比较、汉字与中华文化相结合等四种思维导图辅助汉字学习的策略。雷艳（2019）指出基于思维导图的汉字教学模式，可以让学生的汉字思维能力获得提升，对于汉字字形、字音、字义的学习都有积极作用。汉语词汇学习离不开汉字学习，汉字水平直接影响词汇的识别与理解，思维导图可促进汉字学习，即有利于词汇的掌握。

　　通过梳理前人的研究，我们发现思维导图在对外汉语教学，尤其是词汇教学的过程中起着重要作用，它能帮助学生将概念和想法系统地组织起来，建立起新旧知识之间的联系，激发学生积极参与学习过程的积极性，调动学生的群集记忆，促使有效学习的发生。

3　思维导图辅助下的对外汉语词汇教学设计

　　思维导图作为常用的可视化工具，其通过视觉表征手段将发散抽象的思维路径、方式外显化，在词汇联想学习中帮助学生系统构建语境网络、语义网络等各种关联。本文围绕思维导图在词汇教学中的使用方式，提出了课文生词可视化、语素意识可视化、正字法意识可视化和词义类聚可视化四种教学设计。出于实用性及高效性考虑，本文采用的思维导图绘制软件为 WPS 自带的"思维导图"功能。

3.1　课文生词可视化

　　当下大部分对外汉语教材的课后生词都是按照生词在课文中出现的先后顺序进行罗

列，词表内容主要包含生词、词性、拼音、汉语注释、英语注释、词组或句子举例等。词表内词与词之间的关联性弱，即使经常在同一语境或话题中出现的生词，其强共现性也未能得到体现。不仅教材词表的设置如此，教师在教学过程中也经常把一个个词语当作孤立的教学对象来教，学生往往也是孤立地学、孤立地记（李润生，2017）。这就导致生词学习的效率低下，学生缺乏举一反三的能力。

课文生词可视化即强调词与词在文中的联系，从语境、搭配等角度将词归类，改变传统词表内生词呈线性排列的局面，凸显词之间的层级性。本文以《新实用汉语课本2》第十六课《我把这事儿忘了》中的课后生词为例，利用思维导图，将表内生词分类归纳，具体操作如图2所示：

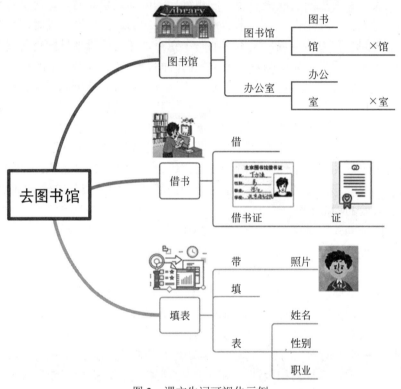

图2　课文生词可视化示例

该课文主要讲述了外国留学生去图书馆借书、办理借书证的故事。本文利用思维导图将课文生词分为三大主题，即图书馆布局、借书、填表，其余生词则围绕这三个主题展开，分为不同层级的次主题。教师为了促进多模态学习，还可根据需要为生词配图，使思维导图更加生动形象。课文生词可视化思维导图使词与词之间不再是分散割裂的状态，词与词之间的联系一目了然，可有效缓解学生的学习、记忆负担，也方便教师进行词汇讲解和拓展。

3.2　语素意识可视化

汉语词汇量虽庞大，但其内部的组织结构是有规律可循的，合成词内的语素往往能在汉语词汇学习中起到以少驭多的作用，使得汉语词汇呈"辐射式"习得，而不再是"散沙式"习得。汉语语素意识是指汉语学习者能有意识地将整词分解为语素，对语素进行归类、梳理，再将其重新整合为词，即通过"自下而上"的词汇学习路径去解构、重组词义。现有研究证明，汉语学习者的语素意识与汉语词汇水平呈正相关关系，即语素意识促进汉语词汇学习（冯丽萍，2003；徐晓羽，2004；郝美玲等，2015）。亦有大量研究指出我们应该重视语素意识在词汇教学中的作用，在语素和构词法的理论指导下进行词汇教学（胡炳忠，1987；吕文华，1999；肖贤彬，2002）。

思维导图能培养汉语学习者的语素意识，促进"语素带词"学习。教师在教授由能产性强的语素构成的复合词时，可以运用思维导图对该词进行适当拆解、拓展，如图3所示：

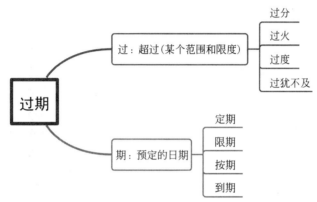

图3　语素意识可视化示例一

例如"过期"的语素"过"与"期"都较常用且能产性强，教师可适度拓展、引入新词，加深对语素的理解。当复合词内的语素有不止一个义项时，教师可以仅辐射原词内的义项，也可扩大辐射范围，从各义项出发进行拓展，如图4所示。具体操作需充分考量学生的汉语水平和课程阶段，例如单义项辐射适用于生词讲解阶段，多义项辐射更适用于词汇复习阶段。

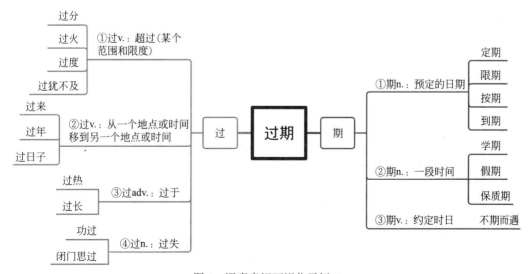

图4　语素意识可视化示例二

3.3　正字法意识可视化

正字法意识(orthographic awareness)指学习者对所学文字的结构特点的认识和操纵能力(刘志敬等,2020)。汉字正字法意识是学习者对汉字内部结构规则的认识,包括偏旁的识别、组织架构的拆解等。由于汉字不仅是书写层面的单位,它更是形、音、义的结合体,汉字与汉语词汇之间存在密切联系。汉字字形影响学习者对词汇的识别,形近词的辨析往往需要调动汉字知识。汉字的字义影响学习者对词义的理解,词义的讲解离不开词内字义的讲解。教师应注重汉字教学与词汇教学之间的关联,做到"以字带词""以词释字"。

思维导图可使汉字的拆分、重组与构词的过程更加清晰明了。以图 5 中的"破"字为例,该字可拆分为义符与声符两部分,这两部分又可与其他成分组成新的汉字、构成新词。教师可提前绘制好思维导图,也可以在课堂上带领学生一起制作,促进学生对中心汉字及拓展汉字的学习,加深对汉字所组词语的理解,从而起到新词引入、旧词巩固的作用,如图 5 所示。

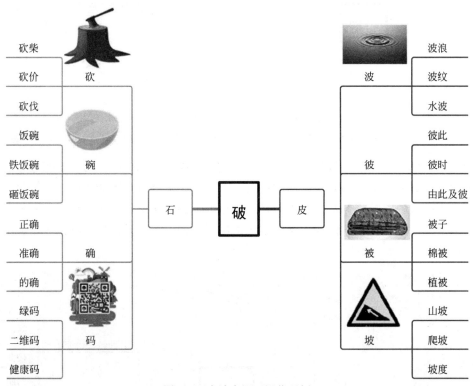

图 5　正字法意识可视化示例

3.4　词义类聚可视化

根据语义场理论,词汇系统并不是由词与词简单堆砌构成,而是可以根据词之间的各种关系,如组合关系、聚合关系等,将其划分为不同的"场",词以"词群"的形态分布在词汇系统中。思维导图以层级结构的形式列出词语,直观表现出词语所在的"场",通过呈现相关词义类聚的方法来达到对词群进行意义学习的目的,辅助学习者在整体词义类聚中把握各个词的类别、属性。

思维导图辅助词义类聚可视化可应用于上、下位词可视化，即以上位词作为中心主题，由内而外辐射下位词。以动物词为例，在讲授时，可以由抽象到具体、自上而下地进行词汇学习，如图6所示。

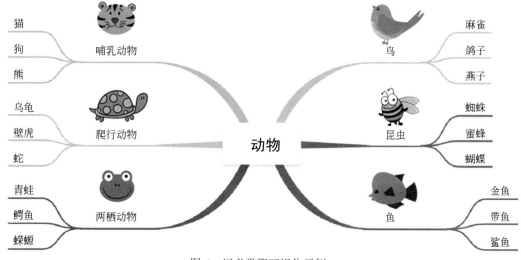

图6　词义类聚可视化示例一

思维导图辅助语义类聚可视化不仅可应用于汉语综合课的词汇学习，还可在口语交际、短文写作等需要组织词汇的场合发挥作用。如在主题为"我最喜爱的一本书"的讨论课上，教师可先呈现思维导图（见图7），引导学生从种类、价格、购买途径等多个角度有逻辑地介绍自己最喜爱的书。思维导图不仅为口语表达提供了结实的"词汇脚手架"，缓解了学生的畏难情绪，激发其表达欲，还能在表达过程中扩大词汇量。

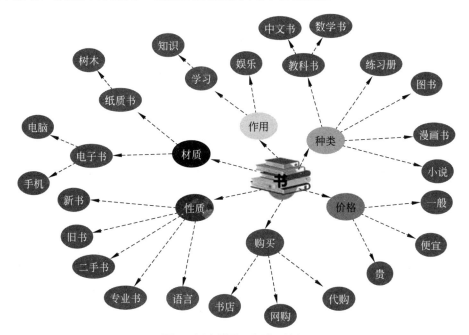

图7　词义类聚可视化示例二

4　结语

　　思维导图作为表达人类发散性思维的可视化图形工具，是知识和思维过程的视觉化表征。它融文字、色彩、图像于一体，将单调、抽象的文本信息转换成高度组织化、层级化的图式。思维导图辅助汉语词汇学习，使得学习者的思维不再局限于线性排列的词表中，而是采用更具体、形象的方式表现词语之间的内在联系，帮助学习者构建网络式的汉语心理词典。

　　信息技术支撑下的思维导图绘制简洁、易操作，教师可以根据词汇间的具体联系选择树状、层级式或四周辐射式等不同的组织样式，既发挥了思维导图的作用又避免了传统手绘图带来的不便。受篇幅限制，本文仅列举了四种思维导图辅助汉语词汇教学的应用示例，即课文生词可视化、语素意识可视化、正字法意识可视化、词义类聚可视化。但实际上，思维导图作为一种思维可视化、外显化的工具，其在词汇教学过程中的应用远不止这四种模式。思维导图辅助汉语词汇教学不仅可应用于课前生词预习、课中生词讲解、阶段性词汇复习归纳、课后词汇练习等不同词汇学习阶段，还可用于口语表达、阅读、写作等需要组织词汇的学习活动。

　　需要注意的是，思维导图纵然是一种高效、便捷的辅助词汇教学的可视化工具，但在真正的词汇教学实践中，教师还需要充分考虑学生的实际学习情况和具体课程内容，对思维导图的使用不能流于形式。在利用思维导图进行词汇拓展时也要张弛有度，避免导图中的图像、线条喧宾夺主。

参考文献

[1]　Budd, J. W. Mind Maps as Classroom Exercises. *Journal of Economic Education*, 2004(1).

[2]　Huth A G, De Heer W A, Griffiths T L, et al. Natural Speech Reveals the Semantic Maps that Tile Human Cerebral Cortex. *Nature*, 2016(7600).

[3]　程婉宜. 可视化表征手段在对外汉语词汇教学中的应用研究. 南京师范大学硕士学位论文, 2017.

[4]　冯冬梅. 运用思维导图进行汉语课堂教学的实证研究. 语文建设, 2016(32).

[5]　冯冬梅. 对外汉语教学中的思维导图实践与创新. 四川: 四川大学出版社, 2017.

[6]　冯丽萍. 中级汉语水平留学生的词汇结构意识与阅读能力的培养. 世界汉语教学, 2003(2).

[7]　弓建丽. 思维导图应用于对外汉语文化词语教学研究. 鲁东大学硕士学位论文, 2019.

[8]　郭睿. 论中级汉语词汇教学的"概念地图"策略. 语言教学与研究, 2010(3).

[9]　郝美玲, 厉玲. 初级阶段留学生汉语复合词加工影响因素研究. 语言教学与研究, 2015(3).

[10]　胡炳忠. 基础汉语的词汇教学. 语言教学与研究, 1987(4).

[11]　胡鸿, 褚佩如. 集合式词汇教学探讨. 世界汉语教学, 1999(4).

[12]　雷艳. 基于思维导图的对外汉字教学设计与实验研究. 文化创新比较研究, 2019(34).

[13]　李润生. 近年来对外汉语词汇教学研究综观. 华文教学与研究, 2017(2).

[14]　林建才, 董艳, 郭巧云. 思维导图在新加坡小学华文教学中的实验研究. 中国电化教育, 2007(10).

[15]　刘志敬, 郝美玲, 汪凤娇. 正字法意识和语音意识在留学生汉字学习初期的相对重要性. 华文教学与研究, 2020(3).

[16]　陆俭明. 对外汉语教学中经常要思考的问题. 语言文字应用, 1998(4).

[17] 陆哲懿. 基于思维导图的少儿汉语词汇教学设计. 华东师范大学硕士学位论文, 2019.

[18] 吕文华. 对外汉语教学语法体系研究. 北京: 北京语言文化大学出版社, 1999.

[19] 王朝云, 刘玉龙. 知识可视化的理论与应用. 现代教育技术, 2007(6).

[20] 肖贤彬. 对外汉语词汇教学中"语素法"的几个问题. 汉语学习, 2002(6).

[21] 徐晓羽. 留学生复合词认知中的语素意识. 北京语言大学硕士学位论文, 2004.

[22] 焉德才. 论对外汉语词汇教学过程中的"有度放射"策略. 语言文字应用, 2006(2).

[23] 杨万兵. 网络化: 词汇教学的方法论探索. 云南师范大学学报, 2004(3).

[24] 益超. 思维导图在对外汉语汉字复习课中的应用探析. 世界华文教学, 2018(2).

技术辅助的任务型教学法在线上高级汉语综合课的应用

闻　婷

西交利物浦大学 语言学院　215123

Ting.Wen@xjtlu.edu.cn

摘　要：任务型教学在当前第二语言习得和语言教学法中占有重要地位。教育技术的发展使得第二语言教师重新思考如何设计任务型教学活动。本文以西交利物浦大学线上高级汉语综合课为例，总结了技术辅助的任务型教学活动的实践，并利用 SMAR 模型对各阶段教学活动进行分析，探讨信息化时代背景下线上中文教学的解决方案。

关键词：任务型教学　教学技术　线上中文教学

Practice of Technology Mediated Task-based Teaching in Online Advanced Chinese Course

Wen Ting

School of Languages, Xi'an Jiaotong-Liverpool University, 215123

Abstract: Task-based learning and Teaching (TBLT) plays a significant role in second language acquisition and language teaching. The development of educational technology makes language teachers rethink how to design task-based teaching activities. Taking the advanced Chinese comprehensive online course of Xi'an Jiaotong-Liverpool University (XJTLU) as an example, this article expounded on the practice of technology-mediated task-based teaching activities, reflected and analyzed the teaching activities of each stage in the light of the SMAR model. On this basis, this article discusses a solution for online Chinese language teaching under the background of technology-enhanced learning and teaching.

Key words: task-based learning and teaching; educational technology; online Chinese language teaching

0　引言

自新冠疫情暴发以来，大部分留学生无法返回中国校园。西交利物浦大学的汉语课突然从线下教学变成线上教学，已经持续了四个学期。技术辅助学习从渗透到课程中的一个想法，一夜之间变成一种全面实施的教学模式。教师也从单一地完成教学任务转变为不断调整、寻找技术辅助教学的最佳方式。现代化教育技术在提高学习和教学效率的同时，也提高了学生的学习体验（Kirkwood，2006）。本文将以西交利物浦大学高级汉语综合课

CLT109 为例，对技术辅助的任务型教学实践进行反思，探讨信息化时代背景下线上中文教学的解决方案。

本校高级汉语综合课主要面向国际商务专业、国际关系专业大二到大四的留学生。课程时长两个学期，每周学时五小时。课程目标对标欧洲共同语言框架 B2+，在听、说、读、写四个方面都对学生提出了较高的要求。教学内容主要选自《体验汉语高级教程 2》《纵横商务汉语高级综合教程 1》《纵横商务汉语跨文化交际案例教程》，课文长度在 1000～2000 字，包含丰富的词汇和语法结构。时间紧，任务重。有学者指出"网速等技术原因造成了学生体验不佳"（林秀琴、吴琳琳，2020）。如何保证学习效率和学习效果成为线上教学最大的挑战之一。得益于本校线上教学平台 Learning Mall（下文简称为 LM）的技术支持，经过四个学期的探索、反思和改进，技术辅助的任务型教学在高级阶段的汉语综合课上充分应用，既能高效完成教学任务，又能促进师生、学生之间的互动。

1　研究现状

任务型教学法在第二语言教学领域的实践和研究最先关注的是英语教学。Ellis（2003）、Nunan（2004）、Willi 和 Willis（2011）对任务型教学理论和方法的发展做出了重要贡献。随着现代教育技术的发展，技术辅助的任务型教学逐渐引起了研究者的关注。Thomas 和 Reinders（2010）编辑了一卷关于以技术为媒介的任务型教学的论文集，明确提出了技术辅助的任务型教学法的概念。近年来，许多研究者对技术辅助的任务型教学法进行了广泛的研究，肯定了技术辅助的任务型教学法在语言学习领域具有的积极作用（Dooly，2011；Solares，2014）。

任务型教学法在中文教育中的应用及研究自 2001 年马箭飞引入"交际任务"概念以来（吴中伟，2018），已有 20 多年的发展历史。该教学法强调运用真实的语言完成交际任务，国内的学者重点关注任务型教学法对于学生口语能力的提升作用（赵雷，2015；翟艳，2012）。最近，研究者开始将目光投向教育技术在中文教学中的渗透，探讨任务型教学法在翻转课堂、线上线下混合教学模式中的应用（胡珍莹、张瀛，2017；章欣，2015）。自 2020 年以来，线上教学的全面展开也将促进技术辅助的任务型教学法的进一步应用及研究。

2　技术辅助的任务型教学实践

一般来说，任务型教学包含三个阶段：任务前、任务中、任务后（吴中伟，2018）。线上教学中，技术对任务型教学的有效开展发挥着重要作用，特别是在学习资料的呈现、学习效果的测试、动机的激发等方面。下文将详细介绍不同阶段的教学实践以及现代化教育技术的应用。

2.1　第一阶段：任务前

第一阶段是任务有效开展的前提条件，在这个阶段主要需要激发学生对完成任务的兴趣，明确任务的目标和内容，在初次尝试后发现现有语言能力和完成任务的差距，进一步激发学习的兴趣。图片和短视频是使用频率最高的教学内容呈现方式，能高效地将学生引入真实任务相关的典型情境。短视频可以通过在 LM 添加链接轻松实现。除此之外，LM 的论坛常用来记录、保存任务前阶段学生产出的内容，以便与任务后阶段产出的内容进行比较，使学生能自测学习目标完成的程度。

2.2 第二阶段：任务中

第二阶段主要是以学生为中心，开展各类输入和输出型任务。传统语言教学 PPP 模式（展示—教学—表达）中的展示环节（presentation）在线上学习时主要转变为直播课前的预习和直播课上重点、难点词汇及语法的讲解。学生通过预习带有详细定义和例子并与任务紧密相关的词汇列表（如图 1 所示）来阅读指定章节。课文通过 PDF Annotation 呈现（如图 2 所示）。与普通的 PDF 文件相比，PDF Annotation 提供了标记、评论功能，学生可以

3. 图的（就）是（个）+adj.：用来引出希望得到的结果【口】。
买辆车代步，图的是个方便。
请朋友们一起喝酒，图的就是高兴。
河南人把油饼或者包子泡在胡辣汤里一起吃，图的就是个痛快。
4. 哪怕……，S 也要……：用于假设，哪怕引出一个不利的情况/条件，第二分句表示不受前面情况的影响，结果是不会改变的。
哪怕今天没有一个观众，我也要把这首歌唱好。
哪怕别人都不看好我，我也不在乎。
哪怕到了中国要隔离 28 天，我也要回西浦上学。
5. 一落千丈 zhàng：成语，动词，指价格、数量、成绩等快速下降、减少。
今年樱桃的价格一落千丈。
受疫情影响，来华留学生的数量一落千丈。
自从父母离婚以后，查理的成绩就一落千丈。
6. 无人问津 jīn：形容词，形容没有人关心，不被需要。
招聘会上名牌大学的毕业生大受欢迎，一些普通高校的毕业生则无人问津。
电动汽车最近几年发展迅速，市场不断扩大，但刚上市的时候就曾无人问津。
刚死的鱼虾价格一落千丈也无人问津。

图 1 词汇列表节选

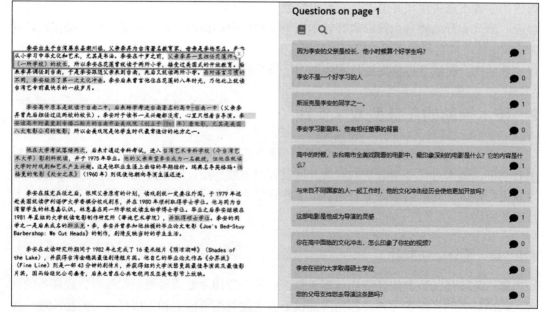

图 2 学生利用 PDF Annotation 预习

在预习课文时提出问题，教师在直播课上及时解答。为了检验预习结果，教师可以在 LM 上设计测验以检查学生对于课文主要内容、核心词汇和语法结构的理解程度。题型包括判断、选择、填空、排序等，图片、音频、视频都可以插入问题中。LM 自动生成的答题分析可以帮助教师快速聚焦学生的问题，在课堂上针对学生的常见问题进行解答或者提供进一步的解释、操练。

　　在解决完生词、语法结构并对课文有初步理解的基础上在直播课上开展更多的输入型任务，以意义和内容为中心，在典型情境中让学生通过听和读接触真实的语言。这个阶段使用频次高，同时高度依赖于技术的任务主要有三种。第一种，利用 LM 的 Etherpad 进行头脑风暴。Etherpad 是一种支持多人实时编辑并且即时展现结果的软件（如图 3 所示）。学生在使用这个软件时参与度很高，他们认为通过 Etherpad 能够看到"其他同学的想法，也会促使自己产生新的点子"。第二种，口头的小组任务。首先，学生会被分配到不同的阅读内容及相关问题，这些内容可以通过 LM 的消息功能快速发送至单人或者多人，在组员之间形成信息差。接着，同组学生进入线上会议室的分组房间，按照问题列表互相提问，组合出完成任务的全部信息。教师可以在不同的分组房间切换，了解任务完成情况并解答问题。第三种，利用 Mentimeter 开展实时调查或者投票。Mentimeter 是一个交互式的实时演示平台，学生可以通过输入文字或者选择答案等来和老师进行互动，调查结果可以一键显示于页面，简洁的界面设计和音效可以很快调动学生的积极性（如图 4 所示）。在上述输入型任务中，学生进一步感知、练习完成任务所需的新的语言知识。

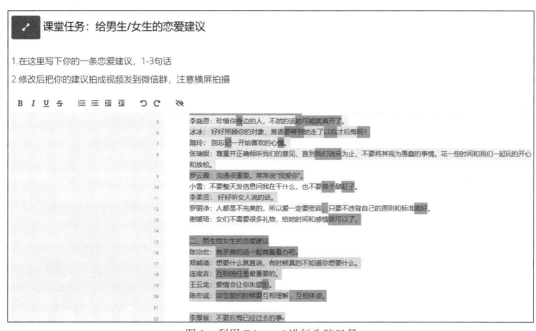

图 3　利用 Etherpad 进行头脑风暴

　　下一阶段，学生使用新的语言知识完成输出型任务。例如有一篇跨文化交际案例的课文是关于"北京的韩国城——望京"的，在学习这篇课文时设计的两个基于真实情境的输出型任务让学生觉得"十分有趣，而且贴近生活"。学生以生活在望京的中国人或韩国人的身份，利用 LM 的论坛功能，模拟在社区论坛上发帖，对生活中遇到的邻里关系问题发

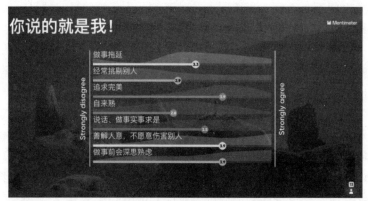

图 4　利用 Mentimeter 开展实时调查

表自己的看法。进行口头内容产出时，利用线上会议室的分组房间召开业主大会，学生分别扮演各国居民代表和社区工作者，居民代表需要阐述生活中的问题，社区工作者需要调解居民之间的纠纷，最后共同商讨形成社区公约（如图 5 所示）。在这一阶段，语言习得效果得到了巩固和强化。

图 5　在虚拟论坛发帖

2.3　第三阶段：任务后

这一阶段主要通过课后任务和教师的反馈让学生自觉地聚焦语言形式。课后任务分为两部分：词汇语法练习和交际性任务。词汇语法练习除了可以通过 LM 上的 Quiz 实现，还可以利用 Quizlet 完成。Quizlet 是一个卡片类学习软件，学生可以自制字词卡片，也可以加入老师设计好的学习集，简明的页面设计和附加的游戏记忆方式更吸引学生。最重要的是，学生可以随时随地、利用碎片时间进行学习。交际性任务可以通过 LM 的播客、论坛、Assignment 提交，教师的反馈也可以通过 LM 以文字、语音、视频等形式发送给学生。

上述三个阶段构成了任务型教学的基本流程（如图 6 所示），从准备到展开再到反馈，从输入到输出，教师的作用不再是将大部分精力放在讲解上，而是引导学生在完成任务的过程中自然地领会语言规则，不断修正和完善语言表达。

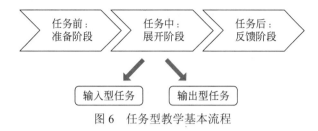

图 6　任务型教学基本流程

3　技术对任务型教学活动设计的影响

任务型教学是自 20 世纪 90 年代以来在二语习得领域和国际汉语教学领域使用最普遍的教学方法之一（Miao-fen，2019）。技术辅助学习几乎在同时期开始逐渐应用于高等教育（Adrian & Linda，2014）。技术辅助的任务型教学与传统的教学有何区别，下文将根据 Puentedura（2013）提出的 SMAR 模型对上文列举的教学活动进行分析。SMAR 模型将基于移动设备的教学活动分为四个层次：替代（substitution）、扩充（augmentation）、修改（modification）、重新定义（redefiniton）。Puentedura 认为前两个层次有助于提升学习效果，后两个层次则意味着学习发生了转化（puentedura，2006）。

3.1　替代

在线上教学的过程中，使用技术来展示和保存学习材料，包括 PDF 文档、PowerPoint 幻灯片、补充材料、直播课视频等，只是传统教学活动的替代形式，并没有改变教学活动的本质。这些教育技术的实施相对比较容易，同时又是非常有效的线上教学手段。

3.2　扩充

依托 LM 的 Etherpad 功能用于巩固新知识的教学活动属于第二层次：对传统教学活动的扩充。这一教学活动增加了一些新的功能，比如 Etherpad 能支持多人同时输出观点，这一由技术辅助的教学设计提高了教学、学习的效率，同时在一定程度上提升了学生的参与度。

3.3　修改和重新定义

不可否认前两个层次中教育技术对教学活动的设计有着积极的作用，而最重要的转变在于，技术的加入使得教师可以重新思考如何设计线上的任务型教学活动。Ellis（2003）认为，语言习得是在真实的交流中进行的。根据学习目标和内容"量身定制"的任务可以让学生将注意力从词汇和语法转移到解决真实生活的问题上。背后的逻辑是将关键的语言功能应用于典型的生活情境中。得益于技术的辅助，在设计上文提到的跨文化交际案例相关的任务时才能既做到"情境真实"，又做到"互动真实"。"情境真实"的任务，比如利用线上会议室的分组房间召开"业主大会"，是对真实生活中典型交际活动的演习（Rod，2003）。

技术促使教师重新设计、修改教学活动设计。而在 LM 模拟的"社区论坛上发帖、互相回帖"有效地促进了学生之间的互动。学生在完成这些任务的过程中既可以掌握评论、协商、说服等语言功能的常用表达方式，又可以提升跨文化交际能力。这一教学活动如果没有技术的参与就无法在线上展开，属于 SMAR 模型中重新定义的层次。

学生在期末的课程质量问卷中表示他们最喜欢的就是课堂上的和同学、老师的互动环节，还有在学习语言的同时可以了解当代中国的国情。技术辅助的任务型教学活动使学生沉浸在真实世界的交际任务中，在提升语言能力的同时培养跨文化交际能力，这对于高级阶段中文学习者的培养有着尤为重要的意义。

4 结语

本文介绍了技术辅助的任务型教学法在线上高级汉语综合课不同阶段的实践应用。新技术的层出不穷为教学设计提供了新思路、新方法。技术服务于内容，内容重于技术。虽然技术的加入能够提升学习效率，为学生创造碎片化学习机会，为交际任务提供虚拟情境，但是技术始终是为内容服务的。同时，语言学习的效果也不是由技术决定的，而是取决于教师如何根据学习者的学习动机、目标、学习风格来利用教育技术设计教学活动。在实际教学过程中，还需要以达到"情境真实""互动真实"为标准，合理地利用技术来重新设计任务型教学活动。

本文还局限在从教师的视角出发对教学设计与实践进行探讨。在今后的研究中，技术辅助的任务型教学法对于学生语言能力的提高还需从学生的角度出发，一方面通过学生的语言能力变化检验这一方式的有效性，另一方面关注学习者的体验和感受。

参考文献

[1] Adrian Kirkwood & Linda Price. Technology-enhanced Learning and Teaching in Higher Education: What is "Enhanced" and How Do We Know? A Critical Literature Review. *Learning, Media and Technology*, 2014(1).

[2] Dooly, M. Divergent Perceptions of Telecollaborative Language Learning Tasks: Tasks-as-workplan vs. Task-as-process. *Language Learning & Technology*, 2011(2).

[3] Ellis, R. *Task-based Language Learning and Teaching*. Oxford: Oxford University Press, 2003.

[4] Kirkwood, A. Going Outside the Box: Skills Development, Cultural Change and the Use of On-line Resources. *Computers and Education*, 2006(3).

[5] Miao-fen Tseng. Creating a Task-based Language Course in Mandarin Chinese. In Chris Shei, Monica Zikpi, and Der-Lin Chao (eds.). *The Routledge Handbook of Chinese Language Teaching*. London: Routledge, 2019.

[6] Nunan, D. Task-based Language Teaching. Cambridge: Cambridge University Press, 2004.

[7] Puentedura, R. R. Transformation, Technology, and Education in the State of Maine [Web log post]. Retrieved from http://www.hippasus.com/rrpweblog/archives/2006_11.html, 2006.

[8] Puentedura, R. R. SAMR: Moving from Enhancement to Transformation [Web log post]. Retrieved from http://www.hippasus.com/rrpweblog/archives/000095.html, 2013.

[9] Solares, M. E. 2014. Textbooks, Tasks and Technology: An Action Research Study in a Textbook Bound EFL Context. In M. G.-L. L. Ortega (ed.). *Technology Mediated TBLT: Researching Technology and Tasks*. Philadelphia, PA: John Benjamins, 2014.

[10] Thomas, M., & Reinders, H. (Eds). *Task-based Language Learning and Teaching with Technology*. New York: Continuum, 2010.

[11] Willis, D., & Willis, J. Task-based Language Learning. In R. Carter & D. Nunan (Eds). *The Cambridge Guide to Teaching English to Speakers of Other Languages*. Cambridge: Cambridge University Press, 2001.

[12] 胡珍莹, 张瀛. 翻转课堂教学模式与对外汉语教学的适应性研究. 海外华文教育, 2017(10).

[13] 林秀琴, 吴琳琳. 关于线上国际中文教学的调查与思考. 国际汉语教学研究, 2020(4).

[14] 吴中伟. 任务型教学的几个基本问题. 辽宁师范大学学报, 2018(4).

[15] 翟艳. 任务型汉语口语成绩测试研究. 语言文字应用, 2012(4).

[16] 章欣. 基于任务的汉语翻转课堂教学模式初探. 北京教育学院学报, 2015(4).

[17] 赵雷. 任务型口语课堂汉语学习者协商互动研究. 世界汉语教学, 2015(3).

认知存在感视域下 SLS 学习平台教学设计与实践
——以新加坡中一华文新教材为例

吴宝发[1]　张曦姗[2]　周淑君[3]

[1,2,3] 新加坡教育部/新加坡华文教研中心
[1] pohhuat.goh@sccl.sg　[2] heesan.teoh@sccl.sg　[3] sookkuan.chau@sccl.sg

摘　要： 信息时代下，传统学习方式面临巨大挑战。线上教学、混合学习、数码科技、学习平台以及居家学习将是未来教育的新走向，新冠疫情更加速了这个趋势的发展。然而，目前老师设计的线上教学课程大多较为零散，注重教学活动的安排与布置，对学生学习过程的引导不够，学生在线上学习时未能充分行使认知拥有权，无法获得深入的、有意义的学习体验。因此，本文以加拿大远程教育领域著名专家 Garrison、Anderson 和 Archer 三位学者所提出的"探究式社区"框架中的认知存在感为理论依据，以 2021 年新加坡中学华文新教材为依据进行教学设计，并以学习活动和学习互动为核心，通过资讯科技改变课堂的学习文化，以符合未来时代的要求。
关键词： 认知存在感　SLS 学习平台　华文教材　教学设计

A Study on Design and Implementation of Chinese Language Lessons on Student Learning Space Based on Cognitive Presence—Using Secondary One Instructional Materials

Goh Poh Huat[1]　Teoh Hee San[2]　Chau Sook Kuan[3]
[1,2,3] Ministry of Education/Singapore Centre for Chinese Language

Abstract: With the advent of the information age, traditional learning methods are facing huge challenges. Online teaching, blended learning, digital technology, learning platforms, and home-based learning will be new trends in education. The recent pandemic has accelerated the development of these learning methods and platforms. However, the current online lessons designed by teachers are relatively fragmented, focusing mainly on the arrangement and organisation of learning activities, limited attention are given to the guidance of the students' learning process. Students lack cognitive ownership when learning online, and they are hardly offered in-depth and meaningful learning experiences. Therefore, to meet the requirements of the future era, this study, using the concept of Cognitive Presence in the Community of Inquiry proposed by Garrison, Anderson and Archer as the theoretical framework, designed a series of teaching and learning activities, based on the 2021 Secondary School Chinese instructional materials, that enabled learning interactions through technology to change the learning culture of the classroom.

Key words: cognitive presence; Student Learning Space (SLS); secondary 1 instruction materials; lesson designs

0 引言

新冠疫情打乱了社会秩序与人们的日常生活，改变了以实体教学环境为主的学校教育，课堂中的教与学更是受到极大影响，线上学习平台与数码科技的使用日益普遍。

新加坡中学华文新课程"华文伴我行"于 2021 年推出，新课程重视将资讯科技融入华文教学，以加强学生在思维、信息处理、协作互动等方面的能力。此外，2021 年的新加坡教育部中学华文课程标准也鼓励教师适当地利用线上教学的方法，引导学生使用数码知识与技能进行自主学习，扩展使用华文的空间。

新加坡教育科技司为线上教学法（e-pedagogy）明确定义，即指教师善用数码科技来促进积极学习的教学实践，从而创造一个参与度高（participatory）、相互联系（connected）及重视反思（reflective）的教室，以培养面向未来的终身学习者。然而，据笔者观察，目前的网络教学课程似乎不尽如人意，出现以下几方面的问题：

（1）缺乏理论框架提供指导，教学设计零散，不够严谨。

（2）注重教学活动的安排与布置，但对学生学习过程的引导不够。

（3）学生参与度不高，主要关注完成作业，无法促进积极的学习。

（4）学生在线上学习时未能充分行使认知拥有权，无法获得深入的、有意义的学习体验。

因此，本文以加拿大远程教育领域著名专家 Garrison、Anderson 和 Archer 三位学者所提出的"探究式社区"框架（Garrison，Anderson & Archer，2000）中的认知存在感为理论依据，教学设计以学习活动和学习互动为核心，通过资讯科技改变课堂的学习文化。

1 认知存在感和相关概念界定

1.1 认知存在感

在线上学习社群中，"存在感"（或称为"临场感"）是一种投入（engagement）和亲密（intimacy）的感受，其形成的关键在于"即时回应"以及"可接近性"，即学习者的行为有理解的回应，让学习者感觉到对方容易被找到，或是感受到被对方关注时，就会出现存在感（胡宝玉，2005）。

Garrison 等人认为"认知性存在"是指"在任何特定的探究社区中，学习者能够通过不断反思和持续交流来建构和巩固意义的程度"（Garrison，Anderson & Archer，2000）。认知存在感包括四个阶段，分别是触发事件、协作探索、信息整合和解决问题（见表 1）。

（1）触发事件：教师设定问题或任务来触发学生进入学习状态。

（2）协作探索：学生分析资料，找出资料上或同侪间观点的差异。

（3）信息整合：学生通过信息交流和对话来确定解决问题的方案。

（4）解决问题：学生总结经验、分享经验，反思学习效果和个人收获，并在实践工作和个人案例中检验和修正新知识（董利亚、冯锐，2016）。

表1 认知存在感结构指标

阶段	指标
触发事件	发现问题、好奇、困惑
探索	信息交换、讨论存在分歧的问题
整合	融合、连接不同观点、创建解决方案
解决/应用	应用新的构想与观点、对新知识进行反思

探究社区理论认为学生的认知活动是依据这四个阶段进行的，因此，这四个阶段的按顺利进行直接关系着深度与有意义的学习的发生，也是教学成功的关键因素。

1.2 相关概念界定

1.2.1 SLS 学习平台

Student Learning Space（即"新加坡学生学习平台"，简称 SLS 学习平台）是由新加坡教育部设立，供全国小学、中学、高中各个学科所使用的网络平台。SLS 学习平台是一个教学资源共享平台，收录了教案设计、简报、视频、动漫、游戏及测验等资源，学生可借助平台按照自己的学习步伐自发学习，或与同学合作完成教师指定的作业。教师也可利用平台即时查看学生输入的答案，能更清楚地掌握学生对某个课题的理解程度，并及时给予反馈与回应。

SLS 学习平台升级后，学生可以通过手机随时随地学习，为学习创造无限的可能。此外，根据教育部科技蓝图计划，到 2024 年，所有中一学生都将拥有个人学习电子设备，以便加强数码学习。到 2028 年，所有中学生会各有一台笔记型或平板电脑，可用来登录"新加坡学生学习平台"进行课堂活动与自主学习。SLS 学习平台的使用将会愈来愈普及。

1.2.2 中一华文新教材

2021 年新加坡中学推出新课程，所有中一学生开始使用新教材《华文伴我行》。中学新课程与小学华文新课程紧密衔接，力求适应新形势、新需要，尤其在教学方面，更是与时俱进，在课程规划、教材开发和教学设计中有意识地融入资讯科技，创设真实且具互动性的情境，激发学生学习华文的兴趣，使华文的学习更加个性化，更有针对性。华文新课程也利用网络平台，促进协作式和探究式学习，提高学习效果。新课程也针对资讯科技的使用提出了具体建议，例如在书面互动能力训练方面，建议教师引导学生通过线上协作，与其他同学交流讨论，一起完成写作任务。又如在评价方面，建议教师让学生在线上观摩同侪的作品，进行互评，获得及时反馈，并在反馈中促进学习。总之，新课程鼓励教师借助科技手段，拓宽学习渠道，设计开展各种学习活动，增加学生语言实践的机会。

2 教学设计与实践

2.1 教学对象

我们以中一 29 名学生为教学对象，在第一学段进行 10 周的教学实践。这 29 名学生的语文水平参差不齐，家庭用语以英语为主，在学校里也是主要以英语为学习媒介语，华文是他们的单科语文科目。

2.2　课件设计框架

单元一的课题是通过人物描写把握人物特点。学习目标是学生能从人物描写类别掌握人物特点。教师以认知存在感为指导原则，通过核心阅读篇章《一个蛋两个蛋三个蛋》和巩固阅读篇章《张老师"审案"》让学生学习如何掌握人物特点。具体课件设计框架见表2。

表2　课件设计框架

阶段	关键点	课上/课下学习	资讯科技工具/平台的使用
触发事件	• 教师设定问题与布置任务 • 学生对问题产生好奇或困惑感，进入学习状态	• 教师先联系学生的先备知识，通过简报让学生观察"生活空间"上三个人物的插图，然后设定问题：对以下人物（欧阳甜甜、赵世亮、陈小双）的初步印象是什么 • 学生进入学习状态，在 SLS 上的 mentimeter 中输入对人物初步印象的三个关键词	SLS 平台 mentimeter
协作探索	• 学生通过加工、探索、收集信息进行意义构建 • 教师需要进行监控、给予引导和反馈	• 学生必须形成心理图式以发展探究知识的能力，因此，通过同侪讨论分享"生活空间"里的两个人物介绍、完成 SLS 平台上"人物特点"分析活动以及输入关键词的活动，理解"人物特点"和"人物形象"的概念 • 教师利用平台上 heatmap 的功能给予班上学习反馈，并进行总结	SLS 平台
信息整合	• 学生连接和整合各种资源与观点，提出个人看法，评议同侪或资料上的观点 • 教师评价学生的发言、补充信息、确保学生认知发展的持续性	• 学生在这个阶段需要形成和运用元认知；也即学生需要通过确立自己的学习目标，监控自己在实现目标方面的进度以及思考自己的思想和行为来完成认知的过程 • 教师安排学生观赏 SLS 上技能教学视频，再次巩固他们对人物描写的概念。过后学生先在 mentimeter 上针对欧阳甜甜等整体人物形象输入关键词语，然后在参考同侪输入的关键词后，完成 SLS 上的人物性格分析 • 教师利用 heatmap 给予班上学习反馈	SLS 平台
解决问题	• 学生总结与分享经验，并反思学习效果	• 学生利用平台上 ITT 的功能（interactive thinking tools）来构思作文的内容，并运用人物描写技能进行写作	SLS 平台

2.3　课堂实践

在整个设计环节里教师扮演着和以往不同的角色，他们从学习设计者的角度切入，安排学生"学什么"和"怎么学"。比如第一个活动属于教材上的"生活空间"板块，教师选择截取教材上三个人物的插图，如图 1 所示，即欧阳甜甜、赵世亮和陈小双。教师让学生自由输入对他们的初步印象，带动学习的兴趣，并和同侪在 mentimeter（见图 2，保留原貌，包括字词等错误）上交流看法。通过以上安排，教师借助"触发事件"引起学生对即将接触的"人物"的兴趣，也对即将学习的概念"人物特点"，即语言、行为和心理有初步的印象，学生的学习意识和自主性提高了，这样的学习确实比传统课堂更有效率。

图 1   SLS 上三个人物插图

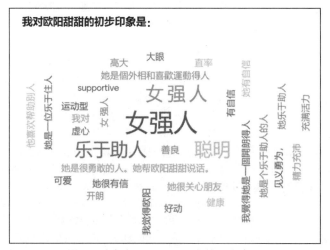

图 2   学生在 mentimeter 上的反应举隅

接下来的"阅读—核心"是学习关键所在，即让"人物特点"之行为、语言和心理三方面在学生的认知里扎根。课文《一个蛋两个蛋三个蛋》讲的是主人翁马小跳努力完成教师布置的"护蛋"任务，突出做事要有责任心的主题。一般学生在理解内容大意上并没有太大的困难，但如何在众多的文字描述中，准确地判断人物的特点呢？除了教师的课堂讲解，紧紧地关注和把握学生的元认知活动是另一个关键。教师先引导学生完成第一轮的学习活动，初步掌握人物特点，然后通过两两配合进行讨论活动，最后各自填下自己的答案，完成从"扶"到"放"的学习过程。

从学生的作答可以看到他们元认知的状态，即经过"触发事件"和"协作探索"，其元认知是被激活的，学生与同侪进行意义协商后完成了完整的"人物特点"概念的习得。在数码科技协助下，教师可以在课堂上及时知道学生在理解"人物特点"时的困难之处，例如行动描写一般是学生掌握比较快的人物描写类别，而语言描写和心理描写则需较长时间的学习、举例和讲解。最后，有了人物特点的概念，教师就可以在学生的认知基础上深化教学，让学生从人物特点的理解与掌握走到对人物形象整体的理解与掌握，如图 3 所示。

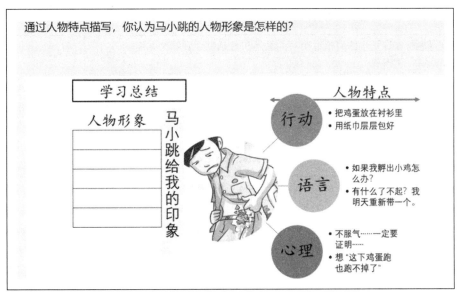

图 3　学生对整体人物形象的学习

2021 年中学新教材除了有"阅读—核心"板块，还设有"阅读—巩固"板块。顾名思义，这个阅读环节是在前者的基础上进一步加强和提高学生的阅读能力。实际上，课程编写组也强调教师在处理"阅读—巩固"时，以引导学生掌握应用所学的语文技能为主，教师不再长篇累牍地分析和讲解。在学习设计上，本研究采用探究社区理论的最后两个环节，让学生经过"信息整合"到"解决问题"阶段，完成从读（输入）到写（输出）的完整学习程序，进而教师对"阅读—巩固"篇章《张老师"审案"》进行一些教学安排上的处理。教师除了帮助学生理解篇章主要内容外，还根据学生在"阅读—核心"板块形成"人物描写"概念的元认知的基础上进一步加深整合的练习机会。

3　实践反思

3.1　学生的反思

教师在教完单元一后，对学生的学习进行了一次调查，结果如表 3 所示。

表 3 显示结合探究社区理论设计的教与学活动，学生的学习元认知和学习自主性是彰显的。调查表上 Q1～Q5 反映出学生清楚地知道一个单元的学习目标、该掌握的语文技能，能监控自己的学习；Q6～Q8 则反映出近乎一半的学生体验到学习自主性；Q9 说明学生意识到自己在巩固环节上正在做学习转移。

表3 单元一学习调查

1：非常同意；2：同意；3：不同意；4：非常不同意	1	2	3	4
Q1：老师清楚说明单元一的学习目标是"通过人物描写把握人物特点"	18人	11人	0人	0人
Q2：在 Mentimeter 上输入三个关键词语的活动帮我建立对人物的初步印象	9人	19人	1人	0人
Q3：我能从人物的行为、语言和心理来了解一个人物的特点	15人	14人	0人	0人
Q4：我喜欢 SLS 上有序的一步一步的学习	10人	18人	1人	0人
Q5：SLS 上的学习活动能帮我更好地掌握人物特点	8人	18人	3人	0人
Q6：我觉得老师在课堂上的简报说明，再配合 SLS 活动让我清楚知道自己要学习的内容	13人	16人	0人	0人
Q7：SLS 活动让我有机会检查自己的理解是否正确	11人	14人	4人	0人
Q8：老师的教学方式/安排让我更注意自己的学习	14人	15人	0人	0人
Q9：我能把分析人物特点的方法用在第 2 篇课文《张老师"审案"》的学习活动中	12人	17人	0人	0人
Q10：在老师的引导下，我能自己完成 SLS 的学习活动	17人	10人	2人	0人

3.2 学生访谈

除了调查表，教师还抽选班上 5 名同学进行学习后访谈。这 5 名同学中包括 1 名学习能力强的、2 名学习能力中等的和 2 名学习能力弱的。在访谈中，无论是课上、课下还是在家学习，学生普遍肯定这种在课堂上结合数码科技的学习方式。一个能力中等的学生说："我觉得使用应用 SLS 或课堂教学可衡量的程序进行混合学习来教授概念的方法，学生可以按照自己的进度来参与学习。它可以促进更深入的学习，减轻压力并提高学生满意度。这也让老师可以与学生有更多互动。"而能力强的同学则认为："我觉得对我来说有用处，因为这让我有更多机会更独立地学习。"反之，一位能力弱的学生则反映："对我只有一点点帮助。我不是很会用电脑而且这种学习方式也不方便。"针对数码科技带来及时性的学习反馈这一点，所有学生的看法都是正面的，即使能力弱的学生也认为："有帮助。我们可以看看，然后改变。"简言之，学生虽然不知道教师的教学安排目的，但他们能意识到课堂学习的转变。在数码科技辅助学习下，学生对自己的学习更有拥有权，也明确体验到自主学习的效果。

3.3 教师的反思

执教教师从以下几方面给予反馈：

教师认为 2021 中学新教材数码资源的丰富性是毋庸赘言的，然而如何有效地使用这些资源，确实很考验一线教师。新教材在设计体例上，添加了"生活空间""阅读—核心"和"阅读—巩固"三个板块，该如何利用，虽有总部的培训和教参可参照，但教师仍需一段时间吃透教材，这也为课堂教学设计带来一定挑战。此外，虽然师生对 SLS 学习平台不陌生，但教师认为关键在于对线上教学要素，即联系先备概念、发展心理图式和元认知的熟悉与掌握，这与探索社区有异曲同工之妙。

中一新生刚从小学升上来，对中学有更大自主性的学习方式需要加以适应，面对小组讨论与新同学的互动与交流也是一个挑战，这些都为探究社区学习方式的落实增添了难度。

教师认为整个教学设计从"生活空间"引入"人物特点"，再到"阅读—核心"中从人物的行为、语言和心理三方面来构建"人物特点"概念，然后再把习得概念和技能加以整合，并展示在"阅读—巩固"中，完成一个完整的探究社区学习的认知路程，这样的安排显示了教师从学习设计者的角度入手的重要性。

4　总结

认知存在感是探究社区模型中最基本的核心要素。学生认知水平的提升是教育的终极目标，而高水平思维既是认知存在感的基础，也是探究社区预期的学习成果。为了提升教与学的效果，应加强认知存在感的设计，鼓励学生进行反思与对话。本教学实践仍存在一些不足之处，如获取的样本数据较少，教学实践结果可能存在一定的片面性，使用个案的数据信息不一定真实地反映问题。我们只想借此教学实践提出一些初步的构想和研究成果与同行分享，希望有兴趣的老师可以借鉴，加深研究。

参考文献

[1]　Garrison, R. D., Anderson, T., & Archer, W. Critical Inquiry in a Text-based Environment: Computer Conferencing in Higher Education. *The Internet and Higher Education*, 2000(2).

[2]　胡宝玉. 线上学习社群中的互动. 成人及终身教育学刊, 2005(4).

[3]　董利亚, 冯锐. 在线学习社区培育与发展模型的构建及其策略研究. 远程教育杂志, 2016(2).

中高级水平来华留学生中文新媒体素养调查分析[*]

陈沫澄[1]　张俊萍[2]

[1,2] 北京语言大学 汉语学院 100083

[1] cc19980213@126.com　[2] jpzhang0315@126.com

摘　要: 本文对北京语言大学汉语学院的 30 名来华留学生(包括本科生与研究生)进行中文新媒体素养调查分析。首先,基于 Lin 等人提出的新媒体素养理论框架(2013)及国内新媒体素养研究现状,提出展开汉语作为第二语言学习领域新媒体素养调查的必要性。其次,基于 Koc 和 Barut 的本科生新媒体素养量表(2016)和栾琳等人面向中国大学生的英语新媒体素养量表(2020),创制面向中高级水平来华留学生的中文新媒体素养量表,并使用社会统计学软件 SPSS25.0 对量表所得数据进行描述性分析和相关性分析。最后,反思研究结果及问卷设置,构思改进措施并提出展望。

关键词: 新媒体素养　国际中文教育　线上汉语教学

Surveying Chinese New Media Literacy Among International Students at Intermediate and Advanced Levels

Chen Mocheng[1]　Zhang Junping[2]

[1,2] Chinese College, Beijing Language and Culture University, 100083

Abstract: This study investigated the Chinese new media literacy of 30 international students (including undergraduates and postgraduates) from the Chinese Language Institute of Beijing Language and Culture University. First of all, based on Lin's theoretical framework of new media literacy (2013) and the current situation of new media literacy research in China, point out the necessity of investigating new media literacy in Chinese as a second language learning field. Secondly, based on the new media literacy scale for undergraduates (NMLS) developed by Koc & Barut and the English new media literacy scale for Chinese university students by Luan Lin and others, the Chinese new media literacy scale for intermediate level and advanced level international students in China is developed, SPSS25.0 was used for descriptive analysis and correlation analysis using social statistics software. Finally, reflect on the results of the study and the questionnaire set-up, design improvement measures and put forward prospects.

Key words: new media literacy; international Chinese education; online Chinese teaching

---

[*] 本成果受教育部语合中心 2021 年度《国际中文教育中文水平等级标准》教学资源建设重点项目(YHJC21ZD-076)、北京语言大学 2022 年国际中文教育教改重点项目(项目编号 GJGZ202203)、北京语言大学校级科研项目(中央高校基本科研业务专项资金,21YBG01)、北京语言大学梧桐创新平台项目(中央高校基本科研业务费专项资金,19PT03)资助。感谢匿名审稿专家提出宝贵的修改意见,文中不妥之处由作者负责。

0 引言

在信息时代与后疫情时代，国际中文线上教学进入常态化，催生出海量数字教学资源。同时，教师数据素养研究不断推进，其测评研究也已进入实践层面（李艳、刘淑君，2020）。然而，一味单向提升输出质量，仅满足于学生完成线上听课等基本操作，虽能达成一定教学目标，但对线上学习效率的提升、学习能力的长远发展及终身学习目标的培养可能影响较小。

根据《国际中文教育数字资源发展报告（2021）》，本专业数字资源建设已进入智能教育阶段。然而，现存资源仍存在一定问题。如部分汉语教学网络平台及数字应用的概念知识输出不合理，缺乏对社会网络中错误信息的纠正机制等（梁毅、徐娟，2021）。留学生能否判断？能否能将资源分类后评估？是否愿意给予平台反馈？不同的答案便映射出其新媒体素养的高低。作为国际中文教师，我们需要了解不同学生群体新媒体素养的特点，有针对性地引导，更好地发挥线上教学资源的应用效果。在未来，形成教师数据素养与学生新媒体素养双向互通、相互促进的教学模式。

1 研究现状

1933 年，英国学者首次提出"媒体素养"，即"指导人们如何认识媒体的正面和负面影响以及如何评价媒体信息的价值"。进入 21 世纪，Web2.0 时代到来。随着当下新媒体及网络通信技术的急速发展，个人的新媒体素养亟须与之相配，该素养也应被看作一项社会技能，互动和分享是新媒介区别于传统媒介的本质特征，且要更注重不同场域中的互动，而不是简单的个人信息输出（Henry Jenkins，2006）。

Lin 等（2013）搭建了新媒体素养理论框架（图 1），Lee 等（2015）通过实证研究论证了该框架的合理性。该框架在前人研究基础上，通过两个基础的连续统一体：引用（consuming）和创用（prosuming），引申出连续作用的四个象限及十个指标。功能性引用

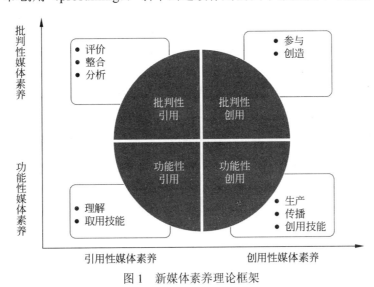

图 1 新媒体素养理论框架

指对媒体信息的使用和理解能力；批判性引用指通过对媒体信息的评判、整合，质疑评判其可信度的能力；功能性创用指运用媒体技术制造新内容，并与他人进行有意义互动；批判性创用指在用媒体与社会互动的过程中，能够从批判性思考的角度参与话题讨论并创造新的、有意义的媒体内容，是媒体素养教育的终极目标（Chen 等，2011）。

目前，国内新媒体素养研究对象多集中于中小学及高校的英语学习者。相关研究成果主要包括四方面。首先，家庭收入方面。家庭收入的高低对大学生新媒介素养存在显著正向影响（李金城，2017）。其次，年龄方面。随着年龄的增长，中小学生的互联网应用、信息获取等能力显著提高（谭筱玲、陆烨，2017）。再次，英语水平方面。成绩优秀者在新媒体融入方面显著高于其他学生，而成绩一般者在新媒体参与及反馈方面的感知均高于成绩较好者。最后，性别方面。女生更注重对新媒体的融入与评估，男生更注重反馈（周琼等，2021）。

有关汉语作为第二语言学习者的相关研究尚未大规模展开，笔者认为主要原因如下。一方面，非学科当前研究重点。本学科现阶段仍面临资源配置不均衡、学科规划和顶层设计缺位等问题（高育花，2021），线上教学建设仍为目前研究重点。另一方面，新媒体素养体系尚未搭建。留学生的汉语学习目的主要有五类：了解中国、便于工作、接受教育、融入文化和便于旅游（王志刚等，2004）。由于学习目的分散、新媒体需求的不同，教师无法统一管理，相关体系仍未建立。

线上教学时期，若不能了解学生新媒体素养程度，以此激活不同程度学生参与新媒体教学互动，学生接受的就始终是单向、被动的输入。同时，应激发学习者在新媒体中积极地与汉语母语者或不同国家的汉语学习者交流，以此输出。最终，形成线上教学双向互通的高效教与学行为。因此，汉语作为第二语言学习者的新媒体素养值得关注。

2　研究假设与研究方法

2.1　研究假设

本研究以中高级汉语水平来华留学生（包括本科生与研究生）为研究对象，通过问卷调查的形式收集定量数据。基于测前访谈及研究现状，本研究主要提出四方面假设：

（1）基于汉语水平。HSK 等级越高，对新媒体内容理解力越强，新媒体素养水平越高。

（2）基于国别。来自发达国家的留学生新媒体素养较高。

（3）基于性别。就创用维度而言，男女生均能掌握创用技能，但女生的批判性创用能力更强，会在新媒体使用过程中展开评分、讨论等参与、创造活动；男生的功能性创用能力更强，更倾向生产、传播新媒体内容等。

（4）基于网络素养。网络技术的应用会对个人社会化程度产生巨大影响（卢震宇，2009），网络技术推进下的留学生个人社会化程度，与其新媒体素养程度呈正向相关。

2.2　被试

随机选取 30 名北京语言大学汉语学院来华留学生为被试（17 女，13 男），汉语学习时长在 15～120 个月；HSK 等级包含 3 级（3 人）、4 级（4 人）、5 级（15 人）、6 级（8 人）；

分别来自不发达国家（4人）、发展中国家（20人）、发达国家（6人）。所有被试均自愿参加本次研究。

2.3 研究方法

本研究运用问卷调查法及数据分析法，以中高级来华留学生为研究对象。发放问卷后，运用 SPSS 进行数据分析，考察不同汉语水平、国别、性别和个体社会化程度的汉语学习者在新媒体素养方面的异同，探究中高水平来华留学生新媒体素养概况。

2.3.1 测量工具

目前，学界没有针对汉语学习者编制的新媒体素养量表。现有 Koc 和 Barut 的本科生新媒体素养量表（2016）与栾琳等人面向学习英语的中国大学生的新媒体素养量表（2020），都不能满足汉语作为第二语言学习者的专业化调查。因此，笔者结合现有量表，编制了面向学习汉语的中高等级来华留学生的新媒体素养量表。改编后的问卷由个人信息与新媒体素养量表两部分组成，采用中英双语问答，基于李克特六级量表编制。

2.3.2 数据采集和分析流程

首先计算各因子信度系数（α系数）以确定问卷的信度、采用探索性因子分析讨论问卷的因子结构，以验证问卷的效度。随后验证所提假设：采用单因素方差分析探索国别和汉语水平的自变量对汉语学习者新媒体素养各因变量的效应；采用多元方差分析性别对创用性能力内各因变量的效应。

2.3.3 信度与效度

如表 1，各维度信度系数、KMO 值均大于 0.6，即该问卷具有一定信效度，可用于评价留学生线上中文新媒体素养。

表 1 信效度检验

变量名称	题项个数	Cronbach Alpha 值	KMO 值
功能性引用	3	0.868	0.731
功能性创用	7	0.857	0.652
批判性引用	6	0.851	0.623
批判性创用	7	0.632	0.621

3 研究结果分析

下文将针对上述 4 个研究假设，分析相应的数据统计结果并讨论该结果的相关启示。

假设 1：基于汉语水平，HSK 水平越高，新媒体素养越强。

如表 2，$p = 0.662$，不同 HSK 水平的留学生的新媒体素养未出现显著差异，假设 1 不成立。因所获数据间的平均值数差大，个体差异过大，后续研究需加大样本数量。

信息时代，使用新媒体不依赖单一某种语言，留学生有多种方式达到应用目的。因此，

表2　HSK水平的单因素方差分析

HSK水平	样本	平均值	标准差	F	显著性
3级	3	95.67	17.214	—	—
4级	4	102.25	14.975	0.535	0.662
5级	15	92.07	17.998	—	—
6级	8	95.70	16.105	—	—

想探究其新媒体素养，后续研究关键在于先让留学生愿意放弃熟悉的母语，接受并运用中文背景下的新媒体环境。在此条件下才能进一步思考汉语水平与新媒体素养间的关联程度。

目前，北京语言大学汉语学院开设了"中国当代话题课"，教师带领留学生阅读《人民日报》等报刊媒体，一定程度上帮助留学生养成通过媒体走进中国社会的习惯；在课下，目前仍存在部分汉语教学网络平台及数字应用的概念知识输出不合理，缺乏对社会网络中错误信息的纠正机制等问题（梁毅、徐娟，2021），教师可辅助或带领助教辅助留学生运用新媒体平台展开学习，推荐并引导留学生在不同的高质量中文新媒体平台中学习并互动。如，增设新媒体类作业：每周在"中文论坛"讨论区找出五个感兴趣的中文问题，并用中文参与讨论，截图发给老师等。

假设2：基于留学生母语国家发展水平，来自发达国家的留学生新媒体素养较高。

如表3，$p = 0.216$，来自不发达、发展中和发达国家学生之间的新媒体素养未出现显著差异。假设2不成立。因此，不能单纯通过国家发达程度推测学生新媒体素养水平，应进一步考虑相关客观因素。如，国家间的网络环境差异、使用新媒体功能的个体偏好问题等。

表3　国家发展水平的单因素方差分析

国家发展水平	样本	平均值	标准差	F	显著性
不发达	4	103.50	12.871	—	—
发展中	20	97.10	15.637	1.612	0.216
发达	6	85.83	20.381	—	—

假设3：基于性别，就创用维度而言，女生的批判性创用能力更强，男生的功能性创用能力更强。

如表4所示，就性别角度而言，各维度p值均大于0.05。但在所得数据中，功能性创用素养下的生产和传播维度的平均值，男生组明显大于女生组；批判性创用素养下的创造维度的平均值，女生组明显大于男生组，因此，虽假设3的整体p值未能构成较高显著性，但根据三个维度的平均值，假设3基本成立。

笔者认为可以不断改进现有中文新媒体平台功能，建设跟踪学习全过程的平台服务，缩小性别因素带来的新媒体素养差距，促进男女生新媒体素养全面发展。

面向"智慧教育"时代，我们应认识到智能技术支撑的教育服务是关键（余胜泉、陈璠，2021）。目前国际中文教育线上教学管理平台的主要功能仍在于开展在线课程、提供学习资源。因此，平台设计者应联合教师，了解新媒体素养知识，在汉语教学全过程添加辅助设计功能服务，进行教学干预，促进留学生由"被动"提升到形成真正的新媒体素养。

表 4   性别的多元方差分析

组别	生产平均值 （标准差）	传播平均值 （标准差）	创用技能平均值 （标准差）	参与平均值 （标准差）	创造平均值 （标准差）
女生组（17人）	8.53 （1.972）	8.76 （2.386）	9.71 （2.114）	12.29 （3.098）	16.53 （3.281）
男生组（13人）	9.15 （1.519）	9.77 （1.833）	8.31 （2.213）	12.69 （2.463）	14.77 （3.609）
F	0.894	1.584	3.095	0.145	1.945
显著性	0.352	0.219	0.089	0.707	0.174

（1）课前：增加新媒体搜索板块，促进生产及传播维度能力提升。要求学生在中文新媒体搜索中预习，追踪母语者观点，归纳后提出见解并在课前用中文汇报；随时查看新知识与已学知识的联系、本课学习内容难易度预测等板块，方便学生监控自己的学习情况，同时提升自我调控学习能力。（2）课中：平台可增设弹幕等功能，便于实时反馈、互动，促进参与维度能力提升。（3）课后：设置新媒体作业技术辅助板块，促进生产及传播维度能力。如，教师布置"拍摄 VLOG/PLOG 作业，发布在教学平台并用中文互动"作业，平台提供辅助生成功能，帮助学生提升新媒体创造能力。

另外，常设"意见反馈""权威发声"板块并开放评论。平台实时提供权威信息，避免虚假信息传播，促进学生形成批判性观念，辅助形成批判性创用参与与反馈能力。

此外，平台设计者要充分考虑实用性、易懂性。辅以标识、图画等形式，让不同汉语水平的留学生都可意会设计意图，最大化发挥电子化教学管理平台的技术支持和引导作用。

假设 4：网络技术推进下的留学生个人社会化程度与其新媒体素养程度呈正相关。

卢震宇（2009）认为，个人社会化指社会将人转化为能适应一定社会文化、参与社会生活的过程。可再大致分为三个过程：（1）能正确对待个人早期社会化过程中的价值观念和行为规范，需要个人拥有对已有观念去粗取精的能力，即批判性维度要求；（2）不沉迷虚拟现实环境中的"人机关系"，不使其替代实体的"人际关系"，不丧失在人性化世界中的生活能力；（3）正确对待虚拟空间和现实空间，从网络上习得的内容必须经现实生活检验。

笔者将网络技术影响下的个人社会化程度分为三个等级（见表5）：

表 5   个人社会化程度

等级	过程一	过程二	过程三
初级	√		
中级	√	√	
高级	√	√	√

不同于传统媒体，有的新媒体信息暗藏诸多管理漏洞及价值观问题，如信息传播成本极低，暗含诸多商业推广等（卢震宇，2009）。应针对这些不同于传统媒体的现实问题向学生系统介绍并教授辨别方法。因此，教学管理部门可开设新媒体素养相关课程或讲座，帮助留学生适应及了解中文背景下的新媒体环境，推进汉语学习。

4 研究不足与展望

首先，调查对象中虽已包括了中高级水平学生，但仅为北京语言大学留学生，样本范围较小且数量少。相比之下，问卷设置所设指标较多。

其次，在研究方法上，本次研究的测前访谈对象数量较少。未来可以增加访谈法，细化测前访谈大纲，增加随机抽取的测前访谈被试数量，挖掘被试使用中文新媒体的动机、态度等更深层次内容，使问卷内容更具针对性和可用性。

再次，问卷设置存在四点不足。（1）通过三个问题考察"汉语水平"，效率较低。另外，对于中文新媒体素养，侧重考察留学生中文阅读能力，因此，应获取 HSK 阅读单项成绩，使研究结果更有针对性。（2）对于"个人社会化程度对新媒体素养的影响"，因前期问卷设置问题未能展开有效研究。应在个人信息部分设置相应问题，或另寻"个体社会化"测量工具，在控制其他变量的情况下展开分析。（3）对已有量表的改编还不够"学科化"，应在翻译已有量表内容的基础上，针对性地增添学科问题。（4）就留学生的语言背景考察不足。若是华裔，可询问"你和家人说哪种语言？""生活中，你习惯使用汉语网站吗？"等问题进一步测量汉语使用程度。

最后，在研究数据收集形式上，新媒体测量工具以自陈式问卷为主，并未对个体新媒体行为进行实际测量，研究结论可能受留学生个体因素影响。

未来，笔者可以继续改编适用于留学生的新媒体素养问卷，并将定量研究与定性研究相结合，使研究结论更加客观、严谨。另外，本研究仍针对留学生的中文新媒体基础应用能力展开，未来可细化类别，对留学生的中文新媒体素养教育展开研究。

参考文献

[1] Chen, D. T., Wu, J., & Wang, Y. M. Unpacking New Media Literary. *Journal on Systemics, Cybernetics and Informatics*, 2011(2).

[2] Jenkins H. Confronting the Challenges of Participatory Culture: Media Education for the 21st Century. *Digital Media and Learning*, 2006.

[3] Koc, M., & Barut, E. Development and Validation of New Media Literacy Scale (NMLS) for University Students. *Computers in Human Behavior*, 2016.

[4] Lee, L., Chen, D. T., Li, J. Y., et al. Understanding New Media Literacy: The Development of a Measuring Instrument. *Computers & Education*, 2015(7).

[5] Lin, T. B., Li, J. Y., Deng, F., et al. Understanding New Media Literacy: An Explorative Theoretical Framework. *Journal of Educational Technology & Society*, 2013(4).

[6] 高育花. 新冠疫情下的国际中文教育研究综述. 天津师范大学学报(社会科学版), 2021(6).

[7] 李金城. 媒介素养测量量表的编制与科学检验. 电化教育研究, 2017(38).

[8] 李艳, 刘淑君. 国外教师数据素养测评研究及启示. 开放教育研究, 2020(26).

[9] 梁毅, 徐娟. 基于联通主义的汉语网络学习平台创新研究. 第十二届中文教学现代化国际研讨会论文集, 胡志明: 胡志明市师范大学出版社, 2021.

[10] 卢震宇. 论网络技术对个人社会化的影响. 新闻界, 2009(6).

[11] 栾琳, 董艳, 郑春萍. 大学生英文新媒体素养的内涵与结构——兼论其与英语自我效能感的关系. 现代远程教育研究, 2020(32).

[12] 谭筱玲, 陆烨. 中小学生新媒介素养教育核心路径研究——基于成都十二所中小学的实证调查. 新闻界, 2017(12).

[13] 王志刚, 倪传斌, 王际平, 等. 外国留学生汉语学习目的研究. 世界汉语教学, 2004(3).

[14] 余胜泉, 陈璠. 智慧教育服务生态体系构建. 电化教育研究, 2021(42).

[15] 周琼, 郑春萍, 高梦雅, 等. 英语学习者在线自我调控及新媒体素养研究——以少数民族地区高中生为例. 西安外国语大学学报, 2021(29).

网络汉语教学课件的功用制作与使用

武　勇[1]　李晓琪[2]

[1] 北京新英才爱语教育科技有限公司 100020　[2] 北京大学 对外汉语教育学院 100871
[1] william.wu@bjntct.com　[2] lixiaoqi@pku.edu.cn

摘　要：成功的网络教学离不开科学有效的课件。本文结合具体汉语网络课程，探讨了课件在网络教学中的功用、课件制作的基本原则，并且在 Say Ninhao 汉语网络教学平台进行教学实践的基础上，总结出教师在网络教学过程中，使用课件应该注意的问题。

关键词：课件　功用　制作　使用

Function, Making and Using of Network Chinese Teaching Courseware

Wu Yong[1]　Li Xiaoqi[2]

[1] Beijing New Talent Chinese Education Technology Co., Ltd, 100020
[2] School of Chinese as a Second Language, Peking University, 100871

Abstract: Successful network teaching is inseparable from scientific and effective courseware. Combined with specific Chinese network courses, this paper discusses the functions of courseware in network teaching and the basic principles of courseware making. Based on the teaching practice of Say Ninhao Chinese network teaching platform, this paper summarizes how teachers can better use courseware in the process of network teaching to improve teaching quality.

Key words: courseware; function; making; using

0　引言

　　新冠肺炎疫情使得网络课程教学以意想不到的速度快速发展起来，其意义和影响正如刘利（2020）所言，"这次大规模在线教育实践，意味着我国可能正在经历一个全球最大的信息化基础设施升级改造工程和一个师生信息素养提升培训工程，一次全球最大的信息化教学社会实验和一次开放教育资源运动，对运用信息化手段推进教育教学方式改革具有革命性意义"。

　　这一论述，正是近年来开始的不同层次、不同类型的学校在网络教学方面的真实写照。这既是一次教育系统的大规模教育实践，也使广大师生进行了信息素养培训，全民的教育观念有了根本性的转变，网络课程教学以意想不到的速度和形式在全国乃至全球快速发展起来。实践已经充分证明网络教学是"新兴的、最理想、最方便、最经济的远程教育方式"（徐娟等，1999）。

课件是网络教学成功的基础。本文讨论汉语网络教学中，课件的功用、课件在制作过程中应该遵循的原则，以及在实践的基础上探讨教师在使用课件时要注意的问题。

1　课件的功用

目前，网络教学模式的类型大致包括直播、录播、慕课、线上互动研讨、提供材料供学习者自学、电视云中课堂等，其中将录播视频有机融入直播教学中的在线教学模式是最经常使用的一种。它的优势在于：课程教师团队可以共同打造、录制教学视频，做到优质教学资源共享；在直播教学中结合录播教学视频开展互动教学，可以使教师实时了解学习者的学习效果，以调整直播教学的内容和节奏，避免学习者因自主学习能力不足造成学习效果差的问题（王瑞烽，2020）。

无论是录播课程还是直播课程，或者是两者融合，都离不开课件的使用。因此，要确保网络视频教学遵循汉语作为第二语言教学规律、符合学习者的认知特点，离不开优秀精良的课件。实践已经证明，课件质量是影响网络视频教学内容准确清晰、教学方法科学合理、教学质量稳定高效的重要因素，是保证网络课程成功的关键（李晓琪等，2016）。

1.1　课件准确清晰展示教学内容

直观感受是人的第一信号，教学课件最显著的功用就是可以把教学内容直观化。正因为如此，准确清晰地展示教学内容，是直观化教学必须做到的，也是课件最突出的优点，包括有逻辑内涵的文字显示、切合主题的图片配置、标准的语音讲解，以及与课件一页页内容协调一致的优美画面布局。以"商务话题汉语"课程为例：该课程为在华工作的汉语初学者设计，学完本套课程之后，学习者能够运用汉语就与商务活动相关的生活话题和商务话题与他人进行沟通和交流，并了解中国的商务文化和商务礼仪，使之具备一定的商务交际和商务活动能力。为此，课程设置了 4 个单元：商务人际交往、商务生活圈、一般商务活动和高端商务活动。每个单元话题下设 8 个子话题，每个子话题匹配 5 个商务场景，全课程共包含 4 个单元、32 个话题、160 个场景。学习者通过学习这些场景中最常用最典型的核心表达，掌握职场中的各项口语交际能力。每个单元后设置单元小结，帮助学习者梳理核心句和常用词语等。课件准确清晰地展现以上内容，学习者可以根据自身的兴趣灵活选择各单元的学习内容及学习顺序。

1.2　课件提高课堂教学效率

首先，有经验的教师都深有体会，板书是课堂教学必要的一个环节，教师会将教学重点、难点，以及需要强调的内容以板书的形式展示，课件的使用节省了教师板书时间。其次，课件的配图和视频，更是生动形象地把教学内容展示出来，学习者看到了画面，就可以立刻领悟教学内容。如学习点餐，课件中用一张家常菜图片配以文字说明，在短短的一两分钟内就可以使学习者完成感知、输入、认知的学习流程，之后的时间让学习者朗读和说出所学内容，进一步完成内化和掌握、运用的流程，这将大大提高课堂教学效率。最后，课件还有一个特点就是释疑性，利用这一点可以很容易突破教学中的难点。如学习中国称谓，一张树形图就可以让学习者马上明晰中国称谓与其国家称谓的差别，不再在称谓上产生疑虑。

这里还要说一说 HSK 课程的课件。HSK 课程可分为标准课程和考试技巧课程两类，两门课程各具特色。标准课程，课件的重点是帮助不同级别的学习者扎实地掌握汉语词汇、语法知识，因此，精心安排和梳理过的词汇教学和语言点教学，可帮助学习者快速提升汉语水平。HSK 考试技巧课程，课件的重点是在已经具备了一定汉语知识的基础上，对不同级别的考试技巧进行归纳、解读和实战练习，这同样是事半功倍，可提高学习效率。

1.3 课件激发学生学习激情

对学习的认知兴趣，是推动学生认知活动的一种最实际、最直接的内部动力。课件的另外一个功用就是运用课件形式进行教学，不但使教学内容直观、清晰可见，而且输入形式（视觉、听觉）快捷有效，画面感十足，这使得学习者的获得感油然而生。更为重要的是，课件搭建起了教学过程中师生互动和交流的平台。课件创建的任务情景，引导学习者很快进入教学过程，教师适时提问，并提出教学目标和要求，可以任务为驱动，促使学习者自觉主动地完成教学任务。这一过程，不再是被动的填鸭式的输入式学习，而是主动的自主寻求知识的快乐学习。课件教学激发出的学习者的学习热情，使师生之间、学生与学生之间的感情更为融洽，可产生共鸣，激发出学习者发自内心的学习激情。

2 课件制作的基本原则

2.1 教学性原则

课件的主要用途在于课上教学，所以把握教学性原则是首要任务。课件应根据不同的教学目的、教学对象以及教学中不同的重点和难点选择制作，同时应发挥网络的特点，用生动活泼的内容形式，激发学生的学习兴趣和积极性；一句话，要便于教学。

2.1.1 课件内容清晰明了，便于学习者领悟、跟进

由于在网络视频教学中，师生之间无法利用一般语言课堂上常见的微表情、提示语等手段与学习者沟通；又因为课时较短，不能反复、详细地解释说明教学步骤、教学要求等，因此课件的内容，特别是其指示引导作用就显得尤为突出。为保证网络课堂顺利进行，每个课程的课件第一页，都应该言简意赅地注明本课的学习目标以及学习内容（李晓琪等，2016），这也是当下国际上流行的教学法。如《快乐汉语》在课件制作中坚持了这个方向，如图 1 所示，学生能够一目了然地了解这堂课的学习重点，以及需要掌握的内容。同时，每页课件的左方都有教学环节提示，当前的教学步骤突出显示，便于学习者明晰课程安排及流程（见图 2）。

图 1　学习目标和学习内容

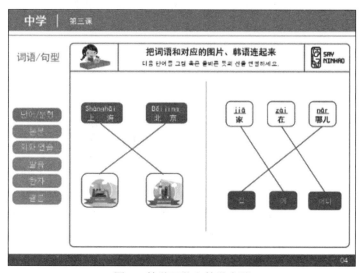

图 2　教学环节和教学步骤

2.1.2　课件内容与表现形式的完美结合

课件不仅要有好的教学内容，而且还要有好的表现形式，做到内容与形式的完美结合。这可使课件的使用者赏心悦目、在语言学习的过程中获得美的享受，从而引起对课件内容的兴趣。因此，课件在界面的布局、颜色的搭配、图片的选择和使用、配音的声音和语速等微观层面都应统一布局，仔细斟酌。同时，课件的界面还要保持简洁大气，既要有艺术性，又要有整体思想，这样的课件才符合教学性原则。

2.2　科学性原则

2.2.1　板块设置的科学性

科学性无疑是课件评价的重要指标之一，要真正做到课件内容的正确、准确和目的明确。科学性的基础是课程教材的选择和使用，本文不详细讨论。本文要讨论的是，在已经选定教材、确定课程性质的基础上，如何保证课件内容的科学有效。研究证明，课件板块的设置是重要一环，因为不同的板块设置体现不同的教学原则和教学方法，可以体现出不同的教学效果。

为达到以上要求，需要区分课程设置中的基础性课程、拓展性课程和研究型课程。

基础性课程，重点在于传授结构性的语言基础知识和对基本知识结构的学习与掌握，培养学习者在此基础上的语言综合运用能力。一句话，侧重于语言知识规则（理论）方面的学习与提升。这是传统型课程所坚持的理念，如"精读课程""HSK 标准课程""阶梯商务汉语课程"等。

拓展性课程，是由若干专题构成的对基础类课程的拓展，是一种体现不同要求、具有一定开放性的课程，旨在培育学习者的话题意识、完善学习者的认知结构、提高他们自我运用该话题情景中的语言能力和在该话题的场景中的自主选择能力。该课程侧重于语言实践能力的培养。这种课程常常与任务型教学法相结合，如"商务话题汉语"。

研究型课程，是根据学习者的兴趣、爱好及特长，运用研究型的学习方式，引导学习者进行探究性学习的一种课程形态。这种课程的内容重在对学习内容的归纳和分析，在于对使用语言规律的总结和实战性练习。旨在教授学习者一种能力、一种方法，以帮助他们自主学习，如"HSK 考试技巧课程"。

不同课程的课件设置板块是不相同的。基础性课程的课件原则上遵循词语（词语扩展）、句型、语言点、对话（短文）、交际性练习和课程小结设置的原则（见图3）。

图3　基础性课程板块设置

拓展性课程的课件一般按照关键句、情景交际、练习、小贴士（词语、语言点和文化常识）设置（见图4）。

研究性课程，如 HSK 考试技巧课程，则按照 HSK 的内容，分小板块设置，如真题练习与讲解、考点分析与答题技巧、考试步骤、相关语言知识以及模拟测试等。实践证明，这些不同课件板块的设置，受到学习者的欢迎，收到了良好的教学效果。

图 4　拓展性课程板块设置

2.2.2　翻译的配置

保证课件内容科学性的另一方面是在必要的地方配置相应的翻译。网络授课受到时空限制，不允许教师过多地直接用汉语或媒介语与学习者沟通。因此，课件的制作应当配有翻译。根据不同类型课程，不同水平课程的需求，在每课的学习目标、教学步骤、练习要求等引导内容处，以及生词、课文等处都应匹配相应的翻译，以克服师生因语言不通而形成的沟通障碍，保证学生对授课方式、学习内容的正确理解。

2.2.3　配图

配图是网络视频教学课件必不可少的内容，它不仅能使课件内容丰富活泼，调动学生的学习兴趣，而且能够更为生动地展示汉语使用情景，更为直接地触发学生的语言表达，这也是课件内容科学性的一个重要方面。鉴于此，在课件制作过程中，必须选择能够清晰、准确地指导学习者语言输出的图片。

2.3　简约、重现原则

2.3.1　时长的设置

汉语课堂教学的课时一般是 40～50 分钟，实践证明，这一时长不完全适合网络汉语教学，对于基础性课程和拓展性课程而言，适当压缩授课时间，会更有利于确保稳定的网络环境，便于学习者充分利用碎片化时间，随时随地实现泛在学习。因此课件的制作必须简约，可将视频教学的课时缩短为 20～25 分钟。以《阶梯商务汉语》为例，在选定教材之后，可根据课时的要求，把每一课分 4 次完成授课。即制作 4 个教案与课件，每个课件的长度在 12～15 页，分别学习一个话题的部分用语。教案是 Word 文档，针对课件的每一板块，逐一注明了教学目标、教学环节与步骤以及课件中不同板块的课时分配，供教师参考。而有些课程，如 HSK 考试技巧课程，预计一次课的课时是一个小时，则课件长度在 30～35 页。

2.3.2 重现

重现是任何教学法都重视的教学策略，无论是瞬间重现还是间隔重现，都十分有利于语言学习，这已经是学界的共识，同时这也是课件制作必须遵守的原则。在课件制作中，重现体现在三个层次：（1）同一个课件中的重现，如在词语板块中学习的新词语，在词语扩展中重现、在对话（课文）中重现、在练习中重现、在每个课件的小结中重现等；（2）在每一课的不同课件中螺旋递进重现，如上文提到的"阶梯商务汉语"，在每课的第二、第三、第四个课件中，都有意识地重现本课前一个课件中出现的关键词语、句型和核心句；（3）在练习和复习中重现，要有意识地在课后练习和单元复习中安排阶段核心知识的重现，一般说来，这是间隔性重现，对所学知识的内化和记忆都有其特殊的作用。

3 课件的使用

教师是课件的使用者，是保证课件发挥效力的关键。网络授课教师要在屏幕前始终保持微笑，保持轻松、亲切的状态，给学习者以亲切感。还要注意观察学习者的反应，多给予鼓励（赞许的眼神、挑大拇指、鼓掌），给学生成就感和信心；同时，教师应该能够灵活操控平台的每一个功能，如调试设备、上传课件、切换课件、共享界面等（章欣等，2018），更好地辅助网络课堂。本文在 Say Ninhao 汉语网络教学平台进行教学实践的基础上，提出教师在网络教学过程中应注意的几个问题。

3.1 熟知课件内容

上课前熟悉教案及课件内容，包括教学目标、词语、对话、练习等，并且对每个板块的教学时长进行预估，这样才能更好地使用课件。一般来说，教师不必增加课件之外的新词语或新内容，因此在课件制作过程中，已经对课件内容进行了精心安排。因为每个课件预设的教学时间是一定的，新词语和新内容会打乱教学节奏，导致不能按照原计划完成全部课件的教学内容。当然，根据学习者情况可有一定的灵活度，灵活度体现在可对每个板块的时长进行调整。对学习基础差些的学生，可在机械性练习板块多用些时间；对学习基础比较扎实的，则可在交际性练习、开放性练习板块中着力。

任务型教学是当下商务教学的主流方法，它以"做中学、用中学、体验中学"为教学原则，强化训练学习者完成特定任务所必需或常用的表达形式，实现"学后即用"的教学目标。这是教师必须熟知和了解的课件内容。如"话题商务汉语"每课的课件内容应该包括本话题的核心句（10～15 句）、情景交际、任务型练习、常用词语、话题扩展知识、语言点和文化板块等环节。

3.2 师生互动

师生互动是课程中必不可少的一环。除了常规的教学步骤外，还有两点需要注意。一是如何纠错。学生发音有误，或答不出问题、答错问题都是正常的，尽量不直接说"不对、错"，可通过摇头、点头、语气词等及时纠正并示范反馈，语气要积极，目的是尽量减少学习者的紧张、害羞和焦虑感。学生答不出时要给予提示、帮助，引导其回答问题，要避免逼着学生说"不知道"，这将打击学习者的积极性。二是如何做练习。要注意在做练习时适当给学生一些思考反应时间，不要着急催促学生，但也不要长时间沉默等待，沉默会给学生带来巨大压力。

此外，教师的课堂活动指令得当与否，直接关系到师生互动能否顺畅完成。课堂用语及指令语可以不必说，直接指给学生看相应的翻译即可。确实需要说的话，可以直接说汉语，同时指翻译语。这样的好处是学习者的视觉、听觉同时工作，充分调动起了人体的不同器官，使所接受的输入内容内化、融合，进而理解、输出。教师还要注意尽量保持课件的页面整洁，指示标记用完后及时擦去。在实用性课程（如"商务话题汉语"）中，尽量不用板书，贯彻"从听到说，不断操练，由准确到流利"的理念。

3.3 研发教师网络教学自我评价量表

中文教师使用课件进行网络教学，一般会经历"基础、深化、延展"三个阶段，而各阶段又包含"原理、理论、实践、自我认知"四个维度（廖建玲，2021）。研发教师网络教学自我评价量表，可以促进教师清楚地认识到自己教学中的得与失，不断提升自我认知，不断总结教学规律，在自我评价中完善课件的使用。

参考文献

[1] 李晓琪，章欣. 汉语网络视频教学实施探索. 数字化汉语教学. 北京: 清华大学出版社, 2016.

[2] 廖建玲. 中文教师评价素养框架. 国际中文教育, 2021(2).

[3] 刘利. 这是一次世界上规模最大的"教育实验". 人民政协报, 2020 年 3 月 25 日, 第 6 版.

[4] 王瑞烽. 疫情防控期间汉语技能课线上教学模式分析. 世界汉语教学, 2020(3).

[5] 徐娟，张普. 基于 Internet 的中级汉语远程教学. 世界汉语教学, 1999(2).

[6] 章欣，李晓琪. 汉语网络教学教师培训研究. 语言教学与研究, 2018(3).

词嵌入技术在教学材料检索上的应用实践与思考*

林海港[1]　顾涵文[2]　赵慧周[3]

[1,2,3] 北京语言大学 信息科学学院 100083

[1] 13366982923@163.com　[2] 201911580460@stu.blcu.edu.cn　[3] zhaohuizhou@blcu.edu.cn

摘　要：教学材料是开展教学活动的基础，在数字化时代，教学材料检索系统可以帮助教师定制教学材料。相比于开放的互联网数据，教学材料语料库规模都比较小，传统文本检索技术在此类系统上应用会因数据稀疏问题导致检索结果差。本文介绍了词嵌入技术在构建英译中教学材料检索系统中的应用，展示了该技术在检索相关材料方面的实用性和潜力。本工作将教学材料表示为关键词词组，实验表明在检索更多相关教学材料上，关键词数量增加，系统性能总体变优。此外，综合考虑结果相关性和时空复杂度，本工作选用 5 个关键词组成的词组来表示教学材料。而且，我们在提取关键词阶段限制关键词词性的方案在性能上远远优于默认的无词性限制方案。研究结果为自适应教材表示和词向量的融合机制提供了启示。

关键词：中文教学　教学材料　教学材料检索　词嵌入技术

Application and Reflection of Word Embedding Technology in Constructing Retrieval for Pedagogical Materials

Lin Haigang[1]　Gu Hanwen[2]　Zhao Huizhou[3]

[1,2,3] College of Information Science, Beijing Language and Culture University, 100083

Abstract: Pedagogical materials are the basis for carrying out teaching and learning activities. In the digital age, a pedagogical material retrieval system can help teachers customize pedagogical materials. Compared with open-source data on the web, a corpus of pedagogical materials is relatively small in scale, and the application of traditional text retrieval technology on such systems will lead to poor results due to data sparseness. This paper presents an application of word embedding technology in constructing the retrieval system for Chinese pedagogical materials translated from English, demonstrating the practicability and potential of the technology in retrieving relevant materials. Any pedagogical material is represented as a keyword group in this work. In retrieving more relevant pedagogical materials, experiments show system performance becomes better overall as the number of keywords increases. In addition, taking both relevance in results and complexity in time and space into consideration, a keyword group containing 5 key words is used to represent pedagogical materials. Moreover, our scheme restricting the part of speech during extracting key words is more robust than

---

* 本成果为北京语言大学研究生创新基金（中央高校基本科研业务费专项资金）项目成果（项目编号 22YCX081），赵慧周为本文通讯作者。

the default unlimited scheme. The results provide implications for adaptive teaching material representation and fusion mechanism of word vectors.

Key words: Chinese teaching; pedagogical materials; material retrieval; word embedding technology

0　引言

教学基于教学材料展开，更多相关教学材料为师生提供了更多的参考。传统教学材料难以为师生提供同一套知识的多样化表达。人工组织更多相关的教学材料，既不经济，亦无效率。幸运的是，信息检索技术可以自动化这一过程。教学材料检索，本质是文本检索问题（考虑纯文本教学材料）。

传统的文本检索模型，如布尔检索模型（Dwork，2006）、向量空间模型（Xiao et al.，2009）、概率检索模型（Robertson et al.，1976）等大多是基于关键词进行字符匹配的表层语义检索，只能检索到包含查询词的文档。这些模型无法理解文档中词项的上下文关系，因此检索不出字符上与查询词项有较大差异但语义上与查询词高相关的文档。这一缺陷在数据稀疏情况下更加突出。

近年来兴起的词嵌入技术能够从大规模文本语料中捕获词项的上下文语义信息。宋雅迪（2019）、戴一帆（2021）、黄名选等（2021）的工作表明，词嵌入技术为文本检索技术带来了明显的改进。利用词嵌入技术的文本检索技术已经应用在多个领域，例如，许稳堂（2017）将词嵌入技术用以支持微博检索，宰新宇等（2020）用词嵌入模型支持科技文档检索，牛丽静（2021）将 Word2vec 模型应用到电子病历检索中。

在教学材料检索领域，词嵌入技术还未开展应用实践。基于经济效益和技术特点，我们提出了用词嵌入技术构建教学材料的检索系统，实现以无标注和非训练方式进行检索。

1　系统设计

本部分首先对教学材料检索系统进行问题定义，并对教学材料和查询的表示方法进行描述，最后给出查询匹配度计算方法。表 1 中列出了我们将使用到的术语及其定义或描述。

表 1　术语定义或描述

术语	定义或描述
Query	系统的输入。词的集合
Tkws	从任一教学材料抽取出的一个关键词集合
M	*Query* 中的词个数
N	我们数据库中教学材料的数量
N_{Tkws}	*Tkws* 中的关键词个数
Tkwvs	*TKws* 中各个关键词对应词向量组成的一个集合
Qwvs	*Query* 中各个词对应词向量组成的一个集合
Cosine similarity matrix（*Csm*）	矩阵中的每一个单元格记录着对应行词向量（*Tkwvs* 中的一个）和对应列词向量（*Qkwvs* 中的一个）的余弦相似度

术语	定义或描述
TS	阈值，可调整的值，以 0.5 为例
$N_{Sim>TS}$	Csm 中任意一行余弦相似度高于阈值的单元格个数
$Score$	所有行 $N_{Sim>TS}$ 的和
MD	$Query$ 和一篇教学材料的匹配度
$Normalize$	$MD = Score / (M * N_{Tkws})$（与 1.3 节的公式一致）

1.1　问题定义

图 1 为系统功能简图。

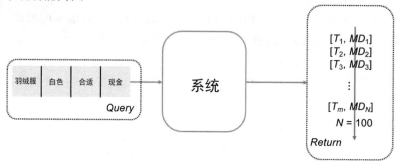

图 1　系统功能简图

注：$Query$ 是系统的输入；$Return$ 是系统的输出；T_i 是由系统返回的第 i 个教学材料，其与 $Query$ 的匹配度为 MD_i。

系统的查询是一组词的集合，表示为 $Query = (w_1, w_2, w_3, \cdots, w_M)$，$w_i$ 表示第 i 个查询词，M 是查询词的个数。

系统返回数据库中教学材料的重排结果，记为 $(T_1, T_2, T_3, \cdots, T_N)$，对应非递增匹配度集合 $(MD_1, MD_2, MD_3, \cdots, MD_N)$，$T_i$ 指的是与 $Query$ 第 i 个相关的教材，匹配度为 MD_i, N 是教学材料的总数。图 2 为计算 $Query$ 与任一教学材料间匹配度 MD 的说明性过程。

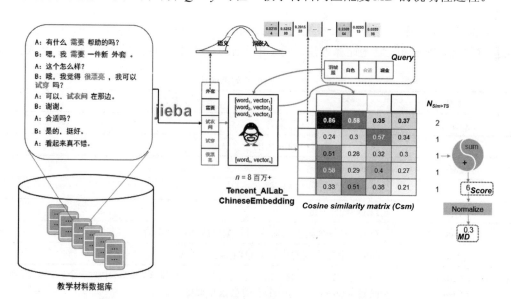

图 2　计算 $Query$ 与任一教学材料间匹配度 MD 的说明性过程

1.2　教学材料及查询表示方法

我们将教学材料数据库的任一篇表示为一组关键词的集合，记为 *Tkws*。关键词由 jieba[①] 自动抽取，然后人工校对。*Tkws* 中的每一个关键词都会从 Tencent_AILab_ChineseWordEmbedding[②] 中获得词向量。自然地，*Tkws* 被映射到本质上是一组词向量的语义空间，记为 *Tkwvs*。与表示教学材料的方法一致，*Query* 被表示为另一组词向量集合，记为 *Qwvs*。

1.3　查询匹配度计算方法

Tkwvs 中的任一词向量都会与 *Qwvs* 中的所有词向量计算余弦相似度。图 2 的 *Csm* 描述了这个过程。*Csm* 中的每一个单元格记录着对应行词向量（*Tkwvs* 中的一个）和对应列词向量（*Qkwvs* 中的一个）的余弦相似度。每一行中，记录的余弦相似度高于 *TS*（可调整的阈值参数，以 0.5 为例）的单元格数量记为 $N_{Sim>TS}$，每一行的 $N_{Sim>TS}$ 加和结果为 *Score*。*Query* 与任一篇教学材料间的匹配度可以由公式（1）获得：

$$Normalize: MD = Score / (M * N_{Tkws}) \tag{1}$$

其中 *M* 是 *Query* 中词的个数，N_{Tkws} 是 *Tkws* 中的关键词个数。

2　实验

2.1　实验设置

支持非系统化语言学习是本文所研究的教学材料检索技术的一个基础应用场景，因此我们选择主题覆盖度较高、语言难度不具有阶梯性、材料长度适当的数据集进行实验。我们以说课英语平台"生活口语 100 篇"课程使用的 100 篇英语口语对话课文为基础，经翻译改写后作为本实验的数据集。这 100 篇口语教学材料源于企业内部的出差人员英语培训需求，会话场景覆盖成年人生活和工作的典型场景；后改编为在线一对一口语教学材料，每篇教学材料语言难度相当，学习者可根据交际需求选择，材料长度支持 25 分钟一对一在线教学时长。

首先，将教学材料表示为一组关键词。关键词个数太少会导致严重的信息损失，反之，将造成信息冗余。所以，我们先探究表示教学材料的关键词数量与系统表现之间的关系，以此来确定最合适的关键词个数。

其次，jieba 默认的不限定词性的关键词抽取方案（按 TF-IDF 分数高低输出结果）会造成：（1）抽取出的关键词有信息量但重要性不足。如表 2 第一篇教学材料，Tkws_Unl（不限定词性的方案抽取出的 *Tkws*，下同）的中"安妮"和"杰克"属于有意义的人名词，但对这篇教学材料而言，并不是教学上的重点；（2）抽取出的关键词不属于常规词且信息量有限。如表 2 第二篇教学材料，Tkws_Unl 中的"我要""我换""去不去"，既不是正常

[①]　jieba 提供了方便的关键词抽取 API，Analyse.extract_tags，此 API 允许限定关键词的词性。

[②]　它使用了 Directional Skip-Gram（DSG）算法（Song et al., 2018）作为词向量的训练算法，该算法基于文本窗口中词对的共现，额外考虑了词对的相对位置来提高词向量语义表示的精确性。与现有公开的数据相比，词汇覆盖率、新鲜度以及精确性都有大幅提升。

词也不是富含信息量的词。显然，不限定关键词词性，教学材料表示很难充分捕获并突出内容的重要信息，因此，我们有理由相信这会对系统性能造成负面影响。基于对关键词词性的笼统认识、对教学材料的观察，我们将关键词词性限定在集合（名词，动名词，动词，形容词）中，这种情形下，关键词抽取结果合理性显著提升并被观察到：(1')如表3第一篇教学材料，与主题更相关的重要词汇"唱歌"和"足球"取代 Tkws_Unl 中的"安妮"和"杰克"出现在 Tkws_L（限定词性的方案抽取出的 *Tkws*,下同）中；(2')又如表3中第二篇教学材料，和(1')中"唱歌""足球"一样，Tkws_L 中的"图书馆""人民币""客气"三个和话题高相关又富含信息量的词汇尽管 TF-IDF 不如"我要""我换""去不去"高，但能通过词性筛选被优先纳入关键词词组中。我们有理由相信相比非限定方案，限定关键词词性的方案将提升系统性能。因此，比较限定词性的关键词抽取方案与默认的无词性限定的关键词抽取方案对系统性能的影响也是本实验的重要内容。

表2　教学材料实例及对应的 Tkws_Unl 和 Tkws_L

Tkws_Unl	很酷 高兴 来自 安妮 杰克	换钱 我要 我换 数数 去不去
Tkws_L	很酷 来自 歌手 唱歌 足球	换钱 数数 客气 图书馆 人民币
教学材料	**A：**你好，我是杰克。我来自英国。你叫什么名字？ **B：**我叫安妮，我来自中国。 **A：**很高兴认识你。 **B：**见到你我也很高兴。你做什么工作？ **A：**我是一名足球运动员。你呢？ **B：**我是歌手。 **A：**很酷。我喜欢唱歌，但我并不擅长。 **B：**如果你有时间，我可以教你。 **A：**是吗？那太好了！ **B：**那我们找个时间。	**玛丽：**下午我去图书馆，你去不去？ **麦克：**我？不去。我要去银行换钱。 （在中国银行换钱） **麦克：**小姐，我换钱。 **营业员：**您换什么钱？ **麦克：**我换人民币。 **营业员：**换多少？ **麦克：**二百美元。 **营业员：**请等一会儿。……先生，给您钱。请数数。 **麦克：**对。谢谢！ **营业员：**不客气！

我们设计了六种实验方案，对每个方案考虑系统返回的前五篇教学材料。六种实验方案的缩写和描述如表3所示：

表3　六种实验方案的缩写和描述

缩写	L-1	L-3	L-5	Unl-5	L-7	L-9
N_{Tkws}	1	3	5	5	7	9
是否限定词性	限定	限定	限定	不限定	限定	限定

2.2　实验结果

我们以（*运动，乒乓球，爱好*）为查询词，对六种实验方案返回的所有查询结果进行人为观察。基于与 *Query* 的相关性，这些教学材料被分为两类：高相关性教学材料（编号为H1、H2、H3）和次相关性教学材料（编号为S1、S2、S3、S4）（见表4）。

表 4　高相关性教学材料和次相关性教学材料的一个实例

H1	S1
马丁：你喜欢打网球吗？ 吉米：我对网球没兴趣，我喜欢足球和游泳。你也喜欢足球吧？ 马丁：当然喜欢。 吉米：你喜欢看还是喜欢踢？ 马丁：都喜欢，喜欢看，也喜欢踢。 吉米：太好了，我们可以一起踢足球。 马丁：好啊。你还有什么爱好？ 吉米：我还喜欢汉字和中国画。你呢？ 马丁：去年我学过中国画，我对中国画也很感兴趣，可是我最喜欢旅行。	玛丽：罗兰，你会打太极拳吗？ 罗兰：不会。你呢？ 玛丽：我也不会。你想不想学？ 罗兰：想学。 玛丽：我也想学。听说体育老师下星期教太极拳，我们去报名吧。 罗兰：好。

表 5 列出了六种实验方案返回的前五篇教学材料。括号中的数字 1、2、3、4、5。表示返回语料的排序从表 5 中的数据，我们可以看出不同实验方案下返回的与 *Query* 高相关性、次相关性教学材料数量、顺序的差异。

表 5　每种实验方案系统返回的前五篇教学材料

L-1	L-3	L-5	Unl-5	L-7	L-9
S1(1)	H1(1)	H1(1)	S1(1)	H1(1)	H1(1)
S2(2)	H3(2)	H3(2)	H2(2)	H3(2)	H3(2)
H1(3)	S2(3)	H2(3)	H1(3)	S3(3)	H2(3)
H2(4)	S1(4)	S1(4)	H3(4)	H2(4)	S3(4)
S3(5)	S4(5)	S4(5)	S2(5)	S2(5)	S2(5)

在返回的高相关性、次相关性教学材料总数上，每种实验方案一致，系统返回的前五篇教学材料均与 *Query* 相关。

就返回的高相关性教学材料数量而言， L-5、L-7、L-9、Unl-5 返回结果中含三篇高相关性教学材料，而 L-1 和 L-3 仅有两篇。

在所返回教学材料相对顺序的合理性上，L-3、L-5、L-9 所返回的高相关性教学材料均在各自五篇结果的最前面。L-7 所返回的三篇高相关性教学材料位于结果最前面的仅有 H1 和 H3，本该出现在第三个位置的 H2 却位于第四的位置。而在 L-1 和 Unl-5 中，高相关性教学材料并未出现在五篇结果的最前面，这是不可接受的。

综合以上两点，在限定词性的实验方案中，相比表示为 1 个或 3 个关键词的词组，将教学材料表示为 5 个、7 个或 9 个关键词的词组，系统在返回更多更相关的教学材料上表现更优。总体上，表示教学材料时，关键词数量增加，系统性能变优。同时，当关键词个数为 5 时，在现有的限定词性的实验方案中，系统已经取得最优性能，当关键词个数增加至 7 时，系统表现略有回落，关键词个数为 9 时，系统重新取得最优性能，这应该与实验数据集的文本长度支持 25 分钟教学时长有关。而随着关键词数量的增加，系统要求的存储空间、检索时间均会线性增加。此外，同样是将教学材料表示为 5 个关键词组成的集合，相比默认的非限定词性的方案，限定词性的方案带来了系统性能的巨大提升。

因此，基于结果相关性以及系统的时空复杂度的整体考虑，本系统采用 5 个关键词来表示教学材料；并且，我们提出的限定所抽取关键词词性的方案在提升系统性能方面是有意义的。

3　未来工作

3.1　自适应教学材料表示

话题数量及话题转移随着对话文本长度或对话轮数的变化而变化，所以确定对话教学材料表示所需关键词数量的自适应算法是需要进一步探索的，以降低信息损失和信息冗余。

3.2　词向量融合机制

无论 *Query* 还是任一教学材料都有一个整体的语义，目前计算相似性的方式还是将和 *Qwvs* 和 *Tkwvs* 中每个词向量单独对待。在未来的研究中建模整体语义的词向量融合机制应当予以考虑。

4　总结

本工作在构建的中文教学材料数据库上，提出了以词嵌入为基石的教学材料检索系统设计的简便流程，表明了词嵌入技术在检索教学材料上的巨大价值与潜力。此外，教学材料的表示是我们系统的关键步骤。实验表明，在检索更多更相关教学材料上，系统性能总体随着关键词数量增加而变优。出于对结果相关性和时空复杂度的综合考虑，我们的系统用包含 5 个关键词的词组表示教学材料。此外，与默认的非限定方案相比，我们限定所抽取关键词的词性的方案在检索更多相关性教学材料上获得了巨大的收益。最后，本文在自适应教学材料表示、词向量融合机制上对教学材料检索工作予以了展望。

参考文献

[1]　Blair D C, Maron M E. An Evalution of Retrieval Effectiveness for a Full-text Document-retrieval System. *Communications of the ACM*, 1985(3).

[2]　Dwork C. Differential Privacy. *Proc of the 33rd International Colloquium on Automata，Languages and Programming*, 2006.

[3]　Robertson S E, Jones K S. Relevance Weighting of Search Terms. *Journal of the American Society for Information Science*, 1976(3).

[4]　Salton G, Buckley C. Term-weighting Approaches in Automatic Text Retrieval. *Information Processing & Management*, 1988(5).

[5]　Xiao Xiaokui，Wang Guozhang，Gehrke J. Differential Privacy via Wavelet Transforms. *IEEE Trans on Knowledge ＆ Data Engineering*, 2009, 23(8): 1200-1214.

[6]　Yan Song, Shuming Shi, Jing Li, et al. *Directional Skip-gram: Explicitly Distinguishing Left and Right Context for Word Embed-dings*. NAACL 2018 (Short Paper).

[7]　戴一帆. 基于 N-ary 树结构和词嵌入的公式检索模型研究. 华东师范大学博士学位论文, 2021.

[8]　黄名选, 蒋曹清, 卢守东. 基于词嵌入与扩展词交集的查询扩展. 数据分析与知识发现, 2021(6).

[9]　牛丽静. 基于词义消歧技术的电子病历检索模型研究. 内蒙古科技大学博士学位论文, 2021.

[10]　深圳青豆教育科技有限公司. 说客英语教学平台. https://www.talk915.com/.

[11]　宋雅迪. 融合主题模型和词嵌入的查询优化方法研究. 北方工业大学博士学位论文, 2019.

[12]　许稳堂. 基于词向量的微博检索系统研究与实现. 东华大学博士学位论文, 2017.

[13]　宰新宇, 田学东. 基于公式描述结构和词嵌入的科技文档检索方法. 数据分析与知识发现, 2020(1).

字理识字类汉字微课的设计与应用研究[*]

刘佳蕾[1] 郭青青[2] 任月明[3]

[1,2,3] 北京大学 对外汉语教育学院 100871

2001212200@stu.pku.edu.cn

摘 要：在后疫情时代下，线上教学成为国际中文教育的主流，微课也逐渐受到学者和教师的广泛关注。汉字一直是对外汉语教学的重点和难点，探索合理有效的教学方法和线上教学范式是提高汉字教学效率的关键。本文基于对字理识字类汉字微课设计范式的探索，制作了"木"字族系列微课样例并应用于教学实践，通过问卷调查和访谈探究了微课的满意度和教学效果。研究初步证实，本文打造的设计范式有助于中高级水平汉语学习者掌握汉字理据知识、扩大识字量，可以满足学生个性化的学习需求。本研究为对外汉字教学提供了新思路，一定程度上丰富了线上汉字教学资源建设。

关键词：微课 字理识字法 对外汉字教学 线上教学

A Study on the Design and Application of Micro-lecture Aiming at Teaching Chinese Characters by Analyzing Their Reasons and Rules

Liu Jialei[1]   Guo Qingqing[2]   Ren Yueming[3]

[1,2,3] School of Chinese as a Second Language, Peking University, 100871

Abstract: In the post-pandemic era, teaching online has become the mainstream of TCSL, and micro-lecture has gradually attracted extensive attention. Chinese character is always considered a key and difficult point of TCSL, thus effective methods and online-teaching paradigms are of vital importance. Based on the exploration of a micro-lecture paradigm aiming at teaching Chinese characters by analyzing their reasons and rules, this study designed a series of sample micro-lectures of "木" character family, applied them to teaching, and investigated the satisfaction and teaching effect through questionnaires and interviews. The paradigm in this study has been proved helpful for middle or advanced Chinese learners to acquire knowledge and expand the number of characters, and is suitable for individual requirements of students. The study provides a new route for teaching Chinese characters to foreigners and enriches online Chinese character teaching resources to a certain extent.

Key words: micro-lecture; teaching Chinese characters by analyzing their reasons and rules; teaching Chinese characters to foreigners; online teaching

0 引言

随着新媒体技术的快速发展以及学习者个性化、情境化学习需求的不断增大，教育资

---

* 本文在写作过程中得到了施正字教授的指导，在此谨致谢忱。

源呈现出多元化、碎片化、微型化的发展趋势。后疫情时代的到来更是改变了传统的教学方式，使得线上教学成为国际中文教育的主流。其中，微课指以微型教学视频为主要载体，针对某个学科知识点或教学环节而设计开发的一种情景化的、支持多种学习方式的新型在线网络视频课程（胡铁生等，2013）。由于具有短小精悍、重点突出、灵活高效等特点，微课受到对外汉语教学界学者和教师的广泛关注（沈晓梅，2018）。

汉字一直是对外汉语教学的重点和难点之一，恰当运用有效的教学方法是提高汉字教学效率的关键。理据识字法（即字理识字法）指以汉字理据为主导的识字教学法，其中理据指汉字字式结构或形体构架的道理和根据，即字形与字音、字义之间的特定联系（石传良、罗音，2007）。研究表明，该方法符合汉字的特点和留学生的认知规律，有助于增强学生汉字学习的积极性，能有效扩大识字量（白双法，1997；郑继娥，1998；李宝贵，2005；赵妍，2006 等），尤其适用于中高级阶段、对汉字构造的理解和接受能力较强的学习者（李运富，2014），将其应用于微课还可以增添教学的趣味性、直观性和高效性（胡献丹，2020）。

然而，通过对网络平台现有汉字微课进行分析，笔者发现其整体上呈现出内容不够丰富、数量较少、质量不齐的特点。其中，字理识字类汉字微课在内容上存在汉字知识讲解散乱、系列微课关联性弱、难度与教学对象水平不符等问题，在形式上存在未配字幕、画面较暗、声音不清晰、系列微课形式不统一等问题。如能借鉴合理有效的字理识字类汉字微课设计范式，将提高后续微课的开发质量和效率。

基于如上研究现状，本文围绕字理识字类汉字微课的设计与应用开展研究，探索适用于中高级水平汉语学习者的字理识字类汉字微课设计范式，并以"木"字族系列微课为例开展教学实践，通过问卷调查和访谈探究学习者对汉字理据的掌握程度和对本微课的满意度。本文旨在丰富线上对外汉字教学资源建设，为提高汉字教学效率提供一定的参考与借鉴。

1 微课设计与制作

本节梳理字理识字类汉字微课的理论基础、设计原则和流程，探索设计范式与样例。

1.1 理论基础

1.1.1 认知负荷理论

该理论将认知负荷分为内部认知负荷、外部认知负荷和关联认知负荷，内部认知负荷取决于学习材料的本质与学习者专业知识之间的交互，后两者则直接受控于教学设计者（陈巧芬，2007）。微课应视学习者专业知识水平，控制自身复杂性并优化组织呈现方式，以减少外部负荷、增加关联负荷，使总认知负荷不超出学习者的承受范围，从而促进有效教学的发生。

1.1.2 建构主义理论

该理论提倡在教师指导下的、以学生为中心的学习，强调情境对意义建构的重要作用（何克抗，1997）。微课应充分利用多媒体技术创设真实情境，提供图文声像并茂的多重感官综合刺激，在教师的指导和帮助下，促进学习者主动完成对所学知识的意义建构。

1.2   设计原则

1.2.1   短小精炼，容量适当

学生在移动环境下所能接受的视频时长为 1～8 分钟，3～5 分钟为最佳时长（郑军等，2012）。本微课严格把控时长和容量，符合学生的学习规律，适用于多种移动终端设备。

1.2.2   主题明确，内容准确

相较传统课堂教学，微课应具有主题更突出、内容更集中的特点，以满足学生的针对性需求；还应确保知识科学准确、讲解清晰到位。本微课严格基于传统文字学理论，切忌主观随意、牵强附会地解说汉字理据。

1.2.3   由易到难，形成体系

系列微课之间应具有逻辑关联性。本微课所选汉字由简到繁、梯度合理，参照"象形字—指事字—会意字—形声字"的顺序，遵循先独体后合体的汉字教学原则，帮助学生快速扩大识字量、形成汉字知识体系。讲解重点应视学生水平而定，针对中高级学生应以会意字和形声字为重点，象形字和指事字仅为后两者的铺垫性基础教学课程。

1.2.4   丰富有趣，形象生动

微课应恰当运用多媒体技术。本微课结合语音、文字、图片、动画等多种形式，生动呈现汉字演变过程，直观展现汉字形音义关联，以提高学生的学习积极性和汉字识记效率。

1.2.5   讲练兼备，注重交互

相较传统课堂，微课未能提供真实的教学互动，因此应有意识地添加交互性内容。本微课在讲解后附练习环节，以提高学生观看微课时的参与感，帮助学生及时自测学习效果。

1.2.6   依托平台，阶段适用

微课应以课堂、网站、App 等教学平台为载体，嵌入合理的教学模块或环节，与同阶段学习内容相对应。

1.3   设计流程

1.3.1   明确教学对象

明确教学对象的汉语水平、国籍背景、学习动机、认知风格等，以便有针对性地讲解学习重点、解决学习难点、满足学习需求。

1.3.2   确立教学课型

汉字贯穿于对外汉语教学的各类课型中，不同课型应明确对字理识字法的不同需求，如，听力课和口语课应侧重汉字"形—音"联系，阅读课和写作课应侧重汉字"形—义"联系，综合课和汉字课则应兼顾字形与字音、字义的联系。

1.3.3 制定教学目标

基于课型和学习者需求，明确教学目标，主要包括知识技能目标和文化情感目标。

1.3.4 选择教学用字

依据"六书"理论，参照《说文解字》和《汉字源流精解字典》，从《汉语国际教育用音节汉字词汇等级划分》中筛选出理据尚存且符合"象形、指事、会意、形声"四种造字法的汉字。设计系列微课时可选取同一字族的汉字，以中高级为主、初级为辅，其中字理典型的用于讲解造字理据，其他汉字则用于辅助理解字理和扩大识字量。

1.3.5 撰写微课脚本

首先明确"旧字复习—新字讲解—新字练习"三个环节，进而根据所讲字理类型及汉字特点设计具体形式。系列微课还要注意微课间应环节相近、内容相关、体系性强。

1.3.6 制作汉字微课

根据讲授内容和形式选择合适的录制设备及制作软件，确保微课画面清晰、内容完整、形象生动。系列微课还应注意外形设计风格一致。

1.3.7 根据反馈改进

将微课应用于教学，通过问卷调查、访谈等方法了解学生的满意度和教学效果，总结微课设计、制作和应用的不足并加以改进，不断提高教学质量。

1.4 设计范式

基于对微课理论基础、设计原则和流程的探索，本节打造了字理识字类汉字微课设计范式（表1），旨在为后续微课的设计与制作提供参考。

表1　字理识字类汉字微课设计范式

教学对象	……水平汉语学习者，词汇量约为……，国籍背景、学习动机、认知风格等	
教学课型	汉语综合课/单技能课（听力课、口语课、阅读课、写作课）/单要素课（汉字课、词汇课、语音课、语法课）	
教学目标	知识技能：帮助学生识记汉字……的字形、字音、字义，了解字形演变过程，理解汉字造字理据，熟知汉字常见组词，有效扩大识字量和词汇量 文化情感：通过对汉字……蕴含文化内涵的讲解，增进学生对汉语和中国文化的理解与感悟	
教学用字	……字族共……字，其中用于象形字、指事字、会意字和形声字讲解的分别是……，分属于……汉字等级	
教学环节与步骤 （注：教学环节及顺序安排应视各字理类型和具体汉字灵活设计。）		
环节	操作	说明
旧字复习	复习前一节微课的重点内容	以旧带新、形成体系

续表

环节	操作	说明
新字讲解	讲解汉字字形、字音、笔顺	适用于每种字理类型
	展示字形演变图片或动画	适用于象形字、指事字、会意字和形声字意符讲解
	简单讲解造字理据	适用于每种字理类型。应结合具体汉字实例，提出并阐释"象形字""指事字""会意字""形声字""部件""意符""音符"等难度适宜的重点概念
	汉字字义讲解、延伸，组词造句	适用于每种字理类型
	讲解汉字文化内涵	可零散应用于任一字理类型或单设一节完整微课
新字练习	看拼音写汉字	具体形式应视各字理类型的重点灵活设计，其中象形字、指事字适用于前两种形式，会意字、形声字可采取后两种形式，亦可开拓其他恰当多样的练习形式
	看图片写汉字	
	汉字部件拆分	
	汉字部件组合	

1.5　微课样例

本节选取"木"字族汉字设计并制作了字理识字类系列汉字微课样例（表2），该设计制作过程是对本文打造的微课设计范式的完整实践。选择"木"字族的原因如下：第一，该字族汉字数量众多、字理类型齐全且典型，学生基于对常用字"木"的掌握，易于与象形字理据建立联系，进而理解由"木"参构的指事字、会意字和形声字的造字理据，有效扩大识字量；第二，"木"字族汉字文化内涵丰富，有助于学生了解中国文化与精神，提高汉字学习兴趣。

表2　字理识字类系列汉字微课样例

教学对象	中高级水平汉语学习者，词汇量约为 2000 以上，以英语为母语或熟练掌握英语		
教学课型	汉语综合课/汉字课		
教学目标	知识技能：帮助学生识记"木"字族汉字的字形、字音、字义，了解字形演变过程，理解汉字造字理据，熟知汉字常见组词，有效扩大识字量和词汇量 文化情感：通过对"木"字族汉字蕴含文化内涵的讲解，增进学生对汉语和中国文化的理解与感悟		
教学用字	"木"字族共 27 字，其中"木、本、末、林、森、休、枝、梅、沐"共 9 个字用于讲解造字理据，"材、栏、杆、柱、柏、枯"共 6 个字在形声字"字族识字"环节用于辅助理解字理，"松、桃、李"共 3 个字用于介绍"木"文化，"析、档、模、梯、植、杜、棋、枉、桩"共 9 个字在"汉字小结"环节用于扩大识字量。具体汉字字理类型及等级如下：		

字理类型	汉字等级		
	初级	中级	高级
象形字	木		
指事字	本	末	
会意字	林、休	森、析	
形声字	沐、李	枝、梅、材、栏、杆、柱、松、桃、档、模、梯、植	柏、枯、杜、棋、枉、桩

教学环节与步骤	（略）

2 微课应用与反馈

本节探究中高级水平汉语学习者对汉字微课的满意度，以及汉字微课的教学效果。

2.1 研究设计

2.1.1 研究对象

被试共 10 人，均为中高级水平汉语学习者，HSK 为 4～6 级，汉语学习时长为 2～6 年，男性和女性各 5 名，年龄为 21～29 岁。

2.1.2 研究方法

本研究采用问卷调查法和访谈法。研究流程共四步：（1）发放前测卷，共两部分，分别调查被试汉字学习基本情况和对汉字理据的掌握情况。其中第二部分共三大题，第一大题考察象形字、指事字和会意字理据，第二、第三大题分别考察形声字音符和意符理据。三道大题各有 5 小题，每小题答对记 1 分，答错不得分，满分 15 分。（2）引导被试自行观看汉字微课。（3）发放后测卷，其中第一部分与前测卷第二部分题目一致，以考察微课教学效果，第二部分旨在调查被试对本微课的满意度。（4）在前测和后测结果比对后开展访谈，旨在深入了解被试对本微课的感受和建议，并通过引导被试回忆做题思路，帮助笔者更为准确地判断其对相应字理知识的掌握情况。

2.2 结果与讨论

2.2.1 汉字微课满意度

根据后测卷第二部分调查数据，对汉字微课满意度分析如下：（1）内容设置：大多被试认为象形字和指事字讲练简单，形声字和会意字讲解难度适中、练习较为简单，文化课难度适中；（2）技术设计：被试一致认为，本微课页面设计美观、图片动画清晰、背景音乐恰当、字幕速度适中；（3）整体感受：被试一致认为视频时长适当、播放流畅，多数被试认为本微课兼具趣味性和实用性；（4）学习效果：大多被试认为本微课有助于学习汉字理据知识、了解汉字相关文化、掌握汉字记忆规律，部分被试表示通过本微课增强了汉字学习兴趣；（5）教学特点：被试一致认为本微课讲解生动有趣、练习有效及时、关联体系性强、观看灵活便捷。

可见：（1）本微课从技术设计和整体感受方面取得了被试的高度认可，较好地完成了既定教学目标，可以满足学生个性化的学习需求；（2）微课在内容设置方面，存在部分讲解和练习内容难度较低的不足。笔者认为，这既受到被试汉语水平和学习能力等个体差异的影响，也受到微课时长和呈现形式等因素的限制。这启示我们，在应用本系列及后续微课开展教学时，应注意因材施教、重点突出，整体遵循以象形字和指事字为铺垫、会意字和形声字为重点的教学原则，进而针对学生个体特征进行具体的选择和调整；还应配备多样化的辅助讲解和练习资源，最大限度地为个性化教学提供便利。

2.2.2　汉字微课教学效果

　　根据前测卷第二部分和后测卷第一部分调查数据,对汉字微课教学效果分析如下:(1)被试前测和后测成绩的均值分别为 8.4 分和 11.6 分,有所进步;笔者运用相依样本 t 检验法,对前后测成绩的均值之间是否存在显著性差异进行分析,检验表明前后测成绩存在显著差异,$t(9) = -4.000$,$p = .002 < .05$。(2)被试前测和后测三道大题成绩的均值分别为 2.8 分和 3.4 分、2.7 分和 3.6 分、2.9 分和 4.6 分,均有所进步;笔者运用相依样本 t 检验法,对三道大题前后测成绩的均值之间是否存在显著性差异分别进行分析,检验表明第三大题前后测成绩存在显著差异,$t(9) = -3.791$,$p = .004 < .05$,第一大题和第二大题前后测成绩不存在显著差异。

　　可见:(1)本微课有助于学习者提高对汉字理据的掌握程度,有效扩大识字量和词汇量;(2)被试掌握不同类型汉字理据的进步程度有所差异,形声字意符理据进步明显,象形字、指事字、会意字理据和形声字音符理据进步较小;(3)被试主要学习难点有二,分别为掌握会意字本义理据和识别形声字合体音符。具体而言,难点一以第 3 题"北"和第 5 题"字"为主要体现。以"北"为例,被试可以看出古体字为两个"人"形;之所以错选"从",是因为基于现代汉字字形分析,"从"字由"人"参构;之所以错选"比",是因为基于现代汉字字义分析,认为古体字"北"展现的是两个人在"对比"。可见,被试由于缺乏对会意字本义的了解,即"北""比"和"从"造字之初分别表示二人相背、并列和跟随,因而难以准确判断会意字的造字理据。难点二以第 8 题"蘑"、第 9 题"糙"和第 10 题"鞭"这三个形声字为主要体现,半数被试将"石""告"和"更"识别为音符,可见被试识别合体音符的能力有待加强。针对难点一,笔者认为本义理据并非学生必须掌握的字理知识,存在讲解耗时多且理解难度大的弊端,而且可能对学生识记现代汉字字义造成干扰,因此是否讲解应视具体汉字和学生水平综合决定。该研究发现也提示我们,本微课的设计初衷是帮助学生掌握必要的字理知识,在溯源分析因发展演变而理据重构的汉字时应尤其谨慎,以免加重学生的学习负担。针对难点二,半数被试表示字音在汉字形、音、义中最难学习,掌握好形声字音符理据对于解决这一难点具有重要作用。虽然识别合体音符存在难度,但是仅通过一系列微课便可增强学习者的音符理据意识,已初步证实该范式的有效性,也启发微课设计者一以贯之地开发更多字理识字类汉字微课,并着重加强合体音符理据的讲解,以更有针对性地突破汉字学习难点。

3　结语与展望

　　本文提出了汉字微课设计与制作的六项原则和七项流程,打造了具有一定推广性的字理识字类汉字微课设计范式,制作了"木"字族系列微课样例并应用于教学实践,结合问卷调查和访谈研究,初步证实了该范式有助于中高级水平汉语学习者掌握汉字理据知识,能有效扩大学习者识字量,可以满足学生个性化的学习需求。本研究注重理论与实践相结合,为字理识字类汉字微课的设计、制作和应用积累了实践经验,丰富了线上对外汉字教学资源建设,为后疫情时代下提高对外汉字教学的质量和效率提供了一定的参考与借鉴。然而,本研究被试人数有限,且未将微课与翻转课堂等形式的实际教学相结合,仍有待开展更为广泛和深入的研究。

参考文献

[1] 白双法. 据理识字——"字理识字法"初探. 山西大学学报(哲学社会科学版), 1997(1).

[2] 陈巧芬. 认知负荷理论及其发展. 现代教育技术, 2007(9).

[3] 国家汉办, 教育部社科司, 《汉语国际教育用音节汉字词汇等级划分》课题组. 汉语国际教育用音节汉字词汇等级划分(国家标准应用解读本). 北京: 北京语言大学出版社, 2010.

[4] 何克抗. 建构主义——革新传统教学的理论基础(上). 电化教育研究, 1997(3).

[5] 胡铁生, 黄明燕, 李民. 我国微课发展的三个阶段及其启示. 远程教育杂志, 2013, 31(4).

[6] 胡献丹. 微课在对外汉语初级汉字教学中的应用. 上海大学硕士学位论文, 2020.

[7] 李宝贵. 汉字理据性与对外汉字教学. 汉字文化, 2005(1).

[8] 李运富. 汉字的特点与对外汉字教学. 世界汉语教学, 2014, 28(3).

[9] 人民教育出版社辞书研究中心. 汉字源流精解字典. 北京: 人民教育出版社, 2019.

[10] 沈晓梅. 对外汉语教学中的微课教学模式应用探析. 教育现代化, 2018, 5(17).

[11] 石传良, 罗音. 理据识字法是对外汉字教学的重要方法. 云南师范大学学报(对外汉语教学与研究版), 2007(2).

[12] 许慎. 说文解字. 北京: 中华书局, 2013.

[13] 赵妍. 现代汉字的理据性与对外汉字教学. 语言文字应用, 2006(S2).

[14] 郑继娥. 汉字的理据性与汉字教学. 华东师范大学学报(哲学社会科学版), 1998(6).

[15] 郑军, 王以宁, 王凯玲, 等. 微型学习视频的设计研究. 中国电化教育, 2012(4).

基于免费在线平台的国际中文教学测试课件制作

唐海燕

北京语言大学 信息科学学院 100083

tanghaiyan@blcu.edu.cn

摘　要： 新冠疫情对国际中文教育产生巨大影响，线上教学常态化；无论线上还是线下教学，测试都是评价学生学习效果的重要手段。本文以国际中文教学内容为基础，分别用实例的形式讲解如何利用微信小程序"每日交作业"制作听说类测试课件，如何用"凡科互动"制作 H5 图文交互式测试课件，以及如何用"问卷星"制作问卷调查类测试课件，旨在为国际中文教师把教学和信息技术融合在一起应用于课堂而提供新思路。

关键词： 测试课件　交互式课件　在线平台　中文教学

Test Courseware Production of International Chinese Education Based on Free Online Platforms

Tang Haiyan

School of Information Science, Beijing Language and Culture University, 100083

Abstract: The outbreak of COVID-19 has had a tremendous impact on international Chinese education. Online teaching is normalized. For both online and offline teaching, test is important for evaluating students' learning effect. Based on the international Chinese education resource, this paper describes the method of test courseware production based on the WeChat applet "daily homework", "Fanke interaction" (H5 graphic interactive test courseware), and "Questionnaire Star". New ideas are proposed for international Chinese teachers to integrate teaching and information technology into the online/offline classroom.

Key words: test courseware; interactive courseware; online platform; international Chinese education

0　引言

新冠疫情在世界范围内发生，线上教学成为常态，对于国际中文教学来说，教学法和教学手段都面临极大挑战。在传统国际中文教学中，信息技术是一种辅助手段，线上教学模式是在应急的情况下发展起来的，不具备传统课堂的灵活性、实践性、操作性强的特点，不利于发挥师生的主观能动性，教学活动不丰富，人际互动不充分；另外，没有真实的中文环境，学习者只能通过屏幕跟教师交流，教师精心设计的教学活动不能像传统课堂那样展现。长此以往，学生缺乏集体活动参与感，自信和兴趣逐渐减退，学习成绩进步缓慢（曹璐，2022）。因此在线上教学中，信息技术的地位凸显，教师需要把教学和信息技术融合在一起，应用于课堂。无论线上教学还是线下教学，测试都是教学中不可缺少的一环。

测试是评价学生学习效果的重要手段，在教学活动中，评价扮演着调节、控制教学过程的重要角色，对唤起学生新的认知与成就需要、提高学习兴趣与信心具有独特的激励导向作用（朱珂，2018）。语言测试种类繁多，按照用途，大致可以分为以下 5 种（兰彩萍，2001）：（1）成绩测试，其目的是检查学生对所学课程掌握情况；（2）学能测试，这种测试在于了解学生学习第二语言的潜在能力，包括辨音能力、解释语法现象的能力、听觉能力、归纳学习能力、记忆能力以及智商等；（3）诊断性测试，这种测试的目的在于发现学生在学习某一具体内容或语言知识中的弱点和困难，以便在教学中采取补救措施，这种测试不受教学进度的限制，随时可以进行；（4）分班测试，这种测试目的在于妥善地将学生按语言能力编班、分班；（5）能力测试也叫"水平测试"，它是通过特定的语言项目的测验来推测学生第二语言能力的方法，它不以学生的学历和教科书为依据。

本文讨论的测试课件主要属于诊断性测试，跟随课堂讲授内容，可在课前、课中、课后由教师发布，学生可利用包含移动设备在内的设备自行进行交互式测试。

1　国际中文教学测试课件设计的策略研究

在课件设计时，首先要从教学目的和要求出发。在传统课堂中，测试与教学的过程主要表现为"三明治"型阶段分层评价，在这种评价过程中，教学发生于前测和后测期间，构成像三明治一样的学习过程，而随着大数据、云计算、学习分析等技术的快速发展与普及应用，测试评价逐渐从"三明治"型向"蛋糕"型转变，在这种评价过程中，教学与测试交叉融合进行——教师设计具有针对性的测试题目，对教学内容与教学效果进行即时评价与反馈，同时依据测试结果，进行教学设计、教学策略、教学活动的自适应调整，测试数据的生成贯穿于整个学习过程（朱珂，2018）。

其次，应考虑学习者需求。学习者是线上中文教学的主体和建构者，在设计和制作课件时，应充分考虑学生主体，用建构主义理论指导测试课件的内容编排，了解学习者原有基础，摸清其知识和经验的水平，有针对性地开发交互式课件内容。汉语测试课件应该以教授语言基本知识传授历史文化、风俗习惯，以测试学生掌握汉语基本功的能力和程度为目标。

最后，应注意讲什么、测什么。课堂教学注重培养学生用汉语沟通交流的能力，能够根据学生和社会的需要来进行教学，那么，语言教学应该坚持讲授什么就测试什么的方法（吾布力卡斯木•肉孜等，2012）。

由于 HSK 考试对留学生学业及日常应用的重要性，在课堂测试题型设计时也应以 HSK 考试为导向，HSK 考试的题型——听力、阅读、书写都应囊括到测试中（刘潇等，2018）。

综合考量，线上测试课件设计流程如图 1 所示。

宾夕法尼亚州立大学教育学教授迈克尔•穆尔在交互作用理论中提出了三种交互方式：学习者与内容的交互、学习者与教师的交互、学习者与学习者的交互；在此基础上，希尔曼又提出了第四种交互即学习者与界面的交互（梁秋远，2020）。以测试课件为主的交互

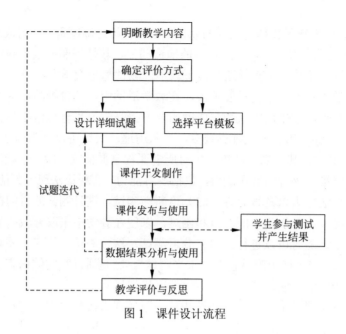

图 1　课件设计流程

式课件包含了学习者与界面及教学内容的双重交互，测试课件最终的目的是促使学习者发生知识的交互、交融、理解、迁移与应用，学习者通过网络环境置身交互情境中，调动自身积极性，主动融入课堂学习，不仅利于学生对于知识的掌握，还能有效增强和提升学生的逻辑判断和思辨能力。

良好的交互式课件应具备以下三个特征：一是课件的界面交互良好，不会给学习者增加额外界面操作的成本；二是课件的设计编排合理，能很好地利用交互理论、个性化定制需求策略，设计编排课程内容；三是课件能有效促进学习者进行概念交互，培养他们解决情景问题的能力（梁秋远，2020）。

课前，教师使用模板式的交互式课件既可以降低备课成本，又可以就重难点进行针对性教学设计，强化互动环节；上课时，通过师生、生生、人机间三者的交互达成课堂教学目标；课后，教师及时将本课对应的知识点制作成交互式课件并以课后作业的形式发送给学生，通过三者联动实现教与学的良性互动（佟寅菲，2021）。

因此，不论是对老师还是对学生来讲，易用性、互动性都是挑选平台和制作课件必须要考虑的因素。

2　可用于国际中文测试课件制作的免费在线平台对比分析

目前可用于制作国际中文测试课件的免费平台在制作端主要分为网页和微信小程序两类。网页类主要选用有 H5 制作功能的平台，如人人秀、MAKA、易企秀、秀米、兔展、凡科微传单、凡科互动等；小程序类有每日交作业、统计助手等；有些应用可以同时支持网页端和小程序端，例如问卷星等。这些课件制作后，均可以通过分享网址或扫描二维码等方式发布给学生，无论教师端还是学生端，操作起来都非常简便。

H5 是由 HTML5 简化而来的词汇，HTML5 的设计目的是在移动设备上支持多媒体。HTML5 技术兼容性优于其他，能够在任何浏览器被打开，通过电脑、手机、平板、穿戴设备、大屏等，都能够直接展示并有很多互动形式。随着移动端流量的扩张，H5 也越来越被用户接受。H5 交互页面凭借着精美的设计风格、新鲜的交互体验使用户产生极强的分享驱动力，在移动社交环境中得到传播。H5 具有轻应用的特点，无须下载即可使用，用户使用起来负担小，开发制作周期也短。H5 形式多样丰富，包括重力感应、游戏、快闪、照片合成、一镜到底、VR、画中画等，用户可用性强，互动参与度高，体验更加友好。

图 2 为领先课件培训中心的蝇子老师 2022 年总结的三款线上工具在制作测试课件时的对比，其他平台功能与此表类似。

对比项目	人人秀	易企秀	问卷星
注册	微信、手机	多重（手机、QQ、微信、手机、钉钉、微博……）	QQ、微信、手机
覆盖平台	网页、App、小程序	网页、企业微信、App、小程序	网页、App、小程序
模板形式	★★★	★★★★★	★★
数据创建	**互动—答题** [手工/批量导入 (Excel)]	**表单—考试测验** [文本/题库（模板）]	**考试** [模板/手工/批量导入 (Word、Excel)/人工]
题目类型	选择、判断、填空、排序、简答（文本、图片、音频、视频）	**选择题**：单选、多选、图片单选、图片多选、下拉题 **填空题**：单项、多项、横向填空、简答题 **评分题**：评分、评分矩阵、评价表、NPS量表、NPS矩阵	**考试题型**：考试单选、考试判断、考试多选、单项空、多项填空、简答题、多项简答、考试文件、考试绘图、完型填空、多项文件
题目设置	**免费**：每次出题数目、答题次数、答题练习、答题随机、显示答题卡、限时答题 **收费**：随机抽题、海报	**免费**：填写次数、自动填充上次填写数据、限时答题、打乱顺序、随机抽题 **收费**：跳转链接	**免费**：开始时间—结束时间、显示成绩、作答次数、打乱顺序、显示答题人和总得分、显示作答解析（正确答案、答案解析） **收费**：答题密码、题库抽题、跳转指定页
数据发送	二维码、邮件、微信（带logo）	二维码、邮件、微信（带logo）	二维码、邮件、微信（带logo）
数据导出	下载数据（收费）	下载数据、表单汇总、数据分析	下载答卷成绩
其他功能	每日一答、趣味、闯关、PK、视频	营销组件（主办方、倒计时……） 个人信息（姓名、电话、地址……） 其他题型（位置、日期、上传文件……）	**其他题型**：普通单选、普通多选、填空题、矩阵填空、下拉单选、评分单选、评分多选、情景随机、普通文件、绘制签名
使用建议	**简单有趣、互动性强**	**更多模板、更多应用**	**专业高效**

（制作：领先课件培训中心—蝇子）

图 2　三款线上工具对比

3　国际中文教学测试课件制作案例

以北京语言大学沈红丹老师主讲的汉语听说课（初级下）第 6 课《我喜欢这个菜》PPT课件为例（见图 3），讲解 3 款测试课件制作案例。汉语听说课（初级下）选用的教材是《成功之路·进步篇听和说 1》。课件分为课前、课中、课后三部分，可根据教学内容分别设计测试课件。

图 3　汉语听说课（初级下）第 6 课 PPT 页面内容 1（沈红丹）

3.1　听说类测试课件制作实例

文字是各平台均可设置的，而听说类测试课件要求发布端可以设置音频、视频，学习端可以上传语音、视频等。

3.1.1 课件总体设计

在课前、课中、课后，有很多生字复习、学习、练习的环节，还有一些回答问题的环节，所以根据教学内容需要选择支持语音的平台，学生提交方便且教师容易批改。这里选择"每日交作业"小程序。

3.1.2 利用"每日交作业"小程序制作测试课件流程

听说类测试课件，选择使用"每日交作业"小程序进行制作，因为学生的语音、图片和视频作业都可以通过该程序提交。语音作业对于语言学科的教师来说，可以实现让学生复述课文、每日背诵打卡等作业要求。老师也可以直接在学生上传的图片上进行批改，而且师生端也可以在手机上完成操作，非常便捷。

下面具体按步骤讲解制作流程。

（1）登录小程序。

在微信"发现"里点击小程序，搜索"每日交作业"。进入后根据提示选择老师或家长身份。学生要使用家长身份。进入后，有一个输入学校的地方，输入自己的学校后，会跳出填写学校验证码的提示框，如果学校已有人使用，则会直接提示，选择所在学校即可。

（2）创建班级。

在发布作业前，老师需要创建班级，在底部"个人"里点击"我的班级"，共有三种创建模式：第一种"添加班级"里班级名是按年级固定的；第二种"添加自定义班级"可修改班级名字；第三种输入班级邀请码直接加入已建班级。班级人数可修改，在建好班级后直接将班级邀请码发给学生，学生加入班级即可。

（3）布置作业。

布置作业时，可选功能比较多。有测试阶段，例如作业、打卡、考试、问卷等；也有答疑阶段，例如点评、讲解等；也有反馈评价阶段，例如小红花、奖状、成绩、学情打分等。

选择作业模块，在编辑界面根据测试目的可进行题目编辑，可插入图片、语音、视频、文件等。设置好之后，点"确认发布"作业就成功发布。教师可查看作业完成情况的数据。

如果作业是连续的，例如需要学生每天完成相应的听说读写任务，也可设置成打卡作业，打卡作业设置方法与布置作业相同，下有打卡日期可选。

（4）学生完成并提交作业。

学生可以通过移动端，登录小程序，打开作业页面，按作业要求完成作业。学生端除可以输入文字外，还可以进行输入语音、上传图片、视频等操作。

（5）教师反馈。

教师批改作业时，可给作业打分，还可把优秀作业名单制作成海报进行表扬。

3.2 图文交互式测试课件制作实例

此类课件主要为文字和图片，也可添加音频、视频等素材，可使用多种题型。

3.2.1　课件总体设计

图 4 的 PPT 页面给出了中国八大菜系的分类及代表菜名，有文字、拼音和图片。提取文字和图片作为测试课件的原始素材，由于语音和视频不是必选项，所以优先选择互动性较强的 H5 制作平台，如"凡科互动"平台。

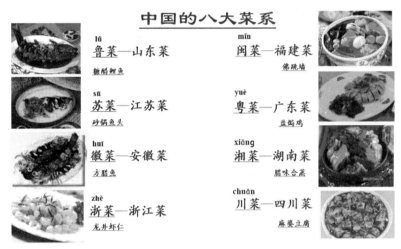

图 4　汉语听说课（初级下）第 6 课 PPT 页面内容 2（沈红丹）

3.2.2　利用"凡科互动"平台制作课件流程

"凡科互动"是一款制作 H5 小游戏的互动营销工具，有海量免费 H5 互动小游戏模板，它的上百种营销玩法适用于多种活动场景。该平台能 1 分钟免费创建场景，一键生成；营销效果佳，能助力于中小企业自主营销。借用"凡科互动"的 H5 小游戏模板制作交互式测试课件，会给学生带来更新鲜的交互体验，容易调动学生学习兴趣及测试积极性，让学生在良好的体验中掌握课堂知识，从而提升教学效果。

（1）选择模板。

平台提供了许多免费模板，可预览，选择一个适合内容和题型的即可。

（2）编辑题目。

题目可以直接用平台编辑界面进行编辑，也可以根据平台提供的 Excel 模板进行批量导入。如图 5 所示。

（3）答题设置。

在答题设置中，可以设置随机出题，也可以设置成在低于总数题目的情况下随机抽取题目，方便多名学生作答。可设置同一学生多次作答时出现的题目不同，或题目相同时选项顺序不同；同时还可设置每道题的答题时间。答题设置较为灵活，能更多满足教师需求，能带给学生良好的交互体验。

（4）预览及发布。

学生可直接通过打开链接或扫描二维码参与答题。

（5）数据分析应用。

互动平台后台可以看到答题情况，但是数据为即时数据，不利于长期跟踪学生成绩进行学情分析。

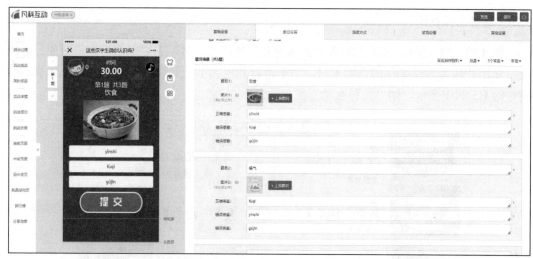

图 5 "凡科互动"编辑界面

3.3 问卷调查类测试课件制作实例

问卷题目分为封闭式和开放式两种。例如选择题即为封闭式问题，常用于大规模正式调查，优点是填答方便，省时省力，数据易于统计分析。开放题需要受访者自己填入答案，优点是允许回答者充分自由地发表自己的意见，所得数据丰富；缺点是数据难以编码和统计分析，对回答者的知识水平和文字表达能力有一定要求，填答所花费时间和精力较多，还可能产生一些无用的信息。

对比目前主要的问卷调查工具，"问卷星"在题目类型上优势最明显，基本涵盖了调查问卷中所有能用到的题型，例如选择题、填空题、矩阵题、评分题、高级题型等；而矩阵题和采用量表的评分题在其他常见免费在线问卷调查工具中并不多见。

3.3.1 课件总体设计

根据课程内容，如图 6 所示，有些题目可以拆成选择题，可以降低老师批改作业的难

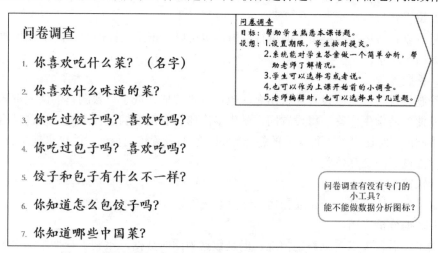

图 6 汉语听说课（初级下）第 6 课 PPT 页面内容 3（沈红丹）

度。也可以在选项后面设置可填写内容的"其他"项，收集学生主观答案。其余答案可选择开放试题，让学生直接输入文字回答。

平台方面，选择比较多，除前面案例用到的平台外，"统计助手"等小程序也可实现。本案选择"问卷星"讲解此类课件。

3.3.2 利用"问卷星"制作课件流程

在众多线上调查工具中，"问卷星"是较早开发及使用较为广泛的问卷调查工具，PC 端和移动端都能进行问卷编辑和结果查看，非常方便。

问卷设计时要考虑调查的目的、调查的大概内容、调查对象的选取、调查的发放方法以及对结果的保密措施等。因为本文探讨的是使用"问卷星"进行测试课件的制作使用，所以只需根据教学内容进行题目制作、发布、回收并分析即可。

（1）课件制作。

"问卷星"PC 端提供 6 种创建类型：调查、考试、投票、表单、360 度评估、测评，根据需求不同，选用不同的创建类型。对大多数人来说，最常用的是前 4 种，每种类型下面都有简要说明，主要功能摘要如下：

调查：题型丰富，逻辑强大，支持问卷密码和红包抽奖。

考试：题库抽题，限时作答，成绩查询，自动阅卷。

投票：图文视频，选项随机，实时排行，微信投票。

表单：信息登记，活动报名，Excel 导入数据。

题目的设置方法比较简单，先选择问卷编辑界面左边对应的题目类型，选择好题型后，再在右边的题目编辑区进行题干、选项等的具体设置即可。

（2）课件发布。

问卷编辑完成，即可进行发布。发布方式可以使用二维码、复制链接，或直接转发至微信、QQ、微博等社交媒体。点击二维码下面的"美化二维码"，可以生成二维码海报进行发布。

需要特别注意的是，如果问卷发布后需要修改，请谨慎选择修改模式。如果想继续保留原有答卷和问卷链接及二维码，需要注意修改的范围，只能修改问卷内的细节，不能删除问卷题目、选项等，尤其不能修改问卷名字，否则原有问卷链接就会失效。

（3）结果数据查看。

问卷回收后，就可以进行数据分析了。在问卷列表界面，选择相应调查问卷的"分析 & 下载"，可以直接进行问卷数据的统计分析，或者查看并下载原始数据。统计分析分为默认报告、分类统计、交叉分析和自定义查询四类。默认报告是按题号顺序呈现的，每道题按选项列出了填写份数小计及比例。除表格外，下面还有数据分析图表，根据需要可选择饼状图、圆环图、柱状图、条形图等呈现方式，也可以选择隐藏零数据对有效数据进行清晰呈现。分类统计最多只允许 2 个筛选条件。如需组合更多条件，可使用自定义查询功能。数据分析结果报告可以进行分享、文档格式下载、导出 Excel 及授权 SPSSAU 平台进行在线分析。

4 总结

疫情时代以及后疫情时代，信息技术可使国际中文教育在突发公共卫生事件中保持连续性，大数据、云计算、人工智能等技术在国际中文教育中有巨大的应用前景。而作为国际中文教学主体的教师，面对线上教学常态化，急需提升信息素养，增强学习者能动性，优化教学模式，将教学与信息技术相融合，使国际中文教学更适应未来的发展。

参考文献

[1] 曹璐，尚超. 国际中文线上汉字教学存在的问题与对策研究. 辽宁工业大学学报(社会科学版), 2022(1).

[2] 崔希亮. 全球突发公共卫生事件背景下的汉语教学. 世界汉语教学, 2020(3).

[3] 兰彩萍. 浅谈汉语测试方法对汉语教学质量的影响. 语言与翻译(汉文), 2001(2).

[4] 梁秋远. 交互式课件设计的策略研究——以计算机基础课程为例. 广西职业技术学院学报, 2020(6).

[5] 刘潇，戴航，王玉春，等. TBL教学法下对外汉语教学课堂测试设计探索. 大学语文建设, 2018(10).

[6] 佟寅菲，韩蓉. 基于PPT的对外汉语汉字交互式课件设计研究——以汉字字形认知为例. 汉字文化, 2021(13).

[7] 王辉. 新冠疫情影响下的国际中文教育：问题与对策. 语言教学与研究, 2021(4).

[8] 吾布力卡斯木•肉孜，阿依努尔•艾买提. 汉语教学的测试及方法. 和田师范专科学校学报, 2012(4).

[9] 朱珂，杨冰. 教学测试数据的演变、应用及其展望. 现代教育技术, 2018(7).

基于小学《语文》语料库的汉语初级可读性公式建构及应用初探

史惠善

清华大学 人文学院　100083

shihs19@mails.tsinghua.edu.cn

摘要： 随着汉语学习者的低龄化发展趋势，海外儿童汉语教育亟须引进现代方法进而提供均等的汉语学习环境。本研究旨在向海外汉语学习者提供科学又可量化的汉语教材评估体系。本文以部编版小学《语文》教科书为基础语料，对影响中文文本难度的33种特征因素进行了定量分析。在此基础上，利用线性回归分析法来找出该因素与适合阅读年级的相关性，并最终建立初级可读性公式——预测年级 = 5.1090 + 0.0017 × 总字数 + 4.9710 × 虚词数比 − 5.9669 ×《义务教育常用词表》第一学段词比（R^2 = 0.677）。最后，把该公式应用到测定汉语母语者和非母语者儿童读物的预测年级，较好地预测与已有级别相应的适合阅读该篇章的年级。总之，其公式不单为教师、家长、学生提供判断教材的新思路，而且为国际汉语教育提出了汉语母语者和非母语者儿童初级教材的交叉使用的可能性问题。

关键词： 可读性公式　分级阅读　国际汉语教材　儿童汉语教育

A Study on Development and Application of Primary-level Chinese Readability Formula Based on Elementary *Yuwen* Textbook Corpus

Shi Huishan

School of Humanities, Tsinghua University, 100083

Abstract: With the development trend that Chinese learners become younger, international Chinese education for children urgently needs to introduce modern methods to provide an equal Chinese learning environment. This paper focuses on the establishment of a scientific and quantifiable evaluation system for Chinese teaching materials. Based on the corpus of the *Yuwen* textbook, it probes into 33 characteristic factors affecting the difficulty of Chinese text. With the linear regression methods, the correlation between the characteristic factors and the predictive grade is explained, the formula is "predictive grade (school year) = 5.1090 + 0.0017 × total number of words + 4.9710 × the percentage of functional words − 5.9669 × the percentage of first stage words in *Common words for Compulsory Education*" (R^2 = 0.677). Finally, the formula was applied to children's books of Chinese native and non-native speakers to measure the grade and it better predicted the school year of each book corresponding to the existing level. In conclusion, the formula provides the basis for the level assessment of Chinese teaching materials, and also suggests the possibility of cross-use of Chinese teaching materials for Chinese native and non-native children.

Key words: readability formula; grading level reading; teaching materials of Chinese as a second language; Chinese education for children

0　引言

在汉语国际化的背景下,海外汉语学习者低龄化在中文教育领域已然是重要发展趋势。很多汉语学习者在海外第一次接触汉语,从而低年龄的初级学习者日益增多。由于这些学习者缺乏学习动机和需要,难以主动找到适合自己水平的语言材料而维持学习兴趣。为了适应汉语教育环境变化,本研究为海外低龄汉语学习者提供新颖又现代的选材方法。

"可读性公式"研究以多元线性回归分析法为基础评估文本的难度,已经是在英语作为母语或二语习得教育中常用的判断文本难度的科学标准。早期可读性研究起源于美国,最初可读性"公式"始于 1948 年,到 1980 年开发的可读性公式有 200 多个,例如 Flesch 公式、Dale-Chall 公式、SMOG 公式等。这些公式在 1990 年初直接影响到美国分级阅读体系研究,促使开发分级阅读指数,如 Lexile、ATOS 等,还帮助找出与儿童实际年级或年龄匹配的图书。汉语可读性研究从 20 世纪 70 年代开始,Yang(1971)发现了难词比率、完整句子比例、平均笔画数影响中文文本难度,并建构可读性公式。程勇等(2020)收集 10 多个不同出版社的《语文》篇章,对 53 种影响适合阅读年龄的特征因素进行定量分析,最后用平均字频、连词比例、物词义类比例、词义丰富度、动作词义类比例、句子变化度、关联词义类比例来构建汉语母语者的可读性公式。另外,王蕾(2005)、左虹等(2014)等建立了针对汉语非母语者的可读性公式,其研究数量比针对汉语母语者的公式还多。中文分级阅读指标研究属于起步阶段,与可读性公式结合的分级阅读的研究也少之又少。

总而言之,这些研究中的可读性公式能够预测中文文本的难度,但是仍然存在一些不足之处:第一,中文可读性研究分别针对汉语母语者和非母语者,很少试图覆盖两类学习者。第二,大部分研究以可读性或难度系数、填空题成绩为因变量建立可读性公式。英文可读性公式从 20 世纪 80 年代开始以年级或年龄作为因变量,为学习者提出与他们的年级或年龄相应的教材。第三,目前的非汉语母语者的可读性研究中使用的语料库都是成人对外汉语教材,不适于儿童教育。第四,公式计算愈加复杂。本文利用具有代表性的部编版《语文》教科书来尝试构建了初级汉语的可读性公式;进而,为了覆盖汉语母语者和非母语者,利用已有的汉语母语者和非母语者的阅读教材验证了该公式的实用性。

1　语料库收集及分级体系对照

本文提取了具有全国性和代表性的部编版小学《语文》教科书(以下简称《语文》)的记叙性文章。其收集文章 276 篇,总字数为 179692。处理时,参照《现代汉语词典(第七版)》进行切词并标注。研究为覆盖汉语母语者和非母语者,尝试对照了汉语母语者和非母语学习者的分级体系和词汇量要求,本文采取三种分级标准——汉语母语者的《义务教育常用词表》(以下简称《义务》)、非母语者的《国际中文教育中文水平等级标准》(以下简称《国际》)和对外中小学生汉语考试标准(以下简称 YCT)。"初级"的表面意义表示最初开始的阶段，根据图 1，本文所指的"初级"阶段对母语者来说是小学一年级到二年级的儿童，对非汉语母语者来说是准备 HSK1 级至 3 级、YCT1 级至 4 级的学生。

小学年级	《义务》	等级	《国际》	等级	YCT
1A-1B		1级	500	1级	80
				2级	70/150
	2001			3级	150/300
2A-2B		2级	772/1272	4级	300/600
		3级	973/2245		
3A-3B		4级	1000/3245		
	5503/7504	5级	1071/4316		
4A-4B		6级	1140/5456		
5A-5B	5975/13479	7~9级	5636/11092		
6A-6B					

图 1　汉语母语者和非母语者分级体系及词汇量对照表

2　影响预测年级的特征因素分析

为了较好地预测适合阅读中文文本的年级，本文以已有研究结果为基础挖掘了影响预测年级的 33 种特征因素（见表 1），探究其特征因素与适合阅读年级的相关性。本文首先整理了其特征因素在《语文》所有年级的趋势变化，然后阐述了定量分析结果。

表 1　影响预测年级的特征因素

分类	具体特征因素
篇章形式（8）	总字数、总字数（形符）、非重复词数（类符）、词汇丰富度（形符/类符）、单音节比、双音节比、平均句长、平均句数
词汇难度（6）	《义务》第一学段词比、第二学段词比、第三学段词比；《国际》初等词比、中等词比、高等词比
词义复杂度（4）	具体名词比、抽象名词比、具体动词比、抽象动词比
词汇密度（15）	实词数比、虚词数比、动词比、名词比、形容词比、数词比、量词比、代词比、副词比、介词比、连词比、助词比、叹词比、拟声词比、成语比

2.1　篇章及句子形式

篇章及句子是教材的重要构成部分，因此有关因素必然与年级或文本难度有着密切关系。本文分析了 8 种特征因素与适合阅读年级的相关性。结果如图 2 所示，随着年级升高，总字数和总词数陡然上升，非重复词数却慢慢增多，词汇丰富度下降得较慢。这说明《语文》篇章具有一定程度的重复词数。此外，单音节词语占据大部分低年级篇章，到了高年级篇章比例则不断下落。双音节词比例与单音节词比例情况截然相反。

至于句子层面，平均句长一直上升，四年级之后慢慢下降，坚持平均 24 字的句子长度。这意味着小学高年级的篇章里句子长度不长，学习者可轻易理解句子。但是篇章的平均句数从小学 1-1[①]到 4-2 陡然增多，呈现出线性关系。5~6 年级的变化不大，最后 6-2 的每个篇

① 表示小学年级和学期，如第一年级第一学期为 1-1，第二年级第二学期为 2-1。

章升到平均 62 个句子，是 1-1 的约 10 倍。整体而言，高年级篇章的内容变得丰富、长度变长，句子却保持简短，小学《语文》由儿童比较容易理解的文章构成。每个篇章形式有关的因素都显出了线性的变化。

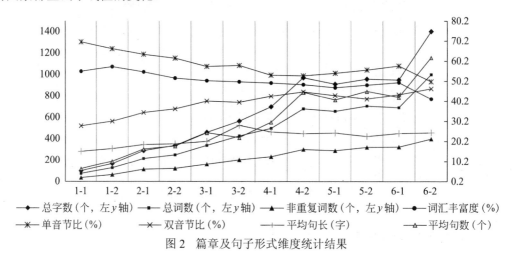

图 2　篇章及句子形式维度统计结果

2.2　词汇难度

词汇难度指着每个年级篇章所有词语的难度，虽然已有研究判断词汇难度的依据不同，却证实了词汇难度与中文文本难度密切相关。为了评估《语文》教科书的词汇难度，本文采取了最新的两种标准——《义务》和《国际》，目前研究尚未使用过该词表。先把两个词表的等级进行调整，《国际》的 9 个等级合为 3 个阶段，1～3 级为初等词，4～6 级为中等词，7～9 级为高等词，正好与《义务》三个学段相应。

图 3 结果表明，《国际》初等词比和《义务》第一学段词比占据每个年级篇章的 50%以上的词语，初级阶段词语最高出现率分别为 70.9% 和 77.1%，《义务》的第一学段词比到

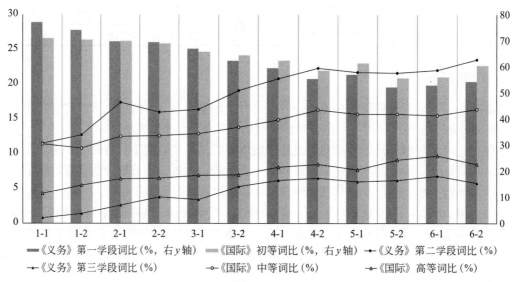

图 3　词汇难度维度统计结果

了高年级文章就开始下落。随着年级和学期的升高，《义务》和《国际》的初级阶段的词语
比例越发降低，同时中级阶段和高级阶段的词语出现比例逐渐增多，这表明了每个篇章难
度也逐步上升。此外，两个词表的整个词语平均出现率分别为 85.1%和 85.9%，可以说明
汉语母语者和非母语者感受到的《语文》教科书的词汇难度差不多。两个词表的各阶段的
词语都呈现出规则性变化。

2.3　词汇密度

　　词汇密度是与篇章的语法特征有关的语言特征。词汇密度是实词在篇章所占的比例，
同时表示该篇章所蕴含的信息量。此算法在 1971 年由美国学者 Ure 提出：词汇密度(%)=
实词数/词汇总数×100%。读者进行篇章理解时，实词和虚词的比例也起着重要作用，假
如低年龄或低水平学生的文章有了略多的虚词，会导致上下文理解的困难。词汇密度统计
结果见表 2。

表 2　词汇密度维度统计结果

变量	1-1	1-2	2-1	2-2	3-1	3-2	4-1	4-2	5-1	5-2	6-1	6-2
实词数比（%）	80.1	79.6	76.3	74.1	73.9	74.0	73.7	75.6	74.7	75.9	75.1	72.6
虚词数比（%）	19.9	20.4	23.7	25.9	26.1	26.0	26.3	24.4	25.2	24.1	24.9	27.4

　　随着年级升高，文章中实词比率逐步下降，虚词比率就自然上升，1-1 至 4-1 的实词和
虚词比例都显出线性的变化。虚词比例从 1～4 年级持续向上，到 4-2 之后保持平均相似的
比例，在最后年级升到 27.4%。图 4 解释了词语类型出现的比例情况。动词和名词比例平
均占据整个年级教科书的篇章的 49.4%，动词和名词平均比例分别为 24.2%和 25.2%，之后
按助词、形容词、副词的顺序频率逐渐降低。与适合阅读年级有显著相关关系的因素是连

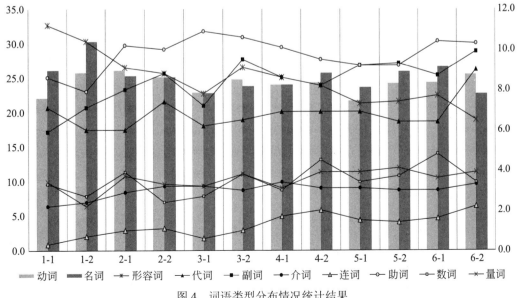

图 4　词语类型分布情况统计结果

词、形容词、副词、成语比例。具体地说，副词和连词会使文章内容更为复杂，还能影响文章的长度；成语会影响文章的难度已是既定结论。除了这四个因素，其他词语类型比例在《语文》教科书中随年级呈现出非线性的变化趋势。

2.4 词汇复杂度

词汇复杂度指文章所有词汇的复杂程度，该复杂度参照梅家驹的《同义词词林》的 12 类词义聚类。根据 2.3 节，名词和动词的数量虽高，比例却没有线性的变化。根据该书编者在自序里提出的词义分类，再次把名词和动词分为"具体"和"抽象"。"物"类隶属于具体名词，"抽象事物"类型属于抽象名词，意义较为具体的"动作"动词为具体动词，意义较为模糊的"心理"和"关联"动词属于抽象动词。图 5 梳理了抽象及具体词语比例的变化趋势。

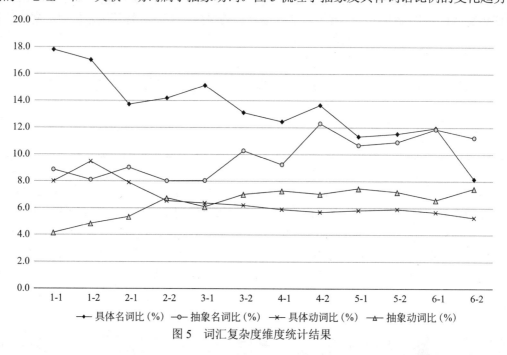

图 5　词汇复杂度维度统计结果

由图 5，与低年级篇章相比，高年级的篇章具有更多的抽象词语。其中，随着年级升高，表示"物"类的词语比例下降。反之，表示抽象意义的名词比例逐步增高。关于动词的变化趋势，具体和抽象动词变化完全相反，"动作"动词的出现比例下降约 3%，表示抽象的动词逐渐上升约 3%。本文发现了低年级篇章一般以具体名词和动词构成，在高年级的篇章中，抽象名词和动词呈现出上升的趋势。四个变量都与年级之间有着规则性变化。

3　可读性公式建立

建立可读性公式之前，首先把每个年级转为对应的年级数字，如小学第一年级的第一学期为 1，第一年级的第二学期为 1.5。之后，经过调查特征因素和《语文》所有的年级之间的相关性，在 33 个特征中，最终排除了在本文第 2 节中显出非线性变化的 5 个变量[①]，还删

---

① 包含动词比例、名词比例、助词比例、代词比例、拟声词比例。

除了变量之间显出共线性的 9 个变量[①]。最后留下的 19 个因素进入回归分析进而建造可读性公式，具体结果如表 3 所示。

表 3　回归分析结果

序号	变量	非标准化系数		标准化系数	t	显著性差异	F	VIF
		B	标准误差					
0	—	5.1090	0.468	−0.000	10.915	0.000		—
1	总字数	0.0017	0.000	0.478	11.506	0.000		1.45
2	虚词数比	4.9710	1.056	0.165	4.707	0.000	189.7	1.04
3	《义务》第一学段词比	−5.9669	0.578	−0.422	−10.323	0.000		1.40

　　结果表明了三个变量与预测阅读文本的年级有关，R（复相关系数）是 0.82，R^2（拟合优度）是 0.677，调整后 R^2 是 0.673。R^2 被称为"说明力"，是回归模型对原样本的说明程度，表示该回归方程公式有着 67.3% 的模型的说明力。这与现有的可读性研究的 R^2 值相差不大。本文的预测年级的初级可读性公式如下：

$$预测年级 = 5.1090 + 0.0017 × 总字数 + 4.9710 × 虚词数比 − 5.9669 ×$$

$$《义务》第一学段词比 \tag{1}$$

　　通过回归分析，发现了三个变量与预测年级有联系。第一，"总字数"表示着某一篇章的长度，普遍认为高年级的篇章长度比低年级更长。标准化系数是 |0.478|，比其他两个因素的标准化系数绝对值还高，这意味着该变量对预测年级系数影响力最高。所以编写针对初级儿童学习者的教材时，关键是控制篇章长度。第二，"虚词数比"的统计结果说明了高年级篇章里的虚词比例比低年级的更高，是因为高年级篇章的内容、上下文之间的联系尤其复杂，其中连词、副词比例在《语文》教科书中逐渐增高。本文的"虚词数比"标准化系数是 |0.165|，在其他特征因素的系数之中最低，这说明虚词数对难度的影响力较低。第三，"《义务》第一学段词比"指着小学 1～2 年级学生所掌握的词语，就是低难度词。随着年级升高，篇章中《义务》的第一学段词语出现比随着下落，说明文本难度自然升高。

　　值得关注的是，王蕾（2005）对初中级日韩成人汉语学习者的可读性公式的"虚词数比""总字数"的标准化系数分别是 |−0.689|、|−0.350|，占据第一、二位。这与本文的结果不同，由此可见，儿童对长文章感受到的难度比成人学习者更高，而虚词数比影响儿童的程度比成人学习者更低。左虹等（2014）针对中级欧美大学生的公式里的"虚词数"的标准化系数是 |−0.414|，在他们研究的三个因素之中高居第二位。这再次证明虚词比例较大地影响了成人学习者对中文文本难度的感受。这可以表明安排初级儿童教材的级别时，主要应关注总字数的变化。

　　总之，已有研究的针对对象分别为汉语母语者和非母语者，但是从结果上可以推测出影响汉语母语者和非母语者的篇章难度的重要因素是相同的。这些变量可以分为三个不同类型：总字数是与"篇章长度"有关的变量，其他可读性公式有总词数、分句数等因素；虚

① 包含总词数、非重复词数、实词数比、双音节比、第二学段词比、第三学段词比、1 级词比、7～9 级词比、平均句数。

词数比例与"语法特征"有关，其他研究发现虚词数比例和连词比例影响中文文本的难度；《义务》第一学段词比例属于"词汇难度"，这在其他公式里表现为各种不同的因素形式，如难词比例、简单词数等。与已有的可读性公式不同，本文的可读性公式不仅第一次试图覆盖汉语母语者和非母语者，而且便于在低龄且初级学习者教育中使用。

4 实用性检测

第 3 节所得出的可读性公式旨在提供一个客观又科学的选材方法。中文可读性公式研究兴起后，前人研究缺乏验证公式的实用性的工作，关键是如何应用到汉语母语阅读教学和国际中文教学中。首先，选择三种儿童分级读物尝试判断其可读性公式的实用性，分别是汉语母语者分级阅读读物《海绵儿童分级阅读书丛》（以下简称《海绵》）和国际汉语分级阅读读物《金字塔》及《中文小书架》（以下简称《中文》）。其次，对照了用本文的可读性公式而得出的预测年级和教材的实际分级状况。一共收集了 31 篇，总字数为 19188，预测年级结果如图 6 所示。

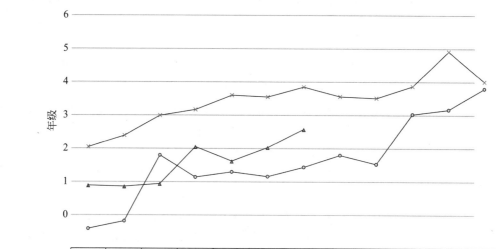

	1	2	3	4	5	6	7	8	9	10	11	12
✕《海绵》	2.04	2.39	2.99	3.17	3.6	3.55	3.85	3.56	3.51	3.87	4.92	4.01
○《金字塔》	−0.41	−0.18	1.8	1.14	1.3	1.16	1.44	1.8	1.53	3.03	3.17	3.8
▲《中文》	0.89	0.86	0.94	2.05	1.62	2.03	2.58	—	—	—	—	—

图 6 分级读物预测年级系数

结果解释了每个篇章的预测年级系数趋于上升，《海绵》最低级别的适合阅读年级是小学 2-1（预测年级系数为 2.04）级别，最高级别是 4-2（4.92）。适合阅读《金字塔》最低级别的预测年级是小学预备班（−0.41），最高年级是 3-2（3.8）。《中文》最低级别的前三部入门篇章都是适合预备班的级别，最高的预测年级是 2-2（2.58）。可以建议预备班、小学 1-1 的汉语作为母语的学生和准备 HSK1 级和 YCT1～3 级的汉语作为二语的学生开始阅读《金字塔》1～9 和《中文》入门、初级级别，帮助他们提高认字能力。之后，开始阅读《海绵》，这样可以提高语言能力并获得丰富的语言知识。具体来说，阅读完《金字塔》第 8 个篇章（1.8）和《中文》第 6 个篇章（2.03）后，可以阅读《海绵》的第 1 篇文章（2.04）。可知，汉语母语者分级读物的难度比国际中文读物更高。

接着，预测年级系数曲线图中发现突然起落的部分——《海绵》的第 11 个、《金字塔》的第 3 个、《中文》的第 4 个篇章。这是因为安排级别的错误、专名出现率颇高，比如《金字塔》第 3 个篇章的主角名过多。低年级的篇章长度不长，主角名过多可能导致难度颇高的结果，《中文》第 4 个篇章也是同样原因。假设不把主角名算在总字数里，《金字塔》第 3 个篇章的预测年级系数变为 1.16，《中文》第 4 个篇章为 1.36，恰好分别是 1-1 和 1-2 的难度，这是主要出现在低年级文章中的问题。另有《海绵》的第 11 个篇章，与第 12 个的难度差异较大，这是篇章安排顺序上的问题，因为两个篇章的总字数差 400 多个。第 3 节表明，总字数对儿童初级篇章难度的影响力最大。所以，把第 11 个篇章和第 12 个进行了级别替换。调整后的曲线图如图 7 显示，最终的预测年级系数曲线上升得非常稳定。

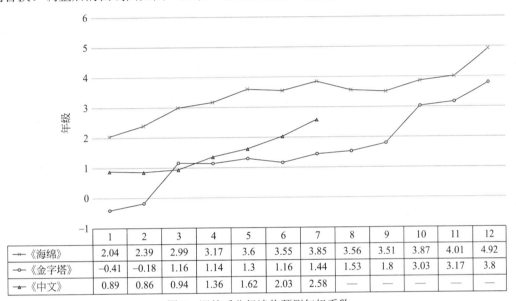

	1	2	3	4	5	6	7	8	9	10	11	12
—×—《海绵》	2.04	2.39	2.99	3.17	3.6	3.55	3.85	3.56	3.51	3.87	4.01	4.92
—○—《金字塔》	−0.41	−0.18	1.16	1.14	1.3	1.16	1.44	1.53	1.8	3.03	3.17	3.8
—▲—《中文》	0.89	0.86	0.94	1.36	1.62	2.03	2.58	—	—	—	—	—

图 7　调整后分级读物预测年级系数

总之，以上验证实用性的工作，证明本文的可读性公式的实用性较强，成功预测与各图书各级别对应的适合阅读年级。最终还表明了汉语母语者和非母语者教材可以相互替代。进而，在验证中发现一些难度波动的原因而进行调整。调整预测年级系数时，首先比较前后篇章长度的差异，若有差异，则进行级别替换；其后，查看是否使用过多的专名、主角名（一般是低年级篇章），减去后再计算其字数。

5　结语

随着海外汉语学习者的低龄化发展趋势，本文完成针对儿童的初级可读性公式的建构及其应用性检验，还展望了汉语母语者和非母语者的初级教材的交叉使用的可能性。与以往研究相比，本文的可读性公式总括了影响两类学习者对中文文本理解程度的各种特征因素，而且为儿童汉语阅读教育提供易于使用的、实用性较高的新颖的选择教材的方法。这弥补了已有研究的不足之处，但是还留下一些问题，如验证实用性的读物样本量不大、分级体系具有一定的任意性、改正预测年级系数方式有一定的主观性等，有待下一步研究进行补充，进一步证明该公式的实用性。

参考文献

[1]　Yang, S.-J. *A Readability Formula for Chinese Language*. University of Wisconsin, 1971.

[2]　左虹，朱勇. 中级欧美留学生汉语文本可读性公式研究. 世界汉语教学, 2014(2).

[3]　王蕾. 初中级日韩留学生文本可读性公式初探. 北京语言大学硕士学位论文, 2005.

[4]　程勇，徐德宽，董军. 基于语文教材语料库的文本阅读难度分级关键因素分析与可读性公式研究. 语言文字应用, 2020(1).

动词"呼吸"的语义特征探析[*]

王　珊[1]　王少茗[2]

[1,2] 澳门大学 人文学院中国语言文学系

shanwang@um.edu.mo

摘　要：人类语言中普遍存在描述呼吸行为的动词，本文选取常用动词"呼吸"，从各大汉语语料库中搜集含有该动词的句子并筛选出 199 句，利用自行开发的标注工具进行自动标注和人工修正后，从语义角色、主客体语义密度、事件关系三个方面展开分析。研究发现，语料中"呼吸"的主体语义角色只有施事角色，即呼吸行为由有意识的生命体发出；"呼吸"的客体语义角色以客事角色为主，即呼吸了什么；主体语义密度（0.27）高于客体语义密度（0.15）；在情境角色上，"呼吸"最主要搭配的是修饰角色；并列事件是"呼吸"最常搭配的事件关系。本文对"呼吸"的语义特征进行的定量统计和定性分析有助于拓宽呼吸类动词的研究视域，也有助于丰富汉语学习词典对该动词的语义描写。

关键词：动词　语义　"呼吸"　依存语法

On the Semantic Features of the Verb *hūxī* "breathe"

Wang Shan[1]　Wang Shaoming[2]

[1,2] Department of Chinese Language and Literature, Faculty of Arts and Humanities, University of Macau

Abstract: Verbs describing breathing behavior are ubiquitous in human languages. This study selects the commonly used verb *hūxī* "breathe", collects the sentences containing this verb from various Chinese corpora, and then selects 199 single sentences. This study uses the self-developed annotation tool to manually correct the wrong annotation and further analyzes the semantic features of *hūxī* "breathe" from the three aspects of semantic roles, semantic density of agent-like semantic roles, patient-like semantic roles, and event relations. This study has the following findings: for agent-like semantic roles, *hūxī* "breathe" only has the agent role, which shows that breathing behavior is conducted by living beings. Compared with the dative role, the content role *hūxī* "breathe" is the main patient-like semantic role for *hūxī* "breathe", which shows that the breathing behavior involves what is breathed. The density of agent-like semantic roles is 0.27, which is higher than the density of patient-like semantic roles (0.15). For the situational roles, the most frequent one for *hūxī* "breathe" is feature. The event of coordination is the most frequent collocated event of *hūxī* "breathe". This study has investigated the semantic features of *hūxī* "breathe" quantitatively and qualitatively, which deepens the study of verbs of breathing and helps to promote the description of the semantics of *hūxī* "breathe" in Chinese learner's dictionaries.

Key words: verb; semantics; *hūxī* "breathe"; dependency grammar

* 基金项目：澳门大学多年研究基金（MYRG2019-00013-FAH）；感谢陈姝池同学在初期做的标注工作，本文已全部重新核对并进行了统计。

0　研究背景

语义角色标注是自然语言处理领域中的重要语义分析技术。人们在理解句子时，往往也是围绕着动词性成分与其周围所支配从属成分的句法语义关系展开，因此动词的语义角色始终是语言学领域的核心研究问题之一（王诚文等，2020）。目前许多学者基于汉语提出了不同的语义角色标注方法，如杨海彤（2019）基于图模型，对句中多个谓词进行联合语义分析；刘亚慧等（2020）为非语言学背景者提出了一种以词为论元单位、显式标注缺省论元的轻量级中文语义角色标注规范。进行语义角色标注是为了识别出句中与动词核心成分相关的论元（如施事、受事等），从而为之后的语义分析工作提供保障（朱傲等，2021）。建立以动词为中心的语义角色知识库，能够为师生提供丰富、可靠的例证支撑，对二语教学而言有着重要意义。

依存语法由 Tesnière（1934；1959）提出。依存语法认为，谓语是一个句子的核心。依存语法可以表达词与词之间的依存关系。朱傲等（2021）认为，依存语法相比于短语结构句法，能够为语义角色标注提供更加丰富的语言学信息，并指出最早使用依存语法讨论汉语语义角色标注问题的学者是 Hacioglu（2004）。在利用语义角色标注进行语言学研究方面，陈龙、詹卫东（2019）通过考察施事的语义分布来分析动词的语义特征。

法国哲学家梅洛-庞蒂（2001）认为，人类之所以能感受周遭的物体，是通过人类的身体。与身体相关的语言最能反映人类的认知方式，这也符合认知语言学的体验哲学观。所谓"身体动词"，就是指那些描述由身体器官发出的动作行为的动词（李金兰，2006）。国外学者也对该类动词进行了类似的命名，Levin（1993）在其著作 *English Verb Classes and Alternations* 中将其称为"涉身动词"（verbs involving the body）。

呼吸是有氧生物必需的生理活动，人类语言中普遍存在描述"呼吸"的动词。《现代汉语语料库词语频率表》共收录 14629 个常用词，"呼吸"排名第 1585 位，在 2000 万字规模的语料库中共出现 775 次，可见"呼吸"在日常生活中较为常见。《汉语水平词汇与汉字等级大纲（修订版）》（国家汉语水平考试委员会办公室考试中心，2001）将"呼吸"定位为乙级词；《国际中文教育中文水平等级标准》（教育部中外语言交流合作中心，2021）将"呼吸"列入"四级词汇表"，说明二语学习者有必要掌握该词。从研究成果来看，张惠（2014）将先秦"呼吸"动词分为"呼""息""吹""吸"四个子义场。林艳（2018）分析了不同语言表达"呼吸"概念的抽象语义衍生路径并绘制出语义地图。一些硕士论文将"呼吸"视为口部动词的子类，如杜婷（2011）将"呼""吸"命名为"出入类"，庄菲（2015）将其命名为"气息类"。但是针对现代汉语中"呼吸"一词的语义研究还有待开展。本文拟从依存语法理论出发，对该词进行语义研究，旨在深入挖掘"呼吸"的语言学价值，进而指导汉语学习词典如何更高效地使用语料和数据，创造出更有针对性的成果。

1　研究方法

本文想要实现在定量的基础上的对"呼吸"的定性研究。为了尽可能地覆盖当前已经公开的大规模汉语语料，本文从搜狗实验室（Liu et al.，2012）、CCL（詹卫东等，2019），BCC（文学和报刊）（荀恩东等，2016），《人民日报》、腾讯新闻、《参考消息》，中文十亿词语料库（通过中文词汇特性速描系统使用）中搜罗所有含"呼吸"的文段。选择它们是因其文体以报刊、文学为主，语言使用较为规范。由于下载到的文段并非全部为符合汉语使用规范的单句，本文进行了以下步骤的工作：（1）经过句末标点符号的分割，不完整的句子需要被删除；（2）删除不完整的句子后，含中文逗号（，）、中文分号（；）的句子需进一步删除，从而剔除依存关系复杂的复句；（3）在步骤（2）的基础上，标点符号不符合汉语规范的单句也进一步删除；（4）对步骤（3）留下的句子进行分词、词性标注，保留"呼吸"在句中作为动词且为最小分词单位的单句。经过上述步骤后，含"呼吸"的单句共有1957条，等距抽样出了199条。

本文利用哈尔滨工业大学语言技术平台提供的 API 接口（刘挺等，2011）对筛选出的单句进行语义依存分析，并利用自行研发的基于依存语法的句法语义标注工具进行人工校对（Wang et al.，2022），通过修改各类错误来提高准确率，如图 1 为语义依存弧缺漏，缺漏了"注意"与"节奏""。"之间的依存弧。基于该语料库，本文对"呼吸"与其他成分之间的支配和依存关系进行统计，归纳语义特征。

图 1　语义依存弧缺漏（左为修改前，右为修改后）

2　动词"呼吸"的语义特征

依存语法关注句中修饰词与被修饰词之间的依存关系，其中修饰词被称为从属词或依存词，被修饰词则被称为支配词或核心词（冯志伟，2014）。依存弧从支配词（被修饰词）指向从属词（修饰词）。结合例（1）来看（见图 2），语义上，一条语义依存弧 MANN（方式角色）从"呼吸"指向"痛快"，即"痛快"是"呼吸"的方式角色，所以"痛苦"是"呼吸"的语义从属词，"呼吸"则是"痛苦"的语义支配词。同时，另一条语义依存弧 AGT（施事）从"呼吸"指向"我"，即"我"是"呼吸"的施事角色，故"我"也是"呼吸"的语义从属词，"呼吸"也是"我"的语义支配词。"呼吸"在语义上是做支配词还是从属词，取决于它和其他词间的依存关系。本文将重点考察"呼吸"作为语义支配词时的语义角色和事件关系。

（1）我痛快地<u>呼吸</u>着空气。

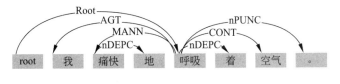

图 2　例（1）的语义依存图

2.1　"呼吸"的主体角色和客体角色

由于主客体角色是动词最重要的语义角色，"呼吸"的主客体角色统计结果见表 1。

表 1 "呼吸"的主体角色和客体角色

语义角色	语义角色	数量	占比/%	例句
主体角色	施事 AGT	54	64.29	这个**老头儿**在<u>呼吸</u>吗?
客体角色	客事 CONT	29	34.52	我想<u>呼吸</u>一些新鲜**空气**。
涉事角色	涉事 DATV	1	1.19	这样的环境让我们直接和**社会**一起<u>呼吸</u>。

由表 1 可知,"呼吸"的主体角色仅为施事角色(AGT),占主客体角色的 64.29%,不存在当事角色(EXP),说明进行"呼吸"动作的主体为有生命物,如"老头儿"。"呼吸"的客体角色以客事角色为主,占主客体角色总体的 34.52%。客事角色用于说明"呼吸"行为涉及的内容,如"空气"。涉事角色(DATV)仅有 1 个,占比为 1.19%,"呼吸"的涉事角色为呼吸行为的伴随者,如"社会";不存在受事角色(PAT)和系事角色(LINK)。之后本文按照 Wang 和 Zhou(2021)提出的方法对主体角色和客体角色进行语义密度计算,计算公式如下:

$$D_{主体语义密度} = X_{和动词直接相关的主体角色数量} \div S_{动词单句数量} \qquad (i)$$

$$D_{客体语义密度} = X_{和动词直接相关的客体角色数量} \div S_{动词单句数量} \qquad (ii)$$

如表 1 所示,与"呼吸"直接相关的主体语义角色为 54 个,与"呼吸"直接相关的客体语义角色为 30 个。"呼吸"单句数量为 199 个。经计算后,$D_{主体语义密度}$ 和 $D_{客体语义密度}$ 分别为 0.27 和 0.15,因此"呼吸"的主体语义密度高于客体语义密度,说明"呼吸"更主要的主客体角色是主体角色,如例(2)中只有"呼吸"的主体角色"我",而没有客体角色。

(2)**我**能<u>呼吸</u>了。

2.2 "呼吸"的情境角色

表 2 展示了语料中"呼吸"的全部情境角色。可见,修饰角色(FEAT)是"呼吸"最常用的情境角色,用来描述"呼吸"的特征;其次是方式角色(MANN),即描述主体角色是以什么方式进行呼吸的;之后是地点角色(LOC)和时间角色(TIME),分别描述呼吸发生的场所和时间;度量角色(MEAS)、工具角色(TOOL)、状态角色(STAT)不常用,它们分别描述的是呼吸的次数、呼吸使用到的工具、主体进行呼吸时自身状态或外部环境。

表 2 "呼吸"的情境角色分布

语义角色	数量	占比/%	例句
修饰 FEAT	33	35.48	这之后娜塔莎很快地听到母亲**均匀**的<u>呼吸</u>。
方式 MANN	29	31.18	已经麻醉了的病人在**安静**地<u>呼吸</u>着。
地点 LOC	11	11.83	在**海边**<u>呼吸</u>是很轻松的!
时间 TIME	10	10.75	这正是他们**长期**<u>呼吸</u>封建的陈腐空气的结果。

续表

语义角色	数量	占比/%	例句
度量 MEAS	6	6.45	再一次呼吸自由的空气吧！
工具 TOOL	3	3.23	用**鼻**呼吸 10 至 20 秒。
状态 STAT	1	1.08	在**黑夜**中我静静呼吸。
总计	93	100.00	—

2.3 "呼吸"的事件关系

涉及事件关系的句子共有 6 条，其余句子没有事件关系，如例（3）只描述"中田"的行为，不存在其他事件。在有事件关系的句子中，4 条为并列事件（eCOO），表示呼吸行为和其他行为同时发生，如例（4）"呼吸新鲜的空气"和"享受阳光"是同时进行的；1 条为后继事件（eSUCC），表示呼吸行为后有其他行为发生，如例（5）中的"进入 21 世纪"。1 条为先行事件（ePREC），如例（6）中的"有新鲜空气"是"呼吸"的前提条件。

（3）中田屏住呼吸。

（4）最好的办法就是呼吸新鲜的空气和**享受阳光**。（eCOO）

（5）这些措施将确保每一个人呼吸着更加清洁的空气**进入 21 世纪**。（eSUCC）

（6）**有新鲜空气**就尽情呼吸吧。（ePREC）

3 词典编纂启示

为了展现如何利用本文的语义分析成果辅助教学词典的编纂，本文与目前能够提供较多动词语义信息的《现代汉语实词句法语义功能信息词典》（以下简称《实词信息词典》）（Yuan & Cao, 2022）进行了词条对比。《实词信息词典》收录的动词信息包括句法功能、语义角色、组配方式、主要句型及典型例句，能够为国际中文教育活动提供丰富、系统的电子化语言知识资源。从表 3 来看，《实词信息词典》所收录的"呼吸"的语义角色情况（4 种）要少于本文结果（10 种）。在本文为"呼吸"所总结的词条中（见表 4），在常见句法格式上，《实词信息词典》的 S1 与本文的格式①相同，《实词信息词典》的 S2 与本文的格式②相似。除此之外，本文将《实词信息词典》的 S3 完善为格式④，还为"呼吸"额外补充了一种常见的句法格式，即表 4 中的格式③。可见，本文的结果大大丰富了"呼吸"的句法格式总结。

表 3 《实词信息词典》与本文对"呼吸"的语义分析

《实词信息词典》		本文结果
语义角色（4 种）	句法格式	语义角色（10 种）
施事 A、受事 P、工具 I、处所 L	S1：A + 呼吸（+ P），如：鱼儿也要～。 S2：A + 用/靠 I + 呼吸（+ P），如：鱼儿用鳃～。 S3：L + 呼吸 + P，如：我们的口鼻之中～着新鲜空气，感觉好极了。	施事、客事、涉事、方式、修饰、时间、地点、度量、工具、状态

表 4　"呼吸"的词条信息

词目		呼吸 hūxī【动】
解释		生物呼出气体又吸进气体，从而与外界进行气体交换。
分析	主体语义密度	该动词平均有 0.27 个主体角色：这个老头儿<施事>在～吗？
	客体语义密度	该动词平均有 0.15 个客体角色：我想～一些新鲜空气<客体>。
	语义角色	主体角色：施事<64.29%>：这名<u>妇女</u>中毒后不能～。 客体角色： 客事角色<34.52%>：我在这里～到了深夜最寒冷的<u>空气</u>。 涉事角色<1.19%>：这样的环境让我们直接和<u>社会</u>一起～。 情境角色： 修饰角色<35.48%>：只感觉得到<u>隐隐约约</u>的～。 方式角色<31.18%>：已经麻醉了的病人在<u>安静</u>地～着。 地点角色<11.83%>：在<u>井下</u>几乎不能～。 时间角色<10.75%>：用鼻～<u>10 至 20 秒</u>。 度量角色<6.45%>：一个人一年～约<u>一千万次</u>。 工具角色<3.23%>：用<u>管子</u>～！ 状态角色<1.08%>：在<u>黑夜</u>中我静静～。
	常用句法格式	①AGT+呼吸（+CONT），如：<u>我</u>想～一下晚间的空气。 ②AGT+MANN+呼吸（+CONT），如：祖父正在<u>困难</u>地～着。 ③AGT+TIME+呼吸（+CONT），如：这正是<u>他们长期</u>～封建的陈腐空气的结果。 ④AGT+LOC+呼吸（+CONT），如：<u>我在这里</u>～到了深夜最寒冷的空气。

4　结论

　　呼吸是有氧生物最基本的生命活动，呼吸动词也普遍存在于人类语言中，汉语"呼吸"一词具有一定使用频率且被多个国际中文教学大纲收录，但以往对该类动词的语义特征讨论不足，因此本文基于依存语法对该词进行了语义考察。从目前能够获取的各大汉语语料库中收集并筛选出 199 条单句，利用自行开发的基于依存语法的标注工具对句子进行语义标注，从语义角色、主客体语义密度、事件关系等三个角度考察它的语义特征。研究发现，语料中"呼吸"共有 10 种语义角色，分别是施事角色、客事角色、涉事角色、方式角色、修饰角色、时间角色、地点角色、度量角色、工具角色和状态角色。"呼吸"的主体角色只能是施事，说明呼吸行为的主体是有生命物；"呼吸"的客体角色以客事为主，说明呼吸行为所涉及的是呼吸的内容；主体语义密度大于客体语义密度，说明施事角色对"呼吸"一词更重要；"呼吸"最主要的情境角色是修饰角色。尽管"呼吸"不常与其他事件共现，但在该词的事件关系中，并列事件最常见。本研究能够丰富已有词典的词条，并提供直观的数据作为佐证。本文结合定性与定量分析对"呼吸"的语义特征进行考察，深入挖掘了该词的语言学特点，能够为动词词典编纂、动词教学提供重要参考。

参考文献

[1] Hacioglu, K. Semantic Role Labeling Using Dependency Trees. In E. Yuste, S. Jekat, A. Pantli and G. Massey. *Proceedings of the 20th International Conference on Computational Linguistics*. Geneva: ACL, 2004.

[2] Levin, B. *English Verb Classes and Alternations*. Chicago: The University of Chicago Press, 1993.

[3] Liu, Y., Chen, F., Kong, W., et al. Identifying Web Spam with the Wisdom of the Crowds. *ACM Transactions on the Web (TWEB)*, 2012(1).

[4] Tesnière, L. Comment Construire Une Syntaxe. *Bullet de la Facultédes Lettres de Strasbourg*, 1934(7).

[5] Tesnière, L. *Eléments de Syntaxe Structurale*. Paris: Klincksieck, 1959.

[6] Wang S, Liu X, Zhou J. Developing a Syntax and Semantics Annotation Tool for Research on Chinese Vocabulary. *Chinese Lexical Semantics*. Springer, 2022.

[7] Wang, S., Zhou, J. On the Syntax and Semantics of Verbs of Cheating. In S. Li, M. Sun, Y. Liu, et al. *Proceedings of the 20th Chinese National Conference on Computational Linguistics*. Huhhot, China: Chinese Information Processing Society of China, 2021.

[8] Yuan, Y., Cao, H. An Introduction to the Syntactic-semantic Knowledge-base of Chinese Verbs. In M. Sun, S. Li, Y. Zhang, et al. *The Nineteenth China National Conference on Computational Linguistics (CCL 2020)*. Hainan: The University of Hainan, 2020.

[9] 陈龙, 詹卫东. 施事的语义分布考察与动词的语义特征. 中文信息学报, 2019(1).

[10] 杜婷. 现代汉语口部动词研究. 山东大学硕士学位论文, 2011.

[11] 国家汉语水平考试委员会办公室考试中心. 汉语水平词汇与汉字等级大纲. 北京: 经济科学出版社, 2001.

[12] 教育部中外语言交流合作中心. 国际中文教育中文水平等级标准. 北京: 北京语言大学出版社, 2021.

[13] 李金兰. 现代汉语身体动词的认知研究. 华东师范大学博士学位论文, 2006.

[14] 林艳. 基于词汇类型学的“呼吸（breathe）”概念的语义地图. 武汉理工大学学报(社会科学版), 2018(2).

[15] 刘挺, 车万翔, 李正华. 语言技术平台. 中文信息学报, 2011(6).

[16] 刘亚慧, 杨浩苹, 李正华, 等. 一种轻量级的汉语语义角色标注规范. 中文信息学报, 2020(4).

[17] 梅洛-庞蒂. 知觉现象学. 北京: 商务印书馆, 2001.

[18] 王诚文, 钱青青, 荀恩东, 等. 三元搭配视角下的汉语动词语义角色知识库构建. 中文信息学报, 2020(9).

[19] 荀恩东, 饶高琦, 肖晓悦, 等. 大数据背景下 BCC 语料库的研制. 语料库语言学, 2016(1).

[20] 杨海彤. 基于图模型的中文多谓词语义角色标注方. 计算机工程, 2019(1).

[21] 詹卫东, 郭锐, 常宝宝, 等. 北京大学 CCL 语料库的研制. 语料库语言学, 2019(1).

[22] 张惠. 先秦“呼吸”类词描写研究. 云南大学硕士学位论文, 2014.

[23] 庄菲. HSK 口部动词研究与对外汉语教学. 苏州大学硕士学位论文, 2015.

[24] 朱傲, 万福成, 马宁, 等. 结合注意力机制的多策略汉语语义角色标注. 厦门大学学报(自然科学版), 2021(6).

后疫情时代下的中文教育研究

汉语双线融合教学模式的实践路径探索*

章 欣

中国人民大学 国际文化交流学院 100872

zhangxin80@ruc.edu.cn

摘 要： 新冠疫情期间，部分国际学生陆续返校，促进了汉语双线融合教学模式的发展。本文以中国人民大学汉语言专业核心课程"汉语视听说"为例，在总结并反思新模式教学流程的基础上，对其未来发展提出若干建议。

关键词： 汉语视听说　双线融合教学模式　教师　助教

Exploration on the Practical Path of the Chinese Combination of Online and Offline Teaching

Zhang Xin

School of Chinese Studies and Cultural Exchange, Renmin University of China, 100872

Abstract: During the epidemic, some foreign students gradually returned to school, which promoted the development of the Chinese combination mode of online and offline teaching modes. Taking the core course of Chinese language major "Chinese audio-visual speaking" in Renmin University of China as an example, this paper summarizes and reflects on the teaching process of the new mode, and puts forward some suggestions for its future development.

Key words: Chinese audio-visual speaking; the combination of online and offline teaching mode; teacher; assistant

0 引言

全球新冠疫情给国际中文教学带来了挑战，"传统的线下课堂几乎一夜之间转移到了线上"（史金生等，2021）。为推进线上教学的顺利发展，研究者积极从不同角度探讨了相关问题，如模式与方法（王瑞烽，2020；巴丹等，2021；亓海峰等，2021）、教师信息素养培养（李宝贵等，2021）等。然而，随着疫情的持续，中文教学又面临新的变化，尽管大量海外学生仍借助云端完成学业，但已有部分学生开始陆续入境、返校，步入教室开启正常的学习生活。新形势催生了汉语双线融合教学模式。

所谓"双线融合教学"，指的是教学活动同时在线上与线下进行，教师在线下教室利用线上教学平台，面对处于不同时空环境的学生开展课堂教学。这是一种打破线上与线下教

---

* 本研究为汉考国际科研基金项目"商务汉语在线课程教学设计与开发（CTI2021ZB02）"课题组阶段性研究成果。

学之间的界限、拆除二者之间的屏障，促使线上教学与线下教学相互支持、有机协同，形成线上教学与线下教学一体化的教学新形态（朱德全等，2022）。双线融合教学模式在实践中怎样开展？教师会遇到什么挑战？该如何应对？这些都是摆在一线教师面前亟待解决的实际问题。本文拟以中国人民大学汉语言专业汉语视听说课程为例，探索融合教学模式的特点，以期为推进国际中文现代化教学实践提供一些参考与启示。

1　双线融合教学模式的实施

2020—2021 学年春季学期，部分国际学生陆续返校。学校要求，在京、在校学生需进入教室学习，京外、境外学生则继续进行网课，为此，中国人民大学国际文化交流学院全面采用双线融合的教学模式授课。自 2021 年春至今，笔者承担了三个学期的融合教学任务，面向本科、硕士留学生开设了汉语视听说、高级汉语、中国概况、汉语综合阅读、基础汉语、汉语教学调查与分析等 6 门课程，共计 340 课时。下文以汉语视听说课程为例，具体介绍这一模式的实施方案。

1.1　课程基本情况

汉语视听说是中国人民大学汉语言专业留学生的必修课程，2020—2021 学年春季学期开始采用双线融合教学模式小班授课。学生 12 人，学期初线下听课学生 5 人，参与线上课程学生 7 人。教学过程中，线上、线下人数呈动态变化。如，线下上课学生因身体不舒服、突发交通事故等特殊原因，会临时转为线上学习；也有境外学生因疫情好转，于学期中返回学校，开始参与线下课程的学习。

1.2　课程教学环境

相较线上教学，融合教学模式的教学环境更为复杂：

（1）课堂教学阶段，线下公共教室配有电脑、投影、音响等设备，可展示课件内容、线上教学情况等；线上环境为腾讯会议，通过该平台将线下教室与线上学生系联起来。

（2）资料分享、作业提交、辅导答疑阶段，任课教师、助教使用钉钉师生群，与学生互动交流。

（3）期末考试阶段，为确保所有学生身处相同测试环境，根据学校要求，统一采用线上远程方式，在腾讯会议平台进行闭卷考试。

具体可见表 1。

表 1　融合教学模式中的教学环境

教学阶段	教学环境	
课堂教学	线下：公共教室（配有可上网的计算机、投影仪、视频展示台、中央控制系统、投影屏幕、音响设备、内置麦克风摄像头等；公用电脑安装钉钉、腾讯会议等教学软件）	线上：腾讯会议
资料分享、作业提交、答疑辅导	钉钉师生群	
期末考试	腾讯会议	

1.3　双线融合教学模式实施方案

1.3.1　针对双线学生的特点精准备课

精准备课是提升教学效率、教学质量的基本要求，教师应结合自身的实际，充分考虑线上、线下学生的不同特点，有针对性地准备教学资源、教学活动。为了确保课堂教学顺畅进行，教师在备课过程中，除了完成熟悉教学内容、设计教学方法、准备教学课件等常规任务之外，还需要重点准备视频资料和练习活动。

（1）视频资料准备。

汉语视听说课对视频资料的依赖、利用程度很高，教师通过引导学生有目的、有计划、有步骤、有策略地观看视频，来完成理解、表达等训练，从而提升学习者的语言交际能力。在单纯的线上教学环境中，教师往往居家授课。此时，视频的声音通过电脑音频分享给线上学生，除了音量可能略受影响之外，音响效果整体没有问题。在双线融合教学模式下，教师需在教室使用公共电脑播放视频，音频输出依靠功放音响。功放设备可以扩大教室电脑的音频音量，利于线下学生听清视频内容，但却会对线上观看者构成干扰，如出现回声、杂音严重等问题。为解决此矛盾，笔者在备课时，将某堂课涉及的所有视频片断提前上传至云盘，以便课上根据教学进度，实时分享到钉钉班级群，让线上听不清、网络卡顿的同学自行下载，在本地电脑完成观看。

（2）练习活动准备。

线上、线下学生由于处于不同的教学环境，在课堂上对教师的提问、对练习活动的反应时间是不同步的。线下学生参与课堂练习更为迅速，互动的频率也相对较高；而线上学生由于网络时滞等原因，课堂参与程度受到一定的限制与制约。在这样的情况下，如果教师不加干涉与管理，极易出现"线下热闹非凡、线上寂静一片"的两极分化局面，抑制线上同学参与课堂的热情。鉴于此，笔者在备课时有意识地为线上、线下学生设计不同的练习或活动，有意识地协调线上、线下的互动频率，确保每位同学都能公平地享有师生互动、生生交流的机会，实现全体学生的共同发展。以下罗列了设计练习的若干做法：

①　为线上、线下同学分设不同题目，如某些问题规定只能线上学生回答，有些问题只限线下同学参与。

②　为线上、线下同学分设不同答题方式，如某些问题，线上同学可以打开语音直接回答，线下同学则需要书写成语段由教师批改。

③　要求线上、线下同学统一完成在线答题任务，利用钉钉师生群的"填表"功能，制作选择题、判断题、填空题、问答题等不同题型，让学生在规定时间内观看视频完成练习。

④　对于某些课后小组练习，如社会调查等，明确要求线上、线下同学合作完成，即每个小组必须同时包含线上与线下的同学，并规定每位组员必须参与小组报告任务。

1.3.2　与助教合作顺畅推进教学流程

双线融合教学模式对教师提出了更高的要求：既要保障教学环节的顺利开展，有序推进教学内容、设计教学活动，又要观照线上、线下课堂的情况，带动、激励不同时空的学生积极参与教学活动。在实践中，难免会出现顾此失彼的情况。为了确保线上教学的顺利进行，中国人民大学教务处为每门双线融合教学课程设置了助教岗位，由本专业硕士研究生担任。在课堂教学阶段，任课教师与助教分工协作、共同推进教学活动的顺利开展。具体分工见图1。

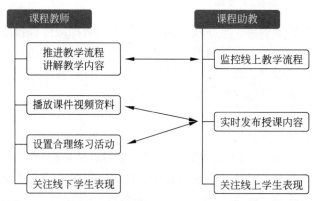

图 1　双线教学模式课堂教学分工

（1）教师推进课堂教学，助教监控线上流程。

融合教学模式下，为了更好地兼顾线下课堂与线上平台，确保不同时空的教学顺畅进行，需要教师和助教共同身处线下和线上两个教学环境。教师主要负责推进教学流程、讲解教学内容，而助教需要实时监控线上教学的情况是否正常，如教师屏幕是否共享、声音播放是否顺畅、教学环境有无杂音、教室网络是否卡顿等。如出现上述问题，立即在线下教学环境中提醒教师处理，避免延误线上课程的进度。

（2）教师与助教合作，同步展示多模态授课资料。

汉语视听说是一门集语音、图片、文字、视频等多模态语言资料于一体的综合语言技能课程，教学中往往需要学生同时观看视频、文字或图片等不同形式的材料。在线下教学环境中，传统教室由于不具备多屏幕智慧课堂的硬件设施，不能满足这样的教学需求。网络教学平台为多渠道展示多模态教学资源提供了可能。授课过程中，助教及时将需要与视频内容同步阅读的文字或图片资料截图分享到钉钉班级群，帮助线上、线下学生在观看教室屏幕或个人电脑中视频内容的同时，通过智能手机、平板电脑等电子产品，完成诸如"根据视频填写台词""根据视频内容判断正误""根据视频内容给图片排序""根据视频内容回答问题"等练习，从而突破教室硬件设施对教学资料展示的限制，为学生创设更为便利的学习环境，提升教学效率（弋鹏宇，2021）。

（3）教师与助教分别关注线下、线上学生的表现。

实践发现，在融合教学模式中，教师很难周到、全面照顾线上、线下全体学生的情况：关注线下学生的交流，就会影响与线上学习者的互动，对线上学生的反馈处理不及时；侧重线上学生的学习状态，线下学生的情况就难以同时顾及。为应对这种情况，教师与助教需要协同分工，合作完成教学。如教师重在讲解教学内容、设计课堂练习活动、引导学生互动、完成教学任务，并重点关注线下学生的反馈。助教则实时监控、记录线上学生的参与度，跟踪线上学生的上课情况；若发现个别学生游离课堂教学之外，未积极参与教学活动，助教会及时提醒，提高线上学生的专注力，确保线上与线下学生课堂参与度相一致。

1.3.3　从多元角度科学评估学生表现

随着中文教学实践的不断深入，教学者们越来越认识到，对学生的评价不能只聚焦结果，还需要对其学习态度、学习过程和学习效果进行综合评价。包括形成性评价和终结性评价的课程评价体系，有利于教师发现教学中的问题与不足，改进优化学生的学习体验，改善教学质量。汉语视听说课的形成性评价占课程评价的 60%，包括出勤与课堂表现、课后作业以及期中考试成绩；终结性评价为期末笔试成绩，占比 40%。各类评价标准的占比详见图 2。

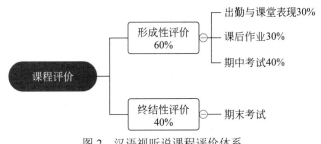

图 2　汉语视听说课程评价体系

课后作业牵涉对语言点的运用、对视频的理解、复述视频内容、就某一话题发表看法、个人调查、小组调查等内容，形式包括文字、语音、视频制作等。巩固性、归纳性的作业练习，如用所给词语完成句子，用指定词语复述视频内容、回答问题等，由助教老师负责评阅、修改；对于思考性、创造性、实践性作业，如谈对某现象的看法、调查中外学生就某事的看法、续编视频结尾等，由任课教师讲评。

汉语视听说课程的教学目标在于着重提升学生理解各类视听材料，围绕相关话题进行成段表达的能力（章欣，2021）。为尽量减少线上教学对学生互动的限制，增加学生的口语表达机会，课程期中考试采取个人演讲和小组报告结合的方式进行：个人演讲要求学生简介观看的影视节目并发表看法；小组报告由 3～4 位学生自由组合，选取感兴趣的、与课文相关的主题开展社会调查，并将调查过程、调查结论在班级中报告。在双线融合教学模式下，小组报告会出现组员同在线下、同在线上或线上线下结合的情况，但这并不影响大家利用腾讯会议平台相互交流。期末的终结性评价为闭卷形式，学生通过电脑与手机进入腾讯会议室，打开双机位的摄像头，观看教师共享在钉钉班级群的视频与试卷文本，书写答卷。这种个人与小组、口试与笔试相结合的评价方式，能较为全面地考查学生理解视听语料、表达观点的能力。

2　对双线融合教学模式的反思

经过教师与助教的共同努力，采用双线融合教学模式的汉语视听说课程得到了学生的一致肯定，教学评估结果优秀。这说明，汉语融合教学模式是满足当前疫情防控常态化背景下不同时空学习者需求的。

随着医学研究的不断深入，疫情防控形势日益乐观，返回课堂的学生数量有可能持续上升，但由于各国、各地实际情况存在差异，仍会有部分学生选择线上学习。形势的复杂性使得双线融合教学模式有可能成为未来一段时间中文教学的主要模式。反思汉语视听说课程双线融合教学实践，总体来说，教学任务、教学目标圆满完成，教学流程比较顺畅，但是，如何将线上、线下教学有机地结合起来，最大限度地发挥各自优势，推进融合教学模式的长效发展，还需要进一步思考与探索。

首先，要有长远眼光、系统思维。近段时间，我们常常看到为提升用户体验，互联网企业不断研发适用于线上课堂的新功能，却很少看到兼顾线上、线下环境的教学平台。尽管疫情之初，线上教学模式是国际中文教育的主要形式，但随着疫情的持续，融合教学模式已经占据了中文教学的一席之地。为此，教学平台的研发、教学技术的创新，应该通盘考虑不同类型教学模式的特点，全面系统地考量各教学模式的需求，以系统思维、系统方法谋划国际中文教学事业全局。前文提到，在融合教学模式下，为了解决视频在线播放质量问题，教师会将视频资料共享在班级群。但这一做法也存在一定的问题：教师无法监控线上学生观看视频的进度、次数、停顿的位置等，从某种意义上说，并不能有效地帮助他们提升对视频资料的理解能力。教学平台如果可以利用大数据增添用户画像的功能，进一步精准、快速地呈现学习者观看视频的时长、停顿点位、播放次数等信息，将有助于实现教师对学生学习情况的实时掌握。

其次，要加大对教学互动的研究。有关课堂教学师生互动、生生互动的已有研究，多围绕线下教学场景展开。新冠疫情暴发以来，如何加强线上教学的互动性成为学者们关注的新议题。随着形势的变化，融合教学模式下的互动性也应该引起学者与广大一线教师的关注，不仅要考虑学生的开口率、交际性，还需要思考公平性、有效性等问题。同时，随着科学技术的不断发展，人工智能、虚拟现实技术等新兴事物能否应用到融合教学模式中，突破物理教学环境对互动交流的限制，为线上、线下学生同时提供真实的语言交际虚拟场景，也应成为教学技术领域的新课题。

最后，要增设并加强教师与助教的岗前培训。融合教学模式的新特点、新要求，对教师与助教都提出了新挑战。为此，一方面，应在岗前进行有针对性的培训，加强教师、助教的信息技术素养，提高他们对教学平台的使用水平；另一方面，还需要提升其在新模式下开展教学的业务能力，以更好的状态兼顾线上、线下环境。面向教师的培训，要有对融合教学模式实际操作的介绍，还应有对突发事件（如杂音、回声问题等）的处理方案，增加针对线上、线下学生不同特点设计合理、有效教学任务的训练；针对助教，既要强调对教学准备工作的梳理，又应提升其与学生沟通的技巧，还应讲解如何配合教师完成教学工作的对策等。

总而言之，在新冠疫情防控常态化阶段，双线融合教学模式是适应学生学习场所变化的新举措。其在实际教学中出现的困难和待改进的问题，正是中文教学现代化研究领域的新课题、新方向。广大中文教师与研究者们要因势而谋、应势而动、顺势而为，加快线上、线下教学的有机融合发展，推动国际中文教育的科学化、全球化、现代化发展进程。

参考文献

[1]　巴丹, 杨绪名, 郑东晓, 等. "汉语国际教育线上教学模式与方法" 大家谈. 语言教学与研究, 2021(2).
[2]　李宝贵, 庄瑶瑶. 后疫情时代国际中文教师信息素养提升路径探析. 语言教学与研究, 2021(4).

[3] 亓海峰, 丁安琪. 海外汉语教师在线教学现状调查分析. 天津师范大学学报(社会科学版), 2021(5).

[4] 史金生, 王璐菲. 新冠疫情背景下高校留学生线上汉语教学调查研究. 语言教学与研究, 2021(4).

[5] 王瑞烽. 疫情防控期间汉语技能课线上教学模式分析. 世界汉语教学, 2020(3).

[6] 弋鹏宇. 线上线下混合中文教学模式中的助教角色探析——以汉语视听说课为例. 中文教学现代化学报, 2021(2).

[7] 章欣.《汉语视听说》线上教学模式探索与分析. 第十二届中文教学现代化国际研讨会论文集. 胡志明：胡志明市师范大学出版社, 2021.

[8] 朱德全, 罗开文. "双线融合教学"：高等教育未来教学的新形态. 现代教育管理, 2022(2).

疫情下口语在线教学模式探析*

杨冰冰¹　王治敏²

^{1,2} 北京语言大学 汉语国际教育研究院 100083

¹942249583@qq.com　²wangzm000@qq.com

摘　要：新冠疫情的暴发使得全球教育系统进入"应急远程教学模式"，线上教学全面取代传统的课堂教学。在线汉语教学也在尝试多种途径促进学生的学习。本文对具有汉语初级水平的本科生的口语在线教学进行探究。通过对教学环节安排、语音训练设计、课堂互动设计、口语任务安排的分析，探讨适合口语在线课堂的教学模式。本研究尝试将翻转课堂运用到口语在线课堂中，设计了"课前预习—自由演讲—课堂反馈与讨论"的口语教学模式。本研究对学生学情进行分析，通过问卷调查、访谈发现学生虽更倾向传统课堂，但对在线学习呈逐渐接受态度，对口语课中采取的一系列教学方法也较为肯定。

关键词：在线教育　口语教学　教学模式　翻转课堂

Study on Online Teaching Model of Oral Chinese Under COVID-19

Yang Bingbing¹　　Wang Zhimin²

^{1,2} Institute of Chinese Language International Education, Beijing Language and Culture University, 100083

Abstract: This paper investigates online teaching to undergraduates with elementary level of Chinese proficiency. Through the analysis of the teaching session arrangement, phonetic training design, classroom interaction design, and speaking task arrangement, we explore the teaching mode suitable for the oral online classroom. This study tries to apply the flipped classroom to online teaching, and designs the oral teaching model of "pre-study-free speech-class feedback-discussion". The study analyzed the students' learning situation and found that although the students preferred the traditional classroom, they gradually accepted the online learning and were more positive about the teaching methods adopted in oral Chinese class.

Key words: online education; oral language teaching; teaching model; flipped classroom

0　问题的提出

新冠肺炎在世界范围内的传播使得在线教育成为一种新型的教育趋势，汉语国际教育也因疫情原因需要采取在线教学的方式。口语教学注重师生、生生之间的互动性，在线课

---

* 本文得到国家社科基金重大项目（18ZDA295）、中央高校基本科研业务费（19PT03）、北京语言大学研究生创新基金（中央高校基本科研业务费专项资金）（22YJY01）的资助；王治敏为本文的通讯作者。

堂由于受到网络、时差等问题影响，教学方式与授课效果与线下课堂有所不同。一些适用于传统课堂的教学模式在在线课堂中会遇到一些不可避免的问题，在直播课堂中师生常出现时差、环境、课堂中互动性不足、学生课堂参与感较弱、语言交际训练难以开展等问题。在网络学习的环境下，除了学习策略和教学技巧的变化，汉语教师还必须考虑学习者的心理变化，包括学生在网络环境中被关注的程度、学习焦虑等（崔希亮，2020）。

　　传统课堂中的教学模式是否适用于在线课堂？哪些教学模式和教学方法在在线口语课堂中可以达到较好的学习效果？学生对在线学习的态度如何？这些都是在线教学背景下汉语教师应该思考的问题。本文通过对两个学期口语在线课堂的考察，探讨适用于口语在线课堂的教学模式，分析学生对在线学习的态度。

1　口语在线教学模式设计

　　在线教学不同于传统的课堂教学，在线教学需要信息技术的支持，口语课语言互动性较强，在线直播课相较于录播课可以更好地进行师生之间、生生之间的口语互动练习。因此本研究中的汉语口语课都采用直播的形式。另外，本文中的春季学期使用的在线课程平台为"瞩目"和"Zoom"，这两款直播平台都可以在课堂中使用分组功能，便于口语课小组讨论活动的开展；秋季学期使用"腾讯会议"和"钉钉"直播平台，但是"腾讯会议"不能进行会议成员分组，小组讨论只能移至微信群进行。两个学期的教学模式将在下文展开论述。

1.1　学生信息与班级情况

　　教学的主体是学生，本文研究对象是北京语言大学汉语学院初级下的两个本科班，学生有一定汉语基础，经前测学生间水平差异较小。A班为2020学年春季学期的初级下口语班，共18人，其中男生7人，女生11人，其中日本籍、葡萄牙籍学生最多，其次为泰国籍学生。A班口语课上课时间为8:30—10:20，由于时差问题，在上课时间内葡萄牙时间正处深夜，因此学生存在上课困难的情况。为解决学生无法参加课程直播的问题，助教老师将每次课的全部内容进行录屏，并转发到班级群中，没有参加直播课的同学需要观看视频并将口语任务的录音发给助教老师。

　　B班为2020学年秋季学期的初级下口语班，共22人，其中男生4人，女生18人，其中韩国籍学生最多，占总数的50%，其次是泰国学生，B班亚洲学生较多，占总人数的多半，而其他国籍的学生较少。秋季学期考虑到了学生存在的时差问题，因此将上课时间调到了北京时间14:00—15:50，学生基本都可以参加口语在线直播课。

1.2　教学环节设计

　　在线教学是一个系统工程，在线口语课堂可以在传统课堂的基础上进行教学环节的设计，但是不等于对传统课堂的教学模式进行照搬。在2020年春季学期，A班的线上口语课教学环节及时间安排如下：

　　口语语音训练（15分钟）—新课生词处理（15分钟）—课文处理（25分钟）—语法

讲练（15 分钟）—口语任务（25 分钟）—布置作业（5 分钟）

在 2020 年秋季学期，为了提高课堂教学效率、增加学生的口语输出，我们尝试将翻转课堂教学模式运用到线上口语课堂中。自由演讲是很好的锻炼学生口语表达能力的方法，每次口语课我们安排一位学生进行演讲。演讲是学生整个学期学习效果的呈现，在演讲后为提高其他学生的课堂参与感，我们设置了互动环节，由其他学生向演讲学生提问，锻炼学生的听说能力。B 班线上口语课教学环节及时间安排如下：

课前预习：每次课前发布新课的预习作业，包括生词及课文的学习材料；

点名及预习情况反馈（5 分钟）；

学生自由演讲（15 分钟）：学生演讲（每次 1 位学生做演讲，演讲时间 5 分钟左右）—其他学生提问题、互动（6 分钟左右）—教师纠错及总结（4 分钟左右）；

口语语音训练（5 分钟）：考虑到时间因素，口语语音训练时间有所缩短；

新课生词处理（8 分钟）；

课文处理（13 分钟）；

对课文内容提问或讲故事（12 分钟）；

语法讲练（12 分钟）；

口语任务（25 分钟）；

布置作业（5 分钟）。

B 班口语课在 A 班教学经验的基础上，将翻转课堂运用到课程中，在课程开始前安排学生进行新课生词及课文的预习，并且在每节课安排学生进行自由演讲，实现教师和学生角色的"翻转"。由上述教学流程的说明可知，在 B 班的教学模式下，生词及课文处理环节节省出了较多时间，学生有更加充足的时间在课堂上进行口语表达练习。

1.3 口语语音训练实践

在以往的传统课堂中，为了练习学生的口语发音及流利度，我们采用了"说儿歌"的方式对学生的口语语音进行训练，在正式课前进行语音训练可以使学生们迅速进入口语课堂氛围中。线上课堂受限于网络，会出现延迟、齐读效果较差的问题，以往传统课堂整个学期我们会练习 4～5 首儿歌，在线课堂中我们将儿歌减少到 2～3 首。

初级汉语口语课中语音训练所选择的篇目需要声母韵母丰富、声调变化丰富、内容简单易懂，我们选择的儿歌如："一张嘴，两颗牙；三杯牛奶四碗茶；五座山，六座塔；七条小河八只鸭；九颗大树十朵花。"语音训练流程为"朗读（展示全部文字）—根据提示读（只展示提示词）—背诵（只展示儿歌题目）"，语速逐渐加快。每节课中的语音训练过程为：教师领读—学生齐读—分组读—学生自己读。

经过一个学期的训练，以 A 班学生诵读某一儿歌为例，学生们的口语语音有如下变化（见表 1）：

表 1 语音训练前后学生语音变化

训练	集体朗读时间/秒	个人背诵时间（avg）/秒	个人发音正确率（avg）/%
第一次训练	25.34	18.43	61.25
最后一次训练	12.48	8.81	87.56

　　由表 1 可知，学生们在经过一学期语音训练后，同一首儿歌在诵读流利度、发音正确率方面都有了很大的提高，并且同样的语音偏误在其他口语表达中出现次数也明显减少。

1.4　在线课堂中的互动性

　　语言教学，尤其是口语教学需要在课堂中有较强的互动性，课堂中的师生互动、生生互动是不可或缺的环节，在真实的线下课堂中互动情境更真实，师生更容易产生共情，口语表达能力也能更为有效地提高。受限于目前的技术条件，线上课堂中互动形式较为有限，师生之间和生生之间的互动方式只能为问答和对话，且由于网络原因，问答和对话花费的时间较多。在这两个学期的口语课中，为了提高口语课堂的互动性，我们采取了如下方法：

　　（1）鼓励学生打开摄像头。我们发现，在直播课中喜欢打开摄像头的学生相较于不爱打开摄像头的学生更倾向于在课堂中发言，学生们打开摄像头可以增加课堂的真实感，在口语课中师生使用视频的互动性大于使用语音的互动性。

　　（2）增加提问。口语课的目的是培养学生使用汉语交际的能力，因此在课堂中教师要"精讲多练"，以《初级汉语口语课》第二课第一讲的语法处理为例，此讲共有语法点三个，三个语法点的讲解时间分别为 6'52″、5'31″、3'18″，语法练习中提问学生人数分别为 12 人、8 人、11 人。可见在约 16 分钟的语法讲练中，共有 31 人次参与了课堂互动，对学生的提问比较密集。在线课堂不仅要提高与学生间的互动性，还要尽量兼顾每一位学生，这样可以使学生们的注意力更加集中。

　　（3）课堂氛围的营造。轻松愉悦的课堂氛围能够更好地调动学生的积极性，增加课堂中的互动。在线课堂增加了师生之间、生生之间的距离感，较传统课堂来说，师生之间的共情能力较弱，在线课堂中除了完成密集的口语教学任务外，汉语教师还要营造较为轻松的课堂氛围，可以是课前跟学生们问候、提问时的夸奖、微笑表情等；同时，要增加对学生的鼓励，特别是对于不太愿意在网络中交流的学习者，教师们要多予以鼓励。

1.5　翻转课堂的运用

　　翻转课堂（flipped classroom）是随着"互联网+教育"和 MOOCs 的发展而兴起的一种教育模式。翻转课堂主要围绕在线自主学习和班级课堂学习两个环境展开，强调学习者通过在线学习进行知识输入储备，通过自主学习转回课堂，完成知识再造、输出和内化的过程（沈庶英，2019）。简单来说，翻转课堂是将课上的任务，利用视频技术移至课下，让学生课前观看讲课视频，课上完成原来课下的学习活动（张金磊，2012；祝智庭，2015；张萍，2017）。在在线教学中使用翻转课堂的教学模式是很多教师正在尝试的一种教学方式。

　　在秋季学期的初级口语 B 班我们采用了翻转课堂的形式。课前将电子课本、生词和课文录音发给学生，布置预习任务，学生在课前将朗读生词和课文的预习任务发送给助教老师。课中安排了自由演讲的语言任务：演讲安排为每次课一位同学进行演讲，演讲时长为 5 分钟左右，演讲主题为"我眼中的中国"，内容不限。自由演讲环节为"学生演讲—其他学生提问相关问题—演讲者回答—教师纠错及总结"，自由演讲的翻转方式可以给学生更多的机会进行语言表达，增加其他学生提问环节可以使其他学生在听别人演讲时参与感更强，有更多的语言输出。对于口语课来说，课后我们没有布置更多的语言任务，仅安排学生复习本课的重点语言表达。

1.6 口语任务设计

口语任务是口语课中非常重要的一环，在线口语课堂也可以进行口语任务的安排。在线下课堂中，学生热衷于小组活动，线上课堂由于小组活动展开较为费时，因此我们安排了三种口语任务，分别为：①说故事：运用该课所学语言点，产出与主题相关的一段表达。此为个人任务，无须分组。②小组讨论：运用该课所学语言点，围绕相关主题进行角色扮演。此为小组任务，每组2～5人，根据任务类型安排每组学生人数和成员。③辩论：围绕该课主题，选择两个对立观点进行辩论。此为多人任务，将全部学生分为两个组进行辩论。

关于小组讨论，教师要尽量保证每个小组间口语水平均衡、男女均衡，小组人数符合口语任务的需要。因为线上课堂存在网络延迟问题，课堂时间较为紧凑，因此教师最好提前将学生分好小组，以方便任务的开展。

2 在线口语课堂学生学情分析

"学情分析"包括对学生主体存在的认知水平或程度和需求水平或程度的调查以及教师对调查结果的分析（庞玉崑，2012）。为了解学生对线上课堂的态度以及线上教学效果，我们制定并发布了针对线上口语课堂的调查问卷，并对学生进行访谈，且通过对学生口语考试成绩的分析考察线上课堂的教学及学生学习效果。

2.1 问卷调查分析

为了解学生对在线课堂的感受，我们针对线上口语学习的各个环节设计了相关问题，对 A 班学生的调查问卷共设计了 22 个问题，问卷发出 18 份，收回 15 份，有效问卷 15 份。问卷中的相关问题及数据见表 2。

表 2   A 班调查问卷反馈情况表（1）

你喜欢线上口语课？		
选项	小计	比例/%
非常喜欢	8	53.33
喜欢	7	46.67
不太喜欢	0	0
不喜欢	0	0

你更喜欢课堂学习还是网络学习？		
选项	小计	比例/%
课堂学习	15	100
网络学习	0	0

由表 2 可知学生对本学期的线上口语课持肯定态度，但是学生还是更喜欢传统课堂学习。

在春季学期口语在线课堂使用瞩目和 Zoom 平台，瞩目和 Zoom 平台中都有分组功能，由表 3 可知，A 班学生都比较喜欢课堂中的口语任务，认为小组讨论的效果较好，且学生们较喜欢小组讨论和说故事这样的口语任务。

表 3　A 班调查问卷反馈情况表（2）

你喜欢课堂中的小组讨论吗？			你喜欢哪种形式的交际任务？（多选）		
选项	小计	比例/%	选项	小计	比例/%
非常喜欢	4	26.67	小组讨论	9	60
喜欢	11	73.33	说故事	8	53.33
不太喜欢	0	0	辩论	3	20
不喜欢	0	0			

由于在秋季学期我们加入了翻转课堂，因此问卷中增加了对翻转课堂相关问题的调查，对 B 班学生的调查问卷共设计了 30 个问题，问卷发出 22 份，收回 21 份，有效问卷 21 份。问卷中的相关问题及数据见表 4。

表 4　B 班调查问卷反馈情况表（1）

你喜欢线上口语课吗？			你更喜欢课堂学习还是网络学习？		
选项	小计	比例/%	选项	小计	比例/%
非常喜欢	6	28.57	课堂学习	14	66.67
喜欢	10	47.62	网络学习	7	33.33
不太喜欢	2	9.52			
不喜欢	3	14.29			

在秋季学期，学生逐渐适应了线上教学的模式，虽然大多数学生们还是更喜欢在教室学习，但相比于春季学期，喜欢网络学习的学生比例有所增多。

表 5 所示为学生对自由演讲和课前预习相关问题的反馈，学生们认为自由演讲和课前的翻转学习对口语学习帮助很大，并且学生在参与活动时积极性很高，而且根据我们的调查，61.9%的同学可以在 20~40 分钟内完成预习作业，预习为学生带来的压力也较小。

表 5　B 班调查问卷反馈情况表（2）

你认为自由演讲对你的口语学习有帮助吗？			预习新课对课堂上生词和课文的学习有帮助吗？		
选项	小计	比例/%	选项	小计	比例/%
非常有帮助	7	33.33	非常有帮助	12	57.14
有帮助	14	66.67	有帮助	9	42.86
帮助不大	0	0	帮助不大	0	0
没帮助	0	0			

2.2　访谈分析

本研究对学习者对口语在线课堂的感受进行考察，在学期最后让学习者围绕"在线课堂的利弊"进行阐述，运用此方法一方面可以了解学生对在线学习的态度，另一方面可以锻炼学生成段表达的能力。通过对学生的访谈，我们了解了学生对线上学习的真实想法（对学生的答案保持原貌，包括语病等）。

A 班学生，国籍为阿尔及利亚的某学生说："网络学习我不能很好地集中精力，但是我很喜欢口语课,在口语课上可以和大家交流。"来自孟加拉国的张同学说:"课堂学习中,我们可以跟同学和老师一起说话,现在我们的口语练习很少。但是我觉得口语课在线上教学比较有效果,因为口语课能和老师一起说话。"来自日本的芳村说:"我觉得线上学习的优点是可以看回放,但是在课上的说话机会很少,我想有更多的机会说话。"来自墨西哥的君力说:"我觉得口语课非常有意思,口语课的教学方法很有意思,口语课很有活力。"

B 班学生,来自美国的赵某说:"我越来越喜欢在网上学习,网上学习可以节省很多时间,老师上课方式也很有意思。"来自泰国的李某说:"我还是喜欢在课堂上学习,在中国学习可以多跟老师和同学聊天。"来自韩国的朴某说到关于小组讨论的问题,"小组讨论时,讨论时间太短了"。来自巴基斯坦的麦某说:"因为是在线教学,所以老师用了所有有效的方式,比如说小组讨论、辩论、自由演讲和说故事什么的,我感觉很有意思。"

通过对学生访谈的分析,我们了解到学生还是更倾向于传统课堂学习,在线学习最大的优势在于可以观看视频回放,可以反复学习。关于在线课堂中如何能让更多的学生开口说话,小组讨论如何才能更有效地进行,是我们以后在线教学需要思考和解决的问题。

3　翻转课堂模式在口语在线课堂中的应用

上文我们对秋季学期口语 B 班采用的翻转课堂模式进行了介绍,通过教学实践我们发现将翻转课堂运用到在线课堂中可以节省出更多时间让学生进行语言操练,在网络中进行生词和课文的齐读由于网速等原因常出现声音嘈杂、延迟等现象,让学生提前进行预习可以较为有效地减少网络齐读的问题,提高课堂学习效率。

以《初级汉语口语课》第二课第一讲课文和语法环节为例,我们将没有运用翻转课堂的 A 班和运用翻转课堂的 B 班的课文环节教学时间和提问人数进行对比(见表6)。

表 6　A 班和 B 班课文教学环节对比

教学环节	2020 年春季学期 A 班	2020 年秋季学期 B 班
课文 1 朗读时间	4'	2'40
课文 1 提问时间及提问学生人数	4'37" / 6 人	4'49" / 6 人
课文 2 朗读时间	3'10"	2'12"
课文 2 提问时间及提问学生人数	3'05" / 4 人	5'55" / 10 人

通过课文学习时间对比可知,B 班的课文朗读时间少于 A 班,学生们经过预习后课文朗读的流利度和准确度都有很大提高,因此朗读课文所花费的时间也相应减少。在 B 班提问时间更加充足,提问的学生人数也更多,学生们在课堂上有了更多的语言训练机会。

表 7 对两个班语法处理环节的时间和提问人数进行了对比,B 班的语法处理时间少于 A 班,但是提问学生人数与 A 班相似,课堂节奏进一步加快,课堂中的互动频率更高。

表 7　A 班和 B 班语法教学环节对比

教学环节	2020 年春季学期 A 班	2020 年秋季学期 B 班
语法 1 处理时间及提问人数	7'35" / 8 人	6'52" / 12 人
语法 2 处理时间及提问人数	8'55" / 11 人	3'18" / 11 人

为了解翻转课堂教学模式对学生学习效果的影响，我们对 A 班和 B 班学生的期末考试成绩进行分析。下面我们对两个班成绩的基本数据进行对比分析。

由表 8 可知 B 班学生口语成绩的平均数、中位数、众数都大于 A 班，且标准差值小于 A 班，由此我们可以看出 B 班的学生成绩普遍高于 A 班学生成绩，且成绩分布较为稳定。为探究两个班学生考试成绩是否具有显著性差异，我们使用独立样本 t 检验对两个班的学生口语成绩进行分析（见表 9）。

表 8　两个班级成绩基本统计数据

对比项	A 班	B 班
平均分	76	81.5
中位数	83.5	85
众数	83	85
标准差	16.51	10.18

表 9　两组学生成绩独立样本 t 检验

	莱文方差等同性检验		平均值等同性 t 检验					差值 95% 置信区间	
	F	显著性	t	自由度	**Sig**（双尾）	平均值差值	标准误差差值	下限	上限
假定等方差	4.366	0.043	1.318	38	0.196	5.601	4.251	−3.005	14.207
不假定等方差	—	—	1.258	27.116	0.219	5.601	4.452	−3.531	14.733

经计算，结果为：B 班成绩（$M = 81.55$，$SD = 10.18$）与 A 班成绩（$M = 76$，$SD = 16.51$）没有显著差异，$p > 0.05$。我们发现，虽然 B 班平均分都高于 A 班，但期末考试成绩差异不显著。说明在口语在线课堂中是否使用翻转课堂教学模式对学生的考试成绩没有特别显著的影响。但是通过对学生成绩的统计，我们发现 B 班学生的整体成绩相较于 A 班呈上升趋势。这说明，学生成绩虽无显著性差异，但是随着教师对在线课堂教学技巧的了解，翻转课堂等多种教学方法的有效运用，口语在线教学的教学效果会越来越好。

4　结语

本文对新冠疫情下线上口语课堂进行了分析，在研究中口语教师采用多种方法促进学生线上口语学习。经研究我们发现，通过语音训练，学生的语音面貌有了明显提高；采用翻转课堂的方法使学生有更多的时间进行语言训练；口语任务的设计可以增强学生之间的互动性，提升课堂内容的丰富度。本文通过对学生的问卷调查数据的分析，发现学生还是更加倾向于传统课堂学习，但是在逐渐适应在线学习的方式。

本研究对在线课堂中的翻转课堂模式进行了探析，通过对教学实例的分析，我们发现运用翻转课堂的实验班级基础知识处理时间少于没有运用翻转课堂的对照班级，互动提问时间多于对照班级，学生们经过预习后在课堂上课文朗读的流利度和准确度都有很大提高，在基础知识的学习上花费的时间也相应减少，学生们在课堂上有了更多的语言训练机会，并且学生们对翻转教学持积极的态度。

将翻转课堂模式应用于线上教学还处于探索阶段，日后我们将探索更加适合线上教学的模式。

参考文献

[1] 崔希亮. 全球突发公共卫生事件背景下的汉语教学. 世界汉语教学, 2020(3).

[2] 庞玉崑. 常见的"学情分析"错误与解决办法. 北京教育(普教版), 2012(3).

[3] 沈庶英. 翻转课堂"三步十环节"班级教学模式构建探索——以商务汉语翻转学习为例. 语言教学与研究, 2019.

[4] 沈庶英, 刘芳铭. 疫情期间汉语国际教育在线教学反思. 中国高等教育, 2020.

[5] 张金磊, 王颖, 张宝辉. 翻转课堂教学模式研究. 远程教育杂志, 2012, 30(4).

[6] 张萍. 翻转课堂的理念、演变与有效性研究. 教育学报, 2017.

[7] 郑艳群. 汉语教学 70 年——教育技术的影响及作用. 国际汉语教学研究, 2019(4).

[8] 祝智庭, 管珏琪, 邱慧娴. 翻转课堂国内应用实践与反思. 电化教育研究, 2015.

疫情期间线上授课的教学反思

崔淑燕

首都经济贸易大学 国际学院 100026

cshy@cueb.edu.cn

摘　要：本文从网络授课的优劣势、各方面的教学反馈、存在的问题、对疫情后的线下课堂教学的展望四方面对疫情期间的网络授课进行总结，这既是对这一段时期网络教学的总结，也可为将来的网络教学和线下课堂教学提供借鉴。

关键词：网络授课　教学反思　线下教学

Reflection on Online Teaching During the Epidemic

Cui Shuyan

International College, the Capital University of Economics and Business, 100026

Abstract: This paper summarizes the online teaching during the epidemic from the advantages and disadvantages of online teaching, teaching feedback in all aspects, existing problems, and the prospect of offline classroom teaching after the epidemic. This is not only a summary of online teaching in this period, but also provides a reference for online teaching and offline classroom teaching in the future.

Key words: online teaching; teaching reflection; offline teaching

0　引言

一场突如其来的疫情把各级各类学校的教学计划完全打乱了，在"停课不停学"的背景下，各位教师纷纷拿起微信、雨课堂、腾讯会议、Zoom、问卷星等"武器"，开始了网上教学的战斗。经过教学实践，逐渐从一个网络教学的门外汉成长为较有经验的网络教学教师，这其中有很多值得总结和反思的地方。本文拟从网络授课的优势、劣势、存在的问题、对疫情后的线下课堂教学的展望等方面来谈，这既是对网络教学的总结，也可为将来的网络教学和线下课堂教学提供借鉴。

1　网络教学的优劣

在全民网课期间，老师们各显身手，纷纷使用自己能够掌握的教学平台进行网上授课。据了解，教师们主要采用以下几种教学方式：微信语音、慕课、直播加录播、录播。有些教师还辅以问卷星、唐风汉语等平台进行课堂测试和作业提交、修改。我们基于上述教学方式谈论网络教学的优劣。

1.1　网络教学的优势

1.1.1　直播课能够实时互动，学生参与度高

包括慕课和反转课堂在内，课堂教学资料都是录播的。教学过程是：学生自学教学资料并完成相关练习，辅以老师在线答疑、批改作业。学生在学习过程中遇到问题虽然可以在线提问，但并不能总是得到及时回复，因为老师时时刻刻在线是不现实的。而且互动主要是师生以一对一答疑的形式进行，缺乏师生的多方互动和生生之间的多元互动。而进行网络直播授课时，师生共处一个模拟学校课堂，可以随时互动，随时答疑。学生之间也可以互动，他们的互动亦可互相促进提高。而且在网络上，学生们可以放下心理包袱，畅所欲言，学生的参与度就高得多。在实践中我们发现在线下教学时不太积极发言的同学也变得积极了许多。

1.1.2　录播课（慕课）学习时间自由，学生自主性强

学校课堂教学是实时的，教学只能在同一时空内进行。如果学生在某一时空不能参与学习，那么这节课对他来说就是无效教学。网络直播加录播课就不同了，因为直播的内容都同时进行了录制，学生即使因为时差、网络临时故障等原因不能按时上课，也仍可在自己方便的时间进行学习，可以在规定的时间内自由选择，学生可以选择自己学习效率最高、学习状态最好的时间学习而不必完全按照课表上课。实际教学中我们发现有些学生虽然没上直播课，但是看了老师上传到优酷平台上的录制视频。

1.1.3　录播课（慕课）能够反复学习，查漏补缺

因为有了录播，学生即使参加了直播学习，仍可在课后通过看视频进行复习，可以通过多次观看视频把课上不太理解或者掌握得不太好的部分进行巩固落实，做到查漏补缺。而且因为视频可以快进、倒退，可以自由把握学习节奏，这对学习水平存在差异的班级来说非常有帮助。

1.1.4　在线测试能快速诊断学生的学习情况，及时发现问题

在学校课堂教学中，进行课堂测试时，试卷批改需要时间，所以教师一般选择课后批改试卷，测试反馈也只能最早在下一次课发给学生。而网络教学不同，教师可以采用问卷星等工具实时批改学生的试题，学生提交后即可知道自己的测试结果和错误所在，实现了实时测试、及时反馈。教师可以及时发现学生的知识漏洞及时补救，学生可以及时改正错误，夯实各个知识点。

1.1.5　可以进行数据记录，监测学情

录播的课堂视频上传到优酷等平台后，教师可以通过互联网技术和大数据分析掌握学生学习过程数据，据此跟课堂参与学生数进行结合，会基本知晓全班的学习情况，而不必

一个一个地询问学习情况，大大地节省了教师的时间。

1.2　网络教学的劣势

1.2.1　受网络影响大，直播时容易出现不能上课、卡顿和延时等现象

国际学院的学生分布在世界各地，网络速度和质量受各国各地具体情况影响极大，再加上国内因为疫情的影响各地都在进行网络教学，师生的网络质量很难保证，因此有些学生根本上不了课，在课上也常常出现卡顿和延时等现象。这不仅会影响教学进度，而且极其影响师生的上课情绪，自然也会大大影响教学效果。

1.2.2　师生、生生交流方式单一，只能在网络上"见面"

人与人之间需要语言的交流、信息的传递、情感的沟通。在网络教学中，学生与学生之间、学生与老师之间仅仅通过微信、E-mail 或其他一些网络通信工具进行交流，人们在虚拟的环境下进行交流，失去了学校课堂师生、生生之间的直接交往，群体意识逐渐淡漠，其集体观念和团结协作的精神很难形成。

1.2.3　同伴的互学互促作用减弱

网络教学对学生的自主学习性是一个极大的考验，没有了学校课堂教学按时按点上课的约束，缺少了同伴间的竞争压力，很多学生彻底"放飞自我"，有条件上课也不上课，或者虽上课却只出勤不出力、不交作业或者作业质量不高，使网络教学的效率大打折扣。据调查有的班级学生的出勤率只有 20%～30%，学生连课都不上，其学习效果可想而知。

2　教学管理部门和学生对网络教学的反馈

2.1　学院领导随机听课的反馈[①]

学期中学院领导、教学督导、培养办公室对学院开展网络直播教学课程的 12 门课程进行随机听课检查并打分。结果是分数均在 96 分以上，平均分 97.25。对课程的总体评价是：教师们精神饱满、备课充分，授课内容要点突出，教法灵活，课堂气氛活跃；学生积极发言、交流充分，达到预期教学效果，学生能够掌握所学内容，对网络教学比较满意。这也显示出领导、专家对教师们网络直播教学的高度认可。

2.2　问卷星教学质量评估的反馈[②]

学期中学院培养办通过问卷星针对 40 门汉语教程在学习汉语课程的留学生中进行了网上教学质量评估调查。结果显示，共有 136 人参与问卷，总平均分为 96 分（总分为 100 分），其中 38 门课程的评分达到 85 分以上，占所有课程的 95%，仅有两门课评分在 80～85，更有 5 门课程评分为 100 分。可见学生对疫情期间我院网络教学持满意态度。

---

① 本部分数据来源于首都经济贸易大学培养办《国际学院顺利完成 2019—2020 学年第二学期期中教学检查工作》。
② 数据来源同上。

2.3　来自学生访谈的反馈

我们也对本科一年级的几位同学进行了在线访谈，请他们谈一谈本学期各种网课方式的优缺点。共有来自两个教学班的 4 位同学参与了访谈，有汉语水平较高的，也有汉语水平稍低一些的，他们的专业课教师一样，汉语课除了教学内容和老师不同以外，教学时间和教学平台基本一致。他们的共同反馈是：录播（主要指慕课）可以随时多次播放，较适用于课后复习，可加深对课堂内容的了解，是一种很好的复习方法，能够提高自身的学习能力；缺点是不能与老师同学互动、无法进行实时答疑、内容不是很全面、需要多次观看才能有一定的印象。直播+录播是仅次于现场授课的一种较好的授课方法，能达到理想的效果。它较有现场授课的氛围，能激起学生的学习欲望；学生有疑问可随时向老师提出；平台的共享屏幕功能大大提高了学习效果；但是直播会受到网络的影响，也受时差限制；人数多时课堂上不方便互动；授课内容多强调重点（没有现场授课那么全面）。微信语音虽然不受时差限制，但上课的效果不是很好。它不受时差限制，可以随时参加课程；不受人数与网络影响；但是学生只听语音，学习的积极性不高，也不方便做笔记。问卷星操作方便，是一个非常适合考试的平台。用问卷星做选择题操作极其方便，做题过程中一切很顺利，程序对设备的要求不高（用手机也可以做）；但如果有填写答案的问题在手机上不方便操作；做题的效果没笔试好。综上，网络教学中学生最推崇直播+录播的教学方式，最不推荐微信语音的教学方式。

3　网上教学存在的问题

通过教学实践和问卷调查，我们发现网络教学存在以下问题：

3.1　网络环境和硬件设备不能满足在线教学的现实要求

受疫情影响，在华留学生大部分已回到自己的国家，因为他们分处世界各国，而各国和各个家庭的网络环境和网络设备受经济条件的影响很大，有些国家或者网络设施不普及或者网费昂贵且网络不稳定，这些都导致部分学生不具备上网课的条件。比如非洲的几内亚比绍、亚洲的伊朗和某些中亚国家的农村地区网络条件极不完善，学生们不能参加网络教学。

3.2　教师的在线教学技术需要进一步加强

在网络教学中部分教师因为缺少教学技术，不会使用各种教学平台，运用各类软件对文本、图片、声音、动画等资源的加工能力不足等原因不得不采取微信语音形式进行教学。这种方式虽然能够传播知识，但是因为传播媒介只是语音，缺少其他媒体的帮助，对学生的有效刺激会大大减弱。我们调查发现学生存在听不懂、不想听的现象。

3.3　学生的出勤率较低

据不完全统计，在网络授课期间，某些班级的出勤率极低。本科某一年级 11 人的班级常出勤的只有 2~3 个人。出勤率只有 20%左右；同样本科一年级另一 25 人的班级常出勤的只有 12 个人左右，出勤率不到 50%；而后者上学期线下的出勤率基本上在 80% 左右。据了解，缺勤的学生多受网络条件限制和时差的影响而不能参加直播课，当然其中也不乏有参加直播的条件而不上课的情况。

3.4　学生的信息素养不够

在线上进行的教学需要学生理解并会使用各种平台，其中包括各种 App 的下载安装以及具体的使用办法，还有电脑操作和汉字的输入等。在正式开课前虽然教师对学生进行了基本的培训，但到学期末仍有学生还不会下载 App，不清楚某些按钮的使用方法，提交的作业也只是纸笔作业。更有甚者，有的学生都不会使用微信群中的接龙功能。

3.5　网络教学的成绩评价存在天然的缺陷

受网络条件和阅读习惯的影响，期末闭卷考试的科目不得不大量采用客观题（主要是选择和判断正误）的形式，这样的考试结果不能完全反映出学习者的能力和水平，而且在线考试也很难避免学生作弊的情况。即使我们采用形成性评价法，最后阶段的期末考试也是很重要的一环。因此这也是网络教学需要考虑的问题。

4　疫情后网络教学和学校课堂教学应协同发展

疫情下的网络教学毕竟不是常态化的在线教学，疫情过后，教学会重新回到线下进行，但是网络教学的很多方式方法仍然可以继续服务教学，线上、线下相结合将会成为疫情后的教学新趋势。线上教学和线上辅导可以利用大量的网络教学资源（慕课或者教师自己录播重要的知识点等），虽然碎片化，但作为线下教学的一种延伸，学生可以按照自己的需求和节奏提前预习或者课后复习，师生可以随时互动反馈答疑，这大大增加了课程的教学容量，同时也能满足不同学习者多样化的需求，必将成为线下教学的有力补充。

同时，经过疫情期间的网络教学实践，大量的教师学习并初步掌握了在线教学的技术和技巧，疫情后可以把能够应用于学校课堂教学的好的方式继续应用到教学中，比如用问卷星对学生进行小测试，学生只要有一部手机，通过微信就可以完成作答，而且可以立即知道自己做错的地方，老师也可以很快地通过问卷星的统计结果了解学生的学习难点。在讲解时可以做到有的放矢，更有针对性而不是平均用力，从而大大提高课堂教学效率。还可以把网上海量的有用资源（包括图片、音频、视频等）用于线下的课堂教学，改变课堂教学课件形式单一，主要靠文字、图片输入的状况，可以大大活跃课堂气氛，提高学生的学习兴趣和学习参与度。

另外，还要全面提升师生的信息素养，重点培养教师网上指导、师生互动、作业批阅、学情分析等信息技术应用能力。这样线上和线下教学能够取长补短，形成互补关系，可以给学生提供个性化、多样化的教育信息资源，从而更好地提高教学效率和教学质量。

参考文献

[1] 柴少明, 赵建华, 李克东. 基于活动理论的 CSCL 协作意义建构研究. 电化教育研究, 2010(7).
[2] 林春梅. 高职英语混合式教学模式研究. 湖北开放职业学院学报, 2020(5)下.
[3] 曲大为, 赵福政. "互联网+"对高等院校教育改革刍议. 高教研究与实践, 2015(9).
[4] 申仁洪, 黄甫全. 合作活动学习刍论. 教育研究, 2004(10).
[5] 颜正恕, 徐济惠. 线上线下一体化"互联网+"个性化教学模式研究. 中国职业技术教育, 2016(5).
[6] 余胜泉, 路秋丽, 陈声健. 网络环境下的混合式教学——一种新的教学模式. 中国大学教学, 2005(10).
[7] 张杰夫. 互联网+给教育带来五大革命性影响. 人民教育, 2015(7).
[8] 钟晓流, 宋述强, 焦丽珍. 信息化环境中基于翻转课堂理念的教学设计研究. 开放教育研究, 2013(2).

后疫情时代在线汉语教学研究的可视化分析
——基于 2020 年 2 月至 2022 年 3 月 CNKI 文献

周 露

燕山大学 文法学院 066004

1427360901@qq.com

摘 要： 本文基于 2020 年 2 月至 2022 年 3 月 CNKI 关于在线汉语教学的文献，通过横向对比发文量，发现国内学者对在线汉语学习的重视程度虽逐渐加强，但仍可深入。通过对作者、核心机构的可视化分析，发现核心作者群和核心阵地；在分析研究热点时，采用关键词聚类和词频分析进行双重对比论证；运用时区图分析研究趋势，发现目前线上汉语教学存在汉字教学困难、课堂互动性弱等突出问题，且给出相应建议；运用 TF-IDF 算法分析文献摘要权重，弥补 CiteSpace 不能分析 CNKI 文献摘要的局限，使研究更加可信，希望对后疫情时代的在线汉语教学发展有所助力。

关键词： 对外汉语教学 线上汉语教学

A Visual Study of Online Chinese Teaching in the Post-epidemic Era
—Based on the CNKI Literature from February 2020 to March 2022 as an Example

Zhou Lu

Chinese and Law College, Yanshan University, 066004

Abstract: Based on CNKI literature on online Chinese teaching from February 2020 to March 2022. Through the horizontal comparison of the volume of texts, it is found that although the importance of domestic scholars in online Chinese learning has gradually strengthened, it can still be deepened. Through the visual analysis of authors and core institutions, the core author groups and core positions were found; when analyzing research hotspots, keyword clustering and word frequency analysis were used for double comparison and demonstration; the research trend was analyzed by using time zone maps, and it was found that there were outstanding problems such as Chinese character teaching difficulties and weak classroom interaction in online Chinese teaching, and corresponding suggestions were given; the TF-IDF algorithm was used to analyze the weight of literature abstracts, making up for the limitations of CiteSpace's inability to analyze CNKI literature abstracts, making the research more credible. It is hoped that it will help the development of online Chinese teaching in the post-epidemic era.

Key words: teaching Chinese as a foreign language; online Chinese learning

0 引言

新冠疫情发生以来，汉语教学从线下转向线上，这种教学模式的变革会像蝴蝶效应一样引发教学方法、教学管理、教学资源等的一系列变革。但目前还没有学者以可视化形式对近两年因疫情而转变的教学模式进行过系统、科学的分析梳理。笔者尝试借助 CiteSpace 软件和 Python 软件梳理这两年在线汉语教学的发展脉络，评述这一领域近两年的研究成果，希望对在线汉语教学的发展起到些许帮助作用。

1 研究设计

1.1 数据来源

本文研究选取的文献数据均来自 CNKI。在高级检索精确模式下，将时间段设置为 2020 年 2 月至 2022 年 3 月，以"在线汉语教学"或"线上汉语教学"为主题进行检索，人工删除会议论文、图书、报纸等不相关的内容后，得到有效论文 495 篇，以 Refworks 格式导出文献。

1.2 使用工具

用 CiteSpace（5.8.R3）对从 CNKI 导出的有关在线汉语教学的文献数据进行研究热点、趋势等分析。CiteSpace 是 CitationSpace 的简称，可翻译为"引文空间"，是由陈超美博士开发的，用于科学分析文献的，多元、分时、动态的引文可视化分析软件。

1.3 研究方法

1.3.1 对比分析法

对 CNKI 近两年有关对外汉语教学的文献和近两年对外汉语教学这个大类中有关在线汉语教学的文献进行对比，分析近两年对外汉语教学领域学者的研究重点和当下由于疫情影响备受关注的线上汉语教学之间的相关系数。

1.3.2 文献计量法

运用 CiteSpace 以客观数据为基础，对 495 篇文献关键词、作者、机构进行可视化分析。

1.3.3 计算机辅助法

运用 Python 对从 CNKI 以自定义形式导出的 495 篇文献摘要进行分词和权重分析。

1.4 研究问题

主要研究以下几个问题：（1）基于 CiteSpace 分析作者、机构、关键词，研究近两年国际中文教育的发文量、核心作者、发文主要阵地、热点、趋势；（2）基于 Python 分析文献摘要，找出近两年线上汉语教学的重要研究问题和热点；（3）针对目前在线汉语教学存在的问题，提出建议。

2 基于 CiteSpace 的文献数据分析

运用 CiteSpace 软件对 495 篇文献进行可视化分析，研究其发文量、作者、机构、研究热点、趋势，并绘制可视化图谱，简洁明了地呈现后疫情时代下在线汉语教学领域的发展现状，具有时效性、科学性、代表性。

2.1 发文量

新冠疫情迫使全球范围的中文线下教学改为线上教学，网络教学几乎"全面替代了线下的课堂教学"（李泉，2020）。线上教学不再仅仅作为线下教学的补充，其地位不言而喻。但是就文献数据来看（表1），2020 年 1 月至 2022 年 3 月，中国知网（CNKI）有关"对外汉语教学"或"国际中文教学"或"汉语国际教育"的发文总量为 3398 篇，其中会议期刊 1237 篇，学位论文 1603 篇。有关"线上汉语教学"或"在线汉语教学"的发文总量为 495 篇，其中会议期刊 104 篇，学位论文 342 篇。后者的总发文量只有前者的 15% 左右，会议期刊发文量只有前者的 8% 左右，学位论文量只有前者的 21% 左右。新冠疫情之前或许线上学习只是线下学习的一个补充，但在如今全球疫情严峻的情况下，笔者认为关于线上汉语学习的研究应该占对外汉语教学领域的半壁江山，但显然国内学者目前对线上汉语教学的重视程度与它的重要性是不成正比的。

表 1　近两年发文量对比

检索关键词	总发文量	会议期刊	学位论文
"对外汉语教学" / "国际中文教学" / "汉语国际教育"	3398 篇	1237 篇	1603 篇
"线上汉语教学" / "在线汉语教学"	495 篇	104 篇	342 篇

2.2 研究者、研究机构

在 CiteSpace 软件中，同时选择作者和机构进行可视化分析，得到如图 1 的可视化图谱，图 1 中的作者、机构字体越大，表明该作者、机构在 495 条数据中出现的频率越高，"E"代表连线，节点之间的连线代表机构之间的联系，连线越粗，说明他们在同一篇文献中出现的频率越高。根据图 1 "Network：N = 88，E = 44"，可以得知有关在线汉语教学研究的各个机构、作者间的合作比较离散，如陈丽媛主要研究汉语教学在线互动平台的建设；詹雪靖、丁安琪主要从汉语教学实践方面总结规律，提出建议。值得一提的是，李泉和孙莹、刘艳荣、任鹰等作者的合作，研究方向偏向从宏观角度把握疫情以来汉语教学模式的改变引起的一系列反应及应对措施。此外，刘丽萍、许舒宁之间合作也比较紧密，主要对线上教学模式、教学策略进行研究。

在与"线上汉语教学"有关的 342 篇硕士论文中，有 38 篇来自北京外国语大学，23 篇来自安阳师范学院，14 篇来自黑龙江大学，吉林外国语大学、上海外国语大学、哈尔滨师范大学、西北大学各 13 篇，12 篇来自中央民族大学，11 篇来自华中师范大学。在与"线上汉语教学"有关的 104 篇期刊论文中，有 10 篇来自《汉字文化》，有 9 篇来自《国际汉

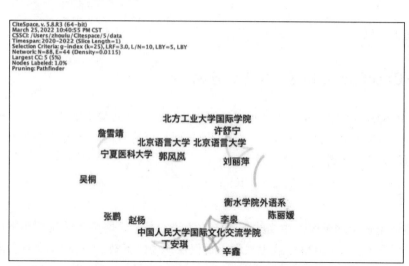

图1　"在线汉语教学"主题研究作者、机构图

语教学研究》，有 7 篇来自《文学教育》，有 6 篇来自《语言教学与研究》，另外《国际汉语教育》《海外华文教育》《现代商贸工业》《中国多媒体与网络教学》各 3 篇。

2.3　研究热点

在 Citespace 软件中选择关键词对为研究对象，将时间节点设置为 2021 年 1 月至 2022 年 3 月，得到图 2 所示的"在线汉语教学"关键词共现图谱。图 2 除去"在线汉语""对外汉语"两个关键词外，出现频数较高的词有"教学设计""问题""策略""对策""留学生"，表明研究者意识到教学模式发生改变后相应的教学设计、教学管理也需要做出对应改变。除了关键词的出现频数外，"中介中心度"也是衡量关键词重要性的标准，反映关键词在共现网络中作为"桥梁"的能力。中介中心度越高，管辖和连接的信息流越多（富聪等，2021）。中心性排名前 5 的关键词分别是"对外汉语""线下教学""学习者""线上教学""留学生"。其中值得注意的是"留学生"和"学习者"虽然出现的频次相对来说不高，但

图2　"在线汉语教学"主题研究关键词共现图谱

是其中心性却排第三和第五，说明在研究中链接的信息流范围更广，"留学生"可以按国别来进行研究，"学习者"可以按年龄来进行研究，在 495 篇文献里以它们为中心的研究成果相对较丰富。

　　将图谱中的关键词用 LLR 算法进行聚类，可得到图 3 关键词聚类图谱。聚类图谱侧重于体现聚类间的结构特征，突出关键节点及重要连接。结合图 2 的关键词共现图谱和图 3 的聚类标签图谱，能够分析得出核心研究圈有关在线汉语教学的主要研究热点。对 495 篇文献在图 3 的基础上进行分析共得到线上教学（cluster0）、中文教学（cluster1）、策略（cluster2）、教学设计（cluster3）、线上线下（cluster4）、一对一（cluster5）、汉语教学（cluster6）、对策（cluster7）、在线教学（cluster8）、学习体验（cluster9）10 个聚类。通过对表 2 中的关键词进行整合分析，结合图 2 中的关键词共现信息，可将近两年在线汉语教学的研究成果大致划分为以下三个领域：以在线汉语教学的基本范畴为视角（线上教学、在线教学、教学设计、一对一教学）；以在线汉语教学的学习体验为视角（在线汉语教育平台）；以在线汉语教学出现的问题为视角（新冠疫情、策略、对策）。由于篇幅限制，笔者只对策略、一对一教学、学习体验三个聚类进行简单分析。

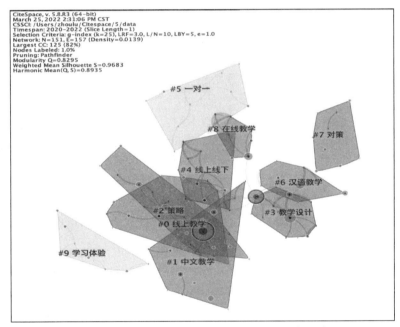

图 3 "在线汉语教学"主题研究关键词聚类图谱

表 2 "在线汉语教学"主题研究关键词聚类汇总

聚类	文献量	S 值	起始年份	聚类内代表性关键词
#策略	15	0.977	2020	对外汉语教学网站（0.23）；skype（0.23）；调查（0.23）；国际汉语（0.23）；匈牙利（0.23）
#一对一	11	0.982	2020	话语协商（0.17）；口语（0.17）；弗兰德斯互动分析（0.17）；保加利亚（0.17）；汉语综合课（0.17）
#学习体验	8	0.919	2021	在线汉语教育平台（0.09）；汉语线上教学（0.09）；线上课堂（0.09）；对比分析（0.09）；中国文化（0.08）

在 495 篇文献中约有十分之一的文章提到了线上汉语教学策略，童春林（2020）通过调查蒙古国疫情期间线上汉语教学的状况从教学方式与网络状况、课堂管理、作业与测试、师资进行、应急五个方面给出了应对策略。

一对一教学是与集体教学相对的一种教学模式，具有教学灵活、针对性强等优势。疫情之前进行一对一教学的主要是悟空中文、领格中文、可莉中文等汉语教学机构，疫情暴发之后部分高校也开始使用一对一的教学组织形式，线上一对一汉语学习人数激增。为了适应不同学习者的学习需求，一对一教学也衍生了多种子类型。张润涵（2020）将一对一教学分为语言伙伴、语言辅导、课堂授课三类。

由于在新冠疫情之前，中国高校使用线上教学并不普遍，无论是老师还是学生对于线上教学都是一种被动选择。在此情形下，对学生线上学习体验进行调查，找到影响学生学习体验的因素非常必要。徐来等（2021）对某高校国际学生线上汉语学习体验进行调查，并且着重分析了导致学生消极体验的主要因素，为改善国际学生线上教学体验提供了可行性建议。

2.4 研究趋势

在关键词聚类分析基础上，将图 2 的关键词共现图谱转换成关键词时区图谱，如图 4 所示，有助于发现不同年份的研究热点。圆圈代表着关键词，一旦出现，关键词会固定在首次出现的年份，圆圈越大，表示出现次数越高。线条代表着关键词之间的联系，连线表示两关键词出现在同一篇或多篇文章中，"线上教学""对外汉语"和关键词之间的联系最多。"在线学习""汉语教学""教学设计""教学模式"和"疫情""汉字教学""问题""对策""教学""雨课堂"之间存在联系，说明随着 2021 年网络教学的稳步进行，研究者的研究视角开始逐渐转向使用网络教学暴露的问题，不少研究者关注到在线上教学中，教学效

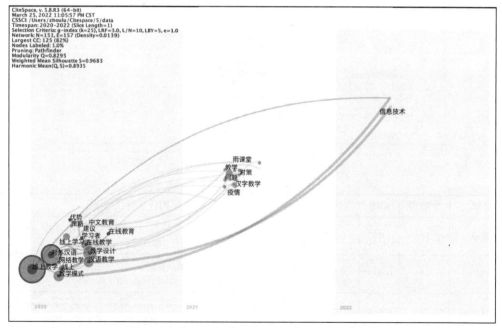

图 4 "在线汉语教学"主题研究关键词时区图谱

果下降最严重的是汉字教学。到如今，即 2022 年年初，研究者开始关注信息技术，希望能借助外力帮助解决因在线汉语教学而引起的一系列问题。

3　基于 Python 的文献数据分析

论文摘要是对论文整体内容的概括总结，里面包含了作者的核心观点、研究方法、研究内容、研究结论、研究成果等，是整篇文章的浓缩，具有研究意义。由于 CiteSpace 软件对于 CNKI 的文献不能进行摘要分析，因此笔者尝试使用 Python 软件，运用 jieba 和 TF-IDF 对 495 篇文献的摘要进行可视化分析。

3.1　jieba 分词计算词频

首先使用 Python 软件中的 jieba 分词模块对文献摘要进行分词处理，将词频排名前 200 的词语绘制成词云图，如图 5 所示。据统计，"线上教学"出现 177 次，"教学设计"出现 56 次，"对外汉语""互联网""线上教学设计"各出现 52 次。此外，"一对一""对外汉语教学""慕课""后疫情时代""教学内容""问题""对策""策略""停课不停学"出现次数均在 20 次以上。通过与用 CiteSpace 绘制出的关键词共现图谱进行比较，两者并无很大差异，说明此次用 CiteSpace 对文献关键词进行分析并绘制的聚类图谱具有一定说服力。

图 5　"在线汉语教学"主题研究关键词词云图

3.2　TF-IDF 算法计算权重

上文笔者虽然通过关键词聚类分析和 jieba 分词词频分析进行双重论证，得出了研究者重点关注的问题，但是仅仅据此并不能看出这些研究问题的重要程度。找出重要的研究问题和热点往往比只了解研究问题更重要。因此笔者再次借助 Python 中的 Gensim 库，运用 TF-IDF 算法通过对摘要中的字词在本摘要中出现的次数和在 495 篇文献摘要中出现的频率的计算，来看一个字词在整个语料库中的重要程度。TF-IDF 算法是一种统计方法，字词的重要性与它在文件的出现次数成正比，与它在语料库出现的频率成反比，相对权衡后得到一个权重。

将约 23 万字的摘要文本采用 jieba（精确模式）进行分词，对无效数据进行清洗，最终得到有效词条 6128 个。再使用 Gensim 库中的 TF-IDF 算法计算出各词条权重值并进行排序，将得到的权重排名前 10 的词条绘制成表 3，TF-IDF 的值越大，代表该词对于该文的重要性就越高。本文研究主题是在线汉语教学，所以"课堂""对外汉语""线上"这些与在线汉语教学息息相关的元素一直是研究者的研究中经常涉及的问题。"儿童"在 6128 个词条中排在第四，由于儿童年龄较小，自律性较差，注意力易分散，线上学习对他们来说学习效果会大打折扣，属于在线学习重点研究的对象。此外，"互动""汉字"分别排在第二、第五，这对下文总结目前"在线汉语教学"方面的问题起到了帮助。

表 3　"在线汉语教学"词条摘要权重排名

词条	TF-IDF（权重值）	排名
口语	0.0068766204113194975	1
互动	0.006865219538356132	2
课堂	0.006689701966224837	3
儿童	0.0065988893082992274	4
汉字	0.0062934204451831855	5
设计	0.00620456112048325	6
对外汉语	0.006019567373875811	7
线上	0.005373923936556823	8
平台	0.005347124094530323	9
在线	0.005338619451658001	10

4　"在线汉语教学"存在的问题及解决办法

4.1　存在的问题

对 CiteSpace 和 Python 分析出来的数据进行整合归纳，将目前学者关注的"问题"中两个有代表性的问题分别进行原因和解决措施的论述。

一是线上教学效果不理想，特别是有关汉字的教学效果不佳。由于疫情来得突然，大部分教师都是临危受命，仓促应战，缺乏经验，加之技术平台繁多、资源渠道多元、教学标准不一，很多教师在在线中文教学内容、方法、习惯等方面都无法适应。学生在家进行线上学习，一方面受到外界干扰的概率比线下大；另一方面，在直播教学时，隔着屏幕，监督力度较低，学生需要高度自律才能保证自身学习效率。学生常常关闭摄像头，这也使得教学监管难上加难。

二是课堂互动性不强的问题。从主观上说，在线教学使得老师和学生无法面对面交流，不利于师生之间的相互熟悉，老师无法了解学生的日常生活，难以运用情景法进行教学。从客观上来说，线上教学从空间上拉开了老师和学生之间的距离，使得教师的行为模态对学生的影响变小，造成了教学的互动性减弱，导致汉语教学缺少对话性和实操性，同时也无法对学生进行有效监管。此外，线下教学时适用的一些互动方法，如老师带读、学生分角色朗读课文等，因环境模态的改变运用到线上教学中效果也大打折扣。

4.2 解决办法

4.2.1 针对在线汉语学习汉字教学效果不理想的问题

可以借助汉字 App 进行辅助教学。对于成年人推荐使用 Art of Chinese、Skritter 练习汉字，Art of Chinese 不仅提供了汉字从甲骨文至今的演化过程，还提供书写练习。Skritter 除了汉字练习外，还同时兼顾了汉字的字义、读音两方面。对于儿童推荐使用 "Kid 识字" 该 App 运用联想识字法理念，将汉字和儿童日常生活中常见的事物结合，激发其学习汉字的兴趣。此外 Fun Chinese 以游戏的方式学习汉字，遵循了先认后写、认写分流的教学原则，同时加入一些简单词汇的学习，也是一款值得推荐的儿童汉字学习 App。

4.2.2 针对在线汉语学习互动性不强的问题

以下尝试从三方面进行简单论述。首先，学生与内容之间的互动是课堂中最重要的一环，这是学习的最终目的。在增强学生与内容互动这方面，老师应鼓励学生多做 PPT 汇报总结，依托网络技术共享屏幕，比线下汇报更具有效率。其次，师生间的互动可以多采用翻转课堂的授课形式，转变师生角色，适当地延伸课堂来增加线上学习师生之间的互动性。最后，学生与学生之间的互动方面，老师可以充分利用智慧教学平台，增加在线课堂使用分组讨论的频率，让学生之间进行快捷高效的交流。总体来说，线上汉语教学与网络信息技术的结合还不够深入，在两者之间寻找最优解有利于增强线上汉语教学的互动性。

5 小结

本文主要运用 CiteSpace 软件对 CNKI 近两年关于在线汉语教学的文献数据进行可视化研究，通过图谱梳理了核心作者、机构、研究热点以及研究趋势。创新之处在以下三点：其一是对关键词研究热点进行了双重对比论证分析，通过与 CiteSpace 绘制出的关键词共现图谱进行对比，发现结果并无太大差异，这让本文的研究重点更具说服力；其二是运用 Python,采用 TF-IDF 算法对 495 篇文献摘要进行了分词、清洗、权重计算，弥补了 CiteSpace 不能对知网文献摘要进行分析这一局限性；其三是基于 CiteSpace 分析得到的研究热点、趋势和基于 Python 中 TF-IDF 算法得出的数据之间可进行相互验证，这些数据为总结在线汉语教学存在的问题提供了帮助。本研究环环相扣，具有说服力。不足之处在于，文献基数较少，对图谱进行分析的深度还不够。

参考文献

[1] 陈悦, 陈超美, 刘则渊, 等.CiteSpace 知识图谱的方法论功能. 科学学研究, 2015, 33(2).

[2] 崔希亮. 全球突发公共卫生事件背景下的汉语教学. 世界汉语教学, 2020, 34(3).

[3] 富聪, 邵滨. 在线汉语教学研究热点与发展趋势可视化计量研究. 云南师范大学学报(对外汉语教学与研究版), 2021, 19(6).

[4] 李宇明, 李秉震, 宋晖, 等."新冠疫情下的汉语国际教育: 挑战与对策"大家谈(上). 语言教学与研究, 2020(4).

[5] 陆俭明, 崔希亮, 张旺熹, 等."新冠疫情下的汉语国际教育: 挑战与对策"大家谈(下). 语言教学与研究, 2020(5).

[6] 童春林, 白伦. 新冠疫情下蒙古国在线汉语教学状况及策略. 中国多媒体与网络教学学报(上旬刊), 2020(11).

[7] 徐来, 陈钰, 施妤婕. 国际学生汉语课程线上学习体验调查分析——以国内某高校国际学生为例. 国际汉语教学研究, 2021(1).

面向海外汉语学习者的《云游中国》游戏设计

苏梦蝶[1]　王婉昕[2]　赵云迪[3]　姚　骏[4]

1,2,3,4 北京大学 对外汉语教育学院 100871

2101212168@stu.pku.edu.cn

摘　要： 后疫情时代，传统课堂教育模式受到冲击，线上教育迅速发展，线上数字资源的价值进一步被认可。本文对二语教学领域的教育游戏研究进行了梳理，从理论和实践两方面总结经验，反思问题。在此基础上，尝试将教育游戏应用于国际中文教学，设计出一款面向汉语中高级水平海外汉语学习者的、以游览中国为主题的数字游戏《云游中国》。本文从游戏的平台选择、教学需求调查、文本及练习的编写、游戏设计等方面进行了介绍。该游戏凸显了紧扣教学重点、贴近学习者水平、展现真实中国风貌的特点。学习者的反馈显示，该游戏场景、角色丰富多样，互动性强，沉浸式语境线索丰富，对学习者吸引力强，能够激发学习者学习动机。游戏内容高度契合《博雅汉语》教材主题，适合作为辅助课堂教学的补充材料，能够潜移默化地提高学习者语言水平。《云游中国》的开发是后疫情时代国际中文教育线上转型的一次有益尝试，对当前国际中文教育的新发展具有重要意义。

关键词： 教育游戏　对外汉语教学　游戏设计与开发

Game Design of "Visit China Online" for Overseas Chinese Learners

Su Mengdie[1]　Wang Wanxin[2]　Zhao Yundi[3]　Yao Jun[4]

1,2,3,4 School of Chinese as a Second Language, Peking University, 100871

Abstract: In the post-epidemic era, the traditional classroom education model has been impacted, online education has developed rapidly, and the value of online digital resources has been further recognized. This paper discusses the research on educational games in the field of second language teaching, summarizes the experience and reflects on the problems from both theoretical and practical aspects. On this basis, we try to apply educational games to international Chinese teaching and design a digital game "Visit China Online" for overseas Chinese learners with intermediate and advanced Chinese levels and the theme of visiting China. This paper introduces the platform selection of the game, the investigation of learning needs, the writing of texts and exercises, and the game design. It highlights the characteristics of closely following the key points of teaching, being close to the level of learners and showing the real contemporary China. The feedback of learners also shows that the game is rich in diverse scenes and roles, interactive, rich in immersive contextual cues, attractive to learners and able to stimulate learning motivation. The content of the game is highly consistent with the theme of the *Boya Chinese*, suitable for supplementary materials to assist classroom teaching, and can subtly improve the language level of learners. The development of the game is a beneficial attempt for the online transformation of international Chinese education in the post-epidemic era, which is of great significance to the new development of Chinese teaching.

Key words: educational games; teaching Chinese as a second language; game design and development

0 引言

随着科技的不断发展,计算机辅助语言教学(computer-assisted language learning,CALL)得到了更多的关注。游戏也成为关注的焦点之一。但是,游戏辅助语言教学目前存在两方面的问题:一是大型在线的商业现成品游戏(commercial off the shelf,COTs)较多,专门为语言教学服务而设计的游戏较少;二是以英语为目的语的二语游戏学习研究较多,汉语二语学习研究较少。在国际中文教学领域,游戏辅助教学还有广阔的发展空间。从现实因素来看,近年来,由于新冠疫情,汉语学习者到中国来学习、旅游的愿望难以实现,国际中文教育事业面临着转型发展挑战。李宇明(2020)指出,现有线上教育的弱势在于语言学习需要交互性,需要交际者的情景参与。李泉(2020)指出,线下线上混合式教学应成为常态化模式,网络时代的教材编写应有线上教学环节,应充分利用网络教学的方式和资源,延伸教材的学习内容和训练活动,拓展学习者与目的语接触的机会,实现边学边用、在学中用和在用中学的语言学习良性循环。

教育游戏是游戏与教育的结合,以教育为目的,以游戏为手段,已经受到了一定程度的认可(尚俊杰,2019)。教育游戏与传统语言教学相配合,在目前以网课为主的新形势下,是课外非正式汉语教学的补充。本研究基于对海外汉语学习者的需求分析与对以往研究的总结借鉴,确定"线上游览中国"的游戏主题,制作面向中高级汉语水平学习者的《云游中国》游戏。内容设计结合《博雅汉语·汉语口语》(博雅口语系列,以下简称《汉语口语》)中高级教材语言点和《国际中文教育中文水平等级标准》(GF0025-2021,以下简称《标准》),游戏更有针对性。游戏以辅助和补充课堂教学的形式,通过景点介绍、人物对话等提供给学习者大量可理解性输入,作为隐性学习的材料,同时融入大量教材语言点、设置一定数量的练习作为显性学习材料。学习者在游戏中扮演一个旅行者的角色,跟随剧情推进游览中国,在多重浸润的情境中学习汉语。

1 研究现状

1.1 理论研究

随着数字游戏的不断发展,世界各地的玩家在游戏互动中学习语言,这已成为目前一种广泛的非正式语言学习方式(Prensky,2001;马颖峰,2010;Chapelle, C.A. & Sauro, S., 2017),数字游戏在二语学习中发挥的作用受到越来越多的关注。目前在二语学习领域被广泛讨论的数字游戏可以分为两种:一是大型在线商业现成品游戏(COTs),这类游戏并非为学习语言而设计,但是在跨语言环境中,玩家为完成游戏任务不断使用二语,提高了二语水平；二是专为二语学习和教学而设计的教育游戏（edutainment），此类游戏相对来说游戏性较弱，主要目的是教育，因此又被称为"严肃游戏"，能提供"综合沉浸环境"（synthetic immersive environment，SIE）（Cornillie et al.，2012a；Chik，2014）。

就已有研究来看，有关语言教育游戏的研究还需进一步加强。目前，关于 COTs 的讨论最多，而所谓的"严肃游戏"则被认为难以吸引玩家，用户黏性不足，因而难以提高目的语水平（Chapelle，C. A. & Sauro，S.，2017）。事实上，基于二语学习的游戏设计还有更细化的分类。Reinhardt（2014）将二语学习相关的游戏设计分为三类：游戏增强式（game-enhanced）、基于游戏式（game-based）、游戏启发式（game-informed）。其中的"基于游戏式"强调学习目的，但也强调学习的趣味性，不只是"严肃的"。这一概念也被其他学者接受（Chik，2014；Hitosugi，C.I.，2014）。Peterson（2020）也认为，服务于二语教学目的的游戏设计可用性在不断扩大。总的来看，语言教育游戏获得了越来越多的研究支持。

语言教育游戏在二语学习中有以下优势：

一是提供综合沉浸环境，促进隐性二语学习。游戏设计者可以将目标语言项目（TLI）融入脚本，在娱乐的同时，增加 TLI 接触的数量和质量。在沉浸式环境中，玩家使用词汇推进游戏任务，进行意义协商，有助于促进伴随性习得（Miller et al.，2006）。游戏还将 TLI 与情境、图像、动作、目标和对话联系起来，从多角度增加学习者对语言的理解，促进可理解性输入（García-Carbonell et al.，2001；Gee，2012；Chik，2014）。

二是增强学习动机，减少消极情感因素的影响。数字游戏通过促进好奇心、唤起幻想和提供具有明确目标和持续反馈的挑战来建立内在动机。在游戏中，玩家跟随剧情进展，看似毫不费力，实际上却投入了大量注意力学习规则和剧情内容，是一种高度投入的状态（Chapelle，C. A. & Sauro，S.，2017）。游戏轻松、融洽、私人的氛围能让学生自然放松地学习语言，有效降低影响语言习得的焦虑与情感过滤（García-Carbonell et al.，2001）。数字游戏还能培养学习者的兴趣，提高学习者的自主性（Peterson，2021）。

三是游戏的交互机制和即时反馈能够促进语言学习。语言学习本质上是从游戏的反馈中发生的（Cornillie et al.，2012b）。即时反馈有助于保持参与者的积极性。研究表明，交互水平和参与者的投入水平呈正相关（Peterson，2021）。另外，数字游戏提供结合视听线索（如工具条、语音和解释）的实时反馈，能够提高学习者对 TLI 的认识（Peterson，2021）。

1.2 实践应用

基于 Reinhardt（2014）的语言教育游戏分类：游戏增强式（COTs）、基于游戏式（为教育目的而设计）、游戏启发式（吸取一些游戏化机制）。本研究总结了目前的语言游戏，分类如表 1。

Peterson（2021）指出，目前大部分研究都局限于 COTs。因为开发商业教育性游戏困难且昂贵，因此，人们转向研究现有的 COTs 中的二语习得情况（Thorne，2012）。然而这类游戏如《魔兽世界》并非针对语言学习，这是一大弊端。Second Life 是一个线上社交虚拟世界，可用于语言训练，如澳大利亚莫纳什大学开发的 Chinese Island 和美国密歇根州立大学开发的 Chinese School。Cooke-Plagwitz（2008；2009）认为 Second Life 游戏形成了一个沉浸式环境，能使学生的语言实践情境化。Chen（2010）的研究也证明了 Second Life 用于汉语学习的可行性。但作为社交平台，它更多依靠玩家交流学习语言，操作也较复杂。

表 1　现有语言教育游戏分类

游戏类型	特点	分类	代表作	
游戏增强式 game-enhanced 商业现成品游戏（COTs）	服务娱乐目的而非针对语言学习	大型多人在线角色扮演游戏（MMORPG）	World of Warcraf（《魔兽世界》），Clash of Clan（《部落冲突》），Ragnarok Online，Runescape，Final Fantasy	
		模拟游戏	The Sims（《模拟人生》），Wonderland，Food Force	
		社交游戏	Second Life（《第二人生》）	Chinese Island，Chinese School
以二语教学为目的的游戏设计	外语	针对外语教学而设计的	基于游戏式 game-based	英语：Hodoo English，Caillou，Reading Rabbit，Gamegoo，Clifford Interactive Story-books Home，GenkiEnglish，LeamEnglish-kids，《鸟龙学院》，《玩通英文》
				西班牙语：Mentira，MlDD World，Practice Spanish: Study Abroad，Croquelandia
				阿拉伯语：Tactical Iraqi（《作战伊拉克》）
			游戏启发式 game-informed	DuoLingo，Bubble shooter，Babbel，Busuu，LingQ，Livemocha，PHONE Words，《小学英语游戏教育家园》
	汉语	针对汉语教学而设计的	基于游戏式 game-based	Questaurant，Mandarin Journey，Influent，《新乘风汉语 ZON》，《北京胡同》
			游戏启发式 game-informed	Chinese Skill，Mind Snacks中文版，uTalk，My Chinese Coach，Talking Chinese

为除汉语外的语言教学而设计的游戏也很丰富。英语游戏 Hodoo English，以角色对话为主，可以训练发音、拼写、语法。侧重西班牙语语用训练的 Croquelandia 则提供了一个 3D 沉浸式模拟出国学习的环境。另外，Reinhardt（2017）指出，DuoLingo 等作品通过语法翻译和记忆练习学习语言，只是利用了游戏化反馈和评估激励（如关卡、积分和徽章系统），是否算游戏还存在争议，暂且将其归入游戏启发式。

在对外汉语教学领域，Tang 等（2021）制作了 Questaurant。学习者在其中扮演一个中国餐厅的机器人，学习 10 个场景中的 25 个语用公式。该游戏提供了社会背景故事和动画，但是学习内容仅限于语用。Mandarin Journey 是一个基于故事情景的漫画游戏，学习者扮演首次来华的留学生，但其学习内容不系统，互动反馈不足。Influent 使玩家在 3D 环境中学习词汇，充分利用空间记忆，但场景与内容有限，没有语法和交际练习。美国密歇根州孔子学院开发的《新乘风汉语 ZON》是目前较有影响力的汉语游戏。玩家以游客身份造访中国，学习中国的语言、历史、文化等。它环节清楚，但有时任务过重（徐霄鹰，2014）。《北京胡同》由华中师范大学张屹教授团队开发，线索是美国女孩 Alice 为完成外婆心愿，来中国寻找祖传的青龙宝盒。该游戏汉语知识技能设计完整，图文声像结合，并分初、中、高三级，还融入游戏战斗机制。但是，它只以一篇课文《北京胡同》为基础，玩家看不到现代中国。同样，Chinese Skill 等作品也使用了一些游戏元素，但本质还是纯粹的学习内容，且以词汇练习为主。

2 游戏平台选择

Gee（2003）和 Lee（2007）发现，一些教育游戏很难成功，部分原因是游戏性太强。教育游戏应该更多将目标语言项目融入游戏当中，提高语言点复现率。如果教育游戏能和教材、课堂教学结合起来，教学效率会更高（Poole，2020）。同时，游戏操作复杂性也会影响学习质量（Kay，2012），因此有必要简化游戏规则和操作，使学习者的注意力尽量集中于游戏内容。

基于以往研究的经验，我们选择了橙光游戏平台，这是一个全新的互动阅读社区，有文字、图像、音频等丰富的媒体形式，也是一个开放的平台，便于作者自行开发。橙光游戏本质是文字游戏，有利于提供大量语言输入。而多媒体又能将语言点、文化知识与情景结合起来，模拟真实情景，满足学生幻想与好奇心。同时，它的剧情选择功能可以用来设计各种挑战性适度的练习。而且它操作方便简单，微信扫码就能玩，通过点击屏幕、选择选项自主推动剧情，玩家具有很强的控制感。

3 教学设计

3.1 主题设计

前期调查 92 名来自东亚、东南亚、欧洲、非洲等地的学生，问卷结果显示留学生最想来的地方分别为北京（56%）、上海（43%）、四川（21%）（多选题，下同）。在提到北京的留学生回答中，数据显示留学生最想去天安门和故宫（63%）、长城（40%）。在上海部分，留学生多次提到"东方明珠、外滩、古建筑"；四川部分则是"熊猫、火锅、川菜、风景"，另外教材也多次提到"四川"。如能来中国，留学生最想体验中国美食（81%）、感受中国节日（67%）、乘坐交通工具（54%）、去中国人家里做客（54%）。基于此，我们首先开发了北京、上海、四川三地的游戏内容，同时结合《汉语口语》中高级，从中选取相关课文作为部分脚本的主题。

3.2 文本设计

Chik（2014）指出，游戏文本能促进二语学习。在撰写脚本的过程中，该游戏重视教材内容的复现，将《博雅汉语》中高级教材中的 168 个语言点融入文本，在 4 本教材总共 249 个语言点中，复现率达到 60.2%。同时，该游戏以《标准》为基础，严格控制生词率，如天安门、故宫一章，生词率仅为 0.34%，也对《标准》中 7~9 级词汇及超纲词进行了拼音及注释标注。此外，游戏中的重点句式、语言点使用红色字体，有利于引起注意。

3.3 练习设计

该游戏练习覆盖多个方面，详见表 2。语言点考察基于《博雅汉语》以及《汉语语法教学理论与方法》《实用现代汉语语法》《对外汉语教学语法释疑 201 例》等经典著作中学生常出现的偏误。

表 2　《云游中国》游戏练习汇总

考点层次	考点内容
语音	推测"舫""冠""散""锭"的读音
词汇	单音节动词重叠、双音节动词重叠、"接见、面见、见面"辨析、形容词重叠、"举办、参加、进行"辨析
语法	趋向动词引申义、是字句和有字句辨析、可能补语和"能"、存现句、"一下"与"一下子"辨析、语气词、关联词"就算……也"、方位词、多项定语语序、"把……称为"结构、趋向动词引申义、了、关联词"不是……就是"、把字句和被字句、"一点儿、有点儿"辨析、"a+点儿+了/a+了+点儿"辨析、比字句、结果补语、句子语序、关联词"不仅……还"、状语、补语位置、"以……著称"结构、关联词"虽然……却"等
语用	打招呼方式、表示委婉拒绝、表达找人拍照的请求、问路、征求同意、"哪里哪里"含义、选择对朋友父母的称呼、回应盛情招待、拒绝请求、询问客服、询问对方在干什么、"死"的委婉表达等
文化	古诗"谁知盘中餐，粒粒皆辛苦"、中国人的"谦让"、"中和"的含义、书法字体辨析、"送钟"的隐含意义、数字蕴含的文化意义、"无为"的含义、结婚风俗、"凤"的文化意义、春节日期、选择春节礼物、吃"饺子"的习俗、吃"鱼"的习俗、生肖文化、春节禁忌语、改革开放、冬奥会开幕式、冬奥会吉祥物、水立方、俗语"没有规矩不成方圆"、"鸟巢"名称来历、后海名称、"三更"、四合院门前装饰、长城历史知识、长城敌楼设置、烽火台的作用、长城的文化精神、书法

如游戏考察了"凤冠"的"冠"，通过练习后的讲解帮助学习者掌握其两种读音意义的区别，对于学习"冠"这一语素和与其相关的其他词语都有帮助。

词汇层次以"接见、面见、见面"为例，它们意思接近，但是使用条件有很大区别。在游戏中留学生可以结合情境和人物的设置，体会到"接见"的使用条件以及它蕴含的"上对下"的含义。此外，在学习者选择后，游戏还会给出详细的解释，讲解差异和使用条件。

图 1 的情景是玩家去商店买衣服，觉得袖子不合适，考察"a 了一点儿、a 一点儿了、有点儿、一点儿"。根据剧情，学习者能更好地理解"长了点儿"在什么条件下使用。

Gonzalez-Lloret（2022）的研究证明，技术、任务、语用相结合效果最好。该游戏充分发挥情境优势，让学生在真实情境中学会得体恰当地使用语言。在游戏中，学生不用承担社交失态的后果，允许犯错，这有助于减少焦虑与情感过滤，容易促进习得（Krashen，1982；Hitosugi，C.I.，2014）。文化考察则是基于景点特色、剧情发展、教材内容。

图 1 《云游中国》词汇练习

此外，该游戏注重在沉浸式环境中发挥纠正性反馈的积极作用（Cornillie，2012a）。如果学习者选择了错误的答案，游戏会给出元语言提示，如"定语语序是什么样的？"，并让学习者重新选一遍，进而给出解释。

4 游戏设计

作为一款游戏，它必须有趣味性。Malone 和 Lepper（1987）提出"挑战感、好奇心、幻想感和控制感"是游戏吸引力的要素。该游戏文本和练习与学生水平相匹配，保持了适中的挑战感。此外，该游戏也尽可能地把"好奇心、幻想感、控制感"渗透到游戏设计中。

4.1 界面设计

该游戏界面简单而有吸引力。图 2 是该游戏的主界面，以游戏场景之一——长城为背景，长城是留学生最想去的景点之一，能有效激起其好奇心。点击"开始剧情"即可开始游戏，点击"读取进度"可以跳转到保存进度的地方，界面设计简洁。

图 2 《云游中国》主界面

该游戏的主线剧情是游览中国，因此场景以中国的自然风光、历史遗迹为主，见图 3。

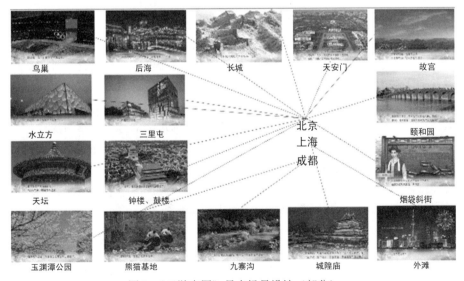

图 3 《云游中国》景点场景设计（部分）

Kapp（2012）指出美感对游戏综合体验的重要性，丰富多彩的背景更能塑造沉浸环境。所以，游戏尽量选择漂亮生动的图片，为玩家带来良好的审美体验。此外，玩家在交通工具、酒店、餐厅等日常场合也能体验中国现代生活，感受现代中国的魅力。

4.2　情景设计

该游戏最大的特点是基本基于真实情景，这源自游戏的设计理念：让留学生在真实的情景中学习汉语，游览真实的中国景点。图 4 左边为 Tang 等（2021）制作的游戏 Questaurant，右边为《云游中国》。可以看到《云游中国》情景更真实，这能让学生身临其境，满足其对中国的幻想，增加游戏体验感与现场感。

图 4　Questaurant 与《云游中国》对比

5　学习者反馈

游戏基本制作完毕后，本项目组对留学生进行了小规模调查，主要内容包括"游戏吸引力、对汉语学习帮助度、优缺点、试玩感受"等。调查结果显示，在游戏吸引力的量表中（分值为 1～10），该游戏得分均分 9.73；在对汉语学习帮助度的量表中，均分 9.64；另外，88%的学生提到"很好玩/有意思"和"对汉语学习有帮助"，75%的学生提到"内容很丰富"，50%的学生提到"画面很漂亮"，38%的学生提到"有一定挑战感"。留学生 A 回答道："我觉得《云游中国》这个游戏挺好玩儿的。不出门也可以线上旅游，挺有意思，不错！游戏里提供一些语言点和语用练习。有的语言点我以前学过，所以感觉不是太难，但也不是全部都能答对，看来还是有难度。"留学生 B 则认为："这个游戏很好玩儿。通过这个游戏，我能更深入地了解中国。不仅能线上参观和游览中国的一些著名景点，还可以了解一些中国文化。除此之外，我也能在轻松愉快的场景中学习汉语。在玩儿的过程中，我可以学语法、成语、历史、语用，包括一些生词。在我看来，玩儿这个游戏对学习汉语的我有很多帮助。"留学生 C 回答："我觉得这个游戏非常好，是一个很好的作品。这个游戏对外国人非常有用。我们不仅能游览中国，也能练习我们的汉语。某个地方的历史啦，古代的东西啦，非常详细。这个游戏的解释很简单，我容易明白。现在，因为疫情，我们外国人不能来中国学习和旅游，这个游戏能帮助我们了解中国。"

6　结语

该游戏在总结二语教学领域的教育游戏研究的基础上，运用现代化技术，创新教育模式，有助于解决线上中文教育存在的网课互动不足、缺乏真实体验、语境强度低和趣味性不足等问题。游戏为学习者提供真实的场景图片，创造真实语言环境与交际任务，让学生感受游览乐趣，在情景中学习汉语、体验中国文化、培养汉语语感、深度理解语用知识。该游戏是对《博雅汉语》教材的拓展与补充，促进了在学中用和在用中学的汉语学习。该游戏设计兼顾意义和形式，既能在沉浸式语言环境中促进伴随性语言习得，又能在游戏互动中帮助学习者关注语言形式，掌握语言点，显性教学和隐形教学兼顾。此外，该游戏有助于增强汉语学习的动机，做到了教育性与游戏性的平衡统一。《云游中国》是汉语教育游戏领域的崭新尝试，为汉语教育游戏的开发与制作提供了经验与借鉴，为后疫情时代线上中文教学开拓了新思路，有助于促进游戏化汉语教学，推动线上中文教学数字资源的建设。

参考文献

[1] Chapelle, C. A., & Sauro, S. *Handbook of Technology and Second Language Teaching and Learning*. NJ, USA: John Wiley & Sons, 2017.

[2] Chen D. Enhancing the Learning of Chinese with Second Life. *Journal of Technology and Chinese Language Teaching*, 2010(1).

[3] Chik, Alice. Digital Gaming and Language Learning: Autonomy and Community. *Language Learning & Technology*, 2014, 18(2).

[4] Cooke-Plagwitz, J. New Directions in Call: An Objective Introduction to Second Life. *CALICO Journal*, 2008(3).

[5] Cornillie F, Clarebout G, Desmet P. Between Learning and Playing? Exploring Learners' Perceptions of Corrective Feedback in an Immersive Game for English Pragmatics. *ReCALL*, 2012a, 24(3):257-278.

[6] Cornillie F, Thorne S L, Desmet P. Digital Games for Language Learning: Challenges and Opportunities. *ReCALL*, 2012b, 24(3):243-256.

[7] Csikszentmhalyi, M. Flow and Education. *NAMTA Journal*, 1997, 22(2): 34-35.

[8] García-Carbonell, Amparo, Beverly Rising, et al. Simulation/Gaming and the Acquisition of Communicative Competence in Another Language. *Simulation and Gaming*, 2001(4).

[9] Gee, J. P. Foreword. In H. Reinders (Ed.), *Digital Games in Language Learning and Teaching*. London: Palgrave Macmillan. 2012.

[10] Gee, J. P. *What Video Games Have to Teach Us about Learning and Literacy*. New York: Palgrave Macmillan. 2003

[11] González-Lloret M, Sánchez-Hernández A, Barón J. Technology-mediated Tasks for the Development of L2 Pragmatics. *Language Teaching Research: LTR,* 2022(2).

[12] Hitosugi C I, Schmidt M, Hayashi K. Digital Game-based Learning (DGBL) in the L2 Classroom: The Impact of the UN's Off-the-shelf Videogame, Food Force, on Learner Affect and Vocabulary Retention. *Calico Journal*, 2014(1).

[13] Kapp K M. *The Gamification of Learning and Instruction: Game-based Methods and Strategies for Training and Education*. San Francisco: Pfeiffer, 2012.

[14] Kay Seo. *Using Social Media Effectively in the Classroom: Blogs, Wikis, Twitter, and More*. Oxford: Routledge, 2012.

[15] Krashen, S. *Principles and Practice in Second Language Acquisition*. Oxford: Pergamon Press, 1982.

[16] Lee, J. J., & Hoadley, C. Leveraging Identity to Make Learning Fun: Possible Selves and Experiential Learning in Massively Multiplayer Online Game (MMOGs). *Innovate*, 2007(6).

[17] Lepper, M. R & Malone, T. W. Intrinsic Motivation and Instructional Effctiveness in Computer-based Education. Snow & M. J. Farr (eds.). *Aptitude, Learning and Instruction: Conative and Affective Process Analyses.* Hillsdale, N J: Lawrence Erlbaum Associates, 1987.

[18] Miller, Megan, and Volker Hegelheimer. The SIMS Meet ESL: Incorporating Authentic Computer Simulation Games into the Language Classroom. *Interactive Technology and Smart Education*, 2006, 3(4): 311-328.

[19] Peterson M. Digital Simulation Games in CALL: A Research Review. *Computer Assisted Language Learning*, 2021:1-24.

[20] Peterson, M., White, J., et al. A Review of Research on the Application of Digital Games in Foreign Language Education. M. Kruk & M. Peterson (Eds.), *New Technological Applications for Foreign and Second Language Learning and Teaching.* Hershey, PA: IGI Global, 2020: 69-92.

[21] Poole, F. & J. Clarke-Midura, A Systematic Review of Digital Games in Second Language Learning Studies. *International Journal of Game-based Learning*, 2020(3).

[22] Prensky, M. *Digital Game-based Learning.* New York: McGraw-Hill, 2001: 1-9.

[23] Reinhardt J, Sykes J M. Conceptualizing Digital Game-Mediated L2 Learning and Pedagogy: Game-enhanced and Game-based Research and Practice. *Digital Games in Language Learning and Teaching*, 2012: 32-49.

[24] Reinhardt J, Sykes J M. Digital Game and Play Activity in L2 Teaching and Learning. *Language Learning & Technology*, 2014, 18(2): 2.

[25] Reinhardt J. *The Handbook of Technology and Second Language Teaching and Learning.* Hoboken, N J, USA: John Wiley & Sons, 2017: 202-216+47.

[26] Tang X, Taguchi N. Digital Game-based Learning of Formulaic Expressions in L2 Chinese. *The Modern Language Journal*, 2021, 105(3): 740-759.

[27] Thorne, Steven L., Ingrid Fischer, and Xiaofei Lu. The Semiotic Ecology and Linguistic Complexity of an Online Game World. *ReCALL*, 2012(3).

[28] 程君青, 朱晓菊. 教育游戏的国内外研究综述. 现代教育技术, 2007(7).

[29] 李泉.国际中文教育转型之元年. 海外华文教育, 2020(3).

[30] 马颖峰, 杨栋. 探究式教育游戏的学习交互设计. 现代教育技术, 2010, 20(5).

[31] "新冠疫情对国际中文教育影响形势研判会" 观点汇辑. 世界汉语教学, 2020(4).

[32] 徐霄鹰, 黄国瑜. 对外汉语教育游戏的评估与分析——以《新乘风汉语》(Zon)为例. 广东第二师范学院学报, 2014(4).

[33] 张妮, 张屹, 张魁元. 对外汉语教育游戏的总体设计之实证研究. 开放教育研究, 2008(5).

[34] 郑春萍, 徐畅, 张娴, 等. 近十年数字游戏应用于语言教学的系统性综述. 现代教育技术, 2021(6).

对外汉语线上教学的多重语境系统
局域模型研究

霍文博[1] 梅之星[2] 韩文羽[3]

[1]浙大城市学院 传媒与人文学院 310015 [2]宜春学院 外国语学院 336000
[3]中国矿业大学 人文与艺术学院 221116
[1]train5210@163.com [2]782228068@qq.com [3]844649775@qq.com

摘 要: 新冠疫情使得线上教学成为对外汉语教学的一种常态模式,语境多重性则让对外汉语线上教学呈现出极为鲜明的局域模型语义学的属性特点。基于这一认知,本文对后疫情时代对外汉语线上教学多重语境系统局域模型的成因、表征以及功能进行探究,目的在于为相关教学活动提供理论方面的一些解释与说明。

关键词: 对外汉语线上教学 局域模型语义学 多重语境 后疫情时代

Research on Local Model of Multi-context System in Online TCFL

Huo Wenbo[1] Mei Zhixing[2] Han Wenyu[3]

[1] School of Media Studies & Humanities, Zhejiang University City College, 310015
[2] Foreign Language College, Yichun University, 336000
[3] School of Humanities and Arts, CUMT, 221116

Abstract: COVID-19 pandemic makes online teaching a normal form of TCFL (teaching Chinese as a foreign language), and context multiplicity make TCFL have a very distinct characteristic of the local model semantics. Based on this cognition, this paper explores the causes, characteristics and functions of the local model of the multi-context system of online TCFL in the post epidemic era, in order to provide some theoretical explanations for relevant teaching activities.

Key words: TCFL; local model semantics; multi-context; post epidemic era

0 引言

新冠疫情使得线上教学成为对外汉语教学的一种常态模式。与场景语境里开展的课堂教学相比,以互联网为媒介进行的线上教学活动,其教学内容的发布与接收分别处于不同的场景,因而其语境是多重性的,这就使得对外汉语线上教学呈现出极为鲜明的局域模型语义学的属性特点。本文认为,这种现象的出现表明,对外汉语教学已经不再是一个单纯的封闭式场景语境,而是由"互联网+"建构起来的一个带有开放性质的多重语境系统了。

因此，在高质量发展这一大语境之下展开对外汉语线上教学的多重语境系统局域模型研究，对于改善对外汉语教与学现状、全面提升对外汉语教学效率有着巨大的现实意义和理论价值。

1 局域性：对外汉语线上教学多重语境系统局域模型的成因

一般说来，"MC系统所具有的语义学，则叫'局域模型语义学'（local models semantics）"（徐英瑾，2015）。由此可见，多重语境系统与局域模型语义学之间存在着极为密切的关联。所谓"MC"是学术界对癸翁奇利亚（Fausto Giunchiglia）等人开发的"多重语境系统"的一种简称。癸翁奇利亚在探究语境过程中，遵循的是局域性原则。其核心内容是：如果秉持"一个语境是一个理论（尽管它是部分的且近似的）"这个想法的话，那么所有下面这些事项都必须被视为具有在一个语境中的局域性：表达性（即关于"什么可以被说出"这一点的性质）、指谓（denotation）、真值以及逻辑后承（Giunchiglia & Bouguet，1998）。在基本的构成上，"MC"是语境集和桥律集的组合。据此可以判定，局域性原则既是局域模型语义学的滥觞，也是后疫情时代对外汉语线上教学多重语境的成因。

受新冠疫情的巨大影响，在线上进行的对外汉语教学活动，其教与学双边互动是一种带有流变性质的语言网络状态存在。在形态上，通过"互联网+"关联在一起的教学主体和学习主体都具备独立性，各有自己的语境。当教学主体语境和学习主体语境借助网络这一媒介组合在一起时，两个语境的串联便自然构成了一个多重语境系统（MC）。从组成成分角度讲，这样的多重语境系统在具体的教学活动过程中呈现出来的无疑是一个语境集。

通常情况下，由教学主体和学习主体借助互联网进行的对外汉语线上教学活动，其场景是虚拟空间与场景语境的有机组合。这样的组合直接决定了该语境集既是开放的，也是封闭的，因而呈现出一定程度的局域色彩。其中，开放指的是主体的语境，封闭则是指信息发布与接收的平台。在构成上，"它是一个三元组：$\langle L, \Omega, \triangle \rangle$。这里的 L，指的是一个在语境 C 中被使用的逻辑语言（如一阶谓词逻辑语言），而 Ω 则为 L 的一个子集，且反映了一些在语境 C 中被认为是真的事实（因此 Ω 就可以视为一个局域公理集），$\triangle$ 则为在 L 中所使用的推论规则的集合——在它们的帮助下，系统可以从 Ω 中推导出新的推论"（徐英瑾，2015）。

将上述原理和对外汉语教学机制整合起来，在具体的对外汉语线上教学活动过程中，L 应为汉语知识（具体表征为汉语的说和写），Ω 为使用汉语表述的教学内容（具体表征为教材及其衍生品），$\triangle$ 则是学习主体需要掌握的教学内容以及相关汉语知识的实际运用（以使用汉语交际为主）。

鉴于语境集的多重性导致的教与学地位出现了主与次这一不容忽视的客观问题，为了确保教学活动高质量进行就需要教学主体和学习主体共同遵守相关规则。在"MC"视域下，这种用于说明一个语境中的命题内容如何变成另外一个语境中的命题内容的机制便是"桥律"（bridge rule）。其形式表达为（Giunchiglia & Bouguet，1998）：

$$\frac{c_i : \Phi_1, \cdots, c_n : \Phi_n}{c_{n+1} : \Phi_{n+1}}$$ （公式1）

出于表述上的实际需要，如果把这一公式转换成文字说明的话，就是语境 c_1 当中的语言表达式 $\varPhi_1$ 如果为真，则语境 c_n 当中的语言表达式 $\varPhi_n$ 就是真。依此类推，语境 c_{n+1} 当中的语言表达式 $\varPhi_{n+1}$ 也自然是真。由此可见，当一个语境里的内容转换为另一个语境里的内容时，无须外部语境的参与，多重语境系统本身便可满足转换所需的基本条件。对外汉语教学的这一机制表明，多重语境系统是一个带有自足性质的认知功能系统。相对于完全封闭的场景语境以及相对开放的虚拟空间而言，对外汉语线上教学活动的多重语境系统是封闭与开放的统一体。因此，由教学主体语境和学习主体语境有机结合建构出来的这一多重语境系统是一个封闭与开放相统一的语言时空。这样，封闭与开放就直接决定了在语义生成的过程中，会把其他语境排除在外，使得教学主体语境和学习主体语境构成的语境集显现出一定程度的局域属性特征。所以说局域性是对外汉语线上教学多重语境系统局域模型的成因。

2　信念语境：对外汉语线上教学局域模型的属性特征

从信息发布与接收的流程来看，由教学主体和学习主体共同建构出来的语境集带有一定程度的信念语境性质，因而属于信念语境。所谓"信念语境（belief context）指的是这样一种语境：在这种语境中一个认知主体需要将特定的信念内容归属给另外一个认知主体"（徐英瑾，2015）。引申到对外汉语线上教学活动领域，就可以把信念语境解读为教学主体把某一具体的教学内容以信息编码的形式发布、传递给学习主体时所需的语言环境与非语言环境的总和。

在具体的对外汉语线上教学活动过程中，信念语境是教学主体把教学内容传递给学习主体信念集时所具有的一切信息表征。这样的信息表征不仅是有关教学内容信息的单向线上输出，也包括对相关内容信息的单向或多向线上接收。毕竟在教学方式和方法上，以网络为媒介的教学活动其信息接收的学习主体通常是群体，而教学主体则为个体。在这种情形下，信念语境便是局域模型在对外汉语线上教学中局域模型的基本表征之一。以某一具体的对外汉语线上教学活动为例，其信念语境抽象为符号表征的话，其表达式则如下所示：

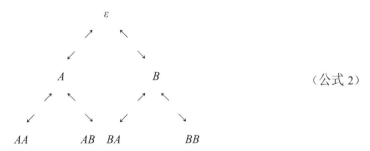

（公式2）

这一信念语境的机制转换成文字进行表述的话，就是" ε 将某信念归属给 B ， B 将某个信念归属给 A ，而 ε 则将 ' B 将某个信念归属给 A ' 这个信念本身归属给 ε 自己"（徐英瑾，2015）。这也就是说，图示中的" ε "" A "" B "分别属于教学主体以及学习主体各自的信念语境，可看作"教学主体 ε 的信念语境"等。同理， BB 则可看作 B 以自我为初始归属给自己的信念语境。由此可知，在多重语境系统视域下，该层级结构里的任何一个部分都可以看成是一个局域模型的具体表征范式。

这样的表征体现在对外汉语线上教学活动方面，上述表达式又可以转换为下述符号表达式：

$$\frac{c_1:P}{c_2:\bullet(P)}, \qquad \frac{c_2:\bullet(P)}{c:P} \qquad （公式3）$$

这一符号表达式是由互逆关系的两个公式组合成的一个信念语境。转换成文字可表述为：如果 P 能够归属给语境 c_2，则对于 P 的语义学判断就能够归属语境 c_2。

在这一前提下，把这样的符号表达式引申到对外汉语线上教学活动过程当中，则局域模型语义学视域下的对外汉语线上教学关涉到的事体主要有两种类型：一种是教学主体类；一种是学习主体类。其中，前者是个体性的存在，而后者既可以是个体也可以是群体。从现状来看，群体性的活动处于教学活动的主导地位。如果使用符号进行表征，则教学主体 ε 的信念语境相当于 c_1。相形之下，学习主体是个体时，无论是 A 还是 B，其信念语境都可看成是 c_2，而如果是群体则使用 c_n 作为标识。据此可知，从 c_1 信息到 c_2 相关信息、从 P 的语义到 (P) 的语义或者由 c_2 信息到 c 信息、从 (P) 的语义到 P 的语义，信息的发布、传递和接收都是在信念语境内部达成的，没有外部语境的参与或干预。所以说，对外汉语线上教学活动有着极为醒目的局域模型语义学方面的一些属性特征。这些特征直接决定了相关的教学活动是一个知识传递与接收的过程。在这一过程当中，信念语境传递的不仅是汉语知识本身，更是汉语能力养成的一种基本措施。

鉴于对外汉语线上教学多重语境系统所具有的信念语境这一基本属性特征，在教学主体把教学内容传递给学习主体 A 或 B 乃至群体的时候，信念语境直接决定了对外汉语线上教学的信息传递主渠道是教学主体单向性的信息输出以及学习主体 A 或 B 乃至群体的单向性接收。因此，语境从 c_1 到 c_2 呈现出非常鲜明的局域模型特点。其具体表征如下：

第一，教学内容封装性。

教学内容封装性指的是外部语境信息不能够直接参与对外汉语线上教学活动过程。教学内容是教学主体给定以及预设的，活动过程缺乏场景语境里信息的生成性。此外，如果是群体性的学习活动，则学习主体之间的语境也是外部语境的一个组成部分，无法自然融入线上教学全过程。所以教学内容封装性的基本功能在于教学主体通过具体的教学活动把教学内容转换为学习主体所需掌握的知识以及由知识生发出来能力的一个养成过程。本文认为，探究教学内容封装性的意义除了能够证明对外汉语线上教学具有局域模型的属性特征外，还可以进一步凸显教学内容的选用对活动的开展有着决定性的作用。

第二，教学内容有限通达性。

与场景语境里面进行的教学活动相比，对外汉语线上教学过程尽管不会受到语言时空性的诸多制约，但虚拟空间的特有属性使得信息交流与沟通极易生发出图灵效应。这一现象的出现造成了教学内容在传递过程中显现出一定程度的有限通达性。由于缺乏现场式的有效监督与恰当管理，所以信息损耗程度自然较大，语境效果也会有所降低。一般说来，这种现象是对外汉语线上教学所面临的重要问题，需要认真对待。解决的基本措施之一就是加大任务驱动型学习方法在具体教学活动过程中的分量，以任务为导向尽量减少教学内容有限通达性造成的干扰。

第三，教学内容浅输出性。

一般说来，对外汉语线上教学活动过程在信息的传递方面是以单向输出为主的，教学主体向学习主体的信息传递受语境的种种制约。为了避免这一现象造成过大的负面影响，教学主体采用的教学手段是基于词语的说和写，其基本形态是索引词。因此，语义被压缩到了汉语词汇这一级语言单位。与句子相比，词汇的表义是带有一定局域性色彩的。对于学习主体来说，还不能构成完整"信念"。只有一定数量的词语整合成句子、句子建构出篇章，信息才会是丰富的。由此可见，对外汉语线上教学内容浅输出特点非常显著。

第四，教学活动迅捷性与教学内容可重复性。

对外汉语线上教学活动尽管是在虚拟空间进行的汉语知识传授与能力养成过程，但在网络技术的支撑下，现代教育技术的积极参与使得教与学是同步展开的。教学主体与学习主体之间的互动存在着即时性。这一点和场景语境里进行的教学活动是相同的。此外，数字化的存储方式也使得教学内容可以循环往复地播放，能够满足学习主体对相关知识巩固与提高的实际需求。在性质上，教学内容可重复性通常是学习主体的个性行为，属于教学内容的反复进行，因而不可避免地带有一定程度的局域意味。

第五，教学内容传递系统特殊崩坏性。

对外汉语线上教学活动的媒介是互联网，信息输出端和接收端是多媒体、电脑或手机等电子设备。教学设备的电子属性以及网络的虚拟性直接决定了这种教学活动会有一定的技术风险，存在着极为特殊的信息输入、传输或接收过程中的崩坏问题。在性质方面，这种崩坏现象属于定向的、局部的，一般不带有整体性，所以自然属于局域模型的范畴。

第六，教学活动强制性。

与场景语境里面进行的教学活动相比，对外汉语线上教学过程是在网络这一媒介的积极参与下展开的。数字化的信息编码、输入、传递和接收使得整个教学活动过程变得有迹可循。此外，网络技术在整个教学活动过程中处于支配地位。在机器的支配作用下，教与学的动作带有强制意味。在这一点上，线上教学和线下教学的本质是没有区别的。

第七，教学领域特异性。

对外汉语线上教学是网络时代的产物。语言的时空性、场合的虚拟性直接决定了这样的教学活动带有一定程度的领域特异性。教学内容的编码、输入、传递和接收都离不开网络的强有力的支持，整个教学活动过程都呈现出极为突出的虚拟色彩。对于网络系统而言，这只能是一个部分，因此活动具有局域网的某些属性特点。

3　跨语境推理：对外汉语线上教学局域模型的基本功能

依据"MC"基本原理，对外汉语线上教学局域模型具有跨语境推理之类的基本功能。其基本原理如图 1 所示。

在图 1 中，用 L_1 标识汉语，L_2 标识某一外语语种；M_1 是教学主体所能使用的汉语教学语言的集合，M_2 则是学习主体母语的集合，其具体所指是对应于 L_2 的某一外语语种。在这一前提下，M_1 集合里面的任一成员就是 L_1 语言系统的一个局域模型。相形之下，M_2 集合里面的任一成员也自然是 L_2 语言系统的一个局域模型。依据局域模型语义学的基本原理，无论是汉语还是其他外语语种，当它归属于整个多重语境系统时，该种语言所具备的局域模型都存在着程度不同的兼容性。这就使得由多重语境系统生发出来的局域模型在用于阐

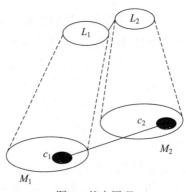

图 1　基本原理

释对外汉语线上教学所能涉及的教学主体语境和学习语境之间的跨语境推理时成为一种现实。

所谓兼容性是指基于某一语境的内容来推断另一语境当中表征内容的逻辑可能性的过程。换句话讲，也就是探究某一语境里面的内容是怎么转换为另外一个语境里面的内容的过程。体现在图 1 当中，就是教学主体语境 c_1 和学习主体语境 c_2 之间的连接线条能够把 M_1 和 M_2 有机地关联在一起构成局域模型。

以"我喜欢吃肯德基"为句例，如果是教学主体的话语，其指涉的命题就是"某教学主体喜欢吃肯德基"。当这句话成为学习主体的内容时，在多重语境系统的作用支配下，局域模型的功能便呈现出两种指向。（1）如果此话语是学习主体对教学主体话语的复述，则 c_2 和 c_1 是相同的。在这种情形下，兼容性表征为教学主体语境与学习主体语境的同一性。（2）如果此话语既是学习主体对教学主体话语的复述，同时也是自己当下处境的再现，那么这句话就会变成"和教师一样，某学习主体也喜欢吃肯德基"。在这种情形下，c_2 与 c_1 则是不同的。对于学习主体而言，"我喜欢吃肯德基"这一句例，除了是在复述教学主体的教学内容外，在其语境当中还会出现一些如时间、场所、就餐环境、价格等与"肯德基"相关的信息。这些信息和教学主体的语境可能是吻合的，也可能是不吻合的。但无论如何，"肯德基"一词的出现就成了两个语境相互关联的桥梁。在多重语境系统视域下，这种起到连接不同语境的词语便是索引词，通常叫作索引式表达式。相形之下，索引式表达式的连接功能机制便是桥律（bridge rule）。

从"肯德基"能够把两个语境关联在一起且引发出学习主体的与"肯德基"相关信息这一案例中可以看出，索引式表达式"就是每个索引词所自带的函数结构，或者说，它是将每个可能世界（语境）映射到索引词的外延上的方式或规则"（徐英瑾，2015）。从"我喜欢吃肯德基"这一句例当中索引词"肯德基"所能关涉的时间、场所、就餐环境、价格等外延信息的角度讲，桥律用于表述不同语境之间关系的时候，显然没有外部语境的参与。可见，兼容性是通过桥律的连接功能发挥其作用的。

总之，对外汉语线上教学局域模型的功能主要在于阐释多重语境之间的跨语境推理关系，为高质量的对外汉语线上教学提供理据。另外，"采用语言的形式进行沟通与交流是人类建构人际关系和传递信息的一种不可或缺的手段。从形式上讲，语言的沟通与交流在场合的作用下，存在着两种情形：一种是在具有物理属性的场景语境里而进行的会话；另一种则是在网络这样的虚拟空间里进行的会话，这是新兴的交际活动方式"（霍文博，2020）。

由此可见，对外汉语线上教学活动还具备一定程度的交际功能。这对于传递中华优秀文化，加强人类命运共同体建设显然有着积极的现实意义。因此，对此关系探究能够揭示出对外汉语线上教学知识传授与能力养成的规律，为后疫情时代的对外汉语线上教学提供一些理论方面的解释与说明。

参考文献

[1]　Giunchiglia, Fausto & Bouquet, Paolo. A Context-based Framework for Mental Representation. *Proceedings of the Twentieth Annual Meeting of the Cognitive Science Society*, 1998.

[2]　富聪, 邵滨. 在线汉语教学研究热点与发展趋势可视化计量研究. 云南师范大学学报(对外汉语教学与研究版), 2021(6).

[3]　霍文博. "热门•电竞" 微博语篇研究. 吉林大学博士学位论文, 2020.

[4]　肖锐, 赵晶. 后疫情时代线上汉语教学有效互动实现路径研究. 国际汉语教学研究, 2021(3).

[5]　徐英瑾. 语境建模. 上海: 复旦大学出版社, 2015.

留学生跨文化交际课程混合式教学实践*

史艳岚

北京语言大学 汉语学院　100083

shiyanlan@blcu.edu.cn

摘　要：本文探讨了教师和学生为在线学习而共同建设的跨文化交际课程翻转课堂模式。教师采用案例教学方式，营造混合式学习环境。由于在线学习的特殊性，混合式教学的关键在于以学生为中心设计课程，强调培养在多元语境下的跨文化交际能力。教师采用案例分析法帮助学生培养在现实生活中的跨文化交际能力。根据学生的反馈设计了一个切实有效的教学计划，包括教学目标、教学内容和教学方法。引导学生认识问题、体验问题，参与分析真实案例和解决问题的整个过程。鼓励学生将遇到的实际问题带入课堂和同学们一起讨论学习。通过对真实案例的分析和讨论，学生从多种角度找到解决问题的可行方案，从而避免沟通障碍，和不同文化背景的人成功进行跨文化交际。

关键词：跨文化交际　混合式教学　翻转课堂　案例教学

Blended Learning Practice in Intercultural Communication Course for International Students

Shi Yanlan

Chinese College, Beijing Language and Culture University, 100083

Abstract: This article explores blended learning practice in the intercultural communication course developed by educators and students for online learning. Educators adapt to a mixed teaching method combining online and offline teaching, creating a virtual learning environment — flipped classroom. Due to the special features of online learning, the key to effective education lies in the focus on students rather than educators while designing the curriculum. In order to improve students' intercultural communication capabilities, educators use the case analysis method to help students cultivate real-life intercultural communication skills. After looking into students' feedback, we designed a practical and effective teaching plan involving teaching objectives, teaching content, and teaching methods. We guide students to participate in the whole experience process of analyzing real cases and solving problems. The case teaching method is introduced to students, and students are encouraged to bring actual problems they encountered into the classroom to display. Through the analysis and discussion of real cases, students can find a feasible solution to the problem, so as to avoid communication barriers and successfully conduct cross-cultural communication.

Key words: intercultural communication; blended learning; flipped classroom; case teaching

---

* 本文受教育部语言教育与合作中心 2021 年教学资源建设一般项目"基于国际汉语教育汉语水平分级标准的跨文化交际视听案例集"资助（No.YHJC21YB-123）。

0　引言

　　跨文化交际课是汉语国际教育专业中外研究生的必修课和热门课程。课程着重培养学生的跨文化交际意识、跨文化交际理论、跨文化交际技能，全面提高学生的跨文化交际能力，培养高层次、应用型、国际化的专门人才。它利用当今的数字技术和传播方式赢得了学生们的喜爱，并促进了语言和文化的学习。由于新冠疫情的影响，2020 年春季转为在线课程，2020 年秋季恢复课堂正常上课。通过这两种不同教学方式的比较，我们得出结论，在线学习和线下学习有不同的优势。因此，我们在 2021—2022 学年的课程中引入了"混合式教学"模式，在线上、线下学习环境中都取得了良好的效果。本课程的教学特色是让不同文化背景的中外学生一起协同合作，携手解决真实的跨文化交际问题。

　　跨文化交际课的理想状态是中外学生同堂上课，沟通互鉴、交流合作。外国学生来中国之前（或学习中文之前）受本国媒体和社会环境的影响，通常对中国有一定的刻板印象和文化定势；来中国以后也常常遇到跨文化交际问题而产生不同程度的文化休克和跨文化交际障碍，引起情绪低落和消沉，影响语言学习和专业学习，因此有必要给学生提供及时的信息支持、情感支持、社交支持和评价支持，促进学生的汉语学习和跨文化适应能力。跨文化交际课的教学理念是以学生为主体，激发学生的学习动机和求知欲，引导学生理论联系实际，对跨文化热点问题进行分析讨论。教学设计运用翻转课堂的模式，确立教与学的评估目标，以目标为导向（Michael，2014），将学生自学、课堂讨论、小组任务、情景模拟有机地结合起来，培养学生的跨文化交际意识和技能，全面提高学生的跨文化交际能力。

1　混合式教学

1.1　从线下到线上

　　与传统的面对面课堂教学相比，在线教学更加灵活、便捷，更有针对性和个性化。线下学习的基本流程，如课程资料、学期作业、课堂练习和期末论文，可以随时随地在网络学习环境中完成。跨文化交际课程理论内容强、案例丰富、题材广泛，需要学生积极深入地思考。互动是跨文化交际的关键，线上的跨文化交际课要营造师生之间和生生之间面对面讨论的互动环境。经过多次探索，教师们找到了适合跨文化交际课程的教学平台和互动社交媒体。我们采用雨课堂教学平台、微信群、腾讯会议和公众邮箱相结合的方式，在教学平台上发布通知、共享课文和 PPT，提供学习资源，完成课堂管理、发布和批改作业等任务，给予学生评价并及时收到反馈。学生可以把雨课堂教学平台作为课程资料库，他们可以访问任何课程资源，例如阅读材料、视频、PPT、课堂练习并完成教师发布的作业。腾讯会议用于讲座、小组讨论、案例研究、学生演示和表演。微信群和公共邮箱可以用于共享重要文件和相互联系。这种组合创建了一个有效的虚拟教室，学生们可以利用网上翻转课堂完成跨文化交际课程的每一项学习任务。

1.2　翻转课堂

　　用翻转课堂的形式教授跨文化交际课，可以实现教学资源的共享和数字化。教学方法包括布置课前任务、教师讲授、学生讨论、案例分析、总结评价等。结合留学生的实际情况和跨文化交际问题进行分析讨论，调动学生学习的积极性。鼓励学生观看中国影视、实地采访、问卷调查、表演小品、拍短视频、考察社会现象等，把课上所学的知识运用到实际中去。经过师生之间的有效互动和生生之间的合作支持，把课堂的教学实践和课下的调查研究转化为数字化的教学资源。

每周上课前，学生都会拿到学习任务，预习本周的学习内容和 PPT，并在雨课堂完成预习题。雨课堂具有自动评分功能，学生可以在课前得到练习的反馈，让学生提前解决问题，在课堂上更加关注一些具体的难点。教师可以在课前根据学生的预习结果收集学生的常见错误，并在教学期间添加更多有针对性的练习。雨课堂可以记录每个学生的学习过程，助教可以依据记录对学生进行一对一的指导。在网络平台的课堂讲授过程中，启发学生以问题导向的方式参与跨文化交际的案例分析。在线教学平台可以提供多种实用的网络教学工具，教师可以方便地设计在线投票、客观选择题、填空题、主观题等多种课堂练习。在雨课堂平台，老师可以监督学生的出勤率、参与率、答题率等，及时提醒学生，给予有效帮助。面对面的学习方式是语言学习的关键要素，腾讯会议可以让每个学生都有机会在课堂和课后与老师和同学交谈。教师应鼓励学生在线下与他人进行更多交流。

跨文化交际课程采用"翻转课堂"模式，融合了线下和线上教学的优势。既保证了师生面对面的交流，又实现了在线资源的共享和随时随地的自主学习。从课堂管理的角度来看，使用雨课堂可以让课程安排得井井有条，平台系统可以自动记录学生的学习过程和学习结果，让老师掌握每个学生的学习情况，从而有针对性地解决问题。学生可以使用手机、ipad 和笔记本电脑上课和参加课堂练习。不方便按时上课的学生可以在方便的时间访问学习平台上课或收听课后回放。课后，学生可以通过观看回放来复习课程，在自己方便的时候使用学习平台查看在线教学资源，提交作业，为下一堂课做准备。学生还可以独立监控自己的学习过程，更细致地掌握每一章的学习目标，解决自己的问题，实现学习目标。利用在线学习平台上的跨文化交际资源，学生可以获得所需的中外电影、电视剧、新闻报道、热点话题和文化对比案例，使跨文化交际意识延伸到学习和生活的方方面面，学会在多元文化背景下从不同角度看待问题。

2　跨文化交际混合式教学实践

跨文化交际课程理想的班级是多元文化班级。就像一个小联合国，来自不同文化背景的学生聚在一起，自由表达自己的观点，相互理解，尊重每一个人。人们在适应新环境时遇到困难可能会导致焦虑和抑郁等问题。跨文化交际课可以给同学们提供真实案例，共同寻找解决问题的方案，帮助中外学生快速适应异域环境。跨文化交际课程帮助学生培养一种思想开放、有韧性、积极的人格，有益于未来的发展。

对于参加本课程的有中外研究生，经过实践我们找到一个行之有效的方法，即成立中外学习合作小组，共同开展跨文化交流实践活动。中外学生在课堂学习跨文化交际理论的同时，表达对基本理论和原则的理解和想法。然后学生小组将自行选择一个主题并进行小组报告。在课堂实践中，他们非常有创意，通过制作短视频或表演小剧来讲述很多真实的故事。这些故事就是现实生活中跨文化交际的真实案例，同学们描述问题、分析问题，找到解决办法。对中外学生来说，不仅可以用理论和实践来理解和解决跨文化交际中的问题，还能在互动中感受真实的矛盾和冲突，增强跨文化交际的意识和技能，有效提高跨文化交际能力。

跨文化交际能力分为认知（cognitive foundations）、情感（personal attitudes）、行为（behavioral competencies）三个层面。认知层面包括目的文化知识，以及对自身价值观念的意识；情感层面包括对不确定性的容忍度、灵活性、共情能力、悬置判断能力；行为层面包括解决问题的能力、建立关系的能力、在跨文化情境中完成任务的能力（阮桂君，2017）。培养跨文化交际能力要有一个总体的心理学维度框架，使教学方向更加明确。

2.1 教学理念

本课程的教学理念是以学生为中心，以教师为指导。课程的主要目标是教会学生如何实现跨文化交流，如何在不同的文化背景下分析情况，然后寻找解决方案。在提高沟通技巧的过程中，学生会自己分析、判断、得出结论，采取得体的应对策略。为实现这一目标，教师应提供合适的教学内容，激发学生的兴趣，帮助学生解决跨文化交际中的实际问题，设计教学活动，提高学生的认知和思维能力。学生对跨文化现象有一定的了解，并具备描述和分析的能力。教师通过图片、视频、案例、调查报告结果等方式，为学生提供丰富的学习资源，结合具体的跨文化交际课堂形成"案例导入—知识点呈现—案例分析—反思提升—交际实践—总结并反馈"的教学模式，鼓励学生自主深入探索。把线下学习和线上学习深度融合起来，达到良好的教学效果。

2.2 教学方法

教学方法主要有互动式教学和任务型教学。

（1）互动式教学。本课程的互动教学模式主要体现在师生互动和生生互动两个方面。从师生互动的角度来看，观看视频后进行讨论和案例分析，可以为学生提供更多发表意见的机会，营造轻松的交流环境，促进师生间产生更多的互动。从学生与学生互动的角度来看，由于课程是针对不同文化背景的学生，学生之间存在很多信息差异和思维差异，需要精心设计教学环节，引导学生小组讨论和课堂问答。学生可以进行思维碰撞，形成活跃的课堂氛围，最大限度地发挥互动学习和合作学习的效果。这主要体现为线上的互动。

（2）任务型教学。小组任务是语言文化课堂中的交际活动之一。小组讨论体现了跨文化交际课程任务型教学的优势：首先，以任务为中心，以解决实际问题为目的，具有真实的交际特点；其次，用特定的语言形式完成特定的话题讨论；最后，提高学生在语言方面的互动频率和表达水平。小组活动可以减少学生的焦虑，增强学生学习语言和文化的动力和兴趣。在这个过程中，教师扮演着组织者和推动者的角色：为学生制作任务清单，使每项任务具体化和形象化；列出学生完成任务需要用到的词语和表达方式，让学生突出交际意识，完成交际任务。任务型教学融合了线下学生的自主学习探索和线上教学及任务展示。

结合互动式教学和任务型教学的优势，案例分析成为跨文化交际课程最活跃的教学环节。靳玉乐（2003）认为对案例教学的本质、特点、价值、类型、结构、条件、原则和实施等问题进行分析，可以对教师改进教学方式进行指导。

2.3 教学原则

教学原则是注重适应学生的语言水平，将文化教学与提高语言能力相结合。

虽然跨文化交际课的重点不是汉语知识，但教师在设计课程时有必要考虑学生的语言水平，并解释文化词汇以及学生不熟悉的特殊表达方式，并将文化学习与语言表达训练相结合。在讨论文化差异和跨文化交际冲突时，教师有意识地添加相关的特殊词汇和语言表达。例如，在谈论刻板印象和偏见时，教师通过视频介绍概念和话题，列出相关的专有名词、成语、古语等，让学生理解具体的词语和表达方式。为了让课堂有条不紊地推进，减少学生因语言障碍而产生的焦虑，需要教师提供相应的标准的语言表达"框架"，让学生专注于完成交际任务，而不是更多地关注所使用的语言是否准确。例如，刻板印象是一种正常的心理状态，有正面印象，也有负面印象；教师给学生分两栏展示正反两面，包括一些特定的词、词组、句型、成语、分词表达结构等，让学生利用给定的词和词组自由表达自己的想法。教师在学生做演讲时应该更多地关注学生的观点，而不是语法错误。学生首先在线下要做好语言表达的准备工作，然后在线上向同学们表达自己的观点。

2.4 教学创新

本课程的教学创新是课堂教学与课外文化实践相结合，线下与线上学习相结合。雨课堂教学平台和腾讯会议为师生交流提供了很好的机会。在老师的指导下，学生完成课前预习，上课参与课堂活动，在真实课堂或虚拟课堂中与同学们进行良好的互动。教师和学生都可以及时收到学习反馈。

因疫情无法来华的留学生，老师在学期开始就给学生分组任务，学生必须在真实语言环境中用目标语言完成分组任务。让学生通过完成小组任务，应用和检验所学知识，接触真实的中国人和中国社会，拉近学生与中国的心理距离。身处母语环境的留学生缺乏目标语言环境，不过他们可以在网上跟中国学生交流。来自不同国家的学生组成学习小组，每个学习小组包括一到两名中国学生。讨论主要围绕文化差异和文化冲突展开。教师针对不同国家、不同文化背景设计跨文化交际的典型场景，重点关注问题的内容、原因、影响和解决方案。教师鼓励学生进行课外调查和访谈，做到线下的语言实践活动和线上学习的内容紧密结合。每学期根据学生情况安排跨文化交际案例报告，引导学生进行角色表演，将案例中的故事情节排成戏剧表演出来。这种中外合作的体演式文化学习不仅有利于增强学生对各国不同文化的浓厚兴趣，获得更加丰富的跨文化交际知识，而且在戏剧表演的过程中能有效提高学生运用汉语的能力，培养学生的小组合作精神和创造性思维。学生在线下将案例拍成视频，增加可视性和趣味性，然后在线上将视频呈现出来，并且提出问题和所有同学们讨论。

改革课程考核方式，既有过程型评价（预习、课堂参与、情景模拟、小组报告等），也有期末学期论文。既有线下的自学、小组讨论和跨文化交际实践，也有线上的理论学习、案例分析、互动合作，从而调动学生学习的积极性。鼓励学生观看中国的电影电视、实地采访、进行问卷调查、表演小品、拍短视频、考察社会现象等，把课上所学的知识运用到实际中去，不断增强跨文化交际的能力。

3 跨文化交际视听案例资源建设

3.1 突出跨文化交际课的多元文化背景

跨文化交际课程的教学特色是让不同文化背景的中外学生共同解决实际生活中的跨文化交际问题。对于国际学生来说，在课堂上使用视听形式可以激发学生的学习热情。同时，视频或动画可以更直观地向学生展示教学内容，学生可以更好地理解案例，分析讨论会更加有效。从对学生的调查来看，学生迫切需要跨文化交流的视听课件。我们可以按国别搜集留学生的跨文化交际案例，拍成视频，把每一个案例数字化。留学生与中国学生一起做小组作业并制作视频，他们是跨文化交际故事的主角，通过"视—听—说"的方法更好地理解跨文化交际的理论和现实意义。有学者认为，案例教学是一种有价值追求的自由教育（孙俊三等，2015）。学生自己制作基于真实故事的跨文化交际案例，可以充分发挥学生的主动学习、主动探索、主动解决问题的能力。学生以小组为单位的线下视频制作延伸到线上案例报告课堂的分析讨论，将思考、行动、合作融为整体。

3.2 积累跨文化交际视听资源

建设跨文化交际视听案例库。案例教学于1870年由哈佛法学院率先使用，经过哈佛商学院长期不懈的完善和推广，成为一种有效的教学方法。国际交往、社会交往、人际交往以及新闻、影视作品、文学作品中有着丰富的跨文化交际案例。学生来自世界各地，所经历的跨文化交际故事千差万别，有成功的案例也有失败的案例，每学期都会有数次留学生跨文化交际故事会，学生们分享了生动精彩的个人真实跨文化交际经历。教师搜集留学生的跨文化交际实际案例，形成数字教学课件，应用于在线课堂或线上线下一体化教学。教师通过图像、动画、视频等直观的形象，向学生展示跨文化交际的基本内容，特别是跨文化交际过程中出现的问题、误解和冲突。基于建构主义学习理论和情境学习理论的案例教学适合"跨文化交际"课程的教学。这是一种体验式学习，通过模拟情境来促进学生的主动学习能力培养（程春松，2020）。

来源于留学生真实生活的视频案例可以促进批判性反思。经过反思，学生可以找到解决问题的方法或提出解决问题的建议，从而获得跨文化交际知识，增强跨文化交际意识，提高跨文化交际能力。积累跨文化交际视频，尽量覆盖各大洲的留学生的跨文化交际故事，不同文化背景、不同地域的视频分门别类做好标签。通过学习这些跨文化交际视听资源，留学生可以了解更多文化背景下的案例，并且主动寻求解决问题的途径和方案。

3.3 按照教学内容、教学计划建设视听资源库

跨文化交际的主要内容包括：跨文化交际基础理论、语言交际、非语言交际、社会交际、人际关系、价值观、跨文化交际障碍、跨文化适应、跨文化交际和第二语言学习等。教学计划的组织方法从概念开始，转向呈现和分析案例，最后达成共识，找到解决问题的方法。构建混合式学习下的跨文化交际数字资源案例库（马晶文，2018），按照教学内容和教学计划建设底层的视听案例资源库，在实际应用中能做到随时提取任何一个视听案例，用于课堂讨论和分析。利用网络教学平台创建仿真课堂环境，保证在视听说的过程中师生

互动、生生互动流畅顺利。跨文化交际案例教学是一个新探索，可以形成教师案例教学与学生合作案例创作的有机循环模式（易利等，2020）。

在网络化数字化的时代，学习更加泛在化、共享化。今后不仅可以将跨文化交际案例用于国际汉语教育的教学平台，还可以应用于社交媒体、智慧教育网络，吸引更多的中外学生学习跨文化交际课，加强国际融通，减少刻板印象和偏见，促进民心相通。让世界更了解中国，让中国也更了解世界。

4 跨文化交际课混合式教学效果

从 2020 年春季学期到 2022 年春季学期，我们开设了 10 个跨文化交际班级，进行混合式教学课堂实践。留学生在学习过程中积极主动地在课前、课后获得网络资源、完成课堂练习和课后作业，通过社交媒体和中外同龄人进行在线交流。从对 118 位学生的调查反馈来看，混合式教学取得了较好的效果。

对课程是否体现了"以教师为主导，以学生为主体"的调查反馈结果显示，83.9%的学生认同这门课是"以教师为主导，以学生为主体"；46.61%的学生认为教师引导留学生和中国学生交流；35.59%的学生希望设计更多的学生课堂活动；15.25%的学生希望在每节课上都有小组讨论；11.86%的学生认为应该更多地调动学生的主动性；9.32%的同学建议教师应该让学生说理论部分，指导学生实践。

从图 1 的反馈结果来看，70.34%的学生认为教师在教学中"经常"启发学生思维、推动学生自主学习、培养学生的跨文化交际意识；23.73%的学生认为"较多"；5.93%的学生认为"一般"。

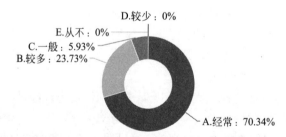

图 1   老师在教学中是否启发学生思维、推动学生自主学习、培养学生的跨文化交际意识

对翻转课堂达到的教学效果的调查结果显示，90.68%的同学认为混合式教学把在线教学和课堂教学的优势结合了起来；67.8%的学生认为学生可以随时随地自主学习；59.32%的学生认为网络平台、教育技术和传统课堂相融合；52.54%的学生认为学生可以在课内、课外进行更加有深度和有广度的学习；50%的学生认为给予了学生充分的自主学习时间和空间；34.75%的学生认为师生互动、生生互动更加频繁；31.36%的学生认为网络平台的弹幕、练习让课堂气氛更活跃；29.66%的学生认为老师和学生的反馈及时迅速。跨文化交际课线上、线下融合的"翻转课堂"达到的教学效果还包括"小组合作让学习更有效""课程内容丰富，有很多网络资源""在网络环境下课堂教学活动更加灵活多样""能看到自己学习的全过程，能查漏补缺""掌握知识更扎实、提高了学习能力、有很大的收获"等。

综上所述，混合式学习结合线上教学和课堂教学的优势，整合线上、线下学习平台和教育技术，学生获得自主学习的技能。翻转课堂通过设定线上、线下学习目标，组建中外学习合作小组，共同开展实践活动，帮助学生有效学习跨文化交际。学生小组报告反映现实生活中的许多真实跨文化交际案例，在网络课堂上可以现场分析问题原因，找到问题的解决方案。学生在互动中体会到真实的矛盾和冲突，增强跨文化交际的意识和技能，为未来的人际交往、社会交际以及学术生涯做好准备。

参考文献

[1] Michael Byram. Teaching and Assessing Intercultural Communicative Competence(《跨文化交际能力的教学与评估》), 上海: 上海外语教育出版社, 2014.
[2] 程春松. 基于思辨能力提升的"跨文化交际"课程教学模式构建与实施. 海外英语, 2020(21).
[3] 靳玉乐. 案例教学原理. 重庆: 西南师范大学出版社, 2003.
[4] 马晶文. 构建混合式学习下的跨文化交际数字资源案例库. 兰州交通大学学报, 2018, 37(2).
[5] 阮桂君. 跨文化交际与实践. 武汉: 武汉大学出版社, 2017.
[6] 孙俊三, 王兵. 案例教学: 一种有价值追求的自由教育. 中国教育学刊, 2015(9).
[7] 易利, 吴东英. 跨文化交际案例教学新探索: 教师案例教学与学生合作案例创作的有机循环模式. 高教探索, 2020(10).

通过短视频制作进行华文①教学初探

毛永清

新加坡国家初级学院 华文部 288913

mao_yong_qing@moe.edu.sg

摘 要： 本文分四部分：概述；通过短视频制作进行华文教学及作品与反馈；学生寓言短视频创作作品与反馈②；总结。本论文的结论是：通过短视频制作进行华文教学，将华文融入学生的生活之中，不仅增加了学生使用华文的机会，而且激发了他们的创意思维，使华文学习更加生动有趣。更重要的是，在整个学习过程中，学生始终是学习的中心，有极强的参与感，从而达到了良好的教学效果。

关键词： 短视频 参与感 创意 记录生活 寓言创作

Study on Teaching Chinese through Short Video Creation

Mao Yongqing

National Junior College, Singapore, 288913

Abstract: 1. Overview; 2. Use short videos to record life in Chinese teaching; 3. Use short videos to create fables for Chinese teaching; 4. Students' works and feedback. The conclusion of this paper is that the use of short videos to teach Chinese and integrate Chinese into students' lives not only increases the opportunities for students to use Chinese, but also stimulates their creative thinking and makes Chinese learning livelier and more interesting. More importantly, in the entire learning process, students are always the center of learning and have a strong sense of participation, thus achieving a good teaching effect.

Key words: short video; the sense of participation; creativity; recording life; fable creation

0 概述

新冠疫情的暴发，使人们的生活陡然发生了变化，在有些方面甚至是产生了质的变化，教学方面也是如此。"从学生学习的角度来看，这个发展对他们的社交和心理方面带来了负面的影响。学生们可能不再感受到学校环境所提供的支援结构与刺激。长期缺乏面对面的社交互动将可能导致孤独感和发育迟缓，因此可能会产生焦虑、畏惧感、情绪低落、社交恐惧症、社交尴尬感和文化疏离感。此外，对于倾向体验式学习的学生而言，居家学习带

---

① 中文在新加坡被称为华文，教授中文的课程被称为华文课，为了行文保留地域特色，本文中提到中文或汉语教学的部分，一律用"华文、华语"。

② 学习课文《寓言二则》之后，学生分组创作寓言并拍成短视频。

来更多学习困难，甚至可能造成学习与发展的障碍。倾向体验式学习的学生通常需要通过与同伴们进行面对面沟通，以便进行协作式的学习。有些学生甚至需要与老师进行一对一的深入指导。"[①]

由以上这段话不难看出疫情对学生身心的影响巨大，因此在教学中如何融入心理建设，或者说如何在知识教学的同时培养学生积极乐观的人生态度和百折不挠的奋斗精神比以往显得更为必要且重要。因为教学不仅在于传授知识，更在于培养品德，即所谓的教书育人。随着各种防疫措施的实施，授课方式更多地采用了线上教学，让很多教师措手不及，如何在授业的同时进行解惑并塑造学生的人生观和价值观，正成为广大教师面对的严峻挑战。而这一点，也与新加坡教育部对未来人才竞争所需的核心技能的定义是相符合的。新加坡教育部在 21 世纪核心技能中指出：

知识和技能必须以价值观为基础，价值观决定一个人的性格，它塑造了一个人的信念、态度和行动，因此构成了 21 世纪能力框架的核心。核心价值观具体包括：尊重、责任感、正直、关爱、韧性、和谐。

如果你的孩子有情感上的力量，并且在面对挑战时坚忍不拔，那么他就是有韧性的。他会表现出勇气、乐观、强适应力和足智多谋。[②]

特别需要指出的是，在核心技能中强调了"坚忍不拔"的"韧性"，而乐观面对挫折与困难正是韧性最充分的表现之一，这也是我们设计短视频制作的初衷之一。

学生的反馈证明了我们的尝试是成功的，达到了预期的目的。关于这一点，在文章后面我们会用学生反馈的实例进一步说明，这里就不赘述了。

我们尝试使用短视频进行华文教学并收获了一些经验，在这里抛砖引玉，与大家分享。

1　制作生活短视频

通过短视频制作进行华文教学包括两个部分：

第一部分：在居家学习期间制作自己居家学习的生活点滴，并融入课堂教学；

第二部分：在课堂教学中，进行寓言短视频制作。

在疫情突发初期，新加坡进行了为期一个月左右的全面居家学习，无论是教师还是学生都有一种茫然不知所措的感觉，而一些学生更是感到焦虑和恐惧，不知接下来会发生什么，会不会影响自己的学业，会不会影响自己与朋友之间的关系，等等，鉴于此，我们结合华文教学布置了录制短视频的作业。

1.1　制作短视频的原则

（1）视频内容以自己的居家生活为主，建议记录烹饪、锻炼、做家务、业余爱好和任何有创意的活动；重点是展现乐观积极的态度。

（2）视频不超过 5 分钟，可以使用任何编辑软件。

（3）无论是配音还是字幕，全程使用华语。

---

① https://www.cpgcorp.com.sg/zh/news-insights/2021-06-23-11-58-00

② https://www.moe.gov.sg/education-in-sg/21st-century-competencies

（4）完成后上传到谷歌课堂。

（5）课上分享，并互相点评。

一位专家曾经说过："高效的学习不是通过教师寻求更好的方法而产生的，而是赋予学习者构建知识的多种方法而产生的。"（Better learning will come not so much from finding better ways for the teacher to instruct but from giving the learner different ways to construct.）①

短视频的制作实际上就是给学生提供了使用华文华语的机会，使学生的学习与生活相结合，让学生的语言变得生动有趣，而不是死板的课堂语言，这在新加坡这个以英语为主的社会更是意义非凡。因为新加坡的社会，特别是年轻人，除了在华文课上，几乎没有使用华文华语的机会，"新加坡社会地位最高、通行范围最广的语言是英语。这是由于英语是新加坡的政治、法律、商业用语，又是各族之间的通用语言，地位自比华语为高，通行范围也自比华语为广。"（云惟利，1996）

学习任何一种语言，仅仅是作为课堂语言显然是不够的，必须要融入学习者的生活，使之成为生活中的语言，才能达到"赋予学习者构建知识的多种方法"的目的，特别是结合视频制作这个年轻人喜欢的时尚方式，让学生在学习华文华语的同时，散发出青春洋溢的现代色彩。

1.2　制作短视频的教学效果

概括而言，制作短视频记录生活点滴有三方面的效果。首先，激发了学生的学习兴趣。学生生动地学习华文华语，看到了华文华语在日常生活中的价值，超越了课堂，扩展了华文华语的使用范围。其次，向学生灌输正确的价值观，尤其是如何乐观地面对挫折。最后，在互相评论并帮助改进时，鼓励学生协作学习，培养批判性思维的能力。

学生的反馈证明达到了以上的效果。为了更有说服力，以下将引用学生反馈的原文，一些语法或文字错误都予以保留。

拍视频的时候，我没有讲到华语，但剪视频的时候我有用到，也跟谷歌翻译得到帮忙。我学到了一些关于煮饭的华文词语，所以这个活动有一点点帮助我的华文。（美琴）

剪接视频的时候，如果我有些词不知怎么表达清楚的话，我会请父母来帮我，而从中我学到了更多的华文词语。因此，这项向活动不仅让我学会怎么拍摄好的视频，也从中学到更多的华文词语，收获十分丰富。（丽薇）

拍视频时，我发现这个活动让我不拖延。这是因为我做功课时，需要拍摄自己，因此这鼓励了我做更多功课。剪接视频时，我学到新的华文词语。这个活动让学习华文更快乐，很有意义。（显涵）

这次的活动让我感到意外的有趣，好玩。我通过录像也学到了音乐的几个词语，扩大了我的华语"词典"。我很开心能有这个机会。（宁恩）

我通常学校假期时不是在做功课就是待在家里看手机，但拍摄居家学习生活视频（和每个星期一至星期五写日记）的任务使我积极寻找每天发生的一件有趣的事，把它拍摄下来或写下日记里。我就渐渐地开始感激这些小小的有趣的事情，甚至还每天努力寻找一些有趣的事情来做。这也让我多使用华文，扩展我的词汇。（轩怡）

---

① Encyclopaedia of Microcomputers: Volume 18 - Teaching Critical Thinking and Problem Solving to Truth-Functional Logic, 1996.

从学生的反馈中不难看出，他们不约而同地提到了有机会多使用华文华语，扩展了词汇量；除了有趣的学习，沉浸在学习的快乐之中，他们也发现了生活的乐趣，甚至努力在生活中寻找乐趣，这实际上潜移默化地影响了他们对待生活的态度，特别是在疫情期间能够保持乐观的心态，无疑对他们的成长是益处良多的。换句话说，生活短视频的制作过程，既给他们创造了学习和使用华文华语的机会，使华文华语自然地成为他们生活中的一部分，也润物细无声地慈润着他们的人格发展；尤其是当老师在课堂上展示学生作品并让大家点评时，课堂气氛活跃，欢声笑语不断，大家坦率地指出彼此的优劣，并提出改进的方法，真正做到了乐学善用华文华语。

2　寓言短视频制作

寓言是学生课本中的一个单元，学生理解寓言内容、形式和寓意等是寓言教学的重点。一般来说，寓言的本质是内容简单、寓意深刻。如何让学生更形象地理解寓言的本质，而不仅仅是懂得几则寓言，是寓言教学中的一个挑战。我们决定与时俱进，让学生通过自创寓言并制作成短视频，在学习中更多地投入与参与，更好地理解寓言。正如荀子所说，"不闻不若闻之，闻之不若见之，见之不若知之，知之不若行之；学至于行之而止矣"。现代教育家蒙特梭利则说："我听了，我忘记；我见了，我记住；我做了，我理解。"[1] 由此可见，古今中外的教育家都非常强调应用和实践。他们都认为学习的最高境界或者说最终目的是学以致用。

2.1　小组合作

与居家生活短视频制作不同的是，寓言短视频制作是采用小组合作的方式。团队合作精神也是 21 世纪人才必须拥有的核心价值观之一。学生 4~5 人一组，语文能力有强有弱，均为自愿搭配，特别是在疫情期间，他们几乎没有面对面讨论的机会，同时必须考虑到相关的视频编辑技术。因此必须发挥创意，在网上交流，交换信息、资料并将各自完成的部分整合成一部完整的作品。

2.2　提供剧本范例

由于学生是第一次接触写剧本拍摄短视频，所以我们提供了剧本的简单范本（见表 1）供他们参考，以便更好地完成教学目标，在运用科技的同时，也让他们有机会使用书面语言。

表 1　短视频剧本范例

第一场	
时间	3000 年前的某月某日
场景	一片荒原
角色	雁，一只死老鼠

---

[1] Maria Tecla Artemisia Montessori（1870 年 8 月 31 日—1952 年 5 月 6 日），博士，意大利医生和教育家，蒙特梭利教育法的创始人。

续表

第一场	
内容描述	（一只雁疲惫地在地上爬行） 雁：唉，我已经饿了十几天了，可还是走不出这一望无际的荒原，谁来救救我呀…… （突然，雁看到了死老鼠，艰难地爬向它。） 雁：死老鼠，我来了……

2.3　同侪互评

寓言短视频制作教学效果是非常令人鼓舞的。因为学生根据寓言的特点和短视频的要求，有充分的自主权，决定寓言的主题、内容和呈现方式，因而激发了他们的内在的积极性。学生发挥了他们的想象和创意，挖掘了自己的潜力，充分利用自己在绘画、音乐和电脑技术方面的才能，通过小组讨论，最终完成了他们自己想表达的思想和感情。特别是同侪互评的部分，更是一个亮点。同侪互评包括两个部分：一是上课时播放一部作品，请大家分别从主题、语言、技巧、创意、合作五个方面进行点评；二是为了给每位同学充分发表意见表达看法的机会，同时也让每一组同学的作品都得到客观的评价，我们利用英文应用软件 Padlet①进行线上点评和打星，根据上面的五个标准，每部作品最多五颗星，这也非常符合网上的潮流，学生的兴致很高，踊跃表达自己的观感并进行投票。这个过程不仅是学生将自己学到的华文华语学以致用的过程，而且是一个批判性思维的过程，他们需要对作品进行评价并说明理由，实际上也是一种深度学习的过程。由于篇幅有限，仅用两位同学对一部学生作品《小刺猬》的评价为例，同样保留了学生原文：

《小刺猬》★★★
1. 主题没什么创意，是一个很普遍的主题。
2. 语言比较简单，旁白有时候不能听到。
3. 技巧不错，小刺猬画得很可爱，画画儿不错。
4. 主题没有说什么创意，但是表达的方法很有趣。
5. 合作不错，视频挺好看的。

《小刺猬》★★★★
1. 主题很明显，在视频的结尾有提到（爱自己）。
2. 旁白说话很流利，有感情，刺猬妈妈也是。
3. 技巧不错，人物有走动，抱自己等动作。人物头脑在想的东西，看到的东西都有表达出来。人物的设计很可爱。
4. 有创意，用一种动物来表达主题。
5. 团队合作不错，人物说话的顺序很清楚。

从以上的例子不难看出，学生是独立进行判断和评价的，充分表达了他们内心的真实想法及对作品的认识，或许比较稚嫩，但非常有价值，因为是他们运用华语思考和表达的结果，而且评价作品是认知的最高级别。

---

① 一种以英文为媒介语的教育科技平台，可以使用华文，使用者可以上传自己的评论等，适合话题讨论。

3　研究结论

　　以上是笔者近年来利用短视频进行华文教学的初步探索和体会。笔者的初步结论是：通过短视频制作进行华文教学，能激发学生兴趣，超越课堂学习，扩大语言使用范围；充分发挥学生的多元智能，他们在制作过程中所展现出的音乐和绘画方面的才华及电脑科技的熟练运用，常常令老师们叹为观止。短视频制作不仅能培养团队精神，在疫情期间还能培养学生乐观向上、积极面对挫折与困难的豁达的人生观，从而保持身心健康，而这些也是21 世纪人才所必备的品质。

参考文献

[1]　云惟利. 新加坡社会和语言. 新加坡: 俊杰彩印, 1996.
[2]　张晋, 王铁琨. 中国语言资源丛书(一). 北京: 商务印书馆, 2009.

具身认知理论视域下后疫情时代的国际中文教育研究
——以鲁东大学塞拉利昂项目为例[*]

陈歆萌

鲁东大学 文学院 264025

741647115@qq.com

摘 要： 新冠疫情暴发以来，国际中文教育受到了极大的影响和挑战。后疫情时代，传统的线下教学模式被打破，国内各大高校的中文教育大都转为线上教学模式，学生的课堂体验感大大减弱。本文以鲁东大学塞拉利昂项目为实例，以新兴的具身认知理论作为研究视角，归纳线上教学的原则和方法，为后疫情时代国际中文教育的发展提供新的思路。

关键词： 具身认知理论　后疫情时代　国际中文教育　塞拉利昂　融合性原则

Research on International Chinese Language Education in the Post-epidemic Era from the Perspective of Embodied Cognitive Theory
—Take the Sierra Leone Program at Ludong University as an Example

Chen Xinmeng

Faculty of Arts, Ludong University, 264025

Abstract: Since the outbreak of the COVID-19 epidemic, international Chinese language education has been greatly affected and challenged. In the post-epidemic era, the traditional offline teaching model has been broken, and most Chinese language education in major universities in China has shifted to online teaching mode, which greatly diminishes students' classroom experience. This paper takes the Sierra Leone Project of Luton University as an example and uses the emerging embodied cognition theory as a research perspective to summarize the principles and methods of online teaching, which provides new ideas for the development of international Chinese language education in the post-epidemic era.

Key words: embodied cognitive theory; post-epidemic era; international Chinese language education; Sierra Leone; principle of inclusiveness

0 引言

随着新冠疫情的起伏，全球国际中文教育大多由原来的线下模式、线下与线上混合模

---

* 本研究受到 2021 国际中文教育创新项目资助（项目批准号 21YH028CX5）。

式转为线上模式。线上课堂缺少了线下课堂的实时监控功能，这给国际中文教育的发展带来了前所未有的压力与挑战。

对于后疫情时代的国际中文教育，多位研究者从不同角度进行了研究。总体上看，通过实例进行研究的较多，如王静文和刘琳的《后疫情时代对外汉语教学的挑战与对策——以扬州工业职业技术学院为例》、周玲的《后疫情时代对外汉语线上教学——以初级汉语综合课程为例》等，文章大多在实例实践中总结反思线上教学，理论性和系统性有待提高；还有的从宏观角度出发，对现阶段线上教学存在的问题进行思考和展望，如肖锐的《后疫情时代线上汉语教学有效互动实现路径研究》等。

具身认知理论是近年来新兴的研究视角，它强调身体活动在认知过程中的重要性。基于具身认知理论的研究集中于儿童课堂、儿童学习方面，如邹兰、何善亮的《以具身认知理论指导小学科学教学》、刘洋的《具身认知视角下的儿童阅读研究》等。刘海燕（2019）强调，根据这一理论，在课堂教学中应发挥教师与学生身体的认知功能，打造具身化、情景化的教学空间和环境，将教师、学生、环境三者融合。

综上，我们认为有必要进一步对具身理论是否能够应用于国际中文教育，如何更好促进后疫情时代国际中文教育的理念、原则、方法改进，结合具体案例加以探讨。

1　后疫情时代国际中文教育具身化理念及教学原则

1.1　后疫情时代国际中文教育适用具身化理念

早期关于具身概念的研究来自于格式塔学说和美国学者吉普森。吉普森认为直觉与认知之间是直接的关系，直觉到认知是人与外界事物接触时直接感受到的。海德格尔和梅洛庞蒂共同为具身认知理论奠定了理论基础，身体不再作为一个简单的客观研究对象，而是将身体与外界信息获取过程相融合，身体是获得外界信息的源头和根本（万宝玥，2021）。

汉语二语学习过程作为认知过程的一种，具身性在其中有着举足轻重的意义。在后疫情的大背景下，学生只能通过线上的形式来学习中文，缺少真正的中国生活体验，天然的"具身"学习条件被破坏，汉语学习者对身临其境感的需求更加强烈。在这种情况下，为了提高教学质量，解决上述困境，有必要将"具身化"理念纳入国际中文教育。具身化理念的核心是指在认知过程中身体要参与到从外界获取信息的过程中来，反对身、心各自单线发展的观点，强调身心合一。

1.2　具身化理论背景下后疫情时代国际中文教育线上授课原则

基于具身化理念，我们强调教师在授课过程中要注重学生学习认知过程的身心合一。要体现具身化理念，应遵循以下原则：

1.2.1　融合性原则

任何学习过程都不是通过单纯的语言进行的，否则效果会大打折扣。因此在授课过程中，教师要将学习者的身体行为与学习内容融为一体，让学生在实践的过程中进行中文的学习与练习，加强身体感官的参与度，让所学知识在身体的参与下实现"内化"，使原本抽象的中文变得具体化。

我们融合线上小游戏、"唱唱跳跳学汉语""跟我做"等形式进行课堂操练，将身体与认知相融合，多感官多角度感知汉语学习，加强学习的具身性，从而提高学习效率，避免教学形式单一导致学生产生倦怠情绪。

1.2.2　情景化原则

在线上教学过程中，要结合教学实际，创设丰富的情景，大量运用图画、音频、视频等手段，最大限度打破线上教学的限制，模拟真实的语言运用环境。充分让学生理解所学字句的使用规则和场景，为缺少具身环境的中文学习者最大化地还原中文使用情景，培养学生正确、得体运用中文的能力。

1.2.3　体验式原则

如中国古话所说"百闻不如一见，百见不如一做"。我们应该充分调动学生的积极性，提倡自主学习，让学生自己动手，自己参与（熊一蓉，2019）。要注重学生身体的感受，在体验中充分感受、理解中国文化。

受线上教学模式的限制，在中华文化课的教学中，教师无法做到传统线下课堂的"面对面"式指导，"包水饺""剪纸""打太极扇"等大量实践类体验式活动无法做到师生同空间进行。为了打破这种局限，可以采用"异地同步"的模式进行教学。

2　塞拉利昂项目基于原则的线上教学设计

我们对塞拉利昂项目进行线上教学设计，结合学生的实际情况，力图体现具身化理念和原则。

2.1　塞拉利昂项目概况

塞拉利昂坐落于非洲西部，是世界上最不发达的地区之一，考虑到塞拉利昂线上设备较为落后且信号较差，经常出现断开连接或延迟的情况。我们选用腾讯课堂作为授课平台，其"在线回放课堂"功能更能满足学生课后回顾巩固的诉求，也能保证由于时差不能来上课的同学可以通过回放学习。同时我们采用小班教学，老师能关注到每位学生的课堂反应，师生互动覆盖全体学生。

2.2　基于情景化原则的教学设计

多数情况下，图片或音视频等直观的释义方式能起到事半功倍的效果，塞拉利昂项目组的教师通过详细的讲解，辅以图片、音视频等，将情景化原则融入教学中。

2.2.1　词汇教学

（1）具体词汇教学。

具体词汇通常指这个东西是具体的，在现实环境中存在的东西，例如鲜花、水杯等。对于这部分词语的学习，我们辅以英语释义和对应图片，教师领读后学生跟读，多加练习后基本可以掌握。

此外，语言是对客观现象的反映，有的物体存在于中国而不存在于塞拉利昂，因此在塞拉利昂学生脑中就缺少此类词语的认知。对于这类特殊词语，我们不仅加以详细的语言解释、展示图片，必要时会插入视频来加深对此类词语的认识，例如卷尺、水饺等。在教学时插入使用卷尺、包水饺的视频，为学生尽可能还原真实场景（如图1、图2所示）。

图1 "卷尺"教学　　　　　　　　　　　　图2 "包饺子"教学

（2）抽象词汇教学。

抽象词汇通常指非具体存在于现实环境中的动作、状态等抽象概念，例如"快乐、善良"等。在抽象词汇的学习方面，引入具身认知理论，通过身体的代入对词语进行具身式的加工，使得抽象词语具体化，有利于加强留学生对其认识的深度。

有的用语言就可以解释清楚的抽象词语，例如"早""爱"等，可以只加释图片；而对于难以理解的抽象词语就要辅以视频（如图3、图4所示）。例如，讲解"兴奋"与"高兴"的区别时，我们插入两种情绪的人物表现对比视频，让学生更直观地理解二者的异同。

图3 "早"教学　　　　　　　　　　　　图4 "出去"教学

2.2.2 专门用途汉语教学

专门用途汉语指用于某些专业领域、特定环境的汉语，一般包括专业汉语，如工科专业汉语、中西医专业汉语等，同时也包括与跨国家、跨文化语言交际密切相关的"工作业务汉语"，如商务汉语、工程汉语等。专门用途汉语的词汇往往专业难懂，但也是国际中文教育的重要部分。

这类涉及专业领域的知识，可能会触及教师的知识盲区，因此要求教师课前充分备课，了解该领域的基本知识，利用好图片和视频（如图5、图6所示）。如在"工程专业汉语"

中对"矿井"进行教学时，教师搜集矿井实景视频后加工为讲解视频，在视频中凸显专业词语对应的物体，并配以英文释义等。若相关领域视频较稀缺，则要求授课教师出镜自制视频。如对于旅游汉语，几位授课教师分别扮演旅行社老板、导游等角色进行模拟对话，在对话中实现旅游汉语相关字词句的讲解和巩固，必要时可去实景拍摄。

图 5 "排水"教学   图 6 工程汉语教学

2.2.3 重难点语法点教学

在面对难以用图片解释、情景感较低的语法点时，视频能起到很好的效果。我们直接在实景中拍摄，还原在真实生活中使用某重难点语法点的场景，授课教师出镜，熟悉的面孔能更好地抓住学生的好奇心和注意力。

例如，"把"字句、"被"字句一直以来是留学生学习的难点。我们录制视频时要求授课老师边做动作边解释；教师拿起衣服，一边做动作一边说"我把它弄脏了""我要把它拿下来洗一洗"等，语速放慢，配有中英文字幕，带领学生反复观看学习（见图 7、图 8）。

图 7 "把"字句教学 1   图 8 "把"字句教学 2

2.3 基于融合化原则的教学设计

在国际中文教育中，融合性原则会更多地体现在课堂训练中。在学习表示情感、动作的词语或重难点语法点、句式时，教师在讲解完毕后，会即时带领学生边说边做，引导学生做出相应的动作。例如学习"把"字句时，老师讲解结束后，一边做动作一边引导学生用"把"字句来描述这个行为，举一反三，让学生利用身边的物体边做边说，用心体会"把"字句。

同时，在进行教学设计时，将小游戏融合到互动当中，建立游戏化教学，通过一系列小游戏来激发学生的学习兴趣，加深对汉语的理解。例如通过摇骰子来对学生进行提问，让学生始终保持随时被点名回答问题的专注感。教学平台的白板也可以充当"共享黑板"，老师在白板上出题，学生在白板上即时作答，还原了线下课堂的现场感（如图9、图10所示）。

图 9　游戏教学 1

图 10　游戏教学 2

2.4　基于体验式原则的教学设计

中华文化体验课作为汉语教学中重要的部分，可以让学生在体验中融会贯通中华文化，对中国的传统文化等有更深刻的了解（矫巧巧，2017）。在以往传统的线下课堂，中华文化课堂能做到师生同时空体验，教师面对面指导。而在线上，我们则请塞拉利昂当地的项目教师负责协助下发学生的体验式活动材料，授课教师在线上对学生远程指导，师生异地同步，学生跟着教师一步一步去体验。例如教师在课堂上即时展示剪纸、书法、功夫扇等，让在网线另一头的学生也活动起来，利用下发的材料包，一起参与到其中（如图11、图12所示）。

图 11　舞狮

图 12　功夫扇

3　塞拉利昂项目教学效果调查分析

教学评价是检验线上教学合理性与科学性的有效方式，笔者通过调查问卷的形式对学生的课堂满意度、参与度、对教师授课方式的看法等方面进行调查。调查问卷共设计 8 道题目，全部为封闭题目。共发放问卷 23 份，回收问卷 18 份。

3.1　学生对课堂整体效果满意度评价

由表 1 可知，94%的同学对课堂学习"非常满意"，6%的同学对课堂学习"比较满意"。

表 1　满意度调查结果

满意度	人数	百分比/%
满意	17	94
比较满意	1	6
不满意	0	0

3.2　学生认为影响线上课堂的因素

从表 2 可知，89%的学生认为网络信号是影响线上课堂的因素，56%的学生认为学习设备的好坏也非常重要，44%的学生认为两地时差也是影响课堂的因素，44%的学生认为课上容易走神也对线上课堂有影响。

表 2　影响线上课堂因素调查结果

影响因素（多选）	人数	百分比/%
网络信号	16	89
学习设备	10	56
时差	8	44
线上课堂容易走神	8	44
遇到问题不能及时通过老师解决	6	33
线上课堂缺乏互动，参与感低	6	33

3.3　学生认为教师通过英文释义的方法进行教学对哪部分学习有帮助

由表 3 可以看出，学生一致认为英语释义是对学习很有帮助的方法。

表 3　英语释义作用调查结果

用英文释义的方法对哪部分学习有帮助（多选）	人数	百分比/%
具体词语	18	100
抽象词语	18	100
专门用途汉语	18	100
重难点语法点	18	100
均无帮助	0	0

3.4　学生认为教师通过插入图片的释义方法进行教学对哪部分学习有帮助

由表 4 可以看出，全部学生都认为通过插入图片的释义方式对具体词语、专门用途汉语是很有帮助的，分别有 94%、83% 的学生认为对抽象词语的学习、重难点语法点的学习也有帮助。

表4　图片作用调查结果

用插入图片的释义方法对哪部分学习有帮助（多选）	人数	百分比/%
具体词语	18	100
抽象词语	17	94
专门用途汉语	18	100
重难点语法点	15	83
均无帮助	0	0

3.5　学生认为教师通过插入视频的释义方法进行教学对哪部分学习有帮助

由表5可以看出，所有学生都认为在专门用途汉语的学习中，采用插入视频的方式进行释义对学习很有帮助，分别有 94%、89% 的学生认为对抽象词语、重难点语法点的学习也很有帮助。

表5　视频作用调查结果

用插入视频的释义方法对哪部分学习有帮助（多选）	人数	百分比/%
具体词语	11	61
抽象词语	17	94
专门用途汉语	18	100
重难点语法点	16	89
均无帮助	0	0

3.6　学生是否愿意参与线上互动

由表6可知，56% 的学生愿意参与线上课堂的互动，17% 的学生不愿意参与线上课堂互动；28% 的学生有时愿意参与，有时不愿意参与线上课堂互动。

表6　线上互动参与情况

学生是否愿意参与线上互动	人数	百分比/%
是	10	56
否	3	17
不一定	5	28

3.7　学生认为师生线上互动有什么不足

由表 7 可以看出，78% 的学生认为不能与教师面对面互动，体验感较低；50% 的学生认为网络信号影响互动；33% 的学生很喜欢互动的过程，认为没有什么不足；28% 的学生认为线上互动过于频繁，只想安静学习。

表7　线上互动不足调查结果

学生认为师生线上互动有什么不足（多选）	人数	百分比/%
网络信号不好，出现延迟或卡顿	9	50
互动过于频繁，只想安安静静学习	5	28
不能与教师面对面互动，体验感低	14	78
没有什么不足，很喜欢互动的过程	6	33
其他	0	0

3.8　学生对利用情景视频辅助学习的看法

由表8可知，所有学生都认为用情景视频辅助学习用处较大，生动有趣，且会对知识有更全面的认识；89%的学生认为有走进实际的感觉；83%的学生认为有熟悉的面孔会让学生有亲切感；33%的学生认为视频的情景感还不够强；6%的学生认为有些浪费时间；6%的学生选择"其他"，认为用视频娱乐性太强，常常看着看着就忘记重点是在学习。

表8　情景视频作用调查结果

对用情景视频辅助学习的看法（多选）	人数	百分比/%
生动有趣，不枯燥	18	100
有利于对知识有更全面、更清楚的认识	18	100
有走进实际的感觉	16	89
有老师熟悉的面孔，更有亲切感	15	83
情景感不够强	6	33
有些浪费时间	1	6
其他	1	6

综上，整体来看，绝大多数学生对课堂的满意度较高，认为图片、视频对学生情景化学习的搭建有很大帮助。有一半以上的学生乐于参与线上课堂互动，愿意动用身体将知识与环境融合在一起，但也有少数同学不愿参与到课堂互动中来。线上互动也体现了局限性，例如网络欠佳、师生不能面对面或学生本身不愿交流等都影响着互动效果和学生互动的意愿。

4　对具身化线上课堂教学的反思与优化建议

4.1　具身化线上课堂教学存在的问题

4.1.1　部分学生身体参与课堂的意愿不够强烈

结合课堂观察和调查问卷结果来看，有部分学生不愿参与线上课堂互动。首先，由于塞拉利昂网络信号欠佳，导致互动时经常出现卡顿或延迟的情况，影响互动的体验感，进而导致学生不愿进行互动。其次，虽然我们会采用摇骰子等方式来点名回答问题，但有的同学仍然会抱有侥幸心理，认为即使答不出来也不会有什么后果。最后，本项目中塞拉利昂的学习者都是成年人，有的学生可能会对互动有一定排斥心理，因此互动性和身体的参与积极性不高。

4.1.2 情景化呈现不足或过度

受网络版权及教师精力影响，结合问卷调查结果，教学过程中提供的图片、视频等情景化体现不足，实景化欠缺。而在讲解某些不依靠视频就可以理解的语法点或抽象词语等时，大量的视频和图片又起到了适得其反的效果，使个别学生认为这是在浪费时间。

4.2 具身化线上课堂教学的优势

由调查问卷结果及课堂观察可以看出，绝大多数学生对课堂效果的满意度较高。基于具身化理念和原则进行课堂教学，从教到学一以贯之，不局限于简单的语言解释。教师积极调动学生的身体感知，课堂生动不枯燥，身心合一的学习方式使学生有身临其境、走进实际的感觉，学生多感官参与课堂，对所学知识能有更为全面、系统的认知。

4.3 线上课堂优化建议

4.3.1 进一步加大学生身体参与度

网络设备与信号问题短时间内难以解决，因此我们应当在其他方面不断探寻更高效的方法进行互动。在线上课堂的环境下，若单纯地用语言进行讲解，久而久之学习会枯燥，且这种单线条的授课方式会使学习者对所学知识认知不全面。因此，虽然有的学生对互动有抵触心理，教师在课堂上仍应摸清每位学生的性格特点，根据其自身性格调动学生身体和思想的活跃度。同时，教师更应当尽力破除线上教学的局限，通过多样化的互动方式来尽可能还原线下课堂。

4.3.2 将情景与教学内容深度关联

由于留学生目前无法前来中国，因此情景的构建显得尤为重要。我们要进一步丰富情景，必要时我们的教师要前往实地，调试好设备后在实地与学生连通网课，选择实景的方式来呈现授课内容，让学生在屏幕前跟着教师实时感受中国。

同时我们要注意把握好情景视频的数量，不能一成不变地将释义、图片、视频等通通搬上课堂，要结合知识点本身及学生的学习情况来量体裁衣。同时还应把控视频的质量，有一定娱乐性的同时不要忘记扣紧学习主题，要在视频中加深学习，而不是作为娱乐消遣的渠道。

5 结语

受疫情影响，远在西非的塞拉利昂学生无法来华亲身体验中国生活，同时网络设备的落后，使得许多课堂即时互动费时较多，这给教学中具身性的落实带来很大的限制。在现实条件允许的情况下，我们应充分运用各种方式加强、增强学生的体验感和情景感，实现师生间的有效互动，尽最大可能让学生身心合一，多感官、多方面地进行汉语学习，为学生高效学习汉语创造条件。

参考文献

[1] 付小琴. 对外汉语初级教材语法点的选用与编排研究. 暨南大学硕士学位论文，2011.

[2] 高育花. 新冠疫情下的国际中文教育研究综述. 天津师范大学学报(社会科学版), 2021(6).

[3] 矫巧巧. 来华留学生的文化体验课教学设计. 吉林华侨外国语学院硕士学位论文, 2017.

[4] 李泉. 论专门用途汉语教学. 语言文字应用, 2011(3).

[5] 刘海燕, 彭先桃. 具身认知理论视域中的智慧课堂. 教育导刊, 2019(7).

[6] 苏元彬. "分阶段、情景化、体验式"教学模式在对外汉语教学中的应用分析. 国际公关, 2020(11).

[7] 万宝玥. 具身认知理论在少儿对外汉语教学中的运用研究. 黑龙江大学硕士学位论文, 2021.

[8] 王静文, 刘琳. 后疫情时代对外汉语教学的挑战与对策——以扬州工业职业技术学院为例. 科教导刊, 2021(28).

[9] 肖锐, 赵晶. 后疫情时代线上汉语教学有效互动实现路径研究. 国际汉语教学研究, 2021(3).

[10] 熊一蓉. 浅谈关于留学生中国文化课体验式教学的几点思考. 汉字文化, 2019(16).

后疫情时代线上对外汉语教学情况初探
——以波兰密大孔院线上选修课为例

栗望舒

天津理工大学 语言文化学院 300384
1204841551@qq.com

摘　要： 自新冠肺炎疫情暴发以来，世界各国的对外汉语教学课程均逐渐转为了"线上线下"相结合的模式，目前，随着新冠肺炎疫情在全球已不同程度地得到了控制，后疫情时代也随之到来。对外汉语教学领域的线上教学方式在课堂中已逐渐成为常态化形式，如何运用这一方式保质保量地达成教学目标，是目前对外汉语教学界的一个日渐重要的命题。本文将从波兰后疫情时代对汉语教学的影响出发，对波兰密茨凯维奇大学孔子学院线上选修课的汉语教学现状展开阐述，对其现有优势和现存问题进行分析，并提出相对应的建议，希望能对线上对外汉语教育事业的发展有所帮助。

关键词： 后疫情时代　波兰　线上对外汉语教学

Exploring the Online Teaching of Chinese as a Foreign Language in the Post-COVID-19 Era
—Taking the Online Elective Course of Confucius Institute of Adam Mickiewicz University in Poland as an Example

Li Wangshu

School of Languages and Culture, Tianjin University of Technology, 300384

Abstract: Since the outbreak of the COVID-19 pandemic, the Chinese language courses, especially for foreign learners, have partly developed into online mode worldwide. At present, with the pandemic has been controlled to varying degrees globally, the post-COVID-19 era is coming. Online courses for Chinese language teaching have gradually become a normal form in the classroom. Exploring how to achieve teaching goals based on required quality and quantity is an increasingly important task in this field. From the impact on this curriculum brought by COVID-19, this paper explores the current situation of teaching Chinese as a foreign language in the online elective courses of the Confucius Institute of Adam Mickiewicz University in Poland. It analyzes the advantages and problems in this field, and puts forward corresponding suggestions, hoping to be favorable to the development of online teaching Chinese as a foreign language.

Key words: post-COVID-19 era; Poland; online teaching Chinese as a foreign language

0　引言

波兰密茨凯维奇大学孔子学院（以下简称"波兰密大孔院"）是与天津理工大学合作创办的波兰第二所孔子学院，笔者作为天津理工大学汉语国际教育专业的学生，曾在日常与老师和留学生们的沟通交流中了解到一些疫情以来线上教学的真实情况，加之笔者近期作为实习对外汉语教师，在波兰密大孔院参与了一项为期半年的远程授课项目，因而切身体会到了线上对外汉语教学的有利与不利之处，在此以密大孔院的线上选修课为例，对后疫情时代线上对外汉语教学情况进行论述与分析。

1　现状综述

1.1　波兰后疫情时代现状

新冠肺炎疫情暴发以来，世界各国之间的人员流动受到了很大阻碍，汉语国际教育领域也迎来了突如其来的挑战与变革。波兰的新冠肺炎疫情从 2020 年 3 月开始出现，至今一直没有得到非常有效的遏制，进入 2022 年 3 月后每天仍有 10000 左右的新增病例，最多时高达 27000 例。如今，随着疫情常态化形势的推进，新冠肺炎疫情在短时间内完全消失似乎已经成为一件不可能的事情。王竹立（2020）指出，"所谓'后疫情时代'，并不是我们原来想象中的疫情完全消失、一切恢复如前的状况，而是疫情时起时伏，随时都可能小规模暴发，从外国外地回流以及季节性发作，而且迁延较长时间，对各方面都产生深远影响的时代"。立足于对外汉语教学领域，很多问题在后疫情时代都将长期存在，例如，如何优化课堂管理模式，如何提升线上教学效果，如何安定教师和学生的心态，等等，这些都是波兰乃至世界各国的汉语教育事业需要继续探索和努力的方向，也是未来发展的趋势和目标。

1.2　密大孔院线上汉语教学现状

据了解，波兰密大孔院在近两年疫情常伴的大背景下，在线上对外汉语教学方面做出了很多努力。密大孔院自 2020—2021 年冬季学期开始将部分汉语课程调至线上授课，并面向社会开设了小班化教学模式的线上选修课程，为更多喜爱汉语和中国文化的波兰人提供了便利的学习机会。其线上选修课程发展至今，已划分出了 4 种类型，分别是 A 类班、C 类班、语音课程和 HSK 课程。A 类班为一周两次的选修课，其学生大部分为有一定汉语基础的学习者，C 类班、语音课和 HSK 课均为一周一次的选修课，学生汉语水平分为零基础、中级和高级不等。为便于详细了解，笔者将波兰密大孔院线上选修课程①的发展趋势汇总如下图 1。

由图 1 我们可以清晰地观察到，在 2020 年冬季学期第一次开设线上课程时只有 A1 班和 C1 班为线上试授课班级，2020 年夏季学期维持了之前的线上授课情况。到 2021 年冬季学期再次开设线上课程时，线上授课班和"线上线下"结合授课班就分别明确标注了出来，数量增加，种类也更加丰富了一些。在 2021 年夏季学期开设的线上学习班又增加到了 14 个，这之中包含之前的 A 类班、C 类班和语音班级，并且又增设了 3 个专门为 HSK 考试

---

① 详细课表见 www.konfucjusz.amu.edu.pl（2022-03-30）。

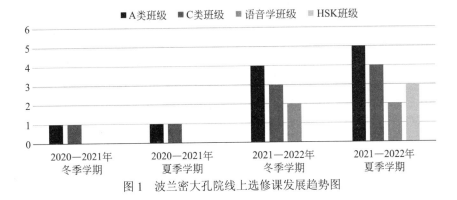

图 1　波兰密大孔院线上选修课发展趋势图

而开设的线上学习班。由此可见，密大孔子学院开设的线上选修课程不论从数量上还是从种类上，这两年都如火如荼地发展，呈上升趋势。张旺熹（2020）曾说："疫情过后，线上线下相结合的混合式教学、混合式的培养模式，将成为未来人才培养的新常态。"（陆俭明等，2020）由密大孔院线上选修课的发展现状便可预知一二。

2　现有优势分析

2.1　班级规模

经过一段时间的观察与了解，笔者发现自己与另外三位中国籍教师所带的班级分属 A 类班、语音班和 HSK 班三种类型，这几个班均为 10 人以下的小班。人数的精简使得对外汉语教师有充分的时间和精力在课前、课中和课后与每位同学做到实时交流、随时互动。教师可以在课前和课后了解学生的需求与反馈，有针对性地调整自己的讲课策略，学生也可以在课上与教师和其他同学进行充分的讨论与沟通，这为很多有问题的同学提供了及时有效的解决机会，也大大提高了同学们的口语水平，班级内的氛围非常融洽。

2.2　师资背景

笔者在工作过程中能够接触到的汉语教师共有 6 位：其中两位也是实习教师，为汉语国际教育专业在读硕士生，英语已过六级；剩下 4 位中的两位为常驻密大孔院的中国籍教师，他们都已在波兰生活多年，具有丰富的教学经验和高超的双语或三语水平；另外两位是波兰籍教师，他们均有中国留学经历，汉语水平相当高，在他们使用汉语时几乎已辨别不出"外国腔调"存在的痕迹。总的来说，密大孔院的线上授课老师整体实力较强，这使在线上教学过程当中由于教师语言水平问题而造成的困扰降到了最低。

2.3　授课场所

线上授课为教师和学生带来的时间、地点自由已经是一个众所周知的优势，特别是在中波存在 7 小时时差的情况下，这些优势就更加凸显了出来，时地自由使得授课双方都更为舒适，加之近期国际局势的复杂多变、新冠疫情的反复，教师和学生都能待在自己的家中进行学习和工作也对彼此的人身安全多了一重保障。

3　现存问题分析

3.1　教师授课方面

汉语教师是线上汉语课程能否顺利进行的重要因素，很多教师在疫情前有过丰富的线下实践经历，但是由于后疫情时代线上教学模式的持续，大家都变成了"虚拟空间教学"里的新手，即便是目前正在攻读汉语国际教育专业的学生，也不曾接受过专门的线上教学训练，因此线上教学模式的难度可想而知。波兰密大线上选修课使用的教学平台是 Zoom 会议，人与人之间的沟通方式主要是邮件，因此笔者从自身角度出发，结合对其他 5 位教师的访谈，将教师们在教学过程中遇到的问题汇总如下（见表 1）：

表 1　教师授课方面现存问题统计表

存在问题	详细解释	实际案例简述	
讲授内容局限	Zoom 平台在操作过程中如需共享多个软件，则要在共享之前一次性选择好，或退出现有共享再重新共享，如若教师操作不当还容易出现其他相关问题，因而导致部分讲课内容不能按计划进行	X 老师在 Word 文档中板书，在 PDF 扫描版课本上讲课，由于反复切换屏幕步骤较为烦琐，因而每次的板书只能尽力一次性写好全部内容，达不到边讲边板书时强化学生记忆、巩固汉字笔顺的效果	Z 老师希望通过游戏来调动学生的兴趣，但由于 Zoom 平台操作的局限性，Z 老师在戴着耳机的同时，共享视频没有播放出声音，因此并没有收到理想中的效果
沟通形式单一	教师与教师、教师与学生之间仅通过发送邮件的方式联系，耗时较长，效率低下	N 老师在与 L 老师进行邮件沟通时，由于某些课程内容体积过大，不易发送，加之课业繁忙，从而花费了三天的时间分解发送这些内容	L 老师一次因为一件紧急事件联系 Q 老师，但巧遇周末，Q 老师过了两天才看到邮件，L 老师早已自行处理完毕
学生难以监测	某些性格较为内向的学生不愿意打开麦克风或摄像头，加之单一平台的局限性，使教师对学生动态难以把控	Z 老师教授的班级是初级语音班，由于某些学生不愿意打开麦克风或摄像头，因而教师不易观察学生的嘴型，也无法准确纠正发音	L 老师在给学生讲解汉字的笔画和笔顺时无法看到学生的书写情况，使课本中"书写汉字"部分的练习形同虚设
时差影响状态	中国籍教师身处中国，而波兰学生身处波兰，目前线上选修课的上课时间为波兰时间 15:00—19:00 不等，在中国则为 21:00 至次日 1:00，此时教师已比较疲累，易在讲课过程中出现疏漏	D 老师在一次上课过程中比较疲倦，出现了几次口误，偶尔也会想不起来下一句该说什么	L 老师曾在上课过程中专心与学生交流，加之精神状态不佳，两次忘记在切换屏幕时再次共享，后在学生的提示下才赶紧更正

综上，笔者认为目前密大线上汉语选修课部分问题出现的原因与授课平台较为单一有关，Zoom 平台只能为教师和学生提供会议、聊天、电话等功能，一些对外汉语教学方面需

要的性能，Zoom 平台并不具备。虽然校方在后疫情时代为不能前往波兰的教师们提供了线上教学的机会，但中国人和波兰人的生活节奏不同，文化和时差也相差较大，因此导致了教师之间沟通不及时、精神状态欠佳等问题的产生。

3.2　其他相关方面

3.2.1　Zoom 会议不便

Zoom 会议是一款在 2011 年开始研发并推广至全球的云视频会议软件，它可以提供免费的网络会议服务也可以使用多种设备连接，方便快捷。但是 Zoom 官方从 2020 年 8 月起，已停止向中国大陆客户出售新产品或升级已有产品，这就意味着身居中国大陆的中国籍汉语教师没办法自行登录或注册 Zoom 会议账号，只能借助波兰同事或波兰孔院的官方账号开设会议，同时由于 Zoom 会议不能在中国大陆地区再升级，导致中国教师与波兰教师的 Zoom 版本不同，界面有差异，这给部分教师在使用 Zoom 时造成了不必要的困扰。

3.2.2　资源分享不便

一些地域问题导致波兰籍教师和中国籍教师在网络上互相分享教学资源存在阻碍，例如 Google 部分国外官方网站、YouTube 上的汉语视频，包括承载教学书籍和教学音频的波兰相关网址等，笔者在中国大陆地区均不便访问。有一位波兰籍教师与笔者关系非常好，我们目前也在教授同一班级，但是由于网络限制原因，她想要和我分享的教学资源必须由她录制屏幕或一页一页扫描后通过邮件附件的方式发送给我，费时费力，久而久之我们现在除了必要的教学书籍进行共享，其他教学资源已经不交流了，不过这并不是一个良性循环的状态，理应得到改善。

4　解决建议

4.1　学校方面

波兰密大孔子学院自 2008 成立至今已有 14 个年头，近两年密大孔院紧跟国际形势发展，推广线上选修课程效果显著，但是仍有一些方面需要完善。刘宇雷（2020）说，"应从单纯追求数量扩张进入到注重优化结构、提质增效"。

首先，学校方面应努力消除国际壁垒，帮助身处中国的教师和身处波兰的教师和学生们增加沟通交流的渠道，王竹立（2020）指出："基于网络的教育，有去中心化、去同步化和开放共享的原则。"因而笔者认为校方应在保证网络安全的前提下多为老师们和学生们提供平等交流、学习分享的平台。例如，校方可以建立一个中波都能使用的网站，或在中波都能使用的社交软件上建立群聊，老师们和学生们可以以班级为单位在平台内进行交流，分享学习经验，加强使用管理。

其次，校方应在综合考虑和筛选的情况下，增设除 Zoom 会议以外的教学平台，以满足教师和学生全方位的需求。例如，在课堂上推广类似于 ChineseSkill、SuperChinese 或 trainchinese 等可以训练汉字笔顺、汉语发音、汉语语序的 App，同时开展 Zoom 会议的教学，这样既可以解决学生难以训练书写和语音等难题，又可以减轻教师的工作压力。又如，可以在课堂上应用 Zoom 进行教学的同时,让学生登录类似于 ClasssIn 的可以建立模拟教室的平台,教师既可以在讲课的过程中对学生进行监督,也可以全方位观察学生,与学生交流。如果可能的话,也可以用腾讯会议替换 Zoom 会议,腾讯会议没有国际限制,在拥有类似功能的前提下,它为教师们省去了一些不必要的麻烦,也可以加快中国软件走向世界的步伐。

最后,校方应在平时多与教师和学生沟通,为线上授课的双方做好心理建设,使学生在后疫情时代加速适应线上听课的模式,帮助其找到自己在线上班级中的归属感与存在感,这是学生能否真正融入线上课堂的关键,同时校方也应考虑中波时差问题为教师们安排合适的上课时间,如果实在无法调配,则可以为教师提供多感官性的、颜色绚丽的教学资源,使教师在夜晚进行教学时能够尽可能保持良好状态。

4.2　教师方面

王竹立(2020)说:"网络上有丰富的学习资源,这些学习资源不仅有文本资源,还有丰富的图形、图像、音频、视频、流媒体、虚拟现实、增强现实和混合现实资源等。"对外汉语教师在线上进行选修课教学的最大优势也在于此。教师需要打破线下教学和应试教育的常规思维,根据选修课应有的特点,将更多的"软知识"融入课堂当中,增强学生对日常汉语的应用能力,培养学生对中华传统文化的兴趣,提升学生对人类命运共同体理念的认同感。必要的话,教师也可以和校方申请,将 AI、VR 等先进科学技术引入到线上教学当中,打破空间局限性,使适用于线下教学的情境法、视听法、游戏法等变得"线上化"。郑艳群(2012)说,"多媒体技术可以通过多种感官的刺激帮助学生感知、注意、理解和记忆所学知识,节省教师写板书和讲解的时间"。由此可见,新兴技术的引入,可以使线上汉语课堂中现存的板书书写不便等问题得到一定程度的缓解,提升课堂的趣味性。同时对外汉语教师也要不断提高自身能力,改善心态,适应后疫情时代的生活,适应不可改变的时差,在保持语言水平稳定的情况下提高自己的抗压能力,保持身心健康,不断学习其他教师的线上教学经验,每天了解国际新闻和时事政治,时刻清楚自己工作的重要性和必要性,努力做好后疫情时代中国文化的传播使者。

5　结语

由于笔者个人能力有限,本文仅对波兰密大孔院线上选修课教学的情况进行了探讨,对于其专业课和线下教学情况并未太多涉及,但在后疫情时代我们作为对外汉语教育事业的传承者和接班人,理应肩负起自己对这个时代的责任与使命,努力将自己的所学所想更多地应用到线上、线下的实际教学中去,勇于创新,敢于挑战,以年轻人的方式向世界讲述更加精彩的中国故事。

参考文献

[1] 刘宇雷. 后疫情时代高校来华留学教育服务转型升级的实践理路——以南京航空航天大学为例. 思想教育研究, 2020(7).

[2]　陆俭明, 崔希亮, 张旺熹, 等. "新冠疫情下的汉语国际教育：挑战与对策" 大家谈（下）. 语言教学与研究, 2020(5).

[3]　门甜甜. 黑龙江大学留学生本科线上汉语教学情况调查研究. 黑龙江大学硕士学位论文, 2021.

[4]　王静文, 刘琳. 后疫情时代对外汉语教学的挑战与对策——以扬州工业职业技术学院为例. 科教导刊, 2021(28).

[5]　王竹立. 后疫情时代, 教育应如何转型?. 电化教育研究, 2020(4).

[6]　郑艳群. 对外汉语教育技术概论. 北京: 商务印书馆, 2012.

后疫情时代中文教育研究
——巴布亚新几内亚中文教育发展概况*

韩婧怡[1] 张 淼[2]

[1] 澳门科技大学 国际学院 [2] 纽约州立大学 布法罗分校
[1] 1tina.h.c@foxmail.com [2] miaozhan@buffalo.edu

摘 要： 巴布亚新几内亚（The Independent State of Papua New Guinea）是太平洋所有岛国、领土和地区中陆地面积最大、人口最多的国家，同时也是世界范围内种族多样性、文化多样性及语言多样性最为丰富的国家之一。作为世界上语言数量最多的国家，该国国内语言数量多达850余种，堪称语言研究、语言教学研究天然的样本库。新冠疫情发生后，在线教育成为开展语言国际教育的重要途径。在此背景下，巴新线下第一所孔子学院——巴布亚新几内亚科技大学孔子学院正式挂牌成立，运营至今一年有余。本文通过查阅文献、调查采访等形式对巴布亚新几内亚中文教育发展情况进行简要综述，以期为相关教学工作者、研究者提供参考。

关键词： 巴布亚新几内亚 中文教育概况 孔子学院 国别报告

A Study of International Chinese Language Education in the Post Epidemic Era
—Chinese Language Education Development Overview in Papua New Guinea

Han Jingyi[1] Zhang Miao[2]

[1] Macau University of Science and Technolgoy [2] University at Buffalo, the state University of New York

Abstract: The Independent State of Papua New Guinea (PNG) is the largest landmass and population of any island, territory, or region in the Pacific Ocean. It is also one of the most ethnically, culturally and linguistically diverse countries in the world. As the country with the largest number of languages in the world, PNG has more than 850 languages which makes it a natural sample bank for language research and language teaching studies. After the COVID-19 outbreak, online education became the only way to deliver international education in languages. However, the Confucius Institute at the University of Technology of Papua New Guinea, the first Confucius Institute in PNG, was officially established during this period and has been operating for more than a year. This article provides a

* 本文由国家社科重大招标项目"汉语国际传播动态数据库建设及发展监测研究"（项目编号17ZDA306）支持。本成果受教育部语合中心2021年度《国际中文教育中文水平等级标准》教学资源建设重点项目（YHJC21ZD-076）、北京语言大学2022年国际中文教育教改重点项目（项目编号GJGZ202203）、北京语言大学校级科研项目（中央高校基本科研业务专项资金，21YBG01）、北京语言大学梧桐创新平台项目（中央高校基本科研业务费专项资金，19PT03）资助。感谢匿名审稿专家提出宝贵的修改意见，文中不妥之处由作者负责。

brief overview of the development of Chinese language education in Papua New Guinea through literature review and interviews. It is hoped that it can provide assistance to relevant teaching practitioners and researchers.

Key words: Papua New Guinea; Chinese language education overview; Confucius Institute; country report

0　巴布亚新几内亚及中文教育简况

巴布亚新几内亚（The Independent State of Papua New Guinea），位于赤道以南，新几内亚岛的东部，地处亚洲和大洋洲水路交通要道。该国与新几内亚岛以西的印度尼西亚、南部的澳大利亚、东南部的所罗门群岛和太平洋接壤，是太平洋所有岛国、领土和地区中陆地面积和人口最多的国家［对外投资合作国别（地区）指南编制办公室，2020］。巴布亚新几内亚大陆及其 600 个岛屿和环礁的陆地总面积为 462840 平方公里，人口约 894.7 万（世界银行，2021），98%属美拉尼西亚人，其余为密克罗尼西亚人、波利尼西亚人、华人和白人，华人华侨约 2 万人。巴布亚新几内亚是世界上最具种族多样性和民族文化多元化的国家之一（韩锋等，2018）。人口分为 1 万多个民族，原住民民族有百余个，最大的民族是巴布亚族，另一较大民族是澳斯楚尼西亚族。官方语言为英语、皮钦语（Tok Pisin）、西里莫图语（Hiri Motu），此外还存有 850 多种土著语言（中华人民共和国驻巴布亚新几内亚大使馆，2021a）。

截至 2022 年 3 月，巴布亚新几内亚国内开设中文课程的基础教育机构有中国—巴布亚新几内亚友谊学校·布图卡学园，高等教育机构有巴布亚新几内亚科技大学孔子学院。巴布亚新几内亚科技大学孔子学院是巴布亚新几内亚第一所也是当前唯一一所孔子学院，于 2021 年 2 月正式揭牌成立。除此之外，在高等教育合作领域，中国每年向巴布亚新几内亚提供约 30 名政府奖学金生名额，目前已累计超过 450 名巴布亚新几内亚学生获得该奖学金赴华学习深造（中华人民共和国驻巴布亚新几内亚大使馆，2021b）。在中国企业承担社会责任方面，华为公司于 2018 年 10 月起在巴新实施的"ICT 信息通信技术人才计划"中，每年为巴新高校学生捐赠 3 万美元的奖学金。在中文测试领域，HSK 及 HSKK 等中文考试在巴布亚新几内亚的推广处于空白状态。整体来看，当前巴布亚新几内亚中文教育仍处于初创期。

1　巴布亚新几内亚中文教育发展的影响因素

1.1　历史因素

随着中国"一带一路"建设在南太平洋地区的进展，中国人、中国企业不断走出去，越来越多的华人来到巴布亚新几内亚。当前巴布亚新几内亚国内的华侨和华人主要包括：当地出生的华人、来自东南亚各国和中国的华人（商务部国际贸易经济合作研究院，2020）。过去几十年里，为了维护华人权益，推动华人与当地社会融合，促进巴布亚新几内亚与中国共同发展，巴布亚新几内亚华侨华人在当地成立了诸多社团组织，主要有中国—巴布亚新几内亚友好联合会、中华总会、和平统一促进会等。孔院正式成立前，华人社团组织是巴布亚新几内亚中文教育发展的主要力量。巴布亚新几内亚中华总会曾在2000年前后多次为成人和儿童分别开设中文课程，改变了巴布亚新几内亚以往没有中文教育的历史（张明新，2002）。但受当时客观条件的限制，中华总会所开设的本土中文教育课程并未形成系统性规模，影响力较为有限。

1.2　中巴关系因素

巴布亚新几内亚于1976年同中国正式建立外交关系，也是首个同中国签署"一带一路"备忘录的太平洋岛国。建交以来，中国同巴新的关系稳定发展，两国政府积极推动双边访问、多边会见，两国人民友谊不断加深，各领域合作持续扩大。随着两国外交关系的不断推进，文化交流需求也日益提高（李予加，2019）。2000年，时任福建省省长习近平与巴布亚新几内亚签署了《中华人民共和国福建省与巴布亚新几内亚东高地省建立友好省关系协议书》，自此双方高层交流不断深入。2017年11月，巴布亚新几内亚与中国签订和"一带一路"倡议有关项目的合作备忘录。2018年11月，国家主席习近平对巴布亚新几内亚独立国进行国事访问，期间参观了由深圳市援建的中国—巴布亚新几内亚友谊学校·布图卡学园（新华社，2018）。两国高层在政治、外交上的密切往来间接推动了中文教育在巴布亚新几内亚的落地。

1.3　经济因素

近年来，巴布亚新几内亚同中国的经贸合作取得了显著成绩。2018年6月，中国与巴布亚新几内亚正式签订"一带一路"倡议合作备忘录，同年11月亚洲太平洋经济合作组织（APEC）领导人非正式会议在巴布亚新几内亚首都举行，习近平主席出席并发表重要讲话。在两国高层的推动下，双边贸易额保持快速增长，据中国海关统计数据显示，当前巴布亚新几内亚已成为中国在太平洋建交岛国中第一大贸易伙伴，双边贸易额逐年稳步递增（见海关统计数据在线查询平台）。2000年后，中资企业陆续进入巴布亚新几内亚市场，在矿业、建筑业等领域快速发展并逐步由项目援助转向市场竞争，目前中资企业在当地市场有很高的认可度。在此基础上，巴布亚新几内亚政府也依托于"一带一路"倡议的框架积极推动中国企业在巴布亚新几内亚投资领域的多元化。随着中资企业在巴布亚新几内亚影响力越来越大，华人对巴布亚新几内亚社会的影响力也日益上升。当地民众对中华文化了解和互动的积极性、对中文学习的需求性与日俱增，职业需求逐渐成为影响巴布亚新几内亚中文发展的重要因素。

2　巴布亚新几内亚中文教育发展现状

2.1　巴布亚新几内亚公立教育机构中的中文教育

巴布亚新几内亚教育体制分中央、省、地三级，全国现有已登记中、小学10466所，在校生约 180 万人，入学率达 83%。另有 21 所私营城乡国际学校，在校生 6000 余人［见巴布亚新几内亚教育部计划（2020—2029）］。坐落于巴布亚新几内亚首都莫尔兹比港南部的布图卡学园是目前巴布亚新几内亚最大的公立综合性学校，同时也是巴布亚新几内亚孔子课堂教学点，开设有中文课程。布图卡学园全名为"中国—巴布亚新几内亚友谊学校•布图卡学园"（见中国一带一路网），集幼儿园、小学、中学于一体，占地面积 50582 平方米，成立于 2018 年，由中方援建。自启用以来，学校共培养学生 5000 余名，极大改善了当地办学条件，提高了当地的教育水平，获得巴布亚新几内亚政府和民众一致好评。布图卡学园作为中国与巴新共建的友谊学校，已成为两国人文交流的桥梁。布图卡学园中文课程开设于 2021 年，处于初创阶段。现已将中文纳入日常课程（校本课程），要求所有在校学生都要上中文课，布图卡学园中文教学点现有 8 个班在上中文课，每个班 40 人左右，每周每班中文课为 1 课时（40 分钟/课时）。学生均为中文零基础水平，尚未形成完整的中文教学计划，使用的中文教材为《汉语乐园》《快乐汉语》《新实用汉语课本》以及教师自编教材（详见表 1）（见巴布亚新几内亚中文教育发展）。

表 1　巴布亚新几内亚中小学中文教育情况

学校名称	学校性质	开设中文课程时间	中文教育性质	运行情况	使用教材
中国—巴布亚新几内亚友谊学校•布图卡学园	公立	2021 年	非学历	正常运行	（1）《汉语乐园》，北京语言文化大学出版社，主编：刘富华； （2）《快乐汉语》，人民教育出版社，主编：李晓琪； （3）《新实用汉语课本》，北京语言大学出版社，主编：刘珣

2.2　巴布亚新几内亚孔子学院发展现状

巴布亚新几内亚现有 6 所大学，主要有巴布亚新几内亚大学和巴布亚新几内亚科技大学，学生约 7780 人［见巴布亚新几内亚国际教育计划（2020—2029）］。科技大学孔子学院（简称"科大孔院"）成立于 2021 年 2 月 19 日，位于巴布亚新几内亚第二大城市、工业经济中心莱城，系巴布亚新几内亚科技大学正式二级办学单位，也是巴布亚新几内亚目前唯一一所以研究一个国家的语言和文化为目的而成立的大学学院（详见表 2）（见重庆师范大学国际汉语文化学院网站）。科大孔院与重庆师范大学合办，首批已有近 300 名科大在校师生报名学习。截至撰稿（2022 年 3 月），科大孔院开设有两个本科常规教学课程：（1）新实用汉语零基础教学班（60 人）；（2）HSK 标准教程 1 级教学班（15 人）。上述两门课程属于兴趣类课程，每周共计 6 课时（45 分钟/课时），尚没有完整的中文教学计划，也并未纳入大学正式选修及必修课程中［见巴布亚新几内亚国际教育计划（2020—2029）］。但作为巴布亚新几内亚首家孔子学院，科大孔院为两国教育、文化、人文交流提供了独特平台，学校董事会召开专门会议讨论孔子学院各项日常管理事务、标准、定岗定员，并在大学网站专门设立孔子学院专页。此举意在通过语言和文化交流增进两国人民的相互了解，为深化中国、巴布亚新几内亚各领域合作发挥积极作用，推动两国全面战略伙伴关系进一步发展。

表2   巴布亚新几内亚孔子学院发展情况概览

机构名称	机构性质	成立时间	中方合作单位	教学点数量	中文教育性质	开设课程	课程性质
巴布亚新几内亚科技大学孔子学院	孔子学院	2021 年	重庆师范大学	2	非学历	(1) 新实用汉语零基础教学班（60 人，每周 6 课时）； (2) HSK 标准教程 1 级教学班（15 人，每周 6 课时）	兴趣类

截至 2021 年 12 月，巴布亚新几内亚科大孔院总部教学点在册学生 120 人，公派教师 4 人（见中华人民共和国驻巴布亚新几内亚独立国大使馆网站）。师资来源主要为语合中心和国内高校（重庆师范大学）。科大孔院面向本科学生开设汉语综合课，使用的中文教材为北京语言大学出版社出版的《新实用汉语课本》（刘珣主编）、《HSK 标准教程》（姜丽萍主编）。除常规课程之外，巴布亚新几内亚孔院还会同驻巴布亚新几内亚大使馆、中资企业合作，定期举办丰富的中国文化活动，如"建筑工匠拜师仪式""汉语桥世界大学生中文比赛""中国餐饮展""中国电影周""中国汉字书法赛"等，不断加深中国与巴布亚新几内亚的人文、社会、文化教育交流，助力中文在巴布亚新几内亚的传播与推广（文秋芳等，2020）。

2.3   巴布亚新几内亚"中文＋职业教育"现状

巴布亚新几内亚对"中文＋职业教育"需求性很高，由于巴新国内经济发展落后，高校毕业生就业率低，高校和学生都希望在学习汉语的同时能结合专业，发展职业。由于孔院初创，暂未开展相应课程。孔院教学负责人表示，后续会有计划地同当地中资企业进行合作，培养"中文＋职业"人才。

3   巴布亚新几内亚中文教育问题与对策

3.1   完善教学体系，实现持续发展

当前，巴布亚新几内亚中文教育仍处于初创阶段，尚未形成完整的教学计划，中文也尚未纳入巴布亚新几内亚国民教育体系当中。但只有将中文纳入当地国民教育体系，扎根本土，才能真正实现可持续发展。由此本文建议当地中文教育机构在完成现有教学任务的同时，稳步扩展中文教学点，以点带面，形成从低年级到高年级、由基础到高等、由学校到社区的相对完善的中文教学系统，不断扩大中文在巴布亚新几内亚的影响力，实现中文教育长期可持续发展的愿景和目标。

3.2   完善师资结构，推进师资本土化

教师队伍的规模直接影响中文教学发展的质量和速度。截至 2022 年 3 月，巴布亚新几内亚的中方全职教师仅 4 人，需承担两个教学点近 500 个学生的教学任务，师生比约为 1:125，教学任务较为繁重。针对这一问题，除扩大中方师资外派规模外，培育本土汉语教

师也是一种可行方案。巴布亚新几内亚科技大学孔子学院合作院校是重庆师范大学,建议充分利用师范院校的资源优势开展本土汉语教师培训工作。本土教师的优势在于,不仅能够在最大程度上将汉语与本地文化相融合,还能提高中文在本地的影响力,真正做到中文"本土化"。尽管当前共建中文教育机构师资仍然主要依赖于中方派遣,本土教师培养机制尚未建立,但获得中国政府奖学金前来中国学习的汉语学习者人数的增多,无疑为培养更多优质本土汉语教师创造了良好的条件。

3.3 开展线上教学,推动协同发展

受疫情影响,在线教育成为后疫情时代开展国际中文教育的必要途径,在这一时期,电化教学得到了空前发展,在线直播教学、网络课程定制、混合多元教学等各种线上教学模式均得到了广泛运用(文秋芳,2020)。巴新孔院也可借助现有国际中文教育线上资源积极开展第二课堂、文化交流、师资培训等活动,这一举措不仅能够保障突发公共卫生事件下教学活动的正常开展,更能拓宽学习者视野、增强学习者兴趣、缓解教师教学压力,从而实现线上线下联动、稳步协同发展。

3.4 因地制宜,重视教材

教材是中文教学重要的载体,教材本土化是提升教学效率和质量的关键因素之一。建议巴布亚新几内亚中文教育相关机构可以通过定期开办座谈会、研讨会等形式召集一线中文教师因地制宜的开发本土教材,鼓励有能力的汉语教师参与到实际的教材编写和修订中去,鼓励对教材编写感兴趣的本土汉语教师共同参与设计,编撰出符合巴布亚新几内亚实际教学需求的优质教材。

3.5 以考促教,以考促学

当前巴布亚新几内亚的中文教育尚未形成系统性的教学大纲和考试制度。HSK、HSKK等相关中文考试也尚未启动,考教结合不紧密。建议巴布亚新几内亚中文教育相关机构重视中文测试"以考促学、以考促教"的积极作用。开展相关中文测试的落地工作,结合现有 HSK1 级课程,真正做到考教结合,推动巴布亚新几内亚中文教育走上新台阶。

参考文献

[1] 巴布亚新几内亚国家概况, http://pg.china-embassy.org/bxgk/.

[2] 巴布亚新几内亚教育部. 巴布亚新几内亚国际教育计划 2020—2029, http://www.education.gov.pg/documents/nep-final-2021-2029.pdf.

[3] 巴布亚新几内亚中文教育发展调查表. 受访者:巴布亚新几内亚孔子学院教师赵治桥.

[4] 重庆师范大学国际汉语文化学院. 我校合作共建的巴布亚新几内亚科技大学孔子学院揭牌仪式顺利举行, https://gjxy.cqnu.edu.cn/info/1076/2763.htm,2021.

[5] 对外投资合作国别(地区)指南编制办公室. 对外投资合作国别(地区)指南(2020 年版),http://www.mofcom.gov.cn/dl/gbdqzn/upload/babuyaxinjineiya.pdf,2020.

[6] 海关统计数据在线查询平台. 巴布亚新几内亚进出口贸易数据(2018—2022). http://43.248.49.97.

[7] 韩锋，赵江林. 巴布亚新几内亚（第2版）[M]. 北京: 社会科学文献出版社, 2018.

[8] 李予加. 巴布亚新几内亚的战略重要性. 现代国际关系, 2019(5).

[9] 世界银行巴布亚新几内亚人口统计数据，https://data.worldbank.org/indicator/SP.POP.TOTL?locations=PG，2021.

[10] 文秋芳，杨佳. 从新冠疫情下的语言国际教育比较看国际中文在线教育的战略价值. 语言教学与研究, 2020(6).

[11] 新华社. 习近平和巴布亚新几内亚总理奥尼尔共同出席中国援建的布图卡学园启用仪式. (2018). https://baijiahao.baidu.com/s?id=1617273951602734610&wfr=spider&for=pc. 2021.

[12] 张明新. 在南太平洋的广袤海域里记巴布亚新几内亚的华侨华人. 桥园, 2002(1).

[13] 中国一带一路网，海外项目百科：布图卡学园，https://baijiahao.baidu.com/s?id=1691990793380556136&wfr=spider&for=pc，2021.

[14] 中华人民共和国驻巴布亚新几内亚独立国大使馆. 驻巴新使馆举办中国文化进校园活动，http://pg.china-embassy.org/zbgx/202110/t20211006_9557743.htm，2021.

[15] 驻巴新大使薛冰出席巴新科技大学孔子学院揭牌仪式，http://pg.china-embassy.org/xwdt/202102/t20210221_9928146.htm.

XR 与 OCR 技术对后疫情时代对外汉语听说写交互教学新模式的构建与应用

沈韵琪[1] 黄 蕾[2]

[1,2]澳门科技大学 国际学院 999078
1092530859@qq.com

摘要： 后疫情时代，传统的面对面（face to face）对外汉语课堂遭遇压力，云课堂作为 CALL（computer assisted language learning）计算机辅助教学构建的一种汉语教学模式应运而生。但线上课堂无法监测学习者输入动向和习得情况，且现有两类云课堂在口语和书面语输出及输入后的即时性反馈方面仍有着无法弥补的裂痕。本文旨在引入国内外新兴的 XR 与 OCR 技术辅助教学，并以 OCR 字符识别技术辅助穿插于 XR 扩展现实技术之中，构建一个情境多元创生，师生交互、人机交互、输入输出同构的汉语新课堂空间，带来教学情境、教授学习方式、师生角色的革命性转变。即时纠正反馈的扩展现实的对外汉语新模式——"X 课堂"，将为二语学习者提供目的语情境中的汉语输入、语用性意义上的口语输出。在 OCR 技术之下进行即时性纠正反馈的书面语输出，并且对汉字字形偏误与词汇句法偏误的双重监测提出了新的建议。

关键词： XR OCR 对外汉语 课堂模式 交互情境 语用输出 即时性纠正反馈

The Construction and Application of XR and OCR Technologies to a New Model of Interactive Teaching of Chinese as a Foreign Language in the Post-Pandemic Era

Shen Yunqi[1]   Huang Lei[2]

[1,2] University International College, Macau University of Science and Technology, 999078

Abstract: In the post-epidemic era, the traditional face-to-face Chinese classroom become stressed, and the online classes as CALL model for teaching Chinese as a foreign language have emerged. But the online classes cannot monitor learners' input and acquisition, and the two types of online classes still have unbridgeable cracks in post-output feedback from spoken to written immediately. The purpose of this paper is to introduce domestic and foreign emerging XR and OCR technologies to assist teaching and learning, and to use OCR technology to assist interspersed with XR Technology to build a new space for Chinese as a foreign language with multiple context creation, teacher-student interaction, human-computer interaction, and input-output isomorphism, which brings a revolutionary change in teaching situation, learning method, and teacher-student roles. The new model of extended reality Chinese as a foreign language with corrective feedback immediately, "X Classroom" will provide second language learners with Chinese input in the target language situation and spoken output in a pragmatic significance. The output of written with corrective feedback immediately by

OCR technology and new proposals for dual monitoring of Chinese characters' morphological biases and lexical syntactic biases.

Key words: XR; OCR; Chinese as a foreign language; classroom model; interactive situation; the output of pragmatics; immediate corrective feedback

0 引言

后疫情时代，传统的面对面（face to face）汉语课堂遭遇压力，两类"云课堂"火热应运而生：一类为 YouTube、嗨中文等网站个人发布的汉语教学视频；另一类为依靠 Zoom、腾讯会议等软件的线上云会议教学。云课堂作为 CALL（computer assisted language learning）计算机辅助教学构建的一种汉语教学模式，在师生难以共处传统课堂的疫情时代给汉语教学带来不少帮助。

然而在云课堂模式下，还是难以达到线下课堂效果，尤其是在即时听说反馈、监测学生习得动向以及汉字书写学习效果等方面的不足不容忽视。传统的对外汉语教学也出现输入输出和语用性相分割的趋势以及目的语和目标结构情境创建的缺失。由于情境构建的困难，教师给予输入（听）后，学生难以即时输出（说），而口语输出外的书面语输出（写）、汉字的字形偏误、词汇句法偏误，教师在传统课堂和云课堂都很难做到即时地纠正和反馈。

XR 扩展现实技术与 OCR 字符识别技术是 CALL 的新技术，我们可以思考将这种新兴技术引入汉语听说读写应用教学，尤其是书面语（写）输出纠正以及词汇语法的自我监测之中。本文将探讨以 OCR 字符识别技术辅助穿插 XR 技术之中，构建一个新型的情境多元创建，师生交互、听说写输入输出相结合，即时纠正反馈的人机交互的对外汉语新模式，融合线上线下教学优点，创建扩展现实的对外汉语新型课堂。

1 XR 与 OCR 交互技术

1.1 XR 技术原理及应用研究

XR（extended reality）扩展现实技术，也叫"ER"。XR 是在 VR、AR 技术之上的一种新沉浸式技术，通过计算机辅助和各类头显设备，将虚拟延伸至现实，现实扩展至虚拟。现实的摹态使体验者无隔阂地在融创空间穿梭，形成物理与虚拟世界系统、现实与媒体交互的沉浸式扩展现实平台。"XR"中的"X"亦可界定为"未知、无限、多元"可能。翟振明（2015）较早提出 XR "人/物替""人/物摹""人替摹"概念。扩展现实引入现实场景作为虚拟延伸的同时，构建虚拟和以真实个人建模的多模态交互，使虚拟互动成为真实存在。

近年有学者提出可将 XR 技术应用于教学。褚乐阳等（2019）探讨了 XR 技术用于教学的可行性及展望，Li 和 Lan（2021）从数字语言学习角度探讨了沉浸式的 VR 将会有效改善学习效果，李思睿等（2020）提出 XR 技术运用于计算机教学，其余研究则集中于职业教育实训探讨（杨丹等，2021）。

1.2 OCR 光学字符识别技术

传统的 OCR（optical character recognition）光学字符识别原理为：引入文字字形识别，

通过扫描图像，进行信息预处理和分类。在文字检测后截取文字，识别提取单个字符，输出原始文字信息和材料。

近年新型深度学习 OCR 技术进行了语言模型上的革新，笔者在此构建了其语言学处理模型。其首先对文字字形、倾斜度等检测和调整，然后增加整行识取技术，最后进行板式分类和结构化。深度学习 OCR 技术引入语言学技术处理自然语言，整行文字提取过程引入语块意识，不再仅识别单字字形，而是完成语法规范过程。其次，使用语言模型和结构化意识来处理词汇分类，完成语义规范过程。最后，输出为提示性纠正和反馈的语言资料（见图 1）。

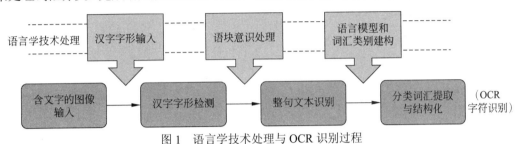

图 1　语言学技术处理与 OCR 识别过程

OCR 这项重要智能文字处理技术，据王栋（2022）研究，近年广泛运用于图书档案信息识别等领域。文字工作方面，林路玉（2019）提出了在小学语文课本中使用此技术辅助阅读系统设计。目前研究还鲜有学者提出将这种技术用于多元互动的二语教育领域及其作为多模态教学重要辅助工具用于后疫情时代二语教学的可行性。

2　XR 与 OCR 技术对对外汉语教学新模式的构建

CALL（computer assisted language learning）在疫情时代下愈加成为教学领域大势所趋。在疫情常态化、线下课堂难以短时间内恢复正常，且传统线下课堂和单纯的云课堂模式皆存在不足的情况下，亟待新的技术引入对外汉语课堂辅助听说写教学。

2.1　OCR 与 XR 技术辅助汉语教学的语言学基础

具身语言认知观认为，语言理解在人体感知运动系统的基础上产生，语言理解与人体感知密不可分。在听说学习过程中，会自动唤醒人以往的身体经验，通过人体感知模拟文段中的动作、情感等，达到语言理解的目的。人体系统对认知功能有着直接影响，但这单凭人的认知加工远远不足，语言学习还与外部环境有着紧密相连的关系。当人体、环境与认知三者交互发生时，语言学习才能更有效地进行。

SCT 社会文化理论提出语言是最重要的调节工具，最终习得目的就在于完成社会交互。因而社会文化理论的语言观判定一个二语学习者是否真正习得了目的语言，是通过考察其是否能用语言完成特定情境中的交际目的和行为。

XR 与 OCR 技术构建的对外汉语课堂使师生双方处于模拟现实课堂而扩展现实的情境。学习者感官全方位置身环境中，激活过往身体经验。情境辅助减少母语负迁移，根据输入目标结构特点，切换不同视角，使学习者更好地理解词汇文段，提升口语表达纯粹度。

基于多维情境的视角来构建课堂和活动，其话题情境动态可调整，从而为二语学习者提供了共享的公共话语空间（discourse space）。此课堂内学习者学习证据嵌入社会活动变化中，自然环境（XR课堂中的情境）中的语言可作为学习数据，并通过内置OCR监测，传输到互动中的教师（或摹态机器人）身上给予即时性反馈。

2.2 新型多元交互式汉语X课堂

笔者拟构建一个基于XR和OCR技术的新型多元交互式汉语课堂（下简称"X课堂"），探讨其与传统线下汉语课堂和线上云课堂在教学方式、师生角色、教学情境等方面之不同，并说明XR课堂的前瞻性与可行性。X课堂具体的运作模式如图2。

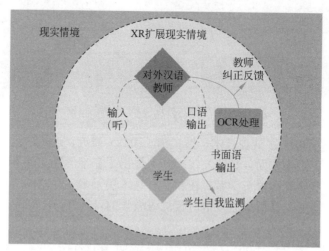

图2　X课堂新型交互教学模式

2.2.1 教学情境的双重构建

传统对外汉语课堂师生多同处一个课堂，采取面对面形式，师生共享这一物理时空所有语境信息，开展语言要素与技能的习得训练。云课堂改变了这一模式，师生共处于线上课堂。另一种云课堂模式为网站教师博主自制教学视频。这两种情境下师生交互愈加困难。因此XR技术创建的教室现实模拟情境之于监控课堂行为、话题扩展情境之于目标结构习得的作用不容小觑。

XR技术首先构建一个扩展现实空间，此空间的情境常态设置参数为教室现实情境，XR情境参数还可根据教学目标和当前语言话题来模拟。如习得购物话题的汉语语言目标结构时，可将XR情境转换为商场情境，并设置虚拟输出互动，虚拟现实扩展帮助构建目的语情境；若是问路话题，则可设置路径转移参数等。师生双方同时处于模拟现实课堂而超现实的情境，学生在目标情境中更利于习得对应目标结构，且利于其对于语义、语用的理解。

X课堂是一种结合线上、线下教学优势的新型教学模式。教室情境模拟与调整参数构建扩展现实情境，X课堂弥补了云课堂无法面对面教学的缺陷。教师教学行为投影在X教学中或以摹态机器人形式出现，辅以OCR技术纠正反馈，学生使用仪器时，教师若在眼前一对一教学并实时互动。X教学的互动性和有效性不会受到疫情影响，疫情后这种课堂模式亦不会过时，线下课堂与X课堂结合构建多元交互教学情境，借助OCR字符识别即时纠正反馈，高效互动以助二语学习。

2.2.2　教授和学习方式的革新

　　传统课堂教学方式多为教师输出为主。教师对学生的口语输出的纠正反馈有限，书面语输出的难点更在于写字机会少，难以在课堂上对书面语检查。而两种线上课堂，网站教学全然是教师输出，无法保证说、写与反馈；线上会议即便有视讯和麦克风，多数外国学生出于羞涩或隐私保护减弱了师生交互与即时反馈，难以监测学生词汇习得和汉字书写动向。

　　XR 课堂创建情境的同时，教师采用人机交互的虚拟现实新形象，在扩展现实的 X 课堂情境中与学生交互。学生在语言话题目标情境中更易习得目标结构，并锻炼汉语听说技能。此外学生书面语输出通过两道交互程序，弥补了对外汉语教学"语文分离"的缺憾。学生完成教师课堂写作任务后，首先运用 OCR 程序进行自然语言处理，人机交互给予学生书面文本字形词法语块上的初步监测，学生可根据 OCR 处理结果自我监测输出；同时 OCR 检测识别文本并提交给老师，汉语老师可借助处理后的文本辅助纠正反馈学生的书面语输出。

2.2.3　师生角色的转变

　　传统课堂往往是师生一对多的模式。教师多为高权威者，输出目的语结构，学生输出机会少，成为被动知识接收者。云课堂师生角色同传统课堂无差别，但教师角色弱化，网站工具成为新"老师"。而在 X 课堂虚实融合、多元共生的空间，师生互动更平等和情境化了，无论是教师全息投影于 X 空间还是以（内置 OCR 字符识别技术）模态机器人帮助学生完成二语习得输入及输出，皆为师生一对一教学模式。XR 和 OCR 不仅辅助教生互动，使教师角色转变为更自然的二语情境共生者，学生也成为自我建构知识的角色，自我监测书面语输出状况，在人机交互中完成师生交互与自我交互。表 1 为三种课堂模式的对比。

表 1　对外汉语传统课堂、云课堂与 X 课堂教学模式对比

对比项	传统课堂	云课堂	X 课堂
教学情境	传统教室，师生同处一个物理空间，共享时空所有语境信息	（1）无教学情境； （2）师生共处线上课堂，共享屏幕信息	扩展现实空间，虚实情境融合；构建现实课堂的情境或所学话题目标情境，情境可切换
教授和学习方式	（1）教师输出，学生输入（听）为主；学生输出（说、写）较少； （2）教师难以逐一反馈	（1）网站：教师输出，学生个人选择性输入；无输出与反馈； （2）云会议：和物理课堂相当；即时性口语输出与书面语输出及反馈更少	（1）在扩展现实的 XR 课堂情境中，教师（真实全息投影、慕态机器人）与学生交互，听说输入输出同时完成； （2）书面语输出在 OCR 辅助下完成即时自我监测和教师纠正反馈
师生角色	（1）师生关系一对多； （2）汉语教师为高权威者，学生输出机会少，为被动知识接收者	（1）师生关系一对多； （2）教师角色弱化，网站工具成为新"老师"	（1）师生面对面，一对一教学； （2）师生互动处于自然平等的情境；XR 和 OCR 辅助师生互动，学生自我建构知识角色

3 XR 与 OCR 技术对汉语新型听说写教学的应用

3.1 目的语情境中的汉语输入

根据具身语言认知观的语言学基础,学习者在语言理解过程中,会产生与文段相关情境的心理表征。在模拟文本情境过程中难以避免视角的心理模拟,不同的人称视角所观察到的事物和情感不同,而不同语境信息对学习者的语言习得影响匪浅。采用 XR 技术辅助教学有助于学习者心理视角模拟的转变,进而使学生置身于场景中学习第二语言。

X 课堂有助于目的语情境中的汉语输入,尤其在词汇习得方面。国际汉语教师在教学过程中的词汇分类教学,为学生提供了词类搭配的语法依据。但汉语词汇具有复杂性和多义性,词与词类并非一一对应。因而在教学中更需要 XR 技术辅助理解、记忆词汇,利用OCR 技术来纠正学生词语或句子的使用偏误。

汉语人称代词习得可以借助 XR 技术,让学生通过自身体验去感受第一、二、三人称的语言表达区别。从不同的视角进行语言表达练习,使其置身于情境中深化自身记忆,将感知得到的知识转换为个人习得的知识。

在动词词类的学习过程中,XR 可通过动态视频或图像给学生沉浸式体验,中文学习者可通过使用 XR 直观地学习动作的语言表达,分辨难以区分的动作表达,例如"确认"与"确定"、"去"与"走"等。

XR 亦可将学习者全方位地代入目标形容词情境中,并通过智能数据分析不同学习者在此情境下的生理数据,进而提高 XR 教学使用针对性与有效性。形容词是用于描述或者修饰的词类,学习者要得到真切感官认知,XR 技术辅助教学必不可少,学生可借助它准确习得形容词来进行描绘,加深形容词词义记忆与学习效率,以助口语表达和书面表达。

3.2 语用性意义上的口语输出

基于上文谈到的 SCT 理论,学习者是否真正习得了目的语言是通过考察其是否能用语言完成特定情境中的交际目的和行为,也就是说,学习过程中情境和社会交互的过程是不容忽视的。

X 课堂为学习者提供了一个输入性的扩展现实情境,就是根据目标话题所构建的目的语结构,帮助学习者唤起具身认知体验,习得结构。由于这种情境是根据现实情境的参数构拟的,因而学习者在此"公共话语空间"更能获得语用性的输出机会。换句话说,这种动态的情境是交互式的,师生面对面,从而实现了以往汉语课堂难以令学习者习得的语用部分,学习者也不会出于羞涩而难以互动。比如说在一个扩展现实(XR)的开着窗的房间情境中(温度和风也可以在 X 情境中模拟)摹态话语发出者说"好冷啊",学习者就更容易习得并输出语用性的表达"是啊,那我去把窗子关上",并且伴随关窗的言语行为(speech act)。

当完成对应的目标结构输出和言语行为时,X 课堂会给予学习者正确提示;而没有完成特定情境语用性输出时,通过内置的 OCR 装置监测,传输到全息投影的互动中的教师(或摹态机器人)身上,X 课堂中全息投影的教师或在系统外监控的教师透过摹态机器人给予学生相应的反馈,在这种多维交互式的情境下,引导学生逐步获得语用性意义上的口语输出。

3.3　即时性纠正反馈的书面语输出

X 课堂训练的书面语输出主要包括两个部分：汉字字形的输出与词汇句法的输出。

3.3.1　字形纠正反馈

汉字字形也就是汉字书写的技能方面，由于拼音的辅助，往往是以往汉语课堂忽视的部分。教师对汉字的教学及纠正由于难以下手，不如拼音方面，而被置于一端，但汉字，尤其是简体字作为汉语的正式书面系统，在生活中必须正视。

XR 与 OCR 技术为学习者汉字输出提供了可行性，在 X 课堂中，对外汉语教师设置书面语输出任务，学生输出汉字并实时提交，随后其输出的汉字通过 OCR 装置进行字形识别与检测。OCR 装置经过两道程序：一是给予学生即时性纠正反馈，学生根据结果自我检测；二是教师通过 OCR 辅助迅速掌握学生汉字书写情况，从而在 X 课堂对学习者即时纠正反馈，进行针对性的演示、指导、教学的 X 多元交互。

3.3.2　词汇句法修正

学习者书面语表达的偏误，不少情况下源于对词汇意义的错误理解及对词汇用法的偏误记忆。因此词汇偏误、句法偏误亟须对外汉语借助 OCR 技术来辅佐纠正性反馈的实施。

图 1 展示了 OCR 语言学处理过程，X 课堂中，学习者书面语输出除了汉字字形的检测与纠正反馈外，OCR 同时还对学习者的汉语整句语块进行分析和处理，并根据汉语语言模型特点建构的词汇类别进行提取和检测。

学习者提交中介语汉语文本时，OCR 技术将实时给予其错字错词错句的反馈，尤其是错别字偏误、词类和句法使用偏误（如"恐怕"与"害怕"词性、出现位置不同等）。学习者可选择 X 课堂模式：一为 OCR 处理完后先给予学生反馈，学生自我修正后再提交给老师，老师进行二次监测反馈；二为 OCR 检测程序同步提交双方，师生再交互修正。教师亦可选择 OCR 自动纠正错误字形、词汇搭配等，再将所有数据反馈给教师，教师完成检查，这保障了纠错的针对性与时效性。XR 与 OCR 技术的交互使用亦可在输出中提高学生对汉语词汇的正确理解和对语言表达规则的掌握，此为多元交互的即时性纠正反馈的新模式。

在此基础上，笔者还提出一个设想，通过 XR 与 OCR 对于汉语学习者的偏误语料进行实时传输，从而形成不同类别、分门别类的汉语二语学习者书面语词汇和汉字字形偏误语料库，涵盖汉字字形的偏误与词汇句法的偏误。这种语料库或具前瞻性，对今后的对外汉语教学及研究或将有所帮助。

参考文献

[1] Alfadil, M. Effectiveness of Virtual Reality Game in Foreign Language Vocabulary Acquisition. *Computers & Education*, 2020(11).

[2] Hockly, N. Augmented Reality. *ELT Journal*, 2019(3).

[3] Lan, Y.-J. Immersion into Virtual Reality for Language Learning. *Psychology of Learning and Motivation*, 2020(1).

[4] Li P, Lany J. Digtal Language Learning (DLL): Insights from Behavior, Cognition, and the Brain. *Bilingualism: Language and Congnition*, 2021(3).

[5] Yeh, Y.-L., Lan, Y.-J., & Lin, Y.-T. R. Gender-related Differences in Collaborative Learning in a 3D Virtual Reality Environment by Elementary School Students. *Educational Technology & Society,* 2018(4).

[6] 褚乐阳, 陈卫东, 谭悦, 等. 重塑体验：扩展现实（XR）技术及其教育应用展望——兼论"教育与新技术融合"的走向. 远程教育杂志, 2019, 37(1).

[7] 范丽亚, 于文江, 韦骞, 等.2021 年扩展现实（XR）热点回眸. 科技导报, 2022, 40(1).

[8] 李思睿, 刘朋, 曾琦娟. 云 XR 扩展现实技术在计算机教学中的研究. 计算机教育, 2020(8).

[9] 刘倩影. 基于虚拟现实技术的汉语作为二语习得的研究综述. 现代交际, 2019(11).

[10] 林路玉. 基于计算机视觉的小学语文课本辅助阅读系统设计与开发. 华中师范大学硕士学位论文, 2019.

[11] 任恺. 关于计算机辅助对外汉语教学的新思考. 电脑知识与技术, 2014, 10(30).

[12] 谭敏. 浅析计算机辅助语言教学法（CALL）在外语学习中的运用. 产业与科技论坛, 2021, 20(2).

[13] 王栋. 人工智能 OCR 技术的应用研究. 电子技术与软件工程, 2022(1).

[14] 王日花. 基于深度学习的智能 OCR 识别关键技术及应用研究. 邮电设计技术, 2021(8).

[15] 杨丹, 眭碧霞. "5G + XR"支持的实训教学变革：模式、挑战与建议. 职业技术教育, 2021, 42(17).

[16] 翟振明. 虚拟现实比人工智能更具颠覆性. 高科技与产业化, 2015(11).

[17] 翟振明, 彭晓芸. "强人工智能"将如何改变世界——人工智能的技术飞跃与应用伦理前瞻. 人民论坛•学术前沿, 2016(7).

线上口语课堂提问互动情况调查研究

沈宇文

复旦大学 国际文化交流学院 200433

syw2644358714@163.com

摘要: 本文以南京大学海外教育学院中级口语班为调查对象进行了观察性的实证研究,考察了中级口语线上课堂提问互动情况。统计结果显示,在线上口语课堂中,教师在提问互动方面与线下课堂有类似的地方,但也呈现出了以下特征:(1)问题总量更大,参考性问题更多;(2)展示性问题之后,教师更多采用促进输出型反馈形式,较少进行协商;(3)参考性问题之后,教师更多采用具有触发修正确认核实意义的协商形式以及重述的反馈形式。此外,受到网络的影响,教师更多采用直接纠正、"肯定+重复"的方式帮助学生听清教师的反馈和其他同学的发言。

关键词: 线上教学 对外汉语 口语教学

A Survey of Interaction in Online Oral Class

Shen Yuwen

School of International Cultural Exchange, Fudan University, 200433

Abstract: In this paper, an observational empirical study was conducted to investigate the online interaction of intermediate oral Chinese classes at Nanjing University. The results show that the online oral class has some similarities with the offline class but also presents the following characteristics: (1) The numbers of questions and open questions are large; (2) After fixed problems, teachers tend to adopt the form of promoting output feedback, and seldom negotiate; (3) After the open questions, teachers more often use the form of consultation with the correction form and the feedback form of the restatement. In addition, influenced by the Internet, teachers use more direct correction and use "affirmation + repetition" to help students hear teachers' feedback and other students' speeches clearly.

Key words: online courses; TCSOL; oral-Chinese teaching

0 引言

课堂提问对二语学习者输出的影响是二语习得研究的一个重要话题,但和国内外基础教育领域、英语二语教学领域的研究相比还很少,并且集中在线下课堂。随着科学技术的不断进步,对外汉语网络教学不断发展,而受到疫情的影响,线上教学更是优势突出,成为必要的教学方式;但是大规模的线下转线上也面临很多的问题。以"对外汉语""线上教学"为关键词在知网上搜索,共有 39 篇论文,发表时间集中在 2018—2019 年,大部分是对线上教学应然状态的理论探讨,《语言教学与研究》刊登的《新冠疫情下的汉语国际教育:挑战与对策》系列是首次以线上教学实然状态为研究对象发表的期刊论文。本研究尝试通过观察性实证研究，调查线上口语课堂提问互动的实然状态，结论或可为前人的理论研究做一点补充，为对外汉语课堂教学实践提供一些参考。

1　综述与问题

Brown（2002：159）将"互动"定义为：不同主体通过不同方式和媒介传递和沟通信息、情感、态度等内容，进而相互影响的过程。根据"互动"的定义，课堂言语互动就是指教师和学生在课堂情境中借助语言交流信息、情感、态度的过程。提问互动是课堂言语互动的一种，是以提问发起的言语互动。提问互动不仅仅是一问一答，真实情境中的课堂提问互动往往还包括协商和反馈。在二语习得相关研究中，使用最多的模式是 IRF 模式，即主导（initiation，教师主导）、应答（response，学生回答）、反馈（feedback，教师反馈）（Ellis，1999：412）。实证研究指出，由于提问互动中协商的存在，IRF 模式可以表示为更具体的 IR(IR)nF（彭莹，2012；李满佼，2019）。本文标题中的"提问互动"沿用 IR(IR)nF 的模式，指的是以提问发起的包含问答、协商和反馈的课堂言语互动。

Long 和 Sato（1983）、Brock（1986）、Nunan（1987）提出了展示性问题与参考性问题的划分。对外汉语教学界关于中级课堂不同问题类型的比例存在一定的争议。祖晓梅（2009）进行课堂观察时发现，初级阶段的教师大多提问展示性问题；而在中高级阶段，参考性问题占了更大的比例，且口语课上的参考性问题的比例比综合课上更高。木克木兰·艾尼（2018）和杨程程（2019）调查中级综合课堂则发现展示性问题普遍多于参考性问题，但是学生回答参考性问题时口语输出更长，句子更复杂。

Varonis 和 Gass（1985：74）指出协商的过程可以分解为指示、回应、对回应的可选响应。Long（1983）将指示分为理解核实、澄清请求和确认核实三种类型。对指示的应答大致可以分为五类：重复指示语言、调整指示语言、确认或者否认指示语言、不能应答和忽视指示语言。Varonis 和 Gass（1985：74）指出研究协商与学生的输出之间的关系，就是要找出指示和回应之间的关系。对外汉语教学界相关研究较少，于国栋等（2020）将对协商的研究集中到对"（你）意思（是）+X"这一话轮上，具体分析课堂上出现的确认核实的内容。

反馈一般可以分为积极反馈和更正性反馈。积极反馈可以分为简单的积极反馈、带额外输入的积极反馈和作为启发的积极反馈，更正性反馈可以分为显性更正反馈和隐性更正反馈。在对外汉语教学界，木克木兰·艾尼（2018）通过实证研究发现，教师先评价然后继续追问的反馈方式、教师指出学生优缺点并评价的反馈方式能够使学生进入思考状态，能够达到更好的提问效果。刘聪（2019）发现，当学生回答正确时，教师采用最多的反馈方式是重复或重复加表扬，因为教师认为重复可以加深记忆，这一点和徐鑫（2018）的观点一致。徐鑫（2018）还指出，反馈会受提问类型的影响，对于简单的问题可能不需要很复杂的反馈；对于本身就有一定难度的问题，教师应当提供更丰富的反馈。李云霞（2017）详细阐述了教师的"重复"这一反馈方式，包括习惯性重复、肯定性重复和改述性重复，其中改述性反馈可能将学生的答案进行细化、拓展、总结，可以帮助学生进行话语重构，学习更有逻辑的表达。

在目前已有的研究当中，关于线上教学情况的研究较少，口语课问题类型分布等方面仍然存在争议。本文尝试通过实证研究的方式全面地展示线上提问互动的现状和效果，对有争议的研究问题给出自己的分析和结果，尝试解决的问题如下：

（1）中级线上口语课堂问题类型和分布如何？

（2）不同问题类型之后的协商和反馈是怎样的？

2 研究内容与结果

2.1 研究内容

笔者对中级线上口语课提问互动的情况进行调查研究。经过任课教师和学生的同意，进入课堂观察 3 位教师的线上口语课堂，收集自然状态下提问互动的语料，整理成 6 万余字的语料库，观察内容有：教师提问的类型，不同问题类型对应的学生的输出情况，学生回答之后教师的协商和反馈以及后续是否有输出修正。

同时，分析有效性需要了解学习者的反馈意见，笔者向 4 个中级班的学习者发放了不记名问卷，从不同的角度了解他们的态度以及期望，共计收到 35 份有效问卷。为了进一步了解学生选择的原因，笔者从 3 个班级各随机挑选两位学生，共 6 名学生进行访谈。此外，笔者对 4 位线上中级口语课的任课教师进行了访谈，从教师的角度了解影响因素。

2.2 结果分析

在提问方面，主要分析的是 IRF 过程中的 I 和 R。本研究沿用的对外汉语教学界马欣华的分类方式，将问题分为展示性和参考性两类。三个班级两类问题的数量和比例如表 1 所示。

表 1　展示性问题和参考性问题的数量和比例

受访者	展示性问题数量	比例/%	参考性问题数量	比例/%
教师 1	108	24	342	76
教师 2	116	25.22	344	74.78
教师 3	132	26.51	366	73.49

根据表 1 可以发现，被调查的三个中级线上口语课堂中，三位教师提的问题总量较多，并且都是参考性问题占绝大多数（用卡方检验比较展示性问题数量和参考性问题数量，p 值均为 0.000，远小于 0.05）。

笔者询问受访教师"线上和线下相比，提问数量和问题类型有什么异同？"，教师表示展示性问题和参考性问题对于口语学习都很重要，因此教学过程中都会重视，尽量做到平衡。但是网络教学对问答的方式仍然有一定影响，具体表现在以下两个方面。一是线上授课减少了教师与整个班级之间的互动、学生与学生之间的互动，师生单线交流比线下更多，"作为教师，比以前更加主动了"。教师 A 指出线下课堂在引入环节会设置师生快问快答；在讲解词汇和语法的时候会有教师提问，学生齐答、教师辅助的过程，作为师生共同完成的示例。但是线上授课学生一起回答教师听不清楚，也不方便辅助学生回答，因此线上课程的快问快答或者推进教学进程的问题从线下的"教师—全班同学"的模式变成了"教师—单独学生"或者教师自问自答，同一类型的问题教师会设置多个，让更多同学有回答的机会。二是学生分组讨论在线上教学中的运用相对来说比较少。教师 1 表示部分软件不能设置小组，教师 2 和教师 3 表示软件分组后不能很方便地加入小组讨论，不能及时回答学生口语表达中遇到的问题，监控和反馈都比较有限。教师 3 提到线下小组讨论的时间更好把握，线上由于教师一次只能进入一个小组，对于讨论的时间不确定，会导致课堂节奏不紧凑。因此教师倾向于将学生讨论变成参考性问题，准备多个问题，以点名的方式邀请学生单独发表观点，一定程度上会使参考性问题的比重增加。

协商是一种特殊形式的提问，在课堂提问互动中教师没有完全理解的学生回答的时候，可能会再和学生确认、协商，得到更为明确清晰的回应。调查结果（见表 2）发现三位教师班上展示性问题之后都没有协商，20%左右的参考性问题之后会有师生意义协商，并且主要集中在确认核实这种形式上，即教师说明自己听完后理解到的内容，询问学生自己是否理解对了；澄清请求较少，教师偶尔会请学生重新说一遍，以便理解。

表 2　不同类型的问题后续的协商

受访者	展示性问题后续的协商/%			参考性问题后续的协商/%		
	理解核实	确认核实	澄清请求	理解核实	确认核实	澄清请求
教师 1	0	0	0	0	18.97	0
教师 2	0	0	0	0	22.8	1
教师 3	0	0	0	0	19.9	2.55

在确认核实中，三位教师针对的是影响听话者理解的语音错误或模糊、词汇误用、语法错误、语序混乱、表意不明等问题，都为意义协商。教师并不完全确定学生想要表达的意思，根据自己的理解先对学生的输出进行调整，发出协商请求，学生确认或者再加以补充解释。

访谈提问"线上教学对协商有影响吗?"，有两位教师表示因为网络的影响，线上教学使用的意义协商比线下更多，通过"确认核实"这种教师修正、学生确认核实的协商形式，既能够让回答问题的学生完善自己的回答，又可以让其他同学听得更清楚明白，增加正确的输入。但也有教师表示线上教学学生回答之后就会关上麦克风，协商会占用比较多的时间，影响课堂的节奏，因此有时只是猜测学生要表达的意思，不会再和学生进行协商。

反馈是 IRF 的最后一个环节 F（feedback），反馈可以分为更正性反馈和积极反馈。教师通过更正性反馈指出学生输出的错误，后续学生可能会根据反馈修正输出；积极反馈作为总结和收束，后续一般不会再有学生的反应。展示性和参考性问题之后，针对学生不准确的回答，教师采用更正性反馈策略，分布如表 3 所示。

表 3　不同类型的问题后续的更正性反馈

受访者	展示性问题后续的更正性反馈/%					
	重述	明确更正	元语言线索	要求澄清	诱导	升调
教师 1	3.56	8.33	13.89	3.56	27.22	2.78
教师 2	0	10.71	7.14	0	14.29	3.57
教师 3	0	8.89	6.67	0	2.22	2.22

受访者	参考性问题后续的更正性反馈/%					
	重述	明确更正	元语言线索	要求澄清	诱导	升调
教师 1	27.24	5.77	3.79	3.54	0	0
教师 2	21.7	0	4.3	3.3	1	0
教师 3	23.47	0	1.02	0.51	0	2.04

在展示性问题之后，教师主要关注形式方面的偏误，采用"重述""要求澄清"和"升调"策略较少，两位教师没有使用"重述"和"要求澄清"，更多是分布在"明确更正""元语言线索"和"诱导"，以间接和直接的方式引导学生发现并纠正输出中的错误。

在参考性问题之后，教师重点关注意义表达的清晰和准确，使用最多的是"重述"，其次是"元语言线索"和"要求澄清"。"明确更正""诱导"和"升调"用得都很少。针对学生的回答中出现的不影响理解的偏误、不恰当之处和语码转换（不知道用汉语怎么表达时用英语词汇替换），教师一般采用重述的方式修正一下，较少用问题的形式引导学生重新表达。

不同类型问题对应的积极反馈情况如表4所示。针对展示性问题正确的回答，三位教师用得较多的都是"肯定＋重复"，35%左右的展示性问题之后都采用这种反馈形式。教师3所在班级学生的正确回答占多数，教师也因此采用更多"简单肯定"的反馈方式，教师1所在班级学生的正确回答比较少，"简单肯定"的反馈方式少。三位教师"肯定＋评价"和"肯定＋延伸"的方式运用得比较少。

表 4　不同类型的问题后续的积极反馈

受访者	展示性问题后续的积极反馈/%				参考性问题后续的积极反馈/%			
	简单肯定	肯定＋重复	肯定＋评价	肯定＋延伸	简单肯定	肯定＋重复	肯定＋评价	肯定＋延伸
教师 1	2.78	36.11	0	0	1.72	31.03	18.97	10.34
教师 2	25	35.71	3.57	0	0	11.96	27.17	6.52
教师 3	48.89	33.33	0	4.44	2.55	13.78	27.04	14.58

对于参考性问题，学生回答正确之后，"简单肯定"用得很少，三位教师用得较多的是"肯定＋重复""肯定＋评价""肯定＋延伸"的方式。这里的"重复"包含简单地重复学生的表达，用更高级的词汇完善学生回答，细化、概括以及总结不同的观点；"评价"是指教师分享自己的观点或者介绍在中国的情况；"延伸"则是根据学生的回答补充一些词汇、语法等语言知识。

我们发现，展示性问题之后的更正性反馈形式主要是引导学生进行输出，而参考性问题之后的更正性反馈形式主要是直接重述，两种类型的问题之后的反馈中都有很多对学生回答的重复。因此进行教师访谈时，笔者提问教师这些情况是否受到线上授课的影响，教师的回答是肯定的。首先，教师表示线下展示性问题之后，一般会指出学生的错误，不会要求学生再次表述，根据学生的非言语动作就能判断学生的掌握情况，但是线上教学使得教师的监控变得很难，所以采用促进输出的方式让学生在收到提示之后再次输出。其次，在学生回答参考性问题之后，教师倾向于直接纠错而不是采用提示纠错的方式，因为参考性问题中出现的问题一般比较个性化，如果花时间让其他同学听回答问题的同学的更正可能会让他们不耐烦，因此采用直接纠正的方式加以提醒。此外，考虑到网络因素会导致学生听不清或者听不懂其他同学的回答，线上教学采用"肯定 + 重复"的方式更多一些。重复可能是用更清晰的话语重复学生的观点，可能是对学生的话语进行细化、拓展，可能是将不同学生的观点总结、整合一下，教师提供正确输入的机会，同时也对学生的输出进行话语重构，帮助他们的输出更有逻辑、更完整。

3　总结

本研究通过课堂观察、数据统计、问卷和访谈分析，阐述了线上中级口语课提问互动的情况，分析发现，网络、软件的限制使得线上口语课堂"教师—全班"以及"学生—学生"这两种提问互动模式变少了。教师倾向于把之前课堂上的师生快问快答、共同解决问题转变成"一对一"的问答模式，小组讨论安排得相对少一些，将以前的分组讨论变成了参考性问答，因此线上口语课堂问题总数更多，参考性问题更多，一定程度上可以引发学生更长、更复杂的输出。和展示性问题相比，参考性问题之后有更多协商调整话语的机会。为了避免线上听不清的情况，教师主要采用的是"触发后修正"确认核实的形式，以问题的形式说出自己理解的调整后的学生回答，让学生确认，进一步阐述或者补充。展示性问题以及语法操练之后教师采用的更正性反馈以促进输出型反馈为主。参考性问题之后针对语言形式方面的问题，教师用得最多的更正性反馈是重述。线上学生回答之后教师采用"肯定 + 重复"的方式可以帮助学生听清、理解其他同学的发言，强化正确输入。受到网络因素的影响，学生可能听不清或者听不懂其他同学的回答，教师使用直接纠正和"肯定 + 重复"的方式比线下课堂更多。

参考文献

[1]　Brock C. The Effects of Referential Question on ESL Classroom Discourse. *TESOL Quarterly*, 1986.

[2]　Brown, H. *Teaching by Principles: An Interactive Approach to Language Pedagogy.* Beijing: Foreign Language Teaching and Research Press, 2002.

[3]　Ellis R. *The Study of Second Language Acquisition (Fifth impression).* Shanghai: Shanghai Foreign Language Education Press, 1999.

[4]　Long, M and Sato C J. Classroom Foreigner Talk Discourse: Forms and Functions of Teachers' Questions. *TESOL*, 1983(6).

[5]　Long, M. Native speaker/non-native Speaker Conversation and the Negotiation of Comprehensible Input. *Applied Linguistics*, 1983(6).

[6]　Nunan D. Communicative Language Teaching Making It Work. *ELT Journal*, 1987(2).

[7]　Varonis, E & Gass. Non-native/non-native Conversation: a Model for the Negotiation of Meaning. *Applied Linguistics*, 1985(1).

[8]　李满佼. 初级汉语课堂中教师反馈语对学生汉语输出的影响. 扬州大学硕士学位论文, 2019.

[9] 李云霞. 对外汉语口语课堂话语互动研究. 东北师范大学硕士学位论文, 2017.

[10] 刘聪. 对外汉语中级综合课教师课堂提问对学生口语输出的影响研究. 沈阳师范大学硕士学位论文, 2019.

[11] 木克兰木·艾尼. 中级对外汉语课堂教师提问有效性调查研究. 新疆师范大学硕士学位论文, 2018.

[12] 彭莹. 大学英语教师课堂提问话语调查与分析. 当代教育理论与实践, 2012(12).

[13] 徐鑫. 初级汉语综合课教师提问对比研究. 北京外国语大学硕士学位论文, 2018.

[14] 杨程程. 对外汉语课堂教师提问对学生口语产出的影响. 西北师范大学硕士学位论文, 2019.

[15] 于国栋, 郭慧, 吴亚欣. 提问—回答序列第三话轮的 "（你）意思（是）＋X". 外国语, 2020, 43(2).

[16] 祖晓梅. 汉语课堂的师生互动模式与第二语言习得. 语言教学与研究, 2009(1).

对外汉语线上综合课提问研究
——以实习教师汉语课堂《发现步行之美》为例

李园锋

湖南师范大学 国际汉语文化学院 410081
1820065961@qq.com

摘　要：本文对实习教师对外汉语线上中级综合课《发现步行之美》进行视频语料转写，结合相关理论，对线上汉语教学课堂中教师的提问总数、提问类型、学生回答的方式、教师的反馈四个方面进行细致描写和分析，探讨线上教学时教师提问的方式和策略。

关键词：对外汉语　线上课堂　提问

Reflection on Questions in Online Comprehensive Chinese Language Class
—Take the Chinese Class *Discovering the Beauty of Walking* by a Trainee Teacher as an Example

Li Yuanfeng

College of International Chinese Culture, Hunan Normal University, 410081

Abstract: Based on a video corpus transcription of the intern teacher's online intermediate comprehensive course "Discovering the Beauty of Walking" of Chinese as a foreign language, combined with relevant theories, the total number of questions asked by teachers in the online Chinese teaching classroom, the types of questions, the way students answer and the feedback of teachers are detailed described and analyzed, and the teaching methods and strategies of online teaching are discussed.

Key words: Chinese as a foreign language; online class; ask questions

0　引言

提问作为课堂活动的重要组成部分，是师生互动、推进课程的重要环节，是教学时的重要手段。对教师课堂提问的研究，最早可追溯到 R.Steven（1912），他认为"教师的课堂提问是有效教学核心"。此后，课堂提问研究引起了研究者的关注，到 20 世纪末已发展成为单独的研究领域。

在提问类型分类上，不同学者各执己见，Bloom（1956）将提问类型分为知识性、理解性、应用性、分析性、综合性、评价性六类；Barnes（1976）根据答案是否唯一将问题分为封闭式与开放式；Long 和 Sato（1983）根据教师的把控程度将问题分为展示性问题和参考性问题；Chaudron（1988）将教师提问的类型分为聚合性问题和发散性问题。国内学者在研究上也有不同的依据：马欣华（1988）将提问分为固定性和开放性两类，李月松（1990）将提问分为导入性、练习性、复习性、检查性四类，傅惠钧（1999）把教师的课堂提问划分为判断性、说明性、想象性和论证性四类。

国内外学者在提问类型的划分上根据不同的标准划分出不一样的类型。本文依据 Bloom 的分类标准，将提问的类型分为知识性、理解性、应用性、分析性、综合性、评价性六类。

1 案例描述

本文以湖南师范大学文学院实习教师的一次线上授课实录为研究对象，教学对象为湖南师范大学国际汉语文化学院 E 班四名汉语水平为中级的留学生，分别来自韩国、越南、俄罗斯，但来自越南的男同学由于网络问题一直未上线，因此实际教学人数为三人。三位学生的水平大体为中级，但仍存在参差不齐的情况。本次课使用的教材为北京语言大学出版社出版的综合课教材《成功之路 跨越篇》，每一课包含课文导入、课文、练习及扩展阅读，案例中教师选取第四课《发现步行之美》，教学设计及安排只选取了前三个部分内容。课堂实录共两个课时，时长为 103 分 12 秒。

1.1 组织教学及导入

组织教学及导入用时约 5 分钟。课堂伊始，实习教师先询问班级学生是否全部到齐，等待未上线的学生进入课堂，并自我介绍，活跃课堂氛围。在课堂氛围轻松时开始课堂导入，自然地询问学生"用什么交通工具上学？"，回答问题点到具体学生，让每位学生参与其中，最后引到"步行"这一话题之上。

1.2 新课学习

课文初读约 16 分钟。教师首先展示出两个问题，再播放录音，让学生带着问题听课文录音，展示问题时请两位学生读一遍问题，加深学生的印象。听完录音后让学生口头回答两个问题，并让学生再听一遍录音，完成教师展示出的填空题。在核对填空题答案的过程中对课文进行初步的学习，了解课文大意。

第四课《发现步行之美》课文较长，内容较多，教师在教学时根据时间安排分段落开展教学活动，第一段的生词、语言点及课文放在第一课时，第二、三段的生词、语言点及课文放在第二课时，进行生词和语言点教学前，将第一段生词及语言点教学用时中的约 27 分钟，用来讲解"不翼而飞、安步当车"两个成语及"以"这个语言点，每个知识点在讲解时均采用读、讲、练形式。第一段课文教学时先用 PPT 展示问题，选一名学生读课文，其他学生听课文时思考问题，朗读完毕后请学生回答问题。之后展示关键词让学生复述课文。

第二、三段内容放在第二课时，共用时约 48 分钟。讲解"直立、标志、横七竖八、以致、昂首阔步"等重点生词及"……来……去"语言点，仍采用读、讲、练相结合的形式，通过例句让学生明白相关含义和用法。课文教学时用 PPT 展示问题，选一名学生读课文，朗读完毕后回答问题。

1.3　课堂小结

课堂小结约用时两分钟,浏览所学课文中的生词和语言点并布置作业,小结时只是浏览生词和语言点而未带领学生简单复习,略显仓促。

2　教师课堂提问语料分析

2.1　教师课堂提问类型统计及分析

知识性问题在提问时多为对语言知识中的基础知识提问,如"这个词怎么读?""它的第二个用法是表示凭借,是什么意思呢?""'横七竖八'是什么意思呢?""大家看,老师手里有一本什么呢?"等提问知识点的读音、含义的问题。本次课的教学对象已有 3000 词汇量,对这些知识已有一定基础,这类知识性提问能加深学生对知识的印象,不仅能学习新的知识,而且达到复习旧知识的目的。应用性问题在提问时多检查学生把所学概念、规则和原理等知识应用于新的问题情境中解决问题的能力水平,如在教成语"安步当车"时多次问学生"采用什么交通工具上学?",开展课文教学时提问"大家在生活中开车还有哪些不方便的地方?",将问题转换到学生的日常情境中,锻炼学生的情景交际能力。理解性问题用来检查学生对已学的知识及技能的理解和掌握情况,用于某个概念、原理讲解之后,如教师在讲解"以"之后创设情境提问学生字典里的字是怎么排序的,如"它(字典)是怎么排列的呢?这么多字它是怎么排列的呢?",以此来考查学生对知识的掌握情况。由此看来,应用性问题和理解性问题具有一定相似性,都是在考查学生对已学知识的掌握情况。分析性问题主要是辨别问题所包含的条件、原因和结果及它们之间的关系,课堂中多见于课文教学时。在课文教学时,教师针对课文中的相关内容进行提问,例如"我们刚才在听短文的时候作者说三个月前他的车子怎么了?""那么这个时候他怎么上下班呢?",通过这些问题来考查学生是否明白作者是如何发现步行之美以及步行美在哪里,考查学生对课文是否理解到位,即为分析性提问。综合性提问考查内容广泛,考查学生分析能力和推理想象的能力,但是在本课中,综合性提问较少,例如讲到开车出去要找停车位非常麻烦时,教师向学生提问"你要开车出去是不是就得停到一个地方?然后这个时候你要去找什么呢?",让学生将课文与生活实际相结合。评价性问题是指让学生根据自己的判断表达自己的观点或看法,在教学中常用正反疑问句来提问,如"是不是""可不可以",在本课教学中,教师提问时将改革比作变化,并问"这种变化是进步的还是退步的?"。

我们对案例进行观察,并对 117 条教师提问语句进行整理,得出本次课教师提问类型、各阶段教师提问类型、问题的分配方式及教师提问反馈的频次及百分比(见表 1,只展示其中 6 种提问类型)。

表 1　教师课堂提问类型统计表

提问类型	频次	百分比/%	排序
知识性问题	36	30.77	1
应用性问题	32	27.35	2
分析性问题	19	16.24	3

提问类型	频次	百分比/%	排序
理解性问题	14	11.97	4
评价性问题	8	6.84	5
综合性问题	5	4.27	6

统计显示，知识性问题在本次线上中级综合课中共 36 次，次数最多，占总提问次数的 30.77%；应用性问题共 32 次，仅次于知识性问题，占总提问次数的 27.35%；分析性问题共 19 次，占总提问次数的 16.24%；理解性问题共 14 次，占总提问次数的 11.97%；评价性问题共 8 次，占总提问次数的 6.84%；综合性问题共 5 次，占提问总数的 4.27%。由此可见，知识性问题、应用性问题、分析性问题排在前列，在课堂上直接传授语言知识，培养学生的语言理解与应用能力，促进课堂的良性互动。

2.2 各阶段教师提问类型统计及分析

不同教学阶段、不同教学内容下，教师的提问类型以及提问数量都有一定差距。导入教学中教师不仅采用提问导入，且让学生读课文，以此进入整体的学习，因此本文将本次课的导入和课文导入均放在导入中。词汇教学和语法教学时，教师并未完全区分生词与语法，因此本文将其放在一起，统一放在词汇教学中，教学的生词有"不翼而飞、以、安步当车、直立、标志、横七竖八、……来……去、以致、昂首阔步"，不同难度的生词教学的内容安排具有一定差距。课文教学分别在两节课的后半部分，第一节课后半部分讲授了第一段，第二节课后半部分讲授第二、三段。本文整理出各个教学部分所提问数量，直观考察教师对每部分的把握及提问方式。

由表 2 可知，教师在词语"不翼而飞、以、标志、以致"及课文第二、三段教学中提问较多，词语"横七竖八、昂首阔步"及课文第一段提问较少，在内容安排上有详有略，有意识地根据内容调整课程安排。但词语"不翼而飞"较为简单，教师提问数量过多，导致安排在第一节课中的"安步当车"只能放在第二节课讲授。词语"昂首阔步"虽然简单，但教师提问数量过少，与学生的互动交流不够多，无法确定学生是否完全掌握该词语。因此教师应在开展教学前对详略安排进行课堂预设，重要的内容增加时间，简单的内容减少时间。

表 2　各阶段教师提问统计

提问类型	导入	词汇及语法教学									课文教学	
		不翼而飞	以	安步当车	直立	标志	横七竖八	……来……去	以致	昂首阔步	第一段	第二、三段
知识性提问	0	6	4	1	2	7	3	2	5	2	0	4
应用性提问	5	1	7	2	3	2	2	4	6	0	1	1
分析性提问	0	3	0	3	1	1	0	2	0	0	4	5
理解性提问	2	2	3	0	1	0	0	1	1	0	0	4
综合性提问	0	0	0	0	0	0	0	0	0	0	0	4
评价性提问	0	2	1	1	0	1	0	0	1	0	0	2
总计	7	14	15	7	8	11	5	9	13	2	5	20

2.3　教师问题分配统计及分析

教师挑选学生回答问题的方式在一定程度上影响着课堂的活跃程度。挑选学生回答问题的方式主要有五种，各自比例如表3。

表3　学生回答问题方式

学生回答方式	齐答	指定回答	自主回答	没有人回答
频次	68	46	2	1
百分比/%	58.12	39.32	1.71	0.85

通过统计，齐答占比很大，主要是因为老师的问题以学习练习生词、语言点为主，问题答案统一，教师提问时统一提问，学生回答时也比较统一，但由于网络延迟，实录中学生回答参差不齐，由此可见，线上汉语教学中集体回答并不是最优选项。指定回答主要是让学生巩固记忆生词，在读生词的时候照顾到了全部同学，提问每位同学词语的读音。自主回答不多，且是在学生回答了前一个问题之后教师再提出了一个问题，学生才进行自主回答，但每个回答的同学语言基本准确，在老师提问后接着就回答，体现出学生在课堂中参与程度较高。没有人回答是指教师提出的问题没有学生回答，教师自己回答自己的问题，当教师提问"'以'的第二个意思是什么呢？"时，教师提出的问题较难，因此没有学生回答出来，教师自己回答自己的问题"是凭借"。

2.4　教师提问反馈统计及分析

合理正确的教师回馈会影响学生的学习兴趣以及学生在课堂上的后续表现，我们将教师回馈方式主要分为三种：表扬、批评、修正，又将修正分为引导修正和直接修正，具体数据如表4。

表4　教师提问反馈统计表

教师反馈方式	无	表扬	批评	修正	
				引导修正	直接修正
频次	7	68	0	40	2
百分比/%	5.98	58.12	0	34.19	1.71

由表4可以看出整堂课教师与学生之间互动基本正常，且教师始终贯彻多鼓励原则，只有表扬，而无批评，学生回答不正确时，教师会采用修正方式让学生回答出正确的答案。教师在修正学生答案时多采用引导修正让学生自主回答出正确答案，较少采用直接修正方式，只有在学生回答词语读音，回答得不准确时教师才会直接修正。表中"无"表示的是在导入部分教师和学生互动过程中，教师采用追问形式引导学生逐渐了解本课主题，并未对学生答案做过多反馈。由此可以看出，本堂课中教师在开展教学时，重视对学生的表扬，对于学生回答有误的地方采取引导修正方式引导学生回答出正确答案，总体来说教师水平较高，掌握一定课堂提问策略和方法。

但在学生回答问题过程中，学生多次无法回答出正确答案，甚至无法给出答案，由此可知教师的提问对学生来说存在一定困难。学生无法准确给出答案，教师在提问时可将引导性提问放在前面，逐步引导学生回答出正确答案。

3　结论

通过课堂观察、语料分析，这节课基本上以问题为主线；在生词、语言点、课文教学中，运用一定的辅助方法，如图片等直观手段，吸引学生注意力；在一问一答和课堂活动中学生们自然而然地习得生词、语法以及相关的交际内容。整个课堂基本上由教师用问题进行引导，让学生说出目标句，学生全身心地投入课堂，课堂十分紧凑有序。同时，在引导学生说相对较难的目标句时，教师将问题拆分成简单的小问题且有步骤有次序地提问，先发问目标句的关键词，最后将词语和语法点连接起来完成目标句。整堂课教师几乎不会直接给出正确的句子，而是引导学生自己完成句子。

此外，还有一些问题需要提出：

（1）在问题类型方面，应在学生水平的基础上，提高应用性问题的比例，让学生思考，灵活运用所学的生词、语言进行交际，解决实际问题，贯彻汉语教学时的交际性原则。且教师应在课程开始前设计好问题，而问题的设计需要考虑学生的水平，本次课中多次出现学生无法回答与无法准确回答的情况，问题在于教师在准备问题时没考虑到学生的水平，提问较难，学生难以回答以至于需要教师进行引导修正。若在课堂开始前将较难的问题设置成一个个由浅入深的小问题，学生将可以回答得更好，且可以节约等待学生回答问题的时间，让课堂更加紧凑。

（2）在学生回答问题的方式上，应多提高个人自主回答的比例。这节课人数较少，主要是学习知识，教师容易把控课堂，主要是集体作答；但线上汉语教学过程中，集体问答容易造成答题语音混乱，教师难以听清楚正确答案甚至难以听清发言者是谁。可以先说问题，再指定学生回答，回答后指定其他学生评价，这样会减少部分学生走神、注意力不集中的现象。

（3）在反馈方式上，老师在表扬的基础上也应该增加一些其他的内容，比如将学生的回答复述一遍，让其他同学听清，再讲解这样回答是否合适，而不是简单地说"好、很好、非常棒"。将引导修正的提问放在前面，可避免过多学生出现无法回答问题或无法正确回答问题的情况。

参考文献

[1] Barnes, D. *Language the Learner and the School*. Harmondsworth: Penguim, 1976.

[2] Chaudron, C. *Second Language Classrooms (Research on Teaching and Learning)*. Cambridge: Cambridge University Press, 1988.

[3] Long, M. H. & Sato, J. *Classroom Foreigner Talk Discourse: Formsand Functions of Teachers' Questions*. Boston: Newbury House,1983.

[4] Stevens, R. *The Question as a Measure of Efficiency in Instruction: A Critical Study of Class-room Practice*. New York City, NY: Teachers College, Columbia University, 1912.

[5] L.W.安德森, L.A.索斯尼克. 布卢姆教育目标分类学——40年的回顾. 谭晓玉, 等, 译. 上海：华东师范大学出版社, 1998.

[6] 陈羚. 国内外有关教师课堂提问的研究综述. 基础教育研究, 2006(9).

[7] 傅惠钧. 教师口语艺术. 杭州：浙江教育出版社, 1999.

[8] 郭睿. 初级汉语综合课教师话语的个案研究——基于两位汉语教师课堂话语语料的分析. 华文教学与研究, 2014(3).

[9] 李月松. 语言教学中的提问技巧初探. 外语教学, 1990(4).

[10] 刘晓雨. 提问在对外汉语课堂教学中的运用. 世界汉语教学, 2000(1).

[11] 马欣华. 课堂提问. 世界汉语教学, 1988(1).

[12] 亓华, 杜朝晖. 中级汉语会话课提问策略研究. 汉语学习, 2009(5).

[13] 荣继华. 初级对外汉语课堂提问策略探讨. 中国青年政治学院学报, 2009(2).

[14] 吴婷婷. 建构合理的课堂提问模式. 语文建设, 2014(4).

儿童线上沉浸式汉语学习支持系统的构想

黄怡梅

西南科技大学 文学与艺术学院 621010

huangyimei0812@163.com

摘　要： 为了帮助儿童更好地获得线上沉浸式汉语学习体验，本文以在线少儿汉语教学机构 Lingo Ace 为例，对已有的线上沉浸式汉语学习支持系统进行了补充和完善，具体体现在学习资源支持、游戏练习支持、作业交互支持三个方面。以期提高线上汉语学习的效率，促进语言自然习得，从整体上提高汉语水平。

关键词： 儿童线上汉语　沉浸式学习　学习支持系统　自然习得

Conception of Children's Online Immersive Chinese Learning Support System

Huang Yimei

School of Literature and Art, Southwest University of Science and Technology, 621010

Abstract: In order to help children better obtain the online immersive Chinese learning experience, this paper takes Lingo Ace, an online Chinese teaching institution for children, as an example to supplement and improve the existing online immersive Chinese learning support system, which is embodied in three aspects: learning resource support, game practice support and homework interaction support. In order to improve the efficiency of online Chinese learning, promote natural language acquisition and improve the level of Chinese as a whole.

Key words: children's online Chinese; immersive learning; learning support system; natural acquisition

0　引言

近年来，海外儿童学习汉语人数不断增长，儿童这一群体处在语言学习的"关键期"，记忆力和模仿力都比较强，学习第二语言具有天然的优势。目前，将网络与教学相结合形成的线上教学，成为海外儿童学习汉语的主要方式。它的优点非常突出：可以打破时间和空间的限制，连接海内外的师生，让汉语教师和海外儿童足不出户就能进行实时交互。目前来看，线上教学是一股潮流，不会随着疫情的结束而结束。

李宇明（2018）强调，儿童的语言学习方式主要是"习得"。所谓习得，是在语言的汪洋大海里自然获取语言。然而，海外汉语学习的一个重要特点恰巧就是缺乏汉语环境，导致在线汉语学习效果并不明显。我们遵循克拉申的"i+1"的原则（Krashen，1982），希望可以通过足够量的汉语输入，让学习者"浸泡"在中文环境中自然习得语言，从而弥补缺乏汉语学习环境的遗憾。因此，在线上教学中，帮助学习者进行沉浸式汉语学习，不失为一种最佳的选择。

1　关于沉浸式汉语学习的研究

已有的关于汉语沉浸式的研究大多是从教学的角度出发。

一是教学实践类。李丹青（2014）详细介绍了美国明尼苏达州光明汉语学校的沉浸式教学项目实践，总结了一些不足，也得出了许多启示；张豫（2016）基于沉浸式汉语教学的儿童词汇习得特点，对沉浸式教学法提出了若干意见；秦华（2020）对沉浸式教学中"汉字先于拼音教学"这一教学模式进行了具体探索与实践。

二是科学研究类。吕婵（2016）通过纵向研究的方法对美国沉浸式小学的中文阅读习得的发展进行了量化研究，研究结果表明沉浸式项目学生一年之内短文朗读正确率的增长情况显著优于中文社区学校的学生；崔永华（2017）对美国小学汉语沉浸式教学的发展和现状进行了回顾，并从显性教学角度提出了建议。这些研究结果和教学建议都十分珍贵。

三是调查分析类。李丹青（2016）对美国明尼苏达州麦迪逊小学汉语沉浸式学习者量词习得情况进行了调查；王雅婷（2017）对犹他州缪尔小学中文沉浸式项目幼儿园到四年级学生汉语听、说、读、写各项能力的发展状况进行全面考察。这些研究都有一定的数据支撑，给教学带来了许多启示。

以上文献大多都是基于线下汉语课堂，从相关的数据和实践研究中得出了更加完善的沉浸式教学建议，研究收获颇丰。受疫情的影响，大多数线下教学无法开展，线上教学兴起，一些基于线上课堂的沉浸式汉语研究也逐渐出现（林若等，2021；王雪莹，2021；黄怡梅，2021）。

2　如何进行线上沉浸式汉语学习

海外汉语学习的一个重要特点恰巧就是缺乏汉语环境，因此我们希望能够尽可能利用网络、计算机、智能手机等现代信息技术，营造具有互动性和体验性的汉语学习环境。由此设计了线上沉浸式汉语学习支持系统，以期能够促进儿童线上汉语的沉浸式汉语学习效率。本文的重心不在于详细描述如何使用沉浸式教学法（如课堂上避免使用学生母语、使用汉语作为指令语等），而在于如何为儿童这一特殊的群体设计相应的学习支持系统，帮助儿童更好地获得沉浸式汉语学习体验。

3　儿童线上沉浸式汉语学习支持系统的构想

3.1　学习支持系统的概述

在远程学习中，学生的自学能力、对信息资源的选择能力和对学习过程的控制能力都需要在教师的指导和帮助下培养和发展，这就要求教师对学生有更多的持续的关心，提供更好的学习支持服务（汪业宏等，2006）。因此，建设学习支持系统很有必要性。

支持系统主要指支持学习者有效学习的内外部条件，包括学习能量的支持、设备的支持、信息的支持、人员的支持等（何克抗等，2007）。建设在线汉语沉浸式学习支持系统是为了保证学习者在线汉语学习质量，利用信息技术营造趣味性强、交互性强、沉浸感强的汉语学习环境，帮助学习者在网络环境下积极主动说汉语，且能帮助教师监测学习者的学习情况，使学习效果可视化。

本文在已有研究的启示下，将沉浸式汉语学习与支持系统相结合，以海外儿童为研究对象，设计一个具备趣味性、交互性和有效性的符合儿童心理和行为特征的沉浸式学习支持系统。学习支持系统能够链接教与学的课前、课中、课后活动，从时间维度拓展课堂学习，从而帮助学习者"浸泡"在汉语学习环境中。该系统还能充当学习者学习时的监督者、激励者、学习过程管理者和学习协作者角色，从整体上提升线上沉浸式汉语学习的效率。

3.2　儿童在线汉语沉浸式学习支持系统的设计

目前市面上比较受欢迎的、海外受众较广的在线少儿汉语教学机构 Lingo Ace 在促进儿童沉浸式学习方面下了许多功夫，用户的汉语学习效率在一定程度上有所提高，但仍存在许多需改进的地方。本文以 Lingo Ace 为例，对相应的自主学习支持系统提出改进路径，分别从学习资源支持、游戏练习支持、作业交互支持三个角度来进行阐述。

3.2.1　完善沉浸式学习的资源——学习资源支持

（1）制作多样化的动态课件。目前 Lingo Ace 基本上仅能提供静态的课件作为学生端可以预习或复习的材料，但是由于静态课件形式较为单一，基本由图片和句子组成。为了解决这一问题，我们认为，变静态课件为动态课件，利用 TTS 文字转语音功能将文本材料转为语音素材，变平面课件为集音（对话、声效、背景音乐）、视（课件、图片、动画）于一体的立体资源，有助于提高课件资源的趣味性，增强用户的沉浸感。

图 1 是目前的静态 PPT 课件展示，该页面色彩丰富、人物形象饱满、句子口语化，但是，整个界面缺乏声效。如果能够增加声效（如人物走进画面的脚步声、人物说话声和

图 1　人物情景式对话（变静态为动态）

笑声等）和动画，即模仿现实中人与人交际的场景，那么会将整个静态的画面变得立体化和情景化，沉浸感也会更强。

（2）创设与本课主题相关的教学情景视频。创设与本课主题相关的教学情景视频有利于将教学变得更加情景化，学习者可以反复倾听、模拟语言交际中各种场景下的对话，还可以自己扮演对话中的任一角色来参与对话（宋继华等，2004），利用信息技术让用户仿佛置身于真实交际场景中，获得沉浸式汉语学习体验。

（3）努力营造中文学习环境，在用户界面植入汉语学习资源。一是授课平台学生端页面的导航系统尽量全部使用中文（带拼音）进行指示，如"今日课程""进入教室""课程回放""课件资源""作业中心"等；二是可以制作一些中国传统文化中的名人动画虚拟图像，如设置嫦娥的形象，并提醒学生"还有 10 分钟就要上课了，赶紧做好准备哦！"；三是在学生端界面插入中国传统文化中的名句，如"三人行，必有我师""学而时习之，不亦说乎？"等，每隔 2～3 天则更新一句名人名言。这样，每当学习者打开学生端页面时就能感受中国语言和文化。充分利用每一个可以让学习者接触和学习汉语的机会，帮助其自然习得汉语。以上是通过完善资源来提供沉浸式学习资源支持。

3.2.2　丰富沉浸式学习的渠道——游戏练习支持

移动学习平台数字化教育游戏的开发，可以丰富儿童沉浸式学习的渠道。游戏的娱乐性可以吸引儿童，游戏中的教育性特征又能恰到好处地帮助儿童达到巩固汉语知识的目的。但要注意，一款成功的教育游戏必须有一套成功的游戏激励机制（安福杰，2013）。另外，还应通过 AI 诊断儿童的游戏低分环节，并依据当前学习中的不足，进行个性化的游戏习题推送，以对薄弱之处进行反复游戏、反复练习。

但是，教育游戏在 Lingo Ace 中应用得不够普遍，且游戏形式较为单一，基本停留于教师和学生"一问一答"的模式，操作空间全由教师把控，儿童参与感不强，难以进行充分的沉浸式汉语学习。除此之外，没有突出音响效果等，且缺乏限时闯关、积分累加等机制，难以激发儿童的内驱力。以 Lingo Ace 国际版 level2 第一课《新朋友》的"拼图游戏"为案例（见图2），我们对目前的游戏进行一定程度的改编，为开发数字化教育游戏提供参考。

图 2　当前款平面化的拼图游戏

当前款：该款游戏是由教师课上带领学生完成，背景是介绍一下你的新朋友。教师点击页面，出现一个问题（如"你的新朋友叫什么名字？"），并直接问学生，请学生回答，回答正确后，从右侧拼图中找找哪一块可以放在这个问题上，教师再点击屏幕，移动拼图。

当前款的不足：耗时，影响教学进度；缺乏音效，学生兴趣度不高；形式单一；缺乏形式的创新。

改编款：由学生在课下进行自主复习时进行操练，系统自动限时 5 分钟内（每块拼图仅有 1 分钟时间）完成。首先出示游戏规则（根据学生的汉语水平，游戏规则可用英语或学生母语来说明），阅读完游戏说明之后正式计时开始，学生自行阅读句子，进行回答（系统自动录音，大数据分析并评分，系统生成学习报告）。若回答正确，则累计加分，为后面闯关做准备；若回答错误，不扣分，但是会推送相关的学习资源供学生二次学习。教师在后台可以全程监控和记录学生的学习行为，同时可以得到系统生成的游戏（学习）报告，根据报告找出学生的薄弱之处。数字化教育游戏能够支持反复进入系统进行作答，还可以设置在线用户抢答机制，激发儿童的好胜心理。学习者易有意犹未尽之感，沉浸感强。

表 1　改编款（数字化教育游戏）与当前款游戏的对比

对比项	当前款（游戏）	改编款（数字化教育游戏）
游戏名称	拼图游戏	拼图游戏
使用时间	课堂中	课下/课中
使用方式	教师操控，学生回答问题	学生自主操作
回答错误时	教师决定惩罚与否	大数据科学分析，推送相关学习资源
回答正确时	教师决定奖励与否	系统自动累积分数，便于闯关
游戏过程	教师决定是否纠正发音	动态记录学生发音，并评分
是否限时	一般不限，根据教师的安排	限时
教师是否参与游戏过程	是，全程参与	否，仅后台监控
游戏结束后	游戏结束，进入下一环节	系统生成报告，学习评价可视化
是否可以重复作答	根据教师安排	可以，并能与其他在线用户进行抢答

3.2.3　巩固沉浸式学习的效果——作业交互支持

Lingo Ace 公司开发的 Unity 作业能够变纸质作业为电子作业，学习者可以重复练习，题目紧扣每节课的教学目标、教学重难点，利于儿童进行沉浸式练习。题型多样、作答页面有趣（图3），能够吸引用户注意力。系统还能记录作业进度，从词汇、句子结构、互动等角度记录练习过的数据，并提供可视化的学习报告（图4），教师端在后台能够随时随地查询到学生的作业完成情况（图5），学习评价变得"可视化"。如学生在某题上作答次数较多，证明该生在此处稍显薄弱，或对自己的要求较高（追求答题答出更好的效果）。比如，学生在作答第 42 题写字题"汤"时，答题次数为 18 次，高于其他题的答题次数（图5），证明该生在书写方面有一定的困难，或对自己的书写标准要求较高。那么今后在课堂上要多花费时间为学生讲解该字的结构、书写笔画等。

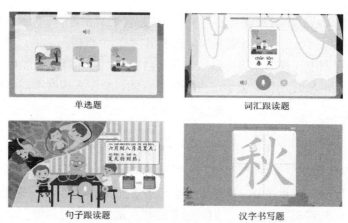

图 3 "学生端"答题系统页面及题型展示

图 4 "学生端"可视化的学习报告

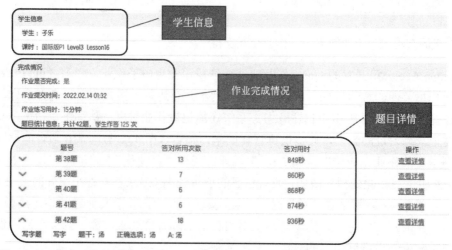

图 5 交互作业"教师端"界面展示、功能说明及学生"子乐"作答情况部分页面展示

可视化的报告还为教师的监管提供可靠的途径，为教师对学习者的阶段性评价提供依据。最后，最重要的是变枯燥的纸质作业为趣味性强的电子交互作业，让学习者随时随地利用计算机设备就能进行练习，巩固学习效果。

但是该交互作业系统也有不足之处。第一，评价太过单一，每一道题的评价只有0～3颗星，评价较为笼统。从儿童心理来看，他们更加喜欢新鲜的事物，喜欢具有探索性、挑战性的机制。建议对学习者的口语进行细化评分，让学习者清楚了解自己在哪些发音上还需要练习。第二，目前系统的语音识别技术还有待提升，如在一道语音识别题中，词汇和拼音显示为"春天"，用户读成了"天春"，系统竟然识别为"2颗星"，并迅速进入了下一题的作答环节。可见，系统并没有十分精准地进行识别。这对学习者的学习不利。第三，练习题型内容相对固化，难以保证今后学习者就不会感到枯燥。建议引入AI诊断功能和自适应机制，为学习者输送个性化的题目进行练习，比如：学习者在发"r"音时较为困难，系统显示得分较低，不应仅停留于评价这一环节，还要继续为学习者推送相应的带"r"拼音的词汇练习，直到学习者能够独立完成并得到高分为止。

作业交互支持系统能够帮助学习者巩固沉浸式学习的效果，通过可视化的学习报告来了解自身的薄弱之处，从而帮助学习者及时进行诊断和调控，以更好地促进接下来的沉浸式学习（见图5）。

4 结语

为了帮助儿童在线上学习汉语时获得沉浸式学习体验，本文对已有的线上沉浸式汉语学习支持系统进行了补充和完善，具体体现在学习资源支持、游戏练习支持、作业交互支持三个方面，以期提高儿童的在线汉语学习的效率，促进语言自然习得。本文研究所选取的在线少儿汉语教学机构Lingo Ace具有一定的代表性，属于业界规模较大、发展模式较为成熟的机构，截至2022年3月，该机构已完成超过2000000课时的中文课，学员遍布100多个国家和地区，受众面较广。研究是基于笔者自身在该机构的教学体验和认知，具有一定的实践性和真实性。

但本文也存在一定的局限：首先，Lingo Ace的学习资源、游戏练习、交互作业等都仅为个例，并不代表目前市面上存在的所有现象；其次，沉浸式学习支持系统不仅仅存在于教学机构中，随着信息技术与对外汉语的融合，许多学习网站、学习软件等也开发了能够支持学习者进行沉浸式学习的系统。后续将关注更多的在线少儿汉语教学的机构、软件、网站等，继续考察沉浸式学习支持系统的开发和应用，帮助更多的海外儿童从学习支持系统中受益。

参考文献

[1] Krashen, S. *Principles and Practice in Second Language Acquisition*. Oxford: Pergamon Press, 1982.

[2] 安福杰. 基于需要层次理论的教育游戏激励机制研究. 中国电化教育, 2013(3).

[3] 崔永华. 美国小学汉语沉浸式教学的发展、特点和问题. 世界汉语教学, 2017(1).

[4] 何克抗, 吴娟. 信息技术与课程整合. 北京: 高等教育出版社, 2007.

[5]　黄怡梅."互联网+"对外汉语沉浸式教学的运用思考. 第十二届中文教学现代化国际研讨会论文集, 2021.

[6]　李丹青. 美国明尼苏达州光明汉语学校沉浸式教学项目实践. 云南师范大学学报(对外汉语教学与研究版), 2014(4).

[7]　李丹青. 美国明尼苏达州麦迪逊小学汉语沉浸式学习者量词习得情况调查. 南京晓庄学院学报, 2016, 32(4).

[8]　李宇明. 海外汉语学习者低龄化的思考. 世界汉语教学, 2018(3).

[9]　林若, 徐娟. 利用在线竞赛式游戏工具, 提升线上汉语学习者的沉浸式学习. 第十二届中文教学现代化国际研讨会论文集, 2021.

[10]　吕婵. 美国沉浸式小学和中文学校学生的中文阅读习得的发展研究. 世界汉语教学, 2016, 30(4).

[11]　秦华. 美国汉语沉浸式教学中汉字先于拼音的教学模式探究——以 Meadow Brook Elementary School 汉语沉浸式项目为例. 汉字文化, 2020(11).

[12]　宋继华, 徐娟, 许见鸿. 对外汉语教学网络课件开发的理论原则. 北京师范大学学报(社会科学版), 2004(2).

[13]　汪业宏, 徐娟. 远程对外汉语教学学习支持服务评价系统指标体系. 数字化汉语教学的研究与应用, 2006.

[14]　王雅婷. 美国缪尔小学沉浸式项目学生汉语习得研究. 吉林大学硕士学位论文, 2017.

[15]　王雪莹. 线上沉浸式汉语教学研究. 安阳师范学院硕士学位论文, 2021.

[16]　张豫. 沉浸式汉语教学的儿童词汇习得特点——以美国半岛国际学校为例. 课程教育研究, 2016(22).

基于线上线下融合的华裔少儿家庭汉语教学研究

羌晓梅[1]　李连友[2]

[1] 北京语言大学 网络教育学院 100083

[2] 优实国际中文学校 250-4231 Hazelbridge Way, Richmond BC V6X 3L7

16083319@qq.com

摘　要：海外华文教育是中华文化传播的重要组成部分，而传承汉语则是推动海外华文教育持续发展的不竭动力。目前面对面的对外汉语教学以其教学质量稳定、管理规范、课堂互动性好等优势获得了大量海外汉语学习者的认可。但在疫情背景下，线下教学难以开展，线上教学以其特有的共享、便捷、灵活、低成本等优势，弥补了线下汉语教学的不足，目前已有近50%的线下对外汉语教学转为线上形式进行。本文所研究的华裔少儿，年龄在5～12岁，这个年龄阶段是少儿第二语言学习的关键期，因为年龄越小，母语因素对其干扰的程度也会越小。本研究旨在发挥华裔少儿汉语学习优势的同时，有机融合线上与线下汉语教学模式，构建适用于华裔少儿的"融合式汉语家庭教学"，更好地促进华裔少儿汉语教育事业的发展。

关键词：华裔少儿　线上线下融合　汉语教学　家庭教学

A Study on Teaching the Chinese at Home to Ethnic Chinese Children Based on Online and Offline Integration Mode

Qiang Xiaomei[1]　Li Lianyou[2]

[1] Online Education College, Beijing Language and Culture University, 100083

[2] USEABC Education, 250-4231 Hazelbridge Way, Richmond BC V6X 3L7

Abstract: Overseas Chinese language education is an important part of Chinese culture dissemination. The heritage of the Chinese language is the inexhaustible driving force for the continuous development of overseas Chinese language education. At present, face-to-face teaching Chinese as a foreign language has been recognized by many overseas Chinese learners for its stable teaching quality, standardized management, and high classroom interactivity. However, under the background of the epidemic, it is difficult to carry out offline teaching. With its unique advantages of sharing, convenience, flexibility, and low cost, online teaching makes up for the shortage of offline Chinese teaching. At present, nearly 50% of offline teaching Chinese teaching will be carried out online. The Chinese American children studied in this thesis are between the ages of 5 and 12. It is a critical period for children's second language acquisition because the younger the children, the less their native language factors interfere with them. The purpose of this study is to make use of the advantages of Chinese children's Chinese language learning, integrate online and offline Chinese teaching modes, build an "integrated Chinese language home teaching" for Chinese children, and promote the development of Chinese education for children of Chinese descent.

Key words: Chinese children; online and offline integration; Chinese language teaching; teaching at home

0　华裔少儿汉语学习特性与优势分析

　　华裔少儿是一个特殊的汉语学习群体，与普通的外籍少儿不同，华裔少儿的母语与第二语言之间的界线具有不同程度的模糊性，他们往往在幼年就兼具汉语和居住国（中国以外）语言的交流能力，具有明显的双语交流特性。通常情况下，母语指一个人出生后最先接触并获得的语言，第二语言则是指一个人在获得第一语言以后再学习和使用的另一种语言。对于出生在中国，从小在中国接触汉语的海外华裔少儿来说，汉语是他们的母语；而对于那些出生后最先接触的是居住国语言的海外华裔少儿而言，汉语则是他们的第二语言。这种双语交流特性，模糊了母语与第二语言的界线，使华裔少儿汉语教学既不能完全按母语教育规律，也不能完全按第二语言教育规律开展教学活动。

　　根据第二语言习得研究可知，年龄是影响语言习得的一个重要因素，习得语言的过程中存在一个"关键期"。Lenneberg（1967）提出了自然语言习得关键期假设，认为自然语言习得的关键期是 2 岁开始至青春期（十二三岁）到来之前。这个年龄阶段的儿童，模仿能力和接受能力都要优于成人，更加容易习得第二语言。另外，在第二语言习得的研究中，语言迁移研究一直是重要的话题。在诸多论述中，Odlin 的语言迁移定义得到最为广泛的认可，"迁移是指目标语和其他任何已经习得的或者没有完全习得的语言之间的共性和差异所造成的影响"。该定义明确了语言迁移不单指传统二语习得研究中来自学习者母语的影响，而且还指学习者已经习得的任何其他语言的知识对新语言知识习得的影响。语言迁移包括正迁移与负迁移，语言正迁移即学习者的母语会促进二语的习得，负迁移则是指学习者的母语对二语习得产生阻碍作用。研究表明，年龄越小的孩子越容易习得第二语言，因为他们受到母语因素的干扰较小。因此，3～12 岁的海外华裔儿童正处于学习第二语言的最佳时期，并且大部分的华裔儿童的母语都是非汉语的其他语言，在这段时间学习第二语言——汉语，不容易受到母语的干扰，有利于这些华裔儿童掌握地道的汉语。

　　华裔少儿在汉语学习方面的优势是拥有充满了中华文化气息的家庭语言环境。在这样的家庭环境中，华裔少儿会较早地从各方面接触中华文化，比如饮食文化、风土人情、风景名胜、历史人物等，甚至还可以通过背诵诗词、讲述成语故事等来走近中国文化。因此，华裔少儿对中国文化既熟悉又陌生，对中国的关注与兴趣是普通外国少儿所不具备的。这样的优势在华裔少儿汉语学习的过程中表现很突出，他们听说读写的综合水平虽然只是略高于普通外国少儿，但是在听说方面却有明显的优越表现。因此，针对华裔少儿的汉语教学既要注重保护其汉语学习优势（或特性），也要注意读写能力方面的培养。

1　家庭教学环境中如何将线下优势融入线上教学

　　语言的学习一般都是采用线下传统集中授课的模式，但自 2020 年新冠疫情暴发以来，海外汉语线下学习模式一度陷入了暂停的状态。一时间，国内远程教学模式成为汉语学习的主要途径。从教学目标来看，无论是线上对外汉语教学还是线下对外汉语教学，都是汉语教师通过某种方式向学习者传播汉语和传递中华文化，但是在具体实施和学习效果方面，这两种模式又有各自的优势和劣势。下面就从三个线下传统教学的优势入手，分析在华裔少儿家庭的汉语学习过程中如何将线下优势融入线上教学。

1.1 教学内容方面

　　线下汉语教学主要以班级授课为主，根据学习者的整体水平确定教材等级选定教学内容。通常选取的教材是由相关专家围绕《汉语水平考试大纲》的要求编写而成，内容上比较严谨、全面，能够满足听说读写各方面的要求，因此，课程类型也常被划分成听力课、阅读课、综合课等。与线下教学内容相比，线上教学暂时还未形成较为固定的少儿学习教材，但教学内容种类更多、形式更丰富、适用性更强，教师在教学过程中既可以参考原有传统教材的内容，也可以有更多的选择，还可以根据学生的实际情况提供个性化的课程，甚至可以利用网络优势，帮助学生随时接触网络流行语、最新的新闻实事等内容，更有效地激发学习者的学习兴趣。

1.2 教学环境方面

　　线下传统汉语教学最大的优势就是实境教学。老师可以利用多媒体、图片、实物等用具辅助教学，使学习者直观地感受教学内容；而且老师可以根据教学需要组织课堂教学活动，通过游戏来吸引学习者，实现寓教于乐。比较而言，线上教学在游戏组织方面则受到诸多限制，比如词卡、成语接龙、击鼓传花等游戏在线上实施的过程中往往受到技术、人数等方面的影响而效果欠佳。教师只能选择组织简单的游戏活动，如画画、涂色等任务，来吸引学习者的兴趣。

　　但如果教学环境从教室变换到日常家庭中，线上教学就可以焕发新的生机，也能充分发挥传统教学的寓教于乐优势。教师就是学生的家长，和学生在一起的时间很长，而且充分了解学生的生活习惯，可以将教学工作穿插于学生生活的各个时段，还可以利用日常对话、App、睡前故事等各种形式开展教学。

1.3 沟通交流方面

　　线下传统形式的汉语教学中，学生通常有固定的同学，学伴数量多有利于课堂氛围的活跃，师生间的交流和同学间的交流可随时进行，而且沟通交流的形式也不局限于语言，师生和生生间的表情、动作都会加深学习者对语言的理解和掌握。但由于线下学习者往往有着不同的国家文化背景，老师在授课的同时，需要兼顾不同风格的学习者，这对于一些经验并不丰富的汉语老师无疑是一种挑战。与线下教学相反，家庭线上教学规避了这一难题，但也失去了活跃的课堂氛围，失去了具有质感的互动。

2　华裔少儿汉语线上线下融合式家庭教学设计

　　线上教学与线下教学并不是完全独立的两种模式，而是相辅相成、相互促进的关系。基于华裔少儿在汉语学习方面具备的家庭优势，研究构建线上线下融合式家庭教学，对促进华裔少儿汉语教学有重要的启示。该模式既指线上资源和线下师资的融合，也指教学活动与家庭环境的融合。具体来说，是指家长基于在线教学平台的丰富资源和灵活便捷的技术支持，在充满中华文化气息的家庭环境中，开展少儿汉语教学活动。在发挥华裔少儿汉语学习优势的前提下，有机融合线上教学和线下教学的优势，有效促进华裔少儿汉语教学质量。

2.1　"教"与"学"的角色设定

华裔少儿家庭教学设计中，家长作为重要的"教师"角色，需达到一定的要求。本研究中的华裔少儿的家长是指曾在中国接受过正规系统教育的人。华裔少儿家长能成为汉语教学的潜在师资力量，是有据可依的，据美国国际移民社会学家统计，美籍华人的学历在本科及以上的比例达到一半以上，已超美国当地平均水平。华裔少儿家长既是华裔少儿的汉语启蒙老师，也是华裔少儿汉语学习的最佳辅导老师。在由华裔少儿与其家长所构成的师生关系中，家长可以借助自身的汉语背景优势并结合教学平台的技术辅助提升自身教学素养，提高自己作为家庭对外汉语教师所应具备的汉语综合知识水平、对外汉语教育技术水平及跨文化沟通能力。华裔少儿汉语课程线上线下融合式家庭教学中，家长首先根据孩子的汉语水平和学习需求，定制相应的课程，家长通过在线学习完成课程知识储备、掌握课程讲授方法，参考课程资源中提供的活动方案，设计实施相应的教学活动。学习者在家庭环境中，在家长的引导下完成课程内容的学习。在课堂上学生与老师共同完成在线练习，在课后运用同步 App 强化和拓展学习。总的来看，线上资源必须囊括家长开展教学时会使用到的技术平台以及丰富的教辅资源。

2.2　教学课程设计

少儿汉语学习的课程是专为海外华裔儿童设计的，因此在汉语教程中，可采取主题模式教学设计，内容由浅入深、由表及里，按螺旋上升的形式在不同等级间设置一定的重合，以便学生在学习过程中有很好地过渡。教师在主题式教学过程中，可以根据学习者的实际情况灵活调整学习顺序，同时也要兼顾学习者的学习风格与学习兴趣。在主题活动中，家长要尽量观察和收集学习者体验活动的真实反馈，判断学习者对教学内容的接受和掌握情况，分析教学过程中的优势和不足，以便更好地改进下一次的教学。

2.3　教学平台研发

教学平台既要包含家长需掌握的汉语知识，也要包含家长用来进行教学的基础课件。每节课的课件内容设计都围绕家长授课所必备的中文知识、练习应用以及能激发学生学习兴趣、促进学生思维拓展的内容展开。具体如下：

2.3.1　必备知识

华裔少儿家长通常具备较好的听说运用能力，但由于常年生活在非汉语为主流的国家或文化中，在汉语基础知识方面，尤其是低幼层次的内容上需要系统学习，比如日常生活中不常用到的拼音、笔顺、声调，家长不能将自己习得汉语的经验直接迁移到对孩子的语言教学中。但是汉语博大精深，家长不可能先把自己打造成汉语言专业水平后再去教孩子，但可以借助专业的资源技术来校准和提高自身汉语教学内容的输出质量。家长应根据学习者的汉语水平和学习能力，在尊重学习者第二语言习得规律的基础上，为学习者选择学习层次，循序渐进，理性输出。

2.3.2 练习应用

在教学过程中，家长一方面要注重基于学习者已有的认知水平教授新知，增强旧知识点的复现率，例如在讲解新词时，可以帮助学生在旧词汇的基础上联想到新词汇，循序渐进地增强教学难度，这样做不仅能提高知识的复现率，还能缓解学习者的畏难情绪，使学生产生学习中文的成就感。另一方面，家长可运用主题学习来加强学生对所学汉语的应用；尤其是针对处于具体运算阶段的少儿，他们已逐渐具有较系统的逻辑思维能力，其思维具有了一定的"可逆性"，也就是具备了一定的"运算"能力。家长可以在教学中设置一些孩子熟悉的生活场景，例如，教学当天正赶上一家人外出参加了一个活动，就可以在平台中调取相应的主题课程进行学习，使学习者能够在真实的语境中加强练习，学以致用。

2.3.3 学习兴趣的引导

根据儿童认知发展理论，年龄处于 5～12 岁的海外华裔少儿，其认知发展还处在前运算和具体运算之间，通常具有较强的记忆力，以形象思维为主，对新知识有着比较浓厚的兴趣。为了遵循这一阶段的认知特点，家长在定制课程内容时要避免设计复杂深奥的内容，可以从食物、颜色、物品这类直观且有意思的主题入手，让学生通过语言模仿、绘画和象征性的游戏来发展符号化的表征图示。因此，在实际教学过程中，可以给处于该阶段的学习者增加更多的图片，将词语图片化，同时再配合一些涂色、画画等小游戏，提高学习者的学习兴趣。研究表明，学习活动作为学习兴趣引导的重要手段和方法，能较好地实现寓教于乐的效果。

2.3.4 思维活动和拓展

语言思维是人类利用语言为载体表达自身思想的过程，是基于语言的智力活动，比如人们在说话、写作、阅读时会在脑海里产生相应的思路。语言思维能力包括"观察能力、表现能力、分析能力、情感能力、逻辑能力、理解能力、概括能力、联想能力、辩证能力、抽象能力、论证能力、判断能力"，共计 12 项。这就意味着，孩子语言思维能力的培养是一项长期的，需要经过科学指导、系统训练才能逐渐完成的工程。教学平台需采用"趣味故事引入、图像描述、演讲导图、情感符号"等多种教学方法，家长应通过运用这些教学方法，渐进式培养学生的汉语思维，并通过看图说话、字词积累、口头作文等课后作业来拓展学生的汉语思维。

2.4 学生 App 使用

为了增强汉语学习的趣味性和互动性，可提供与课程内容相关的学生版 App，让学生通过图像、视频、声音的结合来吸收语言、理解语言。通过智能人机互动来操练语言，使学习内容形式新奇有趣，收到寓教于乐的效果。App 的功能还可以不断完善，增加一些专项的练习，用来巩固所学，以及拓展汉语知识面。

3 华裔少儿汉语线上线下融合式家庭教学实践

在调研中发现，有一家专注研发海外华裔中文教学平台的单位，基于多年海外中文教学经验，面向华裔少儿家庭，开发了基于线上线下融合的华裔少儿家庭汉语教学平台，该平台遵循了"汉语线上线下融合式家庭教学"的设计理念和思路，主要涉及"家长课堂"和"教辅资源"两大功能模块，使华裔少儿足不出户就能科学系统地学习汉语，包括家庭版"中文课堂教学系统"和教学支持服务系统。另外，该平台还为华裔少儿学生提供了学生版的 App。

3.1 家庭版"中文课堂教学系统"

该机构针对华裔少儿研发了相应的教材，并配有中文课堂教学体系。该教学系统中有大量的教学游戏供家长调取使用，包括字词应用、识读字、识写字、词汇相关的各类游戏，有效增强了汉语教学的趣味互动性。课后练习作业是孩子学习中文过程中非常重要的环节，因此，该教学系统中预设了各节课后作业布置指导，"指导"栏目针对不同级别中的听、说、读、写、应用等各环节，指导家长如何有效地布置高质量作业练习，持续为孩子营造练习和使用中文的环境，让家庭中文课堂达到良好的效果。

3.2 教学支持服务系统

该平台提供了丰富的教辅资料，使家长能够很容易了解到学生汉语学习水平；其中最重要的一项资源是教学支持服务，平台为华裔少儿家长提供一对一的课程辅导顾问，随时协助家长解决教学过程中遇到的各类问题。

同时，该机构平台还设有一款学生版 App，该 App 分为"拼音王国""每日一练""系列故事""专项练习"四个学习模块，以及一个"学习积分统计"功能模块。该 App 的学习内容与中文课堂教学体系同步，可作为学生课后作业练习的帮手。从启蒙认字识词、简单句开始，到复杂句型语法，包含听、说、读、写等各个方面。App 内发布有上万个练习单元，学习者可按照识字、对话、跟唱、朗读、看图说话、听写、话题等模块选择练习，并记录学习者学习历程。最后学习者会获得学习积分，用来检验学习成果。

4 线上线下家庭教学效果满意率调查分析

为更好地了解线上线下融合式家庭教学的效果，本文采用了调查问卷的方式对使用该系统的华裔家庭教学效果进行了调查及分析，调查样本家庭均取自使用该平台 1 年及以上的学员（华裔少儿家长），参与本次调查的共有 40 个有效样本，分别为加拿大华裔 21 人，意大利华裔 11 人，美国华裔 5 人，韩国华裔 3 人。调查结果统计如表 1：

表 1   家庭教学效果问卷调查统计表

类　　别	加拿大	意大利	美国	韩国	平均分
家长满意率（百分制/%）	90	87	86	92	88.75
学生对 App 的喜好（十分制/分）	9.6	9.2	8.9	8.7	9.1
学生阶段成绩（百分制/分）	98	95	92	99	96

问卷调查统计显示，学员对平台功能、课件内容、平台资源的综合满意率为 88.75%，其中韩国华裔家长最为满意，满意率为 92%。学生对 App 的满意率评分是由家长与学生进行沟通了解后协助完成打分的，平均分为 9.1 分，其中加拿大华裔少儿满意率最高，他们尤其喜欢 App 中的字词连连看小游戏。经过 1 年的家庭教学，华裔少儿的阶段成绩平均达到了 96 分。另有平台数据显示，学员稳定性良好，无中途退学或中断缴费的情况，后台显示教学进度平稳。可见，基于华裔少儿汉语学习优势的线上线下混合式家庭教学模式，能够在发挥华裔少儿汉语学习优势的同时，科学促进华裔少儿汉语学习效果。

5 结语

随着中国综合国力和国际地位的不断提高，越来越多外国人主动学习中文、了解中华文化，境外教学资源供不应求。海外华裔少儿是汉语学习者的重要组成部分，因此研究适合海外华裔少儿的汉语教学方法是非常必要的，也是有意义的。相信今后会有更多热爱汉语教学的优秀教师参与到本项研究中来，充分利用先进的技术手段，发挥华裔少儿家长母语教学的优势，推进教学方式的改进，促进教学质量的提高，有效推动华裔少儿对外汉语教学的快速发展。

参考文献

[1] Lenneberg, E. *Biological Foundations of Language*. New York: Wiley and Sons, 1967.
[2] 黄怀飞. 二语习得中的语言迁移及其理论阐释. 泉州师范学院学报, 2010(3).
[3] 高思怡. 海外华裔儿童线上汉语教学研究. 华中师范大学硕士学位论文, 2020.
[4] 桂晶晶. 海外华裔少儿线上汉语课程 CBI 主题模式设计研究. 湖北工业大学硕士学位论文, 2021.
[5] 刘睿、刘洋. 线上对外汉语教师课堂语言中的非语言行为交际中存在的问题及优化策略——以华裔儿童作为教学对象为例, 大学语言建设, 2022(2).
[6] 马慧. 美国新生代华裔子女中文学习的调查分析. 上海外国语大学硕士学位论文, 2012.
[7] 邵滨, 富聪. 世界少儿汉语教学研究：回顾与展望. 汉语学习, 2020(5).
[8] 王通讯, 王辉耀, 等.《中国国际移民报告（2018）》总报告. 全球化智库, 2018(6).
[9] 周思延. 基于多元智能理论的线上华裔少儿汉语教学设计. 吉林外国语大学硕士学位论文, 2021(6).

A Case Study of Hyflex Implementation in a Chinese Language Course Focusing on Students' Perceptions of the Community of Inquiry[*]

Qu Ming

Muroran Institute of Technology, Japan

quming@mmm.muroran-it.ac.jp

Abstract: Due to the outbreak of the Coronavirus in 2020, a Chinese language program was taught using the Hyflex delivery mode at a Japanese university. Students in either the classroom or in a distant location could join the Hyflex class. This article details how Information and Communication Technology (ICT) was utilized to conduct this Hyflex class using a learning management system (Moodle), and a teleconference system (Zoom). The result of the relationships among the Community of Inquiry (CoI), students' satisfaction with the Hyflex class, and the end-of-term test scores are also analyzed. We hope the experience outlined here can contribute to future Hyflex class designs in other learning environments.

Key words: Hyflex course; Community of Inquiry; program evaluation

0 Introduction

The COVID-19 pandemic has brought about some big changes in educational delivery, particularly the temporary closure of educational institutions, In Japan, schools, colleges, and universities have had to rapidly adapt their teaching methods to the new circumstances and deliver online content and lessons to students. At the author's university, Hyflex classes were held for the Chinese language and Chinese culture courses in 2020 to 2021 academic year.

In this article, I report on a case study of Hyflex implementation of a Chinese language class with 49 students. In order to know how the students feel about this class, they were asked to evaluate the class using the Community of Inquiry (CoI) framework. The CoI framework contains four presences: teacher presence, social presence, critical presence, and learner presence. This article addresses the following three research questions: (1) How do I make use of ICT to conduct the Hyflex class? The implementation procedures, equipment used, student participation in classes, and grading are covered; (2) What were students' perceptions of the CoI in this Hyflex class? (3) What are the relationship among the CoI, students' satisfaction with the whole class and end of term test performance? A number of suggestions are proposed based on the study results, the most important being the careful design of Hyflex class, including problem

---

* This article was supported by JSPS KAKENHI Grant Number 21K00773.

A Case Study of Hyflex Implementation in a Chinese Language Course Focusing on
Students' Perceptions of the Community of Inquiry

377

identification for the course design. We hope the experience of this class can contribute to the development of future distance learning classes in other learning environments.

1 Theoretical Background

1.1 Hyflex course

Hyflex was coined from the term "Hybrid-Flexible". A Hybrid-Flexible or HyFlex course is a model of class delivery that can integrate in-person instruction, online synchronous, and/or asynchronous content delivery. Teachers can deliver the class in a regular classroom. However, students may attend the class in person, through video conferencing, and/or watch a recording of the class session. Because students can choose the way to attend, the Hyflex class provides the most flexibility for students. This course teaching/learning format can be used not only as a temporary measure during disasters such as the COVID-19 pandemic, but can also be used to support busy students, and reduce demand on an institution's facilities. It is a very efficient model of class delivery.

According to Beastly (2019), there are four fundamental principles in a HyFlex course:

- Learner choice: Provide meaningful alternative participation modes and enable students to choose between participation modes weekly or topically.
- Equivalency: Provide equivalent learning activities in all participation modes.
- Reusability: Utilize artifacts from learning activities in each participation mode as learning resources for all students.
- Accessibility: Equip students with technology skills and enable full access to instructional resources and activities in all participation modes.

A good example of a successful Hyflex model is at San Francisco State University. The university offers classroom-based and online options for all or most learning activities, allowing students the ability to choose how they will attend classes: online or in-person (Beastly, 2016). As we mentioned in the previous section, this class delivery model is efficient; however, it may also pose challenges for institutional support (Bower, et al., 2015), teacher's workload, course design, and technology provision (McGee & Reis, 2012). In Japan, especially in the field of teaching Chinese as a foreign language, to the best of my knowledge, no research has yet been conducted on Hyflex course teaching. Therefore, there is a need to accumulate teaching experience through evaluating the program to improve course design and teaching activities. I hope my experience can contribute to the development of future Hyflex courses in other learning environments.

1.2 Community of inquiry

Community of Inquiry (Garrison, et al., 2000) is a framework for considering how online learning environments should be designed to enhance learning. Garrison, Anderson, and Archer's Community of Inquiry framework has generated a great deal of interest among online learning researchers and has been highly influential so far. This CoI framework claims that the quality of students' educational experience can be found at the intersection of the following four presences: teaching presence, social presence, cognitive presence, and the learner presence (subsequently added by Shea and Bidjerano (2008)).

The teaching presence is about delivering direct instruction and facilitating discourse. Social presence is about group cohesion, collaboration, open communication, and effective expression, as well as sharing personal emotions. Through the cognitive presence, learners connect and confirm meaning as they engage in sustained reflection and substantive discourse (Garrison & Arbaugh, 2007). The learner's presence is about traits such as learning style, personality, motivation, effort, and self-regulation (Shea & Bidjerano, 2012).

To date, several studies (Anny & Sawsen, 2020; Goda & Yamada, 2012) have used this framework to evaluate online learning. However, because educational environments, students and teachers in each program are different, students' perceptions of the CoI are also different. Therefore, there is a need to evaluate our program using the above framework. This study aims to improve course design for future Hyflex classes by analyzing both in-person and distance students' perceptions of the four presences.

2   The Implementation of the Hyflex Chinese Course

2.1   The current Chinese program

The university where this study was carried out is in Hokkaido, Japan. It is a regional university with most of the students majoring in engineering. Around 600 students are admitted to the university every year with the vast majority being male. The students' first foreign language is English as designated by the university. A second foreign language is a "compulsory elective" for them; they can choose between Chinese or German. There are two semesters in one academic year, with 15 weeks of classes per semester. Around 300 students choose the Chinese language as their second foreign language each year. They are divided into seven classes, with 40 ~ 50 students per class. Hyflex classes were conducted for these Chinese language classes during the 2020—2021 academic year.

In order to prevent the spread of the Coronavirus, for the first two weeks of the new semester, all classes were taught remotely. Following the initial two weeks, students can then choose to attend the class in person, or through video conferencing. The teacher gave the lecture in a computer classroom, and a video streaming system (Zoom) was used to transmit the lecture simultaneously. Since more than half of the students chose to attend the class remotely, the format of the flipped classroom was adopted to enhance the efficiency of classroom time usage. The flipped classroom reverses the traditional class structure of listening to a lecture in class and completing homework activities at home. Students were introduced to learning material, usually through online resources, prior to face-to-face activities in class. The resources might include watching video explanations of Chinese pronunciation and grammar, completing problems or assessment activities. Classroom time was then used for discussion, filling in gaps in students'

A Case Study of Hyflex Implementation in a Chinese Language Course Focusing on
Students' Perceptions of the Community of Inquiry

379

knowledge, and completing activities such as group work, projects, or other exercises. Specifically, one class session consisted of the following steps and activities:

Before the class:

(1) Prior study

Read the relevant sections of the textbook and watch the lecture videos distributed in advance.

Classroom time:

(2) Check the answers for the homework from the preceding week.

(3) Quiz (about 5 minutes in-class time) was given at the beginning of the class to assess students' understanding of the prior study.

(4) A lecture was given to confirm, practice, and reinforce the new content.

(5) Practice or do other exercises (pair/group practice using breakout rooms, etc.).

2.2　Equipment used in the Hyflex class

The following systems and ICT were used in this Hyflex class.

(A) Learning support system:

Moodle was used to distribute course materials, conduct quizzes, and give feedback on students' assignments.

(B) Remote video streaming:

The video streaming system Zoom was used to deliver lectures. Group discussions were held using its breakout room function.

(C) Video distribution for prior study:

Microsoft OneDrive was used to provide the videos for the prior study.

2.3　Examples of teaching materials

An example of some teaching material is shown in Figure 1. All teaching materials were uploaded to Moodle before the class. The class was aimed at students with no prior Chinese language learning, with 15 lessons in one semester. The overall course learning objective was "to be able to do a simple self-introduction in Chinese". Figure 1 shows the content of Lesson 8 which was taught in the second half of the semester.

The course page is uploaded with textbooks, dictionaries, class session recordings, notices about class activities, quizzes, and students' homework. A picture of the class is shown in Figure 2. There are three smaller pictures in the top right-hand corner, which show the in-person participants, the teacher, and the online participants (this one does not show the real person because the camera was not on).

2.4　Students' participation in class

Table 1 shows the students' participation in all 15 lessons for the entire semester. All the

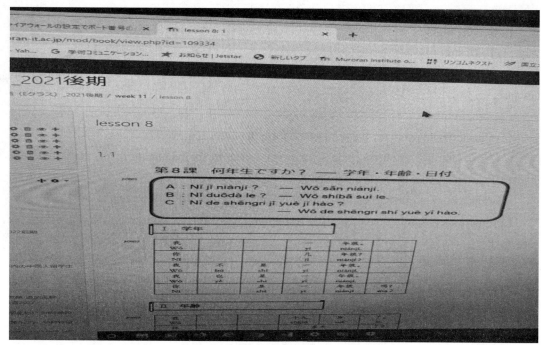

Figure 1　Example of Teaching Material

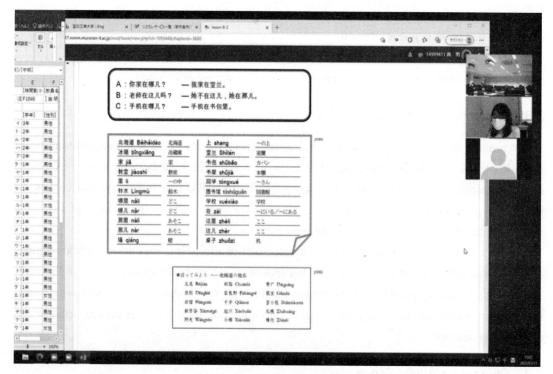

Figure 2　Picture of the Class

A Case Study of Hyflex Implementation in a Chinese Language Course Focusing on
Students' Perceptions of the Community of Inquiry

381

Table 1   Student Attendance During the Semester

Class session	Date	Number of participants (in-person participants)	Number of absentees
1	5th, Oct	48(0)	1
2	12th, Oct	47(0)	2
3	19th, Oct	25(21)	3
4	26th, Oct	27(20)	2
5	2nd, Nov	30(17)	2
6	9th, Nov	30(16)	3
7	16th, Nov	34(12)	3
8	23rd, Nov	33(12)	4
9	7th, Dec	34(10)	5
10	14th, Dec	36(7)	2
11	21st, Dec	39(6)	4
12	4th, Jan	43(3)	3
13	11th, Jan	36(7)	6
14	18th, Jan	39(6)	4
15	25th, Jan	41(5)	3

students attended the first two sessions online due to the university's COVID-19 infection prevention policy. The remaining 13 sessions were conducted in the Hyflex delivery mode. As the semester progressed, it was evident that the number of students participating in-person decreased, particularly in the second half of the semester. The number of absentees did not change much throughout the semester.

2.5 Comparison of credit acquisition rate

In the 2019 academic year, the traditional in-person class delivery mode was used. In order to get an idea of the effectiveness of this Hyflex class, the credit acquisition rate between 2019 and 2021 was compared. Table 2 shows the results of the credit acquisition rate for these two years. It was found that there were no big differences in either the percentage of the credit acquisition rate, failure rate due to absenteeism, or failure rate due to inadequate exam performance.

Table 2   Comparison of the Credit Acquisition Rate

	Number of students	Credit acquisition rate/%	Failure rate due to absenteeism/%	Failure rate due to inadequate exam performance/%
2019 (traditional in-person class)	44	93	2	7
2021 (Hyflex class)	49	94	4	6

3   Students' Perception of the CoI

3.1   Instrument

3.1.1   The CoI questionnaire survey

The quantitative tool used to measure the CoI for this study was originally developed and validated by Swan, Richardson, Garrison, Cleveland-Innes, & Arbaugh (2008). A 24-item questionnaire was used to measure the four aspects of the CoI. In the present study, the questionnaire was adapted by the author from the original one to match the content and activities of the Chinese language program. For each presence, there are six items used to test it. One example item from each of the presences is detailed as follows: (1) teaching presence (six items, "The teacher provided clear instructions on how to participate in course learning activities."); (2) social presence (six items, "I felt my point of view was acknowledged by other course participants."); (3) cognitive presence (six items, "Learning materials helped me construct explanations/solutions."); (4) learner presence (six items, "I take the time to review materials related to the work to be done."). The scale ranged between 1 (totally disagree) and 4 (totally agree). The choice for responding to each statement is a 4-point Likert scale: totally disagree, disagree, agree, and totally agree. In order to test the construct validity of the CoI questionnaire survey, reliability was measured using Cronbach's alpha. This was 0.81, which is within the acceptable range. The CoI questionnaire survey was conducted at the end of the second term of the 2021 academic year.

3.1.2   End of term test

A paper-based final test was given at the end of the term. The content of the examination is based on lesson 1 to lesson 10 in the textbook. The test results were utilized to measure the relationship between the students' perception of the CoI and their end-of-term test performance.

3.1.3   Students' satisfaction survey

At the end of the term a questionnaire survey was used to elicit students' satisfaction with, and views on, the overall Hyflex class. There were four items for this survey and students were asked to respond to the following statements using a 4-point Likert scale: "I like this Hyflex class"; "I want to choose the same kind of Hyflex class for other subjects next year"; "I think this Hyflex class is efficient."; and "I am satisfied with the effectiveness of the Hyflex class". The Cronbach's alpha value was 0.73, which is within the acceptable range.

3.2   Results

3.2.1   Students' perceptions of the CoI

The results of the descriptive statistics for (1) the TP (teaching presence), SP (social

A Case Study of Hyflex Implementation in a Chinese Language Course Focusing on Students' Perceptions of the Community of Inquiry

383

presence), CP (critical presence), and LP (learner presence) from the CoI survey; (2) students' satisfaction; and (3) end of term test scores are provided in Table 3. The average score for students' satisfaction is 3.05. The result suggests that most students were fairly satisfied with the Hyflex class. The flexibility of the class participation method seems to be the main cause of their satisfaction. The average end-of-term test score is 77.85, with a range of 31 to 99.

Table 3 Descriptive Statistics

	N	Min	Max	M	SD
Students' satisfaction	49	1	4	3.05	0.56
End of term test scores	49	31	99	77.85	27.77
Teaching presence	49	1	4	2.90	0.58
Social presence	49	1	4	2.45	0.87
Cognitive presence	49	1	4	3.15	0.62
Learner presence	49	1	4	2.43	0.89

note: N = number of students, Min = minimum value, Max = maximum value, M = mean, SD = standard deviation.

The mean value for the CP was 3.15, which is the highest score out of the four presences. This result means that most of the students are interested in the course issues, and they connect and confirm meaning as they engage in sustained reflection and substantive discourse. The TP of the students was also relatively high with a mean value of 2.90. Most students highly valued the teacher's direct instruction, details about how to participate in the Hyflex class, and what the due dates/time frames were for the course's learning activities provided by the teacher. The mean values of SP and LP are comparatively low: SP scored a mean value of 2.45, and the mean value of LP was 2.43, the lowest value of the four presences. SP is about classroom interaction, open communication, and group cohesion. The LP is about traits such as students' learning style, motivation, effort, and self-regulation. Therefore, these results revealed that students rated the classroom cohesion, their own learning motivations, and their learning styles relatively low. For the values of standard deviation, the learner presence and social presence items showed greater standard deviation values. This means students' perceptions of these two presences were not consistent, their opinions were spread over a wide range.

3.2.2 The relationship between the CoI, students' satisfaction, and end of term test performance

Table 4 provides the correlation matrix for the CoI and the targeted dependent variables: students' satisfaction, and end-of-term test scores. From the perspective of the CoI, TP, SP, CP have significant relationships with students' satisfaction (TP: $r = .366$, $p < .05$; SP: $r = .507$, $p < .01$; CP: $r = .410$, $p < .01$). The correlation coefficient between SP and students' satisfaction is the highest, therefore the correlation between the two is shown to be the strongest. The SP and LP have significant relationships with the end of term test scores (SP: $r = .305$, $p < .05$; LP: $r = .419$, $p < .01$). The correlation coefficient between LP and the end of term test scores is higher than the SP suggesting there is a stronger relationship between LP and test scores.

Table 4   The Correlation Matrix for the CoI, Students' Satisfaction, and End-of-term Test Scores

	End-of-term test score	Students' satisfaction
Teaching presence	.207	.366[*]
Social presence	.305[*]	.507[**]
Cognitive presence	.277	.410[**]
Learner presence	.419[**]	.201

note: [*] $p < .05$, [**] $p < .01$.

4   Discussion

In this article, I reported how I made use of ICT to conduct a Hyflex class for teaching Chinese language in Japan. In particular, I detailed the implementation procedures, equipment used, students' participation in class, and their credit acquisition rate. The results revealed that the Hyflex class was not much different from a traditional face-to-face class in terms of class participation and credit acquisition rate.

4.1   Students' perception of the CoI

Students' perception of the CoI was examined, of the four presences, the presences with comparatively low mean values were LP and SP. LP stands for learner traits such as learning style, motivation, effort, and self-regulation. A possible reason for the low LP value could be that students are used to taking traditional face-to-face classes and may not yet be familiar with the Hyflex class, for either the way of thinking or the way of learning. Learning styles and motivations may not yet be ingrained. At the same time, the LP's standard deviation was large, indicating that students' perceptions of LP varied. In other words, this means that some students have quickly adapted to the new teaching/learning format, while others have yet to catch up. Students who are more adaptable were confident and appreciative of their learning style, motivation, etc. Students who have not yet gotten used to the new teaching/learning format were less confident about themselves. In this regard, ongoing support for those students who were less confident is essential. Many of the guides for online education describe the importance of ongoing support for students. It is important for students to know when and how to access support from their teacher or technical staff. This may involve setting expectations around when the teacher or technical staff are available; how they can be contacted; and scheduling special office hours (both online and in-person) with students. It may also be necessary to constantly monitor students' progress by conducting quizzes to ensure that they do not drop out of the course.

There was another low average value in these four presences: the social presence (SP) value. The SP is about group cohesion, collaboration, open communication, and effective expression. Because of physical distancing and the absence of elements that can be taken for granted in face-to-face situations, the Hyflex class may fall short in terms of facilitating interaction between teacher-students, and students-students. Furthermore, Japanese students tend not to turn on their cameras when they attend class online. I am not sure if this is a phenomenon peculiar to Japan.

A Case Study of Hyflex Implementation in a Chinese Language Course Focusing on
Students' Perceptions of the Community of Inquiry

385

Without turning on the camera, it is difficult to create a sense of group cohesion in the classroom, as students cannot see each other's facial expressions. In summary, we believe that social interactions need to be intentionally built into the design of Hyflex class. Good remote learning needs to be understood as a social phenomenon and not an exercise in supported self-study (McAleavy and Gorgen, 2020).

4.2 The relationships between the CoI, students' satisfaction with the Hyflex class, and end of term test scores

The relationships between the CoI, students' satisfaction with the Hyflex class, and end-of-term test scores were investigated and analyzed. The results reveal that TP, CP, and SP have significant relationships with students' satisfaction of the Hyflex class, and that both the SP and LP have significant relationships with the end-of-term test scores. The SP has significant relationships with both end-of-term test scores and students' satisfaction. Furthermore, the correlation coefficient of SP and students' satisfaction is the highest in the correlation matrices. The significance of SP to this class was demonstrated.

In order to increase the social interaction in a Hyflex classroom, it may be useful to incorporate the following classroom activities: open the video streaming system (Zoom) to students for 10 minutes before and after class (just like a ten-minute break in a regular face-to-face class) to allow free interaction among students. Free interaction among students is considered useful for students to know each other and create a sense of group cohesion in the classroom. Similarly, ask students to do reflection posts online; ask students to do peer feedback on draft assignments whereby they can evaluate each other as well as learn from each other; use online forums to ask students to post their written reports from in-class discussion activities. Finally, explain the benefits of turning on the camera and convince students to turn on their cameras when they attend the class online.

Except for SP, students' satisfaction is also significantly correlated with TP and CP. This implies that when the classroom is well-designed and the students receive clear instruction on the course goals and learning activities, the students tend to be satisfied with the teaching. CP is often related to learning materials and learning activities. Reflection from the teacher (the author) suggests that further good results could have been achieved for CP if the preparation of teaching materials had been better adapted to the Hyflex class. As the teaching format changes, new learning materials suitable for online learning should be developed and created.

In summary, the careful design of a learning community, and ongoing support for students seem to be the most important tasks when we conduct a Hyflex class.

5 Conclusion

Based on the results of this article, the following is a summary of suggestions to conduct a Hyflex class.

- Support social interaction in the classroom to increase students' satisfaction and test performance.
- Provide sustained support to students to familiarize them with new learning styles and strategies that are suitable for the new class delivery model.
- There will be a need to develop new online learning materials.

A Hyflex class can enroll and graduate more students, support busy students, and reduce demand on facilities. This type of teaching format should continue to be researched and developed in the future. COVID-19 has had a significant impact on educational delivery. It will not go back to the way it was before. If we teach today in the same way as we taught yesterday, we deprive students of tomorrow. Hence, as teachers, we must do better.

References

[1] Arbaugh, J. B., Cleveland-Innes, Martha, Diaz, Sebastian R., et al. Developing a Community of Inquiry Instrument: Testing a Measure of the Community of Inquiry Framework Using a Multi-institutional Sample. *Internet and Higher Education*, 2008(11).

[2] Beatty, B. J. *Hybrid-flexible Course Design: Implementing Student-directed Hybrid Classes* (1st ed.). EdTech Books, 2019.

[3] Bower, M., Dalgarno, B., Kennedy, G. E., et al. Design and Implementation Factors in Blended Synchronous Learning Environments: Outcomes From a Cross-case Analysis. *Computers & Education*, 2015(86).

[4] Garrison, D. R., Anderson, T., & Archer, W. Critical Inquiry in a Text-based Environment: Computer Conferencing in Higher Education. *The Internet and Higher Education*, 2000(2).

[5] Garrison, D. R., & Arbaugh, J. B. Researching the Community of Inquiry Framework: Review, Issues, and Future Directions. *Internet and Higher Education*, 2007(3).

[6] Karen P. Swan, Jennifer C. Richardson, Philip Ice, et al. Validating a Measurement Tool of Presence in Online Communities of Inquiry. *E-menter*, 2008(2).

[7] Lafortune, A. M. Differences in Students' Perceptions of the Community of Inquiry in a Blended Synchronous Delivery Mode. *Université de Sherbrooke Dissertation,* 2018.

[8] Lafortune, A. M. & Sawsen Lakhal. Differences in Students' Perceptions of the Community of Inquiry in a Blended Synchronous Delivery Mode. *Canadian Journal of Learning and Technology*, 2019(3).

[9] McAleavy, T. & Gorgen, K. Best Practice in Pedagogy for Remote Teaching. EdTech Hub. https://doi.org/10.5281/zenodo.4705039, 2020.

[10] McGee, P. & Reis, A. Blended Course Design: A Synthesis of Best Practices. *Journal of Asynchronous Learning Networks*, 2012(4).

[11] Shea, P. & Bidjerano, T. Measures of Quality in Online Education: An Investigation of the Community of Inquiry Model and the Next Generation. *Journal of Educational Computing Research*, 2008(4).

[12] Shea, P. & Bidjerano, T. Learning Presence as a Moderator in the Community of Inquiry Model. *Computers & Education*, 2012(2).

[13] Yoshiko Goda & Masanori Yamada. Application of CoI to Design CSCL for EFL Online Asynchronous Discussion. *Educational Communities of Inquiry: Theoretical Framework, Research and Practice*, 2012.

国内官方新闻网站微视频引入留学生汉语综合课程初探
——以某高校来华留学生四级汉语综合课为例

高盛雅

马来西亚理科大学 语言、文字与翻译学院 11800
gsy_2020@163.com

摘　要： 汉语综合课是来华留学生汉语教学的核心课程，其教学效果直接影响学生学习汉语的水平。国内官方新闻网站微视频融声音、影像、文字和动画于一体，语言凝练，生动形象，内容丰富，不受时空限制，将其合理运用于 HSK 四级汉语综合课教学中，通过直观真实的语料，为教师的教学活动提供帮助；但是仍然存在一些问题（教师主导课堂等）。本文通过对官方新闻网站微视频引入四级汉语综合课教学的分析梳理，归纳出其在四级汉语综合课教学中发挥的作用，并结合课堂实际，为进一步实践研究提出注意事项。

关键词： 国内官方新闻网站　微视频　汉语综合课　有效应用

A Preliminary Study on the Introduction of Micro-videos on China's Official News Websites to International Students in Comprehensive Chinese Courses
—A Case Study of Level 4 Chinese Comprehensive Course of International Students in a University in China

Gao Shengya

UNIVERSITI SAINS MALAYSIA, PPBLT, 11800

Abstract: The comprehensive Chinese course is the core curriculum of Chinese teaching for international students in China, and its teaching effect directly affects the level of students' Chinese competence. China's official news website micro-video (hereinafter referred to as the official news website micro-video) integrates sound, image, text and animation. The language is condensed, vivid, and rich in content. It is not restricted by time and space. It is reasonably applied to the Chinese teaching HSK level four. The micro-video upgrades teaching through intuitive and true corpus, but there are still some problems (teacher dominates the class, etc.). This paper analyzes and combs the introduction of the official news website's micro-video into the fourth-level comprehensive Chinese course teaching, summarizes its role in the fourth-level comprehensive Chinese course teaching, and combines the actual situation in the class to put forward points for further practical research.

Key words: China's official news website; micro-video; comprehensive Chinese course; effective application

0 引言

官方新闻网站是国家的重要舆论工具，宣传科学理论，传播先进文化，弘扬社会正气，倡导科学精神，批驳歪理邪说，澄清事实真相，对内以正确的舆论引导人，对外树立中国的良好国际形象。因此，这决定了官方新闻网站的语言具有客观、确切、简洁、朴实、规范等特点。

关于"微视频"的定义，目前学界仍无定论。优酷古永锵提出"微视频"的概念，"微视频是指短则 30 秒，长则不超过 20 分钟，内容题材广泛，涵盖小电影、DV 短片、影视剪辑等多种视频形态，是对可通过多种视频终端摄录或播放的视频短片的统称"。第一视频网张力军对微视频的解释是："微视频是播放时长介于 3～5 分钟之间，适合于多种在线终端浏览的视频片段。"（苏岩，2011）综合来看，对于"微视频"的界定在时间限制上虽然没有一致意见，但都突出了"微"的特点，抓住了精、短的性质。笔者所说"微视频"是依据语言教学特点和规律，围绕教学内容和教学对象而使用的辅助教学的视频资源。每段视频时长主要在 30 秒至 5 分钟，最长不超过 8 分钟，速度适中，形式简单明了，内容精简直观，制作方便快捷，适合于所有终端浏览和展示，供教师有效教学和学生自主探索练习。

某高校来华留学生均为艺术类学历生。笔者所教授的课程为 HSK 四级汉语综合课，学生已在华学习至少两学年，每周至少进行 6 课时汉语学习。将官方新闻网站微视频应用于四级汉语综合教学中，既能将课堂变成真实语言情境，了解中国社会动向，扩充学生内心格局，又能使学生在视听的双重冲击下直观地感知汉语，提高学习的积极性，提升课堂的参与度，同时还能从多方面刺激感官，增加学习者对知识的记忆时间。

1 官方新闻网站微视频在汉语综合课教学中的探索

由于笔者将微视频的选择范围设定在国内官方新闻网站范围内，就避免了蓄意破坏中国形象的视频内容，然而在选择视频短片时，教师需要结合多年教学经验和对授课对象汉语水平的准确评估来选择各大官方新闻网站中的微视频，在选择时，要注意讲述人的发音是否纯正、视频素材的新旧程度、内容的难易程度，甚至是微视频的时间长短等，这些因素都直接影响着教学效果，教师必须确保其课堂实用性，其内容应符合来华学习的留学生的心理需求，积极向上，纠正国外某些网站虚假信息的误导。例如，人民网可视化板块中的热点、融媒工作室、人民拍客，新华网视频板块下的有话·让思想发声、追梦中国人、请随我来、场记·VLOG 等，光明网视频板块里的新闻视野、中国日报系列视频香港大视野、活力中国、别叫我老外、微纪录片等，央广网眼见板块里的微视频，都可以充分满足学生汉语学习的需求。

1.1 利用官方新闻网站微视频进行汉语听力训练

听力教学是四级汉语综合课的重要内容，也是语言四技能之一，在正式授课前或课程内容结束后，可根据本堂课的教学内容或近期社会生活中的热点话题，筛选合适的微视频，组织学生进行听力训练。根据听力内容，教师需提前设定两到三个问题，让学生在提高听力能力基础上，提炼听力材料中的关键词，并分析回答问题。在学生完成答题任务后，可再次播放微视频，并要求学生简述其核心内容，模仿视频中的讲述人进行小组报道训练，指导学生用心体会标准发音以及语速、语调的控制，尽量效仿讲述人的语音、语速、语调等，使学生在模仿中不断提高听力理解能力和口语表达能力。在教授《HSK 标准教程 4（上）》第五课《只买对的，不买贵的》时，笔者挑选了新华网中国国际消费品博览会宣传片《你能感受到的一秒钟，是什么样的？》，笔者在播放宣传片前，设置了三个相关问题，让学生带着问题去看视频，除此之外，通过反复播放宣传片，学生还可以快速捕捉到网络购物类词汇"秒杀""主播""剁手""支付成功""快递"等。

1.2　利用官方新闻网站微视频进行词汇教学

教学时可选用与课程内容相关的官方新闻网站微视频中的词汇和新闻图片等，使学生在具有新鲜感的教学环境中理解和掌握本堂课的汉语词汇。选取适合学生阅读水平的微视频作为阅读材料，可保证阅读材料的新颖性、趣味性、真实性，提高学生阅读理解能力以及单词记忆效率，丰富学生的词汇量。在教授《HSK 标准教程 4（上）》第十课《幸福的标准》前，笔者布置了人民网《幸福透着光》的微视频预习作业，其内容不仅让学生感受到了中国式幸福，也使学生积累了大量新词新语。比如"透"这个词，我们只学过它作为形容词"透明"的意思"transparent"，如"这张纸是透明的"；而通过这个短视频，我们又了解了"透"的动词含义"pass through"，如"这个窗户透着光"。另外，学生还积累了描述"幸福"的词语和句子。短片的开头有这样一段话，笔者要求学生背诵了下来："什么是幸福？幸福是闪烁霓虹下的狂欢，幸福是敞亮工厂里的奋斗，幸福是昏黄路灯下的坚持，幸福是微亮房间里的期盼。"这段话用排比的句型，贴切地描述出幸福的瞬间，产生了强烈的视听效果，形容词"闪烁""敞亮""昏黄""微亮"，名词"霓虹""工厂""路灯""房间"，动词"狂欢""奋斗""坚持""期盼"都给学生留下了深刻印象。除此之外，教师可以利用这些微视频开展汉语写作训练，比如让学生将身边生活中的点滴编写成微视频文字素材，并由学生担任讲述人，制作成形式新颖的微视频，教师也可以为学生提供最新的热点话题、微视频素材，激发学生的兴趣。

1.3　利用官方新闻网站微视频培养学生跨文化交际意识

实际上，将官方新闻网站微视频引入四级汉语综合课堂，也为来华留学生提供了一个了解中国文化及价值观的新途径。通常，学生在来华学习前，并不了解中国的媒体及社交平台，学生习惯于用美国式的价值观衡量其他国家的行为及媒体信息，这种认知特点导致了学生对中国文化的固有印象和认知偏差。为了避免偏差，中国高校通常采用教育与实践相结合的方式。"教育"即开设专门课程，例如中国概况（两课时/周，两学年），其教学内容涵盖中国政治、经济、文化、历史、社会、外交等；利用四级汉语综合课本（《HSK 标准教程 4》）中的文化部分，介绍与本课语言知识相关的文化常识，并基于这一文化常识进行中外文化对比及举例分析。无疑，将官方新闻网站微视频融入汉语课堂也为实现这一目标起到了积极的推动作用。在学习第八课《生活中不缺少美》时，其对应的文化内容为颜色，教学目标是让学生了解在中国"红色"和"白色"分别用于何种场合、"黄色"在中国的文化意义，并选择一种场合，对比中外文化差异。为使学生直观感受红色和黄色在中国文化中分别是吉祥与权力的象征，笔者为学生播放了来自央视网的纪录片《故宫 100》中的第 36 集《皇帝大婚》，这段视频展现了中国古代最高级别的传统婚礼，光绪皇帝着黄色龙袍，隆裕皇后着蓝黄相间的凤袍，昭示着权倾天下与母仪天下。在讲到"白色"与"红色"具有反向文化含义时，笔者将日本的传统婚礼与中国的传统婚礼对比，使学生自主总结了白色在中日两种文化中截然相反的文化含义。

2　官方新闻网站微视频在汉语综合课程教学中的意义

后疫情时代，线上课程可以部分借用优质的网络教育资源，但教师自己授课并录制完成的线上课程往往能得到学生更大的认可。在同步线上线下教学时，课程内容仍应以教材内容为本，并适当使用富媒体，将官方新闻网站微视频引入汉语综合课堂，可以帮助建构翻转课堂上学习者与教师高度互动参与的积极学习体验，在学生反复进行视听练习的同时，教师也拥有更多的精力去关注线上线下学生的反馈，灵活设计课堂教学活动，快速发现学生语言水平的差异，并针对此种差异，为学生提供个性化教学方案，如设计难易程度不同的任务，供学生自由选择，给学生自主选择微视频话题的权利，而对学有余力的学生则可以增加扩展性微视频，或增设更多针对微视频的参考性问题。

2.1　官方新闻网站微视频内容具有丰富性

我国官方新闻网站都脱胎于传统新闻媒体，既是传统新闻媒体现代化的发展，也是传统新闻媒体向新兴网络信息技术领域的一种拓展和延伸。新闻信息资源的共享和原有新闻采集力量的利用，为新闻网站的成长与发展提供了重要的前提（马珺，2007）。我国官方新闻网站微视频不仅是对社会中出现的新科技、新事件、新政策等的描述，还是对现代中国人生活和中国文化的展现，具有时效性强、趣味性强、内容更新快、专业化程度高的特点。在日新月异的当今社会，官方新闻网站中的新信息层出不穷，帮助学生第一时间获取全国性最新资讯的同时，也使学生发现生活中的乐趣；促使学生在身临其境的前提下，对中国现代生活进行讨论、分析，提升学生的学习欲望，帮助学生了解中外文化差异，提升其汉语学习兴趣，增加新词新语的积累。笔者在人民网（《人民日报》）、新华网等官方新闻网站上发现了许多符合课程需要、内容丰富且具趣味性的微视频，例如，人民网"美丽中国"系列，新华网"瞰中国"系列、延时·中国系列都展现了中国自然之美、人文之美、发展之美，通过中国壮丽峻美的自然风光、丰富多彩的人文风情和当地欣欣向荣的发展面貌向世人展示美不胜收、超乎想象的"文旅中国"。

2.2　有助于培养学生的听说能力

我国官方新闻网站微视频讲解员都是具备普通话标准发音的中外人士，他们发音纯正，字正腔圆，语速适中，加之真实语境作为衬托，他们的汉语便更具原汁原味的特点。不仅如此，我国官方新闻网站微视频内容大多是利用中英双语进行呈现，学生在遇到不认识的词语或表达式时，还可以对照翻译，进一步揣摩和猜测。在现代技术、设备辅助教学的今天，应当鼓励学生运用新媒体每天看、听汉语微视频，在课堂上实行全中文交流，针对与教学相关的视频内容进行讨论，纠正学生的发音，提升学生的口语表达能力，引导学生学习纯正的汉语发音和表达。人民网（《人民日报》）"美丽中国"系列，其中一期名为《电视剧里的端午节，你都看过吗?》，时长只有短短的两分钟，却精准地向观者介绍了端午节的起源、习俗、传说等。讲述人纯正的汉语发音、深情款款的语调都给学生留下了深刻印象。微视频中使用的句型也非常适合进行同类替换练习，"端午节，吃粽子，赛龙舟，挂艾叶，喝雄黄酒，古往今来，变化的是方式，不变的是节日，而对于每个人来说，都有着自己的端午情节。""端午之礼，送去的是物，留下的是那份真心。"来自尼日利亚的文慧做了这样的替换："中秋节，赏月，吃月饼，饮桂花酒，古往今来，变化的是地方，不变的是情意，而对于每个人来说，都有着自己的中秋情节。"

2.3　有助于拓展学生的文化背景知识

我国官方新闻网站微视频所使用的语言具有新颖、简练、结构简单等特点，HSK（四级）重点考查学生的听、读能力，这些微视频都为学生提供了丰富的、有益的阅读内容，因此，将官方新闻网站微视频引入四级汉语综合课教学中，不仅可以帮助学生积累汉语单词、句式等，还能开拓学生的眼界，使其了解中国的风俗习惯、文化知识，发现中国现代社会发展方向，为参加汉语水平考试、阅读能力测试，积累更多的背景知识，提升汉语阅读理解能力。在《中国日报》官网上，有一个名为"香港大视野"的系列微视频，由于视频所使用的语言为粤语，因此开始时，笔者并未将此类视频列入选择范围，但班上学习服装与服饰设计专业的留学生却被名为"旗袍的诱惑"的一期微视频吸引，那堂课我们又正好学到"师傅"这个词语，笔者便将视频材料转写并打印出来，发放给学生们。视频讲述了两名旗袍设计师（师傅）"简汉容"和"谭燕玉"对于旗袍的态度，一位致力于制作旗袍的传统手艺，另一位致力于将旗袍中西合璧，推向世界。师傅们对于中国文化的传承和自信的态度，都使学生投以崇敬的目光。

2.4　有助于培养学生的跨文化观念

由于各国间文化交流日益频繁，我国官方新闻网站微视频在讲解员选择上也聘用了相当数量的具备专业知识素养和跨文化视野的外国友人，这样使观者在观看时便具有共情感和自觉进行文化比较的意识。换言之，官方新闻网站语言最能描述和表达事件，教师可以引导学生学习如何将视频中的表达运用到课程内容中，对相似事件进行模式化描述。学以致用的反馈无疑会提高进一步学习汉语的兴趣，同时还可以增加学生对中国文化、历史等知识的积累，提高学生的综合素质，使学生形成跨文化交际的能力。人民网（《人民日报》）有一期名为《向上吧，中国》的拍客微视频，里面的讲述人均为在华学习和工作的外国人，他们一同讲述着触动人心的中国故事，用他们的足迹和镜头记录下千千万万个贫困村脱贫的印记，展现大大小小美好乡村的鲜活图景，与中国人民一道见证中国乡村振兴的伟大历程。同学们与笔者一样，被汉语流利的日本籍导演竹内亮的话所感动，他说："我们的原则是不能双标，比如说在日本的时候黑中国，在中国的时候夸中国，绝对不行，所以，做同一个片子，应该两边都能播的，一个旁白、一个镜头都绝对不改，播的就完全是一模一样的片子。"学生们透过他者的视角再一次感受到中国的发展和向心力。

3　汉语综合课教学中运用官方新闻网站微视频的注意事项

第一，官方新闻网站微视频，在内容上，多是基于中国社会文化背景知识，表现中华民族的人文精神与价值取向。来华留学生均为成年人，他们已经形成了较为稳定的世界观、人生观、价值观，考虑到文化背景差异，教师应帮助学生在日常汉语学习中尽快适应这些文化差异，避免因直接开展官方新闻网站微视频教学造成学生的逆反心理，影响学生的学习兴趣。在选定微视频后，应在开课前利用线上或线下的方式，与学生提前沟通，了解视频中所反映的文化是否与留学生所在国文化相似。

第二，官方新闻网站微视频与常规汉语教材有很大差异，微视频的内容包罗万象，内容涉及中国政治、经济、文化、社会等。初始时，学生会出现排斥、疑虑等心理现象，难以引导学生有效进入学习，有些学生甚至表现出不喜欢的心理状态，出现厌烦的表情。所以，在微视频内容选择上，不宜过于政治化，不宜过长，要实时关注学生的心理变化、课堂表现等。对拒绝参与学习的学生在课后要及时询问原因，进行必要的心理建设，使学生正确认识观看微视频的初衷，增强学生的信心，帮助学生消除偏见与疑虑。

第三，在运用官方新闻网站微视频进行四级汉语综合课程教学时，可以将其看成活跃课堂气氛的一种方式，这就要求教师改变常规教学模式，使用灵活多样的教学形式，培养学生的听说读写能力。比如，开展自发式小组学习，学生自由选择小组人员，可就近期官方新闻网站微视频进行探讨分析，并在课堂上以情景剧形式进行模仿，进行标准发音训练，探讨这个微视频所体现的社会文化的某一方面，有效提升学生的学习热情以及汉语综合能力。除了课堂的视听练习，学生还可以利用课余时间进行微视频制作练习，加深对视频内容的理解。学生通过自主阅览官方新闻网站微视频，并在阅读的基础上进行分析，发表自己的观点，提高自身口语表达能力。

4　结语

在来华留学生汉语教学中，将官方新闻网站微视频和对外汉语教材有效结合，可丰富汉语教学的实用性和趣味性。我国官方新闻网站微视频词汇量大且运用流行语、表达方式灵活，不仅能丰富学生的汉语词汇量，还有助于培养学生的汉语听、说、读、写、译等语言能力，更能有效开阔学生视野，培养学生对汉语知识的运用能力。汉语是中国文化的载体，汉语也反映着中国人的思维方式、社会发展模式。在进行汉语教学时，应加强学生对中国社会文化的了解，使学生在课堂上处于趣味盎然的全中文学习环境中，使其用目的语直接感知现代中国社会，这对提升留学生汉语教学效果大有裨益。

参考文献

[1] Hyunjeong Lee & Richard E. Mayer. Visual Aids to Learning in a Second Language: Adding Redundant Video to Audio Lecture. *Applied Cognitive Psychology*. 2015(20).

[2] Martinsen Rob & Montgomery Cherice. The Effectiveness of Video-Based Shadowing and Tracking Pronunciation Exercise for Foreign Language Learners. *Foreign Language Annals*, 2017.

[3] 郝英英. 视频资源在对外汉语教学中的应用分析与探索. 吉林大学硕士学位论文, 2012.

[4]　江新. 对外汉语字词与阅读研究学习. 北京: 北京语言文化大学出版社, 2005.

[5]　李晓琪. 对外汉语阅读与写作教学研究. 北京: 商务印书馆, 2006.

[6]　马珺. 中国官网新闻网站的现状与发展策略简论. 淮北煤炭师范学院学报(哲学社会科学版), 2007(1).

[7]　苏岩. 微视频发展历史研究. 软件导刊(教育技术), 2011(10).

[8]　王觅. 面向碎片化学习时代微视频课程的内容设计. 华东师范大学博士学位论文, 2013.

[9]　张来亮. 视频辅助初级听力教学初探. 华中科技大学硕士学位论文, 2013.

[10]　周行芬, 刘光磊. 我国新闻媒体网站的现状与出路. 传媒学术网, 2006-01-10.

汉语水平测试现代化与多元化师资培训研究

汉语自适应分班测试系统的设计与开发

喻　驾[1]　沈萱莹[2]

1,2 西交利物浦大学 现代语言中心 215123

[1] jia.yu@xjtlu.edu.cn　[2] xuanyingshen@xjtlu.edu.cn

摘　要：高质量的分班有助于顺利开展第二语言教学，而目前仍然缺少成熟有效、智慧化的汉语分班工具。后疫情时代线上教学的大量开展也迫切需要高效的线上分班测试系统。为更好地提高分级测试的信度和效度，促进测试向经济化、科技化转型，本课题组对汉语分级测试进行研究，以《国际中文教育水平等级标准》的"四维基准"等级量化指标为依据，开发了一套计算机自适应汉语分班测试系统，并在不同阶段进行了预测试，均获得了较为满意的结果。

关键词：分班测试　计算机自适应测试　《国际中文教育水平等级标准》

The Design and Development of A Computer Adaptive Chinese Placement Test System

Yu Jia[1]　Shen Xuanying[2]

1,2 Modern Languages Centre, Xi'an Jiaotong Liverpool University, 215123

Abstract: High-quality placement test benefits the second language learning and teaching. However, there is still a lack of mature, effective and intelligent Chinese placement tools. To improve the reliability and validity, to promote the economization and technicalization of the Chinese placement test, the research group conducted research and developed a computerized adaptive test system based on the "four-dimensional benchmark" from the *Chinese Proficiency Grading Standards for International Chinese Language Education*. Pilot tests have been carried out at different stages, and satisfactory results have been obtained.

Key words: placement test; computerized adaptive test; *Chinese Proficiency Grading Standards for International Chinese Language Education*

0　引言

分班测试（placement test），也称安置测验或分级测验，其目的是估计学生现有语言水平并据此将学生编入合适的课程之中（王佶旻，2014）。分班测试是确保中文国际教学活动顺利开展的重要起始步骤，准确且高效的分级对提高教学效率起到关键作用（郭修敏，2017）。

笔者对国内十所高校的分班测试情况进行调查。各高校现采取的分班方式主要有：自命题试卷、一对一面试、学生自我评估等。这类传统分班方式具有时空受限、效率低、针对性不强等不足；尤其在全球疫情大背景下，国际中文线上教学趋势发展迅猛，分班测试也亟待在线化。目前市场仍缺少有效、成熟的中文分班工具。为实现远程分班，笔者所在课题组开发了一套基于计算机的分班测验（computer based placement test）。该测验的大纲结合了《国际中文教育水平等级标准》（以下简称《等级标准》）四维基准和本校课程大纲，构建了分级题库。在此基础上，课题组进一步开发了一套计算机自适应测验（computer adaptive testing，CAT）。

1　研究现状

1.1　关于汉语分班测试的研究现状

目前，对汉语分班测试的研究主要集中于以下几个方面：（1）对特定分班测试开发过程和结果的实证研究。罗莲（2011）对其单位的分班测试在内容、题型和分数线划分方式等方面提出综合改进意见，并进行了实证测试。结果表明语法、词汇、家庭语言背景、阅读分数是影响学生分班结果的重要因素。郭修敏（2017）参考 HSK2.0 的题型和内容，编制了一套汉语分级测试卷。她阐述了试卷开发不同阶段的问题和思考，在对 97 名学生进行测试后进行分析，证实其难易度、信度均较为理想。这些研究涉及的测试多为传统纸笔试卷。虽经悉心开发的分班测试具有较高的质量，但仍存在阅卷工作量大、主观题评分标准化困难等不足。（2）对汉语分班测试性质、特点的分析研究。陈作宏、邓秀均（2005）认为分班测试应具有经济实用性，需根据教学大纲等级为基准测试开发体系。他们讨论了不同分班方式的优缺点和分班的具体操作原则。柴省三（2011）着重对分班测试的决策准确性进行了探讨，认为不能只以总分为分班依据，建议使用多元聚类分析法以提高学生分班的准确性。崔维真（2017）基于 CEFR 理论框架从多角度对分班测试情况进行了探讨，认为针对不同等级的学生应采用难度不同的试卷，考查的重点也应不同，并提出为提高时效性，分班测试采取机考为佳。（3）对分班测试中特定题型的研究。李海燕等（2003）对口语分班测试题型进行了研究，提出口语分班测试需要采取多种形式，各类题型对不同背景的学生影响不同。任春艳（2007）开发了一套基于汉语基本句式习得顺序的简化分班试卷。虽缩短了分班测试时间，但仍建议与面试结合用于分班。伍秋平等（2017）将汉字认读能力作为汉语能力鉴别指标提高分班测试效率，通过对 140 名学生进行测试，证明汉字认读能力可以有效预测学生的水平。虽然学界对汉语分班测试有许多值得借鉴的研究结果，但分班测试并不是学界研究的热点，我们需承认"学界对分班测试的研究仍十分不足"（郭修敏，2017）。笔者搜寻到的文献资料大部分是基于传统纸笔测验的，而有关基于计算机的汉语分班测试的研究目前相对较少。

1.2　关于计算机自适应测试的研究现状

CAT 的理论基础是项目反应理论（item response theory），利用信息技术手段能够通过考生的作答选择下道最合适的题目。CAT 的突出优点是能够提高考试效率，考生回答更少的题目就能达到传统测试的精度（涂冬波，2017）。CAT 在国外有相对丰富的研究，美国伊利诺伊大学香槟校区的张华华团队长期致力于 CAT 研发，并于 2015 年开发了应用于 HSK 的智能组卷算法和程序（Wang, et al., 2016）。国际学生评估项目（PISA）于 2018 年引入了多阶段自适应技术（MSAT），此技术也在 GRE 等的国际主流测试中得到应用（孙小坚等，2021）。虽早在 2000 年前后，谢小庆（1998）、任杰（2002）已对 CAT 运用于 HSK 做了很多研究工作，但还有许多问题没有解决，也缺乏后续研究。国内相关研究多集中于理论模拟和完善技术等方面。如，程小杨和丁树良（2011）等对选题策略进行了优化研究，王善桃（2009）介绍了 CAT 计算应试者能力值的算法，王鹏等（2013）设计了基于最大信息量法选题策略的大学英语语法词汇 CAT 系统，分析了该选题策略试题曝光率的局限性，提出了解决方法，胡一平等（2016）针对如何实现 CAT 中英语词汇难度量化提出了具体方法，韩少杰、李新涛（2006）对使用相同题库的自适应测试和常规测试进行对照实验，证明自适应预测效度优于常规测试。综上，我国对 CAT 的研究以理论研究为主，缺乏实践应用。为数不多的实证研究的结论后续应用效果也不得而知。近年来，关于语言测试的 CAT 研究多是关于英语测试的，而在国际中文教育中鲜少被运用。

2 在线分班测试的设计和研发

2.1 测试开发步骤

笔者所在单位的分班测试属于低风险测试，且对学生语言水平的估计精确度要求不高，只需分为包括零起点在内的六个级别（更高等级学生则采用综合考查作文水平、背景信息、面谈来进行分班）而无须给出精确的语言能力值。教研组在教育技术团队帮助下，使用了基于 Moodle 平台的插件"Adaptive Quiz"，可较为便捷地实现 CAT。因此笔者希望以此为契机，进行一次 CAT 运用于汉语分班测试的尝试。

CAT 的开发是一个庞大的工程，涉及繁杂的数学模型和计算机技术，其中建立高质量、大规模的题库是重中之重。而课题组面对即将入学的学生，必须及时上线分班测试系统。因此课题组将项目分为两步：首先开发较易实现的线性在线分班测试，并收集数据，分析试题质量、优化试题，估计 CAT 需要的参数；第二步再实现 CAT。

2.2 《等级标准》与测试内容大纲制定

HSK 是权威的标准化汉语水平测试，研究表明以 HSK 成绩为标准的划分方法能很好地揭示学生不同水平的差异（张海威，2018）。而在教学实践中，由于 HSK 成本较高、等级划分与教学实际不匹配等原因，HSK 成绩很难直接作为分班依据（陈作宏、邓秀均，2005）。一些机构根据所用教材来设计分班测试，但笔者认为分班测试跟随教材修改是不合适的。新生的来源背景、学习经历不同，需要用公认的大纲来衡量语言能力，而不是囿于某本特定的教材。很多情况下，命题人参考 HSK 题型和大纲自行命题，但由于原 HSK 考试大纲对汉字、词汇、语法划分较粗，命题人很难把握。2021 年《等级标准》应运而生，将学习者中文水平划分为"三级九等"，创造性地建立了音节、汉字、词汇和语法"四维基准"构成的等级量化指标体系（刘英林，2021）。特别是词汇表将初中等级的词语每等细分为三级，语法等级大纲将语法细化，形成的 572 个语法点被合理分配到不同等级（李亚男，2021），这为界定学生汉语水平、开发不同难度级别的试题提供了可量化、可操作的参考。

课题组根据 Bachman 和 Palmer（1996）提出的能力测验开发步骤进行测试的开发。根据我校课程安排和学生情况，将学生分为六个初中等级。通过将本校 1～6 级别课程大纲学习目标与《等级标准》(一级到四级)比对,整理其对应关系如下:1级——一级;2级——二级;3、4级——三级;5、6级——四级。

诚然《等级标准》发布时间尚短,仍需各位专家和教师的进一步研究解读,且我校的课程大纲制定尚未以此为依据和参照,因此该对应关系较为粗略。《等级标准》作为国际中文教育总体设计、教材编写、课堂教学和课程测试的重要依据,对于国际中文教育具有指导意义(李亚男,2021)。从长远发展角度来看,新时期国际中文教育的课程标准将以此为基础,教材编写和课程开发也将与之配套(刘英林,2021)。因此,《等级标准》中的等级适合作为课程等级划分、学生能力测评的参照。于此次分班测试而言,考查对象为汉字、词汇和语法这三个维度,暂对音节不作考查。在命题过程中,所有试题的设计应基于课程标准,体现标准的基本理念和要求,考查被试对核心知识、技能的掌握情况(涂冬波,2007)。首先,命题组对各级知识点进行考察获得宏观认识。随后,对我校各级别的课程大纲和多本对应教材进行考察,整理出汉字、词汇、语法、情景与功能结合的大纲,再将其与《等级标准》中的汉字、词汇、语法量化指标体系进行比对,重合部分作为考察的核心重点内容,形成初步的测试大纲(罗莲,2011)。命题组再对测试大纲进行调整,删减或增加考察内容。由于等级标准中的三、四级别内容在我校课程体系中各自对应两个难度级别,将综合参考课程内容编排、习得顺序来划分。课题组经过讨论,为每一级别试题编制了命题蓝图,确定题型和题量。命题人由教授该级别课程的教师担任。为提高试题内容效度,命题人出题后,另一名熟悉该级别课程的教师对试题进行审查,并进行讨论修改。

2.3 在线分班测试预测试与反馈

在线分班测试由135道客观题和1道作文题构成,试题按照难度分为6组,每组试题对应本校课程难度。考生从最低级别试卷开始做起,当得分超过阈值时,则晋级到下一难度。得分不足时,则自动被分到对应级别中。在题型方面,除最高级包含1道写作题,其余级别全部都为四选一的选择题,1~4级主要考查学生词汇、语法、阅读理解能力,在5~6级中增加综合能力题。

迄今累计已有8批次共计660余人参加该分班测试。根据结果,课题组进行数据分析,经历了三次修正。最新的测试已有200余人完成,课题组对其中189份有效答卷进行了质量分析。在内部一致性信度的检验中,整套试题的α系数为0.989,每个难度的测试中α系数也均大于0.978,据此可认为该测验具有较好的内部一致性。课题组也对每一题进行了难度、区分度和选项分布情况分析。确保进入正式试卷的题目难度覆盖度大,区分度良好,选择题中每一个干扰项都起到作用(王佶旻,2010)。学生可在课程开始后换班。在最新一批200余名参加考试的考生中,提出换班的人数仅有9人,其中因课程难度换班的仅有4人,这证实了分班的精准度。根据后续问卷反馈,95%以上的任课老师和学生都对分班结果表示满意。

3 计算机自适应汉语分班测试初探

3.1 CAT 理论基础

基于计算机的分班测试相较于传统纸笔测试,突破了时空限制、节约了人力,所得数据也更容易储存和分析;但仍是"一张卷子测所有被试"的线性呈现方式,不具备自适应的智慧化特点。课题组设计了一套运用于我校汉语分班的 CAT 测试，并通过 Moodle 平台插件实现。系统能够根据被试作答情况，通过算法向被试推送合适等级的试题。这样，学生可回答更少的问题而获得语言水平的估测。

CAT 的理论基础是项目反应理论，本测试程序基于项目反应理论中较为简单的单参数模型（1PLM）或称 Rasch 模型：

$$P(X_{ij}=1\,|\,\theta_i,a_j)=\frac{1}{1+\exp[-D\cdot(\theta_i-a_j)]} \tag{1}$$

公式中，P 指的是被试 i 在项目 j 上的答对概率，θ_i 指的是被试 i 的潜在能力值，a_j 指的是项目 j 的难度参数，D 为常数 1.702（涂冬波，2017）。此模型的优点是具有很好的统计学性质，对难度和能力的测量可以充分计量。而缺点是项目区分度、猜测度无法纳入计算（黄勇，2011）。课题组选取经检验区分度高的试题纳入自适应测试题库。

根据《等级标准》的量化指标，题目的难度是相对确定的，而需要预估的是每个级别中问题的难度值。一方面，课题组通过前期测试，记录了所有被试的答题情况，通过建模运算得出参数；另一方面，在此自适应测试运行中，也可收集数据，在实测后进行修正。

3.2　汉语分班 CAT 的预测试与结果分析

目前课题组建立了包含 270 道试题的 1～4 级别课程的题库。所有试题均为四选一的选择题。在初始选题上，选取难度数值中等的题为起始（涂冬波，2017）。在终止条件中，该测试结合了以下三个条件：达到最低测试题目数量（15 题），测量精准度达到预设值（10%），或达到最多题量（30 题）。在今后随着被试增加，积累足够数量数据后将进行科学分析和验证，可通过大数据优化各项参数值设置，以达到测试准确度和效率的统一。

课题组邀请本学期我校留学生参加了预测，共收到 49 份有效试卷。

CAT 的一大优势是对每一被试的作答过程都进行了记录，包含了参与者背景信息、测试起始与结束时间、所有时长、停止原因、得分、测量标准误、所回答的题目及对错情形。同时可生成能力值预估曲线图。如下图 1 展示的是一位得分为 16.72（＋9.9%）的考生预估能力值随着答题情况的变化趋势。该生共回答了 24 题，其预估能力值逐渐平稳，达到了设定的 10% 标准误，因此结束测试，总共所用时长为 18′45″。据此得分该生应被分入 1 级班。而该生正是 1 级班在读学生，佐证了该系统的有效性。

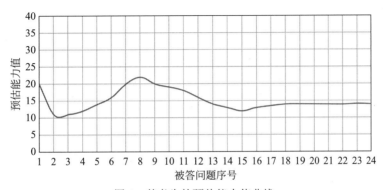

图 1　某考生的预估能力值曲线

在校生所在班级等级是确定的，他们的能力值是已知的，可将他们目前所在班级等级作为效标。课题组将 49 名被试此次分班测试的成绩与其所在班级级别进行了相关分析，结果如下表 1 所示。

表 1　预测试得分与实际等级相关分析结果

		分班测试得分	所在班级级别
分班测试得分	Pearson 相关性	1	.879**
	显著性（双侧）	—	.000
	N	49	49
所在班级级别	Pearson 相关性	.879**	—
	显著性（双侧）	.000	—
	N	9	49

注：**在 0.01 水平（双侧）上显著相关。

上表中 $p < 0.01$，相关系数 r 为 0.879，可认为分班测试得分与学生所处级别具有强的正相关性。一定程度上证明了此分班测试有效。在测试时间上，1、2 级全部在 20 分钟内完成，3、4 级也全部在 40 分钟内完成，相较于纸笔测试需要 60～90 分钟完成，效率极大程度地提高了。不仅如此，在目前由于疫情大部分学生只能远程学习的背景下，该测试能够使学生在正式教学开始前，就高效、精准地进入符合其汉语水平的班级，同时大幅提高了教务排课、教师教学、学生学习的效率。

4　结语

伴随着一系列新理念、新技术的出现，中文国际教育也迅速向着网络化、信息化、智慧化发展。本研究回顾了本单位计算机自适应汉语分班测试系统的开发过程，对预测试进行了检验分析，探讨了每阶段的重点与难点。在制定测试大纲、设置题目难度时，课题组参照了新发布的《等级标准》，各班级水平级别的划分在量化基准的指导下更加明确了。

当前这套自适应测试还处于开发初始阶段，存在很多考虑不周和技术不足之处。首先，本测试的测量模型基于能力单维性假设，没有将不同测量维度纳入编码，而语言能力存在多维性。因此，将多维项目反应理论引入测试是十分重要的（涂冬波等，2011）。其次，更高级别的题库尚未建成，而运用客观题对高级别学生进行评估的操作难度比低级别大很多。最后，开发一个真正科学、有效的自适应测试所需成本是巨大的，需要专业的团队，还需要大量的被试数据。本研究项目还有进一步提高和优化的空间。此项目可视为一线教师将新技术运用于教学实践的一次探索，也可作为将《等级标准》与语言分班测试结合的一次尝试。我们真诚地希望与各位同人进行更深入、广泛地探讨，共同为打造中文国际教育的"智慧学习"（smart learning）而努力。

参考文献

[1]　Bachman, L.F. & Palmer, A.S. *Language Testing in Practice*. Oxford: Oxford University Press, 1996.

[2]　Wang, S., Zheng, Y., Zheng, C., et al. An Automated Test Assembly Design for a Large-scale Chinese Proficiency Test. *Applied Psychological Measurement*, 2016(40).

[3]　柴省三. 关于留学生汉语入学分班测试决策效度的思考. 中国考试, 2011(10).

[4]　陈作宏, 邓秀均. 外国留学生汉语进修班分班测试初探. 云南师范大学学报(对外汉语教学与研究版), 2005(5).

[5]　程小杨, 丁树良. 子题库题量不平衡的按 α 分层选题策略. 江西师范大学学报(自然科学版), 2011, 35(1).

[6]　崔维真. 浅析汉语分级测试的性质. 考试研究, 2017(1).

[7]　郭修敏. 面向 TCSL 的分级测试客观卷开发实证研究. 世界汉语教学, 2017(2).

[8]　韩少杰, 李新涛. 基于英语网络测试系统的自适应测试与常规测试的对比实验研究. 外国语言文学, 2006(4).

[9]　胡一平, 高佳佳, 陆宏. 英语词汇自适应测试系统中词汇难度的判定. 现代教育技术, 2016, 26(3).

[10]　黄勇. 计算机自适应测验技术. 科技传播, 2011(20).

[11]　李海燕, 蔡云凌, 刘颂浩. 口语分班测试题型研究. 世界汉语教学, 2003(4).

[12]　李亚男.《国际中文教育中文水平等级标准》解读. 国际汉语教学研究, 2021(1).

[13]　刘英林.《国际中文教育中文水平等级标准》的研制与应用. 国际汉语教学研究, 2021(1).

[14]　罗莲. 对外汉语教学分级测试实证研究. 民族教育研究, 2011(3).

[15]　任春艳. 关于简化分班测试的实验研究. 语言教学与研究, 2007(6).

[16]　任杰. 在 HSK 考试中如何保证试题的公正性. 汉语学习, 2002(3).

[17]　孙小坚, 宋乃庆, 辛涛. PISA 测试中多阶段自适应测验的实施及启示. 现代教育技术, 2021(6).

[18]　涂冬波, 蔡艳, 戴海琦, 等. 多维项目反应理论: 参数估计与其在心理测验中的应用. 心理学报, 2011, 43(11).

[19]　涂冬波. 计算机化自适应测验理论与方法. 北京: 北京师范大学出版社, 2017.

[20]　王佶旻. 语言测试概论. 北京: 北京语言大学出版社, 2010.

[21]　王善桃. 自适应考试系统应试能力值的计算. 廊坊师范学院学报(自然科学版), 2009, 9(4).

[22]　王鹏, 荆永君, 王海敏. 最大信息量选题策略的自适应测试系统. 计算机系统应用, 2013(6).

[23]　伍秋萍, 洪炜, 邓淑兰. 汉字认读在汉语二语者入学分班测试中的应用——构建建议汉语能力鉴别指标的实证研究. 世界汉语教学, 2017(3).

[24]　谢小庆. 关于 HSK 等值的试验研究. 世界汉语教学, 1998(3).

[25]　张海威. 研究用汉语水平分级测试方法对研究结果的影响. 语言教学与研究, 2018(6).

智慧型 HSK 课程的构建与思考[*]

郝佳璐

北京语言大学 汉语速成学院 100083

Haojialu@blcu.edu.cn

摘 要：智慧教育借助于现代教育技术，向学习者提供适合个人需求的教学服务和支持。为应对后疫情时代国际中文教育事业面临的挑战和 HSK 应试课程的线上教学需求，本文拟从智慧教育视域出发，探究新技术生态下智慧型 HSK 课程的教学平台构建、课程内容设置等问题。我们认为智慧型 HSK 课程将呈现出精准化教学、个性化自适应学习等新特征，有助于实现差异化教学，促进学习成功。

关键词：智慧教育 HSK 课程 精准化教学 个性化自适应学习

The Construction and Thinking of Smart HSK Course

Hao Jialu

Intensive Chinese College, Beijing Language and Culture University, 100083

Abstract: With the help of modern educational techniques, smart education will provide learners with study services and support tailored to individual needs. In order to cope with the challenges faced by international Chinese education in the "post epidemic era" and the online teaching needs of HSK exam-oriented courses, this paper intends to explore the teaching platform construction and course content setting of smart HSK courses under the new technology ecology from the perspective of smart education. We believe that a smart HSK course will present new features such as precision teaching and personalized adaptive learning, which will help realize differentiated instruction and promote study success.

Key words: smart education; HSK course; precision teaching; personalized adaptive learning

0 引言

科技创新间接推动了教育的深刻变革，在教育领域，科学技术最初作为辅助手段推动教育发展和变革。现今将计算机技术、网络技术、多媒体技术等融为一体的现代教育技术在教育领域的应用和普及，为人们提供了多渠道的教育资源，丰富的教育交流手段，创新的教育模式，以慕课、翻转课堂、直播教学等多种网络教学形式丰富了教育的形态。

为主动适应新时代对国际汉语网络教学的要求，拓展国际人文交流，满足中国教育在

---

* 本文受 2022 国际中文教育教改重点项目资助，项目编号 GJGZ202214。

国际服务贸易竞争中的需求，更为了迎接后疫情时代社会急速变化给汉语教学带来的挑战，我们应该在整体的视角下，系统分析当代新技术对于网络教学的影响，在智慧教育的背景下，更新汉语教学管理与指导思想，变革网络教学模式，将新技术充分融入网络教学的全过程。基于此，本文拟从智慧教育的视域出发，结合疫情期间的 HSK 教学需求，探究新技术生态下智慧型 HSK 课程的构建。

1 智慧型 HSK 课程构建的必要性

汉语水平考试证书作为汉语学习者中文水平的证明，是来华留学生申请学校和奖学金项目的必备条件之一，对于有意来华学习汉语专业或非汉语专业的学习者都具有重要意义。自新冠疫情发生以来，大量海外学习者的学习活动受到限制，但对于取得 HSK 等级证书的需求仍然旺盛，由此推动 HSK 教学转向线上授课。

目前常见的线上 HSK 课程根据教学模式的不同可分为两类，一类为直播面授模式，一类为录播慕课模式。直播面授模式课程与传统课堂教学具有相似性，即学生在固定班级中学习，处于一个与他人联系相对紧密、稳定的学习共同体中，有利于学生紧跟教学节奏，在充分沟通和交流中感受到群体动力从而较好地完成学习任务，学习完成度具有一定的保证。但是受到时差、网络条件和个人时间安排等因素制约，传统课堂式线上 HSK 课程可能会造成某些学生学习成本较高，难以面向海外大量学习者进行规模化推广。

录播慕课模式利用教育技术手段降低了学习成本，使得学习可以打破时空限制，利用互联网和移动设备随时随地进行，满足更广泛的学习需求。以北京大学在 Coursera 教育平台推出的 HSK 在线课程为例，截至目前各等级总报名学习人数已达 20 万。然而慕课教学视频均为学习前录制，学习内容固定而灵活性、针对性不足，使得学习者需要去适应课程而非课程适需学习者。加之个人学习容易产生孤独感，多种因素综合导致学习者出现学习动机减弱，甚至中途弃选课程的现象。

因此我们需要既能满足大规模学习的需求，又能针对学习者进行相对灵活、个性化调整的课程。我们认为，在新的汉语国际教学形势下，建设智慧型 HSK 课程可以有效缓解此学习困境。智慧教学的核心是"以学习者为心，实现人的智慧成长"，教师利用现代化数字信息技术和智能设备开展智慧教学，能够更好地对教学过程进行设计、监测与调整，把握学习者学习需求与状态，实现个性化学习，促进教学质量的提高。

2 智慧型 HSK 课程内涵与特征

2.1 课程概述

HSK 课程作为一门侧重于应试指导与测试的专题课程，其教学目的为帮助学习者提高考试成绩，顺利取得等级证书。因此，我们认为应从提高汉语水平和增强考试能力两方面入手，以帮助学习者高效备考，提升考试通过率。

2021 年 3 月 31 日，教育部、国家语言文字工作委员会发布《国际中文教育中文水平等级标准》作为新汉语水平考试（HSK3.0）的重要命题依据和参照。现行 30 多年的汉语水平考试将进行优化升级，但目前原有六个等级考试的考试效力、考试内容、参考词汇及考试形式不变。因此，课程教学内容总体上仍需遵循现有 HSK 考试大纲标准。

为向学习者提供"适需"学习服务，智慧型 HSK 课程内容构建应以知识模块为"点"，构建多层次教学系统。课程结构的第一层级按教学目的分为三大教学模块：语言知识习得模块、考试技能训练模块和综合测试模块。三大模块围绕选定教学主旨涵盖一定数量的子模块，作为第二层级。第三层级为在各子模块内划分出多个教学单元，以全面覆盖知识点。

语言知识习得模块以提高学习者汉语水平为主旨，综合听、说、读、写四项语言基本技能与语音、汉字、词汇、语法四维语言要素建立四个子模块，各子模块由语言知识技能教学和单元测试两部分组成。考试技能训练模块则按照 HSK 考试真题题型分为听力专项、阅读理解专项和书写专项三个子模块，均包含考试重点与难点分析、答题技巧指导和单元测试题。综合测试模块为 HSK 模拟考试题库，供学习者模拟自测考试成绩。

基于疫情期间进行线上教学的使用感受和对多个教学平台的比较，我们认为目前超星学习通平台较为适宜开设智慧型 HSK 课程。超星学习通平台面向智能手机、平板电脑等多种移动终端，开课后教师可以随时管理教学内容，检查学生个人学习情况；学生端海外注册简便，使用界面易操作，因此超星学习通平台可作为主要教学媒介使用。同时，使用微信应用程序作为辅助教学媒介可以帮助教师与学生将即时联系延伸至学习前与学习后，实现学习全过程的深度交互。

2.2　智慧型 HSK 课程呈现出的新特征

智慧型 HSK 课程的核心是能够实现差异化教学和个性化学习，让学习者感受到自己才是学习活动的中心。由此我们认为，智慧型 HSK 课程应呈现出以下两个新特征。

2.2.1　基于数据支持的精准教学

20 世纪 60 年代美国学者提出精准教学概念，其最早应用于特殊教育领域，后推广到全美普通学校教学中。其核心为观察学生的学习行为，将观察结果进行量化记录并根据数据调整教学计划，通过为学生提供更为适合个人情况的教学以提高教学效果。得益于现代教育技术的发展，我们可以在智能教育平台上，充分运用数字信息化技术对学习者的多方面表现进行观测和统计。学习通平台能够记录学生观看视频、完成学习任务的行为轨迹，包括学习时长、反复观看区间、任务完成数量等多项内容并以可视化方式呈现。在数据挖掘和分析的支持下，教师能够从学习者的行为、认知、情感三个维度进行分析，在全学习过程中实现精准化教学（见图 1）。

（1）学习准备阶段。HSK 考试为标准化水平测试，而对外汉语教学一般以教材为教学中心，学习者未必了解与自己语言水平相对应的 HSK 等级，因此进行课程前测是十分有必要的。课程前测包括学生背景调查、学习经历调查和标准化水平考试三部分。智慧学习平台首先对学习者的背景和学习经历进行量化分析，然后根据预设条件向学习者发送测试题，最后教师将综合考虑学习者的个人情况和考试成绩，为其推送等级适宜的学习方案和课程资源。

（2）学习过程阶段。教师作为课程的设计者和管理者，可以通过学习通的教师端口收集学习行为数据和学习表现数据，由此获知学习者的学习偏好、学习需求和学习风格等特征，

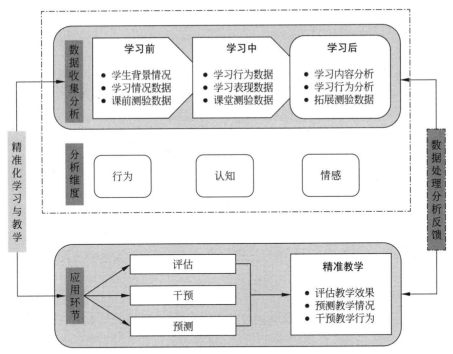

图 1　基于数据分析的精准化教学模型

以便追踪、评估学习者的认知水平和学习状态。数据分析能够支持教师实行精准化教学干预和管理；为不同认知水平的学习者推送适合自身最近发展区的学习资源；引导同质群体进行小组讨论、合作学习；预测学习者可能出现的学习困难，提供针对性教学指导。

此外，学习者与教师沟通的频率、论坛参与的程度、发言内容中的情感倾向等数据能够在一定程度上反映其心理状态，教师可以借助观察学习者的交流情况关注学习者是否会产生孤独感、挫败感等消极不良情绪，及时给予情感支持。

（3）学习后阶段。学习者的学习过程在进行课程测试后结束，但对学习者的观测和记录在课程结束后还将延伸一段时间。因此学习后阶段的数据收集分为两部分：一部分为学习者的课程测试数据，用于整体教学效果评估；一部分为追踪调查结果数据。本课程的教学目的是帮助学生通过 HSK 考试，通过课程测验并不代表教学目的的真正实现。因此在学习者参加 HSK 考试之后，还将发放问卷调查学习者的考试成绩和课程学习感受，找出本次教学中未能解决的学习问题。基于此两部分数据的反馈，教师对教学资料进行有针对性的补充和调整，于下一轮教学中提供更为精准的教学指导。

2.2.2　灵活自由的个性化自适应特征

海外学习者在语言水平、文化背景等方面的情况较来华留学生更为复杂，他们的习得方式、学习系统也存在巨大差异。智慧型 HSK 课程由多层次教学模块组成，各个模块之间相对独立而又互有联系，允许学习者根据自己的认识水平和教师建议形成个性化的学习方案，自由选择学习内容与决定学习进度。智慧学习平台能够根据学习者的学习数据自动推荐下一学习模块，辅助学习者调整学习路径，达到学习目的（见图 2）。因此，智慧型 HSK 课程又体现出个性化教学、自适应课程的特征。

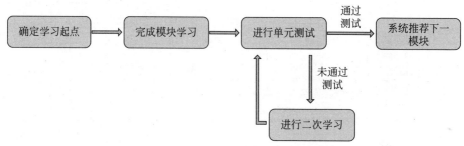

图 2   个性化自适应的学习路径

学习者的个人情况和学前测试结果是帮助学习者确定学习起点的基础，学习平台向不同起点的学习者推荐不同的学习模块。学习者可以在本模块内下载学习资料文本、在线观看教学视频、完成本课练习和提交作业。完成学习任务后学习者必须参加单元测试，只有达到单元测试要求才能进行下一步学习。若无法通过测试，则系统会根据本次测试结果推送有针对性的补充学习材料，学习者可以进行二次学习后再次完成单元测试。通过后就可以继续下一模块的学习。

例如一位前测结果中书写部分成绩不理想的学习者，系统会判定为其汉字认读水平不足，将该生的学习起点定位在相应等级的汉字教学。学习者可以先通过观看汉字教学视频了解汉字的发音、字形字义、常用词语组合，然后使用汉字认读闪卡练习记忆、看拼音写汉字、组词游戏等多种练习手段经过反复强化以熟练掌握所学内容。反之，如果学习者在前测结果中显示出了较高的汉字水平，系统认定为无须进行汉字教学，则会在之后的学习内容推送中略过汉字教学模块。

以上为智慧型 HSK 课程的基本学习路径，而学习者如果认为推荐课程内容较为简单，也可以先使用单元练习自测，若达到要求成绩则可跳过此单元进入其他内容。综合测试模块的模拟考试系统设置为学习者通过考试后就可以结束本次学习；但如果学习者通过考试后，认为本次成绩不够理想也可以要求多次参加，系统允许无限制的学习次数，直至学习者取得满意的成绩为止。即在智慧课程中学习路径和进度是可以随时改变的，根据学习者目前教学项目的认知程度由教师推荐或学习者自己决定下一步学习内容。

构建具有自适应特征的智慧型 HSK 课程，需要教学资源充沛、形式多样，教学内容针对不同的学习需要，考虑到不同的语言水平和文化背景。教学模块尽可能划分细致、层次丰富、结构组成灵活，让学习者能够充分地实现自由的个性化学习。尊重个体差异能够尽量实现有效学习，帮助学习者个人成长，避免因自身认知水平高低不一、学习影响因子不同而导致某些学习者出现不适应课程内容进度的问题。

2.3 智慧型 HSK 课程的优势

首先，智慧型 HSK 课程可以满足海外大规模学习需求。得益于现代教育技术的发展与个人移动终端的普及，参与智慧型 HSK 课程的学习者不必再拘泥于一个固定的时间和地点，而是连接网络就能即时获取视频、文字材料、教师指导等多种学习资源，实现无时无处都可进行的泛在学习。关注焦点因此从学习环境、设备工具等外部因素集中到学习活动本身上来，学习者得以更加专注于自身指导和个人成长。

其次，智慧型 HSK 课程以学习者为中心、以学习任务为焦点，实行教师精准化教学与学生个人自适应性学习相结合的教学模式，使得学习者能够灵活自由地学习，高效强化薄弱环节，显著提高 HSK 考试成绩。较高的学习获得感有助于维持学习者的学习动机并保持学习状态持续。同时，教师基于对学习全过程的多维度监测及时为学习者提供情感支持，也有助于提高学习者的心理认同感，从而促进学习成功。

3　结论

中国经济近年来持续蓬勃发展，国际地位日益提升，使得汉语学习需求在后疫情时代仍不断增长。据不完全统计，目前全球正在学习中文的人数超过 2500 万，累计学习使用人数接近 2 亿。2020 年 6 月以来，全球 100 多个国家和地区的 40 余万名考生参与了居家网上汉语水平等级考试。在后疫情时代，为了能够更好地应对汉语国际教学的新形势、新变化，化危机为生机，变被动为主动，也为了向汉语学习者提供更优质的教学服务，我们应借助大数据、云平台、人工智能等科学技术的力量，进一步创新教学模式、改变教学理念，发展智慧学习视域下的国际中文教学，以技术手段推动教学模式创新，以智慧教育助力 HSK 课程变革。

参考文献

[1]　林秀瑜. 泛在学习环境下微课的学习模式与效果研究. 中国电化教育, 2014(6).

[2]　孙先洪, 张茜, 邵越, 等. 外语慕课平台自适应性评价指标验证研究. 外语技术教育研究, 2021(1).

[3]　吴文妹. 智慧课堂　智慧校园　智慧环境——新时期智慧教育发展的阶段性及其建设. 教育理论与实践, 2021, 41(25).

[4]　徐娟. 从计算机辅助汉语学习到智慧汉语国际教育. 国际汉语教学研究, 2019(4).

[5]　叶宇平, 何笑. 智慧教育引领教学方式新变革. 高教发展与评估, 2020, 36(4).

[6]　周奎, 徐建俊, 徐耀. 基于云课程平台的智慧型课堂探索与实践. 中国教育信息化, 2018(24).

[7]　祝智庭. 智慧教育新发展：从翻转课堂到智慧课堂及智慧学习空间. 开放教育研究, 2016, 22(1).

人工智能在汉语口语测试中的阶段性应用

澳门科技大学 国际学院
xshijun1218@163.com

摘　要： 随着人工智能技术水平的不断提高，越来越多的人开始关注其与教学过程的结合。本研究则以汉语口语测试为切入点，依据测试的不同阶段，将其分为诊断性评价、形成性评价及终结性评价三部分，并探讨人工智能技术与之相结合的具体应用步骤及实际意义。人工智能在汉语口语测试中的运用，有利于教学者得到及时的教学反馈，同时为二语学习者创造良好的学习氛围，提高了汉语口语测试的公正性。在疫情时代背景下，对于使用线上线下混合型教学的汉语国际教育具有重要意义。

关键词： 汉语口语教学　人工智能　计算机辅助技术　评价类型　二语习得

A Staged Application of Artificial Intelligence in Chinese Speaking Test

Xiao Shijun

Macau University of Science and Technology

Abstract: With the continuous improvement of artificial intelligence technology, more and more people have started to pay attention to its integration with the teaching process. This study, however, takes the spoken Chinese test as an entry point, divides it into three parts according to different stages of the test: diagnostic evaluation, formative evaluation and summative evaluation, and discusses the specific application steps and practical significance of the combination of AI technology with it. The use of artificial intelligence in the spoken Chinese test is beneficial for the pedagogues to get timely teaching feedback, while creating a good learning atmosphere for second language learners and improving the fairness of the spoken Chinese test. In the context of the epidemic era, it is of great significance for international Chinese language education using online and offline hybrid teaching.

Key words: teaching spoken Chinese; artificial intelligence; computer-assisted technology; types of evaluation; second language acquisition

0　引言

汉语口语课程作为对外汉语教学课程中的专项技能课，在汉语教学中占有重要的地位。口语技能课程主要目标在于培养学生运用汉语进行口头交际的能力，不仅要求学生掌握语音、词汇、语法等语言知识，而且能够在日常活动交际中恰当、得体地运用语言知识，故对学习者的汉语口语能力进行及时检测也在教学中具有重要作用。在此，笔者将汉语水平口语测试依照进行评价的时间、评价的目的，将其分为诊断性评价、形成性评价及终结性评价；并在此基础之上，结合当前的计算机辅助测试技术水平及应用，探讨将人工智能技术应用于汉语水平口语测试各个阶段的可能性及意义。

1 现状综述

笔者从现有的计算机辅助测试技术入手，分析当前使用的机考测试类型，探讨将人工智能技术与汉语水平口语测试的不同评价类型相结合的可能性及意义。

1.1 计算机辅助测试回顾

计算机与语言测试相结合的过程是漫长而又曲折的。语言学家李筱菊（2001）将其发展进程概括为五代。第一代被称为计算机化（computerized）语言测试。在此阶段里，受试者往往是将答案输入进计算机中便可计算分数，且试后将答案储存在机内，加强试题的保密性（test security）。第二代为调试性语言测试，这一代语言测试在个性化方面取得了一定进步，但由于人工智能开发的落后，在互动化方面并未达到理想的效果。第三代则是多种技术综合运用的多媒体语言测试。与前两代相比，第三代提升了考试的个性化、情景化概念，为受试者提供了真实的语言环境。第四代语言测试实现了从静态到动态的转变，将考试的焦点由结果转移至过程。但仍受到技术的限制，不能对被试者做出动态的考试分析。第五代语言测试称作智能化测试。第五代技术实现了用符合的形式变为计算机的知识库（knowledge bases）。以知识库为系统，计算机拥有理解、分析、判断、推理等能力，从而达到考试的个性化、情景化、互动化、智能化。

1.2 计算机适应性测验

计算机适应性测试（computerized adaptive test，CAT）是根据被试者特征进行个性化测试的一种形式。它是以计算机为媒介，基于项目反应理论（item response theory，IRT）的非线性语言测试。在 IRT 理论的基础上，Birnbaum 提出了 Logistic 单参、双参、三参模型。这些模型为每一道题的难度、效度、区分度，以此可以衡量被试者的能力水平，也能够有效地考查被试者的个体水平及差异（简小珠等，2011）。

计算机适应性测试以项目反应理论为基础建立题库，根据考生当前的作答反映来判断接下来适合考生的题目，以此进行重复判定、作答，直至达到终止实验的标准，以此标志实验完成（刘美美，2020）。

1.3 自然语言处理

自然语言处理（nature language processing，NLP）是人工智能和语言学领域的交叉分支学科，指通过计算机利用算法模拟人类的自然交流，如写作、说话等过程，能够理解并运用人类的自然语言，自动简化人类将语言转化为计算机语言的复杂过程。自然语言处理大致可分为两大领域：自然语言理解（natural language understand，NLU），即计算机能够自动理解语言的意义；自然语言生成（natural language generation，NLG），指机器能够通过自然语言文本表达其运算结果。

1.4 口语机考现状

传统计算机口语考试较多采用人机交互的方式，将考生对考题的回答使用计算机多媒体设备进行录制，在评分阶段回收至阅卷老师处评阅。起初多应用于英语口语测验，包括托福网络考试（TOFEL iBT）、Versant for English 考试、外教社大学英语口语考试系统（SFLEP college English Oral Test System）等。在自然语言处理技术的基础上，已有实用的评分系统，如 Versant for English 考试已经可以对短句朗读、短句重复、造句题型等进行自动评分。另外，科大讯飞公司研发的朗读题自动评测引擎对朗读题进行的自动评分也得到了有效性验证（张云梯，2008）。

计算机辅助在汉语水平口语测试方面的应用，如商务汉语考试（BCT），采用计算机半自适应考试形式，依照考生自身特点及需要进行口语表达能力考查。又如 Oral Proficiency Interview-computer（OPIc）考试，测试开始前先对考试者进行背景调查和能力评估，提供有针对性的定制问题供考生作答，最后通过 CAT 模型，根据第一阶段答题结果进行第二阶段的问题设计，以此避免背诵答案，能测试出真实的语言能力。

2 研究构想

2.1 诊断性评价方面

诊断性评价是指在教学活动开始前，对学习者的学习准备程度进行测评，其鉴定与评价结果会影响教学活动，一般设置在课程、学期或学年开始前，方便教师采取适当的教学措施，保证教学活动的有效性。汉语口语教学要求学生在完成学习后不仅能够掌握语音、词汇、语法等知识，更能够在实际生活中灵活使用口语进行表达。这种教学目标导致了汉语口语教学的特殊性，让课堂中的每一个学生都能够开口"说"，成为教师应关注的重要问题。但受到班级人数及教师课堂精力的限制，传统教学模式很难将教师的关注度平均放置在班级内每个学生身上。

在"互联网＋教育"的推行下，国内许多中小学推行智慧课堂系统进行教学。也可将此运用在对外汉语教学方面，搭建汉语口语智慧课堂系统，实现智能化时代下的信息交互、学术学情分析技术，优化现有课堂教学流程，改变教师单独输出型的授课模式，打造高效的智能互动课堂，让每一位汉语学习者在学习过程中都有机会开口说话，促进学习者的个性化发展。其具体构建为：（1）课前，教师通过汉语口语智慧课堂系统布置课前诊学单，让学生在现有的知识基础上完成练习并提交；系统收集学生的学习数据后进行作业质量分析，并将学习问题数据总结发送至教师端。（2）在授课过程中，教师通过活动式教学，以合作学习及分组策略为基础，根据学生的不同学情进行分组教学，按照不同学习水平进行分段式教学或互助式教学，进一步形成合作学习的小组诊断性评价数据。（3）课后，教师可依据课前的任务练习，对不同学生布置针对其"薄弱点"的任务，从而实现精准化教学，让每个学生都有机会开口说中文。如图 1 所示：

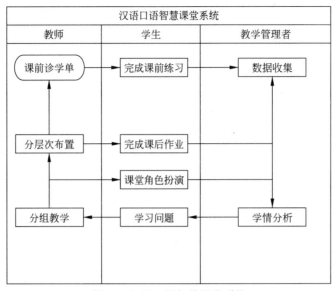

图 1　汉语口语智慧课堂系统

2.2　形成性评价方面

　　形成性评价是在课程建构、教学和学习的过程中为改进这些过程而进行的系统性评价，它在评判学习有效性的同时对教与学进行及时调整，确保过程的有效性，促进目标的达成。新冠疫情发生以来，全世界范围的线上教学触发了国际教育领域的急剧变革。线上教学与线下教学的混合式教学生态在未给教育界试错机会的情况下形成（宋晖、白乐桑，2020）。而翻转课堂（flipped classroom model，FCM）的新型教学模式在汉语口语课堂中被教师普遍使用。要求学生在课前完成知识的学习，在课堂上完成知识的吸收和内化，在课后实现知识的拓展和延伸，将传统教学过程的步骤颠倒（钟小立，2015）。利用人工智能手段，可以在智能平台放置本节课有关的知识内容及思考问题作为阶段性内容测试。通过系统收集学生的平台学习时长、学习过程中的行为方式及作业完成状况，对学生进行"画像"，准确了解学生的在线口语学习情况，便于日常对学生学习情况进行观察。其实施的具体步骤如下：（1）建立学生学习行为及过程信息库：要求记录学生的学习数据，如课前口语学习时长统计、观看口语学习视频次数统计、课中学生开口练习口语的频率、参与课堂活动统计，以及课后学习任务单结果音频统计等具体信息；（2）建立形成性评价模型：通过层次分析法和 TOPSIS（technique for order preference by similarity to an ideal solution）构建传统的形成性评价模型，对学习数据不同的学生进行分类；（3）建立自适应学习系统：通过计算机辅助系统（CAT），根据学生的作答，自动为学生分配适当难度系数的学习任务清单；（4）建立学生分类及分析系统：要求平台记录学生在某一段时间内的学习数据并进行分析整合（如偏误统计），形成个人学习档案；（5）建立教师智能反馈系统：要求系统在收集学生信息并进行分析后及时传输至教师端，教师可根据反馈数据记录观察日记，对不同数据的学生进行个性化教学。

2.3　终结性评价方面

　　终结性评价是指对教育活动效果进行总结性评价，侧重对教学活动的结果评定。在汉语口语教学的过程中，学期中、学期末的测验及为取得资格证书进行的汉语水平考试都为终结性评价。本研究在此将以汉语水平口语考试为例，探究人工智能对终结性评价的影响。

汉语水平口语考试（Hanyu Shuiping Kouyu Kaoshi, HSKK）为新汉语水平考试（HSK）的口试部分，是为非汉语母语学习者设立的衡量汉语口语水平的国家级考试，其成绩是目前汉语学习者申请中国院校必要的口语能力凭证。HSKK 当前采用半直接型口语测试，即考官与考生在不接触的情况下，根据考生的录音样本给出成绩（王洁，2020）。疫情时代背景下，这种线上考试的方式被广泛运用。由于受到音频设备等客观因素以及考官听感主观感受的影响，测试缺少公平性。另外，半直接型口语测试的方式会使学习者在考试前无法得到精确成绩数据，不利于进行考前模拟自测。

根据 HSKK 三种级别考试的不同题型，在设计时将其分为"听后重复""听后回答""听后复述""朗读""看图说话""回答问题"六个类别。针对每一种题型测试的信度和效度，结合当前可达到的人工智能技术，对其进行"智能化"的测试平台构建。本研究设计的测试平台主要包括五个层次：资源层、应用层、认知层、感知层以及基础层，其具体实施如图 2 所示：

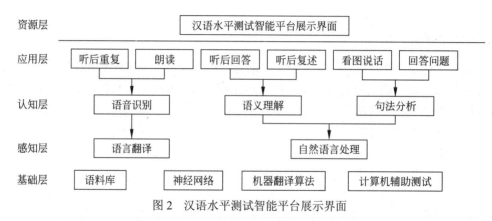

图 2　汉语水平测试智能平台展示界面

（1）在大数据语料库的基础上，利用语音识别及语音翻译技术，对学习者在"听后重复"及"朗读"题型的语音输入利用关键词进行匹配、分析、评分。（2）基于神经网络模型及计算机翻译算法，利用自然语言处理技术，针对学习者在"听后回答"及"听后复述"题型的语音输入进行语义理解处理，并结合大数据语料库进行精确评分。（3）以神经网络模型和计算机翻译算法为基础，利用自然语言处理技术，对学习者在"看图说话"及"回答问题"题型中的语音输入进行句法分析处理，并将考生的语音输入与提前输入的标准答案（得分字、词、句型结构）依照相关性进行评分，以具体分数划分评分等级（如高评分的相关性需维持在 70%～100%；30%～69%为中评分；30%以下为低评分）。（4）水平测试智能平台在计算机适应性测验模型下会自动储存同一账号内的多次测试数据，并自动为考生分配适合的题型。CAT 的选题策略通常为，先从题库中为考试选取符合考生当前能力水平的题型供考生作答。若考生在该难度的题目中不会作答，那么难度高于该题目的题型将不会分配给考生作答。同时在考生的语音输入过程中，平台会进行精确打分并统计失分点，在测试结束时，会形成完整的记录作为考生接下来的学习的参考。如图 3 所示：

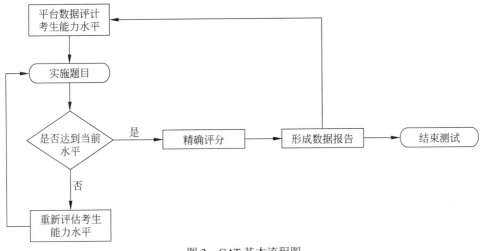

图 3 CAT 基本流程图

3 研究意义

人工智能技术的运用贯穿汉语口语教学的各个阶段，可分别应用于诊断性测验、形成性测验、终结性测验当中。其在学生背景信息收集、学情分析、学况总结中均会对汉语口语学习者产生极大的影响，同时根据人工智能反馈的数据信息，也会对教师的教学活动安排产生影响，故笔者在此将从学习者、教学者及汉语口语测试本身所受到的影响进行分析。

3.1 对学习者的影响

克拉申针对二语学习者在学习过程中产生的问题提出了五个假说，包括习得—学习假说、自然顺序假说、监控假说、情感过滤和输入假说。其中监控假说指在语言输入过程中对所学的语法、规则等语言进行检查和更正，过多和过少的监控都会导致学习效果的不理想。而人工智能平台则可以发挥其极大的优势，利用数据收集、数据分析手段，在汉语学习者学习的不同阶段对其学习情况进行适时的监控。

情感过滤假说指的是，在学习第二语言的过程中，情感因素起到很大的作用。情感过滤就像一个屏障，虽然不直接影响学习结果，但可以阻止可理解性输入（comprehensive input）到达大脑。因此有效的学习环境需要低风险（low risk）、低焦虑（low anxiety），以此提高学生的学习兴趣，产生积极的学习效果。而人工智能口语测试平台则在极大程度上能够为汉语学习者创造低风险、低焦虑的学习环境。其理由有以下两点：一是为学生提供专属个人账号，建立个人汉语口语学习档案，学习数据全部保存在系统当中，只有学习者本人及授课教师可查看，提高了学习成绩的私密性，创设了安全的学习环境；二是智能口语测试平台可以为学习者提供随时随地、想测就测的便利条件，通过电脑端乃至手机端便可进行操作，为学习者创造了轻松、自由的学习环境，可在一定程度上减少口语学习者的焦虑情感。

人工智能技术在汉语水平口语教学中的全面应用，有助于学习者在进行汉语水平口语测试（HSKK）之前进行多次模拟测验。在汉语学习过程中的任何阶段性测试中，利用平台数据记录，教师均可针对学习者的具体学习难点进行课程设计、注意课程重难点及在考试前进行查缺补漏，并依照其学习特性进行具体问题分析，有利于学生的个性化学习。

3.2 对教学者的影响

翻转课堂（FCM）在汉语口语教学中与人工智能的结合，要求教师在教学过程中注重"情景"的创设，积极利用智慧课堂系统分享资源，积极在平台当中与学习者进行互动、交流。在教学活动开始前，使用人工智能技术进行诊断性评价，掌握学生的课前诊断数据。在教学活动过程中，根据已知的学习数据状况，及时调整课程内容，以适应学习者当前的学习水平，并根据系统中的"学生画像"安排学习者进行分组合作学习，为学习者创造轻松的汉语学习氛围。

3.3 对汉语水平口语测试的影响

汉语水平口语测试（HSKK）现采用半直接型测试方式，即考官与考生在不接触的情况下，根据考生的录音样本给出成绩。这种测试方式易受网络因素、音频设备因素、传输因素以及不同考官审阅试卷风格和主观情感因素的影响，导致考试得分不均衡、得分缺少客观性。而通过智能汉语水平测试平台，考生可直接向智能设备语音输入，并对其进行即时语音同步，进行多平台传输，提高考试的时效性。考试结束后，考生可以得到智能评分反馈。与传统人工评分相比，减少了由于客观因素导致得分结果不均衡的状况出现。人工智能的准确性及客观性可将评分误差降到最低。另外，通过云端考试系统，可实时监测考试全过程，在一定程度上也相应提高了测试的公平性。

4 总结

本研究从汉语口语教学中不同的测试阶段入手，根据口语机考运用现状，分析其在汉语水平口语测试中的可行性。说明了在诊断性测试、形成性测试及终结性测试中学习者运用人工智能辅助的学习过程，并结合学习者在二语学习中的特点，为教学者提供基于大数据评价体系下的教学行为指导。教学者可通过测试平台及时、准确地对学习者进行反馈，以便为汉语口语学习者创造安全、轻松的教学环境。人工智能在汉语口语测试中的运用，对于当前时代背景下的在线教学，及未来大数据评价体系下的面对面教学都具有一定价值。

参考文献

[1] 北京语言大学汉语水平考试中心. 中国汉语水平考试大纲(高等). 北京: 北京语言大学出版社, 2003.

[2] 简小珠, 张敏强, 彭春妹. 计算机自适应测验的测试流程与测试技术. 教育测量与评价(理论版), 2011(12).

[3] 李晓, 刘正刚. 大数据形成性评价下的翻转课堂精准教学模式. 杭州电子科技大学学报(社会科学版), 2020(3).

[4] 李晓菊, 周红霞. 第二语言习得与英语教学. 考试周刊, 2008(16).

[5] 李宇明, 李秉震, 宋晖, 等. "新冠疫情下的汉语国际教育：挑战与对策"大家谈(上). 语言教学与研究, 2020(4).

[6]　刘美美. 计算机适应性在语言测试中的应用及其流程. 语言规划学研究, 2020(1).

[7]　莫刘刘. 基于高校学籍数据分析的学生画像初探. 现代信息科技, 2018(6).

[8]　王洁. HSKK 口语高级测试任务输入语的设计与改进——一项基于 HSKK 与托福 iBT 的对比研究. 2020 对外汉语博士生论坛暨第十三届对外汉语教学研究生学术论坛论文集, 2020.

[9]　吴会芹. 用现代化手段辅助语言测试. 外语电化教学, 2006(3).

[10]　许希阳. 汉语口语测试研究. 云南师范大学学报, 2005(5).

[11]　尹强. 克拉申第二语言习得理论在英语在线教育中的应用. 农家参谋, 2019(15).

[12]　张云梯. 基于计算机的口语考试中的一些问题的分析及改进方案. 中国科学技术大学硕士学位论文, 2008.

[13]　赵德成. 教学中的形成性评价：是什么及如何推进. 教育科学研究, 2013(3).

[14]　钟小立. 翻转课堂对二语学习者交际意愿影响的实证研究. 当代外语研究, 2015(4).

[15]　周洁如. 基于大数据特征的教学形成性评价策略探析. 广西广播电视大学学报, 2018(2).

[16]　周欣宇, 李尘, 潘春艳. 智慧课堂系统下平板互动和诊断性评价在语文教学中的应用. 教育观察, 2019(30).

[17]　朱丽红. 机辅测试对普通话测试活动的影响及发展方向探讨. 三峡大学学报(人文社会科学版), 2014(1).

普通话声调经验对感知粤语声调的影响[*]

张 婷[1] 何沭思[2] 李 彬[3]

[1,2,3] 香港城市大学 翻译及语言学系
[3] binli2@cityu.edu.hk

摘 要: 母语经验影响成人习得其他语言的语音。本文选取普通话母语人听感粤语声调来探讨这一议题,借用知觉同化模型检测了粤语双字词中的声调与普通话声调在听感上的相似度,同时验证了语音环境对声调感知的影响。我们发现粤语中平调较多被同化为普通话第一声,粤语低平调被同化为普通话第三声,粤语低降调则没有对应被同化的普通话声调。声调在双字词内的位置也影响了感知结果。除了高平和低降调外,粤语其他声调在词首更多被同化为普通话第三声,这与普通话第三声在语流中的变化有关。另外,粤语低平调在词尾时更不易被同化为普通话的声调类别,这与普通话较少在词尾出现低降调有关。总之,声调感知受母语语音和音系经验影响,这对声调语言的语音教学有一定的启发意义。

关键词: 声调感知 粤语 普通话 知觉同化 声调环境

Effects of Mandarin Tonal Experience on Perception of Cantonese Tones

Zhang Ting[1] He Mosi[2] Li Bin[3]

[1,2,3] Department of Linguistics and Translation, City University of Hong Kong

Abstract: Adults' second language (L2) acquisition, including that of speech sounds, is affected by their first languages (L1s). Aiming at the impact of L1-L2 shared features in sound inventories on L2 speech acquisition, our study adopted the Perceptual Assimilation Model to examine assimilation of Cantonese tones into Mandarin tonal categories by Mandarin learners of Cantonese. We also assessed effects of phonetic contexts on tone perception by varying positions of tones within bi-syllabic words. Results showed that Cantonese mid-level tone (CT3) and low-falling tone (CT4) were perceptually similar as Mandarin high-level tone (MT1) and falling-and-rising tone (MT3) respectively. Cantonese low-level tone (CT6) could not be assimilated as Mandarin tones. CT4 at word-final positions were less frequently assimilated than word-initially. Except the high-level tone (CT1) and CT6, all other four tones in Cantonese at word-initial positions were assimilated as MT3 more frequently than they were at word-final. The perceptual asymmetry can be attributed listeners' experiences in tone sandhi of MT3 in connected speech and in allotones of others in various tonal contexts. Our study confirms that perception of L2 tones by tonal speakers is affected by both phonetic and phonological factors in L1 and L2. Our findings also provide implications to teaching and learning Cantonese tones.

Key words: tone perception; Cantonese; Putonghua; perceptual assimilation; tonal context

---

* 本研究部分资金支持来自香港城市大学 TDG#6000737 项目。李彬为本文通讯作者。

0 引言

二语语音习得中学习者会自觉或不自觉地把目标语语音与母语对比，二者的相似相异度都影响感知结果（Li, et al., 2012；Li, et al., 2017；李彬等，2018）。过往对二语习得中元音和辅音的研究深入细致，促生了众多跨语言语音感知理论和模型，如 Best（1995）的知觉同化模型（perceptual assimilation model）。这一模型提出跨语言感知比较可能发生在两个层面上，即语音同化（phonetic assimilation）和音系同化（phonological assimilation）。首先，语音范畴在母语和目标语体系中如有对应，那么感知也相应同步。这一现象在前人的元音、辅音和声调感知实验中都有汇报，如美式英语人认为德语元音/i, ɛ, a, u/分别对应其母语的/i, ɛ, a, u/（Levy，2009），他们的感知同化结果与这两组元音对应结果相符。另外，语音的声学特征也影响语音感知，如众所周知日语人分不清英语的/ɹ/和/l/（Logan, et al., 1991）。英语的这两个辅音发音区别在圆唇，而其主要的声学区别特征是第三共振峰（F3）在辅音到元音过渡段的走势，但日语的辅音/r/和其语音变体/l/之间主要区别在第二共振峰（F2），造成日语人的感知偏差（Iverson, et al., 2003）。同样的现象在声调感知研究中也有发现，如有普通话经验的粤语人会将普通话高平调和升调同化为粤语中的对应的高平调和升调（So & Best，2010），表明了语音中的声学相似度对感知的影响。其次，在音系层面，二语学习者会把目标语音系类别同化为跟其有相似词汇功能的母语类别。如在声调感知中，粤语人对普通话的高平高降调易混淆难区分（Li, et al., 2017），并且会将这两个声调都同化为粤语的高平调（Leung，2008），这是由于高降调是粤语高平调的一个调位变体（allotone），在粤语较多词汇中与高平调互用（Yu，2007），因此即使高平高降调在语音声学特征上差异明显，但在音系层面有共用情况，所以粤语人对这两个声调呈现音系同化现象。

1 普通话、粤语声调感知

普通话和粤语都使用声调，但两个系统的声调数量、调型、调值等都不同。普通话有四个声调（后文缩略为 MT1-MT4），而粤语有六个声调（CT1-CT6）。两个系统都包含高平调和高升调，但粤语还有中、低平调和低升调，而普通话则用先降后升的曲折调。两个系统也都有降调，但普通话的降调起始值较高（五度值标识为5），而粤语降调起始值较低（调值为2）。

前人的研究表明调型和调值在这两个声调系统的相互感知中起到重要作用。例如，粤语人将普通话第三声感知为粤语第二声高升或第四声低降（So，2012），这与粤普声调之间的相似度有关：粤语第四声为低降，与普通话第三声的前半段调值和调型一致；而粤语第二声高升的升势则与普通话第三声后半段调型一致但调值略高。在音系层面，声调感知与其声学相似度不完全一致。如上文提到有一定普通话经验的粤语人会将普通话第一声和第四声都同化为粤语高平（Li, et al., 2017），不能区分普通话这两个声调（Hao, 2012）。没有普通话经验的粤语人同样会将普通话第四声感知为粤语高平调，而对普通话其他三个声调则没有音系同化，即对这三个普通话声调的判断都以语音表现为准，感知为调型和调值相对应的粤语声调（So & Best，2010）。

普通话人感知粤语声调也呈现出语音和音系同化两种模式。粤语的三个平调（CT1，CT3，CT6：高平调、中平调、低平调）都被普通话人感知为普通话的第一声。虽然粤语中平调和低平调值较普通话高平较低，但由于调型相同，所以引发语音同化。类似现象在感知粤语两个升调（CT2，CT5：高升调和低升调）时也存在：两者都被感知为同是升调的普通话第二声。粤语低降调（CT4）的感知结果则符合音系同化：被普通话人感知为普通话第三声，虽然普通话第三声是曲折降升，与粤语低降调型差异较大，但由于第三声在自然语流中较少发音饱满完整，而是表现为低降，调型和调值与粤语的低降一致（Zhu，et al.，2021）。

2　研究问题

不同语言之间语音的声学相似程度、学习者的经验和对语音变体的敏感度都会影响对目标语言的感知判断。目前针对普通话人感知粤语声调的探讨无论是从理论上还是方法上都有待丰富。例如，Zhu 等（2021）的研究是针对粤语单字声调，但在实际言语中双字词比重高；而且由于粤语调值较低的两个平调（第三声和第六声）会根据不同声调环境以及词中位置改变音高（Francis，et al.，2003），那么单字调的结果不一定可以推演至双字词。根据研究文献，本文假设语音环境如在双字词中的位置，可能影响粤语双字调的非母语感知。我们基于知觉同化模型提出两个研究问题：（1）粤语的中、低平调（第三声和第六声）在双字词中是否会被普通话人感知为普通话的第一声？如果不是，感知结果集中于哪个（或哪些）声调上？（2）粤语声调在双字词中的位置是否会影响普通话人的感知？

3　实验设计

本实验被试为 6 名普通话母语人，平均年龄 26.6 岁，出生、成长于内地，在香港居住时间为 6～12 个月，能熟练的区分和标注普通话的四个声调。所有被试均了解研究目的和内容，自愿参加实验，而且自报没有语言或听觉障碍。

实验材料是粤语日常生活常用双字词，词首尾均覆盖六个声调，共有 6×6＝36 对双字声调组合。为了排除音节之间协同发音的影响，每个音节（即每个单字）都是"辅音＋元音"的组合，没有单元音字，每对声调组合有五个不同的双字词，共 180 个实验词。例如，粤语高平在词首的声调组合和例词如下：先生 sin1 saang1（CT1-CT1），虾饺 haa1 gaau2（CT1-CT2），冬至 dung1 zi3（CT1-CT3），机场 gei1 coeng4（CT1-CT4），经理 ging1 lei5（CT1-CT5），温度 wan1 dou6（CT1-CT6）。

实验被试要判断粤语双字词的两个字调分别与普通话四个声调中的哪一个相似。如果被试觉得粤语声调与任何一个普通话声调都不相似，可以选择"无"。加上普通话四个声调选项，每个语音刺激都有五个选项提供给被试作答。声调组合随机出现，正式实验开始之前有六组练习让被试熟悉实验内容和流程。

实验数据结果参考 Wu 等人（2014）的知觉同化实验，主要包括两类：（1）粤语双字调在普通话声调中的同化百分比（assimilation percentage）；（2）同化差异度 K'（degree of diversity）。同化百分比即粤语声调同化为某一普通话声调占普通话种类总数的比例。同化

差异度 K' 反映的是非母语声调类别被同化为母语声调的差异程度，计算方式如下（Wu，et al.，2014）：

$$K' = \sum_{i=1}^{R} Pi^2 \tag{1}$$

其中 R 是母语声调类别的总数，Pi 是目标与声调类别（i）被知觉同化为某一个母语声调类别的百分比。最低差异度（$K' = 1$）显示目标语声调被一致同化为单独一个母语声调类别，最高差异度 K' 等于母语声调类别。在本文中 K' 最高值为5（包括"无"选项），即目标语声调被平均异化为所有母语声调类别。因此，K' 值越高，则目标语和母语声调的相似度越低；K' 越低，则相似度越高。

4　实验结果

我们计算了每一个粤语声调在双字词的首尾两个位置上的同化百分比，同化结果显示普通话的第一声和第三声最接近粤语声调（图1）。第一，粤语的三个平调高中低（第一声、第三声和第六声）与普通话第一声和第三声感知都有相似度，但趋势差异较大。粤语高平调无论位于词首或词尾都被感知为与普通话第一声最相近（词首：84.95%，词尾：82.76%）。中平调被同化为普通话第一声的比例约一半（词首：54.32%，词尾：58.62%），其次是普通话第三声（词首：18.52%，词尾：9.77%）。低平调主要被感知为普通话第三声但是近似度较低（词首：35.56%，词尾：32.18%），其次是普通话第一声（词首：21.11%，词尾：24.44%）。第二，粤语第二声和第五声是两个升调，高升和低升，无论位于词首或词尾都被较多感知为与普通话第二声，其次是普通话第三声，并且同化比例在词首均高于词尾（词

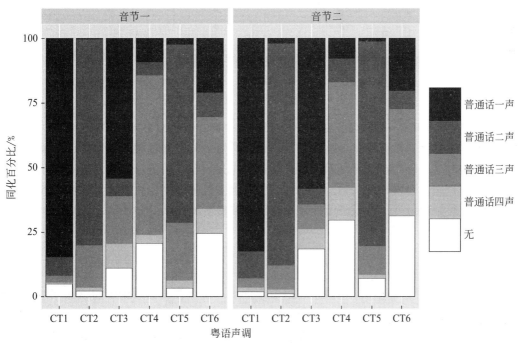

图1　粤语声调在普通话中的同化百分比

首，粤语高升：16.26%，粤语低升：22.22%；词尾，粤语高升：9.38%，粤语低升：11.11%）。第三，粤语低降调（第四声）主要被感知为与普通话第三声最接近，但受词内位置影响较大（词首：61.67%，词尾：40.86%）。

随后，我们用混合效应模型计算分析了词内位置对声调感知的影响。统计结果显示词内位置只有在粤语低降调的感知结果中显示主效应（$F = 5.672$，$p < .001$）。事后检验显示词内位置造成结果差异主要表现在粤语"中平＋低降""低降＋低降"这两个声调组合的双字词中，词尾的低降调同化为普通话第三声的比例较低。此外，词内位置对粤语中平调同化为普通话第三声的结果也有一定影响（$p = .045$），词首的中平调比词尾更多被同化为普通话第三声。类似趋势在粤语两个升调感知结果中有，而粤语低平调的感知结果则不受词内位置影响。

位于词首尾的粤语六个声调在普通话声调系统中同化差异度（1～5）表现不同。由图 2 可以看出粤语高平和高升同化差异度最低（$K'=1.3$，$K'=1.4$），其次是低升（$K'<2$），中平较高（$2.5< K'<3$），低平最高（$K'\approx4$）。低降的同化差异度受词内顺序影响最大（词首：$K' = 2.3$，词尾：$K' = 3.5$），词尾显著高于词首（$F = 7.328$，$p <.001$），中平和低升在词首尾有一定差异，而高平、高升、低平的同化差异度在词首尾则非常接近。统计分析显示词内位置对同化差异度有主效应的粤语声调有三个：中平（$p < .05$）、低降（$p < .001$）、低升（$p < .05$）。事后检验显示低降调在词尾时同化差异度比词首高，其他两个声调在词首时更高。

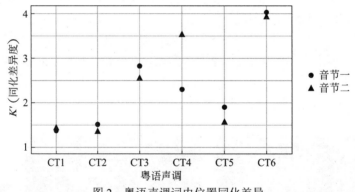

图 2　粤语声调词内位置同化差异

感知实验结果可以归纳为三点：第一，粤语中平调和低平调更接近普通话第三声，低平调同化为普通话第三声百分比最高；第二，词内位置影响感知结果，词首声调的同化比例都高于词尾，这个趋势在低降调四声的同化结果中最明显；第三，同化差异度显示粤语高平调和高升调同化表现高度一致，中平调、低降调和低平调同化差异度都较高，其中低平调整体同化差异度最高，而低降调受词内位置影响最明显。

5　讨论

本研究利用知觉同化实验检测了粤语双字词中声调在普通话系统中的感知相似相异程度。实验结果前两点解答了我们的研究问题，同时证明了我们的假设，粤语双字调的感知结果与单字调结果不同，尤其是中平调和低平调的同化百分比和差异度都高于单字调的感知结果，而且声调在词内的前后位置也影响感知结果。

　　首先，过往文献（Zhu, et al., 2021）汇报普通话母语人感知粤语单字调时，粤语三个平调都被同化为普通话的第一声，不过相似程度有所不同，高平调和中平调都更接近普通话第一声。所以，当粤语高中平调分别与低平调组合时，普通话母语人能根据母语范畴相似度区分声调对，符合知觉同化模型中的单范畴同化（category-goodness），但是却不能区分粤语的高平和中平组合对，因为这两个声调与母语范畴音同等程度相似，符合单一范畴类型（single category）。上述推测是依据单字调的感知结果。本文实验根据声调在语音环境中的变化提出双字调与单字感知结果可能不同，检验结果确实与单字调结果仅在粤语高平和中平这对声调的区分度和同化结果上相吻合，都主要同化为普通话第一声。但是粤语中平调在双字词中感知为普通话第一声的比例比单字调低。而粤语低平调在双字词中的同化百分比和同化差异度（$K' \approx 4$）都显示它无法同化到普通话声调中。按照知觉同化模型描述，粤语中、低平组合应当是非范畴化—范畴化类别（uncategorized-categorized），这与前人基于单字调结果推断的范畴相似性类别不同，这是因为粤语平调在双字词中因为相邻声调可能会改变音高，感知结果自然有别于单字感知。

　　其次，本文还发现词内位置影响粤语声调感知。除了高平、低降（单字时同化为普通话第三声），粤语其他声调更多同化为普通话第三声，虽然它们的调型都与普通话第三声不同，但由于普通话第三声在语流中不像单字调那样完整饱满，而且因后接声调还会变调或者变体：变调时表现为升调，其他环境下表现为低降调；普通话母语人可能受母语经验影响，把粤语双字词的词首声调都判断为普通话的第三声。这种表面上的不平衡性在粤语人感知普通话声调中有类似表现（So, 2012）：粤语人会将普通话第四声同化为粤语高平调，是因为粤语高平调有一个高降的调位变体与普通话第四声相似。本实验发现粤语声调感知向普通话第三声倾斜，结果从相反方向表明语音和音系对声调感知的双重影响：声调语言的母语人在感知非母语声调时，既参考调型、调值等语音信息，也会受母语中的变调和调位变体影响。

　　此外，词内位置对粤语声调感知的影响在低降调上最突出。在词首时，低降调被感知为普通话第三声的比例较高，但相似度也较低，这与普通话第三声在语流中的变化有关，前文已讨论不再赘述。低降调位于词尾时，同化为普通话第三声的比例大幅度降低，但是相似度却升高。另外，低降调位于词尾时被同化为普通话第四声的比例上升（两个声调起始值明显不同），可能与普通话词末多降调有关。词内位置对于粤语中平和低升两个调也有影响，它们分别与普通话第一声和第二声高度相似，此外词首相比词尾较多感知为普通话第三声；主要是它们在词首时听来与普通话第三声在语流中的前半段有一定相似度。

6　结论与教学启示

　　本研究借用知觉同化实验检测了普通话母语人如何感知粤语双字词的声调。粤语声调在双字词中和以往研究的单字感知有同有异：相同的是粤语双字词声调与同调型的普通话声调感知相近；不同的是双字词中粤语中平调有明显同化感知，但低平调则没有，而单字调中呈现同样的同化趋势。本实验从目标语和母语两个角度讨论了感知差异：粤语平调在双字词中受相邻声调影响，而普通话声调在语流中产生变调和变体。结合粤语单字调的研究，本文提出语音环境影响非母语声调感知，同一粤语声调在词内不同位置上与普通话声调的对应和相似度会变化，说明母语声调经验在语音和音系层面都会影响对非母语声调的听感判断。

声调教学是普通话或者粤语语音教学的重点之一，但声调对非声调的母语人又最具挑战。本研究表明即使母语有声调，我们在学习其他声调系统时仍然会遇到难题，因为母语语音和音系经验都会影响我们的听感判断。而感知一般先于发音，因此首先声调教学应当重视听力训练，准确辨识和区分易混淆的声调才能有效推进语音、拓展词汇。其次，听说教学中除了单字听力和发音练习以外，应当提供更多诸如双字词和三字词等丰富的词汇和语音环境以及自然语流的教学材料，让学习者了解熟悉声调的变化和规律。最后，教师也可以适当补充语音学、音系学基础，把可靠的理论模型转化为教学指导，帮助预判学习者可能遇到的难题，总结不同语言背景的语音习得趋势，能够设计更有效的声调教学材料和教学方法。

参考文献

[1] Best, C. T. A Direct Realist View of Cross-language Speech Perception. *Speech Perception and Linguistic Experience*, 1995(10).

[2] Francis, A. L., & Ciocca, V. Stimulus Presentation Order and the Perception of Lexical Tones in Cantonese. *The Journal of the Acoustical Society of America*, 2003, 114(3).

[3] Hao, Y.-C. Second Language Acquisition of Mandarin Chinese Tones by Tonal and Non-tonal Language Speakers. *Journal of Phonetics*, 2012, 40(2).

[4] Iverson, P., Kuhl, P. K., Akahane-Yamada, R., et al. A Perceptual Interference Account of Acquisition Difficulties for Non-native Phonemes. *Cognition*, 2003, 87(1).

[5] Leung, A. Tonal Assimilation Patterns of Cantonese L2 Speakers of Mandarin in the Perception and Production of Mandarin Tones. In *Proceedings of the 2008 CLA Annual Conference*. Vancouver: Susie Jones, 2008.

[6] Levy, E. S. Language Experience and Consonantal Context Effects on Perceptual Assimilation of French Vowels by American-English Learners of French. *The Journal of the Acoustical Society of America*, 2009, 125(2).

[7] Li, B., Shao, J., & Bao, M. Effects of Phonetic Similarity in the Identification of Mandarin Tones. *Journal of Psycholinguistic Research*, 2017, 46(1).

[8] Li, B., Shao, J., & Oh, S. Reciprocal Perception of Chinese and Korean Affricates and Fricatives. *Proceedings of Meetings on Acoustics*, 2012, 15(1).

[9] Logan, J. S., Lively, S. E., & Pisoni, D. B. Training Japanese Listeners to Identify English /r/ and /l/: a First Report. *The Journal of the Acoustical Society of America*, 1991, 89(2).

[10] So, C. K. Cross-language Categorization of Monosyllabic Foreign Tones: Effects of Phonological and Phonetic Properties of Native Language. *Monosyllables: From Phonology to Typology*, 2012.

[11] So, C. K., & Best, C. T. Cross-language Perception of Non-native Tonal Contrasts: Effects of Native Phonological and Phonetic Influences. *Language and Speech*, 2010, 53(2).

[12] Wu, X., Munro, M. J., & Wang, Y. Tone Assimilation by Mandarin and Thai Listeners with and without L2 Experience. *Journal of Phonetics*, 2014(46).

[13] Yu, A. Understanding Near Mergers: The Case of Morphological Tone in Cantonese. *Phonology*, 2007, 24(1).

[14] Zhu, M., Chen, X., & Yang, Y. The Effects of Native Prosodic System and Segmental Context on Cantonese Tone Perception by Mandarin and Japanese Listeners. *The Journal of the Acoustical Society of America*, 2021, 149(6).

[15] 李彬, 邵晶, 陈思. 对外汉语初学者对普通话擦音和塞擦音的感知. 中国语音学报, 2018(9).

混合同步学习下国际中文教师信息技术素养提升策略研究

郝　晴 [1]　江　山（通讯作者）[2]　祁紫飞 [3]　刘建波 [4]

1,2,3 天津师范大学 国际教育交流学院 300387　4 天津师范大学 教育学部 300387

837088178@qq.com

摘　要： 随着数字信息技术的不断发展，加之新冠疫情对学生来华造成的阻碍，国际中文教育逐渐迈向基于网络的混合同步学习新常态，对国际中文教师的信息技术素养提出了新的要求。信息技术素养包括信息素养、信息技术应用能力和教学设计能力。面对国际师生间的数字鸿沟、网络平台的局限性、国际中文教育数字化应用的不足等现实困境与挑战，国际中文教师应正确认识混合同步学习新形态，自觉提升信息素养；构建国际中文教师数字化技能应用体系，提升国际中文教师信息技术应用能力；加强网络教学活动的交互设计，提升国际中文教师教学设计能力。此外，利用人工智能赋能国际中文教师信息技术素养培养。

关键词： 国际中文教育　信息技术素养　混合同步学习　国际中文教师

Research on the Strategies of Improving International Chinese Language Teachers' Information Technology Literacy Based on Blended Synchronous Learning

Hao Qing[1]　Jiang Shan[2]　Qi Zifei[3]　Liu Jianbo[4]

1,2,3 College of International Education and Exchange, Tianjin Normal University, 300387

4 Faculty of Education, Tianjin Normal University, 300387

Abstract: With the continuous development of digital information technology and the hindrance caused by the COVID-19 to students coming to China, international Chinese language education is gradually moving towards a new norm of web-based blended synchronous learning, which places new demands on the information technology literacy of International Chinese Language teachers. Information technology literacy includes information literacy, IT application skills and instructional design skills. In the face of the digital gap between international teachers and students, the limitations in the use of online platforms, and the lack of digital applications in international Chinese language education, international Chinese language teachers should correctly understand the new form of blended synchronous learning and consciously enhance their information literacy. A system for the application of digital skills should be built for international Chinese language teachers to enhance their IT application skills. The interactive design of online teaching activities should also be strengthened to enhance their teaching design skills. In addition, artificial intelligence is used to empower international Chinese language teachers to cultivate their information technology literacy.

Key words: international Chinese language education; information technology literacy; blended synchronous learning; international Chinese language teachers

0 引言

受疫情影响，国际中文教育在国际出行限制、社交空间隔离、校园持续封闭等诸多形势下（鲍威等，2021），已经从传统的教学模式向线上混合式教学模式全面过渡。教育形态和组织方式的变革，使得国际中文教师职业技能朝着教育技术现代化方向进行一次集体转型，而这也是国际中文教师在数字化、信息化时代所必须面对的一大挑战（李宇明等，2020）。提升国际中文教师信息技术素养是满足后疫情时代国际中文教育健康持续发展的客观需求，也是推进新时代国际中文教育转型发展的核心动力（李宝贵等，2021）。

1 混合同步学习

面对大部分留学生难以来华、远隔重洋的现实困境，国际中文教育迈向了基于网络的混合式同步学习的教学形态。作为混合学习的一种形态，混合同步学习（blended synchronous learning）更强调实时课堂交互。笔者将目前常见的国际中文教育混合同步学习划分为 8 种应用形式（表 1）。

表 1　混合同步学习的 8 种应用形式

应用形式	教师的位置	线下	线上		
		学生人数	学生人数	学生的位置	学生终端数
H1	线下教室	m	n	云端	p(=n)
H2	云端	m	n	云端	p(=n)
H3	线下教室	m	n	同一个教室	1
H4	云端	m	n	同一个教室	1
H5	线下教室	0	n	云端	p(=n)
H6	云端	0	n	云端	p(=n)
H7	线下教室	0	n	同一个教室	1
H8	云端	0	n	同一个教室	1

注：$m > 0; n > 0; p > 0$。

其中，线上学生以境外留学生为主，线下学生为中国学生或在华留学生。以表 1 中的 H1 形式为例，该形式的具体表现为教师与 m 名学生（一个班）身处同一间实体教室，线上联结 n 名物理位置不同的学生，每个线上学生由一个终端（个人单位）各自接入网络课堂，即同一节课，教师的授课对象为 m 名线下学生和 n 名线上学生。H8 形式具体表现为教师没有身处实体教室，而是在云端进行授课，无线下上课的学生，全部为线上学生，而这 n 名学生物理位置相同，身处同一间教室，以班级为单位（集体单位）由一个终端接入网络课堂，即同一节课，教师的授课对象为一个线上班级，含 n 名学生。

在 8 种混合同步学习的应用形式下，音视频会议、电子白板等同步工具和留言板、学习圈等异步工具让身处不同空间位置的教师、学生在同一时间上同一堂课（杨俊锋，2015），有效提升了国际中文教育的灵活性和便捷性，混合同步学习已然成为国际中文教育的主流形态。与此同时，无论采用哪种应用形式，都必须借助在线教学工具联通不同空间位置的师生，这也给国际中文教师带来了"技术焦虑"。

2 国际中文教师信息技术素养

一名合格的国际中文教师，除了具有文化自觉和国际视野，还应具备良好的信息技术素养（李宝贵等，2021）。信息技术素养是指使用工具、资源、程序、系统负责任地获取和评价任何一种媒体的信息，以及使用信息解决问题、进行清楚的交流、做出信息决策、建构知识、开发产品和系统的能力（宋权华等，2020）。

笔者认为，信息技术素养是国际中文教师的必备素养之一，这其中主要包括信息素养、信息技术应用能力和教学设计能力三个方面。信息素养强调的是信息意识、信息知识、信息道德，信息技术应用能力强调的是数字化技能的操作使用，教学设计能力强调的是将数字化手段运用于中文课堂教学的实践应用。作为国际中文课堂教学要素之一的教师，其自身的信息技术素养直接制约中文教学的效果。国际中文教师只有练就这三方面的"内功"，才能有效应对疫情下各种外部因素带来的变化。

3 国际中文教师信息技术素养提升的现实困境

提升中文教师信息技术素养，既是突破国际中文教育发展瓶颈的高能效路径，也是突发事件下国际中文教育持续开展的有力保障，更是实现国际中文教师队伍综合素质提升的重要内核（李宝贵等，2021）。然而，国际中文教师信息技术素养提升在一定程度上受到了现实条件的制约。

3.1 教学时空分离与学生学习背景的差异性导致数字鸿沟

混合同步学习形态下，教学时空的分离、学生学习背景的多样性与复杂性必然会导致师生间产生数字鸿沟，影响在网络平台上的互动程度、效果以及教学评价方式。于是，如何利用网络平台获取资源、辨别资源；如何利用各种辅助教学工具制作课件、制作微课、发布作业；如何利用现有教学资源、工具改进教学设计和方法，都成为国际中文教师必须要思考的问题，也成为他们必备的教学能力。国际中文教师信息技术素养的培养既要关注国际中文教师运用现代信息技术设备和软件的技能水平锻炼，也要关注对其信息意识的培养，关注信息技术与中文教学深度融合与应用，促进教师信息技术素养的自我提升、知识更新、有效运用，以此作为国际中文教育发展的支撑和有力保障。

3.2 不同国别、地区政策导致网络平台存在使用局限性

国际中文教师信息技术素养会受不同国别和地区、教学平台的可用性及局限性等客观因素影响，如 Google 无法在我国境内正常使用、部分国家无法正常安装腾讯会议、下载微信的步骤复杂烦琐、网络平台不稳定等。因此，信息技术素养培养需要考虑到不同国别和地区、学习者认知特点、网络环境基础、授课内容等诸多因素，不能将信息技术素养培养模

式单一化、固定化，推动国际中文教师信息技术素养培养的常态化和持续化成为亟待解决的问题，信息技术素养也应该成为量化评估教师个人能力和教学水平的重要指标。

3.3 国际中文教育欠缺信息技术素养提升的数字化应用

在新冠疫情的影响下，国际中文教育数字化应用在数量、质量上都有了迅速突破。为了了解目前国际中文教育数字化应用的主要类型及应用范围，我们将常见的国际中文教育数字化应用（主要包括网站和 App）划分为 5 个类别（见表2）：（1）汉语工具类主要包括词典、翻译、汉字书写等工具型平台，辅助语言教学、学习；（2）汉语水平考试类主要为备考 HSK 的学习者提供有效帮助的应考型应用平台；（3）教学互动类主要为社交平台、在线互动平台及教学管理平台；（4）文化知识类主要包括用于传播中国优秀传统文化、弘扬中国五千年文明的综合型平台；（5）在线课程资源类主要包括提供课程资源，供不同需求、不同学习层次的学习者使用的课程类平台。

表2　国际中文教育数字化应用

类别	主要工具
汉语工具类	Nemo 中文、Microsoft 翻译器、腾讯翻译君、有道翻译官、Chinese Writer、Arch Chinese、Chinese Etymology、中文天下、田字格字体生成器、SparkleBox、Pleco、百度汉语、trainchinese、汉典等
汉语水平考试类	汉语考试服务网、HSK Online Test、HSK Flashcards、HSK Vocabulary、Learn Chinese HSK Chinesimple、Hanpath、HSK Exam、SUPER Test 等
教学互动类	Zoom、腾讯会议、微信、钉钉、Kahoot、Blooket、Padlet、Quizizz、ClassDojo、UMU 互动、Gimkit、微助教、Italki、ClassIn、智慧树、蓝墨云班课、Skype、Google Classroom、A＋课堂派、More Fun Chinese、雨课堂等
文化知识类	Chinese Resource Wiki、国际汉语资源中心（教师）、中国华文教育网、兔小贝、中华传统文化网、中国网、古诗文网、中国文化网、中少快乐阅读平台、快乐汉语等
在线课程资源类	中文联盟、中国大学 MOOC、嗨中文、漫中文、Little Fox Chinese、SUPER Chinese、Chineasy、Mandarin Spark、Ponddy Reader、Lingo Bus、网上北语、Chinlingo、哈兔中文网络学院等

通过对国际中文教育数字化应用展开调查，发现针对国际中文教育的文化知识类数字化应用数量相对较少，而汉语工具类、在线课程资源类数字化应用数量较多。汉语水平考试类数字化应用在功能上大同小异。随着混合同步学习教学形态的广泛应用，教学互动类数字化应用成为上课必备应用，其功能仍然在随着科技的发展不断改进、完善。

然而，在众多国际中文教育数字化应用中，专门针对国际中文教师技能培养的数字化应用少之又少。现有的国际中文教育数字化应用不能为国际中文教师队伍提供专业、系统的信息技术素养培训，反映出国际中文教师缺失信息技术素养培训的现状，相关应用的设计与开发仍显匮乏，关于国际中文教师信息技术素养的培养仍有很大的研究空间。

4 国际中文教师信息技术素养的提升策略

基于上文的讨论，时空分离的中文教学使得师生、生生互动变得十分困难，给教学效果带来了巨大挑战。因此，提升国际中文教师的信息技术素养成为适应线上教学"百变"

场景、进一步扩大中文的传播范围、提升国际中文教学效果的当务之急。笔者就此提出以下策略。

4.1 正确认识混合同步学习新形态，自觉提升信息素养

国际中文教师也应正确认识混合同步学习形态，积极主动地探索、尝试新事物，包括新的工作方式、新的教学工具、新的教学模式、新的评价方式等，增强混合同步课堂教学的胜任力。积极思考"为什么要使用信息技术？""信息技术手段都能做什么？""如何将信息技术融入中文教学？"等问题（宋权华等，2020），主动在思想上突破信息技术给国际中文教学带来的局限性。

基于专业课程的设置、人才培养方案的修订、评价考核体系的完善，从制度、机制、政策的层面推动国际中文教师信息技术素养的提升，贯彻信息技术素养的提升与职业发展、终身学习相结合的教育理念，推进国际中文教师信息技术素养培养常态化发展。鼓励国际中文教师多参加短期专题培训、在线网络课程，实践学习、交流研讨，顺应混合同步教学时代的发展，增强"互联网+"时代下的信息素养。

4.2 构建国际中文教师数字化技能应用体系，提升国际中文教师信息技术应用能力

国际中文教师信息素养的培养和提升，不仅需要在实践中探索，也需要理论支撑。笔者初步构建了国际中文教师数字化技能应用体系，划分为办公软件、多媒体技术、网络技术三个方面（见表3）。

表 3　国际中文教育数字化技能应用体系

维度一	维度二	维度三
办公软件	Word	基础操作及高级应用（如使用索引与目录、修订等）
	Excel	基础操作及高级应用（如使用函数、透视表等）
	PPT	基础操作及高级应用（如使用超链接、动画效果等）
多媒体技术	平面图形图像处理	抠图、裁剪大小、滤镜使用、分辨率设置等
	文字处理	字体变换、拼音标注等
	音频处理	音频编辑、音频压缩等
	视频处理	视频剪辑、水印处理、视频压缩等
	动画处理	GIF 制作等
	综合应用	H5 交互界面设计
		微课制作
		格式转换
		新媒体平台搭建
		移动媒体教材制作
网络技术	网络资源检索	搜索引擎高级检索
	网站建设	快速建站
	远程教育故障排查	常见网络宽带、音视频卡顿问题排查

国际中文教师数字化技能应用体系需要根据国际中文教师需求、现状等迭代修改，继而依托该体系搭建出内容系统、功能完善的国际中文教育数字化技能实训实践平台和国际中文教师数字化技能应用测评系统。此外，由理论支撑与实际现状相结合构建出的国际中文教师数字化技能应用体系、国际中文教师数字化技能实训实践平台以及国际中文教师数字化技能应用测评系统，也是提升信息技术素养中信息技术应用能力的有效策略。

4.3   加强网络教学活动的交互设计，提升国际中文教师教学设计能力

后疫情时代开放与多元的混合教学将会成为常态（鲍威等，2021），开放、共享、自主的数字化教学新理念油然而生（王辉，2021）。混合同步学习模式下的国际中文教育不能将以前传统课堂上的知识与方法直接照搬到网络课堂，而应该在混合同步学习这种富媒体学习环境下，对教学活动进行再设计、再改造，依托于信息技术的支持，与不同教学对象、教学内容、教学需求有机融合（师亚飞等，2021），提高课堂参与度。

中文教学是一个在场性、对话性、实操性很强的课程（王辉，2021），线上教学则在很大程度上限制了语言技能训练和"社会情感学习"（高育花，2021），所以教师还需要加强网络互动活动的创设，如弹幕评论、线上头脑风暴、协同写作，多方面增强师生、生生间的实时互动，最大限度地接近真实的课堂情景，实现多模态感知。而面对混合同步学习模式下中文教学可能出现的网络卡顿、声画不同步、访问拥堵、地区性数字鸿沟等问题，还需要教师对教学活动、教学策略进行及时、灵活地调整调适，保障教学活动的顺利进行与良好成效。

4.4   人工智能赋能国际中文教师信息技术素养培养

在"互联网+"时代，人工智能的快速发展、大数据的广泛运用、5G 技术的应运而生为国际中文教育提供新的可能。与此同时，人工智能为国际中文教师信息技术培养赋能。

一方面是将人工智能作为培养内容。语音识别、文字识别、自然语言处理、知识图谱等 AI 技术已经在国际中文教育领域有所运用，教师应该意识到，通过对采集到的多模态数据进行分析研究，可以精准掌握不同学生学习的规律和特点，为学生提供个性化发展路径；利用 VR、AR 等技术，教师在线上能够实现沉浸式中文教学，保证教学的交互性；利用自然语言处理技术可以对学生输出的作文文本内容进行情感分析；语音识别可以对不同国家和地区的中文学习者的发音进行测评与纠正……将人工智能作为一项信息技术素养培养的专题内容，可以让国际中文教师系统地认识到"什么是人工智能""人工智能能做什么"，加强国际中文教师运用人工智能的意识，以此更好地提高其教学、科研能力。此外，还可以设计、开发出适用于国际中文教育的人工智能教材或课程，深化国际中文教师对人工智能应用的认识，加快人工智能在国际中文教育中的普及，提高教师智能教育素养。

另一方面是将人工智能作为技术手段。开发出国别化、语别化、精准化、共享化的智能培训与测评系统。聚合网络教学资源，存储大量不同层次、不同难度、不同风格的知识库；以用户为中心，挖掘出国际中文教师在接受培训与测评过程中不同节点产生的数据，个性化推送培训内容，生成学习路径，提高培训的个性化、高效性。

5 小结

本文基于新冠疫情反复的时代背景与混合同步教学的新常态，从讨论混合同步学习的概念、形式入手，在基于已有文献厘清信息技术素养的内涵和外延的基础上，阐述了国际中文教师信息技术素养提升的现实诉求与困境，进而提出了国际中文教师信息技术素养提升策略。在未来的国际中文教育中，一方面要不断地探讨教育技术对中文教学的影响，另一方面要细化信息技术素养的内涵与标准，从而加快国际中文教育的数字化、信息化发展，推动国际中文教育事业高质量发展。

参考文献

[1] 鲍威, 陈得春, 王婧. 后疫情时代线上线下学习范式和教学成效的研究——基于线上线下高校学生调查数据的对比分析. 中国电化教育, 2021(6).

[2] 高育花. 新冠疫情下的国际中文教育研究综述. 天津师范大学学报(社会科学版), 2021(6).

[3] 李宝贵, 庄瑶瑶. 后疫情时代国际中文教师信息素养提升路径探析. 语言教学与研究, 2021(4).

[4] 李宇明, 李秉震, 宋晖, 等. "新冠疫情下的汉语国际教育：挑战与对策"大家谈(上) 语言教学与研究, 2020(4).

[5] 师亚飞, 童名文, 王建虎, 等. 混合同步学习：演进、价值与未来议题. 电化教育研究, 2021(12).

[6] 宋权华, 于勇. 高校教师信息技术素养：现状、困境与路径——以我国西部地区部分高校为例. 现代教育技术, 2020(10).

[7] 王辉. 新冠疫情影响下的国际中文教育：问题与对策. 语言教学与研究, 2021(4).

[8] 杨俊锋. 创新课堂教学模式培养学生国际视野——跨文化混合同步网络课堂的实证研究. 中国电化教育, 2015(10).

国际中文教师数字能力发展问题与对策*

李晓东

华北理工大学 外国语学院 063210

806683427@qq.com

摘　要：数字化时代背景下，云计算、大数据、人工智能等新的数字技术加快了社会的变革，推动教育的改革，数字能力已成为教师教学的关键能力之一。本研究基于国际中文教师数字能力培养现状和数字能力水平调查研究，归纳国际中文教师数字能力发展存在数字能力不均衡、技术观念有待转变、职前教师培养不合理、数字能力培训有待提升、数字环境需要改善等主要问题。根据存在的问题提出提升国际中文教师数字能力的策略，对国际中文教师数字能力发展有重要的实践意义。

关键词：国际中文教师　数字能力　问题与对策

Problems and Countermeasures of Digital Competence Development of International Chinese Teachers

Li Xiaodong

College of Foreign Languages, North China University of Science and Technology, 063210

Abstract: In the digital era, new digital technologies such as cloud computing, big data and artificial intelligence have accelerated social changes and promoted the reform of education. Digital competence has become one of the key abilities of teachers' teaching. Based on the investigation and research on the current situation of digital competence training of international Chinese teachers and the level of digital competence, this study summarizes the main problems in the development of digital competence of international Chinese teachers, such as unbalanced digital competence, technical concept to be changed, unreasonable pre-service teacher training, digital competence training to be improved, digital environment to be improved, and puts forward strategies to improve the digital competence of international Chinese teachers according to the existing problems. It has important practical significance for the development of the digital competence of international Chinese teachers.

Key words: international Chinese language teachers; digital competence; problems and countermeasures

0　引言

数字能力（digital competence）是 21 世纪的教育和学习目标指向数字时代的关键素养和技能（王佑镁等，2013），也是教师发展的核心能力之一，被欧盟教育委员会界定为个体

* 本文为华北理工大学博士科研基金启动项目（项目编号 28438299）阶段性成果。

终身学习的八大关键能力之一（周凤飞等，2014）。数字能力与学界经常讨论的另一个概念数字素养（digital literacy）密切相关，主要包含信息素养、计算机素养、网络素养、媒介素养、数据素养等。数字能力这一概念最早出现在 20 世纪 90 年代，指的是通过信息化技术阅读超链接的文本及探讨多媒体格式的能力。随着社会的发展，数字能力的内涵在不断发展，既包括数字技术、知识等显性的能力，也包括数字意识、态度、品质、技术观念等潜在、隐性的能力。

教育部教育司 2022 年工作要点之一是全面推进高等教育教学数字化，强调加快完善高等教育教学数字化体系、提升数字化应用能力、提升数字化治理能力和提升数字化国际影响力。国际中文教师数字能力将助力国际中文教育教学数字化，促进国际中文教师专业发展和国际中文教学实践。目前国际中文教师数字能力已有相关研究，如早期与数字能力相关的对外汉语教师信息素养的内涵、评价体系与培养、信息技术与对外汉语课程整合、对外汉语教师现代教育技术及网络资源利用情况研究（徐娟等，2006；徐娟等，2007；郑艳群，2006；马宇等，2015），近期的"互联网+"和"一带一路"背景下国际中文教师信息素养、培养途径等相关研究（张羽洁，2019；林海燕等，2020；李宝贵，2020），以及智慧国际中文教育、数据素养、国际中文教师数字能力现状等数字能力研究（徐娟，2019；袁萍等，2020；刘玉屏等，2021）等。本研究将在前贤研究基础上，基于国际中文教师数字能力培养现状和数字能力水平调查研究，归纳国际中文教师数字能力发展存在的主要问题，根据存在的问题提出提升国际中文教师数字能力的策略，对国际中文教师数字能力发展有重要的实践意义。

1　国际中文教师数字能力发展存在的主要问题

本研究将结合上述国际中文教师数字能力的研究，归纳总结国际中文教师数字能力发展存在的主要问题。

1.1　国际中文教师数字能力发展不均衡

在国际中文教师数字能力水平方面，通过国际中文教师数字能力现状调查和标准模型的实证研究，结果发现国际中文教师数字能力整体水平较高，数字能力的各维度的得分显著高于中间值"3"；但是国际中文教师数字能力发展不均衡，其中数字意识得分最高，数字教学创新能力得分最低，特别是新技术应用、数字教学环境创设、利用数据分析软件能力、编程知识等部分数字能力较为薄弱。

1.2　数字技术观念有待转变

研究发现，国际中文教师的数字意识和数字态度较好，愿意主动学习数字技术和知识，提升自己的数字能力，对线上教学的态度也发生了较大的改变，但数字技术观念需要转变；认为数字技术对国际中文教学起到辅助作用，有助于提高中文教学效率，这种数字技术观念是不够的。随着人工智能、虚拟现实、5G 技术等新数字技术在国际中文教学中的广泛应用，数字技术将会使国际中文教学发生巨大的变革，教学内容、教学方式、教学理念、教师角色等方面都会发生较大变化，教师低估了数字技术对国际中文教学的作用。

1.3 职前国际中文教师数字能力培养不合理

职前国际中文教师数字能力培养缺乏系统性和层次性。从本、硕、博三个层级的培养方案来看，汉语国际教育专业的学生缺乏系统的数字能力培训，本、硕、博三个层级的数字能力培训，没有体现出层级性，职前国际中文教师数字能力培养缺乏层次性。

相关专业课程设置不够合理。从本、硕、博三个层级开设数字能力相关的专业课程情况来看，数字能力相关的课程开设数量呈递减趋势。本科阶段基本都开设了计算机和现代教育技术相关的课程，开设的课程类别基本都是必修课程，学时和学分占比最高；硕士阶段大部分学校开设了数字能力相关的课程，开设的课程类别以选修课程为主，学时和学分的占比与本科阶段相比明显减少；博士阶段基本上没有开设数字能力课程。

缺乏针对国际中文教育专业的数字课程。目前，职前国际中文教师数字能力培养的课程中，缺乏针对国际中文教育专业的数字课程。从国际中文教育专业本、硕、博三个层级的培养情况来看，大部分学校没有开设国际中文教育专业数字能力课程，仅有少部分学校开设了现代教育技术类等基础类课程，而且课程效果不甚理想，缺乏针对国际中文教育专业的数字课程。

1.4 国际中文教师数字培训有待提升

目前，高校和孔子学院等教育机构针对国际中文教师数字能力开展了一些相关培训，特别是新冠疫情暴发后，集中在国际中文教师线上教学的教学平台和软件操作等方面进行了培训，这对国际中文教师开展线上教学起到了重要作用，一定程度上提升了国际中文教师数字能力水平，但是仅靠这些培训还远不能达到国际中文数字化教学要求，还需要了解国际中文教师数字能力的需求，进一步开展具有针对性的、有效的数字能力培训。

1.5 国际中文教学的数字环境需要改善

从调查的结果来看，整体来说国际中文教师数字教学环境较好，大部分汉语教学课堂具备数字化教学基本硬件条件，但也存在一些问题。

第一，国内外国际中文教学数字环境存在差异，国内和一些发达国家中文教学数字环境较好，一些欠发达国家和地区中文教学数字环境较差，有些地方学生家里没有网络或数字学习设备导致中文学习中断。第二，中文教室的智能数字教学设备较少，国际中文课堂教学使用的教学设备都是一些基础的数字教学设备，新的智能设备应用到中文教学课堂较少。第三，国际中文教师对年轻人使用的交流工具和方式融入度不够，教师需要改变一下与学生的交流方式，用学生常用的交流工具和方式与学生交流，这样容易融入学生的数字空间。第四，教师中文教学所制作的数字资源对线上教学的针对性不高，现在国际中文教学以为线上教学为主，需要制作适合线上教学的数字资源（如微课、MOOC）。第五，数字环境创设能力较弱，特别是利用人工智能、虚拟现实等新技术创设中文数字教学环境能力较弱。

2 国际中文教师数字能力提升策略

针对存在的问题及未来国际中文数字化教学的发展趋势，从树立正确的数字技术观、加强国际中文教师数字能力培训、加强国际中文教学数字环境建设等方面提出了以下几点对策建议。

2.1 树立正确的数字技术观

教师在课堂上使用技术主要有三种目的：一是提高效率，二是提升效力，三是完全改变学习体验。如今，在教学中使用技术，大多都是为了前两个目的，但笔者认为这是远远不够的，仅将技术作为提高传统教学效率的"工具"低估了技术的作用。美国学者 Koehler 和 Mishra 于 2006 年提出 TPACK（technological pedagogical content knowledge）理论，即整合技术的学科教学知识。根据 TPACK 理论，教师要把数字技术与教学理念、教学内容、教学方式有机结合起来，结合学习者的学习特点，利用数字技术整合数字资源，打造精品数字教学资源（MOOC、微课、课件、中文学习游戏等），采用学习者乐于接受的教学方式，利用人工智能、虚拟仿真等新技术创设虚拟仿真或真实中文教学情景，将中文教学内容以多模态、3D/4D 立体的方式呈现给学习者，完全改变学习者的学习体验，提高学习者学习汉语的兴趣，有助于降低学习者学习中文的难度，增加学习者学习汉语的信心。

2.2 加强国际中文教师数字能力培训

根据国际中文教师数字能力影响因素的研究结果，培训因素是影响国际中文教师数字能力发展的主要因素之一。国际中文教师数字能力的培训，可以从职前培训和在职培训两个方面进行。

2.2.1 在职国际中文教师数字能力培训

国际中文教学目前以线上教学为主，这对国际中文教师提出了新的挑战，语言合作交流中心、国内高校及孔子学院等机构组织面向海内外的国际中文教师组织了多次与线上教学相关的数字能力培训，这对国际中文教师数字能力提升具有直接的作用，极大地提升了国际中文教师数字教学能力。但是目前大部分国际中文教师仅掌握基本的数字能力，人工智能、虚拟现实等新技术应用能力有待提升。

在职教师的数字能力培训应坚持"能力为本"导向的培训方式，以求达到培训效果的最优化。第一，以培养教师数字能力发展为核心。在职教师培训中，需要做到以人为本，帮助教师成为培训的参与者，而不仅仅是接受培训的对象。在培训过程中，应以教师能力发展为核心来规划与进行，包括从教师能力发展的角度考虑培训内容、培训手段、培训方式与培训安排（朱益明，2004）。第二，要注重数字技术的实操能力培养。进行在职教师数字能力培训时，要注重教师数字技术的实操能力培养，培训者需要边讲边操练，教师在培训时一定要进行实际操作练习，让教师既获得直接的技术能力，又能感受技术服务教学和研究的作用，在操练中才能到达培训效果的最优化。

在职培训中应引入"基于问题的学习"的理念，将参加培训的教师置于一个复杂的、有意义的、真实的情景之中，引导其运用自学或小组学习的方式，围绕真实问题，展开具体的、有针对性的实践学习（田健，2010）。国际中文教师数字能力的培训应与解决问题相结合。在职教师在教学和研究实践过程中会遇到各种各样的技术问题，如果在职培训能够把数字能力与教师的问题有机结合起来，将会增加教师培训的动力和运用技术的信心。因此，学校或院系、国际中文教学机构等培训方，要根据教师的需要采用灵活多样的培训方式，对在职教师进行有针对性的数字能力培训，以提升在职教师的数字能力。

2.2.2　职前国际中文教师数字能力培训

通过对汉语国际教育本科、硕士、博士培养方案的分析，可以看出职前国际中文教师数字能力培养存在诸多的问题，缺乏数字能力培养的整体规划和设计，职前国际中文教师数字能力培养系统性和层级性体现不明显，数字能力的相关专业课程设置不够合理，缺乏针对国际中文教育专业的数字课程等。

职前培养要注重数字能力培养的系统性。汉语国际教育的本科、硕士和博士在数字能力培养方面缺乏系统的培养方案。职前国际中文教师如果没有接受系统的数字能力培养，他们的数字能力整体水平很难提升，尽管未来的国际中文教师生活在数字时代，他们不接受专业的、系统的数字能力培训同样不具有国际中文教学所需的数字能力，不能很好地适应未来国际中文教学的发展。国际中文教师数字能力自评结果显示，国际中文教师数字能力发展不均衡，即数字意识、数字知识、数字技术、数字教学能力、数字研究能力和数字教学创新能力等方面的能力发展不均衡。

职前培养要注重数字能力培养的层级性。职前国际中文教师数字能力培养要注重数字能力培养的层级性。本科、硕士和博士不同层次的阶段，在数字能力培训的内容和重点上应该有所区别，三个层级应各有侧重地开设数字能力培养课程，比如本科注重基础数字能力培养，硕士注重教学和学习方面的数字能力培养，博士注重科研和创新方面的数字能力培养。

强化数字能力培养课程模块设置。高校要强化数字能力的课程模块设置，从本、硕、博三个层级开设数字能力相关的专业课程情况来看，数字能力相关的课程开设数量呈递减趋势。本科阶段基本都开设了计算机和现代教育技术相关的课程，开设的课程类别基本都是必修课程，学时和学分占比最高；硕士阶段大部分学校开设了数字能力相关的课程，开设的课程类别以选修课程为主，学时和学分的占比与本科阶段相比明显减少；博士阶段基本没有开设数字能力的课程。因此，建议在本科、硕士和博士培养方案中增加数字能力培训的专业课程，应结合最新的数字技术，研发适合国际中文教育的、实用性强的数字能力课程，加强职前教师数字能力培养，推动国际中文教师数字能力培养纳入专业核心课程。

研发国际中文专业的数字能力培养课程。职前国际中文教师数字能力培养还需要研发针对国际中文专业的数字能力培养课程。目前部分汉语国际教育本科、硕士培养院校开设了计算机基础和现代教育技术等课程，但是学生对这些课程的认可度不太高，如部分院校就所开设的现代教育技术课程对学生进行调研，结果发现大部分学生认为没有必要开设这门课程，对这门课不感兴趣，认为该课程对他们的专业发展作用不大。因此，高校不仅要强化数字能力的课程模块设置，开设数字能力相关的专业课程，同时还要将数字能力融入教师专业能力发展中，整合数字技术类课程与专业课程，研发针对国际中文专业的数字能力培养课程。

2.3 加强国际中文教学数字环境建设

2.3.1 数字资源精细化

随着数字技术的发展，各种国际中文教育数字资源日益丰富，如"中文联盟"作为全球最大的国际中文教育网络平台，不仅分门别类地为全球中文学习者提供了丰富的课程资源，也为国际中文教师提供了多样的教辅素材和成长课程。但是仍不能满足国际中文教育的需要，吴应辉（2020）在"互联网+"国际中文教育应用大会上讲到，国际中文数字化教学资源不能满足多元化、多层次、语别化、国别化、个性化的需求。因此，国际中文教育的数字资源需要精细化发展，为国际中文教师和全球中文学习者提供精准的、个性化的数字资源。

2.3.2 数字教学智能化

中国相继发布了《新一代人工智能发展规划》《中国教育现代化 2035》等一系列政策性文件，加快实施教育信息化 2.0 行动计划，以教育信息化支撑、引领教育现代化。智能教育时代已经到来，应利用智能技术加快国际中文教学智能化建设，更好地为国际中文教学服务。智慧汉语国际教育是"互联网+"汉语国际教育的新形态，是对传统汉语教育的一次颠覆性变革（徐娟，2019）。目前一些智能技术已经在国际中文教育领域使用，如语音合成、口语测评、作文测评、作业批阅、智能助教、智能学伴等智能工具，其运用提高了国际中文智能化水平。

2.3.3 数字环境规范化

在数字环境中，我们要规范数字环境中的行为。第一，在数字环境中，使用数字资源、网络教学、网络交流时要遵守所在国家和地区的道德、法律准则，不能忽视数字环境中的伦理问题和安全问题。第二，数字教学内容要符合社会主义核心价值观，数字教学内容应是科学的、健康的。

2.3.4 建设线上和线下数字学习空间

线上、线下混合教学模式是国际中文教育教学的发展趋向。线上、线下混合教学模式聚焦教室、学校、家庭和其他教育场景等实体空间之间的无缝对接，以及虚拟仿真实验室、智慧教室、网络平台等数字空间之间的无缝联通，学生在家、在学校以及外部现实环境中均可获得工具和资源支持（祝智庭等，2021）。数字化学习环境建设逐渐注重虚实融合、线上线下一体化，新兴技术和理念催生智慧校园、未来学习空间等新型学习环境（熊才平等，2018）。国际中文教学要建设线上与线下互联互通的学习环境，推动知识双向流动联动，形成适应学生差异和个性化需求的系统性、整体性全场景教学闭环。

总之，通过分析国际中文教师数字能力发展存在的问题，可以帮助我们了解当前国际中文教师数字能力发展情况及未来发展趋势。也希望本研究能够引起相关部门的高度重视，做好国际中文教师数字能力发展和培训的顶层设计和规划，全面提升国际中文教师数字能力，提升国际中文教育数字化水平，扩大国际中文传播的影响力。

参考文献

[1] 李宝贵, 庄瑶瑶. 后疫情时代亟待提升国际中文教师的信息素养. 语言教学与研究, 2020.

[2] 林海燕, 赵寰宇. "一带一路"倡议下国际汉语教师信息素养培育研究. 情报科学, 2020, 38(4).

[3] 刘玉屏, 李晓东, 郝佳昕. 国际中文教师数字能力现状与影响因素研究. 民族教育研究, 2021, 32(3).

[4] 田健. 基于问题学习(PBL)中信息化教学资源的选择与应用研究. 西北师范大学硕士学位论文, 2010.

[5] 王佑镁, 杨晓兰, 胡玮, 等. 从数字素养到数字能力: 概念流变、构成要素与整合模型. 远程教育杂志, 2013, 31(3).

[6] 熊才平, 戴红斌, 葛军. 教育技术: 研究进展及反思. 教育研究, 2018, 39(3).

[7] 徐娟, 史艳岚. 论信息技术与对外汉语课程整合. 外语电化教学, 2007(4).

[8] 徐娟, 宋继华. 对外汉语教师信息素养的内涵、评价体系与培养. 国际汉语教学动态与研究, 2006(1).

[9] 徐娟. 从计算机辅助汉语学习到智慧汉语国际教育. 国际汉语教学研究, 2019(4).

[10] 袁萍, 刘玉屏. 大数据时代国际汉语教师数据素养研究透视. 民族教育研究, 2020, 31(6).

[11] 张羽洁. 浅谈"互联网+"时代国际汉语教师信息素养的培养. 信息记录材料, 2019, 20(2).

[12] 郑艳群. 多媒体汉语课堂教学方法. 语言文字应用, 2006(1).

[13] 周凤飞, 王俊丽. 欧盟 DIGCOMP 分析及启示. 图书情报工作, 2014, 58(S1).

[14] 朱益明. 近年来教师培训研究发展述评. 上海教育科研, 2004(11).

[15] 祝智庭, 胡姣. 技术赋能后疫情教育创变: 线上线下融合教学新样态. 开放教育研究, 2021, 27(1).

基于线上教学的国际中文教师测评素养及培养研究[*]

韩瑞芳

东北师范大学 国际汉学院 130024

hantabby@qq.com

摘　要： 鉴于当下全球国际中文线上教学的普遍施行，对教师线上教学能力测评与培养的需求也日益迫切。针对这一问题，本文从对教师的培养原则、培养内容、培养方式三个角度入手，以测评意识、评估角度、受众需求作为标准，结合线上教学特点，全方位多角度探讨国际中文教师测评素养培养新模式。

关键词： 线上教学　国际中文教师　测评素养

Research Based on Online Teaching of International Chinese Teachers' Assessment Literacy and Training

Han Ruifang

International School of Chinese Studies, Northeast Normal University, 130024

Abstract: In view of the rapid development of international Chinese online teaching in the world, the demand for the assessment and training of teachers' online teaching ability is becoming more and more urgent. In view of this problem, this paper starts from the three perspectives of teachers' training principles, training contents and training methods, takes the assessment consciousness, evaluation perspective and audience needs as the standard, and combines the characteristics of online teaching to create a new model of teachers' training in an all-round and multi-angle.

Key words: online teaching; international Chinese teacher; assessment literacy

0　引言

当前，全球发展正在步入第四次工业革命之时，互联网、大数据等新兴信息科学技术的蓬勃发展也正深刻影响着各行各业，同时，新冠疫情的反拨影响更是加速了以互联网为

---

* 本文得到 2020 年度国际中文教育研究课题一般项目资助（编号 20YH10C）、"'云思维'视域下'溯源型'汉字教学模式研究"以及吉林省教育科学"十三五"规划课题"'双一流'建设背景下的汉语国际教育本科汉字课程体系建设研究"（编号 ZD19004）的支持。

依托的社会生活各个方面的变革。在此大背景下，国际中文在线教育的普遍施行，顺应了技术发展趋势与需求，同时也是为了应对新冠疫情带来的挑战而进行的革新。

"把汉语教育推广出去，……需要积累丰富的教学经验，掌握大量对外教学技能。"（韩瑞芳等，2014）国际中文教师依托互联网，在虚拟课堂运用丰富的网络资源和信息技术教授中文。目前，国际中文教学的形式发生着重大变化，与传统的线下授课相比，线上教学的理念、模式、方法、互动、课堂管理及教学测评都呈现出明显的差异。这无疑对国际中文教师的教学与测评素养提出了更高的要求。

教师测评素养（assessment literacy）的概念由美国教育专家 Richard J. Stiggins 最先提出，其研究起始于教育学领域，并于 21 世纪初取得长足发展（潘鸣威，2021）。近年来，学界围绕其进行了诸多有益探讨，并最终总结其内涵主要包括了教师应该掌握的测评原理、测评知识、测评技能三个方面。教师线上教学测评的理念意识与知识技能需要与时俱进，适应变化，与线上教学相互匹配，并在教学中及时发现操作问题，快速做出调整和反馈，以更高效的形式促进学生的中文水平的提高。

本文从培养原则、培养内容和培养方式三个方面，探讨面向线上教学的国际中文教育师资培训中教师测评素养项目的培养与提升路径。

1 培养原则：增强教学测评意识，更新教学测评理念

语言测评与语言教学关系十分紧密。语言测评可以为教学提供评价依据，教师通过有效的语言测评可以了解学生的语言能力，衡量教学效果，从而检验教学目标是否达成，进而调整教学策略，改进教学实施，真正有效地帮助语言学习者顺利达到教学目标。

然而在实际中文教学中，甚至是语言教学界，相关研究表明，语言教师普遍缺乏测评方面的基本技能和素养（廖建玲，2021）。笔者在对国际中文教育职前教师（国际中文教育专业硕士）和海外本土中文教师进行的访谈与调查中也发现了相同的情况，大多数中文教师表示自己对于语言测试与评估非常不了解，仅仅在某些专业课程中接触过一些名词概念，对于其实践意义和具体操作都不甚明了。许多中文教师对于语言测评的意识还仅仅停留在以期中、期末考试为代表的传统成绩测试和以 HSK、HSKK、BCT 和 YCT 为代表的大型标准化测试上，而对非量化的评估，例如基于课堂的形成性评估、档案袋式评估等概念知之甚少。

在当今语言能力观不断发展的趋势下，国际中文教师应当正视测评的意义，增强测评意识，才能真正实现以人为本、因材施教的教学理念。

1.1 认知由传统的偏重标准化测试向形成性评估转变

长期以来，中文教师在教学中多注重终结性评价，更为关注教学阶段性的检验，往往通过月考、期中、期末等成绩测试判断一个较长阶段的教学效果；或者以具有强烈选拔性质的水平测试作为教学模板的参照，将教研重心放在知识点、题型和答题技巧等方面。这些评价手段固然十分重要，但是往往对教学造成一定的反拨效应，甚至使教师在一定程度上忽视了对教学过程、不同教学阶段和学习者个体特点的关注。

国际中文教学转向线上，"互联网+"的许多特殊性质无疑对传统教学理念产生了重大

影响。线上课堂的隔空距离感造成教师和学生之间的交互黏性减弱，如果此时仍然只重视终结性评价而忽视形成性评价，就会导致教学主导与学习主体之间的距离继续扩大。因此，中文教师必须转变测评观念，更多重视以学习为导向的形成性评估，努力弥补线上教学这一客观事实对教学造成的影响。

1.2　重视基于课堂的语言评估

基于课堂的语言评估（classroom-based language assessment）一般是指在语言课堂的教学情境中所进行的语言评价活动（廖建玲，2019）。与大型标准化的语言测试不同，基于课堂的语言评估主要发生在课堂教学中，其评估方式更加真实，教师和学生均能从评估过程和结果中了解到该过程中教与学的效果。基于课堂的语言评估既包括以促学为目的形成性评估，也包括注重学习结果的终结性评估。我们建议国际中文教师加强对前者的重视，因为前者与课堂教学实施关系密切，可以帮助教师与学生及时了解语言学习者的学习情况，从而改进教与学的方法与策略。

如上文所言，线上中文教学在一定程度上减弱了师生之间的交互，许多教师反映传统课堂管理手段不再奏效。面对注意力涣散、自信心降低的学生，教师可以思考从非考试形式的课堂语言评估入手，采用令学生更易接受的、愿意主动参与的方式进行评估，提升学生的评估主体地位，提高其参与评估的积极性，同时将评估过程设计为成长型累计制度，分散学生的学习压力。

1.3　以学生为主体，引导学生自我评估

随着社会的多元化、个性化、小众化等亚文化不断兴盛发展，学习者的学习策略、认知等都呈现出十分鲜明的时代特点。特别是中文教师面向的教学对象为来自世界各地的中文学习者，其文化背景、学习经历、家庭情况等因素各不相同。倘若仍以"一刀切"的思维模式与标准去评估不同个体，其教学评价的客观性与学习者主观接受度都会大打折扣。

因此国际中文教师应转变思路，鼓励学生作为学习评估的主体，积极参与到语言学习评估之中。一方面尊重学生追求个性化的特点，关注个体差异，关注个体成长过程，引导帮助学生进行自我评估，增强其学习的自主性；另一方面还应满足学生的社交需求，引导帮助学生进行生生互评，鼓励学生在学习语言的同时增强交际、合作、思辨的能力。

2　培养内容：根据线上教学特点，不断更新、探寻测评方式

现代语言测评是一门综合性很强的学科，其建立在语言学、心理学、教育测量学等学科理论基础之上并不断发展。近年来，随着计算机技术的快速发展与普及，语言测评也随之向电子化与数字化的方向延伸发展。因此国际中文教师也应有意识地在提高自己的线上教学测评能力的同时，不断提升在线语言测评的技术能力。

2.1　结合线上教学特点，探寻语言测评的新角度

国际中文教师可以针对线上教学的实际情况，探寻语言测评的新角度。当前教师在教

学中更多侧重知识本位的测评，关注语言要素与语言技能的学习与掌握情况。而线上教学更多需要努力还原真实性、增强互动性。因此教师可以思考新的测评角度，从测评学习者的语言交际能力入手，不仅关注语言要素与技能，还关注其表现性能力与交际策略等方面的能力，即以知识本位测评为基础，拓展思考实作本位的测评方式方法。

例如在教学中尽量结合真实语料的输入与运用，测评任务模仿真实交际生活中人们面对的各种常见问题，观察学习者运用中文解决问题的综合能力。交际性强、实作本位的测试可以更好地保持学生的注意力，并吸引其主动投入到学习中。

另外，教师也可通过制定详细的评价标准，指导学生进行自评和互评，同样可以鼓励学生自我认知、与人沟通，从而积极投入到中文学习之中。

2.2　结合线上教学特点，确立语言测评的新指标

中文教师应与时俱进，结合教学实际思考语言测评的新指标。例如随着计算机技术的发展，语言要素中的汉字教学发生了很大的变化。2021年中国教育部发布的《国际中文教育中文水平等级标准》中就根据教学实际要求，将常用汉字分为手写汉字和认读汉字，倡导汉字认读与手写适度分离。这一变化启发中文教师思考对汉字教学的测评新指标。

例如对于学习者汉字能力的评估，可以从在线教学中汉字输入的角度思考多项测评指标。常见的汉字输入有多种方式：拼音输入可以反映出学生对拼音及同音字、近音字的辨析能力，手写输入可以反映出学生对汉字笔画部件的记忆与书写能力，语音输入则可以反映学生的语音发音准确性。中文教师可以充分运用不同的方法，有针对性地测评学生的汉字能力。

2.3　结合线上教学特点，运用语言测评的新技术

掌握并合理、熟练运用线上教学的教育信息技术是国际中文教师实现线上教学的必备技能。工欲善其事，必先利其器。科技类教育信息工具是线上教学成功实施的保证。我们提倡国际中文教师要时时关注与教学相关的科技应用类产品的特点，拓展思路使之与教育教学相结合，将最新、最流行、学生最喜爱的信息技术工具巧妙、有机地运用在中文线上教学之中。

以下仅举一些例子抛砖引玉供广大教师参考，囿于篇幅不多赘述：

（1）运用共享文档程序，在写作课教学、阅读课教学、综合课教学等课上及课后实现动态的生生互评、师生互评。

（2）自动语音识别技术（automatic speech recognition，ASR），微信、QQ、钉钉等多种社交软件或学习工作软件，可有效运用于口语教学、综合教学中的朗读、口头表达等陈述表达模式的测评。

（3）运用多媒体技术，可以制作交互式视频，视频中有问答、投票等多项动态功能，既可用于录播课视频，也可用于直播课中的展示视频，可大大增强学习者的代入感和师生之间的互动性，增加动态评估机会。

（4）运用课堂互动类软件，比 kahoot、quizlet、考考等，在线上教学过程中实现实时互动，增加学生学习兴趣，有助于教师进行基于课堂的形成性评估。

（5）运用在线问卷调查类、统计类程序与数据可视化技术，将学生学习反馈制作为词云、数据图表等可视化产物，有助于实现对学生学习状态的追踪统计，进而有助于教师建立面向学习个体的个性化、形成性评估。

3 培养方式：通过有效手段切实提高教师测评能力

3.1 举办专题讲座，构建测评理念

由语言测评专家或者测评专业教师开办中文测评专题讲座，面向中文教师普及测评的理念与基本知识。主讲培训师可通过语言教学测评案例的分析与讲解，深入浅出地帮助教师理解测评的原理，掌握基本知识。一方面为测评实践提供理论支撑，另一方面展示如何在理论指导下科学合理地对语言教学进行设计和实施测评。

面向中文线上教学的特点，可以开展"基于课堂教学的语言评估""以学习为导向的语言评估""基于计算机的语言测评"等专题，结合最新研究领域的理念探索，启发一线教师思考创新。

3.2 组织开展教师工作坊，重视测评实操

教师工作坊是一种非常注重经验分享、交流与实践的培训方式。在工作坊中，培训师可以针对某一语言测评主题分享实操经验，介绍具体解决思路，预设问题并设计练习，组织中文教师边思考边寻找解决方法，在具体实操中学习和掌握教学测评的方式方法。

例如，开展主题为培养学生中文阅读策略的自我评估的工作坊，培训师可以首先展示一次具体的在线阅读课的教学设计与实施步骤，然后组织教师们根据教学大纲与目标共同讨论，合作设计阅读评价量表，接下来讨论引导学生运用阅读策略并使用量表进行自我评估的具体方法步骤，最后向教师发放新的教学任务与空白量表，由教师按照此思路自主设计在线阅读的学生自我评估，通过"传帮带"的方式有效提升中文教师的测评实操能力。

3.3 构建学习小组，集体备课

学习小组有助于中文教师之间互相交流，分享观点。在针对语言教学测评的小组活动中，培训师可以利用每次集体备课的机会，在制订具体教学计划的时候，引导教师们运用反向设计（backward design）的教学理论思路，根据明确的教学目标制定有效的测评标准与测评方法，由此检验和了解教学目标是否达成。另外，还可以运用最近发展区理论（scaffolding），引导教师根据教学的不同阶段与进度制定具体的测评方式，用以了解和掌握学生当前中文水平与教学目标水平之间的差距，从而调整和实施教学方法以帮助学生顺利跨过最近发展区（ZPD）以达成教学目标。

另外，在学习小组讨论时，培训师也应引导中文教师及时进行教学反思。在教学测评方面，除了总结学生课后作业的完成情况与质量之外，中文教师可以在平时的教学环节中及时回顾基于课堂的语言测评的实施效果和学生反馈情况。当下，各线上教学平台的"录像回放"功能可以十分方便地帮助教师回顾课堂评估的实况，例如可以从教师的测评实施

过程、学生受测反馈及表现、教师评价语及评价行为等多个维度反复观看和记录，总结教学质量与问题。

4　结语

中文线上教学对于国际中文教师来说，既是严峻的挑战，也是职业发展机遇，更是未来教育的发展方向。其开放、多元、参与的特点促使国际中文教师线上教学测评素养不断提升。我们应从培养原则上增强教师的教学测评意识，不断更新教学测评理念。在培养内容方面应根据线上教学特点不断更新，帮助、启发教师开拓思路，善于探寻创新的测评方式。同时积极尝试各种有效的培养方式，切实提高教师测评素养。

参考文献

[1]　韩瑞芳, 张孟晋. 新时代下的汉语国际教育战略解读. 湖北民族学院学报(哲学社会科学版), 2014, 32(3).

[2]　教育部中外语言交流合作中心. 国际中文教育中文水平等级标准. 北京: 北京语言大学出版社, 2021.

[3]　廖建玲. 语言测试与评估原理: 汉语测评案例与问题. 北京: 外语教学与研究出版社, 2019.

[4]　廖建玲. 中文教师评价素养培养框架. 国际中文教育(中英文), 2021, 6(2).

[5]　潘鸣威, 等. 从考试命题迈向科学测评: 新时代英语语言测评素养提升指南. 北京: 人民教育出版社, 2021.

新手、熟手教师线上汉语课堂导入环节模态使用情况分析

王露锦

华东师范大学 国际汉语文化学院 200333

52265400013@stu.ecnu.edu.cn

摘 要: 本研究依托中国文化概况课程,讨论了新手、熟手教师在线上汉语课堂环境中导入环节的模态使用情况。结果发现:在听觉模态上,两位教师的课堂上学生话语所占比例都明显少于教师话语;在视觉模态上,新手教师在讲解的过程中更依赖 PPT 上的内容;在动觉模态上,熟手教师的身势语更加丰富。整体而言,在导入环节中,听觉模态是主模态,起主导作用,而视觉模态和动觉模态在教学中作为辅助模态对听觉模态进行补充和强化。

关键词: 多模态话语分析 线上汉语课堂 导入环节 新手教师 熟手教师

An Analysis of the Use of Modalities in the Introduction Session in Online Chinese Classes by Novice and Experienced Teachers

Wang Lujin

School of International Chinese Studies, East China Normal University, 200333

Abstract: This study discusses the use of modality in the introduction session in the online Chinese classroom environment for both novice and experienced teachers, using the overview of Chinese culture class as an example. The results found that, in terms of auditory modality, both teachers' classrooms had a significantly smaller proportion of student discourse than teacher discourse. In terms of visual modality, the novice teachers relied more on the content on the PowerPoint during their explanations. In terms of kinesthetic modality, the experienced teachers' body language was more abundant. Overall, the auditory modality was the dominant modality in the introduction, while the visual and kinesthetic modalities complemented and reinforced the auditory modality as secondary modalities.

Key words: multimodal discourse analysis; online Chinese classroom; introduction session; novice teachers; experienced teachers

0 引言

语言习得的发生取决于两个基本因素,即"内在因素"和"外在因素"。"内在因素"是指语言习得机制,"外在因素"是指语言输入的环境。对于"外在因素"而言,学者们关

注的一个主要方面就是语言输入在第二语言习得过程中的角色和作用（王建勤，2009）。在对外汉语教学课堂上，教师扮演了"外在因素"的角色，为学习者提供单向的语言信息。由于受到疫情的影响，2020 年被称为国际中文教学的转型之年（李泉，2020），面对留学生的线上教学已走向常态化（陈雯雯，2021）。所以，如何利用互联网环境和多媒体技术辅助汉语教学就成为现如今学界所关注的一个问题。对于教师而言，网络上的课堂对他们的综合素质提出了更高的要求，尤其是面对各种各样的 PPT、图片、视频、音乐等可供选择的模态时，如何合理利用各种教学模态，使各种模态之间相互配合从而提升课堂的教学效率是值得思考的一个方向。

1   概念界定及应用

不同的学者对"模态"一词的定义有不同的看法，它在生物科学、计算分析等领域都有被提及。在语言和社会文化领域，"模态"是指一种意义和沟通交流的符号（Kress & Van Leeuwen，2001）。根据 Halliday（1994）的系统功能语法理论，多模态话语指运用多种交流模式（如听觉、视觉、触觉、味觉、嗅觉等五种感觉），通过语言、图像、声音、表情、肢体动作等多种手段和符号资源进行交际的现象（张德禄，2009）。

多模态话语分析在二语教学中的应用十分广泛，以英语为例，主要集中在各种技能课上，如听力课（田苗等，2019）、听说课（刘燕，2018）、阅读课（姚克勤，2014）等，也有对专门用途英语的教学研究和对大学生学习模式的探索（陈素花，2014；夏颖，2016）。这些研究都是依托于多模态话语分析理论，并且认为该理论的应用有利于提升教师的教学效率，提升学生的自主学习能力，适应多样化、网络化、个性化的英语学习需要。

在汉语作为第二语言教学的研究中，学者们则更加关注多模态输入及模态配置对习得的影响（如贾琳、王建勤，2013；莫丹，2017；洪炜等，2018）。但是，有关多模态话语分析在汉语教学中的应用的研究较少。从宏观的角度来看，李雅（2018）讨论了多模态话语分析理论对国际汉语教学的改进问题，并且介绍了其在教学法、现代教育技术中的实施应用情况。从微观的角度来看，王珊、刘峻宇（2020）选取了国际汉语初级综合课示范教学视频中的词汇教学环节，以多模态话语分析综合框架为基础，使用软件 ELAN 对多模态符号进行标注，构建了多模态汉语教学语料库。

综上所述，多模态教学虽然已经进入国际汉语教学领域，但各种模态在汉语教学中的使用条件以及模态间的组合仍需进一步探讨。基于此，本文依托多模态话语分析理论，聚焦网络环境下教师的模态调用情况，从新手、熟手的角度探讨二者的共性与个性。

2   研究设计

2.1   研究对象

本文选取的研究对象是一位教学经验丰富的熟手教师（W）和一位实习的新手教师（X）。W 来自某高校中文系国际汉语中心，X 是某高校汉语国际教育专业的在读研究生。二者的课程内容一致，都是中国文化概况第 7 课。每个直播间的留学生人数约 15 人。

导入环节可以调整学生的学习状态、扩大学习需求、增加学习的内在驱动力（姜丽萍，

2011）。所以本文挑选了导入环节来观察新手教师和熟手教师在课堂中各种模态的具体使用情况。

2.2 研究工具

本文选取的研究工具是 ELAN 6.0。ELAN 是一个对视频和音频数据的标识进行创建、编辑、可视化和搜索的标注工具，可以为语言、手语、姿势提供分析。

2.3 研究方法

本研究采用观察法，进入真实课堂后录制了教学过程，共获得两位教师每人导入环节 10 分钟的视频。获得教学视频后，笔者用视频标注软件 ELAN 6.0 对课堂中出现的模态符号进行标注、统计和分析，获得了大量的研究数据。

2.4 研究问题

本文参照王珊、刘峻宇（2020）的模态分类标准，结合对实际课堂的观察，总结归纳出课堂中的模态主要有：视觉模态（PPT）、听觉模态（包括教师话语和学生话语）、动觉模态（包括手势语和身势语）。由此，我们提出三个研究问题：一是两位教师在导入环节教学中多模态整体使用情况；二是各模态之间的协同关系；三是探讨新手、熟手教师的共性和个性。

3 模态使用情况分析

3.1 整体情况概述

在利用 ELAN 对视频语料进行标注后，笔者发现：熟手教师 W 听觉模态中的教师话语占较大的比重（81.73%），其次是以 PPT 为载体的视觉模态（20.26%），学生话语（9.94%）和身势语（9.27%）占比较小。由此可见，这堂课的导入环节中听觉模态是主模态，起主导作用；而视觉模态和动觉模态在教学中作为辅助模态对听觉模态进行补充和强化。多种模态协同合作，共同完成教学任务，具体如表 1 所示。

表 1　熟手教师 W 模态使用情况

模态类型	编码	模态符号	编码	标注时长（秒）	标注时长占比（%）
视觉模态	V	PPT	Vppt	121.546	20.26
听觉模态	A	教师话语	At	490.358	81.73
		学生话语	As	59.636	9.94
动觉模态	B	身势语	Bb	55.633	9.27

如表 2 所示，新手教师 X 的模态使用情况基本与教师 W 一致，都是听觉模态占主导，其他模态作辅助。值得注意的是，教师 X 对于 PPT 的依赖程度（40.88%）要高于教师 W（20.26%），但在学生话语部分，教师 X 的课堂上学生开口率（15.43%）更高。且两者在动觉模态上的选择也不一致，教师 W 为身势语（9.27%），教师 X 为手势语（1.99%）。

表 2　新手教师 X 模态使用情况

模态类型	编码	模态符号	编码	标注时长（秒）	标注时长占比（%）
视觉模态	V	PPT	Vppt	245.269	40.88
听觉模态	A	教师话语	At	488.101	81.35
		学生话语	As	92.558	15.43
动觉模态	B	手势语	Bp	11.943	1.99

3.2　听觉模态的使用情况分析

从听觉模态的角度看，学生话语和教师话语在该环节中所占比重差距较大。教师话语的内容包括提问、提供信息、解释说明、对学生表现进行反馈等。学生话语的内容较为单一，都是在回答教师问题。笔者认为造成这种现象的原因一是因为线上环境的制约，学生在开麦的过程中比较耗时，而且多人开麦也非常容易产生杂音，所以不能很好地自由表达观点；二是因为课程的特殊性，该课属于文化知识类课程，与语言技能课相比，需要教师讲授的内容更多。

从教师话语与学生话语的互动来看，熟手教师 W 在与学生的互动过程当中，更倾向于一问一答式，例如对于漫画的提问，教师 W 的方式如下（保留原貌，包括语病等，下同）：

教师 W（笑）：那个准不准时要看情况，是吧？

学生（笑）：对。

教师 W：上课都挺准时的，迟到了，要被老师记录下来的，那平时朋友约会呢？

学生：平时跟朋友约会，我们也是这样，就是晚了 5 分钟还是 10 分钟，就 OK，可以，没事。

在这个教学过程当中，教师 W 会对学生的表述进行反馈后追问，教师 X 则是重复学生的话语，再继续提问：

学生：哦，我觉得第三个我很同，赞同。但是第一个我觉得不太赞同，因为我的班同学认识的人都是年轻人的话表达很清楚，所以我这个有点不赞同，然后第三个的话我有一个经历。

教师 X：嗯，有一个经历。

学生：啊，我继续说。嗯，因为我九月来中国的时候。我要去检查，核酸检查，然后公务员说九点来学校。但是他们十点来学校，然后我等了一个小时，然后我当时心里有点累。

教师 X：好，这个等了一个小时心里是会很累啊。那你觉得和你们的国家相比有什么？你在中国会有哪些和韩国不一样呢？印象比较深刻的？

学生：第三个方面的话，那就是第三个有点儿不一样。韩国人的话如果今天一点见面的话可能他们十二点五十分钟到我们见面的地方。然后和你们一样的地方就是生活的方式，韩国也是很多人一起做什么东西。

3.3　视觉模态和动觉模态的使用情况分析

从视觉模态的角度看，新手教师 X 在讲解的过程中更依赖 PPT 上的内容，一般都是围绕 PPT 上已有的图片和文字进行解释，教师 W 则更倾向于根据自身经历进行拓展，通过举例的方式帮助学生理解：

教师 X：表达个人观点的时候，这个德国人啊，他认为，西方呢就比较直接，但是中国人呢，就非常的迂回曲折，绕来绕去，才最后才说出了自己的想法。（直接进入下一幅漫画的讲解）

教师 W：那他认为这个，中国人和这个像德国，或者其他国家这样的西方国家的人不太一样，例如中国人在表达自我观点的时候，他用这样的一幅图说中国人是怎么样的。再看这个，这个图，就是绕着说的，对不对，不直接说。（笑）那德国人呢，会比较直白啊。那我上留学生课也上了很多年了，我不知道大家在这学期喜不喜欢老师的课哈，有一年我正在上课的时候，那时候是线下上课哈，一个留学生走到讲台上来说，W 老师，我很喜欢你。我当时瞬间就很惊讶，从来没有一个中国学生这样向我表白的啊，今天我们也来了好几个中国学生，有没有这么直白地跟你喜欢的人说过我喜欢你啊，我上了这么多年中国学生的课和留学生的课，中国学生从来没有表达过啊。

从动觉模态的角度看，熟手教师 W 的身势语非常丰富，摆动的幅度也特别明显，表情会随着情绪而变化。相比之下，新手教师 X 表情变化不明显，身体与镜头之间的距离没有发生改变，使用手势语时经常是在屏幕下方划过。

3.4　不同模态的配合关系分析

张德禄（2009）在探讨多模态话语形式之间的关系时，认为一种模态不足以表达清楚交际者的意义，所以才利用另一者来进行强化、补充、调节、协同。他还将模态之间的关系分为互补关系（包括强化、非强化）和非互补关系（包括交叠、内包、语境）。

互补关系指的是一种模态的话语不能充分表达其意义，或者无法表达其全部意义，需要借助另一种来补充。非互补关系是指同时使用两种模态时，第二种模态在意义上与第一种模态近似。例如在声调教学中，许多教师会一边发音，一边使用手势强调，这个时候听觉模态和动觉模态就属于互补关系。但如果教师只是在 PPT 上呈现声调，然后让学生齐读，没有附加也没有缩减，那么听觉模态和视觉模态之间就属于非互补关系。本文依据张德禄提出的多模态话语形式之间的关系，分析教师在导入环节中各模态之间的配合关系。

以熟手教师 W 3 分 30 秒到 4 分 30 秒的视频为例：

听觉模态：曾经呢，有一个来中国留学的一个德国学生。他画了一幅漫画，然后他发现中国人在很多方面呢，跟德国人不太一样啊。他就用这个漫画来说中国人是怎么什么样的啊，跟他不一样跟他们国家的人不一样啊，你们也来中国留学有一段时间了啊，待会请你们一边欣赏这个漫画，然后一边说，说你们在留学期间啊，有没有觉得有哪一些奇怪的，或者你想不明白的，他们怎么这样，跟我不太一样的一些文化现象啊，请你们来分享一下哈。

视觉模态：PPT 上显示的是纯文字。《一个德国人眼中的中西差异》，说一说：你是否认同漫画的观点？在中国留学期间你觉得有哪些"奇怪"的文化现象？

动觉模态：在表示"奇怪的""想不明白的""他们怎么这样，跟我不太一样"的时候头向下扣，之后晃动，向前伸，并伴随身体的前后移动。

从这几个模态的含义来看，听觉模态和视觉模态之间是互补关系，教师对 PPT 上的内容简化后用语言来帮助学生理解。动觉模态和听觉模态之间也是互补关系，由词语或语境所带动的情绪表达。

再看新手教师 X 2 分 50 秒到 3 分 05 秒的视频表现：

听觉模态：这个蓝色的呢是他画的西方的文化，红色的呢代表中国，在表达个人观点的时候，这个德国人啊，他认为，西方呢就比较直接，但是中国人呢，就非常的迂回曲折，绕来绕去，才最后才说出了自己的想法。

视觉模态：PPT 上的漫画分为蓝色和红色，蓝色上面是一条直线，红色上面有多条绕来绕去的曲线，并配有文字"表达个人观点"。

动觉模态：在表示"迂回曲折""绕来绕去"的时候，手部摇晃穿梭，大幅度摇摆。

那么在这段时间中，听觉模态和视觉模态之间，动觉模态和听觉模态、视觉模态之间也都属于互补关系，教师 X 的手势语不仅是对词语的解释，也是对 PPT 上的漫画含义的补充。

4　总结与讨论

本研究依托中国文化概况课程，讨论了新手、熟手教师在线上汉语课堂环境中导入环节的模态使用情况。发现两位教师都是听觉模态占主导，且教师话语要明显多于学生话语。其中，视觉模态和动觉模态在教学中作为辅助模态对听觉模态进行补充和强化。整体而言，两位教师对于模态的使用都比较熟练，但新手教师要更加依赖于 PPT 的使用。而且互动环节中新手教师给予学生的反馈较少，手势语的表达也不够明确，相比之下，熟手教师整个人的状态要更为放松，身势语和表情更为丰富。同时，对于新手教师而言，也应该把握好课堂用语的难度。从学生话语的比例来看，熟手教师倾向于跟不同的学生进行互动，而新手教师更注重训练学生的成段表达能力，所以新手教师课堂上学生话语的时间更长。笔者认为，在真实的教学课堂中，教师可以根据自身的风格特点选择不同的模态进行配合。但是，目前在网络授课环境下，更应该充分考虑模态的使用目的，并且减轻对某一种模态的依赖，将模态自身的特点与教学相结合。

参考文献

[1]　Halliday, M. A. K. *An Introduction to Functional Grammar*. London: Arnold, 1994.

[2]　Kress, G. & Van Leeuwen, T. *Multimodal Discourse: The Modes and Media of Contemporary Communication*. London: Arnold, 2001.

[3]　陈素花. 多模态话语分析理论视域下的专门用途英语教学研究. 教育探索, 2014(11).

[4]　陈雯雯. 基于多平台协同使用的国际中文直播教学实践及启示. 国际汉语教学研究, 2021(2).

[5]　洪炜, 吴安婷, 伍秋萍. 任务的模态配置对汉语二语文本理解、词汇和句法学习的影响. 世界汉语教学, 2018, 32(3).

[6]　贾琳, 王建勤. 视觉加工对英语母语者汉语声调感知的影响. 世界汉语教学, 2013, 27(4).

[7]　姜丽萍. 汉语作为第二语言课堂教学. 北京: 北京大学出版社, 2011.

[8]　李泉. 国际中文教育转型之元年. 海外华文教育, 2020(3).

[9]　李雅. 多模态话语分析理论对国际汉语教学的启示. 民族教育研究, 2018, 29(5).

[10] 刘燕. 多模态话语分析理论在大学英语听说教学中的有效应用. 教育理论与实践, 2018, 38(27).

[11] 莫丹. 基于不同输入模态的词汇附带习得研究. 汉语学习, 2017(6).

[12] 田苗, 王萌, 周子航. 多模态翻转课堂教学模式对大学生英语听力培养效果的实证研究. 黑龙江高教研究, 2019, 37(11).

[13] 王建勤. 第二语言习得研究. 北京: 商务印书馆, 2009.

[14] 王珊, 刘峻宇. 国际汉语词汇教学中的多模态话语分析. 汉语学习, 2020(6).

[15] 夏颖. 基于多模态话语分析理论的大学生自主学习模式研究——以大学英语课程为例. 黑龙江高教研究, 2016(9).

[16] 姚克勤. 多模态话语分析与非英语专业阅读教学模式探索. 西安财经学院学报, 2014, 27(3).

[17] 张德禄. 多模态话语分析综合理论框架探索. 中国外语, 2009, 6(1).

多语社区的语言治理：澳门中小学语言教育政策分析*

秦若曦

澳门科技大学 国际学院
roseyqin@foxmail.com

摘　要：由于独特的文化历史背景和地理位置，澳门地区的语言使用形成了独特的"三文四语"格局。在任何社会群体中，语言教育都是推广语言政策、实现语言治理的主要方式，承载着十分重要的社会功能。本研究首先梳理澳门回归前后的语言教育政策变化，然后分析澳门当前"三文四语"教育的现状，最后对今后澳门的语言教育提出相应建议。

关键词：澳门　多语社区　语言治理　语言教育

Language Governance in Multilingual Communities: An Analysis of Language Education Policies in Primary and Secondary Schools in Macau

Qin Ruoxi

University International College, Macau University of Science and Technology

Abstract: Due to the unique cultural and historical background, language use in Macau has formed a pattern of "Tri-literacy and Quad-lingualism". Language education is the main way to promote language policy and achieve language governance, and it carries a critical social function. This study first reviews the changes in language education policies before and after the return of Macau, then analyzes the current situation of language education in Macau primary and secondary schools, and finally proposes suggestions for language education in Macau in the future.

Key words: Macau; multilingual communities; language governance; language education

0　引言

澳门是一个使用多语言多文字的社会。1999 年 12 月 20 日澳门回归祖国，中文、葡文共为澳门特别行政区的正式语文。特殊的历史背景形成了澳门"三文四语"的语言格局：中文、葡萄牙文和英文通行；粤方言、普通话、葡萄牙语和英语共同使用。四百余年中西

---

* 本文为国家语委"十三五"科研规划 2020 年度重大项目"港澳地区国家通用语言文字推广普及研究"（ZDA135-14）、2021 年度国家社会科学基金重点项目"港澳地区多语多文制的历史与现状研究"（21AYY009）阶段性成果。

文化的碰撞和融合使得澳门可以成为"多语共存、和而不同"的语言战略典范（徐大明，2012）。当前澳门总人口约有 696100，其中 90% 以上的居民是华人（向天屏，2020），除了以粤语为母语的学生外，也有学生来自葡萄牙、菲律宾、越南等国家和地区，其母语或家庭语言并非中文。因此，为了培养多语人才，澳门的中小学采用双语教学，"三文四语"教学同时进行的学校也在近年逐渐增多。

1　语言治理与语言教育政策

语言教育是澳门特区推广语言政策、实现语言治理的主要方式，语言教育政策是澳门语言政策的核心部分。

1.1　语言治理

王辉（2014）认为，我国语言政策的主体主要包括官方决策者和非官方决策者，前者包括执政党、立法机关和行政机关，后者包括压力集团、媒体和语言团体。刘华夏、袁青欢（2017）指出，语言治理主体以国家为核心，涉及市场、第三部门、公民等。王春辉（2020）在此基础上对语言治理的主体与内涵进行了再次明确，认为语言治理是"政府、社会组织、企事业单位、社区以及个人等多种主体通过平等的合作、对话、协商、沟通等方式，依法对语言事务、语言组织和语言生活进行引导和规范，最终实现公共事务有效处理、公共利益最大化的过程"。本研究认为，在语言教育领域，语言治理应指政府、社会组织、企事业单位、社区以及个人等多种主体依法参与语言教育相关事务，以满足语言教学需求的过程。

1.2　语言教育政策

Spolsky（2004）指出，"随着时间的推移，人们逐渐认识到语言政策与政治科学、公共管理学和教育（尤其是语言教育）之间自然而然出现交叉的重叠部分"。因此，语言教育政策受语言政策和教育政策的双重影响。对于语言教育政策的定义，孔颂华（2007）认为，语言教育政策是政府为实现语言教育的目的而颁布的法令、条规及政策指导性文件，包括政府以书面形式颁布的法律、法案、文书、文件、通告等。王莲等（2019）提出，语言教育政策指正规教育中和语言习得有关的政策，包括各级政府的法规和文件、下属机构的常规工作等。

本研究认为，语言教育政策指的是官方教育部门在一定时期内为实现语言教育目的所制定的有关语言教学和语言习得等方面的计划和措施，包括各级政府部门以书面形式颁布的法令、法案、文书文件及通告等。

2　澳门非高等教育的特点

澳门非高等教育主要有办学主体多元、学制多元及教学语言多样化等几个特点。

2.1　办学主体多元，私立学校居多

澳门是大中华区首个提供 15 年免费教育的地区，2006 年《非高等教育制度纲要法》颁

布实施后，其教育类型分为正规教育和持续教育两部分。正规教育指系统性教育，是澳门整个教育体系中最重要的组成部分，包括幼儿教育、小学教育、中学教育和特殊教育。根据教育暨青年局统计资料显示，2020—2021 学年澳门共有 75 所学校开办正规教育（其中私立学校 64 所，公立学校 11 所），所占比例如图 1 所示：

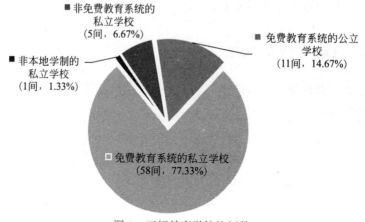

图 1　正规教育学校比例数

　　历史上，由于澳葡政府长期不重视兴办教育，办学一度成为民间团体的事情，教会、工会、商会、街坊会、妇联、同乡会等各种团体均成为澳门的办学主体。最盛时期，澳门私立非高等学校多达 171 间，学生人数占澳门学生总数的 90%。当前，正规教育的私立学校占比 85.33%，仍占据数量优势。私立学校成为澳门教育的主体，这是澳门教育的一大特征。

2.2　学制多元，教学语言多样化

　　澳门非高等教育的另一大特点是学制多元及教学语言多样化。据《非高等教育制度纲要法》第三条及第三十五条，澳门教育制度遵循弹性及多样性的原则，以促进不同社群的和谐共存和共融。同时，教育机构享有教学自主权；私立教育机构还享有行政和财政自主权。因此，在学制、教学语言、师资、招生、教材、考试等方面，澳门特区政府及教育当局未设统一标准。按学制划分，澳门正规教育有内地学制、台湾地区学制及葡萄牙学制等。按教学语言划分，可分为中文、葡文及英文。2021—2022 学年，澳门的 74 所正规教育学校的校部数总计为 112 所，按照教育阶段及其教学语言进行划分，具体如表 1 所示：

表 1　2021—2022 学年澳门学校资料统计表
（按教育阶段和教学语言划分）

教学语言	各教育阶段校部数								总计	占比/%
	幼儿	小学	中学	幼小	中幼	中小	中小幼	特殊教育		
葡文	1	—	1	1	—	1	—	—	4	3.57
英文	2	1	2	—	—	6	4	—	15	13.39
中文	15	9	13	27	—	13	13	3	93	83.04
总计	18	10	16	28	—	20	17	3	112	100

　　根据张桂菊（2009）的调查，澳门的中文学校多为社会团体办学，以粤语或普通话为教学语言，多数采用内地或台湾地区学制。葡文学校以葡萄牙语为教学语言，衔接葡萄牙课程，招生对象多为土生葡人子女、外聘公务员子女及少数华人子女。英文学校以英语为教学语言，采用英国或香港地区学制及课程设置，学生的升学或就业主要面向香港特区或英美等西方英语国家。由表 1 可以看出，在各个教育阶段，均以中文作为教学语言的校部数占绝对优势，英文次之，以葡文为教学语言的校部数最少。

　　澳门社会是以繁体中文为书面语，以粤语为主要口语的语言社区。据澳门统计局的人口统计数据显示，中文（主要为粤方言）始终是澳门使用最普遍、使用人口数量最大的语文，占据"三文四语"之首。加之国家大力发展粤港澳大湾区，语言的政治性和经济性亦成为影响澳门学校语言选择和家长择校的重要因素。随着澳门博彩业和旅游业的大力发展，英语在贸易往来、客户服务和日常交流等场合的使用愈加频繁。以英文为教学语言的学校数量从 1998—1999 学年的 9 所，增加至 2020—2021 的 15 所。澳门回归后，以葡文为教学语言的学校数量虽有所减少，但相对稳定：1988—1989 学年有 9 所葡语学校，1998—1999学年减少至 5 所，2008—2009 学年增至 6 所，至今仍保持 6 所（其中正规教育学校为 4 所）。

3　澳门中小学的语言教育政策

　　《澳门特别行政区基本法》第一百二十一条规定："澳门特别行政区政府自行制定教育政策，包括教育体制和管理、教学语言、经费分配、考试制度、承认学历和学位政策等，推动教育的发展。"

3.1　语言教育政策的变革

　　自 1999 年 12 月 20 日澳门回归以来，其政治、经济格局发生了巨大变化，语言教育政策亦相应地发生改变。如表 2 所示：

表 2　澳门回归前后的教育政策

时间	法令	具体条文
1991 年	第 11/91/M 号《澳门教育制度法律》	官立和私立教育机构均享有教学自主。*私立教育机构有完全自由决定采用的教学语言*，并具有强制性的第二语言包含在其有关的教学计划内。*官立教育机构只得采用葡语及华语作为教学语言*。以葡语作为教学语言的官立教育机构，在其教学计划内将采用华语作为第二语言。以华语为教学语言的官立教育机构，在其教学计划内将采用葡语作为第二语言。
1994 年	第 38/94/M 号《学前及小学教育之课程组织》、第 39/94/M 号《初中教育之课程组织》	*教育机构在中文、葡文或英文中自行选择教学语言及第二语言*。根据教育机构之自主及教育计划，以必修或选修性质于学习计划中开设第三语言。教育机构得在小学教育开始或继续教授第二语言，而至第五年级及第六年级时，第二语言教学应更规范、更系统，且*在不具强制性之前提下，应以本地区两种官方语言为优先*。
1997 年	第 46/97/M 号《高中教育课程组织》	*教育机构须在中文（必须包括普通话教授）、葡文或英文中选择教学语言及第二语言*。

续表

时间	法令	具体条文
2006 年	第 9/2006 号《非高等教育制度纲要法》	*公立学校应采用正式语文中的一种作为教学语文，并给学生提供学习另一正式语文的机会。私立学校可使用正式语文或其他语文作为教学语文。*拟使用其他语文作为教学语文的私立学校，须经教育行政当局评估并确认其具备适当条件后方可施行。以其他语文作为教学语文的私立学校，应给学生提供学习至少一种正式语文的机会。
2014 年	第 15/2014 号《本地学制正规教育课程框架》	小学、初中及高中教育阶段"第一语文（教学语文）"科目如为"中文"，须包括普通话；若"第二语文"科目为"中文"，可包括普通话。

可以看出，无论是回归前，还是回归后，澳门的法律并未对澳门中小学及幼儿教育阶段的教学语言做强制要求。相反，为大多数学校提供了选择教学语言的自主性和便利性，也为澳门的中小学生提供了更多的选择。张桂菊（2011）在对比港澳两地"多语多言"的教育政策时提出，澳门现行的语言教育政策体现了"传承与连贯、包容与疏离相结合的特点"。

然而，对比法令文书的变化来看，1997 年是个转折点："普通话教授"首次出现在了澳门的教育法例之中。之后，在 2014 年颁布的《本地学制正规教育课程框架》中，首次对"第一语文"科目的普通话教授做了强制要求。

3.2 对教学时长的具体要求

2014 年 6 月 30 日，澳门特别行政区颁布了第 15/2014 号行政法规《本地学制正规教育课程框架》（以下简称《框架》），旨在建立兼具优质及多元品质的地区课程，整体提升澳门正规教育的质量。《框架》适用于公立学校和本地学制的私立学校，涵盖了正规教育的幼儿教育、小学教育、初中教育和高中教育，主要内容包括课程发展准则、学习领域的划分、教学活动时间的安排及各教育阶段主要科目的设置。2019 年 11 月 25 日，第 33/2019 号行政法规对《框架》进行了修订，对各教育阶段各项学习科目的最低及最高教学活动时间进行了规定，具体如表 3 所示：

表 3　各教育阶段课程计划（节选）

教育阶段	学习领域	科目	教学活动时间（分钟）	节数/周
小学	语言与文学	第一语文（教学语文）	49920～83200	平均 6～10
		第二语文	41600～58240	平均 5～7
	数学	数学	33280～49920	平均 4～6
	个人、社会与人文	品德与公民	不少于 8320	平均最少 1
初中	语言与文学	第一语文（教学语文）	20600～37080	平均 5～9
		第二语文	20600～37080	平均 5～9
	数学	数学	20600～28840	平均 5～7
	个人、社会与人文	品德与公民	不少于 8240	平均最少 2
		地理	不少于 5440	平均最少 3
		历史	不少于 6920	

续表

教育阶段	学习领域	科目	教学活动时间（分钟）	节数/周
高中	语言与文学	第一语文（教学语文）	18600～26040	平均5～7
		第二语文	18600～26040	平均5～7
	数学	数学	14880～26040	平均4～7
	个人、社会与人文	品德与公民	不少于3720	平均最少1
		地理	不少于2800	平均最少1.5
		历史	不少于2800	

注：节选整理自《本地学制正规教育课程框架》，由澳门教育暨青年局发布。

对比各教育阶段的数学、品德与公民、常识、体育与健康等其他学习科目，语言与文学的教学活动时间要明显高于其他科目。《框架》要求，若第一语文为中文须包括普通话，第二语文为中文可包括普通话；同时要求高中须开设"语言、社会与人文及经济类科目"选修课程。由此可以看出，当前的澳门特区政府及教育当局对语言教育较为重视，尤其是普通话教学。

不同于1991年《澳门教育制度法律》给予学校极高的自由度，《框架》以学生为本，引导学校优化课程结构，科学安排教育活动时间，建立教育基准、优化课程结构，从而提升教育效能和教学品质，促进澳门学生的全人发展。

4 居民语言能力的变化

澳门回归二十余年，政治、经济格局有了较大的变化，教育政策亦多次发生改变，澳门居住人口的语言使用情况也因之发生改变。

4.1 常用语人口的变化

通过整理分析澳门特区统计暨普查局发布的1991年、2001年人口普查报告及2016年的中期人口调查报告，对比各教育阶段年龄限制，筛选出3～19岁的澳门人口，发现"三文四语"的使用情况在这25年间发生了较大变化。具体如表4所示：

表4　1991—2016年3～19岁人口常用语情况

常用语	1991年占比/%	2001年占比/%	2016年占比/%
粤语	96.83	94.11	87.02
普通话	0.4	0.53	5.46
葡萄牙语	1.85	0.52	0.55
英语	0.25	0.32	2.4

由上表可以看出，1991—2001十年间，除了以葡萄牙语为常用语的人口占比有明显下降

外，以粤语、普通话及英语的常用语的人口占比变化不大。而 2001—2016 年，以粤语为常用语的人口占比明显下降，以普通话和英语为常用语的人口占比均有所提升，以葡语为常用语的人口占比也略有增多。

这表明，随着回归后澳门与祖国内地的贸易往来和文化交流日趋频繁，普通话越来越受到澳门特区政府和本地居民的重视，加之教育政策的改变，有了更多的学生可以将普通话作为日常用语。3～19 岁年龄段中以英语为常用语人口的持续增加，表明英语在澳门经济发展中有着越来越重要的地位，在中小学教育阶段更多的人开始重视英语。在葡萄牙籍在澳居住人口比例逐年下降的情况下，以葡语为常用语的人口小幅增加，但在澳门的多语社会中仍处于人数劣势位置，能说葡语的人只占很小一部分，使用范围也较小。

4.2 可流利使用普通话人口的变化

根据澳门统计局发布的"可流利使用其他语言"的统计数据，1996—2016 年，可流利使用普通话的 3 岁以上人口有了稳步提升，具体如表 5 所示：

表 5　1996—2016 年可流利使用普通话的人口变化

时间	可流利使用普通话的 3 岁以上人口	总人口	占比/%
1996 年	37134	397488	9.34
2001 年	58625	424303	13.82
2006 年	101166	492291	20.55
2011 年	223180	539131	41.40
2016 年	318979	632857	50.40

由上表可以看出，可流利使用普通话的人口呈明显的上升趋势，二十年的时间增加了 41.06 个百分点。这与多种因素有关，例如澳门居民对祖国的认同、澳门经济的快速发展、澳门与内地的地缘关系以及内地人口向澳门的流动等诸多因素都促进了普通话在澳门的传播，最为重要的是澳门特区政府对普通话教学的重视以及语言教育政策对普通话教授的要求和推广。

5 建议

2021 年 6 月，澳门特别行政区政府为规划未来教育方向，颁布了《非高等教育中长期规划（2021—2030)》（以下简称《规划》），务实推进澳门非高等教育的发展。《规划》对澳门学生的发展提出了四个重点方向，在"培养家国情怀与国际视野"方面，要求加强发展学生运用普通话、葡语及英语表达的能力，以保持和增强区域竞争能力。当前，粤语在澳门地区仍是强势方言，使用人口最多。要想提高学生使用多种语言的水平和能力，就要求澳门特区政府及教育当局持续推广和普及普通话、强化葡语教育，以及优化英语教育。

5.1 持续推广和普及国家通用语

首先，澳门教育当局可鼓励中小学将普通话作为校园语言。缺少语言环境是推行普通话中文教学的一个障碍，由于大部分学生在家庭、社区的交谈中多使用粤语及其他方言，使用普通话的机会较少，因此，可以积极创造普通话语言环境，鼓励学生在课堂参与、校园活动中多使用普通话与老师和同学交谈。

其次，需要进一步提升教师的普通话能力，教育当局可组织普通话培训，鼓励学校教师及职工参加国家普通话水平测试。同时加强与内地优秀中小学的交流与合作，签订合作协议，互派师生进行交流与学习。

5.2 强化葡语教育

如果把葡语的教学仅局限于几所葡语学校和澳门高校的葡文系及法律系，很难造就一定数量的高质量葡语人才，难以应付将来商贸和文化发展的需要（魏美昌，2010）。《粤港澳大湾区规划》欲将澳门建设成为"中国与葡语国家商贸合作服务平台"，因此，澳门应利用其葡语基础，发挥独特优势，强化葡语教育。特区政府可考虑设立专门的葡语培训机构，与现有的葡文学校、东方葡萄牙学会、澳门大学、澳门理工学院等合作，统筹规划澳门地区的葡语教学，开发优质葡语课程，编写合适的葡语教材，从而培养更多的葡语人才。

5.3 优化英语教育

许嘉璐教授（2010）曾预言"未来在澳门排第三位的估计不是葡语而是英语，因为它是全世界的强势语言"。这项预测从当前澳门居民的语言使用情况可以得到印证。因此，澳门的语言教育政策需要认真协调中文、葡文、英文三语的地位。程祥徽教授曾在 2003 年指出："澳门语言问题集中在两个方面：一是落实中文的官方地位，二是在澳门推行中葡双语制。除此之外，还有英语的地位与社会对英语的需求等问题。"澳门特区政府在重视中文教育和葡语教育的同时，也要将英文教育的重要性体现到语言教育政策上，提升澳门学生的多语语言能力，培养多语人才，更好地助力"一带一路"和粤港澳大湾区建设。

参考文献

[1] Spolsky Bernard. *Language Policy*. London: Cambridge University Press, 2004.
[2] 澳门教育及青年发展局. 课程法规. https://portal.dsedj.gov.mo/, 2021.
[3] 澳门教育及青年发展局. 课程框架. https://portal.dsedj.gov.mo/, 2021.
[4] 澳门立法会. 非高等教育制度纲要法. https://bo.io.gov.mo/bo/i/91/34/lei11_cn.asp, 2021.
[5] 澳门教育及青年发展局. 非高等教育中长期规划（2021—2030）. http://portal.dsedj.gov.mo/webdsejspace/site/policy/2020121, 2021.
[6] 澳门统计暨普查局. 人口及住户. https://www.dsec.gov.mo/zh-MO/Statistic?id=103, 2021.
[7] 程祥徽. 新世纪的澳门语言策略. 语言文字应用, 2003(1).
[8] 孔颂华. 当代马来西亚语言教育政策发展研究. 华南师范大学硕士学位论文, 2007.
[9] 刘华夏, 袁青欢. 边疆语言治理的挑战与转型. 广西民族研究, 2017(6).
[10] 王春辉. 关于语言文字治理现代化的若干思考. 语言战略研究, 2020, 5(6).
[11] 王辉. 语言管理：语言规划的新走向——《语言管理》评介. 语言政策与规划研究, 2014, 1(1).
[12] 王莲, 马林兰, 李瑛. 澳大利亚国家语言政策研究. 北京: 中国经济出版社, 2019.

[13] 魏美昌. 学好葡语为我所用. 程祥徽. 澳门人文社会科学研究文选•语言翻译卷. 北京: 社会科学文献出版社, 2010.

[14] 向天屏. 双语教育下小学汉字教学的挑战与因应: 澳门的研究发现与启示. 台湾教育评论月刊, 2020(10).

[15] 徐大明. "多语共存、和而不同"的中国语言战略. 澳门语言研究三十年——语言研究回顾暨祝程祥徽教授澳门从研从教三十周年文集(一). 澳门: 澳门大学, 2012.

[16] 许嘉璐. 关于澳门语言规划的思考. 李向玉. 澳门语言文化研究. 澳门: 澳门理工学院, 2010.

[17] 张桂菊. 澳门回归后"三文四语"教育现状研究. 比较教育研究, 2009, 31(11).

[18] 张桂菊. 港澳"多言多语"教育政策对比研究. 教育评论, 2011(6).

Chinese Audio Description Training in a Tertiary-level Interpreting Program: Learner-perceived Difficulties and Coping Strategies[*]

Jackie Xiu Yan[1]   Kangte Luo[2]

[1,2] Department of Linguistics and Translation, City University of Hong Kong

[1] ctjackie@cityu.edu.hk   [2] kangteluo2-c@my.cityu.edu.hk

Abstract: Audio description (AD) is a language service that allows people who are visually impaired to access audio-visual products. Audio description training (ADT) is important to guarantee the quality of AD and has attracted increasing attention from researchers. Studies on ADT have generally been based on trainers' teaching experience and teacher-centred methodological issues. Only recently have learner perspectives been explored. This study aimed to examine students' feedback on a two-week ADT module and their perceived difficulties and coping strategies in learning. The participants were 30 translation students enrolled in an undergraduate interpreting programme in Hong Kong who were required to complete an AD project in Chinese by the end of the programme. By conducting a qualitative analysis of the students' written reflections on their AD learning, this study identified three themes in their perceptions: difficulties, strategies, and benefits. The results show that the difficulties encountered by the students in AD making included comprehension of the audio-visual source text, oral presentation, and content selection. In coping with these challenges, the students used strategies such as researching the audio-visual source text, adjusting their oral presentation style, and rehearsing and revising their AD many times. The students reported that ADT improved their Chinese oral language presentation skills, awareness of multimodality, and awareness of accessibility. This study took a learner-centred approach to studying ADT and provides empirical support for previous findings on ADT, leading to suggestions for AD trainers to address learners' needs in their future training activities.

Key words: audio description; interpreter training; learner perception; accessibility; language service for the visually impaired

0   Introduction

Audio description (AD) is a language service that is much needed in society. By rendering images into words, AD helps visually impaired people access audio-visual products. Training is important to guarantee the quality of audio describers. In academic settings, AD is usually taught as a form of audio-visual translation; however, researchers have found that AD is similar to interpreting (oral translation) in many of the skills it requires (Yeung, 2007; Fryer, 2019) and in its quality-assessment criteria (Fernández, et al., 2015; Fryer, 2019). AD can be recognized as a

---

[*] This study was partially supported by the grant of the project #6000744 of the City University of Hong Kong.

form of interpreting, i.e., inter-semiotic interpreting. Many skills are required to describe visual images verbally, especially language-use skills, for example, accuracy and fluency in oral production, naturalness of speech in the description of images (Talaván & Lertola, 2016), and the ability to select precise words to describe specific scenes (Ibáñez Moreno & Vermeulen, 2013). Thus, incorporating AD training (ADT) into interpreting classes may be helpful to add elements of language training. Based on the connections between AD and interpreting and AD's function as a tool to enhance students' language competence, the authors introduced an ADT module in an interpreter training programme at a Hong Kong university in 2019. The students were required to provide feedback on the programme, especially regarding their practice of AD in Chinese after the training was completed. The study used the qualitative research method to examine the students' perceptions about AD and ADT, based on their written feedback on this module. It is expected that the findings may help trainers better understand students' learning needs in ADT so that they can address these needs more adequately in their training activities.

1 Literature Review

1.1 Research on ADT

ADT has attracted increasing attention from researchers; however, most studies have been based on trainers' teaching experience, and learners' perspectives have rarely been mentioned. For example, Matamala and Orero (2007) reviewed and summarised the skills and competencies of a good audio describer and put forward a series of sample activities that could be used in teaching AD in an audio-visual translation programme. The authors briefly mentioned that the students in the study were extremely interested in the course and that some of them wanted to pursue AD as their research topic. Remael and Vercauteren (2007) explored the teaching of content selection in AD and suggested that narratology would be an important resource for audio describers learning to prioritise elements for description. Marzà Ibañez (2010) presented a teaching proposal for AD trainers, and provided a set of guidelines for determining what should be described in AD as well as evaluation criteria that could be applied in the classroom setting. Jankowska (2017) reported a nine-unit AD course design that could be implemented in a blended learning mode. Jankowska (2019) elaborated on a series of exercises used in ADT and presented the learning outcomes, framing them within the ADLAB Pro competence framework for professional audio describers. Luque and Soler (2019) proposed establishing AD internships at art museums and integrating them into a Translation Studies curriculum. The authors reported students' perceptions of such an internship as part of an intern assessment. Chmiel et al. (2019) explored pedagogical approaches to AD course design and presented a procedure for designing AD courses based on situated and contextualised learning models. Mazur and Chmiel (2021) used questionnaire surveys and statistical tools to examine the perceptions of AD trainers. The authors compared the differences between academic AD courses and their non-academic

Chinese Audio Description Training in a Tertiary-level Interpreting Program:
Learner-perceived Difficulties and Coping Strategies

463

counterparts in the skills taught, the activities exploited, the importance of competencies as perceived by trainers, and the importance of transferrable skills as perceived by trainers. Zhang (2021) drew from experience on gamification approaches in translator and interpreter training and reported the use of gamification in ADT. After reporting the activity design and the process of gamification, the author provided a brief summary of the students' reception of and reflections on such practice.

Although certain recent studies on ADT have touched upon the methodology issues in ADT (e.g., Chmiel, et al., 2019), some including a description of students' reception and perceptions (e.g., Luque & Soler, 2019; Zhang, 2021), only a handful of studies have described students' perceptions of ADT and provided concrete comments. ADLAB Pro (2019) collected students' feedback on the effectiveness of ADT materials through questionnaires and interviews. Yan and Luo (in press) investigated students' willingness to engage in ADT and their perceived connections between AD and interpreting using open-ended questions and content analysis. It is believed that a more systematic understanding of students' learning experience from their point of view would be valuable and help researchers and trainers better address students' needs.

1.2   Learner Perceptions in Translator and Interpreter Training

AD is a form of translation. As such, researchers interested in ADT may find studies on translator and interpreter training to be particularly relevant and thought-provoking. A number of studies on translator and interpreter training have focused on the role of learners. In translator training research, Li (2002) used a questionnaire survey and focus group interviews to investigate students' perceptions of their training, such as their reasons for choosing to enter a translation programme, the jobs they desired to obtain after graduation, and the usefulness of the language courses in translation programmes as they perceived them. Li suggested that the results reveal the needs of students in translation learning and provided implications for teachers in curriculum planning and development. Jeong (2005) highlighted the importance of needs analysis in translation and interpretation (T&I) course planning, and suggested that a student-focused needs and means analysis should be carried out before planning any teaching, just as products are produced and sold to consumers only after it is confirmed that the products meet customers' needs and demand. The comparison between students' perceptions and teachers' perceptions is considered to be helpful in checking whether a provided education meets the needs of the market. Takeda (2010) examined students' research proposals and reports and identified the recurring themes in their interests, expectations, and concerns regarding their learning experiences. She suggested that students' perceptions about their learning experience could provide valuable information for interpreting teachers to reflect on their practice and modify it for continuous improvement.

In an attempt to summarise the benefits of studying learners' perceptions in interpreting studies, Pan and Yan (2012) identified four major benefits: identifying learners' difficulties and problems and revealing learners' needs; evaluating learning outcomes by comparing the perceptions of learners and teachers; using learners' perceptions as predictors of the learning process; and enhancing learners' self-concept as interpreters. This study serves the first purpose, that is, to identify learners' difficulties and problems and reveal their needs. Nevertheless, the data could be combined with information collected through other sources to fulfil more of the above purposes in future studies.

2　The Present Study

The present study examined students' perceptions of AD and ADT and attempts to frame these perceptions in the context of interpreting training. For the study, an AD module was taught in an interpreting course. The specific teaching procedures were reported in a separate article (Yan & Luo, in press). The students' perceptions were collected from written reflections they submitted to their teacher (the first author) after they had finished the two-week ADT module. Teaching AD in interpreting classes is believed to be feasible for three main reasons: recent studies have shown that live AD may be considered a form of interpreting (Pöchhacker, 2018; Greco & Jankowska, 2020), audio describers and interpreters share many competencies and skills (Yeung, 2007; Iglesias Fernández, et al., 2015; Fryer, 2019), and the facilities established for students' interpreting training suit the purpose of ADT.

This study aimed to address the following research questions:

1. What are the main difficulties in AD learning as perceived by the students?
2. What strategies do students take in the process of making AD?
3. What are the benefits of ADT as perceived by the students?

3　Method

3.1　Participants

The participants were 30 translation students (seven male and 23 female) enrolled in an undergraduate-level, English-Chinese consecutive interpreting programme in Hong Kong. All of the students were from Chinese mainland or Hong Kong, and their native language was Cantonese or Mandarin Chinese. All of them received two weeks of ADT that was integrated into their university interpreting classes.

The teaching materials of the AD module were partly adapted from course materials provided by ADLAB Pro. The main purpose of the training was to serve as an introductory course to AD, familiarise the students with Screen AD, and help them understand that AD is an important subject in Translation Studies. The students were given 10 days to draft an AD script for a six-minute clip of the Chinese film *Lust, Caution* (Lee, 2007), record their performance with the movie soundtrack, and write reflections on their AD learning experience. The students were guided to practise the semi-live type of AD for the assignment, meaning that they were able

Chinese Audio Description Training in a Tertiary-level Interpreting Program:
Learner-perceived Difficulties and Coping Strategies

465

to prepare the AD scripts in advance. They were allowed to make several attempts at home and submit the version they were most satisfied with to the teacher.

3.2   Instruments

To facilitate the students' AD-producing tasks, the teacher designed a working sheet and distributed it through an online learning platform. The working sheet provided a template for the students to use to submit their answers. It consisted of two parts. In the first part, the students were required to provide the AD script they had prepared (in Chinese). In the second part, the students were instructed to write reflections in English or Chinese on their AD-producing task. The instructions were as follows:

> Write a commentary in either English or Chinese (800 words minimum) on your AD-producing task. You may comment on the difficulties or problems that you have encountered in the process of AD production (including AD script writing and AD delivery), choices you have made, what you have discovered and learned, and the overall satisfaction with your AD product.

The reflections collected from the students were in Word files, which were later checked by the researchers and imported into the computer-assisted qualitative data analysis software NVivo for analysis. Although the students were given the option to use English or Chinese (their first language) for their commentary, most of them (22 out of 30) chose to write in English. Altogether, 27,000 words of commentary were analysed.

3.3   Data Analysis

Grounded-theory analysis (GTA) was used to identify the major themes that emerged from the students' written reflections. GTA is defined as "an analytic process of constantly comparing small data units through a series of cumulative coding cycles to achieve abstraction and a range of categories to the emergent categories' properties" (Saldana, 2011, p. 115). It was first developed by Glaser and Strauss (1967) for constructing theory grounded in qualitative data and was further developed by scholars such as Charmaz (2014) and Corbin and Strauss (2015). Following the GTA procedures explicated in the literature (Yan & Horwitz, 2008; Corbin & Strauss, 2015), a three-step coding procedure was conducted on the data collected. In level-1 coding, the raw data were broken down into manageable pieces. Preliminary codes were assigned to all of the ideas related to the research questions. In level-2 coding, all of the preliminary, level-1 codes were compared, and similar codes were grouped to form themes. Labels were assigned to each theme to represent the shared ideas. In level-3 coding, the themes generated from level 2 were converted to more abstract categories after cross-category comparisons. These categories directly related to the research questions and can be described in a few words. The core category identified in level 3 provided the structure of the theory, and the themes identified in level 2 could be sorted into the categories and provide details for the theory. It should be noted that the substantive-level theory discovered through GTA is applicable to immediate situations. Thus, it is situated in the particular context of this study and should be differentiated from theories of greater abstraction and generalisability (Creswell & Poth, 2018). In this study, the three-level coding was facilitated by NVivo.

To improve the reliability of the analysis and reduce the subjectivity inherent in qualitative studies, the interactive qualitative analysis (IQA) method (Northcutt & Mccoy, 2004) was used in the data analysis procedures. IQA requires that the decision-making process of the qualitative analysis be conducted by a group rather than an individual. Three coders (the two authors of the article and one research assistant) were involved in the coding process. The labels, themes, and categories for the coding were finalised by the three coders. If any disagreement arose concerning the labels, the coders discussed it to reach a consensus before making the final decision. It is believed that the integration of the IQA method in qualitative analysis mitigates the subjectivity of an individual coder's interpretation of the qualitative data and improves the reliability of the results (Northcutt & McCoy, 2004).

4　Results

The coders sorted the students' perceptions into the following three level-3 categories: difficulties, strategies, and benefits. Certain themes emerged from the data. These categories and their respective themes are presented in detail below.

4.1　Difficulties of ADT

The category of "difficulties" refers to the students' perceived difficulties in ADT. In this section, each theme is exemplified with a quote from the students. Descriptions of the categories' themes are provided in Table 1.

Table 1　Difficulties the Students Encountered in AD Making

Theme	Student description
Comprehension	I found it difficult to comprehend the audio-visual source text.
Content selection	I found it difficult to select the most appropriate content to describe in AD.
Interpretation	I found it difficult to judge whether my interpretations were correct.
Presentation	I found it difficult to speak well in delivering AD lines (e.g., pace, tone, pronunciation).
Scriptwriting	I found it difficult to write the AD script well (e.g., use descriptive language, describe subtle facial expressions, use varied vocabulary).
Synchrony	I found it difficult to weave the AD successfully around the soundtrack.

Note: The themes are listed in alphabetical order.

AD is a form of translation. The source "text" of AD is the audio-visual "text". The students found that comprehending audio-visual "source text" could be difficult.

Chinese Audio Description Training in a Tertiary-level Interpreting Program:
Learner-perceived Difficulties and Coping Strategies

467

I have to understand the complicated implications behind each shot. Every character's expressions, even a tiny flick of eyebrows, convey rich meanings that I have to deliver through audio description (Student F22).

The students also perceived content selection to be difficult in AD drafting. They felt that they did not always have enough time to perform this task and that their judgments as to what information should be described first may be groundless.

I do not have enough time to tell all the details, as there was a limited time between the characters' previous line and the next. I would have to give up some details that are not that important. As a sighted person, I may not be objective enough to judge which details are vital (Student F18).

Another difficulty the students perceived in ADT was in judging whether their interpretations were correct.

Sometimes the interpretation of their facial expressions is up to my subjective judgment. Examples would be "动容" [deeply touched] and "神情变得复杂" [facial expression becomes complicated]. I think this is a difficulty since I am uncertain whether my interpretation is correct, and I am worried that I would misinterpret and mislead the listeners (Student F02).

In the ADT module, although the students wrote their own scripts, they still felt that it was not easy to complete the delivery task.

Even though I wrote the script, I could not deliver it without any mistakes. Self-correction would affect the fluency and disturb the audience. I made mistakes such as overlapping with the characters' voices, wrong pronunciation, and uttering the audio description at an inappropriate time that did not match what was shown on the screen (Student F13).

The students also found it difficult to write in descriptive language and to present subtle details through writing. They expressed that AD requires the describer to have strong writing skills.

Finding the right word to describe certain moments was proven to be difficult for me. One of the highlights of this clip is the acting, meaning that the tension and emotion were conveyed through the facial expression or micro expression of the actors. I find these expressions almost ineffable. I still struggle to describe them through words, despite my four-year knowledge of translation (Student M01).

The final theme in this category concerned the challenge of successfully weaving the AD around the soundtrack.

It is challenging to deliver the words matching the scenes. Often, I started speaking earlier so that it did not match the dialogue spoken by the characters, and other times I started too late, and the scenes were already finished (Student F12).

4.2　Strategies in AD Making

The themes under the category of "strategies" centred on the methods used by the students to tackle certain challenges in AD making. Ten strategies were identified. Sometimes the same strategy would be used to address multiple problems. For these cases, the purpose of each strategy is supported by one quote from the students. Table 2 lists the common themes in the category of strategies.

Table 2　Student Strategies in AD Making

Theme	Description by the students
Addition	I provided my interpretations/additional information in AD to make it more comprehensible.
Context	I referred to film context in selecting the content to describe.
Describe earlier	I delivered my AD lines before the image appeared to deal with the limited time provided in the gaps.
Literary techniques	I used [literary] techniques (e.g., four-word Chinese idioms, [similes], compound sentences) to save time or make the AD more attractive.
Objectivity	I used objective words to avoid potential misunderstanding of the source text.
Omission	I omitted some information to fit in the limited time provided in the soundtrack.
Oral delivery	I adjusted my oral delivery (e.g., pace, intonation, tone) to deal with the limited time provided in the soundtrack or to make my AD more effective.
Rehearsals and revisions	I rehearsed and revised multiple times to improve the quality of my AD.
Research	I researched the film to understand the source text better.
Simulation	I simulated the target audience to understand the users' needs in terms of AD.

Note: The themes are listed in alphabetical order.

The students intentionally added personal interpretations or additional information to make the AD more comprehensible to the target audience.

> I ... added a line to explain the meaning behind a smile if I found it could appear more comprehensible. For example, I added "不禁沾沾自喜" [cannot help feeling complacent] so that the audience knew exactly what his emotion was (Student F12).

In deciding what content should be described first in AD making, the students would refer to the film context.

> The female character takes off the ring on the middle finger and puts the diamond ring on. This plot may be designed by the director to imply to the audience that the female character would defect from her comrades. Therefore, I thought this detail must be retained. (Student F09)

As a time-saving strategy, some of the students intentionally provided AD earlier than the images were shown on the screen to be able to provide more information.

> For some scenes, I would ... start my recording before the characters perform[ed]

Chinese Audio Description Training in a Tertiary-level Interpreting Program:
Learner-perceived Difficulties and Coping Strategies

469

their actions. With this method, I can fill in more information within a limited time (Student F03).

The students also used writing techniques, such as four-character Chinese idioms, simile, and compound sentences, in their AD scriptwriting to save time or make the AD more appealing.

To cope with the time limit as well as the language habit of Cantonese, I decided to keep the script simple with the frequent usage of four-character Chinese idioms to express the mood, so that the language can be more condensed and leave time for the audience to listen to the music and feel the mood (Student F04).

I have used some idioms or idiomatic expressions just to make the scene more vivid and match the actions or background of the movie (Student M28).

The students intentionally used objective words in the AD, because they believed that describing images objectively would lower the risk of misinterpretation.

When Mrs. Mai asked Mr. Yee to leave, instead of describing Mrs. Mai's facial expression as "惊恐" [terrified], I said "眼神仿佛不定" [looked unsettled]. I was worried that I would misunderstand her thoughts, so I tried not to interpret her feelings but only describe what I saw (Student F13).

Another strategy involved intentionally omitting some information in the AD drafting because the time provided in the soundtrack was insufficient.

There is music playing in the second half of the clip. I tried to minimise the number of my lines and focused on the main details only (Student F03).

The students also deliberately adjusted their oral delivery style (e.g., pace, intonation, tone) to conform to the limited time provided on the soundtracks. The same strategy was used to make the AD more pleasant to the ear.

Sometimes things happen too fast and the sound effects are loud. I need to speak faster to keep up with the pace and raise my voice so that the audience can hear me more clearly (Student F22).

To produce AD which can truly touch its audience, the tone and pace of the audio describer should match the film plots. When the film reaches its climax, we may make our voice become increasingly high-spirited and the pace faster, reflecting the characters' anxiety. That way, the audience may better feel the stress in the atmosphere (Student F24).

The students spent a lot of time rehearsing and making numerous revisions of their scripts.

I have to record many times, adjusting my speech rate and the length of my script to fit into the space between the dialogues (Student F14).

They also researched the film and relied on relevant supplementary materials to ensure the accuracy of the AD.

I did some research on the plot of the film to understand the relationship between characters, and on the time and place where the film is set. Also, to ensure the accuracy of the script, I researched the cast to identify the actors and actresses (Student F04).

The students suggested that a good strategy to understand the needs of AD target users is to simulate their film-watching experience.

I closed my eyes to listen to my audio description to see if I would understand the film without watching the clip. I repeatedly watched the film clip and added more details to the script when some parts were left unclear (Student F13).

4.3 Benefits of ADT

This category encompasses the benefits of ADT as perceived by the students. Seven major themes of the benefits emerged from our analysis. These are listed in Table 3.

Table 3   Benefits of ADT as Perceived by the Students

Theme	Student description
Awareness of multimodality	I understood the importance of non-verbal elements (e.g., facial expressions, gestures, sound effects, background music) in films.
Awareness of accessibility	I gained a better understanding of the importance of accessibility in society.
Information compression skills	I learned how to describe things concisely.
Multitasking skills	I practised my multitasking skills.
Observation skills	I noticed more details in the film.
Presentation skills	I practised my oral presentation skills.
Scriptwriting skills	I practised my scriptwriting skills.

Note: The themes are listed in alphabetical order.

ADT raised the students' awareness of multimodality. The students realised the importance of non-verbal elements (e.g., facial expressions, characters' gestures, sound effects, background music) and how these elements convey meaning in films.

I paid more attention to the non-verbal language of the characters, like the facial expressions and some movements they did to show their feelings. This helped me appreciate more the effort of the actors and actresses in how they shaped the characters (Student F18).

Another benefit the students mentioned was that they had gained a better understanding of the importance of accessibility through ADT.

This project helps me to rethink and have a deeper understanding of the needs of people with disabilities. And now I know that doing volunteer work is not the only way to help them, and there is always more we can do (Student F08).

Chinese Audio Description Training in a Tertiary-level Interpreting Program:
Learner-perceived Difficulties and Coping Strategies

471

ADT benefited the students by cultivating several skills. First, the students' information compression skills were improved through the ADT. Specifically, they learned how to write concisely by leaving out secondary information.

> In this training, I also learned how to describe film plots concisely ... I intentionally omit the information that will not influence the audience's understanding of the film to achieve conciseness (Student F07).

ADT also forced the students to practise their multitasking skills.

> The AD practice trained my multitasking skills, like watching every move of the actors and reading the script simultaneously (Student F26).

Furthermore, the ADT provided opportunities for the students to enhance their observation skills.

> I would playback the film clip multiple times and learn to analyse the film plot and emotion of the characters from a third person's perspective. Therefore, my observation skills have been enhanced (Student F10).

The students also gained experience in properly delivering speech through the ADT.

> I have gained precious experience on how to deliver my speech properly ... It is a valuable lesson for perfecting both interpretation and presentation skills (Student M16).

Finally, the students described the benefit of practising their writing skills, especially descriptive writing.

> I have learned how to write AD script and use descriptive language, but I am still not very familiar with it (Student F26).

5 Discussion

By applying GTA to the written reflections provided by 30 AD learners, the current study provides a comprehensive list of the difficulties that the students encountered and the strategies they used during AD making. The information discovered through the three-level coding procedure, with strict adherence to the GTA method, is grounded in the students' learning experiences. Some of the empirical data generated from this study corroborate that of other previous studies. Furthermore, some of the themes that emerged may provide insights for AD trainers.

The students' perceived difficulty with content selection, together with their worry about the subjectivity of image interpretation, prompted the trainers to integrate the teaching of narratology into the AD course. Numerous studies (e.g., Remael & Vercauteren, 2007; Vercauteren, 2012; Marzà Ibañez, 2010; Vandaele, 2012) have acknowledged the value of teaching narratology in ADT, as it "offers insights into how the film stories are created and how the medium signals what is narratologically most relevant" (Vercauteren, 2012, p. 211). Indeed, the ADLAB guideline highlights the use of narratological building blocks in drafting AD, which can help students learn how to strike a balance between subjectivity (i.e., personal interpretation and personal phrasing) and objectivity (i.e., text-based interpretation and phrasing) in AD making (Remael, Reviers, & Vercauteren, 2015). These materials could be further integrated into future AD teaching.

The students also commented that the oral presentation of AD is difficult. The teaching of voicing in ADT may be controversial. Mazur and Chmiel (2021) found that AD voicing was not commonly taught in academic AD courses (29% of all courses). This seems reasonable in the context of pre-recorded AD, as the voicing of such AD may be assigned to professional voice talent rather than to the scriptwriters (Fryer, 2016). However, in live settings, AD must be scripted and voiced by the same person. Given that this study is based on the AD module in an interpreting class and that delivery skills have been identified as a competence shared by audio describers and interpreters (Yeung, 2007; Iglesias Fernández, et al., 2015; Fryer, 2019), it is important that voicing be included in this AD module.

One basic principle of dynamic AD is that the AD cannot overlap with the film sounds. The students in this study found synchrony in AD difficult to achieve. Fryer (2019) defined "synchrony" as when the AD is "successfully woven around the soundtrack" (p. 177) and provided three types of deviations: talking over dialogue or important sound effects, describing events too soon or too late (asynchronously), and giving away the plot. Given that students may not receive enough training on these aspects in their translation and interpreting training, the teaching of synchrony in AD deserves more attention from trainers.

The students found the comprehension of the audio-visual source text to be difficult. Certain studies (e.g., Ibañez Moreno & Vermeulen, 2017; Herrero & Escobar, 2018) have suggested that audio describers must have the skill to interpret and evaluate the semiotics of images. However, only a handful of studies (e.g., Orero, 2012; Perego, 2014) have elaborated on the importance of training in film-reading abilities for audio describers. This theme highlights the need to integrate film knowledge training into AD courses from a learner perspective. Furthermore, the students' perceived difficulties in AD scriptwriting should draw teachers' attention to the relationship between AD making and the ability to write creatively. AD scriptwriting may be regarded as creative writing, as AD text maintains an intertextual relation with filmic text (Herreco & Escobar, 2018). Ramos and Rojo (2020) explored the relationship between creativity, the accuracy of the AD produced, and work experience. They found that more experienced describers are more creative and can produce less subjective and more accurate AD. Although there are studies (e.g., Snyder, 2014; Fryer, 2016) that provide guidance as to what language to use in AD drafting, the role that a person's creative writing ability plays in AD making remains to be explored in depth.

Because the students in this study were in the process of learning, the strategies they identified were not necessarily optimal. Nevertheless, the strategies may help teachers provide guidance to set their students on the right track for optimal learning. The participating students

Chinese Audio Description Training in a Tertiary-level Interpreting Program:
Learner-perceived Difficulties and Coping Strategies

473

provided interpretations or additional information to make their AD more comprehensible; however, they required further guidance on when and how to provide off-screen information. Established AD guidelines (e.g., the ADLAB guideline) may provide resources to permit students to reflect on the decisions they have made.

Regarding the adjustment of oral delivery to account for time limitations or to make AD more effective, teachers could provide guidance to allow their students to find the proper balance between the completeness of information and the cognitive load that AD brings to users. Students must be reminded that speaking too fast may burden the cognitive demand of their listeners (Mazur & Chmiel, 2012) and ultimately jeopardise the overall quality of the AD. The students in the study conducted research to understand the source text more accurately; however, it is not clear what sources are reliable or how to make the best use of them. This theme prompts teachers to pay due attention to the teaching of information-searching skills in AD classes. In discussing the preparation of audio introduction, Fryer and Romero-Fresco (2014) suggested that the cover of the DVD box, Wikipedia, and IMDb can provide reliable background information on a given film. These sources could be helpful for students drafting AD as well; however, how to make the best use of the information deserves further investigation.

The students assumed that the use of literal techniques, such as idioms, similes, or compound sentences, would save time and make AD more appealing to the target audience. Teachers may wish to involve visually impaired users in the class to provide direct feedback on such assumptions. Another strategy that the students used was to simulate the experience of visually impaired users; however, to what extent such simulation is effective also requires further testing in user-centred research.

Regarding the benefits of ADT as perceived by the students, the themes that emerged from the students' feedback imply that ADT may help foster students' interpreting-related skills. The syllabus of the BA-level interpretation course includes "creative thinking ability," "oral speaking skills," and "oral summary" as key topics of the course. Based on the students' perceptions, we found that the AD module addressed these topics very well. The students' perceived benefits also lend support to the claim that the implementation of ADT is beneficial to all stakeholders (e.g., Talaván & Lertola, 2016; Jankowska, 2017). Specifically, the implementation of ADT contributes to students' personal development, creates more accessible resources in society, and helps improve public awareness of accessibility issues in society.

6 Conclusion

ADT is important in ensuring the quality of AD. AD trainers and researchers should use learner-centred research to understand their students' needs and improve the effectiveness of their training. This study applied qualitative analysis to students' written reflections on their AD learning after they had finished a two-week ADT module in an interpreting programme. The students' perceived difficulties, the strategies they adopted, and the benefits of AD they perceived were analysed. The results are reliable, and are made more objective through GTA with a three-level coding procedure and IQA with a group of researchers to make decisions in the qualitative analysis process. The study provides concrete empirical evidence to help teachers understand students' AD learning. The themes that emerged from the analysis provide clear routes for trainers to provide focused guidance in future training activities. We hope that the study achieves two purposes: to serve as the starting point for more learner-centred research in AD and to inspire practitioners to implement a more refined and diversified way of integrating ADT into translation and interpreting programmes.

References

[1] ADLAB PRO. A Guide to the Evaluation of Training Materials: ADLAB PRO A Case Study. <http://www.adlabproject.eu, 2019-08/2021-09-06>.

[2] Charmaz, K. *Constructing Grounded Theory* (2nd ed.). London: Sage, 2014.

[3] Chmiel, A., Mazur, I., & Vercauteren, G. Emerging Competences for the Emerging Profession: A Course Design Procedure for Training Audio Describers. *The Interpreter and Translator Trainer*, 2019, 13(3).

[4] Corbin, J., & Strauss, A. *Basics of Qualitative Research: Techniques and Procedures for Developing Grounded Theory* (4th ed.). Thousand Oaks: Sage, 2015.

[5] Creswell, J. W., & Poth, C. N. *Qualitative Inquiry and Research Design: Choosing among Five Approaches* (4th ed.). Sage Publications, 2018.

[6] Fryer, L. *An Introduction to Audio Description: A Practical Guide.* London and New York: Routledge, 2016.

[7] Fryer, L. Quality Assessment in Audio Description: Lessons Learned from Interpreting. In E. Huertas-Barros, S. Vandepitte, & E. Iglesias-Fernández (Eds.), *Quality Assurance and Assessment Practices in Translation and Interpreting*. Hershey, PA: IGI Global, 2019.

[8] Fryer, L., & Romero-Fresco, P. Audiointroductions. In A. Maszerowska, A. Matamala, & P. Orero (Eds.), *Audio Description: New Perspectives Illustrated*. Philadelphia: John Benjamins, 2014.

[9] Glaser, B. G., & Strauss, A. L. *Discovery of Grounded Theory: Strategies for Qualitative Research*. New York: Routledge, 1967.

[10] Greco, G. M., & Jankowska, A. Media Accessibility within and beyond Audiovisual Translation. In Ł. Bogucki & M. Deckert (Eds.), *The Palgrave Handbook of Audiovisual Translation and Media Accessibility*. Cham: Palgrave Macmillan, 2020.

[11] Herrero, C., & Escobar, M. A Pedagogical Model for Integrating Film Education and Audio Description in Foreign Language Acquisition. *Translation and Translanguaging in Multilingual Contexts*, 2018, 4(1).

[12] Ibáñez Moreno, A., & Vermeulen, A. Audio Description as a Tool to Improve Lexical and Phraseological Competence in Foreign Language Learning. In D. Tsagari & G. Floros (Eds.), *Translation in Language Teaching and Assessment*. Newcastle upon Tyne: Cambridge Scholars Publishing, 2013.

[13] Ibañez Moreno, A., & Vermeulen, A. Audio Description for All: A Literature Review of its Pedagogical Values in Foreign Language Teaching and Learning. *Encuentro: Revista de Investigación e Innovación en la Clase de Idiomas*, 2017, 26.

[14] Iglesias Fernández, E., Martínez Martínez, S., & Chica Núñez, A. Cross-fertilization between Reception Studies in Audio Description and Interpreting Quality Assessment: The Role of the Describer's Voice. In R. Baños Piñero & J. Díaz Cintas (Eds.), *Audiovisual Translation in a Global Context*. London: Palgrave Macmillan, 2015.

[15] Jankowska, A. Blended Learning in Audio Description Training. *Między Oryginałem a Przekładem*, 2017, 38(1).

Chinese Audio Description Training in a Tertiary-level Interpreting Program:
Learner-perceived Difficulties and Coping Strategies

475

[16] Jankowska, A. Training Future Describers: A Practice Report from an Audio Description Classroom. *Linguistica Antverpiensia*, New Series–Themes in Translation Studies, 2019(1).

[17] Jeong, C.-J. Learner Needs Analysis for T&I Program Reform. *Meta*, 2005, 50(4).

[18] Lee, A. (Director). Lust, Caution [Film]. River Road Entertainment; Haishang Films; Sil-Metropole Organisation, 2007.

[19] Li, D. Translator Training: What Translation Students Have to Say. *Meta*, 2002, 47(4).

[20] Luque, M. O., & Soler, S. Training Audio Describers for Art Museums. *Linguistica Antverpiensia*, New Serie – Themes in Translation Studies, 2019(1).

[21] Marzà Ibañez, A. Evaluation Criteria and Film Narrative. A Frame to Teaching Relevance in Audio Description. *Perspectives: Studies in Translatology*, 2010(3).

[22] Matamala, A., & Orero, P. Designing a Course on Audio Description and Defining the Main Competences of the Future Professional. *Linguistica Antverpiensia, New Series–Themes in Translation Studies*, 2007(1).

[23] Mazur, I., & Chmiel, A. Audio Description Made to Measure: Reflections on Interpretation in AD Based on the Pear Tree Project Data. In A. Remael, P. Orero, & M. Carroll (Eds.), *Audiovisual Translation and Media Accessibility at the Crossroads*. Media for all 3. Amsterdam: Rodopi, 2012.

[24] Mazur, I., & Chmiel, A. Audio Description Training: A Snapshot of the Current Practices. *The Interpreter and Translator Trainer*, 2021, 15(1).

[25] Northcutt, N., & McCoy, D. *Interactive Qualitative Analysis: A Systems Method for Qualitative Research*. Thousand Oaks: Sage, 2004.

[26] Orero, P. Film Reading for Writing Audio Descriptions: A Word is Worth a Thousand Images? In E. Perego (Ed.), *Emerging Topics in Translation: Audio Description*. Trieste: EUT Edizioni Università di Trieste, 2012.

[27] Pan, J., & Yan, J. X. Learner Variables and Problems Perceived by Students: An Investigation of a College Interpreting Programme in China. *Perspectives: Studies in Translatology*, 2012, 20(2).

[28] Perego, E. Film Language and Tools. In A. Maszerowska, A. Matamala, & P. Orero (Eds.), *Audio Description: New Perspectives Illustrated*. Philadelphia: John Benjamins, 2014.

[29] Pöchhacker, F. Media Interpreting: From User Expectations to Audience Comprehension. In E. Di Giovanni & Y. Gambier (Eds.), *Reception Studies and Audiovisual Translation*. Amsterdam/Philadelphia: John Benjamins, 2018.

[30] Ramos, M., & Rojo, A. Analysing the AD Process: Creativity, Accuracy and Experience. *Journal of Specialized Translation*, 2020(33).

[31] Remael, A., & Vercauteren, G. Audio Describing the Exposition Phase of Films. Teaching Students What to Choose. Trans. Revista de Traductología, 2007.

[32] Remael, A., Reviers, N., & Vercauteren, G. Pictures Painted in Words: ADLAB Audio Description Guidelines. <https://doc.anet.be/docman/docman.phtml?file=.irua.99e3cf.130865.pdf, 2015/2021-09-06>.

[33] Saldana, J. *Fundamentals of Qualitative Research*. New York: Oxford University Press, 2011.

[34] Snyder, J. The Visual Made Verbal: A Comprehensive Training Manual and Guide to the History and Applications of Audio Description. *Arlington: American Council of the Blind*, 2014.

[35] Takeda, K. What Interpreting Teachers Can Learn from Students: A Case Study. *Translation & Interpreting*, 2010(1).

[36] Talaván, N., & Lertola, J. *Active Audiodescription to Promote Speaking Skills in Online Environments*. Sintagma: Revista de lingüística, 2016(1).

[37] Vandaele, J. What Meets the Eye. Cognitive Narratology for Audio Description. *Perspectives: Studies in Translatology*, 2012, 20(1).

[38] Vercauteren, G. A Narratological Approach to Content Selection in Audio Description. Towards a Strategy for the Description of Narratological Time. *MonTI. Monografías de Traducción e Interpretación*, 2012(1).

[39] Yan, J. X., & Horwitz, E. K. Learners' Perceptions of How Anxiety Interacts with Personal and Instructional Factors to Influence Their Achievement in English: A Qualitative Analysis of EFL Learners in China. *Language Learning*, 2008(1).

[40] Yan, J. X., & Luo, K. Introducing Audio Describer Training in University Interpreting Classes. *Journal of Visual Impairment and Blindness*, in press.

[41] Yeung, J. Audio Description in the Chinese World. In J. Diaz Cintas, P. Orero, & A. Remael (Eds.), *Media for All: Subtitling for the Deaf, Audio Description and Sign Language*. New York: Rodopi Press, 2007.

[42] Zhang, X. Gamifying Audio Description Training. *Journal of Audiovisual Translation*, 2021(1).

"中文+职业技能"教育的教学现代化研究

体育中文语料库创建研究*

程 红[1] 王 辰[2] 项 英[3] 匡 昕[4]

1,2,3,4 北京体育大学 人文学院 100084

[1] chengh@bsu.edu.cn [2] wangchen@bsu.edu.cn [3] xiangying1025@126.com [4] kuangkuangx@126.com

摘 要：本文运用文献研究法、逻辑分析法、语料库研究方法，探讨体育中文语料库创建的相关问题，如建库意义、基本原则、语料来源与语料库构成、信息字段与存储格式、语料库深加工实施以及"字词—句篇"检索功能等。基于英国语言学之父弗斯的语料库语言学思想，从词汇、语法、语义、语用功能的角度将语言形式和意义结合起来，界定了体育中文概念，明晰了体育中文语料选取路径、语料库加工与检索路径等建设方案。提出了体育中文语料库的创新意义、传播价值与应用价值。体育具有人类普适的文化特点，这是用另一方式讲述"中国体育故事"。

关键词：语料库 专门用途中文 "中文+体育" 国际传播 构成路径

Study on the Construction and Significance of Sports Chinese Corpus

Cheng Hong[1] Wang Chen[2] Xiang Ying[3] Kuang Xin[4]

1,2,3,4 School of Humanities, Beijing Sport University, 100084

Abstract: Using literature research method, logical analysis method and corpus research method, the relevant issues in the construction of Sports Chinese Corpus are discussed, such as the meaning of corpus construction, basic principles, content source and composition, information and storage, deep processing cases and search function, etc. Based on the theoretical foundation of Firth, the father of English linguistics, it combines language form and meaning from the perspectives of vocabulary, grammar, semantics and pragmatics. So the definition of Sports Chinese is confirmed, and the selection path, corpus processing and retrieval path, the innovative value and construction plan of sports Chinese corpus are put forward. The Sports Chinese corpus has innovative significance, communication value and application value. Sports has universal cultural characteristics of human beings. This is another way to tell the "Chinese sports story".

Key words: corpus; Chinese for specific purpose; "Chinese + sports"; international communication; implementation path

0 引言

信息化、智能化带来语言生活的巨变。着力发展虚拟空间的中文生活，是提升中文功能的又一新举措，但与之相应的新技术研究还跟不上国际中文教育的发展步伐。王春辉

---

* 本文是教育部人文社会科学研究规划基金项目《体育汉语词汇数据库建设与应用研究》（项目编号20YJAZH017）的部分研究成果，谨此致谢。

（2018）提出，应对中文国际传播的新特征和新趋势，其一就是加强专门用途中文的研究和教学。语合中心主任马箭飞（2022）强调，要"加大'中文＋职业教育''中文＋专业特色'实施力度"。持续至今的疫情，更凸显了语言传播与新技术融合的必要性，体育中文语料库的创建能够较好地适应时代发展新格局。

自1964年美国布朗大学建立了第一个电子语料库——布朗语料库（Brown Corpus）至今，语料库的建设与应用越来越广泛。国家语委的现代汉语通用平衡语料库中与体育相关的"军事、体育"语料库约占总库数目的2.3%，且并未明确体育类词语数目。北京语言大学 BCC 语料库为汉语学习者提供了丰富的资源，但缺少对专门用途体育中文语料的针对性。随着2022年北京冬奥会的成功举办，北京语言大学"冬奥术语平台（V3版）"提供了8个语种7000余条核心竞赛术语，在语言智能服务、体育文化传播等方面开拓了新领域。

涉及"体育、语料库"的研究亦有：高广未（2021）关注了体育英语语料库建设，探讨了体育英语语料库建设在内容、形式、对象等方面的具体举措。邹瑶等（2018）、闫蕾（2018）等学者从翻译的角度讨论了文本语料库的构建与应用；王瑞芳（2015）论述了体育汉英双语语料库创建的必要性、可行性及意义，并在语料库创建目的、涵盖内容、内容分类、语料收集与筛选、应用软件的选用等方面提出系列建设性设想。林丹青（2021）、曹进等（2021）、孙昕（2013）等从网络体育新闻的角度，分析了新闻标题、缩略语等语料库的相关问题。陈玮（2009）提出建立以体育赛事语言和体育传播语言为基础的体育语域语料库。

综上，既往研究主要服务于我国体育研究者或学习者，为其提供语言传播、翻译服务等，与二语学习者缺少关联，对体育中文语料库的研究更是少见。尽管有学者研究、创制体育语域语料库，但目前国内外可搜索到的有名目的体育语域语料库极少公开或仅部分公开，尤其是基于冬、夏奥运会项目，中国传统体育项目，涵盖体育教育、训练、科研的语料库意义重大却鲜有人涉及。

1 体育中文语料库建库意义

1.1 体育中文概念界定

本文研究的是体育中文场域，专用属性凸显。张黎（2016）提到，1977年杜厚文的论文《在专业汉语教学中试行突出听说、读写跟上的教法》中已出现"专业汉语教学"。到了21世纪，开始将专门用途英语教学（ESP）的概念和理论直接借鉴到专用汉语教学中来。李泉（2011）着眼于不同汉语学习群体对汉语使用的多元需求，呼吁积极规划和发展专门用途汉语教学，并加强基础理论和应用研究。

李葆嘉（2003）认为，基于社会分工而形成的物质、精神和制度文化三大领域的各行各业必然具有若干专门性语域，语域即植根于社会分工的不同专门领域的言语表现。

体育中文是专门用途中文的重要组成部分。而体育运动项目是体育文化传播的载体和途径，依据体育自身内涵，也借鉴专家学者关于专门用途中文的阐释，体育语域应指体育行业的言语表现。而体育行业范围极广，体育赛事是其中非常重要的行业语域，故我们缩小研究范围，将体育中文的概念界定为：依托奥林匹克文化的夏季运动会和冬季运动会项目用语，依托中国体育文化的民族传统体育项目用语，以及体育学一级学科关涉的体育教育、训练、科研等用语。

1.2　建库意义

1.2.1　国家需求

新时代体育的作用越来越重要。2022 年北京冬奥会开幕式上，联合国秘书长古特雷斯在致辞中指出，奥运会象征着体育在团结人民和促进和平方面的作用。国际奥委会主席巴赫在 2020 国际冬季运动（北京）博览会上曾表示，"以卓越、友谊、尊重和团结的奥林匹克价值观激励新一代，在当今脆弱的世界中显得尤为重要"。因此，体育始终在为"构建人类命运共同体"积极贡献着力量。

体育具有人类普适的文化特点，以及融通国际人文交流、展现国家形象、提升国家软实力的独特价值。故体育中文语料库可为中外体育交流服务，有利于"一带一路"沿线国家体育人才培养，从语言传播角度讲述"中国体育故事"。

1.2.2　创新价值

李宇明（2019）提出"语言资源是信息社会最重要的资源"，其基本属性是"有用性"。"构建适合于'互联网+'的语言学习资源，成为教育改革的时代命题"。

第一，体育中文语料库的建设探索了交叉学科背景下的语言资源开发与共享，能够补充和丰富全球中文语料库，促进信息技术对专门用途中文学习环境与模式的创新，为全球中文教育可持续发展注入体育领域的新动能。

第二，体育中文语料库体量大、层级多、针对性突出，具有很强的工具性特点，能为体育专业中文教材、工具书和多媒体教学资源建设等提供有力支持。

1.2.3　人才培养

"一带一路"沿线国家来华学历生包括经贸、旅游、医学、体育等专业，同时，中国企业对外投资逐渐增多，职场也亟须本土化中文人才。

体育中文语料库能助力学历生课程学习与学位论文撰写，并可广泛服务于爱好体育的中文学习者群体。同时可以最大化互联共享，带来随时随地、方便快捷的泛在学习模式，拓宽新时代专门用途中文使用渠道与传播路径。

2　体育中文语料库建库基本原则

2.1　平衡性

平衡性是语料库具有代表性的前提。平衡是指各类语料在语料库中所占比例比较恰当（刘华，2020）。结合体育中文语料库几个类别，按照一定比例选取期刊论文、一般性图书、教材、网站资源等各类语料，既要考虑覆盖全面，也要考虑学历生需求，这是建库过程中的重要问题。

2.2　系统性

系统性是指层次分明的一个整体，不同维度的指标处于不同层级，形成一定的秩序，同层级指标之间、指标层与指标层之间具有清晰的逻辑关系（段立新等，2017）。本文以运动项目为切入口，重点选取冬奥、夏奥赛事项目及中华民族传统体育项目用语。其内部层级体系明晰，外部又与体育教育、训练、科研关联密切，语料库整体较全面，系统内部又有明确的层级关系。

2.3 协同性

研究对象涉及多领域多维度的协同。包括"汉语+"与"+汉语"（吴应辉、刘帅奇，2020）的协同；语言传播与信息技术的协同；体育教育、训练、科研的协同；世界体育文化与中国体育文化的协同等。最终构成涵盖奥运、体育科研、运动训练、民族传统体育、体育学术汉语等多门类协同的语料库，语料共计500万字。

3 体育中文语料库建库路径

英国语言学之父弗斯（J. R. Firth）认为，语言学的任务是研究意义，即语言的社会意义、语境意义、用法意义。弗斯提出的一系列重要概念和观点，如结构与系统、情景语境、搭配、类联接、韵、意义等，对当今语料库研究极具启发作用（甄凤超、李文中，2017）。

3.1 体育中文语料选取路径

弗斯主张意义与形式为一体。强调语言文本的重要性，提出要选择符合该学科特点的研究材料进行处理，这为语料库语言学"词语—语法"一体化主张奠定了思想基础。

本研究基于弗斯的意义理论，从体育学科系统入手，以一个个体育文本为依托，通过技术与人工手段筛选出体育高频词条，标注词性、搭配词语、编写句型、再现上下文语境，尤其让词条与新HSK词汇等级对应，注重语用功能，凸显语言的社会意义、语境意义和用法意义。

姜峰（2019）提出语料库类型主要包括：自建语料库和开放语料库、通用语料库和专门语料库、口语语料库和笔语语料库、本族语者语料库和二语学习者语料库等。本研究重点从专门语料库、笔语语料库、二语学习者语料库这三方面进行语料来源的论证说明。

3.1.1 专用特征

体育中文语料库代表了体育这一学科领域，使用群体主要是来华留学的体育专业学历生，并可涵盖汉语学习者中的体育爱好者等群体，这就要满足语言传播的个性化需求。专门用途汉语是用于专业领域、特定范围和固定场合的汉语（李泉，2011）。由此，体育中文要突出其使用范围和需求意向等专用性，体育项目词条和体育学词条尤为重要，就要围绕体育内容收集相关语料，从而达到中文供给侧与体育专业学历生需求侧的有效对接与深度融合，突出体育中文的专用特征。

3.1.2 语体特征

笔语主要指书面语。通过调查分析学习者需求，体育专业学历生亟须积累专业词汇，助力其专业课程学习与学位论文撰写，而这些学习内容基本都是书面语，所以我们确定语料的收集从期刊论文、一般性图书、教材入手，网站资源要筛选更接近书面语的文本素材，整体语料体现出书面语体特征。

3.1.3　二语习得特征

体育中文语料库关注二语学习者人群的特点与需求，以机器提取和人工筛选高频词为手段，标注词条信息字段包括分类、词条拼音和英译、汉语释义、出处、与新 HSK 级别对应、例句、文本语篇、拓展等细目内容，尤其结合新 HSK 级别标准，体现了考学、考用、考教一体化的建库理念。

一是期刊论文。选取体育核心期刊综合排位前 11 名的学界公认的重点体育类期刊。

二是一般性图书和教材。选取最具影响力和权威性的体育领域出版社，语料话题选取冬、夏奥运会赛事和民族传统体育项目。教材突出体育学科特点，体现一定知识体系。

三是网络资源。选取业界最具影响力和权威性的相关网站作为初始语料筛选平台，如国家体育总局官网、北京 2022 年冬奥会和冬残奥会组委会官网以及网络主流媒体体育板块等。

3.2　体育中文语料库加工及检索路径

图 1 为体育中文语料库加工方法示意。

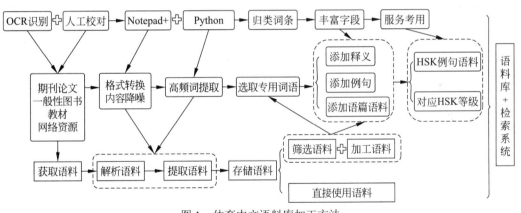

图 1　体育中文语料库加工方法

3.2.1　多方式加工处理语料

运用大数据采集与分析技术。通过 Notepad+ 对原始语料进行降噪处理，在此基础上，用 Python 统计词频，筛选高频词作为入库词汇，对所筛选的词条进行归类，添加词条释义、例句、语篇等，对应新 HSK 等级，建立检索系统。

3.2.2　多方向检索快速查询

通过词频等整理词条类别，确保语料的多样性与充足性，同时延展语料库功能。与 2021 年发布的新 HSK 词汇等级比对，能对应的就标注级别，超出词表的，提示为超纲词，考用结合，考教结合。

语料库包含多个类别,支持多方向跨类检索。打通词条、字段各个环节,可一键快速、精准链接至目标位置,帮助使用者从句、段、篇等多形式语料全面理解目标词条。实现语料库自下而上的"词—篇"和自上而下的"篇—词"双向检索与查询。

3.3 体育中文语料库构成路径

研究目标是创建一个以 500 万字语料为基础的体育中文语料库。图 2 为体育中文语料库构成路径。

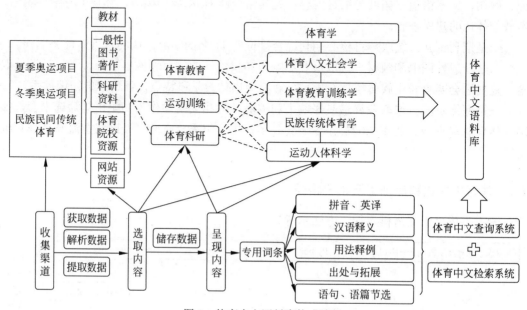

图 2 体育中文语料库构成路径

体育中文语料库的构成,立足两方面:一是按照国家对体育学科的分类标准,从四个二级学科入手;二是从语料的主题关注度上,体现为体育教育、体育训练、体育科研三个维度。

1996 年,国家颁布的《学科分类与代码》(GB/T1374592)中,正式把体育学列为人文社会学类一级学科。1997 年国务院学位委员会颁布的授予博士、硕士学位和培养研究生学科专业目录中,将一级学科体育学分为四个二级学科:运动人体科学、体育教育训练学、体育人文社会学、民族传统体育学,并延续至今。体育类期刊也基本以这四个二级学科名称设立论文专题栏目,当然并不局限于此。

体育中文语料重点选取冬奥、夏奥项目用语,体现赛事场域的语言景观,选取民族传统体育用语凸显中国本土体育文化特色。这些语料内容都关涉体育教育、训练、科研三个维度。体育教育维度,参考中国体育类高校院系设置、开设课程,从权威体育类出版社的体育专业教材选取语料;体育训练维度,结合国际赛事标准和中国传统体育项目,选取包含技术动作、竞赛规则、裁判规则等语料在内的权威书籍和官方网站内容;体育科研维度,结合体育类核心期刊,侧重从论文题目、关键词、摘要或语篇等中选取语料。充分发挥体育教育、训练、科研的协同化平台在人才培养中的重要作用,达成以体育学为核心、多学科为支撑的交叉体育学科群的语料库。

本研究尝试选取公认的重点体育类核心期刊综合排位前 11 名,抽样选用了约 60 万字体育科研类语料。采用"技术＋人工"的方法对应新 HSK 等级，我们发现前 300 个高频专用词条一般都在 HSK4 级以上，有 25.61%是超纲词，如果加上 10.98%的新 HSK7～9 级词，生僻词达到了 36.59%。这就进一步表明建立体育中文语料库的重要性，能够有针对性地服务体育专业学历生、体育行业人群等。

因此，语料库语言学从词汇、语法、语义、语用功能的角度将语言形式和意义结合起来，始终探究语言多个层面上意义的实现方式。

4　结语

体育为媒，可以助推国之交、民相亲，向世界展现友善、包容的中国（殷俊海、高岩，2019），2022 年北京冬奥会上一个个故事就是极好的印证。

李宇明（2020）提出未来新时期语言规划也包括"网络空间命运共同体"，在历史和现实观照下，努力促进中文成为人类重要的公共产品。

当今社会，语言传播是一个国家文化软实力传播的重要途径。在国际中文教育新格局发展中，体育中文语料库的创建能够拓展国际中文传播新路径，推动"中文＋体育"公共产品的国际化与网络化，丰富和补充国际中文教育云资源。今后还要扩大规模，开发多模态语料，进一步满足海内外对特定领域中文教育的需求，增强大数据体育中文的传播价值与应用价值，在虚拟空间讲好"中国体育故事"。

参考文献

[1] 曹进, 刘贵阳. 网络体育新闻标题中暴力语言的生态话语分析. 现代传播, 2021, 43(10).

[2] 陈玮. 语料库语言学在语域研究中的应用. 文教资料, 2009(16).

[3] 段立新, 凌鸣, 张晓宏. 基于大数据的苏州数字经济. 苏州: 苏州大学出版社, 2017.

[4] 高广未. 体育英语语料库建设探究. 海外英语, 2021(12).

[5] 姜峰. 语料库与学术英语研究. 北京: 外语教学与研究出版社, 2019.

[6] 李葆嘉. 论言语的语层性、语域性和语体性. 语文研究, 2003(1).

[7] 李泉. 论专门用途汉语教学. 语言文字应用, 2011(3).

[8] 李宇明. 中国语言资源的理念与实践. 语言战略研究, 2019(3).

[9] 李宇明. 语言规划与两个"共同体"的构建. 商务印书馆: 语言学与中华民族共同体、人类命运共同体的构建——中青年语言学者沙龙, 2020.

[10] 林丹青. 基于语料库的网络体育新闻标题研究. 新闻文化建设, 2021(22).

[11] 刘华. 语料库语言学——理论、工具与案例. 北京: 外语教学与研究出版社, 2020.

[12] 马箭飞. 国际中文教育开创新局面. 神州学人, 2022(1).

[13] 孙昕. 基于语料库的网络体育新闻缩略语研究. 山东大学硕士学位论文, 2013.

[14] 王春辉. 汉语国际传播事业新格局. 中国社会科学报, 2018-10-23(3).

[15] 王瑞芳. 体育汉英双语语料库创建研究. 体育文化导刊, 2015(12).

[16] 吴应辉, 刘帅奇. 孔子学院发展中的"汉语＋"和"＋汉语". 国际汉语教学研究, 2020(1).

[17] 闫蕾. 体育文本翻译语料库的构建与应用初探. 海外英语, 2018(24).

[18] 殷俊海, 高岩. 习近平总书记关于体育工作重要论述的哲学意蕴. 北京体育大学学报, 2019(2).

[19] 张黎. 专门用途汉语教学. 北京: 北京语言大学出版社, 2016.

[20] 甄凤超, 李文中. 弗斯的意义理论与语料库语言学. 外国语, 2017(4).

[21] 邹瑶, 郑伟涛, 杨梅. 冬奥会冰雪项目英汉平行语料库研制与平台建设探究. 外语电化教学, 2018(5).

翻转模式在远程职业汉语教师培训中的应用效果研究[*]

王 淼[1] 徐 娟[2]

[1,2] 北京语言大学 信息科学学院 100083
[1] wmiaoblcu@163.com [2] xujuan@blcu.edu.cn

摘 要： "一带一路"倡议的实施，增加了沿线国家对"中文+"复合型技术人才的需要，职业汉语学习需求提高。作为技能教育重要基地，职业院校对留学生的汉语教学愈加重视，优质的职业汉语师资团队建设需求亟待解决。疫情背景下，教师培训普遍以远程方式进行，传统远程教师培训效果欠佳。本文将翻转模式应用于远程职业汉语教师培训中，基于问卷及访谈方法，对翻转模式教师培训效果进行实证研究。结果表明，相较于传统模式而言，翻转模式教师培训可行性高，优势突出，教学效果好。本研究希望为职业汉语教师远程培训模式提供参考。

关键词： 翻转模式 教师培训 职业汉语 远程教学

An Empirical Study on the Application Effect of Flipped Teaching Mode in Online Vocational Chinese Teacher Training

Wang Miao[1] Xu Juan[2]

School of Information Science, Beijing Language and Culture University, 100083

Abstract: With the implementation of the "Belt and Road Initiative", the demand for "Chinese + technology" compound talents in countries along the route has increased, and the demand for vocational Chinese learning has increased. As an important base for skills education, vocational colleges pay more and more attention to Chinese teaching for international students, and the need for high-quality professional Chinese teaching teams needs to be solved urgently. In the context of the epidemic, teacher training is generally conducted online, and the traditional teaching mode of online teacher training courses is not effective. This study applies the flipped teaching mode to the online vocational Chinese teacher training courses and conducts an empirical study on the effect of the flipped mode teacher training based on questionnaires and interviews. The results show that, compared with the traditional mode, the flipped mode teacher training courses have high feasibility, outstanding advantages, and good teaching effect. This study hopes to provide a reference for the online training mode of vocational Chinese teachers.

Key words: flipped teaching mode; teacher training; vocational Chinese; online teaching

---

* 本文为北京语言大学研究生创新基金（中央高校基本科研业务费专项资金）项目成果（批准号22YCX100）。

0　引言

"一带一路"倡议的实施推动沿线国家中文教育蓬勃发展，"中文＋职业"类汉语学习需求增加，职业院校越来越多地开展订单式海外技术人才培养，高水平、专业化的职业汉语教师队伍建设成为新需求。为职业院校提供含金量高、实用性强的职业汉语教师培训内容尤为重要。

传统课堂教学模式（以下简称"传统模式"）往往有"教师一言堂、学生被动学"的问题（何冰，2019）。疫情背景下远程教师培训模式虽打破了时空限制，但远程教学互动性弱、教学难以深入等问题明显，远程教师培训的开展往往浅尝辄止，难以帮助教师在教学能力方面有实质性提升。

本文将翻转课堂教学模式（以下简称"翻转模式"）引入远程职业汉语教师培训，基于教师培训项目进行实证研究，评估翻转模式教师培训的可行性及教学效果，以期对远程教师培训的开展模式提供更多参考，推进职业汉语教师专业化培养模式的优化。

1　相关研究综述

1.1　国际中文教师培训模式

在国际中文教育领域，汉语教师培训工作持续开展。中国对外汉语教师培训工作始于20世纪60年代，并不断从经验型向科学型转变，不同培训对象在培训目标、培训班类型、课程设置方面有很大差异（刘珣，1996）。教师培训应充分体现"以学员为中心"的原则，完善教学理论、培训模式、教学管理、评估体系方面的不足（张和生，2006；丁安琪等，2021）。针对海外各国华文教育情况、海内外短期教师培训项目、海外教师能力标准、案例式教学法等内容展开的对培训模式的探索不断深入（李嘉郁，2008；娄开阳等，2014；张洁等，2016；周红，2017；亓海峰等，2021）。以上研究多集中于通用汉语教学或教师培训领域，相对而言，"中文＋职业"类职业汉语教学起步较晚，相应的教师培训模式研究尚不充足。

随着教育技术的不断发展，疫情背景下的线上教育成为"新常态"前，基于新平台、新技术、新理念的国际中文教师远程培训研究已逐步开展。国际汉语教师网络培训模式设想被提出，关于教学平台、资源、测试内容的搭建构想被提出。数字媒体被融入教学进行教师培训环境建设（贾楠，2013）。6D学习法被用于MOOC与面授教学结合的教学中，进行混合式教师培训模式探索（周勇等，2016）。国际中文教师培养模式在不断适应需求而改进，但关于远程培训的理论构想研究较多，实证研究有所欠缺。

1.2　翻转模式教师培训及教师培训评价体系

翻转模式中教育者借助计算机和网络技术，利用教学视频把知识传授的过程放在教室外，允许学生选择最适合自己的学习方式接受新知识，确保课前深入学习真正发生；把知识内化的过程放在教室内，以便同学之间、同学和老师之间能够真正引发观点的相互碰撞，使问题引向更深层次（张新明等，2013）。翻转模式从根本上改变了教学结构，课堂中的实操模式也被清晰阐释（乔纳森•伯格曼等，2018）。翻转模式在教师培训中也进行了实践，其重要作用也得到突显（吴鹏泽，2015；刘帅等，2017）。但翻转模式在国际中文教师培训领域中应用研究较少。

教学效果评价方面，不同学者将 ARCS 学习动机、CIPP 理论、CDIO 理论等引入翻转模式教师培训效果评价指标体系的构建中，形成了基于过程性评价、发展性评价、多元主体评价的不同评价体系，对体系中的不同指标权重进行了深度分析（李馨，2015；张聪等，2019；谢娟等，2017；吴亮等，2021）。另有学者基于学习者满意度制定量表考察教学效果（翟雪松，2014；李晓文，2015）。以上研究为本文效果评价问卷设计提供了引导。

2　研究设计与实施

2.1　研究对象说明

本文采用实证研究方法，以 2020—2022 年三次针对职业学校开展的职业汉语教师专题短期培训（以下简称"师训"）为实证来源。三次远程师训分别采用两种教学模式。前两次采用传统模式，参训学员共计 156 人。第三次采用翻转模式，参训学员共计 135 人。通过问卷及访谈，进行教学效果对比。

2.2　两种教学模式设计的一致性与差异性

为保障实证研究有效性，传统模式及翻转模式远程师训的开展在安排上具有一致性。

从时长、授课形式来看，两种模式师训总时长均为一周，以远程直播形式开展。从教学目标来看，两种模式均以《国际汉语教师证书》考试大纲为指导框架，一方面提高参训教师对国际中文教育的理解，提升教师在汉语教学基础、汉语教学方法、教学组织与课堂管理、中华文化与跨文化交际、职业道德与专业发展等模块的综合教学能力；另一方面，针对"中文＋"特色，提升教师在职业汉语教学方面的授课技巧。两种模式授课教师均具有10 年以上国际中文教育或专门用途汉语教学领域授课经验。参训学员均来自具有国际中文教师储备需求的职业院校。整个师训过程要求突出实用性、互动性及深入性。授课教师充分利用信息技术与课程内容的结合，利用在线直播教学平台交互功能，使远程师训获得较好教学效果。两种模式下的师训均保障出勤率为98%以上。

两种师训模式在具体教学流程设计上具有差异性。

传统模式远程师训主要以与信息技术紧密结合的接受式教学模式为主，信息技术在课程中的应用使得接受式教学模式得到新生，教学目标以促进学生对知识的掌握和对意义的理解及应用为主。从课前、课中、课后三个阶段来看，课前及时开展学情调研；课中具体教学流程包括呈现先行组织者、呈现新的学习内容、运用各种教学策略展开教学、运用新知拓展练习四个步骤；课后进行问卷及作业跟踪。

翻转模式远程师训基于建构主义学习理论，强调学习者在学习过程中的主动建构性，学习过程不是简单地将知识从教师传递到学生，而是学习者在自己原有的知识经验基础上去建构新知的过程。翻转模式强调教师与角色、学习过程及教学环境的翻转。在线教学平台与通信平台为参训教师提供了交流、协作、互动、提问功能，为授课教师及教学秘书提供了内容发布、回收、数据分析、答疑、签到等教学管理功能。翻转模式不仅是形式上表现出"翻转"，而是实质上通过"翻转"的教学设计实现教学的针对性、个性化、深入性。从课前、课中、课后三个阶段来看，课前包括提供学习目标、学习任务单、学情调研及自测题目、疑问清单；课中包括针对性开展教学、匹配快速小测、通过案例式教学展开互动讨论，促进知识内化、总结梳理及任务布置；课后包括作业及满意度评价。

2.3 教学效果评价问卷的设计

本文针对传统模式及翻转模式的实施效果进行满意度问卷调研，问卷项目设计结合ACSI 顾客满意度模型进行（李晓文，2015）。调研内容覆盖课前、课中、课后三个学习阶段，包括总体评价以及对管理服务、平台、教学设计、互动性、情感态度五方面的具体评价。考虑到多元主体评价原则，在满意度问卷基础上，继续随机抽取参训教师及授课教师进行访谈，以便发现数据背后的缘由。问卷见图1：

1	总评	我对这种教学模式的总体认可程度。
2	平台	学习平台及通信平台的使用，为我接收课程消息、查看资料、参与讨论提供了便利。
3	管理服务	管理服务符合预期，我能及时获得帮助，了解信息。
4	态度	我会推荐这种教学模式给其他老师。
5	态度	我适应且愿意参加这种模式的师训课程。
6	教学设计	课中的难点讲解与活动，让我深化对知识的掌握，进行深入思考。
7	互动性	课中的讨论和协作活动安排形式和主题丰富，能满足我的互动需求。
8	态度	我愿意在自己的课程教学中使用这种教学模式。
9	教学设计	课前学习资料类型丰富、内容难度分梯度。
10	互动性	课前预习让我在课上愿意参与互动并发起提问。
11	互动性	利用平台讨论区与同学进行交流，让我觉得与老师和同学拉近了距离。
12	教学设计	课中的案例和讨论，让我对知识的应用技能有所提高。
13	教学设计	课前学习资料内容有效帮助我了解相关基础知识，做好学习准备。
14	教学设计	课后任务、教师评价反馈，帮助我更好地提高知识理解和应用能力，了解自身学习效果。
15	教学设计	课前学习目标/任务单等内容，有效帮助我确定目标，抓住学习重点，根据自身需求完成预习。
16	教学设计	课前学习资料让我可以灵活安排时间进行自主学习。

图 1　参训教师问卷内容图

2.4 实验数据收集

满意度问卷采用李克特五级量表法进行评分，依据满意度由低到高进行 1～5 分的赋值，便于数据统计。本次传统模式师训共发放问卷 158 份，回收 144 份，回收率为 91.14%。翻转模式师训问卷共发放 138 份，回收 125 份，回收率为 90.58%。两组回收率均高于 90%，保障实验研究的有效性。回收到的问卷数据对比情况见图2：

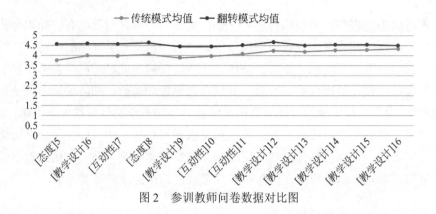

图 2　参训教师问卷数据对比图

3　实验结果及讨论

总体来看，翻转模式为参训教师带来的学习体验更为理想。两种教学模式在实施过程中，管理服务与平台使用评分均值基本一致，对教学效果不产生差异化影响。在此前提下，翻转模式的总评分数较传统模式高 12.52%。参训教师对翻转模式教学设计、互动效果、态度三方面的单项评分均高于传统模式，且平均提升比例依次递增。

从教学设计方面来看，问卷从课前、课中、课后三个阶段展开对比，翻转模式较传统模式的评分均值提高了 8.24%，其中提升最多的三项分别是项目 6、9、12。调研参训教师背景及学习需求发现，语言类专业背景占比 40%，其他教育类专业背景占比 15%，另有 45% 的参训教师专业背景为旅游、管理、医学、材料、机器人、经济学、护理学等技术专业，职业教育特色明显。语言类与非语言类背景的参训教师在汉语知识、专业背景、教学技能方面的短板差异明显，语言专业背景的教师需对职业汉语教学与通用汉语教学的区别进行把握，对专业技能知识做基本扩充，而非语言类背景的教师需对汉语语言教学理论及教学方法进行大量补充。针对参训教师个性化需求，在传统模式的课程目标及内容说明基础上，翻转模式课前学习资源类型多样，且进行难度梯度分层，增加了预习任务清单、题目自测，为不同参训教师提供了分层级的多元基础知识，辅助参训教师根据任务要求利用课前碎片化时间完成自学及协作学习，尽可能达到相似的学习起点。在对随机抽取的 5 位参训教师的访谈中了解到，翻转模式的多元课程资源和任务，为参训教师进行多步调自主学习搭建了支架和引导。82% 的参训教师投入课程学习的时间是传统模式的 3 倍，18% 的参训教师投入课程学习的时间是传统模式的 5 倍，大量课前自主探究学习为课中阶段的深入探讨奠定了坚实的基础，让教学能真正做到知识教学、技能教学的深度展开，使授课教师引领参训教师完成深度学习变为可能。

从互动性效果来看，翻转模式较传统模式的评分均值提高 11.17%，其中互动效果评分提高最多的是项目 7。翻转模式的"翻转"特色在课中阶段体现得最为明显，授课教师有更多时间根据前测情况，有针对性地阐释重、难点知识，继而通过案例针对职业汉语教学技能、知识体系应用进行直观展示，能开展更多的多元主题任务交流。这也打破了传统模式对课程内容浅谈辄止的弊端，更好地做到帮助参训教师将理论知识向实操技能转化，使参训教师通过互动任务进行协作交流，达到"学有所思、学有所用"的效果。

　　从情感态度角度来看，翻转模式较传统模式的评分均值提高 16.56%，是评分提升幅度最大的项目内容。翻转模式在远程职业教师培训中的应用，为参训教师提供了全新的深度学习体验，在课前、课中、课后三个阶段中，从资源分层分类、任务设计，到互动安排、深层探讨，再到评测反馈都获得了更好的学习感受，因此参训教师对翻转模式的适应度高、接受度高、推荐度更高。

　　但值得注意的是，对翻转模式的各项评分中，互动性条目 10 和条目 11 的评分居于后五位，说明就翻转模式自身而言，在互动性方面还应进一步提升。通过对参训教师的访谈发现，远程翻转模式中授课教师与参训教师间的互动主要集中于课前非实时答疑、课中讨论区文字互动、语音或连麦交流，在远程分组活动中受平台功能及网络延时影响，分组效果与线下面对面教学相比差距较大。此外，"翻转"的设计固然提高了参训教师在课前的自学效果及对职业汉语教学理论及技巧的把握，但对学习投入时间的要求较高，学习压力较大。从对授课教师的访谈中发现，已有的职业汉语教学资源数量有限、质量参差不齐，授课教师的备课时长平均为传统模式的 3 倍，其中一半时间用于职业汉语教学资源的针对性挖掘或制作。以上几方面不足在未来的远程职业汉语教师培训中应进一步被关注并改进。

4　总结与启示

　　长期以来，优质教师的培养是国际中文教育领域关注的热点之一。本文立足"中文 + 职业教育"背景，着眼职业汉语教师培训模式实证研究，发现相较于传统模式而言，翻转模式在职业汉语教师短期师训中具有可行性，教学效果好且参训教师满意度更高，在教学设计、互动性和情感态度三方面的具体评分都获得了不同程度的提升。翻转模式在远程职业汉语教师培训中具有推广价值。不过，翻转模式在远程职业汉语教师培训中的应用尚处探索阶段，未来在网络平台、电子资源、学习时间安排方面可进一步科学优化。

　　本文希望基于翻转模式在远程职业汉语教师培训中的应用，思考该模式的运用价值与瓶颈，为职业汉语教师远程师训工作的提质增效提供实证参考，赋能翻转模式在远程师训中发挥更大作用，也为国际中文教师师训工作带来新方向、新探索、新动力。

参考文献

[1] 丁安琪, 陈文景, 曲福治. 国际汉语教师培训的历史回顾与现状分析. 国际汉语, 2021(0).

[2] 何冰, 汪涛. 翻转课堂与英语教学. 吉林: 吉林人民出版社, 2019.

[3] 贾楠. 国际汉语教师培训模式及其数字化支撑环境初探. 中文教学现代化学报, 2013(2).

[4] 孔子学院总部 / 国家汉办. 《国际汉语教师证书》考试大纲. 北京: 人民教育出版社, 2015.

[5] 李嘉郁. 海外华文教师培训问题研究. 世界汉语教学, 2008(2).

[6] 李晓文. 翻转课堂的学生满意度评价研究. 高教发展与评估, 2015, 31(3).

[7] 李馨. 翻转课堂的教学质量评价体系研究——借鉴 CDIO 教学模式评价标准. 电化教育研究, 2015.

[8] 刘帅, 陈莹, 季隽. 翻转课堂教师培训模式探析. 中国教育信息化, 2017(16).

[9] 刘珣. 关于汉语教师培训的几个问题. 世界汉语教学, 1996(2).

[10] 娄开阳, 熊照辉. 论国际汉语教师教育者应具备的几种意识——以短期国际汉语教师培训为例. 第三届国际汉语教师培养论坛论文集, 2014.

[11] 陆庆和. 关于国际汉语教师网络培训模式的设想. 第十一届国际汉语教学研讨会论文集, 2012.

[12] 亓海峰, 丁安琪. 海外汉语教师在线教学现状调查分析. 天津师范大学学报(社会科学版), 2021(5).

[13] 乔纳森·伯格曼, 亚伦萨姆斯. 翻转课堂与混合式教学. 北京: 中国青年出版社, 2018.

[14] 吴亮, 陈丽, 贺洁. ARCS 学习动机理论视域下在线平台翻转课堂教学效果评价. 电子科技大学学报(社科版), 2021, 23(6).

[15] 吴鹏泽. 基于视频公开课的翻转课堂教师培训模式. 中国电化教育, 2015(1).

[16] 谢娟, 张婷, 程凤农. 基于 CIPP 的翻转课堂教学评价体系构建. 现代远程教育研究, 2017(5).

[17] 张聪, 张华阳. 面向翻转课堂教师培训课程评价指标体系的构建研究. 教育导刊, 2019(2).

[18] 张和生. 对外汉语教师素质与培训研究的回顾与展望. 北京师范大学学报(社会科学版), 2006(3).

[19] 张洁, 卢良月. 美国国家教师教育技术标准对国际汉语教师教育技术培训的启示. 中国教育信息化, 2016(4).

[20] 张新明, 何文涛, 李振云. 基于 QQ 群+TabletPC 的翻转课堂. 电化教育研究, 2013(8).

[21] 周红. 基于案例教学法的国际商务汉语师资培训模式探究. 国际汉语教育(中英文), 2017, 2(2).

[22] 周勇, 丁安琪. 一种混合式国际汉语教师培训模式. 中文教学现代化学报, 2016(5).

[23] 翟雪松, 林莉兰. 翻转课堂的学习者满意度影响因子分析——基于大学英语教学的实证研究. 中国电化教育, 2014(4).

基于专门用途语言教学理论的汉语教学资源建设
——以银行业务情景汉语课程为例

王　丹[1]　梁丽莹[2]

[1,2] 北京语言大学　网络教育学院　100083
[1] wangdan@blcu.edu.cn　[2] liangliying@blcu.edu.cn

摘　要： 随着汉语走向世界的步伐逐渐加快，越来越多的汉语学习者希望学习汉语能对自身的学业或职业发展有所帮助。专门用途汉语教学资源是培养职业汉语人才的重要保障。然而，目前国内专门用途汉语教学资源的建设还存在一些问题，如专门用途汉语教材种类单一、缺乏品牌教材，针对海外专门用途汉语学习者以及满足初级水平学习者需求的专门用途汉语教学资源不足等。本文以北京语言大学网络教育学院开发的银行业务情景汉语课程为例，基于专门用途语言教学理论，以需求为导向，针对专门用途汉语教学资源的需求分析、建设原则、建设步骤以及开发难点等进行探讨，以期对日后的专门用途汉语教学资源建设产生启发作用。

关键词： 专门用途汉语教学资源建设　需求分析　建设原则　建设步骤

Construction of International Chinese Teaching Resources Based on the Special-purpose Language Teaching Theory
—Taking the Situational Chinese Course of Banking Business as an Example

Wang Dan[1]　Liang Liying[2]

[1,2] Online Education College, Beijing Language and Culture University, 100083

Abstract: With the gradual acceleration of Chinese to the world, more and more Chinese learners hope that learning Chinese can help their academic or professional development. The Chinese teaching resources for special purposes are an important guarantee for cultivating professional Chinese talents. However, there are still some problems in the construction of special-purpose Chinese teaching resources in China, for example, there are only a few types of special-purpose Chinese teaching materials, there is a lack of branded teaching materials, and there is a lack of special-purpose Chinese teaching resources for overseas Chinese learners and to meet the needs of primary level learners. Taking the situational Chinese course of banking business developed by the Online Education College of Beijing Language and Culture University as an example, based on the pecial-purpose language teaching theory and demand-oriented, this paper discusses the requirement analysis, the construction principles, the construction steps and the development difficulties of the special-purpose Chinese course. It is expected to give inspiration for the construction of special-purpose curriculum resources in the future.

Key words: construction of special-purpose curriculum resources; requirement analysis; construction principles; construction steps

0　专门用途汉语教学资源建设现状及问题

基于 ESP（专门用途英语）教学理论，专门用途汉语教学指的是为了满足学习者的特定目的或需求而进行的汉语教学。专门用途汉语并不限于跟学科相关的专业汉语，还包括在特定环境中使用的汉语。它可以涉及不同的学科领域，比如自然学科、人文学科等；也可以涉及不同的职场领域，比如商务、旅游、外贸等。

为了更好地进行专门用途汉语教学，最基本的就是要解决对应的教学资源的建设问题。专门用途汉语的教学资源要应用于特定领域，学习者通过学习专门用途汉语，不但希望提高汉语的交际能力，还希望了解相关专业知识和技能。因此，专门用途汉语教学的教学资源应该具有交际性和工具性。20 世纪 80 年代以来，国内出版的各类专门用途汉语教材有150 余种，其中商贸类汉语教材占绝大多数。随着专门用途汉语教学的逐渐开展，相关教材的编写以及其他配套教学资源的建设也陆续活跃起来。然而，总的来看，专门用途汉语教学资源的建设还存在着一些问题。

（1）专门用途汉语教材种类单一，缺乏品牌教材。

目前出版的专门用途汉语教材以商务汉语、科技汉语为主，其他很多领域几乎还没有正式出版的教材。即使是商务汉语教材，也存在不少问题，如教材内容过于宽泛、缺乏对教材对象的细致分类等。因此，迫切需要开发适合不同专业、不同职场领域的专门用途汉语教材，同时也需要对现有的、较成熟的专门用途汉语教材进行细化开发，建设品牌教材。

（2）缺乏针对海外专门用途汉语学习者的教学资源。

随着中国的发展，汉语教学逐渐走出国门，向海外发展。然而，目前大多数专门用途汉语教学资源主要面向的是来华留学的学生，针对海外学习者的资源比较缺乏。需要重视开发面向海外本土专门用途汉语学习者的教学资源。

（3）缺乏满足初级水平学习者需求的专门用途汉语教学资源。

海外对于专门用途汉语的需求量也越来越大，但有此需求的学习者，很大一部分不具备或只具备比较初级的汉语知识水平。他们不想进行长期的系统汉语学习，只希望在较短的时间内，学习到满足工作或生活需要的专门用途汉语。而目前多数专门用途汉语教材及教学资源是为中高级汉语水平学习者设计的，这部分初级或零起点水平的学习者很难找到适合自己学习的汉语教学资源。

1　专门用途汉语教学资源建设的需求分析

为了解决上述专门用途汉语教学资源建设中存在的问题，在开发、设计专门用途汉语教学资源之前，首先要进行需求分析，明确学习者需要学习的内容，才能为教学资源的建设提供可靠的依据。Hutchinson 和 Water（1987）将需求分析分为"目标需求"和"学习需求"，并分别梳理了对应的需求分析框架。"目标需求"指在将来目标场合使用语言的客观需要，分为"需要""差距"和"愿望"三个小类。目标需求分析框架具体内容如下：

- 学习者为什么学习目的语（学业、就业……）；
- 学习者将来以什么形式运用目的语（技能、交流方式、内容）；
- 学习者将来在哪些领域运用目的语（领域、所需语言程度）；
- 学习者使用目的语的对象是谁（交流对象的母语、知识水平、与其关系）；
- 学习者将来在什么场合运用目的语（地理场所、社交场所、语言环境）。

"学习需求"指学习者在学习过程中所需要的条件和需要做的事情。学习需求分析框架具体内容如下：

- 学习者为什么学习目的语课程（有无明确目的、是否关系到经济利益……）；
- 学习者如何学习（教育背景、喜欢的教学方法和不喜欢的教学方法……）；
- 学习者有哪些资源（教师的数量和水平、学习材料……）；
- 学习者的背景情况（性别、年龄、国籍、已学语言内容和学科知识、兴趣、社会文化背景、对目的语及其文化的态度……）；
- 学习者将来在什么场合运用目的语（社交场所、语言环境……）；
- 课程的时间安排（频率、时间……）。

结合以上内容，我们可以通过对学习者本人、家长、教师甚至相关用人单位进行问卷调查、测试、访谈、观察，来获取学习需求数据，并以此作为开发、建设符合学习者需求的专门用途汉语教学资源的依据。以北京语言大学受中国银行委托开发的"银行业务情景汉语"课程（以下简称"银行汉语"）为例，通过对223名潜在学习者的问卷调查和访谈分析，我们获得了以下需求分析结果：

- 学习者：主要为中国银行海外分行的本土员工，汉语水平以初级和零起点居多。
- 使用汉语的环境：主要为工作环境，工作场所为这些国家的中国银行海外分行。
- 主要交际对象：来银行办理业务的客户。
- 主要参与的交际事件：为客户办理银行业务。
- 交际基调：与客户交流时以正式场合的口语体居多。
- 汉语技能需求：听、说是最重要的能力，写的要求相对低一些。

综上，可以了解到中国银行海外分行的本土员工在工作中使用汉语的目标情景的基本信息，并且知道了他们使用汉语的目的以及需要何种语言技能。这些分析结果为设计具体的汉语教学资源提供了可靠的依据。

2　专门用途汉语教学资源建设的原则

专门用途汉语教学资源的建设应注意与课程特点相对应。余可华、徐丽丽（2019）提出专门用途汉语教材的编写应遵循以需求为导向、突出汉语语言特征与语体特征、重视语料的真实性与互动性、培养跨文化交际能力和情感性的原则。下面以"银行汉语"课程教材的编写为例来具体说明专门用途汉语教学资源建设的原则。

2.1　以需求为导向

在设计、开发教学资源时，要以需求为导向，严格根据需求分析结果去设计教学内容。

结合对银行学员的需求分析，可以确定"银行汉语"课程内容应以银行业务语言为主，同时结合职场背景的通用汉语内容。交际对象主要是来银行柜台办理业务的客户。课程的具体内容将按照上述主题和交际对象进行编写。

2.2　重视突出汉语语言特征与语体特征

任何一种职业的学习者要学习的语言都可能是多维的。专门用途汉语教学既要重视汉语的通用语言特征，也要凸出特殊用途的语体特征。以银行汉语课程的学习者为例，他们需要学习的是处理柜台业务的语言，具体内容包括：银行业务和职场常用词汇、固定短语、常用句式以及语法结构。语体特征多数属于正式场合的口语体。

2.3　重视语料的真实性与互动性

语料的真实性决定了教学资源中的语料内容是否符合实际、便于使用，而语料的互动性则决定了教学资源是否能够实现培养学习者交际能力和业务能力的目标。银行汉语课程的语料来源于银行业务交际情境，服务于银行业务的各个功能模块和工作交际场景。涵盖专业术语与固定的表达，体现职业特性。因此需要结合对话形式、银行柜台业务领域的话语模式来组织语篇结构。通过交际性的话语，提高学习者的应答、衔接、提问等言语技能。

2.4　培养跨文化交际能力和情感性

专门用途汉语的学习者通常来自海外，其本身的文化背景与中国文化存在不同程度的差异。提高学习者的跨文化交际能力和对中华文化的积极情感，既能保证进行有效而得体的交流，也是构筑不同文明对话、促进国际理解的桥梁。因此，专门用途汉语教学资源的开发应融入文化因素，特别是与学习者母语文化存在差异的文化态度、文化知识、文化意识与文化技能。在专业领域范围内，还应注意到中外行为方式的差异。

银行汉语课程中，除了在课文内容中展示中国人的行为方式、文化态度，每一课还专门设置了文化主题知识，既包括对中国现当代相关话题的介绍，也包括中国人的处事理念和价值观等方面的展示，力求充分展示中国文化，从而达到让学习者更好地了解中国语言与文化的教学目标。

3　专门用途汉语教学资源建设的步骤

在确定了学习者的需求、相应教学资源建设的原则之后，便可以进入教学资源的具体建设环节。本章将以银行汉语课程为例，详细说明专门用途汉语教学资源建设的步骤。

3.1　设计教学资源的目标

张黎（2016）认为课程目标的设计可以通过对学习者本人的调查、对用人单位的调查以及对学习者的测试等方法进行。

通过上文的需求分析，我们了解了银行汉语课程学习者的需求情况，具体如下：（1）理解并运用银行处理基本业务的语言；（2）理解中国国情和文化。

因此，建设银行汉语课程相应教学资源的目标可以确定为：培养中国银行海外本土员工使用中文处理柜台业务的能力以及对中国文化的了解和认可。

3.2　设计教学资源的内容大纲

专门用途汉语的学习者学习的目的多数是运用汉语处理工作或学习中遇到的交际事件，而专门用途汉语课程教学的目标就是要满足这些交际事件中所需的语言能力。这一目标决定了专门用途课程的交际性，在设计相应教学资源的内容大纲时，应以交际事件为主要依据和线索。银行汉语课程的学习者为初级水平，不适合直接学习业务专业内容。因此在大纲设计时，将前5课作为"入门"部分，主要学习基础语言内容；"业务"部分以银行柜员需要处理的主要业务内容为主题（见表1）。

表1　银行汉语课程大纲（部分）

入门	第 1 课	银行业务常用礼貌用语
	第 2 课	银行业务常用动词
	第 3 课	数字
	第 4 课	计数单位
	第 5 课	日期
业务	第 6 课	办理银行卡
	第 7 课	开通账户
	第 8 课	挂失银行卡
	第 9 课	办理存款
	第 10 课	办理取款

3.3　设计教学资源的体例

专门用途汉语教学资源的体例设计应该遵循以下指导原则：

（1）与培养目标对接。

专门用途汉语教学的培养目标可以分为知识目标、能力目标、素质情感目标。教学资源的体例应该围绕完成这三大培养目标进行设计。银行汉语教学资源的知识目标主要集中在与银行业务相关的汉语知识教学方面，以特定场景的常用句型为主线展开情景对话，通过扩展词汇开拓句型使用空间，对学习者在银行业务方面的汉语听说能力进行强化训练。能力目标集中在帮助学习者将语言知识转化为实践操作能力，例如充分理解不同角色的语言、准确使用各类业务的专业术语、使用汉语正确完成业务流程等听说读写能力。素质情感目标在于让学习者在学习过程中了解中国文化、认可中国文化并进而支持中国发展。

（2）呈现方式应贴合实际需求。

教学资源体例的具体呈现需要符合教学对象的实际需求。以银行汉语课程为例，教学对象为中国银行海外分行的本土职员，教学内容为海外场景下的业务办理。为了贴合银行职员的语言使用需求，在设计教学资源的体例时应注意以银行柜台业务和职场话题为主题，主要对话角色为银行柜台职员与客户。在编写具体教学内容时应特别注意不同角色的语言特征，比如海外中国客户，尽力还原场景的真实性和用词的准确性。

（3）融入课程思政指导下的文化教学。

前文提到，专门用途汉语教学的培养目标中包括了素质情感目标。在设计教学资源的体例时，融入课程思政指导下的文化内容有利于实现这一培养目标。

在此原则下，银行汉语教学资源体例的设计中选取了以下三个方面的文化点：

- 与课文主题相关，如"基本礼貌用语"的文化点是"中国人的见面礼节"，"存款业务"的文化点是"中国人的消费观念"等。
- 与银行、金融相关，如介绍中国银行特色银行卡、信用卡，中国的移动支付等。
- 与中国历史和现当代发展情况相关，如介绍中国的第一家银行、金融中心等。

银行汉语教学资源体例具体见图1（以其中一课为例）：

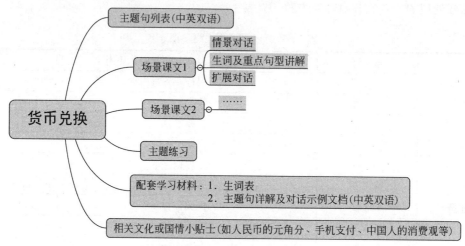

图1　银行汉语课程结构示例

3.4　寻求与教学资源适合的教学法

在专门用途汉语教学资源的建设过程中，注重与适合的教学法相融合，可以使教学资源得到充分地运用，从而取得更好地教学效果。银行汉语课程选取"BOPPPS"教学法作为依托，教学资源的设计注重与"导入""目标""前测""参与式学习""后测"和"总结"等六个教学环节相呼应（见表2），不仅可以帮助学习者实现学习目标，更能辅助教师有效地利用教学资源开展教学活动。

表2　BOPPPS教学法与银行汉语教学资源设计的对应关系

BOPPPS 教学法	银行汉语教学资源设计
导入	教学视频中创设情境、话题
目标	列出本课的重点句型
前测	直播教学前的前测练习题
参与式学习	设计本课情境任务，学习者参与互动练习、完成学习任务
后测	课后习题测试
总结	教师总结教学内容和重难点

4　专门用途汉语教学资源的开发难点与解决方法

4.1　专门用途汉语教学资源的分级问题

专门用途汉语教学资源在建设过程中，既要考虑学习者的汉语水平，还要满足学习者的专业需求，这就难免会产生教学资源分级的矛盾。解决这一问题，首先需要一个合适的分级标准作为依据，同时也要结合学习者的专业难易度。在开发银行汉语课程的过程中，我们以教育部中外语言交流合作中心编订的《国际中文教育中文水平等级标准》（以下简称《标准》）为依据，结合银行业务的难易度，来解决课程的分级问题。

4.2　如何开发面向零基础或初级水平汉语学习者的专门用途汉语教学资源

与通用汉语不同，专门用途汉语教学资源包含了很多超纲的专业用语和业务内容。这些超纲内容对于零基础或初级水平的汉语学习者来说，势必会成为他们学习的难点。那么，如何处理面向初级水平汉语学习者的专门用途汉语教学资源中的超纲内容？怎样降低他们的学习难度？这些都是在开发面向零基础或初级水平汉语学习者的专门用途汉语教学资源的过程中亟待解决的问题。在编写银行汉语课程内容时，针对上述这些问题，我们在选题、课文编写、知识点编排等方面都做了相应的设计。

选题：第1～5课，我们选取了与银行业务有关的基础主题，如礼貌用语、常用动词、数字、计数单位、日期，帮助零基础汉语学习者建立基本的汉语学习概念。从第6课开始，课程主题以银行基本业务为主，比如存取款业务、货币兑换业务等。这些主题都是学习者的基本工作内容，可以减轻学习者对学习内容的陌生感，有利于他们接受汉语知识。

课文编写：每课课文都是根据实际情景编写的对话体形式。基础篇上册的课文中，对话话轮一般为1～2个；基础篇下册的课文中，对话话轮会增加到3～5个，其中所包含的生词和知识点也会逐渐增多。此外，每课均会设计两个情景对话，既保证知识点的复现，又帮助学习者学习处理不同情况时的语言。

知识点编排：首先，为了突出课程的实用性，每课都会围绕银行业务选择1～3个汉语常用句，并会在对话中反复出现，确保学习者理解并能在实际情境中正确运用；其次，依据《标准》选择通用词汇，保证初级词汇的出现率，同时根据业务处理需求收录一定数量的超纲词及银行业务专业词语；最后，课程通过对课文中出现的常用搭配或语言点进行注解的方式，帮助学习者更好地理解汉语的语言规则。

5　小结

专门用途汉语教学因学习者需求的特殊性而具有区别于通用汉语教学的特点。在进行专门用途汉语教学资源建设时，首先要进行细致详尽的需求分析调研，在此基础上确定课程目标、设置课程大纲、对接培养目标和实践需求设计教学体例和教学方法，通过文化等因素进行课程思政教学，并根据内容特点设计合适的呈现方式和讲练测评考环节。

在海外本土的学习者中，有相当一部分零起点或初级水平的学习者需要直接学习专门用途的汉语课程。但初级水平的专门用途汉语教材非常少，也缺乏对应的大纲和语言标准，如能完善相应的标准，将更有利于专门用途汉语教学资源的建设。

参考文献

[1] Hutchinson, T. & Waters, A. *English for Specific Purposes: A Learning-centered Approach*. Cambridge: CUP, 1987.

[2] 李泉. 论专门用途汉语教学. 语言文字应用, 2011(3).

[3] 刘弘, 蒋内利. 近十年对外汉语教材研究特点与趋势分析. 教材研究, 2014(3).

[4] 余可华, 徐丽丽. "一带一路"新形势下专门用途汉语教材建设. 教学研究, 2019(6).

[5] 张黎. 专门用途汉语教学. 北京: 北京语言大学出版社, 2016.

以需求分析理论为导向的服务业汉语
在线课程设想
——以导购员汉语为例

郭 煜

北京语言大学 网络教育学院 100083
guoyu@blcu.edu.cn

摘 要： "一带一路"倡议的持续推进使沿线国家对职场汉语的学习需求日益增强。但国内对这类课程的研究有限，已有资源也没有充分考虑学习者需求，存在设计出发点和实际需求脱节的问题。本文以需求分析理论为导向，对海外从事服务业的汉语学习者进行了目标情景分析和学习需求分析，并在此基础上阐述了导购员汉语在线课程的设计构想和设计难点。

关键词： 专门用途汉语 服务业汉语 远程汉语教学 导购员汉语

Design of Online Chinese Course in Service Industry Based on Demand Analysis Theory
—Take Chinese for Sales Promoters as an Example

Guo Yu

Online Education College, Beijing Language and Culture University, 100083

Abstract: With the development of the Belt and Road Initiative, there is a strong demand for learning Chinese in the workplace among those countries. However, the researches and courses are limited and the needs of learners are ignored. So, there is an inconformity between the designed courses and the actual needs. Guided by the theory of needs analysis, this paper analyzes the target situation and learning needs of overseas Chinese learners who are engaged in the service industry, and expounding the design concept and difficulties when designing online Chinese courses for sales promoters.

Key words: Chinese for specific purposes; Chinese in service industry; online Chinese teaching; Chinese for sales promoters

0 引言

随着"一带一路"倡议的持续推进，中国对"一带一路"沿线国家在政策和资金上的投入持续增长，大批中国企业"走出去"，急需具备职场汉语能力的当地人才，沿线国家对职场汉语学习的需求也日益强烈。但国内有关职场汉语学习的课程资源却十分有限，并存在诸多问题：课程数量少、类型少，主要针对来华学习者编写，偏重知识性介绍，忽略职业技能类的语言培训，没有充分考虑到学习者需求。

本文以需求分析理论为导向，基于对海外从事服务业的汉语学习者的目标情景分析和学习需求分析，提出了导购员汉语在线课程的设计构想。课程以学习者为中心，采用"功能—任务"型大纲，强调"听说为主，急用先学"的教学理念，增加课程的实用性，在线录播课件与直播课程相结合，更加符合学习者职业特点和学习习惯，有效提高学习效率。

1 服务业汉语课程建设现状

1.1 服务业汉语课程建设现状分析

自20世纪80年代来华留学生进入我国高校学习汉语以来，国内便出版了科技汉语、医学汉语、商务汉语、理工汉语等一系列专门用途汉语教材，但内容主要为专业知识的介绍，比如专业术语、理论和常识的介绍，这类教材通常为来华留学生设计。而针对海外服务业从业者的专门用途汉语教学则起步相对较晚，相关研究也较为薄弱。

笔者通过对校园图书馆，中国知网、超星等数字图书馆，以及当当网、京东等网上书店的检索，发现面向海外服务业从业者的教材数量有限，其中旅游汉语的资源相对较多，而针对其他类别的服务业汉语资源，如酒店汉语、餐饮业汉语、导购员汉语等几乎没有，网络课程资源的制作水平也参差不齐。

1.2 存在问题

通过对已有的专门用途汉语教材及课程的统计分析，目前该类课程主要存在以下不足：

1.2.1 课程数量少，类型单一

面向外籍服务业从业者的专门用途汉语课程数量少，可搜索到的仅有导游汉语和空乘汉语等极少的职业门类。其他大多数专门用途汉语课程集中在商务汉语上，但这类课程的内容比较宽泛，不同课程间重复性较大，缺乏对学习者需求的细分，无法满足海外服务业从业者的汉语学习需求。

1.2.2 以知识介绍为主，不符合从业者的职业特性

除部分商务汉语课程内容为职场通用交际口语外，其他专门用途汉语课程更偏向于专业知识的介绍，如专业术语和理论的讲解，并不教授从业者在工作场景中的职场交际口语。而与服务业相关的汉语课程，如旅游汉语的课程内容，大部分为来华旅游的游客使用的口语，针对海外服务业从业者的职场交际口语类课程则乏善可陈。

1.2.3 主要针对来华学习者设计，缺乏本土化课程

目前大多数专门用途汉语课程主要针对来华学习者设计，学习内容专业性强，学时安排密集。但随着"一带一路"倡议的推动，沿线国家学习汉语的热情高涨，因此，课程的适用对象应转向海外汉语学习者。这类学习者主要从事服务业，时常接触中国客户，汉

语水平有限，学习时间也较为碎片化。现有的专门用途汉语课程很难满足这部分学习者的需求。

2　服务业汉语课程需求分析

2.1　需求分析理论

1978 年，John Munby《交际性大纲设计》（*Communicative Syllabus Design*）一书首次系统地揭示了目标情景需求分析（target situation analysis，TSA）的内容。Munby 之后，有关需求分析的内容和方法得到进一步发展，Hutchinson 和 Waters（1987）进一步扩展了需求分析的范围，将需求分为"目标需求"（target needs）和"学习需求"（learning needs）。前者是指学习者为在目标情景中顺利运用所必须学会的知识和技能，而后者是指学习者为了学会而需要做的一切事情。其后，Dudley-Evans 和 St. John（1998）则将需求划分为目标情景分析（TSA）、学习环境分析（learning situation analysis，LSA）和现有条件分析（present situation analysis，PSA）三种。

综上所述，需求分析包括语言的使用、学习的过程以及学习者特点等一系列决定和影响专用语教学的客观和主观因素分析。

2.2　需求分析理论在服务业汉语课程设计中的应用

本文选取北京语言大学网络教育学院远程商务汉语培训课程的 200 余名学员，通过远程访谈和在线调查等方式，收集了学习者的个人信息、汉语水平、学习需求和学习习惯等方面信息，加以分析。从方便实践操作角度考虑，主要以目标情景分析和学习需求分析来指导导购员汉语课程的设计。

2.2.1　目标情景分析

Munby（1978）详细地介绍了目标情景分析的理论和方法，他从理论上将特殊用途的语言交际能力视为一种交际能力规范（communicative competence specification），并在这个交际能力模型的基础上设计了"交际需求处理器"（communicative needs processor，CNP），这个处理器中包括九个参数模块以及各参数模块之间的排列顺序和依存关系。也就是说，目标情景分析就是要调查和分析这九个方面的信息，详见表 1：

表 1　Munby（1978）的交际需求处理器参数

基础参数	学习者的身份、语言能力、工作、学习目的等基本信息	
先行参数	目标领域（purposive domain）	职业性/教育性
	环境（setting）	物理环境/心理环境
	关系（interaction）	学习者与交际对象间的关系，如地位、角色等
	工具性（instrumentality）	语言交际的方式、手段和方法等，如口头语或书面语、对话或独白、书信或面谈等

续表

下行参数	交际事件（communicative event）	由交际行为（communicative activities）构成，即学习者在做什么事的时候必须用目的语
	交际基调（communicative key）	指人际关系、交际场合、情感、态度等社会因素对语言表达的影响，如"礼貌—非礼貌""正式—非正式"等
	目标水平（target level）	指学习者要达到的目的语水平

根据 Munby（1978）的目标情景分析程序，考虑到汉语教学与英语教学的区别，我们做了适当调整，对服务业汉语学习者的学习目标情景进行了如下分析（见表 2）：

表 2　服务业汉语学习者目标情景分析内容

基本信息	身份	海外面向华人客户的服务业从业者（如免税店销售员、导游、酒店前台等）
	媒介语	英语
	汉语水平	初级
目标环境	交际地点	海外服务业场所，如商场、旅游景区、酒店等
	目标领域	职业性交际：服务人员与客户的口语沟通
	交际对象	华人顾客
	工具性特征	面对面的口语对话为主，少部分需要电话沟通，对听说能力较为重视，可能没有汉字认读的需求
交际特征	交际基调	口吻轻松、没有压迫感，但要注意礼貌，在日常口语语体基础上突出礼貌性和得体性
	交际事件	例如： • 能理解客户的服务需求 • 能简单地向客户介绍概况、价格和服务 • 能恰当地向客户提出建议，并能回复顾客投诉

2.2.2　学习需求分析

学习需求分析是在设计具体的课程之前，对学习者个人基本情况以及学习内容、方式和相关资源、环境等学习意愿情况进行调查分析。参考张黎（2016）在《专门用途汉语教学》一书中的分类，我们对服务业汉语课程学习者的学习需求进行了如下分析（见表 3）：

表 3　服务业汉语学习者学习需求分析内容

个人信息	自然特征	外籍或华裔成人
	社会身份属性	母语非汉语，在海外服务业从事导购员、导游、餐厅服务员等工作，学历和专业背景复杂
	意愿和态度	• 自愿学习：出于自我能力和职业提升目的，认同汉语价值，主动学习 • 被迫学习：公司付费的员工职业技能培训，学习的意愿和态度较为被动

续表

汉语的掌握情况	部分学习者有少量汉语口语基础，但不是来自于正式学习，可能为自学	
汉语学习的期望	• 听懂顾客提出的询问 • 根据顾客的提问做出合理的解答 • 准确、流利地给出回复或建议 • 理解顾客的言外之意	
学习信息	学习能力	逻辑思维和归纳能力强，但注意力和记忆力较弱
	学习经历	有外语学习经验，一般有较强的英语能力
	学习方式	分散学习，希望有老师指导
课程实施的资源与环境条件	学习时间	业余时间，如通勤时间、下班后、休息日等，时间较为碎片化
	学习场所	办公室、家庭或移动学习
	学习工具	电脑或智能手机、平板

通过对服务业汉语课程学习者的需求分析，我们可以大致描绘出目标学习者画像，这是进行语言分析和课程设计的前提和依据。下面将根据需求分析的结果，具体介绍导购员汉语课程的构想特点。

3　基于需求分析理论的导购员汉语在线课程构想

（1）课程目标设计：以学习者为中心，强调"听说为主，急用先学"的教学理念。

通过对学习者的交际的目标领域、环境和工具性的分析，导购员汉语课程的预设场景为海外导购员的工作场所，如国外大型商场、景区纪念品商店、品牌专卖店或机场免税店等，主要目的是提高海外零售业导购员的汉语听说交际能力，优先选择与导购职场环境紧密相关的高频表达。在部分生词和语言点的安排上有选择地参照汉语等级大纲的标准，但总体上是以学习者的职业交际需求为先，对汉字认读和书写不做要求，课程中的语句添加拼音，焦点集中在学习者的听说能力培养上，语言尽可能口语化，简洁易懂，实用上口，并符合导购员的身份角色。

（2）课程内容设计：采用"功能任务"型教学大纲。根据导购员的业务流程组织课程话题，满足学习者的职场交际需求。

在分析学习者的交际事件和对汉语学习的期望时，发现导购员的日常工作和沟通需求较为流程化和固定化，因此课程选取了导购员业务流程中最关键的 10 个环节，每个环节包含 15 句常用表达，基本能够涵盖在该场景下将会使用到的基本句式，培养学习者在不同情境下的汉语交际能力。例如在"招呼顾客"一课中，按照导购流程分出了"欢迎顾客""了解需求""试探介绍""引导参观"和"送别顾客"几个小节，每个小节中重点讲练 3 个常用表达，学习完这一课后，学习者将能得体、流畅地应对"招呼顾客"环节中的汉语交际任务。除此之外，适当兼顾导购员销售技巧以及中国消费者心理等文化因素。

（3）教学方法设计：面向海外初级汉语水平学习者，在线录播课件与直播课堂相结合，学习形式碎片化，符合学习者职业特征。

通过对学习者语言能力、学习方式、学习时间和学习场所等因素的分析可以看出，愿意学习导购员汉语课程的学习者一般位于海外，较难实现来华集中学习，工作之余的远程学习比较符合学习者的现实情况；且学习者普遍具备一定的外语学习能力，部分学习者自学过基础汉语，但由于无人指导或时间不充裕等因素无法继续。因此，导购员汉语课程应设计为在线录播视频和直播课堂结合的翻转课堂学习模式，方便海外本土学习者学习。学习以周为单位规范学习进度，每周学习1课，每课含有8个学习视频及学习任务，每个视频10~15分钟，共学习12周，每周搭配一节直播课堂，学习者通过网络教室和老师实时沟通，进行口语练习。既符合学习者碎片化学习特征，又实现了其希望"短期速成"的目标愿望。

此外，附有"导购员实用手册"，包含词语总表和常用句式汇总。其中，"词语总表"按导购员业务模块排列，并附词语所在课文的序号，方便查阅；"导购常用句式汇总"整理各流程内的常用表达，即学即用。

（4）课程评价设计：过程性评价与结果性评价相结合。

考虑到导购员汉语课程的学习者均为成年的在职人士，学习精力和时间安排与在校学生有所不同，因此课程评价采用过程性评价和结果性评价相结合的方式，即课程成绩包括平时成绩和期末测试成绩两部分。相较于期末考试，学习者的学习态度、积极性和学习过程在评价中占比更高（详见图1）。

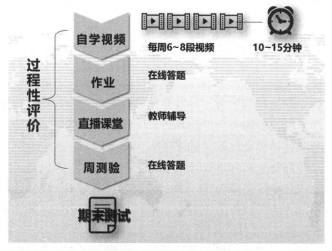

图 1　导购员汉语课程评价设计结构

4　服务业汉语在线课程设计中的难点及不足

4.1　服务业专业知识的挑战

缺乏专业领域的教育背景和专业知识是大部分专用语教师所面对的最大挑战。例如，在导购员汉语课程的设计过程中，由于对导购或营销专业领域的基本思维方式、策略以及一些常见的概念与术语缺乏足够认识，课程内容在这些方面仍存在很多需要改进之处。

4.2　内容及情景真实性有限

由于目标领域专业知识不足以及缺少相关信息资源等，专用语的教学内容容易出现与真实的情况不符的问题。比如某些学习材料是人工编写的，它可能与真实的目标情景中的实际语言使用不一致，可能存在语料、交际事件及交际行为方面的差异。同时，有些真实语料和表达方式在汉语语法上并不完全准确，在语料的真实性和准确性上难以取舍和平衡。这些问题都制约了课程的实用性和真实性。

4.3　相关研究成果缺乏

以导购员汉语课程设计为例，由于现有的导购员汉语课程可参考的材料较少，缺少必要的教学经验、研究成果和标准等，课程设计时更侧重还原导购员交际用语，在语言功能和任务的设计之外，忽略了导购员的销售技巧和中国消费者心理等文化因素。

参考文献

[1] Dudley-Evans, T. & St. John, M. J. *Developments in English for Specific Purposes: A Multi-disciplinary Approach*. Cambridge: Cambridge University Press, 1988.

[2] Munby, J. *Communicative Syllabus Design*. Cambridge: Cambridge University Press, 1978.

[3] Hutchinson, T & Waters, A. *English for Specific Purposes: A Learner-Centered Approach*. Cambridge: Cambridge University Press, 1987.

[4] 余可华. "一带一路" 新形势下专门用途汉语教材建设. 教学研究, 2019(11).

[5] 张黎. 专门用途汉语教学. 北京: 北京语言大学出版社, 2016.

[6] 宋乐乐. 基于需求分析的学术汉语教材研究. 北京外国语大学硕士学位论文, 2019.

中文教学现代化的数字化教材、教学设计与优秀案例

"就和才"微课

邓心怡

蒲公英中文教育在线

1092188830@qq.com

1-1 微课

1-2 课件

一、作品内容简介

本次微课以语法点"就"和"才"为主要教学内容。汉语副词"就"与"才"因其使用频率高、义项繁多、二者关系复杂、用法灵活，在现代汉语副词中具有典型性，也因此成为对外汉语教学中的重点和难点。本微课力求运用直观、简洁、易懂的方法讲解该语法点。运用多种教学方法相结合的原则，适应学生的学习阶段和水平。

二、作品适用对象

已学过 2～3 个月汉语，处于初级汉语水平的欧美成年人。

三、教学目标

通过本课的学习，让学生掌握"就"和"才"的意义和用法，并完成语法练习活动，能够理解并用于实际交际活动。为学生营造良好的学习环境，鼓励学生参与课堂互动，培养学生合作能力，激发学生学习兴趣。

四、教学设计

1. 教学方法

（1）核心思路。

提取真实、核心用法。从中国人的日常对话、描述中，找出含有目标语言点、词汇的核心句。

语言点随时复现。时刻根据课堂情景复现以往或者本课刚学的语言点，让学生在不断地真实运用中实现语言产出的自动化。

精讲多练。引入力争一问多答，解释力争一针见血。

（2）具体教学方法。

视听法。在日常生活中拍摄录像、照片，从视觉、听觉上给予真实的语言输入。

情景法。在语法引入、语法操练过程中均有体现。

图片法。展示图片,让学生看图说话,调动已学过的知识,组织语言进行交际。

归纳法、演绎法相结合。

2. 教学步骤

(1)师生问好,组织教学。

(2)通过制作万彩动画回顾课文内容,导入语法点"就"和"才"。课前用万彩动画制作课文对话的人物动画片,将书本里对话的人物转变为动画形式,调动学生感官,激发学生学习兴趣。回顾复习课文的同时,自然而然导入语法点的讲解。教师对课文出现的语法点进行提问,并加入以往课程所学的时间表达,用时钟让学生认读时间,用课文原句进行完整回答。

> 引出"才"语法点:
> 师:以前几点睡觉?
> 生:以前12点半睡觉。
> 师:早还是晚?
> 生:晚。
> 师:对。所以课文中男士说……
> 生:以前都要12点以后才睡觉。
> 师:很好!

> 引出"就"语法点:
> 师:今天几点睡觉?
> 生:今天九点睡觉。
> 师:早还是晚?
> 生:早。
> 师:是的,早。所以课文中男士说……
> 生:你怎么这么早就要睡觉了?

> 提出问题:
> 师:为什么今天睡得早呢?
> 生:我明天八点到公司。
> 师:早还是晚?
> 生:早。
> 师:很棒。所以我们可以说"我明天八点就要到公司"。
> 生(跟读):我明天八点就要到公司。

(3)讲解语法点。用目的语和学生母语结合讲解语法点,给出清楚简洁的语法公式。让学生直观理解。

S+Time+就+V+（了）。

"就"表示说话人认为动作发生得早,进行得快、顺利。

"就" indicates that in the speaker's opinion, the action happened early, or went on fastor smoothly.

S+Time+才+V。

"才"表示说话人认为动作发生得晚，进行得慢、不顺利。

"才" indicates that in the speaker's opinion, the action happened late, or went on slowly or unsatisfactorily.

对"就"和"才"分别讲解，结合现实生活，导入三个例句并结合图片进行详细讲解，教师带读，学生跟读，用彩色标注语法点关键词，让学生在例句中感知"就"和"才"的实际区别、意义和用法。

我早上五点就起床了。（早）
坐飞机一个小时就到了。（快）
我一个月就找到工作了。（顺利）

我早上十点才起床。（晚）
坐火车八个小时才到。（慢）
我六个月才找到工作。（不顺利）

（4）练习活动，具体活动情况见表1。

表1　练习活动

活动名称	教师行为	预期学生行为	教学行为目的	相关习得/教学理论
看图说句子	教师不过多提示学生，让学生自主进行看图说话，教师看情况进行纠错，切忌有错必究	① 汤姆30分钟才吃完汉堡。苏菲5分钟就吃完汉堡了。② 我周末三点才起床。我今天早上七点就起床了。③ 小明两个小时才写完作业。小月20分钟就写完作业了。④ 小月七点就吃饭了。小明十二点才吃饭。	展示图片，让学生看图说句子，用所学语法点进行有意识操练	图片法
句子填空	用图示标明时间，引导学生用"就"和"才"给句子填空	① 小明走5分钟就到学校了，汤姆走30分钟才到学校。② 小明骑车40分钟才到学校，汤姆开车10分钟就到学校了。	设置情景，调动学生的认知，由上面简单的看图操练过渡到整合情景的操练	情景法
对话填空	教师引导学生，用"就"和"才"给对话填空	① 老板：你什么时候到？小明：很快，20分钟后就到。老板：什么？20分钟后才到啊？② 小明：我已经等你一个小时了。小月：再等一下吧，因为我九点才起床。小明：可我六点半就起床了。	设置实际生活情景，用两组关系，如老板和员工、恋人关系等，贴合成年人生活实际，更便于学以致用	根据以往经验和已习得语法点，学生可以自己推导并用于交际活动中

续表

活动名称	教师行为	预期学生行为	教学行为目的	相关习得/教学理论
完成对话	教师提问 A，学生回答 B。B 无固定答案，学生可以自由发挥	① A：你昨天几点回的家？ B：昨天我五点就回家了。 ② A：昨天的作业你多长时间写完的？ B：我两小时才写完。	给予学生自由发挥空间，放手让学生自己回答问题，极大程度锻炼学生的表达能力，并检验学生对本堂课的吸收	再次操练，难度升级，提升学生的学习动机，促进习得进程（输入＝i+1）
等座位	引入中国传统美食——火锅。 ① 师：同学们，你们吃过火锅吗？ ② 师：有的同学吃过，有的同学没吃过。你们喜欢吃火锅吗？ ③ 师：老师很喜欢吃火锅。大家来看图。他们在做什么？ ④ 对，坐着。有很多人吃火锅对吗？ ⑤ 所以在吃火锅之前，他们在…… ⑥ 对！太棒啦！他们在等座位。两个同学一组，一个是服务员，一个是顾客，请用"就"和"才"编对话并表演。开始！	① 生：吃过。/没吃过。 ② 生：喜欢。/不喜欢，辣。 ③ 坐着。 ④ 是的。 ⑤ 等座位。	贴合实际生活，并引入中国传统美食，增加学生对中国和学习汉语的兴趣	难度达到最大，利用以往知识，激活形式基本相同的联结。以学生合作表演为主要形式，调动多重感官，提升学生的学习动机；跨文化认知，了解中国美食。引导学生的文化适应过程；通过口头输出加强记忆；以语言教学为主，以文化教学为辅；检验学习效果，实现语言学习终极目标——交际

（5）总结，布置作业。

对课堂内容进行简单小结，并布置二选一的作业。

① 完成老师布置的 QUIZIZZ 课后练习。

② 用"就"和"才"写一篇小日记。

让学生有自主选择权，根据学生实际情况，分梯级布置作业。利用多媒体手段，用 QUIZIZZ 让学生在课下趣味完成作业，做到及时复习。对喜欢写作的学生来说，学以致用，将本课所学用到小日记里是一种收获，也能促进其写方面的提升。

五、作品特色

本微课知识点独立、针对性强，教师运用极具亲和力的语言，引导学生通过演绎和归纳相结合的方法推导并运用语法点。利用趣味丰富的动画、图片、线上的课后游戏辅助教学，全方位锻炼并提升学生的交际能力。因此本微课主要突出以下三个方面：贯穿一个原则——以学生为主体的原则；培养一种意识——合作交流意识；锻炼一种能力——语言表达能力。

"颜色词"微课

邓心怡

蒲公英中文教育在线
1092188830@qq.com

2-1　微课

2-2　课件

一、作品内容简介

本次微课是以红色、蓝色、黄色、紫色四种颜色为主要教学内容。颜色是人们对客观世界的一种感知，在人类语言里，存在着大量记录颜色的符号——颜色词。这些词语具有丰富的感情色彩和文化内涵。但不同的人们对不同颜色符号的感知是不同的。因此，设置了颜色词课程以培养汉语学习者对汉语颜色词的感知力，为学习者在汉语交际中，正确得体地表达奠定基础。本课利用多媒体手段，用视频、卡片、游戏等多种方式，对学生进行颜色词的教学。本课实施前提是要提前了解学生个人情况，不建议在有色盲学生的班级开展颜色词教学。

二、作品适用对象

已学过 2～3 个月汉语，处于初级汉语水平的欧美青少年。

三、教学目标

（1）让学生区分红色、蓝色、黄色、紫色四种颜色。
（2）学会认知红色、蓝色、黄色、紫色四个中文词。
（3）培养学生的颜色辨别能力和反应能力。
（4）让学生在游戏中感受学习中文的乐趣。

四、教学设计

1. 教学方法

（1）核心思路。
课堂中的语言习得。让课堂更多地带有习得，而非学习的成分。
把握课堂节奏。课堂具有节奏，力争课堂上快速、中速、慢速相结合。

（2）具体教学方法。

听说法。主要体现于语言机械操练中，以便学生更快速地实现语言产出的自动化。

图片法。展示颜色图片，对学生进行视觉刺激，将颜色和汉字相对应，进行感知理解。

竞猜法。激发学生学习兴趣，寓教于乐。

2. 教学步骤

（1）师生问好，组织教学。

（2）用《颜色歌》导入。营造愉快的课堂气氛，引起学生注意，激发学生学习兴趣。降低情感过滤，让学生在无意识中输入教学内容。

（3）学习新课，进行颜色词讲解。

新课详细教学步骤见表1。

表1　教学步骤

生词	老师带读及提问	PPT 展示	学生产出	意图
红色	①夸张放大"红"的嘴型，并用手指着嘴； ②这是什么？ 什么颜色的玫瑰？ 对，红色的玫瑰。所以我们可以说红玫瑰。跟我读：红玫瑰。 ③这是什么？ 很好。 ④这是什么？ 很棒。 ⑤这是什么？ 不错哦。	"红色"的拼音和汉字； 红色色块； 红玫瑰； 红笔； 草莓； 苹果	①跟读"红色"； ②这是玫瑰。 红色的玫瑰。 学生跟读红玫瑰。 ③红笔； ④草莓； ⑤苹果	让学生对"红色"有更为直观的理解。找寻生活中常见的红色的物品，使学生增加对红色的记忆点
黄色	①夸张放大"黄"的嘴型，并用手指着嘴； ②这是什么？ 对。 ③这是什么？ 是的。 ④这是什么？ 非常好。 ⑤这是什么？ 真棒	"黄色"的拼音和汉字； 黄色色块； 香蕉； 芒果； 黄色裙子； 黄色汽车	①跟读"黄色"； ②香蕉； ③芒果； ④黄色裙子； ⑤黄色汽车	让学生对"黄色"有更为直观的理解。使用的物品应同时面向男学生和女学生所喜爱的事物，增加展示图片的多样性和灵活性
蓝色	①夸张放大"蓝"的嘴型，并用手指着嘴； ②这是什么？ 很好。 ③这是什么？ 太厉害啦。 ④这是？ 是的。 ⑤这是什么？ 真棒。	"蓝色"的拼音和汉字； 蓝色色块； 蓝天； 大海； 蓝色的鸟； 蓝色的雨伞	①跟读"蓝色"； ②蓝天； ③大海； ④蓝色的鸟； ⑤蓝色的雨伞	让学生对"蓝色"有更为直观的理解。展示蓝色的自然万物，让学生了解自然，亲近自然

生词	老师带读及提问	PPT 展示	学生产出	意图
紫色	① 夸张放大"紫"的嘴型，并用手指着嘴； ② 这是？ 很棒哦。 ③ 这是什么颜色的气球？ 对。 ④ 这是什么？ 你们的水杯是什么颜色呢？ ⑤ 这个书包是什么颜色？ 很好！	"紫色"的拼音和汉字； 紫色色块； 葡萄； 紫色气球； 紫色水杯； 紫色书包	① 跟读"紫色"； ② 葡萄； ③ 这是紫色的气球； ④ 紫色水杯； 学生们纷纷说自己水杯的颜色； ⑤ 紫	让学生对"紫色"有更为直观的理解。前面的提问中，学生已经对"这是什么？"十分熟悉，所以在这里变换提问方式，问"这是？"或向颜色提问，以此抓住学生注意力

（4）课堂复习巩固。与多媒体结合，用现代教育课堂常用的闪卡小游戏，让学生进行当堂课的复习巩固并记忆。以快速的闪卡方式，以拼音—拼音加生词—生词—色卡—上文已出现的颜色物品图片的顺序进行展示，让学生快速说出所看到的颜色，引领学生及时复习。

（5）练习活动和总结见表2。

表 2　练习活动表

活动名称	活动形式	意图
连一连	将生词和拼音重组进行连线	以传统的检验方式，再一次使学生巩固生字词，将拼音和生词对应，以防出现脱离现象，以此加强学生记忆
超级玛丽	学生只有说对生词，"超级玛丽"才能跑起来并跨过障碍物	加入学生喜欢的卡通人物，增加教学的趣味性，让学生有参与感，进行无意识和有意识相结合的学习
找书包	用灰色衣服遮盖书包，让学生猜紫色书包在哪件衣服下面，把衣服移开的时候，学生要说出衣服下面的物品及颜色	竞猜类游戏，激发学生学习兴趣，让学生真正做到在玩中学
看色速答	这是一个干扰性极强的游戏，外层有大色卡，把大色卡点开是小色卡，小色卡上面有本课所学的颜色词，学生要说出小色卡的颜色，但小色卡的颜色和小色卡上面汉字标注的颜色词不同	该活动锻炼学生的反应力和对颜色的敏感度，作为本课最后一个活动，本活动难度最大，极具挑战性，可以激发学生的胜负欲，更好地让学生参与活动，强化记忆

五、作品特色

本微课运用生动形象的视频、图片进行辅助讲解，充分发挥学生的主观能动性，设置丰富多彩的课堂活动，寓教于乐，让学生真正爱上汉语课堂。教学活动主要体现"以学生为主体，以教师为主导"的教学理念，整个教学过程都是学生在思考、交流、相互比赛并解决问题，教师适当点拨引导。把课堂还给学生，让学生真正成为课堂的主人。

京剧脸谱的颜色

王海燕

江苏海事职业技术学院
wanghy07@126.com

3 微课

一、作品内容简介

本作品以京剧脸谱常用的颜色口诀为纲，脸谱实物展示和讲解相结合，条分缕析地讲授京剧脸谱的常用颜色、画法在塑造人物形象、人物性格等方面的作用，便于留学生理解和掌握中国传统文化知识，提升对中国传统文化的兴趣，力求讲好中国故事，传播好中国声音。

二、作品适用对象

本课程的教学对象是高级汉语学习者。

学习者已经掌握了 2500 个左右的常用词，可以阅读汉语报纸杂志，欣赏汉语影视节目，能用汉语进行较为完整的演讲。这个层次的留学生对中国文化的兴趣越来越浓厚，也更乐于探索深层次的中国文化的内容和来源。

三、教学目标

本次课主要学习京剧脸谱中颜色的运用规则（如京剧脸谱常用的颜色口诀）、绘制方法及其所蕴含的中国文化。通过本次课的学习，学习者可以了解京剧脸谱和京剧人物之间的关系，学会在欣赏京剧过程中辨识作品人物，理解作品内容，真正提升对中国传统文化的认知能力和鉴赏能力。

四、教学设计

1. 设计主旨

京剧以其独特的艺术风格和精湛的表演技艺吸引了很多留学生的关注和喜爱，但是京剧脸谱的文化却是学生理解上的难点。此外，这一难点还将直接影响学生对京剧文化的理解。本次课将京剧脸谱的绘制和人物的塑造途径、来源等相结合，通过实物展示、经典文学作品阅读、脸谱绘制等，引导留学生一步一步地理解京剧脸谱绘制的理论来源、与中国社会现实生活和中华传统文化之间的关系，进一步提升学习者对中华优秀传统文化的掌握。

2. 教材分析

本课程选用的教材是《中国文化欣赏读本》（上、下）（刘谦功主编，北京语言大学出版社，2014 年 3 月第一版）。该教材的文化主题选材于汉语教学第一线，充分考虑外国人对中国文化的兴趣点。

本次课选取的是"中国艺术"单元中的"京剧"一节。教材中对京剧的介绍主要采用的是总括的视角，粗略介绍了京剧的名称来源、特点等，但对京剧中的细节内容涉及不够。留学生普遍感觉信息量较小，没有获取到更多的京剧知识。

结合留学生的汉语阅读基础，及其对京剧的兴趣点，本次课选取了京剧脸谱为着力点，将脸谱的绘制、人物性格的塑造和京剧知识的学习相结合，深入讲解京剧脸谱中的重要知识。

3. 学情分析

学习者的汉语阅读能力较好，有着较为强烈的阅读愿望，也有良好的阅读习惯。他们普遍对中国传统文学作品兴趣较浓，愿意探究更多的中国古代文化的内容，如《西游记》《三国演义》《道德经》等。他们还对其中的一些人物形象特别感兴趣，如孙悟空、二郎神、曹操、关羽、张飞等，期待深入了解这些人物，及其在不同文学形式中的表现。

4. 教学重点、难点

教学重点：掌握京剧脸谱中颜色的运用、绘制方法及其所蕴含的中国传统文化。
教学难点：学会在欣赏京剧过程中通过颜色认知人物的形象及其性格特征。

5. 教学策略与手段

（1）日常教学，采用"分层"教学法有效引导学习者的阅读。

为了便于学习者对传统文学经典的阅读和学习，在日常教学过程中，教师采用"分层"教学法辅导留学生阅读。

第一层为"简化版阅读"。教师为所有学习者提供部分文学作品（根据学习者的兴趣选出作品）的"简化版"，便于其阅读。

第二层为"探究版阅读"。针对学有余力、愿意尝试读原著的学习者，教师也给予其所需的阅读指导和帮助，包括阅读技巧、作品思想分析等。

通过一段时间的阅读实践，所有学习者的阅读能力都有了较大提升，阅读兴趣、阅读面也都有了较大提高，对深入了解中国文化、中国文学的兴趣也更加浓厚。

（2）课堂教学，综合采用多种教学法提升学生的直观感受力。

在京剧脸谱的绘制课堂教学中，教师综合采用案例教学法、情景教学法、练习法等进行讲解和分析，同时，辅以脸谱实物进行现场展示，将文学作品的阅读和脸谱颜色的选用相结合，让学生能够直观地感受到颜色的运用、绘制的技巧、与人物形象塑造的关系等，真正理解脸谱绘制的文化要素及其内涵。

6. 课前准备

教师录制教学视频（京剧脸谱的绘制），并上传到教学平台（本课程选用的是对分易教学平台）。学习者课前在手机或电脑上随时随地自主完成视频的观看，并提出问题。课中，教师和学生就具体问题进行讨论。

教师课前准备空白脸谱、颜料等，课堂上以具体戏剧人物（如孙悟空、关羽、包拯等）为题，组织学生绘制脸谱。

7. 教学过程

详见图 1。

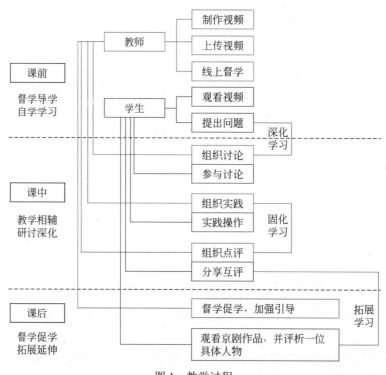

图 1 教学过程

五、作品特色

教学方法创新。在教学过程中，教师将文化知识点的学习和文化实践活动有效结合，深化学习者对知识点的理解和掌握。

教学手段创新。在汉语教学中引入网络教学平台的使用，为留学生创设一个随时可学、随时能学的实时学习环境，有效延伸汉语学习的途径和覆盖面，利于学习者拓展学习。

六、教学总结和教学回顾

　　本次课上学习者掌握了京剧脸谱的绘制方法、颜色选用及其与人物塑造之间的关系，顺利达到了教学的预期目标。当然，教学不仅限于第一课堂，还应注重第二课堂的延展功用，课后教师还可以进一步引导学习者进行京剧经典作品鉴赏，以加强对课堂教学知识的巩固和深化。

如何输入汉字

李 玮[1]　严根英[2]

[1,2] 西交利物浦大学

[1] wei.li02@xjtlu.edu.cn　[2] genying.yan@xjtlu.edu.cn

4　微课

一、作品内容简介

《如何输入汉字》为一个时长约 7 分钟的短视频，分为打字入门、标点输入和打字技巧三个部分。视频通过师生互动，解决学生在学习打字的过程中遇到的实际问题和困难，循序渐进地引导学生掌握汉字输入技能。

二、作品适用对象

零起点和初级班的汉语学习者。

三、教学目标

指导学生使用拼音输入法输入汉字，解决学生在学习中遇到的相关问题。

四、教学设计

本视频从打字入门、标点输入和打字技巧三方面入手，通过教师和留学生的互动，解决学生在日常学习中遇到的实际问题。

五、作品特色

实用性强：本视频从打字入门、标点输入和打字技巧三方面入手，根据教师本人的实际教学经验，讨论并解决了学生刚开始学习汉字输入时可能存在的困惑和遇到的问题。

适用面广：视频中涉及我校使用的线上教学平台的一些功能。这些功能是在不同的平台都存在并且经常被使用到的，不会因为平台的不同而受限。此外，汉字输入对线下学习的学生来说，也是需要掌握的技能。因此，这个视频适用于绝大多数汉语初学者。

友好度高：视频长度短，表现方式直观、易懂。由于是为汉语初学者设计、制作的，视频语言使用了英语，配合中英文字幕。我们希望这个小视频对汉语初学者来说，是亲切友好、有实际支持作用的。线上学习把我们和世界的距离拉近了，却也还是存在着一些阻碍和不便，我们希望通过这个小视频减少因技术问题而产生的阻碍。

"时量补语"微课教学

梁　珍

北京语言大学
1204249282@qq.com

5-1　微课

5-2　课件　　5-3　教案

一、作品内容简介

本微课主要讲解和操练"时量补语"的含义及用法，包括"时量补语"的基本结构形式、语义特点以及适用情景，让学习者从具体的语境中学习"时量补语"的意义和用法，进一步扩大学生的词汇量，从而提高其汉语的听说和读写能力，此外增强学生合理使用"时量补语"的愿望，激发学生了解语言背后文化内涵的兴趣。

二、作品适用对象

HSK2 级水平的母语为英语的大学生。

三、教学目标

1. 认知领域

（1）通过词汇的学习，能够掌握本课爱好习惯、时间词的意义和用法，并回忆起记忆库中的词汇，正确率达 90%以上。

（2）通过语法的学习，能够掌握时量补语的语义特征和准确用法，并完成交际练习，正确率达到 90%。

（3）通过课文的学习，能够理解并记忆课文的内容，能运用本课词语和句式结构基本完整地复述课文内容并描述自己做某事的内容，使用正确率在 90%以上。

2. 技能领域

（1）听：能够听懂每分钟 120 个音节以上语速的对话体课文。

（2）说：能够复述和表演课文内容，话语流畅自然。

（3）读：听完课文后，能够以每分钟 120 个字的语速朗读课文，语音、语调基本准确，自然流畅。

（4）写：能够以每分钟 10～12 字的书写速度书写本课生词。

3. 情感领域

学生有使用时量补语进行对话的愿望。

4. 学习策略

引导和培养学生的团队意识，体会合作学习的长处。

四、教学设计

详见图1。

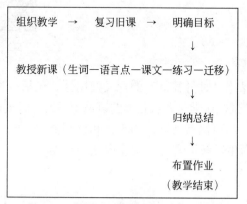

图1　教学设计

教学设计整体按照组织教学—复习—导入—讲解—练习—总结—布置作业的顺序进行。本次微课主要展示语言点讲解。

第一，组织教学。用1分钟简单询问学生的情况，准备上课。第二，复习旧课。用5分钟展示多媒体课件生词并以快速问答方式向学生提问，唤醒学生记忆。第三，语言点教学，用时25分钟。主要分为三步：① 导入语法；② 发现语法；③ 使用语法。各步骤总体原则都是精讲多练，但使用的方法不尽相同，下面分三个层次说明：

① 导入语法：教师以师生问答、情景导入的形式展开，引导学生说出时量补语不同类型的目标句。

师：同学们，我们复习一下上节课学过的生词。

生：（依次朗读复习）

师：非常好，看来大家都复习过了。那你们复习了多长时间呢？

生1：一个小时。

生2：四十分钟。

师：很好，大家可以说：我复习了一个小时。安娜复习了四十分钟。（板书）

师：大家一起读。

生：（朗读）

师：好，复习很重要，所以我们每天要复习半小时。学习很重要，休息也很重要，大家昨天晚上睡了几个小时呢？

生1：八个小时。

生2：六个小时。

师：我们可以说：我昨天睡了八个小时。大卫昨天睡了六个小时。（板书）总结一下，S＋V＋（了）＋时间。（板书）

师：老师昨天晚上睡了四个小时，你们知道为什么吗？

生：不知道。

师：因为老师昨天晚上上网了、打电话了。我们可以说：老师昨天晚上上了四个小时的网。（板书）总结一下，S＋V＋（了）＋时间＋（的）＋O。（板书）

生：（一起朗读）

师：我们还可以说：老师昨天晚上上网上了四个小时。（板书）总结一下，S＋V＋O＋V＋（了）＋时间。（板书）

师：大家每天上多长时间网呀？

生1：我每天上一个小时的网。

生2：我每天上网上两个小时。

师：非常好，大家上网做什么呢？

生：玩游戏、聊天、看电影、新闻。

师：用了多长时间？

生1：我玩了半个小时的游戏。

生2：我看新闻看了两个小时。

……

② 发现语法：根据目标句归纳总结出基本格式。

S＋V＋（了）＋时间

S＋V＋（了）＋时间＋（的）＋O

S＋V＋O＋V＋（了）＋时间

③ 使用语法：教师根据语法点的意义和语用特征按照由浅入深的顺序分层次设计练习，如看图说话、情景交际、话题表达及小组活动等，学习者在交际情景中充分使用该语言点输出表达，获得综合运用时量补语基本句式的语言能力。以下为语法练习举例。

1. 看图说话：说说大卫的一天。

（结构性练习能够使学生进一步熟悉时量补语的基本结构形式，理解语义。）

2. 情景会话，你问我答。

两人一组，互相提问，交换作答。

你看了多长时间电视？

你打算在北京待多时间？

……

3. 说一说。

上周末你做了什么？做了多长时间？（用时量补语）
（日常生活中时量补语使用情景较多，可以引导学生多进行交际练习。）

4. 小组活动：选出语言小能手。

说明：教师提问大家学习汉语的时间，引导用目标句式回答。选出本班的语言小能手，介绍他学习语言的情况。（通过小组活动促进学习者之间进行意义的协商和交流，产出学习内容，缓解焦虑情绪，增加学生开口率。）

最后进行课堂小结，总结本课时量补语的用法并布置课后作业。

五、作品特色

本微课选取时量补语这一语言点进行讲解，重难点呈现突出，讲解思路清晰，教学方法得当，语言使用准确简洁、PPT 制作精美，能够引起学生的学习兴趣，分层次的有效练习帮助学生掌握时量补语的基本用法，进一步提高其对于汉语语言点的运用能力。

中高级汉语课
"中国交通工具的变迁"

袁小颖

西交利物浦大学
xiaoying.yuan@xjtlu.edu.cn

6　微课

一、作品内容简介

教学项目	具体内容
生词	常用交通工具的名称；奢侈品、家常便饭、提倡、绿色出行、共享单车
语法	对于……来说；再加上……，因此……
文化	共享单车的使用

二、作品适用对象

中高级汉语学习者（HSK 4～5 级）。

三、教学目标

学生通过学习本课，可以：

（1）了解中国目前主要的几种交通工具；

（2）了解中国交通工具的发展和变迁；

（3）了解中国政府倡导的绿色出行理念和共享单车。

掌握实用技能：学会使用共享单车。

四、教学设计

（1）生词讲解：教师以讲解生词为媒介，在举例子时，自然带入中国文化及当代国情，让学生了解中国。

（2）语法讲解：用实际生活的例子讲解"对于……来说；再加上……，因此……"，更能贴近学生生活，学生更易理解句型。

（3）文化介绍：结合本课主题，介绍共享单车及如何使用共享单车。非常贴近生活，展现当代中国风貌。

五、作品特色

（1）讲好中国故事。该作品把中国社会发展与变迁融入教学，通过中国交通工具的变迁这一视角，展示了中国的发展历程，也点出了政府当下的绿色发展模式。这给外国留学生正确认识当代中国提供了良好的窗口。

（2）具有真实性。视频中展示的交通工具、家常便饭、绿色共享单车的图片都具有真实性，相信会给留学生认识真实的中国提供很大帮助。

（3）以讲故事的方式设计教学。教师以故事为脉络展开教学，自然流畅，环环相扣。以问题引发学生思考，进而跟着教师的思路，了解当代中国。

"木"字族字理识字类系列汉字微课[*]

刘佳蕾[1]　郭青青[2]　任月明[3]

1,2,3 北京大学 对外汉语教育学院
2001212200@stu.pku.edu.cn

7-1　微课 1　　7-2　微课 2

7-3　微课 3　　7-4　微课 4　　7-5　微课 5

一、作品内容简介

　　本系列微课共五节，依托字理识字法，围绕"木"字族汉字设计而成。微课遵循"象形字—指事字—会意字—形声字—文化"的教学顺序，讲解生动有趣，练习有效及时，关联体系性强，观看灵活便捷，有助于中高级水平汉语学习者掌握汉字理据知识、有效扩大识字量，可以满足学生个性化的学习需求。

二、作品适用对象

　　（1）学生水平和语言背景：本微课适用于中高级水平汉语学习者，HSK 3~6 级水平，词汇量为 2000 以上；微课配有中英文双语字幕，适用于以英语为母语或熟练掌握英语的汉语学习者。

　　（2）教学平台和适用课型：本微课宜以课堂、网站、App 等教学平台为载体，适合作为汉语综合课或汉字课的辅助教学资源。

三、教学目标

　　（1）知识技能目标：本微课旨在帮助学生识记"木"字族汉字的字形、字音、字义，了解字形演变过程，理解汉字造字理据，熟知汉字常见组词，有效扩大识字量和词汇量。

　　（2）文化情感目标：本微课旨在通过对"木"字族汉字蕴含文化内涵的讲解，增进学生对汉语和中国文化的理解与感悟。

四、教学设计

1. 理论基础

　　（1）微课范式设计：认知负荷理论和建构主义理论。

---
[*] 本系列微课在制作过程中得到施正宇教授的指导，在此谨致谢忱。

（2）教学内容设计：传统文字学"六书"理论。

2. 设计原则

（1）短小精炼，容量适当。本微课严格把控时长和容量，符合学生的学习规律，适用于多种移动终端设备。

（2）主题明确，内容准确。本微课严格基于传统文字学理论，切忌主观随意、牵强附会地解说汉字理据。

（3）由易到难，形成体系。本微课所选汉字由简到繁、梯度合理，参照"象形字—指事字—会意字—形声字"的顺序，遵循先独体后合体的汉字教学原则，帮助学生快速扩大识字量、形成汉字知识体系。

（4）丰富有趣，形象生动。本微课结合语音、文字、图片、动画等多种形式，生动呈现汉字演变过程，直观展现汉字形音义关联，以提高学生的学习积极性和汉字识记效率。

（5）讲练兼备，注重交互。本微课在讲解后附练习环节，以提高学生观看微课时的参与感，帮助学生及时自测学习效果。

（6）依托平台，阶段适用。本微课应基于适宜的教学平台，嵌入合理的教学模块或环节，与同阶段学习内容相对应。

3. 设计流程

明确教学对象→确立教学课型→制定教学目标→选择教学用字→撰写微课脚本→制作汉字微课→根据反馈改进。

4. 具体设计

（1）教学用字选择：本系列微课基于"木"字族汉字数量众多、字理类型齐全且文化内涵丰富等特点，从《汉语国际教育用音节汉字词汇等级划分》中筛选出 27 个理据尚存的"木"字族汉字设计制作而成。教学用字涵盖象形字、指事字、会意字、形声字等四种字理类型，以中高级为主、初级为辅，具体字理类型和等级如表 1 所示。其中，"木、本、末、林、森、休、枝、梅、沐"共 9 个字用于讲解造字理据，"材、栏、杆、柱、柏、枯"共 6 个字在形声字"字族识字"环节用于辅助理解字理，"松、桃、李"共 3 个字用于介绍"木"文化，"析、档、模、梯、植、杜、棋、枉、桩"共 9 个字在"汉字小结"环节用于扩大识字量（见表 1）。

表 1 "木"字族字理识字类系列汉字微课教学用字一览表

字理类型	汉字等级		
	初级	中级	高级
象形字	木		
指事字	本	末	
会意字	林、休	森、析	
形声字	沐、李	枝、梅、材、栏、杆、柱、松、桃、档、模、梯、植	柏、枯、杜、棋、枉、桩

（2）教学环节与步骤：每节微课包括"旧字复习、新字讲解、新字练习"三个环节，讲解部分主要教授汉字基本形音义、字形演变、造字理据、组词造句和文化内涵，练习形式主要包括看拼音或图片写汉字、汉字部件的拆分和组合。具体教学环节与顺序根据所讲字理类型的特点灵活设计，与此同时，注重系列微课间应环节相近、内容相关、体系性强。

五、作品特色

（1）生动有效，灵活便捷。本系列微课已应用于对外汉语教学实践。问卷调查和访谈结果初步证明，本微课有助于学生掌握汉字理据知识、了解汉字相关文化、增强汉字学习兴趣、有效扩大识字量和词汇量；五节微课主题明确、讲练结合、生动有趣、体系性强、设计美观、清晰流畅，方便学生根据自身汉语水平和时间安排灵活观看某节或多节微课，可以满足学生个性化的学习需求。

（2）形成范式，可供推广。本"木"字族字理识字类系列汉字微课的成功实践，初步证实了笔者打造的字理识字类汉字微课六项设计原则和七项设计流程的可行性与有效性，由此形成的字理识字类汉字微课设计范式能够直接应用于后续其他字族微课的开发制作。

（3）丰富资源，适用时代。后疫情时代下线上教学成为国际中文教育的主流，本微课是后疫情时代背景下教学需求变革的有益探索，丰富了线上对外汉字教学资源建设，为提高汉字教学的质量和效率提供了一定的参考与借鉴。

中国古诗词国别化教学：中意双语作家作品文化讲解*

8-1 微课

张俊萍[1]　刘春红[2]　邱经纬[3]

1,3 北京语言大学 汉语学院　2 北京语言大学 意大利研究中心
1 jpzhang0315@126.com　2 1910694323@qq.com
3 qqqjw99811@163.com

8-2 课件

一、作品内容简介

本作品为国际中文教育现代化教学资源应用成果，是意大利国别化数字教学资源，由"中国古诗词国别化教学课件"和"中意双语作家作品文化讲解短视频"两部分组成，均以刘春红副教授主编的意大利中学文化教材《行走在艺术中的中国古诗词》（以下简称《中国古诗词》）为基本内容。

中国古诗词国别化教学课件是一套"艺术性与技术性有机融合"、聚焦"文化＋语音要素"的多媒体电子课件。每一首古诗词的课件均包括六个模块。

"读一读""听一听"除了能让学生感知语速快慢，还能在意大利语翻译的辅助下，了解整首诗的意境和内容，感受汉语的韵律美。

"练一练"先用排序进行游戏式练习的热身，再以二维码形式发放基于北京语言大学"智慧教学平台"的智能助学练习，包括听音选句、听音排序、连词成句、连句成诗、诗画结合、朗读测评等多种形式，"比一比"游戏化、结构化的智能助练资源能让学生跟"朗读机器人"比一比谁读得更流畅、更有感情。课上课下的关联通过智慧教学平台进一步强化，可满足意大利本土教学的需求。

"唱一唱"让学生听音乐唱古诗，在音乐中感悟诗歌所表达的意境。"画一画"让学生根据自己的理解作画或仿写书法作品，在体验中理解诗歌的意境感情。

短视频以刘尊老师的原创歌曲《静夜思》为配乐，以意大利出版人与教师共同挑选的优秀中国原创书画作品为背景图片，用中意双语（前为意大利语，后为中文）简要介绍了《中国古诗词》中的诗人、诗作及其背景等文化知识。配有中意双语字幕，语言难度适合初中级汉语水平学习者。本视频由中意双方教师合作打造，着眼于意大利本土视角，有助于意大利本土青少年学习者借助热爱的艺术形式理解诗的意境、体悟诗词的创作背景。

本作品作为数字资源，能使《中国古诗词》纸质教材更立体、多维、丰富。

* 本成果受教育部语合中心 2021 年度《国际中文教育中文水平等级标准》教学资源建设重点项目（编号 YHJC21ZD-076）、北京市语言资源高精尖创新中心智慧汉语教学平台项目（编号 TPZ21006）、北京语言大学 2022 年国际中文教育教改重点项目（编号 GJGZ202203）资助。

二、作品适用对象

本作品目前适用对象为意大利青少年中文学习者。

三、教学目标

（1）使意大利青少年汉语学习者结合《中国古诗词》中的诗歌掌握汉语拼音，在进行汉语语音训练的同时熟悉中国古诗词文化。

（2）提升意大利青少年汉语古诗词的诵读水平；带给他们书法、绘画、音乐等多种中国艺术的熏陶，激发其学习汉语、了解中国古诗词文化的兴趣。

（3）通过长期进行的数据驱动的古诗词练习，形成较为精准的"学习者画像"，帮助培养学生良好的学习习惯，找到适合他们的学习方法，提升其综合素质。

四、教学设计

课前发放"中意双语作家作品文化讲解短视频"，让学生整体感知、预习本课内容，感兴趣的同学可以画一画自己对诗歌的理解，在课堂上展示。

课中由短视频引入，运用中国古诗词国别化教学电子课件，先让学生感知语速，再循序渐进、由短到长，让学生跟读准确、朗读流畅，读准、读好每一句诗，最后通过二维码发放智能助学练习进行整首诗的朗读、听辨与理解训练，强化"文化＋语音要素"教学的课前、课中、课后的关联性。通过这些数字资源，学生能得到即时评测反馈，从"比一比""练一练"的学习行为数据中发现自己的优点和不足；教师可看到学生学习行为的详细记录，据此给予个性化、针对性指导。

"练一练"即 PPT 上的排序游戏练习，教师完全可根据教学环境调整教学策略：若完全是线上教学，可让学生说数字完成排序；若是线下或线下与线上结合授课形式，也可让线下的学生在触屏 PPT 上拖拽，完整地做出来。

让学生跟随电子课件中的音乐唱古诗，注意进行情感上的引领，将学生带入音乐与诗歌结合的情境。

五、作品特色

1. 教学理念上的创新性、艺术性与技术性有机融合

采用数据驱动、多元智能学习、工程化思维的理念和方法，与新技术深度融合、诗书音画多艺术融合地开发数字资源。

2. 本土化、艺术化、标准化、规范化

以意大利教师的审美视角选取书画作品、意大利教师参与短视频制作与诗句翻译，充分体现了本土化特点；跟随原创音乐唱古诗，通过绘画、书法、音乐感受古诗词之美、领

悟汉语的音节之美，艺术之间相融相通；作品融现代化技术与艺术于一体，即两组技术赋能、带有数据流信息的二维码练习，与音乐、绘画、书法等艺术形式汇聚于每首诗的电子课件中；参照国家标准使作品规范化、标准化，又与目标国中文教育的特殊需求和发展方向高度契合。

3. 核心理念是一切为了教师：为教师想、为教师做、为教师用

课件和短视频节省了教师的备课时间，提供了课堂教学中具体的操作方法、上课的操作步骤；教学由重"结果"到重"过程"，学生由"被动接受"到"积极创造"；教学空间由"封闭"到"开放"，延伸到课前、课后；声、像、图、音乐、书法、高科技融为一体。

神奇的饮食汉字"饺子"

李 丛

辽宁师范大学 国际教育学院

liyiyi2002@hotmail.com

9 课件

一、作品内容简介

本作品紧密围绕"饺子"这一美食主题,讲授跟"饺子"有关的形声字及其相关的文化教学内容。

二、作品适用对象

中高级水平汉语学习者。

三、教学目标

1. 知识目标

(1)了解形声字结构特点:上下结构、左右结构。
(2)掌握跟饺子有关的形声字:
① 饺;
② 蒸、煮、煎;
③ 盘、碗、碟、筷。

2. 文化目标

(1)了解中国最受欢迎的美食之一——饺子。
(2)了解饺子的做法和食用饺子的餐具。

四、教学设计

1. 导入

中国美食"饺子"的特点。

2. 学习形声字

(1)"饺"字解析。

（2）形声字：蒸、煮、煎（饺子做法）；形声字：盘、碗、碟、筷（食用饺子的餐具）。

3. 小结

（1）跟饺子有关的形声字：形旁＋声旁。

（2）形声字结构特点：上下结构、左右结构。

五、作品特色

（1）内容相互关联，有一定逻辑顺序，层层推进，环环相扣。

（2）把文化内容和汉字教学有机结合起来，让学生不仅学会汉字还了解到相关文化知识，一箭双雕。

结果补语在线教学小妙招

刘心欣

吉林大学 国际汉语教育东北基地

865299856@qq.com

10-1 微课

10-2 课件

一、作品内容简介

本微课作品根据线上教学师生时空分离的特点，精心设计兼具互动性与趣味性的教学环节，以期为国际中文教师线上讲授结果补语助力。

二、作品适用对象

国际中文教师、本土中文教师以及对现代汉语语法感兴趣的中文学习者。

三、教学目标

通过本课程的学习，掌握结果补语的基本用法与易错点，了解相关的教学设计与教学技巧。

四、教学设计

1. 导入、展示、讲解

教师充分利用多媒体平台的互动性功能，在对结果补语进行知识点梳理的基础上，进行导入、展示与讲解。在导入环节，利用教学平台的互动功能，引入结果补语"看见"，再由汉字"看"的书写，引出"写对"，最后由擦黑板的动作，引出"擦干净"，环环相扣的同时介绍中国的汉字文化。在学生了解结果补语的语义特征后，教师可搭配相关图文练习，进一步向学生展示结果补语的疑问形式、肯定形式与否定形式。

2. 梳理易错点

在学生充分理解结果补语的基本句法形式与语用功能的基础上，教师应提醒学生注意结果补语的两个易错点。

（1）在讲解结果补语否定式时，教师需提醒学生注意"没"和"了"不能同时使用。

（2）结果补语的动词与补语之间，关系紧密，教师需提醒学生注意"动词"和"补语"

之间不能插入其他成分。

3. 互动性练习

最后，教师可利用多媒体动画设计丰富多样且互动性强的练习活动，如"消消乐""连连看""选一选"等，有效增强线上课堂的互动性与趣味性。

五、作品特色

本作品基于线上教学的特点，利用多媒体平台的教学资源与互动功能，充分展示结果补语的句法形式、语义特征与语用功能。同时，巧妙地融入汉字文化教学，整体教学环节设计精巧，环环相扣。丰富有趣的操练活动可以较好地提升教学效果，使得课堂氛围生动有趣，寓教于乐。

词语的感情色彩

屈 君

云南师范大学　桂林航天工业学院
917887993@qq.com

11-1　微课

11-2　课件

一、作品内容简介

新冠疫情背景下，国际中文线上教学要求教师转变教学理念，创新教学模式。《词语的感情色彩》这一微课参考了 BOPPPS 教学模式，微课时长约 8 分 30 秒，以词语的感情色彩为教学内容。希望学生通过本次微课能了解并掌握词语的感情色彩。

二、作品适用对象

本微课主要以中高级留学生为教学对象。

三、教学目标

知识目标：希望学生了解"词语感情色彩"的基本概念，掌握区分词语感情色彩的方法。

技能目标：让学生能将课堂所学的知识应用于实践，能准确使用词语的感情色彩进行表达。

情感目标：学生通过学习后，发现区分词语的感情色彩并不难，感受到学中文的乐趣。

四、教学设计

教学环节分为导入、讲解新知、练习巩固、布置作业等环节。

1. 导入

让学生看一张图片，用英文 fat 引出"肥"和"胖"。让学生看两个句子：a. 玛丽胖胖的，很可爱。b. 玛丽肥肥的，很可爱。让学生回答哪句话是对的。老师给出答案，先不解释为什么，从而导入今天学习的内容——词语的感情色彩。

2. 讲解新知

（1）概念讲述。

① 词语的感情色彩是什么；② 中性词的概念并举例；③ 褒义词的概念并举例；④ 贬义词的概念并举例。

（2）讲解导入的问题。

"fat"这个词，在英文中没有感情色彩，但是在汉语中形容人的"肥"是个贬义词，"胖"是个中性词。所以如果想表达玛丽很可爱，我们不能用"肥"。

（3）举例讲解词语的感情色彩。

① 后果—结果；

② 骄傲。

（4）掌握词语感情色彩方法的讲解。

① 加强对词语意思的记忆；

② 加强词语的对比分析；

③ 词语搭配：遭遇—追求，造成—形成；

④ 总结三种方法。

3. 练习巩固

4. 布置作业

五、作品特色

（1）内容讲解形象生动。

（2）教学内容丰富，使用了较多元素进行教学内容的可视化解构。

（3）教学理念新颖，结合了 BOPPPS 教学模式。

（4）微课时长约 8 分 30 秒，时长较短，视频画质清晰，教师声音清晰、吐音清楚，全程配有中文字幕。

语法点"又"和"再"互动式微课教学

申晓钰[1]　郑朱翎[2]　李彧聪[3]　张子京[4]　刘　路[5*]

1,2,3,4,5 北京体育大学　人文学院

liulu@bsu.edu.cn

12　微课

一、作品内容简介

本视频是基于某网站推出的互动视频功能而制作的初级汉语语法教学微课。该互动视频由多个视频片段组成，并按照一定的逻辑顺序通过剧情树对视频进行编排。在每一段视频的末尾，都会弹出由视频创作者设置好的选项，观众选择不同的选项后，可根据选项进行反馈（例如答题的正确或错误），同时当前视频会自动跳转到该选项所对应的下一段视频上。如果观众选错或是想体验更多选择，可以通过进度回溯功能跳转到相应节点。

本视频运用该网站提供的互动功能，针对《HSK 标准教程 3》中的语法点"又"和"再"，进行了互动式语法微课教学。视频主体内容分为导入、例句讲解、练习、布置作业四个环节。例句讲解和练习部分，我们分为填空、选择、连词成句三类主要题型，根据问题设计了选项供学生作答；并且根据选项的不同，在每个选项后都设置了不同内容。本视频通过人机交互的方式，为学生提供了更好的反馈，同时增强了视频的互动性和趣味性。

该视频为互动式视频，在该网站平台播放，才可展示出互动效果。提交视频为该网站该视频完整播放过程的录屏视频。

二、作品适用对象

已掌握约 600 个词汇的汉语学习者，或达到 HSK 2～3 级水平的汉语学习者。

三、教学目标

通过学习，能掌握语法点"又"和"再"的基本用法，并理解二者的区别，能够在适当的语境中正确运用。

---

* 作者 1–4 排名不分先后。作者 5 为本文通讯作者，北京体育大学人文学院国际文化系教师，博士，硕士生导师。本文为北京体育大学 2022 年本科教改项目"新文科视域下体育+汉语国际教育人才培养改革探索——基于专业核心课程的教改实践"的阶段性成果。

四、教学设计

本视频的教学对象为掌握 600 个词左右的汉语学习者。视频开头，由教师在课件上给出例句，讲解语法点"又"和"再"的相同点。之后通过例句、生动的图片以及提问，让学生感受"又"和"再"的不同点。接下来进行知识点归纳，通过表格总结二者用法。根据精讲多练的原则，视频设计了三种不同类型的练习题，让学生在练习中巩固提高。练习题分别为：用"又"和"再"填空、判断对错以及连词成句。最后，教师根据讲练的内容布置了作业。

五、作品特色

常见的微课视频教学中，当教师提出一个问题后，通常采用的处理方法是留出几秒钟的空白期，供学生思考问题，之后由老师进行后续的讲解，并给出答案。这种做法存在一定的问题：学生可能并没有进行思考，直接等待老师说出答案。同时，受制于微课的录播模式，教师不能就学生的回答迅速做出相应反馈，只能根据录制好的内容进行讲解。

而本视频的亮点在于，将互动选择功能与汉语语法教学微课的提问与练习环节进行了有机结合。练习环节中不同选项的出现，丰富了教学形式，有效提升学生学习的热情。学生需要亲自动手操作，去选择选项，进而使视频跳转到下一段，自主选择的过程在无形中增强了学生的主动性、促进了学生的思考能力。同时，我们根据学生选择的正确与否，设置了两种不同的视频内容，进行反馈。如果学生答对，视频会对应鼓掌、赞许等内容；如果学生答错，老师则会进一步讲解这道题。

这样的做法提升了视频的互动性，一定程度上解决了在线教学互动性低、学生注意力不集中的问题。同时，由于选项的出现，视频变得更个性化了。每个人的选择不同，所看到的内容也不尽相同。对于选对的学习者来说，可以不必再听详细的讲解，节省了时间；对于选错的学习者来说，可以弄清自己的问题所在。此外，本互动视频还安排有"彩蛋"环节：如果学生希望就知识点进行更多练习，可选择"再来一题"。此选择是完全自主的，作答正确的同学，可以省略赘余的练习环节，作答错误的同学，则可以通过继续练习提升对知识点的掌握程度。在今后的教学探索中，可以考虑加入更多的习题，由学生自主决定练习的数量与强度。

技术手段的不断提升，给国际中文教学带来了更多探索的可能性。本视频是在互联网飞速发展的背景下进行的一次有益的专业探索，尝试解决传统微课互动性不足的问题，并提出对应的解决方法。

《还是回来好》自主学习型课件

马瑞祾

西南民族大学 中国语言文学学院

maruiling_smu@163.com

13　课件

一、作品内容简介

　　这是一款辅助中文学习者自主进行语言知识学习和听力技能练习的 CALL 课件，适用于已基本掌握 1500 个左右的生词的中级阶段汉语学习者。课程选用教材为《发展汉语中级听力（II）》，课件为第 1 课《还是回来好》的内容，该课是关于农村孩子到城里上大学，又回到农村创业的故事。通过课程学习学生能够掌握本课的生词，锻炼听力技能，对中国城乡差别有一定的认识，在情感上理解实现梦想是每个年轻人的追求。

二、作品适用对象

　　中级阶段的中文学习者。

三、教学目标

　　（1）认知领域：能够正确说出和写出本课的 15 个生词，正确率达到 87%（13 个）以上；能够使用 2 个语法点说出正确的句子，句子通顺、符合规范。

　　（2）技能领域：能够根据录音内容完成本课的所有的听力练习题，正确率达到 80%以上。

　　（3）情感领域：能够了解中国农村的发展变化，并能够说出变化表现在哪些方面；在学完听力课文后能够主动"追梦"。

　　（4）策略领域：能够使用听前猜题、边听边记、精听泛听相结合等听力策略帮助自己提高听力的正确率。

四、教学设计

1. 整体教学安排

　　先学习词汇，在听力练习时复习语法点；听课文的次数根据学生水平和对本课理解程度而定，一般先完整地听一遍，然后分段听。不懂的内容，可以重复听录音，也可以老师读（重点、难点部分加重语气或重复），或适当解释，帮助学生理解课文的内容。听完后，学生再一次速读听力课文，勾画出自己不熟悉的生词和句子，教师将原文挖空儿，让学习者在填空练习中巩固新知。

2. 教学环节设计

教学流程图：情境导入→生词讲解→语法训练→听力练习→巩固提升。

（1）情景导入（图片、VR、视频）：使用图片刺激学习者进行口语产出，通过 360°全景视频让学习者感受中国农村的风光（元阳梯田），最后通过视频感受中国的城乡发展。

（2）生词讲解（文字、音频、图片）：每个生词配有拼音、示范发音、词性、英文释义，部分重点词汇配有易混淆词辨析，全部学完后有自测题。

（3）语法训练（文字、音频）：听录音，找出每组句子共同的地方；目的是帮助学生掌握一些词语和结构的使用方法。

（4）听力练习（文字、音频、视频）：包括主旨题、细节题、判断题等不同类型的题，帮助学习者深入学习听力课文。

（5）巩固提升（文字、音频）：老师进行拓展训练，促进知识的保持和迁移，设置听后速读、挖词填空、听中文歌等练习，巩固本课所学。

3. 相关教学建议

（1）本课程设计采用渐进式过关的方法组织知识点，学习顺序依循课件的安排，已学的知识点可以选择跳过以节省学习时间。

（2）学习者可以根据"学习任务清单"自主选择必选活动和自选活动。

（3）每完成一关的闯关任务，要进行小测试，以检验所学成果。

（4）通过有趣的游戏来刺激学习者保持学习动机，如贪吃蛇。

（5）学习社区能够为学习者营造一种在线学习的氛围感，从而消除焦虑情绪和孤独感，提升自我学习效能。

五、作品特色

（1）本课件面向中级阶段汉语学习者开发，为单机版课件，但由于内部设置了网页超链接，因此需要在联网的环境下使用。

（2）课件将情境探究、自主学习、游戏竞赛等学习策略融入听力教学，以提高学习者对本课知识的理解程度。

（3）课件采用游戏闯关（帮助男孩取得面包）积分式的学习策略，让学生在学到知识的同时获得极大的成就感，提高学习的积极性。

（4）课件坚持"结构—功能—文化"三者相结合的原则，以听说法和交际法为主要教学方法，根本目的在于训练和提高学习者的听说能力。

（5）以中国社会、文化题材为暗线，让学习者切实感受中国城乡发展的巨大变化，感受当代中国的繁荣富强，丰富教学内容的文化含量，激发学习者的兴趣。

自主 VR 课件《购物》

邓 华[1] 肖歆童[2] 黄可欣[3]

1,2湘潭理工学院 人文与艺术学院 3北京语言大学 汉语速成学院

1 1104267456@qq.com 2 561632381@qq.com 3 425882590@qq.com

14 微课

一、作品内容简介

本作品先需要设计 VR 中文学习脚本，然后依托虚拟现实（VR）技术进行制作。作品以"购物"为主题设计学习内容。本资源暂时只制作了"热身"和"课文"部分。

二、作品适用对象

初级水平的汉语学习者。

三、教学目标

（1）学会课文基本词汇的拼音、汉字、读音。

（2）学会购物。

四、教学设计

"热身"部分的内容制作如下：先设置的主要元素有苹果、西瓜、牛奶、鸡蛋、鱼、羊肉，这些元素将会以虚拟 3D 视觉的方式呈现。学习者的视觉可以沉浸在场景中，并可以利用穿戴设备和里面的元素进行互动。资源里面会设置一个虚拟人物，学习者可以通过虚拟人物的 AI 语音指令进行下一步的操作。当虚拟人物问学习者"今天你吃了什么？这里有一些吃的，你想吃什么？"的时候，学习者就可以拖动我们的食物元素。学习者用手柄拖动"苹果"的时候，会展现"苹果"的拼音、汉字、读音。其余元素同样也可以按照此方式操作。

"课文"部分的制作如下：当"热身"活动做完以后，虚拟人物会指示学习者去"水果店"买水果。然后跳到水果店的场景，听虚拟人物进行课文内容对话。

五、作品特色

随着 5G、云计算、人工智能等新一代信息技术与 VR 技术的深度融合，为元宇宙提供了强大的算力基础和智能化支撑，元宇宙网络作为智能数字化技术的集合能够深化线上和线下一体化关系并且加深用户思维的表象化，使用户达到可交互式、视觉沉浸的效果。本数字资源是在元宇宙视域下进行的一个初步的中文自主 VR 学习资源设计，注重与学习者个体间的交往互动，实现人与资源的交互性、游戏化。

点击交互式学习课件

肖歆童[1] 邓 华[2] 黄可欣[3]

1,2 湘潭理工学院 人文与艺术学院 ³北京语言大学 汉语速成学院
[1] 541632381@qq.com [2] 1104267456@qq.com [3] 425882590@qq.com

15 微课

一、作品内容简介

本作品的制作先由本团队成员设计互动式中文学习脚本，再依托网络软件制作点击交互式课件。本次呈现的作品以《在商店》一课为例，根据课程主题，参考 HSK3 级词汇设计而成。

二、作品适用对象

本作品适用于有一定中文基础、识字量为 300 个左右的汉语学习者，且着重于学习者的听力练习。

三、教学目标

1. 知识目标

（1）认识生词：裤子、衬衫、条。
（2）能听懂并正确理解"裤子""衬衫""条"在句子里的意思。

2. 技能目标

（1）能总结归纳本课对话内容。
（2）能运用本课生词在生活中进行交际。

四、教学设计

汉语学习者可通过在电脑上点击网页中的对话进行中文学习。课件里设置主线、副线两条线路，学习者可点击不同答案，选择不同的对话。

点击交互式课件采用了实景背景和虚拟人物，且对话分主线和副线两种，学习者点击不同的答案，则会去往不同的对话，但最后依然回到主线上，并完成主线任务。当学习者完成对话和听力练习后，则有相应的练习进行巩固，学习者练习得分达 80 分及以上时，即通过本次课程的学习。

五、作品特色

由于新冠疫情暴发，国际中文在线教育被迫仓促上阵，传统教育媒介以直播或录播视频为主，缺少体验式交互，枯燥、乏味。本作品的理念以点击交互为主，能够支持学习者开展自主学习、在学习的过程中进行探索，实现学习者与学习资源之间的交互。

（1）课件里设置主线、副线两条线路，学习者可点击不同答案，选择不同的对话。

（2）适用于不同汉语水平的汉语学习者。交互式课件适用于初级汉语优等水平汉语学习者，即能用汉语就熟悉的日常话题进行简单而直接的交流。交互式动画则适合低龄汉语学习者，重点锻炼汉语听力及用中文简单对话。

商务汉语新闻阅读平台[*]

16 微课

高源[1] 耿直[2]

[1,2]上海财经大学 200433
[1] la_vela@163.com [2] geng.zhi@sufe.edu.cn

一、作品内容简介

  商务汉语教学是一门具有高度实践性的应用学科，随着中国经济的不断发展，商务汉语的语言特征也在与时俱进。"商务汉语新闻阅读平台"（BCRC）以商务报刊文章为学习资源，构建了面向商务汉语中高级学习者的新闻阅读系统。使用者可以检索、阅读、查询报刊的新闻内容，实现分日期、分文章、分词性的商务汉语词汇学习。该作品已公开发布。

二、功能与操作

  本平台包括新闻检索与阅读、词汇学习两大功能。

1. 新闻检索与阅读

  以商务报刊《21世纪经济报道》为例，本平台收录了100篇新闻文章进行样例展示。随着平台的应用和推广，后期数据会不断更新和扩容。使用者可以通过选择新闻发表日期、出版版面或检索标题来阅读相应文章内容。其特色包括：

  （1）文章概览：全览本系统收录的各日期文章数量。

  （2）每日新闻：选择一个日期，查看当日刊登的新闻文章，包括出版版面和标题内容（见图1）。

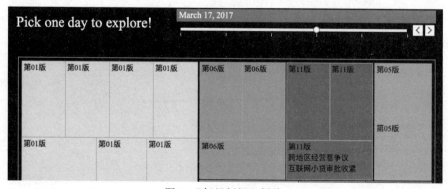

图1 "每日新闻"板块

* 本研究受汉考国际科研基金项目"商务汉语在线课程教学设计与开发 CTI（2021ZB02）"及上海财经大学基本科研项目"互联网＋背景下汉语国际教育微课研究（2019110063）"资助。

（3）文章阅读：选择发表时间和文章标题，阅读具体的新闻内容。

2. 词汇学习

本平台基于收录的商务汉语报刊文章，统计分析了文章中实际出现的高频词汇并依据词性进行分类的可视化展示。使用者可以进一步选择特定文章，学习该新闻中出现的各类词汇。对于具体词汇，我们还提供了在线词典链接，使用者还可以进一步查询，学习其含义、读音、例句等内容。其特色包括：

（1）词汇全览：通过阅读词云图（见图2），查看本平台收录的商务报刊中最常用的高频词汇，帮助学生了解实际商务情景中的重点词汇。

图 2 "词汇全览"板块

（2）词汇查询：通过选择文章标题，使用者可以查看该文章中不同词性出现的频数，查看对应词性下的高频词汇，进一步了解重点词汇，也可以在 Tag 下拉框中选择某一类词性，集中查看和学习这类词。如遇到生词，学生可以在右侧的在线词典链接中搜索对应词汇，查看该词的含义、读音和例句等内容（见图3）。

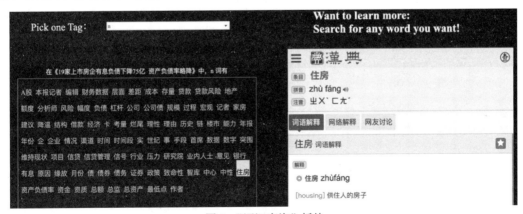

图 3 "词汇查询"板块

三、作品特色

（1）收录最新商务汉语报刊真实语料。"商务汉语新闻阅读平台"旨在通过收录中国核心商务汉语报刊的最新文章，逐步构建、完善商务汉语新闻阅读数据库，为学习者提供真实商业情景下的阅读内容。本平台不仅可以帮助商务汉语学习者学习汉语，还能够帮助学习者了解最新的商业市场动态。

（2）基于自然语言处理的新闻专业词汇学习。目前的商务汉语学习资源以纸质教材为主，对于在线资源的利用较少，主题与内容较为陈旧，与实际商业社会场景距离较远。本平台以最新商业新闻为学习资源，基于自然语言处理技术进行文本处理与词性标注，能够实现学习语料的快速更新和处理。可进行分日期、分文章（主题板块）、分词性的常用词汇学习。

四、核心技术

本平台的建设核心技术为文本的抓取、处理、分析与展示。具体包括：（1）计算机编程技术：使用编程语言集成开发环境 pycharm 编写 python 脚本；（2）新闻抓取技术：基于 requests 库编写报刊文章爬取脚本；（3）文本处理技术：基于中文自然语言分析库 jieba 对新闻文本进行分词、去除停用词、词性标注，基于数据分析库 pandas、numpy 进行数据处理；（4）文本可视化技术：通过数据分析平台 Tableau 绘制仪表板，进行可视化展示。另外，在网页建设中还嵌入词典查询入口，供学生拓展学习词汇内容。

主题 vlog 的跨国共作与对外汉语教学应用

解丽琪

17　课件

回音中文

〒532-0002 日本大阪府大阪市淀川区东三国 2-7-7

hsiehlichi@gmail.com

一、作品内容简介

近年来多媒体技术的发展为教师带来了丰富的教学资源和多元化的授课方式，结合实体和网络资源的多模态表现形式渐成趋势。其中视频素材虽然常被应用在对外汉语教学上，然而针对视频博客（vlog）应用于国际中文教育的实证研究尚少。本文以 vlog 为研究切入点，分析了其不同于博客和影视作品的特点，参考提问互动法和拟真情境的跨文化交际教学模式，尝试将主题 vlog 融入对外汉语教学中。有鉴于资源搜集困难，笔者在得到中文教师社交网站中共作成功的启示后，提出了通过网络社团集结全世界汉语教师的力量共作共享的建议。在初、中、高、混程度等班型进行单集和合集的主题 vlog 教学实践，根据学生的反馈，验证了主题 vlog 应用于对外汉语教学有如下几方面作用：（1）方便语言教学使用；（2）训练听说能力；（3）提高学习动机激发积极性；（4）培养国际观。期待克服困难，让更多国际汉语教师投入主题 vlog 的共作共享。

二、作品适用对象

国际汉语教师和初级以上的汉语学习者。

三、教学目标

在共享云端上呼吁和组织全球国际汉语教师进行主题 vlog 的共作。建立云端资料库后，将共作共享的 vlog 应用在国际汉语课堂上，训练学生的听说能力，提高学习积极性，培养学生的国际观。

四、教学设计

模式理论参考靳洪刚（2018）《六套常用的教师提问》的提问互动法以及笔者（2022）《情境引导式交际能力与跨文化教学：以海外在职成人为例》的教学流程。

1. 课前

教师对 vlog 资料进行筛选，注意视频词汇、文法等语言表达是否清晰，语速是否适中，还应注意视频内容的难易度、时效性、题材的差异性，根据教学对象、汉语水平、目标的不同，有针对性地选取，以"i+1"理论把握其难易度。

2. 课中

vlog 播放前的驱动可以是复习环节、引起动机、教材的平行主题讨论或尝试体演，提醒观看时要注意的重点等。许多学生一听真实语料就紧张，注意不要给学生太大的压力，因此希望上传规格控制在一分钟左右。vlog 应用于对外汉语课堂的教学六步法如下：

（1）驱动：给予预示情境，引起动机，播放 vlog。

（2）尝试产出：确认理解度，注意观察学生是否能看出视频的客观信息并根据上下文进行推断。

（3）策略教学：通过视频内容的分析进行语言点和文化教学；运用多模态解读的练习帮助学生理解话语策略、强化跨文化知识与策略意识，发展学生的跨文化交际能力。

（4）练习：进行创造性操练，如替换词汇、句型和情境，强化话语策略，互动交流。

（5）再次产出：从提问到互动交际，最后进行体演，锻炼学生主动转移话轮的能力。

（6）延伸：根据时间安排模仿、配音、体演、读写打和思辨教学，锻炼跨文化综合能力。

3. 课后

布置作业或评量，进行复习、评估及延伸活动。教师从学生处获得反馈，反思教学。

五、作品特色

vlog 兼具短视频的互联网传播优势和传统博客的个人化内容趋向。在对外汉语教学中，教师可以充分运用学生对老师生活的好奇、对中国和世界的兴趣，利用 vlog 激发学习动机；也可以将 vlog 作为一种评量手段，鼓励学生创作。

在实际应用上，本文分两大类举例说明（详见电子作品 PPT）：（1）单集 vlog，分别呈现应用在零起点初级、中级、高级以及差异化团班分组活动的提示问题讨论；（2）合集 vlog "纸飞机的拜访"以及两个虚拟教室（世界的天气和世界各地的早餐）的实例展示。

参与共作的老师们皆认为由国际汉语教师们共作共享的 vlog 初步过滤了语法语用的过多干扰与难度，考虑语料难度的同时也兼顾了语言的真实自然性。另外，上传者一目了然，需要进行版权确认时可以立即找到原作者，上传者和著作权清楚，可以避免智慧财产权问题。

根据学生的课堂表现和虚拟教室作业问卷的反馈（截至发文，回收 36 份）：（1）78% 的学生认为跨国主题 vlog 对学习汉语非常有帮助，17%的学生认为有帮助；（2）89% 的学生认为跨国主题 vlog 非常有意思，11%的学生认为有意思；（3）56% 的学生认为跨国主题 vlog 对听说能力的培养非常有帮助，36%的学生认为有帮助；（4）83% 的学生非常同意、14% 的学生同意"看了跨国主题 vlog 后想了解更多国家"，无人回答"没有帮助"或"不同意"。由此可见，跨国主题 vlog 应用于国际汉语教学的成效有：（1）有助于提高听说能力；（2）培养国际观；（3）激发学生学习兴趣、动机和积极性。

今后要克服的问题有：（1）资源整合和管理的问题；（2）vlog 质量的问题；（3）全球可以通用的共享平台和云端问题。虽然跨国共作困难重重，但是笔者实行后仍觉得是有价值和可能性的，对外汉语教学中使用 vlog 辅助必能朝着更加多元、更高质量、更高水平的方向发展。希望通过本大会的分享，集结更多有志之士的力量，一起创造国际汉语教师自己的分级中文教学"地图"，分享世界各地的自然人文地理和民情生活文化，造福广大的海外汉语学习者。

《我想租一套房子》

周思佳

西交利物浦大学
Sijia.zhou@xjtlu.edu.cn

18 微课

一、作品内容简介

动画视频《我想租一套房子》选取留学生及外籍人士在中国生活的常见情景，介绍了在中国租房时所需要的常用词汇和表达，内容生动活泼，有趣实用。该作品融合了情景对话和讲解，并配有思维导图及课后作业，展现了较完整的教学过程。视频中的对话也可单独用作听力和精读精讲材料。视频配有中英字幕，方便不同水平的学习者观看。

二、作品适用对象

该视频主要适用于中级水平、HSK4 级左右的汉语学习者，以及在中国有租房需求的外籍人士。

三、教学目标

了解并掌握租房时常用的汉语词汇和表达。

四、教学设计

该动画视频的教学设计主要有以下六个环节：

1. 导入

模拟课堂的动画形式导入，老师介绍本课主题、学习目标和关键词语，老师通过自己的朋友安娜要租房引入教学视频。

2. 情景对话一

安娜找中介沟通自己的租房需求。对话生动展现了日常租客和中介沟通的常见情形，让学生对课程内容有感性认识，激发兴趣。对话包含了租房时必备的常用词汇和表达，如小区、楼层、装修、什么时候入住、几室的房子等。

3. 思维导图介绍重点词语和表达

视频用新颖的思维导图形式，梳理了租房时涉及的几大主题词汇和表达，主要包括：租房位置（小区和楼层）、房子大小（几室几厅）、装修（家具、家电、房间）、租金（付款方式和付款种类）。

4. 情景对话二

承接对话一的故事，对话二中安娜和中介看了两套房子，并对两套房子提出了自己的看法和要求。对话选取租客看房时关注的常见问题，如家电情况、装修情况，展现了租客看房时如何表达不满，并提出自己要求的语言片段。对话一和对话二为学习者提供了相对完整的租房情景。

5. 对话内容问答和常用表达介绍

老师就对话内容进行提问，考查学生对对话关键信息的理解，并以对话中的句子为例，介绍租客向中介/业主提出要求时的常用表达，例如"能换一个洗衣机吗？"。

6. 作业

老师布置作业。该任务型作业综合考查了学生对视频对话（听力）和租房广告（阅读）的理解，以及用自己的语言比较不同的租房信息并陈述选择房源原因的能力（口语）。

五、作品特色

1. 取自生活的真实语料

视频中的两段对话均为原创，作者采访了从事租房行业、有多年工作经验的两位中介，了解在真实的租房情境下租客和中介或业主需要沟通的信息、常用词汇及常见问题。对话中的一些细节，如租客对家电的询问、意向金的支付，以及不同付款方式（月付、季付、年付）的优惠余地，都是租房时常常提到的内容，但在以往的教材中却鲜少涉及。只有基于真实生活，才能为学习者在实际交际中提供帮助，设计出有用的学习材料。

2. 思维导图辅助语言教学

视频讲解的片段中运用了思维导图梳理租房这一主题下的常用词汇和表达。思维导图的形式可以很好地帮助学习者整理思路、扩展词汇。作为一种学习策略，思维导图以直观的图示构建了零散的词汇之间的联系，帮助学习者记忆和理解。视频中的思维导图向学生展现了租房时需要考虑的各个方面以及每个方面的常见词汇，对有租房需求的学习者来说，是简明又丰富的学习材料。